명사 식화지 역주

Translation and Notes on the Shi-Huo-Zhi of the Ming-Shi

역주자 박원호(朴元熇, Park, Won-Ho)는 현재 고려대학교 사학과 교수이다. 주요 저서로 『崔溥 漂海錄 研究』(고려대 출판부, 2006), 『明淸徽州宗族史研究』(지식산업사, 2002) 등이 있다.

역주자 양종국(梁鍾國, Yang, Jong-Kuk)은 현재 공주대학교 사학과 교수이다. 주요 저서로 『송대 중국인의 과거생활－배움의 가시밭길』(신서원, 2001), 『宋代士大夫社會研究』(삼지원, 1996) 등이 있다.

역주자 노기식(盧基植, Noh, Ki-Shik)은 현재 동북아역사재단 연구위원이다. 주요 논문으로 「누르하치의 암반에 대한 조직화와 통제」(『명청사연구』 16, 2002), 「만주의 흥기와 동아시아 질서의 변동」(『중국사연구』 16, 2001) 등이 있다.

역주자 김성한(金聖翰, Kim, Sung-Han)은 현재 조선대학교 사학과 교수이다. 주요 논저로 『중국 토지제도사연구』(신서원, 1998), 「당대 관내도 주현의 변천」(『중국학보』 51, 2005) 등이 있다.

역주자 이석현(李錫炫, Lee, Suk-Hyun)은 현재 경성대학교 사학과 초빙교수이다. 주요 논문으로 「宋高麗의 外交交涉, 認識, 對應」(『중국사연구』 39, 2005), 「宋代隷屬民의 入仕와 身分移動」(『중국학보』 49, 2004) 등이 있다.

역주자 권인용(權仁溶, Kwon, In-Yong)은 현재 고려대학교 역사연구소 연구교수이다. 주요 논문으로 「明末 徽州 糧長制의 변천」(『명청사연구』 26, 2006), 「명 중기 조선의 宗系辨誣와 대명외교」(『명청사연구』 24, 2005) 등이 있다.

명사 식화지 역주

1판 1쇄 발행 2008년 12월 15일
1판 2쇄 발행 2009년 09월 20일

역주자 / 박원호 · 양종국 · 노기식 · 김성한 · 이석현 · 권인용
펴낸이 / 박성모
펴낸곳 / 소명출판
등록 / 제13-522호
주소 / 137-878 서울시 서초구 서초동 1621-18 (란빌딩 1층)
대표전화 / (02) 585-7840
팩시밀리 / (02) 585-7848
somyong@korea.com / www.somyong.co.kr

값 30,000원

ISBN 978-89-5626-352-6 93910

명사 식화지 역주

明史食貨志 譯註

박원호 · 양종국 · 노기식 · 김성한 · 이석현 · 권인용 옮김

소명출판

◆ **일러두기**

1. 원문은 중국에서 출판된『明史』(中華書局, 1974)를 저본으로 삼았다.
2. 원문의 표점은 중국 中華書局本『二十五史』의 표점 방식을 따랐다.
3. 사료 용어는 기본적으로 번역문에서는 원어를 그대로 사용하고, 각주에서 해설을 가하는 방식을 취하였다.

책머리에

한국학술진흥재단이 2003년 〈동서양학술명저번역사업〉의 번역대상 도서로 『명사 식화지(明史食貨志)』를 포함시켰을 때, 필자는 10년 전 고려대 동양사전공 대학원생들과 한동안 진행시켰던 『명사 식화지』 독회(讀會)를 머릿속에 떠올렸다. 사실 『명사 식화지』는 고려대 '중국근세사연구모임'에서 강독(講讀)하기에 앞서, 1990년에 필자가 대학원 동양사 강의에서 강독을 했던 일이 있었다. 물론 한 학기만으로는 시간이 턱없이 모자랐기 때문에 완독하지 못하고, 이후 '중국근세사연구모임'에서 강독을 계속해 나가는 것으로 조정되었던 것이다.

방학을 제외하고 격주로 독회를 열어 전공과 관련된 각종 문헌자료(文獻資料)나 연구논저(硏究論著)를 함께 읽어 나가는 중국근세사연구모임은 중국사 연구자로서의 기초 지식을 축적하는 한편, 한문사료(漢文史料)의 독해(讀解) 실력도 기르고자 하는 목적에서 시작한 것이다. 필자가 주관해오던 이 모임은 이후 수년간 꾸준하게 활동해 오다가, 차츰 대학원생 연구서클로 변모하게 되었다. 최근 『송사 식화지(宋史食貨志)』(상)와 『역주

(譯註) 청사고 식화지(淸史稿食貨志)』(상)의 가제본(假製本)을 내는 등, 활발한 활동을 보여준 고려대 동양사 대학원생의 「중국 정사 식화지 윤독회(中國正史食貨志輪讀會)」는 바로 이 전통을 이어 받은 연구서클이다.

소수의 전문연구자가 필요로 할 『명사 식화지』의 한국어 역주본(譯註本)을 출간한다는 것은 당시 엄두도 낼 수 없었고, 또 선뜻 출판해주겠다고 나설 만한 출판사도 찾기 어려운 시기였다. 그런데 이 무렵에 개시된 〈동서양학술명저번역사업〉은 인문학계의 이와 같은 출판 지형에 커다란 변화를 몰고 왔다. 비록 대중적인 수요는 없으나 학문적으로 중요한 동서양(東西洋) 고전(古典)이 한국어로 번역 출판될 수 있는 길이 일거에 크게 열리게 된 것이다. 2003년 이 사업의 시행공고를 본 몇 분이 『명사 식화지 역주(明史食貨志譯註)』의 과제 신청의 가부를 타진해 왔을 때, 필자는 이에 흔쾌히 동의하고 지원신청 준비를 시작하도록 하였다.

과거 『명사 식화지』 독회에 참여하였던 멤버들을 중심으로 팀을 구성하여, 공동번역의 방식으로 역주(譯註) 작업을 완성한 후 단행본으로 출간하기로 하였다. 지난날의 『명사 식화지』 독회는 출판의 전망이 없었을 때이라 그냥 중국 사회경제사 공부의 일환으로 텍스트를 읽어나갔으므로, 수년에 걸쳐 『명사 식화지』를 강독했으나 잘 정리된 역고(譯稿)를 남기지 못하고 각자 책임 맡은 부분의 거친 초역(草譯)만 남아있을 따름이었다. 양종국(梁鍾國 : 공주대) 교수를 책임연구자로 하고 김성한(金聖翰 : 조선대), 노기식(盧基植 : 동북아역사재단), 이석현(李錫炫 : 경성대), 권인용(權仁溶 : 고려대 역사연구소) 교수, 그리고 필자의 6명으로 역주 팀을 구성하였다.

지원신청을 하고 나서 얼마 지난 후에 지원대상으로 선정되었다는 통보를 받았고, 2003년 12월부터 역주 작업을 시작하였다. 『명사 식화지』는 모두 6개의 권(卷)으로 나뉘어 있는데, 공동역자 6명이 각각 한 권씩 역주 작업을 마친 다음, 다시 전체적으로 형식과 문장에 통일을 기하기로 하였다. 공동역자의 역주분담 내용은 아래와 같다.

食貨	一	戶口 田制 屯田 莊田	朴元熇
食貨	二	賦役 役法	權仁溶
食貨	三	漕運 倉庫	金聖翰
食貨	四	鹽法 茶法	李錫炫
食貨	五	錢鈔 坑冶 (附)鐵冶 銅場 商稅 市舶 馬市	盧基植
食貨	六	上供採造 採造 柴炭 採木 珠池 織造 燒造 俸餉 會計	梁鍾國

『명사(明史)』는 중국의 정사(正史)인 『이십오사(二十五史)』 중에서도 내용이 매우 충실한 사서(史書)로 손꼽힌다. 편찬과정을 간략하게 살펴보면, 만주족이 세운 청조(淸朝)가 북경(北京)으로 진입한 이듬해인 순치(順治) 2년(1645)에 『명사』 편찬을 위한 명사관(明史館)을 설립하였으나, 전사(戰事)가 아직 끝나지 않은 데다 자료 확보의 어려움으로 편수(編修)가 순조롭게 진척되지 못하였다. 강희(康熙) 18년(1679)에 정식으로 『명사』 편찬이 시작되었지만, 편찬작업이 끊어졌다 이어졌다 하며 장정옥(張廷玉)을 총재(總裁)로 설립된 명사관에서 『명사고(明史稿)』를 다시 정리하는 방식으로 『명사』를 완성하였고, 칙정(勅定)을 받게 된 것은 건륭(乾隆) 4년(1739)의 일이다. 처음 편수(編修)가 시작된 때로부터 실로 90년 만에 완성되었으므로 다른 정사(正史)에 비교하면 편수(編修)의 기간이 아주 오래 걸린 셈이다. 기전체(紀傳體)로 된 『명사』는 본기(本紀), 지(志), 표(表), 열전(列傳)으로 이루어져 있다. 『명사』의 75개 지(志) 가운데 하나인 「식화지」는 명대(明代)의 사회경제를 연구하는 데 필수적인 기본 사료(史料)이다.

『명사 식화지』는 이미 일본학자 와다 세이[和田淸]에 의한 『명사 식화지 역주(明史食貨志譯註)』(東洋文庫, 1957)가 있고, 또 중국학자 이순(李洵)에 의해 『명사 식화지 교주(明史食貨志校註)』(中華書局, 1982)가 간행된 바 있다. 일본어로 된 『명사 식화지 역주』는 주석(註釋)이 풍부하고 상세한 것이 장점이나, 옛날 투의 일본어 역문(譯文) 자체가 읽기 매우 까다롭고 간혹 착오도 없지 않다. 중국어로 된 『명사 식화지 교주』는 주석이 너무 간명한 데다 표점에도 더러 문제가 있다. 우리는 한국어로 된 '역주'를 준비하면서 선행연구인 『명사 식화지 역주』와 『명사 식화지 교주』를 참고하였지만, 우리 나름대로의 번역의 독자성과 주석의 치밀성을 살리기 위해 노력하였다.

독자들이 이 역주본을 어느 정도 짜임새 있게 만들어졌다고 판단해 준다면, 그 공로는 이 역주 작업에 가장 많은 땀을 흘린 권인용 교수(고려대 역사연구소 연구교수)에게 돌아가야 할 것이다. 공동역자들이 지방에 있거나 행정업무가 많았던 반면에, 역주 팀 가운데 가장 후배인 권인용 교수는 고려대에 연구실을 두고 있다는 점도 작용하여, 가장 무거운 부담을 떠맡지 않으면 안 되었다. 따라서 이 역주본을 출간하는 데 힘을 쏟은 순서로 공동역자의 이름을 배열했다면, 권인용 교수의 이름을 당연히 첫 번째로 올려야만 하였을 것이다.

1990년 필자가 대학원 강의로 시작한 『명사 식화지』의 강독이 중단과 재개를 거듭하다가 이제야 한국어 역주본을 내게 되었다. 당시 『명사 식화지』를 함께 읽으며 해석에 고심했던 대학원 석·박사과정 학생들이 이제 모두 견실한 중견학자가 되어 있고, 필자는 정년퇴직을 1년 앞둔 이 시점에, 이분들과 더불어 『명사 식화지 역주』를 함께 출간하게 되었으니 어찌 남다른 감회가 없으랴! 역주는 2006년에 탈고(脫稿)하고 나서도 출판 차례를 기다리느라 2년 정도 늦어져, 결국 만산(晩産)이란 소리를 들을 수밖에 없게 되었다. 이 책의 특성으로 볼 때 많은 독자를 바랄 수도 없고 또 기대하지도 않지만, 오직 소수의 연구자와 학생들에게는 타기(唾棄)되지 않는 역주가 되기를 바랄 뿐이다.

2008년 11월
공동역자를 대표하여
박원호 씀

해제

중국의 정사(正史)인 '이십이사(二十二史)' 속의 「식화지(食貨志)」는 특정 시대의 역사 연구 특히 사회·경제사 방면의 연구에서 빠뜨릴 수 없는 필독서라 할 수 있다. 「식화지」는 국가재정을 중심으로 그 시대 사회·경제의 여러 모습을 종합적으로 기술하고 있기 때문이다. 그런데 역대 정사의 「식화지」는 또한 그 서술의 면에서 큰 편차를 보이고 있는 것 또한 사실이다. 아예 「식화지」가 없는 정사가 있는가 하면 어떤 것은 지나치게 소략하고, 어떤 것은 반대로 너무 장황하다. 이러한 점에 비추어 볼 때 『명사(明史)』 「식화지」는 중국의 역대 「식화지」 가운데 체제와 논리가 가장 정연할 뿐 아니라, 풍부한 내용을 요령 있게 담아내고 있는 대표적인 것으로 유명하다.

『명사』 자체가 중국의 여러 정사 가운데 가장 높이 평가받는 사서(史書)임은 잘 알려진 바이다. 청대(淸代)의 저명한 역사가인 조익(趙翼)은 『이십이사차기(二十二史箚記)』 권31 「명사(明史)」에서, "근대의 여러 역사서 가운데 … 『명사』와 같이 완벽한 것은 없었다. … 대개 60여 년을 경과한 다음에 일을 끝냈으니, 옛부터 역사 편찬에 이처럼 시일이 오래 걸리고 깊이 공들인 적은 없었다. 또 강희(康熙) 연간에 편찬되어 전 왕조와 시간적으로 멀지 않으므로, 사적(事迹)의 근원과 결말이 진실을 많이 담고 있다 …"고 언급한 적이 있다. 물론 편찬 과정에서 여러 사람의 손을 거친 관계로 기술에 중복되고 모순되는 등의 문제를 고려해볼 때 위 조익의 평가는 과도한 측면이 없지 않다. 그렇지만 『명사』는 뚜렷한 장점을 갖고 있다. 우선 편찬 참여자들이 만사동(萬斯同)을 비롯한 당대의 저명한 학자들이었다. 또 편찬 기간도 역대의 정사 가운데 가장 길었으며, 세 차례의 정정을 거친 다음 최종적으로 원고를 확정하였다. 따라서 『명사』는 체제나 문장뿐 아니라 내용도 충실하여, '이십사사' 가운데 가장 잘 편찬된 정사 가운데 하나라는 점만큼은 의심의 여지가 없다.

『명사』는 이처럼 청조(清朝) 고증학(考證學)의 전성기라는 시대적 배경 아래에서 일류의 학자가 수십 년 간에 걸쳐 편찬한 뛰어난 정사의 하나이지만, 「식화지」는 그 가운데에서도 백미(白眉)에 해당하는 부분이라고 할 수 있다. 무엇보다 군더더기를 없애고 짜임새 있게 서술하였을 뿐 아니라, 광범위한 관련 사료(史料)를 소화한 상태에서 논리적이고도 조리 있게 쓰여진 것으로 알려져 있다. 물론 그 안에는 약간의 오해와 탈루(脫漏)도 없지 않지만, 그것이 『명사』 「식화지」의 가치를 훼손할 정도는 아니다. 게다가 이러한 오류는 다행히 참고할 만한 사료가 많이 남아 있어 비교적 보정(補正)이 수월한 편이기도 하다.

모두 6권으로 이루어져 있는 『명사』 「식화지」는 체제와 구성 면에서도 발군의 모습을 보여주고 있다. 먼저 1권은 인정(人丁)과 세량(稅糧)의 전제인 호구(戶口)와 전제(田制)에 대하여 기술하였다. 전토(田土)와 정구(丁口)에서 나오는 부세(賦稅)와 요역(徭役)은 부역(賦役)으로 통합하여 2권을 이루었다. 정부에 보내기 위하여 이를 운반하고 축장(蓄藏)하는 내용의 조운(漕運)과 창고(倉庫)는 3권에서 서술되었다. 뒤를 이어 세량 외에 재정 수입의 주요한 부분을 이루는 것이 염과(鹽課)와 차과(茶課)인 만큼 염법

(鹽法)과 차법(茶法)은 4권에서 서술하였다. 5권에서는 전초(錢鈔)와 그 원료를 산출하는 갱야(坑冶), 그리고 그 전초를 거두는 상세(商稅)와 시박(市舶) 및 마시(馬市)를 기술하였다. 6권에서는 궁중어용(宮中御用)의 상공채조(上供採造)와 국가지출의 대종을 이루는 봉향(俸餉)을 서술한 다음 마지막으로 전세(田稅) 및 경비(經費)의 출납수(出納數)를 개괄한 회계(會計)를 실었다. 이처럼 『명사』 「식화지」는 그 서술의 순서와 구조가 짜임새가 있고 조리가 있다. 후에 『청사고(淸史稿)』 「식화지」가 이 체제를 그대로 따르고 있는 것은 결코 우연이 아니다.

한편 『명사』 편찬은 청(淸) 순치(順治) 2년(1645)에 명사관(明史館)을 설립하면서 시작되었다. 그러나 당시는 아직 각지에서 전쟁이 그치질 않는 등 정상적인 편찬이 사실상 불가능하였던 만큼, 한동안은 명대(明代)의 관련 사료와 사서를 수집하는 정도에 머물렀다. 강희 18년(1679)에 이르러 『명사』 편찬이 본격적으로 시작되었는데, 우여곡절 끝에 옹정(雍正) 13년(1735)에서야 비로소 완성되었고, 건륭(乾隆) 4년(1739)에 정식으로 간행·공포하였다. 최종적인 원고 완성에 이르기까지 편찬 기간만 계산해도 90년에 달할 정도로 『명사』 편찬은 긴 시간이 소요되었던 것이다.

「식화지」의 경우도 물론 이러저러한 우여곡절이 있었고, 여러 찬자(撰者)가 참여하였다. 사실 장기간에 걸친 『명사』의 편찬 사업에 다수의 참여자가 필요했음은 말할 나위도 없다. 흔히 『명사』의 찬자로 꼽는 장정옥(張廷玉)은 완성 단계의 총재(總裁)에 불과하다. 『명사』는 여러 찬자들의 공동의 성과였던 것이다. 「식화지」 역시 예외는 아니었다. 가장 먼저 「식화지」의 초고를 작성한 자는 바로 청초(淸初)의 사학자 반뢰(潘耒)였다.

반뢰는 원시 사료를 근거로 「식화지」를 편집하였는데, 가장 많이 이용한 것은 역조(歷朝)의 『명실록(明實錄)』이었다. 그 외에도 『명회요(明會要)』·『명회전(明會典)』(正德, 萬曆本)·『속문헌통고(續文獻通考)』·『고금치평략(古今治平略)』·『만력회계록(萬曆會計錄)』·『조선지(漕船志)』·『조운록(漕運錄)』·『둔전사의(屯田事宜)』·『해운지(海運志)』·『양회염법지(兩淮鹽法

志)』·『역조차마주의(歷朝茶馬奏議)』·『남관지(南關志)』·『북관지(北關志)』·『각정기(榷政記)』 등 각종 관련 자료를 적극 이용하였다. 그런데 이상의 자료는 대부분 만력(萬曆) 연간까지의 기사에 한정된 것이다. 따라서 만력 이후 명말(明末)의 관련 내용은 필히 저보(邸報)를 비롯한 정부의 각종 당안(檔案) 자료를 이용하였을 것으로 추정되고 있다. 이와 같이 『명사』「식화지」는 그 초고 작성 시부터 이미 광범위한 사료를 이용했던 것이다.

반뢰를 이어 「식화지」의 원고를 작성한 사람은 학암(學庵) 왕원(王原)이었다. 그가 찬술(撰述)한 「명식화지(明食貨志)」는 모두 12권으로 구성되어 있었다. 그런데 왕원은 그 전문을 후에 『학암류고(學庵類稿)』라는 이름을 붙여 간행하게 된다. 「명식화지」가 총재 왕홍서(王鴻緖) 등이 편찬한 『명사고(明史稿)』에 수록되지만 원서와는 큰 차이를 보이기 때문이다. 각본(刻本) 『명사고』는 「명식화지」 12권을 6권으로 줄였을 뿐 아니라 무엇보다 많은 내용을 산삭(刪削)해버렸다. 사실 『명사』「식화지」의 대부분의 와오(訛誤)는 바로 이때에 생긴 것이기도 하다. 한편 옹정·건륭 연간 장정옥이 명사관의 총재였을 때 『명사』가 최종적으로 완성된다. 다만 이때 『명사고』 수록 「식화지」에 대해서는 별다른 개작(改作) 없이 다만 문장의 손질에만 치중하였다. 이상 살펴본 바와 같이 『명사』「식화지」는 원저자를 한 사람으로 지정하기 힘든 면이 있는 만큼, 오히려 장기간을 통하여 여러 사람들의 손을 거쳐 완성되었다는 특징을 갖고 있다고 할 수 있다.

권77 지53

食貨 1

원문

記曰:"取財於地, 而取法於天", 富國之本, 在於農桑. 明初, 沿元之舊, 錢法不通而用鈔, 又禁民間以銀交易. 宜若不便於民, 而洪、永、熙、宣之際, 百姓充實, 府藏衍溢. 蓋是時, 劭農務墾闢, 土無萊蕪, 人敦本業, 又開屯田, 中鹽以給邊軍, 餫餉不仰藉於縣官, 故上下交足, 軍民胥裕. 其後, 屯田壞於豪强之兼幷, 計臣變鹽法. 於是邊兵悉仰食太倉, 轉輸往往不給. 世宗以後, 耗財之道廣, 府庫匱竭. 神宗乃加賦重征, 礦稅四出, 移正供以實左藏. 中涓羣小, 橫斂侵漁. 民多逐末, 田卒汙萊. 吏不能拊循, 而覆侵刻之. 海內困敝, 而儲積益以空乏. 昧者多言"復通鈔法可以富國", 不知國初之充裕在勤農桑, 而不在行鈔法也. 夫彊本節用, 爲理財之要. 明一代理財之道, 始所以得, 終所以失, 條其本末, 著於篇.

옮김 譯

『예기(禮記)』[1]에 '재물은 땅에서 취하고 법(法)은 하늘에서 구한다'[2]고 하였으니 나라를 부유하게 하는 근본은 농경과 양잠에 있는 것이다. 명초(明初)에는 원(元)의 옛 제도를 이어 받아 전법(錢法)이 통용되지 않고 초(鈔)[3]를 사용하였으며 또 민간에서 은으로 교역하는 것을 금하였다. 당연히 백성에게 불편하였을 것 같지만 홍무(洪武)·영락(永樂)·홍희(洪熙)·선덕(宣德) 연간에 백성의 생활은 넉넉하였고 국고(國庫)의 재물은 차고 넘쳤다. 대개 이때에는 농민에게 개간에 힘쓰도록 권하여 황폐한 땅이 없었고 사람들은 농사에 힘썼으며, 또한 둔전(屯田)을 열고 중염(中鹽)[4]하는 방법으로 변방 국경지대의 군대에게 보급하여 군량을 국고[5]에 의지하지 않았으므로, 상하가 서로 풍족하고 군민(軍民)이 모두 넉넉했던 것이다. 그 후 둔전은 호강(豪强)의 겸병으로 붕괴되고, 재정 담당 관리는 염법(鹽法)을 바꾸었다.[6] 이로부터 변경의 군사들은 모두 태창(太倉)[7]에 의지하였으나 군량 수송이 왕왕 제대로 되지 않았다. 세종(世

1) 중국 고대의 예제(禮制)와 예론(禮論)을 모은 경전으로 오경(五經)의 하나이다. '기(記)'는 '경(經)'에 대응하는 말로 '전(傳)'에 해당한다. 후한(後漢) 정현(鄭玄)의 『예기주(禮記注)』를 거치면서 정본(定本)이 만들어졌고, 당(唐) 공영달(孔穎達)의 『예기정의(禮記正義)』가 통행본(通行本)이 되었다. 고대 사회와 유가 학설 및 문물 제도를 연구하는 데 유용하지만, 그 내용 가운데에는 유가(儒家)의 이상적인 견해와 모순된 언설이 섞여 있어 주의를 요한다.

2) 『예기(禮記)』 권25 「교특생(郊特牲)」에 나오는 말이다. 천하를 다스리는 데에는, 땅에서 나는 재화를 취하는 한편 하늘의 일월성신(日月星辰)의 변화를 보고 사시(四時)의 운행을 이해하여 경작 시기를 정하는 법이니, 이러한 까닭에 천자는 '존천(尊天)'하여 하늘에 제사를 드리고, '친지(親地)'하여 사(社)에 제사를 올린다는 뜻이다.

3) 명대의 통용 지폐인 '대명보초(大明寶鈔)'를 가리킨다. 상세한 것은 「식화 5」 전초(錢鈔) 항 참조.

4) 명초에 실시한 개중염법(開中鹽法)을 말한다. 상인 등에게 변군(邊軍)이 필요로 하는 양초(糧草)를 정해진 장소에 납입시키는 대신 그 대가로 염인(鹽引)을 주어 정해진 판매구역 즉 행염지(行鹽地) 내에서 소금을 판매할 수 있는 권한을 주는 것을 가리킨다.

5) 원문의 '현관(縣官)'은 원래 조정 내지 관부(官府)를 뜻하는데, 문맥상 여기에서는 국고(國庫)를 가리킨다.

6) 홍치(弘治) 연간 호부상서(戶部尙書) 섭기(葉淇)가 개중염법을 고친 일을 말한다. 상세한 것은 「식화 4」 염법(鹽法) 항 참조.

7) 명대의 국고인 호부은고(戶部銀庫)를 가리킨다. 정통 7년(1442)에 신설되었는데, 대사

宗) 이후 재물을 소모하는 곳이 많아져 국고가 고갈되어 갔다. 신종(神宗)은 이에 세금을 추가하여 무겁게 거두고, 광감세사(礦監稅使[8])를 사방으로 파견하였으며, 세량(稅糧[9])을 옮겨 좌장(左藏[10])을 채웠다. 환관과 그 하수인들은 멋대로 징세하고 착취하였다. 백성들은 대부분 상공업으로 전업하니 토지는 마침내 황폐해졌다. 관리들은 백성을 어루만지지 못하고 오히려 가혹하게 침탈하였다. 천하가 피폐해지고 저축해놓은 재물이 날이 갈수록 줄어들어 갔다. 우매한 사람들은 "다시 초법(鈔法)을 통용시켜야 나라를 부유하게 할 수 있다"고 많이 말했지만,[11] 국초(國初)의 풍요로움이 농경과 양잠을 권하였던 데 있었지, 초법을 행한 데 있지 않음을 알지 못하는 것이다. 대저 농업 생산을 강화하고, 지출을 절약하는 것[12]이 이재(理財)의 핵심이다. 명 일대(一代)에 이재의 방도가 처음에는 성공하였으나 종국에는 실패한 까닭의 그 본말을 조목조목 따져 각 편(篇)에 기록하였다.

(大使)와 부사(副使)를 두어 관할케 하였다. 상세한 내용은 「식화 3」 창고 항 참조.

8) 만력 24년(1596) 신종은 광감세사(礦監稅使)로 여러 환관을 임명하고 각지에 파견하여 대대적으로 광세(鑛稅)와 상세(商稅)를 거두어들이도록 하였다. 자세한 내용은 「식화 5」 갱야(坑冶), 상세(商稅) 등 참조.

9) 원문의 정공(正供)은 세량(稅糧) 즉 전세(田稅)를 뜻한다.

10) 좌장(左藏)은 우장(右藏)과 함께 국고의 하나를 이루는데, 시대마다 가리키는 바가 조금씩 달랐다. 명대에는 황제의 개인 재화창고의 성격을 갖는 내고(內庫)에 해당한다. 태창(太倉)의 은을 내고로 옮긴 일에 대해서는 「식화 3」 창고 항 참조.

11) 숭정 16~17년(1643~1644) 명조 멸망 직전에 초법(鈔法)의 활용을 통해 재정의 위기를 모면하려 한 호부사무(戶部司務) 장신(蔣臣)과 이 주장에 적극 찬동하고 후원한 호부시랑 왕오영(王鰲永), 호부상서 예원로(倪元璐) 및 숭정제(崇禎帝)가 모두 이에 해당할 것이다. 이에 대해서는 「식화 5」 전초 항 참조.

12) 사마천은 『사기(史記)』 권130 「태사공자서(太史公自序)」에서 묵가(墨家)의 근검절약은 그대로 따르기 어렵지만, '강본절용(彊本節用)' 즉 농업 생산을 강화하고 지출을 줄이는 것은 버릴 수 없는 장점이라고 언급한 바 있다.

【戶口】

원문 太祖籍天下戶口, 置戶帖、戶籍, 具書名、歲、居地. 籍上戶部, 帖給之民. 有司歲計其登耗以聞. 及郊祀, 中書省以戶籍陳壇下, 薦之天, 祭畢而藏之. 洪武十四年詔天下編賦役黃冊, 以一百十戶爲一里, 推丁糧多者十戶爲長, 餘百戶爲十甲, 甲凡十人. 歲役里長一人, 甲首一人, 董一里一甲之事, 先後以丁糧多寡爲序. 凡十年一周, 曰排年. 在城曰坊, 近城曰廂, 鄕都曰里. 里編爲冊, 冊首總爲一圖. 鰥寡孤獨不任役者, 附十甲後爲畸零. 僧道給度牒, 有田者編冊如民科, 無田者亦爲畸零. 每十年有司更定其冊, 以丁糧增減而升降之. 冊凡四: 一上戶部, 其三則布政司、府、縣各存一焉. 上戶部者, 冊面黃紙, 故謂之黃冊. 年終進呈, 送後湖東西二庫庋藏之. 歲命戶科給事中一人、御史二人、戶部主事四人釐校訛舛. 其後黃冊祗具文, 有司徵稅、編徭, 則自爲一冊, 曰白冊云.

옮김 譯 태조(太祖)는 천하의 호구(戶口)를 등기(登記)하되, 호첩(戶帖)[13]과 호적(戶籍)을 두어 이름·나이·거주지 등을 자세하게 적도록 하였다. 호적은 호부(戶部)에 올리고 호첩은 백성에게 지급하였다. 유사(有司)는 해마다 호구(戶口)의 증감을 계산하여 보고하였다. 교사(郊祀)[14]를 지낼 때 중서성(中書省)[15]에서는 호적을 천지단(天地壇) 아래에 진열하여

13) 호첩(戶帖)은 홍무(洪武) 14년(1381) 제정된 황책(黃冊)의 전신인 호구책(戶口冊)이다. 호첩제는 홍무 3년(1370)에 만들어져 호구 조사와 부역 징수의 근거가 되었다. 『명사』 권281, 「진관전(陳灌傳)」에 의하면 영국지부(寧國知府) 진관(陳灌)이 처음으로 호첩제를 영국부(寧國府)에서 행하였는데, 후에 명 태조가 이를 전국으로 확대 실시하였다고 한다. 호첩에는 본호(本戶)의 향관(鄕貫)·정구(丁口)·성명·나이·재산 등의 기본적인 상황이 기록되었다.

14) 황제가 친히 천지에 지내는 제사이다. 동지에는 남교(南郊)에서, 하지에는 북교(北郊)에서 각각 천(天)과 지(地)에 제사지내는 것이 관례였으나, 명대는 홍무 2년(1369)부터 가정(嘉靖) 8년(1529)에 이르기까지는 합사(合祀)가 행하여져 정월 상신일(上辛日)에 남교에서 천지를 동시에 제사지냈다. 萬曆『大明會典』권81, 「禮部 39」, 郊祠 1 참조.

하늘에 바쳤고, 제사가 끝나면 보관하였다.[16] 홍무(洪武) 14년(1381) 천하에 조(詔)를 내려 부역황책(賦役黃冊)[17]을 편찬하도록 하고, 110호(戶)를 1리(里)로 하여, 정(丁)·량(糧)이 많은 10호를 뽑아 장(長)으로 삼고, 나머지 100호로 10갑(甲)을 만드니 1갑은 10인[18]이었다. 해마다 이장 1인과 갑수(甲首) 1인에게 역(役)을 맡겨 1리 1갑의 일을 담당하게 하되,[19] 선후의 순서는 정·량[20]의 다과로 결정하였다. 10년을 1주기로 하였는데 이를 배년(排年)[21]이라 하였다. 성(城)에서는 방(坊), 성 근교에서는 상(廂), 향(鄕)과 도(都)[22]에서는 리(里)라고 하였다.[23] 리마다 황책(黃冊)을 만들었는데 책

15) 명초에는 원의 구제(舊制)를 이어 중앙의 중추기관으로 기능했지만, 홍무 13년(1380) 좌승상 호유용(胡惟庸)의 모반 사건을 계기로 혁파되었다. 이후 국정은 황제 직속의 육부(六部)가 분담하였다.

16) 이에 대한 기사는 『太祖實錄』 홍무 3년 2월 癸酉 條와 萬曆 『大明會典』 권20, 「戶部 7」, 戶口 2, 黃冊 등에 실려 있다. 그런데 보관 대상은 '천하호구부적(天下戶口賦籍)', 보관 장소는 '내고(內庫)'였다.

17) 줄여서 황책(黃冊)이라고도 하는데, 이는 단순한 호적부가 아니라 전부(田賦)를 거두고 요역(徭役)을 할당하는 데에 필요한 자료를 획득하기 위하여 만들어진 부역대장(賦役臺帳)이다. 명대에는 각지의 이갑(里甲)이 황책의 편성 주체가 되어, 기본적으로 10년마다 한 번씩 대조지년(大造之年)에 사주식(四柱式)의 원칙하에 개정하여, 존류책(存留冊) 즉 저책(底冊)과는 별도로 진정책(進呈冊) 즉 정책(正冊)을 남경호부(南京戶部)에 보낸 뒤 후호(後湖)에 보관하였다. 그 기재내용은 적별(籍別), 정구수(丁口數) 외에 특히 토지를 비롯한 각종 재산 상황 등이 포함되었다.

18) 갑수호(甲首戶) 10호를 뜻한다. 본문에서는 10'인'이라고 했지만 부역의 대상이 되는 이갑은 정(丁)이 아닌 호(戶)를 단위로 하고 있으므로 엄밀히 말한다면 10'호'라고 해야 옳다. 다만 실제로는 각 호마다 그 정수(丁數)의 다과에 상관없이 이갑의 역은 1호의 몫만이 할당되기 때문에 '인'[人丁]이라고 해도 '호'와 동일한 의미를 지니게 된다.

19) 이 부분은 이장(里長) 1인이 1리(里), 갑수(甲首) 1인이 1갑(甲)의 일을 담당한다는 뜻이겠으나, 갑수의 인수(人數) 문제 등과 관련하여 다소 오해의 소지가 있다. 『太祖實錄』 홍무 14년 정월 조의 관련 기사를 보면, "歲役里長一人, 甲首十人, 管攝一里之事"라 하여 이장 1인과 갑수 10인이 공동으로 1리의 역을 담당하도록 되어 있다.

20) 萬曆 『大明會典』 권20, 「戶部 7」, 戶口 2, 黃冊에는 "先後, 則各以丁數多寡爲次"라 하여 '糧'이라는 항목은 빠져 있다.

21) 배(排)는 배열(排列)의 뜻이다. 『續文獻通考』 권20, 「戶口考」 丁中 條에 "이장의 역을 돌아가며 맡는데 10년이 되면 다시 시작하기 때문에 배년(排年)이라 한다"고 하였다. 정해진 순서에 따라 윤번(輪番)으로 교체하면서 담당한다는 말이다. 흔히 배년이란 그 해에 이갑역(里甲役)을 담당하는 현년(見年=現年) 혹은 해년(該年)이 아닌 차례를 기다리는 나머지 이갑호(里甲戶)를 뜻한다.

머리에 총괄한 도표[24] 하나가 그려져 있었다. 환과고독(鰥寡孤獨)[25]으로서 역을 맡지 않은 자들은 10갑의 뒤에 덧붙여 기령(畸零)[26]으로 삼았다. 승려와 도사에게는 도첩(度牒)[27]을 주었는데, 토지를 소유한 자는 민호(民戶)와 마찬가지로 황책에 편성하여 부역을 부과하였으며, 토지가 없는 자는 기령으로 삼았다. 10년마다 유사는 황책을 개정하였는데[28], 정·량의 증감을 기준으로 조정을 가하였다.[29] 황책은 모두 네 부였는데, 한 부는 호부에 올리고, 나머지 세 부는 포정사(布政司)[30]·부(府)·현(縣)에 각각 하나씩 보관하였다.[31] 호부에 올린 것은 책표지가 황색 종이[32]였기 때문

22) 현(縣) 아래에 향(鄕)으로 나누는 것은 한대(漢代) 이래로 시행되어 왔지만, 도(都)라는 명칭은 송대(宋代)에 왕안석(王安石)이 보갑법(保甲法)을 실시하면서 도보(都保)라는 이름을 사용한 데에서 유래한다. 남송(南宋) 중기 이후 각지로 보급되었는데, 명대에는 주로 화중(華中) 일대에서 사용되었다.

23) 방(坊)·상(廂)·리(里)는 위치에 따른 호칭의 차이에 불과하다. 즉 성곽 안에 있는 리가 방, 그 성벽 밖으로 인호(人戶)의 거주지가 확산되어 형성된 리가 상이다. 또 향촌에서도 지역에 따라 리 대신에 도(圖)·사(社)·보(保)·둔(屯) 등의 이름을 사용하기도 하였다.

24) 역을 할당하는 데에 편리하도록 각 리의 총 호구와 세량(稅糧)의 수 등을 적어놓은 도표를 가리킨다.

25) 환(鰥)은 무처(無妻), 과(寡)는 무부(無夫), 고(孤)는 무부(無父), 독(獨)은 무자(無子)를 가리키지만, 여기에서는 부역의 의무가 없는 자로 구성된 호를 가리킨다.

26) 기(畸)란 원래 정전(井田)을 구획하고 남은 경지를 말하는데 우수리의 뜻으로 전이되었다. 도미(圖尾)라고도 불리는 기령호(畸零戶)는 응역(應役)의 대상으로서 이갑에는 포함되지 않지만, 행정상의 구획으로서의 리에는 편입되었다. 따라서 1리에는 대개 정관호(正管戶) 110호 외에 일정 수의 대관호(帶管戶)가 포함된다.

27) 승려와 도사에게 관에서 발급하여 주는 일종의 신분증명서이다. 명대에는 대체적으로 3년마다 시험을 쳐서 일정수의 합격자에게 예부에서 도첩을 주었다. 萬曆『大明會典』 권104, 「禮部 62」, 僧道 條 참조.

28) 이갑의 역이 일순하는 것이 10년이기 때문에 마지막 해에 그간의 변화를 모아 개정하도록 규정되었다. 명대에는 세 번째 대조지년(大造之年)이 되던 해에 정난(靖難)의 변(變)이 일어나 1년 연기된 것을 제외하면 정확히 10년마다 황책이 찬조(攢造)되어 명말까지 모두 27차례 개정되었다.

29) 이장호(里長戶)와 갑수호(甲首戶) 그리고 기령호(畸零戶)의 구별 및 상중하의 호등(戶等) 구별 등을 말한다. 「식화 2」 부역(賦役) 조 참조.

30) 정식명칭은 승선포정사사(承宣布政使司)이다. 성(省)에 상당하는 명대의 행정기구로서 한 성의 호구·토지·부역·둔전·수리·역로(驛路) 등의 행정사무를 담당하였다. 선덕 3년(1428) 남북 양경(兩京) 외에 전국에 모두 13개의 포정사(布政司)를 두었다.

31) 한편 같은 내용을 싣고 있는 萬曆『大明會典』 권20, 「戶部 7」 戶口 2, 黃冊에는 "포정

에 황책이라 부르게 되었다.[33] 연말에 중앙[34]으로 바치면 후호(後湖)[35]의 동(東)·서(西) 두 책고(冊庫)로 보내 보관하였다. 해마다 호과급사중(戶科給事中)[36] 1인, 어사(御史)[37] 2인, 호부주사(戶部主事)[38] 4인에게 명하여 틀리거나 빠진 것을 바로 잡게 하였다. 그 후 황책은 구문(具文)[39]이 되어버려, 유사가 세를 징수하고 요역을 편성할 때는 스스로 책 한 부를 만들었는데 이를 백책(白冊)[40]이라 불렀다고 한다.

사 및 부주현(府州縣)에 각각 1부를 남겼다"고 하여 주책(州冊)을 추가하고 있다. 원문에 주책이 생략된 것은 주가 현과 동급이기 때문일 것이다.

32) 萬曆『大明會典』권20,「戶部 7」戶口 2, 黃冊의 홍무 24년 '攢造黃冊格式'에는 "진정책(進呈冊)은 황색 표지를 사용하고, 포정사와 부주현책은 청색 종이를 사용한다"고 하였다.

33) 이 부분은 황책(黃冊)의 어원에 대한 고전적인 언급으로서 홍무 24년에 나온 규정이지만, 실제로는 홍무 14년에 이미 부역황책(賦役黃冊)을 편조(編造)하라는 명이 하달된 바 있다. 이와 관련하여 명 장선(張瑄)은『疑耀』권2,「黃冊」에서 당 개원(開元) 연간에 남녀가 처음 태어나면 황(黃)이라고 호적에 등기했다고 하면서 이것이 황책이란 명칭의 유래라고 주장하였다. 결국 명대에 황책이 출현하기 전부터 황이란 글자는 호적 및 인구와 관련된 뜻을 내포하고 있었던 것이다.

34) 남경호부(南京戶部)를 가리킨다. 북경 천도 이후에도 황책의 관리는 남경호부가 담당하였다. 즉 황책은 남경호부로 이송된 뒤 후호(後湖)의 책고(冊庫)에 수장했던 것이다.

35) 명대에 황책고(黃冊庫)의 대명사로 사용되었지만 실제로는 남경 현무호(玄武湖)의 별칭으로 고(庫)는 그 중주(中洲)에 있었다.

36) 급사중(給事中)은 이호예병형공(吏戶禮兵刑工)의 육과(六科)로 나뉘어 각각의 관할 아문에 대하여 칙서와 주장(奏章)을 검열하여 이를 베끼고, 또 각 아문의 정무를 감찰하여 그 비위(非違)를 규찰하고 탄핵하는 일을 그 주요한 임무로 하고 있었다. 호과급사중(戶科給事中)은 광록시(光祿寺)에 들어오는 금곡(金穀) 및 갑자고(甲子庫) 등 10고(庫)의 전초(錢鈔)와 잡물(雜物)을 감찰하였다. 선덕 8년에는 황책에 관한 일을 전담하는 호과급사중을 늘려 설치했다.『明史』권74,「職官 3」참조.

37) 어사(御史)에는 여러 종류가 있지만 여기서는 감찰어사(監察御史)를 가리킨다. 명초에는 어사대(御史臺)에 속하였지만 후에 도찰원(都察院)에 예속되었다. 절강(浙江) 이하 13도(道)로 나뉘어 각각의 관할 관료의 부정을 규찰하는 것이 주요 임무였다.

38) 주사(主事)는 육부(六部)의 사무관을 가리킨다. 호부주사(戶部主事)는 13청리사(清吏司)마다 1인 내지 7인이 두어졌는데 낭중(郎中)과 원외랑(員外郎)의 밑에 있었다.

39) 형식만 갖추었을 뿐 실질적인 내용이 없는 글을 가리킨다. 특히 황책의 내용 가운데 인구 방면에 관한 사항은 10년 전의 통계를 그대로 답습하여 갈수록 실제의 수와 유리되는 폐해가 나타나게 된다.

40) 실징책(實徵冊)의 별칭이다. 호부에 올리는 정책(正冊)인 황책 외에 지방에 남기는 저책(底冊)은 표지가 청색이었으므로 청책(青冊)이라고도 불렀다고 하는데, 그에 반하여 백책(白冊) 즉 실징책은 지방관이 10년마다 개정되는 황책과는 달리 매년 스스로 만들어 부역

원문 凡戶三等：曰民, 曰軍, 曰匠. 民有儒, 有醫, 有陰陽. 軍有校尉, 有力士, 弓、鋪兵. 匠有廚役、裁縫、馬船之類. 瀕海有鹽竈. 寺有僧, 觀有道士. 畢以其業著籍. 人戶以籍爲斷, 禁數姓合戶附籍. 漏口、脫戶, 許自實. 里設老人, 選年高爲衆所服者, 導民善, 平鄕里爭訟. 其人戶避徭役者曰逃戶. 年饑或避兵他徙者曰流民. 有故而出僑於外者曰附籍. 朝廷所移民曰移徙.

옮김譯 대개 호(戶)에는 민호(民戶)·군호(軍戶)[41]·장호(匠戶)[42]의 세 가지가 있었다. 민호에는 유(儒)[43]·의(醫)[44]·음양(陰陽)[45]이 있었다. 군호에는 교위(校尉)[46]·역사(力士)[47]·궁병(弓兵)[48]·포병(鋪兵)[49]이 있었다. 장호에는 주역(廚役)[50]·재봉(裁縫)[51]·마선(馬船)[52] 따위가 있었으

을 할당·징수하는 데 사용하였다. 강남 일대에서 주로 사용되었던 것으로 알려져 있다.

41) 내외의 위소(衛所)에 소속되어 군인이 된 자 및 죄를 지어 충군(充軍)된 자 등으로서, 한번 군호(軍戶)로 편성되면 대대로 군역(軍役)을 담당하였다.

42) 각종 직역(職役)을 담당하는 호(戶)로서 공부(工部)의 소관이다. 그 장정(壯丁)이 윤번(輪番)으로 관부(官府)의 공작(工作)에 종사하였다. 상세한 것은 「식화 2」 부역 항 참조.

43) 유호(儒戶)란 원대에 '유인호(儒人戶)'를 잡호(雜戶)로 규정하여 일반 민호(民戶)와는 별도로 구분하던 구례(舊例)를 이어 명초에 설정되었던 것 같으나 그 후의 사정은 분명하지 않다.

44) 태의원(太醫院)의 소관에 속하는 의사(醫士)·의생호(醫生戶)로서 세습하였다.

45) 흠천감(欽天監) 소속의 천문생(天文生)·음양인(陰陽人)의 호(戶)로서 대대로 천문(天文)과 역산(曆算)을 업으로 삼았다.

46) 명초에는 공위사(拱衛司)에 속하였는데 후에 금의위(錦衣衛) 소속으로 바뀌었다가 진무사(鎭撫司)에 고쳐 예속시켰다. 어가(御駕)와 시위(侍衛) 등을 담당하였다.

47) 명초에는 기수위(旗手衛)에 속하였다가 후에 금의위(錦衣衛)에 소속되어 호종(扈從)과 의장(儀丈) 등을 담당하였다.

48) 각 부주현의 관진(關津)이나 요해처(要害處)에 설치한 순검사(巡檢司)에 소속되어 그 경비를 맡는 자를 가리킨다.

49) 포병(鋪兵)이라고도 하는데 원칙적으로 10리마다 설치한 급체포(急遞鋪)에 소속되어 공문서의 체송(遞送)을 담당하는 자를 가리킨다.

50) 광록시(光祿寺), 태상시(太常寺) 또는 제왕부(諸王府)에 소속되어 사주(司廚) 일을 담당하는 자를 뜻한다.

51) 공부(工部) 또는 내부(內府)의 상의감(尙衣監) 등에 소속되어 재봉의 일을 담당하는 자를 말한다.

52) 운하에서 관물(官物)을 운송하는 관선(官船)을 마쾌선(馬快船)이라 하였는데, 일종의

며, 바닷가에는 염조(鹽竈[53])가 있었다. 불사(佛寺)에는 승려가 있었고, 도관(道觀)에는 도사가 있었다.[54] 모두 그 직업별로 적(籍)에 올렸다. 인호는 적으로 구분하되, 여러 성(姓)이 1호로 합쳐 적에 올리는 것은 금하였다.[55] 누구(漏口)[56]와 탈호(脫戶)[57]는 자진신고 하도록 해주었다. 리에는 노인을 두었으니, 나이가 많고 사람들이 따를 만한 인물을 뽑아 백성을 선도하고 향리의 쟁송(爭訟)을 조정하게 하였다.[58] 요역을 기피한 인호를 도호(逃戶)[59]라 하였다. 기근이나 전란을 피하여 다른 곳으로 이주한 자를 유민(流民)이라 하였다. 사정이 있어서 외지로 나아가 머무르는 자를 부적(附籍)이라 하였다. 조정에서 이주시킨 백성을 이사(移徙)라 하였다.

원문 凡逃戶, 明初督令還本籍復業, 賜復一年. 老弱不能歸及不願歸者, 令在所著籍, 授田輸賦. 正統時, 造逃戶周知冊, 核其丁糧.

옮김 譯 도호는 명초(明初)[60]에 본적(本籍)으로 되돌아가 생업에 복귀하도록 독촉하였고, 1년 간 요역을 면제해주었다. 늙거나 쇠약하여

차역(差役)이라 할 수 있는 배를 젓는 민부(民夫)를 마선(馬船)이라 하였다.

53) 조호(竈戶)라고도 불린다. 도전운염사사(都轉運鹽使司) 또는 염과제거사(鹽課提擧司)에 소속되어 제염(製鹽)에 종사하는 자이다.

54) 승려는 승록사(僧錄司), 도사(道士)는 도록사(道錄司) 소관이었다.

55) 『大明律』 「戶律」 戶役 條에 "타인과 호(戶)를 합하여 호적에 올리는 경우 부역이 있는 자는 장 100, 부역이 없는 자는 장 70을 때리고, 이를 은닉하는 자도 동죄에 처하는 동시에 호적을 원래대로 개정한다"고 하였다. 다만 친속(親屬)의 경우는 관의 허가 하에 합호(合戶)가 가능하였다.

56) 호내(戶內)의 구성원 일부를 호적에서 누락시키는 행위를 가리킨다.

57) 한 호 전부가 부적(附籍)하지 않는 행위를 가리킨다.

58) 이노인(里老人)의 직책에 대하여 가장 상세한 규정을 담고 있는 것은 홍무 31년(1398) 3월에 발포된 「敎民榜文」이다. 이에 의하면 이노인의 주요 임무는 평송(平訟)과 교화(敎化) 및 권농(勸農) 등이었다.

59) 단순히 요역을 피한 것이 아니라 몰래 타지로 이주한 자를 말한다. 『大明律』, 「戶律」, 戶役 條의 "민호(民戶) 가운데 인근 주현으로 도망가서 차역을 피한 자"에 해당한다.

60) 홍무 23년(1390) 국자감생(國子監生)으로 하여금 각 부주현의 관원과 함께 도호(逃戶)를 조사하여 원적(原籍)으로 되돌린 일을 말한다. 萬曆 『大明會典』 권19 「戶部 6」 逃戶 조 참조.

되돌아갈 수 없는 자와 되돌아가기를 원치 않는 자는 현재 살고 있는 곳에서 적에 올리고, 토지를 주어 조세를 내게 하였다. 정통(正統) 연간 도호주지책(逃戶周知冊)[61]을 만들어 그 정・량을 조사하였다.

원문 凡流民, 英宗令勘籍, 編甲互保, 屬在所里長管轄之. 設撫民佐貳官, 歸本者, 勞徠安輯, 給牛、種、口糧. 又從河南、山西巡撫于謙言, 免流民復業者稅. 成化初, 荊、襄寇亂, 流民百萬. 項忠、楊璿爲湖廣巡撫, 下令逐之, 弗率者戍邊, 死者無算. 祭酒周洪謨著流民說, 引東晉時僑置郡縣之法, 使近者附籍, 遠者設州縣以撫之. 都御史李賓上其說. 憲宗命原傑出撫, 招流民十二萬戶, 給閒田, 置鄖陽府, 立上津等縣統治之. 河南巡撫張瑄亦請輯西北流民. 帝從其請.

옮김 譯 유민은 영종(英宗)이 영(令)을 내려 적(籍)을 조사하여 갑(甲)으로 편성하여 서로 보증토록 하고, 현지의 이장[62]에게 맡겨 이들을 관할하도록 하였다. 무민좌이관(撫民佐貳官)[63]을 설치하여 귀농한 자들을 어루만져 편안하게 살도록 하였고, 소・종자・양식을 지급해주었다. 또 하남(河南)・산서순무(山西巡撫)[64] 우겸(于謙)[65]의 말에 따라 유민 가운데

---

61) 萬曆『大明會典』「逃戶」조에 실린 정통 원년의 영에 의하면 정식명칭은 '도호주지문책(逃戶周知文冊)'이라 하는데, 이 해에 북직예(北直隷)・남직예(南直隷)・산동(山東)・산서(山西)・하남(河南)・섬서(陝西)・호광(湖廣)에서 만들어져 도호(逃戶)의 향리・성명・남부(男婦)의 구수(口數)・군민장조(軍民匠竈) 등의 호적 및 남겨진 토지와 세량(稅糧), 원적(原籍)에서 양차(糧差)를 부담해야 할 인정(人丁)의 유무 등을 등록한 것으로, 호적의 원부인 황책과는 별도로 임시적으로 작성된 것인 듯하다.

62) 원문에는 '갑장(甲長)'으로 되어 있으나, 『會典』과 『實錄』 모두 '이장(里長)'으로 되어 있다. 문맥상으로 볼 때에도 유민(流民)만으로 갑(甲)을 편성하였으므로, 갑보다 상급의 리(里)에서 통할하는 것이 이치에 맞으며, 더욱이 당시에는 갑수(甲首)의 명칭은 있어도 갑장이라는 명칭은 없었다. 따라서 '甲'은 '里'의 잘못이라고 보아야 할 것이다.

63) 좌이관(佐貳官)이란 지방장관의 보좌관으로 포정사의 참정(參政), 부주(府州)의 동지(同知), 현(縣)의 현승(縣丞) 등이 이에 해당한다. 결국 무민좌이관(撫民佐貳官)은 좌이관이란 신분을 가지고 관내 도민(逃民)의 초무(招撫)를 전담하는 자를 말한다.

64) 순무(巡撫)는 총독(總督)과 함께 명청(明淸)시대의 지방장관이다. 명초 행중서성(行中書省)을 폐지한 이후 지방에는 도지휘사(都指揮使)・포정사(布政使)・안찰사(按察使)를

생업에 복귀한 자에게는 세를 면제해주었다.[66] 성화(成化) 초 형(荊)·양(襄)[67]지역에 유구(流寇)의 난[68]이 일어났는데, 유민이 100만이나 되었다. 항충(項忠)[69]과 양선(楊璿)[70]을 호광순무(湖廣巡撫)로 삼아 그들을 내쫓도록 하고, 따르지 않는 자는 변방에 수(戍) 자리를 보냈는데, 죽은 자가 셀 수 없을 정도로 많았다.[71] 좨주(祭酒)[72] 주홍모(周洪謨)[73]가 「유민설(流民說)」

두어 각각 군사·행정·감찰의 일을 분담시켰으나, 중기 이후 총독과 순무를 두어 지방정치를 통할시키기에 이르렀다. 다만 양자 모두 경관(京官)이 지방을 순찰한다는 형식을 취하고 있었으므로, 관명(官名)이라기보다는 직명(職名)이었다. 순무의 명칭은 이미 홍무 24년(1391)에 보이지만, 위와 같은 의미에서의 순무는 선덕 5년(1430)에 우겸(于謙)·주침(周忱) 등 정신(廷臣) 6명을 육부의 시랑관(侍郎官)으로 임명하고 지방에 상주시켰던 데에서 시작한다.

65) 우겸(于謙, 1398~1457)은 절강(浙江) 전당(錢塘) 출신이다. 영락 19년(1421)에 진사(進士)가 되었다. 선덕 5년 하남산서순무(河南山西巡撫)가 되었지만, 정통 5년(1440) 죄를 얻어 하옥되었다가 얼마 후 다시 하남산서순무가 되어 13년까지 순무직을 역임하였다. 토목(土木)의 변(變)이 일어나자 경태제(景泰帝)를 옹립하고 에센의 군대를 물리치는 공을 세웠지만, 영종의 복벽(復辟)과 함께 기시(棄市)에 처해지고 말았다.

66) 『英宗實錄』 正統 10년 8월 丙戌 조에 우겸의 상주에 따라 도민(逃民) 가운데 생업에 복귀한 자의 세량(稅糧)과 차역(差役)을 다음 해부터 3년간 면제해주었다는 기사가 있다.

67) 형(荊)은 형주부(荊州府), 양(襄)은 양양부(襄陽府)로서 모두 호광(湖廣)에 있다. 이 두 부의 배후에 걸쳐있는 호광(湖廣)·사천(四川)·섬서(陝西)의 경계를 이루는 산악지대는 명초부터 거주를 금지하였지만, 선덕·정통 연간부터 사방에서 유민이 이주하여 들어왔다. 결국 관측(官側)의 금산(禁山)정책과 원적발환주의(原籍發還主義)의 강행은 이들의 큰 저항을 받기에 이르렀다.

68) 천순 8년(1464)부터 성화 2년(1466)에 걸쳐서 일명 천근(千斤)이라 불린 유통(劉通)과 화상(和尚)인 석룡(石龍) 등의 반란, 성화 6년 겨울부터 7년 가을에 걸쳐 이원(李原) 등의 반란이 계속 일어났다.

69) 항충(項忠, 1421~1502)은 정통 7년(1442)에 진사로 환도(宦途)에 올라 병부상서(兵部尚書)에까지 이르렀다. 성화 6년 11월에 도찰원우부도어사(都察院右副都御史)의 직함으로 총독하남호광형양군무(總督河南湖廣荊襄軍務)에 임명되어 형양(荊襄)지역의 반란을 진압하는 최고책임자가 되었다. 원문에 호광순무(湖廣巡撫)가 되었다고 하였지만 그 근거는 없다.

70) 양선(楊璿, ?~1474)은 정통 연간에 진사가 된 뒤 하남순무(河南巡撫)에까지 올랐다. 성화 4년(1468) 3월에 호부우시랑(戶部右侍郎) 겸 도찰원우부도어사(都察院右副都御史)의 직함으로 무치형양남양등유민(撫治荊襄南陽等流民)에 임명되었지만 호광순무(湖廣巡撫)가 되었던 적은 없다. 참고로 부언하면, 이 당시의 호광순무는 오침(吳琛)이었다.

71) 『憲宗實錄』 成化 7년 11월 己未 조에 의하면 이 반란 진압의 결과 산을 내려와 본업으로 복귀한 자가 50만 7,700명, 체포된 주모자가 286명, 사형에 처해진 자가 640명, 사형에서 감형되어 충군(充軍)된 자가 그 가족을 포함하여 3만 300인에 달했다고 한다.

을 지었는데[74] 동진(東晉) 때 군현(郡縣)을 임시로 설치한 법[75]을 원용하여 본적이 가까운 곳에 있는 자는 그 본적에 덧붙여 올리고, 먼 곳에 있는 자는 주현(州縣)을 설치하여 그들을 위로하고 달래도록 하자고 하였다. 도어사(都御史) 이빈(李賓)[76]이 그 글을 황제에게 올렸다. 헌종(憲宗)은 원걸(原傑)[77]에게 명하여 현지에 나아가 위로하고 달래어 유민 12만 호를 불러 모아 주인 없는 땅[閒田]을 지급[78]하고, 운양부(鄖陽府)를 설치하고 상진(上津) 등의 현(縣)을 두어 그들을 다스리도록 하였다.[79] 하남순무(河南巡撫) 장선(張瑄)[80]도 서북(西北)의 유민을 불러 모을 것을 청하였다. 황제가 그 청을 받아들였다.

72) 국가최고학부인 국자감(國子監)의 장관으로서 종4품이었다.

73) 주홍모(周洪謨, 1430～1491)는 정통 연간에 진사가 된 뒤 예부상서(禮部尙書)에까지 이른 뒤 태자소보(太子少保)를 겸하였다.

74) 주홍모(周洪謨)가 「流民說」을 지은 시기는 분명치 않으나, 그 대략의 내용은 『明史紀事本末』 권38, 「平鄖陽盜」와 『孝宗實錄』 弘治 4년 2월 庚午 조에 보이는데, 동진(東晉) 시대에 형주(荊州) 땅에 송자현(松滋縣), 양양(襄陽) 땅에 남옹주(南雍州)가 교치(僑置)된 예를 들고 있다.

75) 진(晉)의 남도(南渡) 후 북방에서 대거 이주한 사람들이 강남 지역에 북방의 행정기구를 그대로 재현하고 여기에 출신지의 군현(郡縣) 명칭을 덧붙인 전례를 가리킨다.

76) 이빈(李賓, 1436～1505)은 정통 연간에 진사가 된 이후 도찰원좌도어사(都察院左都御史)까지 승진하였다가 태자소보(太子少保)를 겸하였다.

77) 원걸(原傑, 1417～1477)은 정통 10년(1445)에 진사가 된 이후 남경병부상서(南京兵部尙書)에까지 승진하였으나, 부임 직전 사망하였다.

78) 이 기사는 『憲宗實錄』 成化 12년 5월 丁卯 조에 보인다. 당시 원걸은 도찰원좌부도어사(都察院左副都御史)의 직함으로 무치형양등처유민(撫治荊襄等處流民)에 임명되었다. 한편 『實錄』의 同年 同月 己丑 조에 보이는 원걸의 보고에 의하면 유민의 수는 11만 3,317호에 43만 8,644구(口)였다.

79) 『憲宗實錄』 成化 12년 12월 己丑 조와 『明史』 권159, 「原傑傳」 등에 의하면 당시 양양부(襄陽府)로부터 운(鄖)·방(房)·죽산(竹山)·상진(上津) 등 4현(縣)의 땅을 잘라 운양부(鄖陽府)를 만들고, 그 관내에 죽계(竹谿)·운서(鄖西)·백하(白河) 등 3현을 신설하는 동시에 별도로 운양(鄖陽)에 호광행도지휘사사(湖廣行都指揮使司)를 두어 유사시에 대비하였다.

80) 장선(張瑄, 1417～1494)은 정통 7년(1442) 진사 출신으로 남경형부상서(南京刑部尙書)에까지 올랐다. 성화 10년(1474) 6월 도찰원우부도어사(都察院右副都御史)의 직함으로 순무하남(巡撫河南)에 임명되어 13년 8월까지 재직하였다.

원문 凡附籍者, 正統時, 老疾致仕事故官家屬, 離本籍千里者許收附, 不及千里者發還. 景泰中, 令民籍者收附, 軍、匠、竈役冒民籍者發還.

옮김譯 부적(附籍)의 경우에는 정통 연간에 노질(老疾)로 치사(致仕[81])한 관(官)과 사고관(事故官[82])의 가속(家屬)으로 본적에서 천 리가 넘게 떨어진 자는 부적하는 것을 허락하였고, 천 리가 되지 않는 자는 본적으로 돌려보냈다. 경태(景泰) 연간에는 민적(民籍)에 올라 있는 자도 부적할 수 있게 했으나 군역(軍役)·장역(匠役)·조역(竈役)으로 민적을 사칭한 자는 본적으로 돌려보냈다.

원문 其移徙者, 明初, 嘗徙蘇、松、嘉、湖、杭民之無田者四千餘戶, 往耕臨濠, 給牛、種、車、糧, 以資遣之, 三年不征其稅. 徐達平沙漠, 徙北平山後民三萬五千八百餘戶, 散處諸府衛, 籍爲軍者給衣糧, 民給田. 又以沙漠遺民三萬二千八百餘戶屯田北平, 置屯二百五十四, 開地千三百四十三頃. 復徙江南民十四萬於鳳陽. 戶部郎中劉九皐言 : "古狹鄉之民, 聽遷之寬鄉, 欲地無遺利, 人無失業也." 太祖採其議, 遷山西澤、潞民於河北. 後屢徙浙西及山西民於滁、和、北平、山東、河南. 又徙登、萊、青民於東昌、兗州. 又徙直隸、浙江民二萬戶於京師, 充倉脚夫. 太祖時徙民最多, 其間有以罪徙者. 建文帝命武康伯徐理往北平度地處之. 成祖覈太原、平陽、澤、潞、遼、沁、汾丁多田少及無田之家, 分其丁口以實北平. 自是以後, 移徙者鮮矣.

---

81) 치사(致仕)란 관리가 일정 연령 대개는 70세에 달하여 퇴직하는 것을 말하는데 이 경우 상당한 예우가 행해졌다. 한편 선덕 10년(1435) 조(詔)를 내려 문무관(文武官)이 나이 70이 되지 않더라도 질병으로 임직(任職)하지 못할 경우 치사를 인정해주는 동시에 잡범차요(雜泛差徭)를 면제해주도록 하였다. 萬曆『大明會典』 권13, 「吏部 12」, 致仕 조 참조.

82) 관리의 사고(事故)는 극형(極刑)·노질(老疾)·기록(紀錄)·행지(行止)로 구분된다. 이상의 네 조건으로 퇴직, 이직 혹은 제적된 자를 모두 사고관(事故官)이라 한다. 萬曆『大明會典』 권13, 「吏部 12」, 事故 조 참조.

옮김 譯 이사(移徙)의 경우에는 명초에 일찍이 소주(蘇州)·송강(松江)·가흥(嘉興)·호주(湖州)·항주(杭州)의 백성 가운데 경작할 땅이 없는 4,000여 호를 옮겨 임호(臨濠[83])에 보내 경작시키고 소·종자·수레·양식을 주어 밑천으로 삼게 하였으며, 3년 동안 세를 징수하지 않았다. 서달(徐達[84])이 사막을 평정하고 북평산후(北平山後[85])의 백성 3만 5,800여 호를 옮겨 여러 부위(府衛)에 분산시켰는데, 군호에게는 의복과 양식을 주었고 민호에게는 경작할 땅을 주었다. 또 사막의 유민(遺民[86]) 3만 2,800여 호를 북평(北平)에서 둔전(屯田)시켜 254곳에 둔(屯)을 설치하고 1,343경(頃)의 땅을 개간토록 하였다.[87] 다시 강남(江南)의 백성 14만을 봉양(鳳陽)으로 이주시켰다.[88] 호부낭중(戶部郎中) 유구고(劉九皐)가 "옛날에 인구에 비해 토지가 부족한 지역[狹鄕]에 사는 백성을 인구에 비해 토지에 여유가 있는 지역[寬鄕]으로 옮겨가도록 허락한 것은, 땅을 이용하는 데 빠뜨림이 없게 하고 사람들이 생업을 잃는 일이 없도록 하기 위함이었습니다" 하니, 태조는 그 건의를 받아들여 산서(山西)의 택주(澤州)와 노

---

83) 임호부(臨濠府)는 홍무 7년(1374) 8월 봉양부(鳳陽府)로 개칭되었다. 남직예 소속으로서 오늘날 안휘성(安徽省) 봉양현(鳳陽縣) 일대의 땅에 해당된다. 이곳은 홍무제(洪武帝)의 고향이었기 때문에 홍무 2년 9월 중도(中都)로 정하기도 하였는데, 홍무제는 이 지방으로의 사민(徙民)에 특별한 관심을 보였다고 한다.

84) 서달(徐達, 1332~1385)은 명조의 개국공신으로 대표적인 무장이다. 홍무 3년(1370) 정월 우승상(右丞相)의 신분으로 정로대장군(征虜大將軍)으로 임명되어 대군을 이끌고 북정(北征)하여 막남(漠南)에 있던 북원군(北元軍)을 궤멸시켰다. 이 공에 의하여 위국공(魏國公)에 봉해졌다.

85) 북평(北平)은 홍무 2년 3월에 설치된 북평행중서성(北平行中書省)을 가리킨다. 영락 원년 정월에 북경(北京)을 세우면서 직예(直隸)가 되었다. 산후(山後)란, 북경의 배후를 동북에서 서남쪽으로 가로지르는 산맥의 서남부로서 몽골고원으로 이어지는 일대에 해당한다.

86) 명군(明軍)에 항복한 북원(北元)의 유민(遺民)을 가리킨다. 원조가 멸망할 때 북으로 철수하지 못한 몽골의 군민 및 명군이 사막으로 출격하여 거두어들인 항복한 몽골의 군민이 모두 해당된다.

87) 『太祖實錄』 洪武 4년 6월 戊申 조에 보인다.

88) 이 일이 일어난 시기는 담희사(譚希思)의 『皇明大政纂要』 권4에 의하면 홍무 7년(1374) 10월이다. 한편 14만이란 수치는 후의 봉양부(鳳陽府) 호구수(戶口數)를 감안해 보면 호수(戶數)가 아니라 구수(口數)로 보아야 할 것이다.

주(潞州)의 백성을 황하의 이북[89]으로 옮기게 하였다. 그 후에도 여러 차례에 걸쳐 절서(浙西)[90]와 산서의 백성을 저주(滁州)·화주(和州)·북평, 산동(山東), 하남(河南)으로 이주시켰다.[91] 또 등주(登州)·내주(萊州)·청주(青州)의 백성을 동창(東昌)과 연주(兗州)로 이주시켰다.[92] 그리고 직예(直隸)[93]와 절강(浙江)의 백성 2만 호를 경사(京師)로 이주시켜, 창각부(倉脚夫)[94]에 충당하였다. 태조(太祖) 연간에 사민(徙民)이 가장 많았는데, 그 가운데에는 죄를 지어 유배된 자도 있었다.[95] 건문제(建文帝)는 무강백(武康伯) 서리(徐理)[96]에게 명하여 북평에 가서 현지의 상황을 조사한 뒤 죄를 지어 유배된 자들을 그곳에 살도록 하였다.[97] 성조(成祖)는 태원(太原)·평양(平陽)·택주(澤州)·노주(潞州)·요주(遼州)·심주(沁州)·분주(汾州) 지방에서 인정(人丁)은 많지만 경작할 땅이 적거나 없는 집을 조사하여, 그 정구(丁口)를 나누어 북평을 채웠다.[98] 이 이후 이사(移徙)는 드물어졌다.

---

89) 『實錄』에서는 두 주(州)의 천거민(遷居民)의 거주지에 개봉부(開封府)의 귀덕주(歸德州) 및 태강현(太康縣)을 포함시켜 황하의 이남에도 미치고 있다. 따라서 본문의 '황하의 이북'은 『明史』 권3, 「太祖本紀」 洪武 21년 8월 조에서와 같이 '황하의 남과 북'으로 고쳐야 할 것이다.

90) 송대의 절서로(浙西路)가 있던 지역이다. 전당강(錢塘江) 하류에서 항주만(杭州灣)의 북쪽에 걸쳐 있는 델타지대에 해당한다. 『太祖實錄』 洪武 22년 4월 己亥朔 조에 관련 기사가 보인다.

91) 『太祖實錄』 洪武 22년 9월 甲戌 조에 산서(山西)의 민(民)을 모집하여 북평(北平)·산동(山東)·하남(河南)의 황무(荒蕪)의 땅에 이주시킨 기사가 보인다.

92) 이 기사 내용은 『太祖實錄』의 洪武 연간에는 보이지 않고, 『太宗實錄』 永樂 10년 정월 己未 조에 있기 때문에 연대가 잘못 표기된 것으로 보인다.

93) 남직예를 지칭한다. 오늘날의 강소(江蘇)와 안휘(安徽) 두 성(省)의 대부분을 포괄한다.

94) 경사(京師)에 있는 각 양창(糧倉)의 부역(夫役)에 윤번으로 임하는 자를 말한다.

95) 명대의 유죄(流罪)에는 안치(安置)·천사(遷徙)·구외위민(口外爲民)·충군(充軍)으로 나뉘어져 있었다. 여기에서 말한 죄사(罪徙)는 천사나 구외위민으로서 각지로 이주되어 둔전(屯田) 경작하는 자를 말한다.

96) 서리(徐理, ?~1408)는 명초의 무장으로 정난(靖難)의 변이 일어나자 성조 영락제(永樂帝)에 협력하였다. 그 공에 의하여 도독첨사(都督僉事)로 승진한 뒤 무강백(武康伯)으로 봉해졌다.

97) 이 기사에 해당되는 내용은 『太宗實錄』 洪武 35년 9월 乙巳 조에 보인다. 하지만 이 사실은 물론이려니와 서리가 무강백으로 봉을 받은 것도 모두 건문제(建文帝)의 사후에 벌어진 일이기 때문에 본문에서 건문제가 명했다는 내용은 앞뒤가 맞지 않는다.

원문

初, 太祖設養濟院收無告者, 月給糧, 設漏澤園葬貧民, 天下府州縣立義冢. 又行養老之政, 民年八十以上賜爵. 復下詔優恤遭難兵民. 然懲元末豪强侮貧弱, 立法多右貧抑富. 嘗命戶部籍浙江等九布政司、應天十八府州富民萬四千三百餘戶, 以次召見, 徙其家以實京師, 謂之富戶. 成祖時, 復選應天、浙江富民三千戶, 充北京宛、大二縣廂長, 附籍京師, 仍應本籍徭役. 供給日久, 貧乏逃竄, 輒選其本籍殷實戶僉補. 宣德間定制, 逃者發邊充軍, 官司鄰里隱匿者俱坐罪. 弘治五年始免解在逃富戶, 每戶徵銀三兩, 與廂民助役. 嘉靖中減爲二兩, 以充邊餉. 太祖立法之意, 本倣漢徙富民實關中之制, 其後事久弊生, 遂爲厲階.

옮김 譯

국초(國初)에 태조는 양제원(養濟院)[99]을 설치하여 의지할 곳이 없는 자들을 수용하여 매월 식량을 지급해주고, 누택원(漏澤園)[100]을 두어 빈민을 장사 지내주었으며, 천하의 부주현(府州縣)에 의총(義冢)[101]을 세우게 하였다. 또 노인을 봉양하는 정치를 표방하여 80세가 넘은 민[102]에게는 작호(爵號)를 내렸다. 다시 조(詔)를 내려 재난을 입은 군민을 구휼케 하였다.[103] 한편 원말(元末)에 호강(豪强)들이 가난하고 약

98) 이 기사는 『太宗實錄』 洪武 35년 9월 乙未 조에 보인다. 그에 의하면 "호(戶)마다 초(鈔)를 지급하고, 소와 농구 및 종자를 준 뒤 5년 후에 세를 거두었다"고 한다.

99) 명대 관에서 운영하던 일종의 구제기관으로 양로원과 고아원 및 요양원의 기능을 담당하였다. 홍무 5년(1372)부터 각지에 건립되기 시작하였다. 여기에 수용된 자에게는 매달 미 3되, 땔감 30근을 주고 여름과 겨울에 각기 포(布) 1필씩을 지급하였다. 어린아이에게는 어른의 1/3을 지급하였다. 『古今治平略』 권13, 「賑恤」 참조.

100) 객사한 자나 사형수 혹은 기타 공양할 이가 없이 죽은 자에 대하여 관에서 설치한 공공묘지로서, 노택원(露澤園)이라고도 하였다.

101) 개인이 일종의 자선사업의 일환으로 설치한 공공묘지이다. 물론 관에서 설치한 것도 의총(義冢)이라 부르는 경우도 있었다.

102) 『太祖實錄』 洪武 19년 6월 甲辰 조와 萬曆 『大明會典』 권80, 「禮部 38」, 養老 조 등에 실린 홍무 19년의 조(詔)를 보면 "천하의 나이 80 이상의 빈민에게는 매달 쌀·고기·술 약간을 지급하고, 부민(富民)에게는 이사(里士) 등의 작호(爵號)를 내렸으며, 90이상의 빈민에게는 여기에 비단과 솜을 추가하고 그 집은 요역을 면제해주었다"고 하였다. 따라서 본문의 '民'이란 '富民'임을 알 수 있다.

103) 『太祖實錄』 洪武 19년 6월 甲辰 조에 보인다.

한 사람들을 업신여겼던 일을 경계하여 법을 제정하는 데 대부분 빈민을 위하고 부민(富民)을 억누르도록 하였다.[104] 일찍이 호부에 명을 내려 절강 등의 9포정사(布政司)[105]와 응천(應天)[106] 등 18부주(府州)[107]의 부민[108] 1만 4,300여 호의 명부를 작성토록 하여, 차례로 이들을 불러들여 살펴보았고, 그들의 집을 옮겨 경사(京師)를 채웠는데 이들을 부호(富戶)라 하였다.[109] 성조 연간 다시 응천과 절강의 부민 3,000호를 뽑아 북경(北京)의 완평(宛平)과 대흥(大興) 두 현의 상장(廂長)으로 채우고, 경사에 부적토록 하되, 여전히 본적의 요역을 담당하도록 하였다. 공급한 날이 오래되어 가난해져서 도망하여 자취를 감추게 되면, 곧 그 본적 내의 부유한 호를 뽑아 채워넣도록 하였다. 선덕(宣德) 연간에 제도를 정해 도망한 자는 변방에 보내 충군(充軍)[110]시키고,[111] 관사(官司)와 이웃에서 은닉시켜

---

104)『太祖實錄』洪武 3년 2월 庚午 조에 의하면 홍무제(洪武帝)는 '부민(富民)은 호강(豪强)인 경우가 많은데 원대에 이들이 소민(小民)을 착취하고 향곡(鄕曲)에서 무단(武斷)하는 폐해가 많았다'는 인식하에 부민은 안분억제(安分抑制)케 하고, 빈민은 위무(慰撫)토록 하였다고 한다.

105) 절강(浙江)·강서(江西)·복건(福建)·호광(湖廣)·산동(山東)·산서(山西)·하남(河南)·섬서(陝西)와 북평(北平)의 9포정사(布政司)를 가리킨다.

106) 경사(京師) 즉 남경(南京)의 응천부(應天府)이다. 주원장(朱元璋)은 원(元) 지정(至正) 16년(1356) 집경로(集慶路)를 응천부로 개명하였다. 명초에 경사로 정했다가 정통 6년(1441)에 남경으로 삼았다. 한편 청 순치(順治) 2년(1645)에는 강녕부(江寧府)로 바뀌었다.

107) 응천(應天)·소주(蘇州)·송강(松江)·상주(常州)·진강(鎭江)·노주(盧州)·봉양(鳳陽)·회안(淮安)·양주(揚州)·휘주(徽州)·지주(池州)·영국(寧國)·태평(太平)·안경(安慶) 등 14부(府)와 광덕주(廣德州)·서주(徐州)·저주(滁州)·화주(和州) 등 4주(州)를 가리킨다.

108)『太祖實錄』洪武 30년 4월 癸巳 조에 의하면 '7경(頃) 이상의 토지소유자' 1만 4,241호(戶)를 명단을 작성한 뒤 차례대로 불러 재능에 따라 기용하였다는 내용이 있다. 이 기사를 통하여 당시 부민(富民)의 기준이 7경 이상의 토지소유였음을 알 수 있다.

109) 호부에 명을 내려 부민을 불러들인 내용은『太祖實錄』을 보면 洪武 30년 4월 癸巳 조에 보이고, 부민을 경사로 이주시킨 내용은 24년 7월 庚子 조에 보이므로 실제로는 시기도 내용도 다른 부민에 관한 기사가 한 문장 속에 뒤섞여 있음을 알 수 있다.

110) '발변충군(發邊充軍)'은 명대의 유죄(流罪)의 일종이다.『大明律』의 充軍 條例는 213에 달한다. 발변충군은 부근(附近; 1,000리)·변위(邊衛; 2,500리)·변원(邊遠; 3,000리)·극변연장(極邊烟瘴; 4,000리)으로 나뉜다.

111) 선덕 6년(1431) "경사로 입적시킨 부호가 원적으로 몰래 돌아가거나 타지로 도망가는 경우 정범(正犯)은 구외(口外)로 보내어 충군(充軍)시킨다"는 영을 내리고 있다. 萬曆

준 자에게도 모두 죄를 물었다. 홍치(弘治) 5년(1492) 처음으로 도망간 부호를 변방에 보내는 것을 면해주되, 호마다 은 3량(兩)을 징수한 뒤 이를 상민(廂民)에게 주어 역(役)의 수행에 보탬이 되도록 하였다.[112] 가정(嘉靖) 연간에는 2량으로 감하여 변방의 군량 조달에 충당했다.[113] 태조가 입법한 뜻은 원래 한(漢)이 부민을 옮겨 관중(關中)을 채운 제도를 모방[114]하는 데 있었지만, 그 후 이를 시행한 지 오래되어 폐단이 생기자 결국에는 화(禍)의 단서가 되고 말았다.

원문 戶口之數, 增減不一, 其可攷者, 洪武二十六年, 天下戶一千六十五萬二千八百七十, 口六千五十四萬五千八百十二. 弘治四年, 戶九百十一萬三千四百四十六, 口五千三百二十八萬一千一百五十八. 萬曆六年, 戶一千六十二萬一千四百三十六, 口六千六十九萬二千八百五十六. 太祖當兵燹之後, 戶口顧極盛. 其後承平日久, 反不及焉. 靖難兵起, 淮以北鞠爲茂草, 其時民數反增於前. 後乃遞減, 至天順間爲最衰. 成、弘繼盛, 正德以後又減. 戶口所以減者, 周忱謂: "投倚於豪門, 或冒匠竄兩京, 或冒引賈四方, 擧家舟居, 莫可蹤跡也." 而要之, 戶口增減, 由於政令張弛. 故宣宗嘗與羣臣論歷代戶口, 以爲"其盛也, 本於休養生息, 其衰也, 由土木兵戎", 殆篤論云.

『大明會典』 권19, 「戶部 6」 富戶 조.

112) 이 기사는 萬曆 『大明會典』 권19, 「戶部 6」 富戶 조에 실린 홍치 5년(1492)의 제준(題准)에 의한 것이다. 이러한 규정에 의하여 '부호(富戶)'라는 명목의 은납요역(銀納徭役)인 부호은(富戶銀)으로 전화하게 된다.

113) 萬曆 『大明會典』 권19, 「戶部 6」 富戶 조에 실린 가정 29년(1550)의 제준(題准)에 의거한 내용이다. 이에 의하면 부호은 가운데 400량은 완평(宛平)과 대흥(大興) 두 현의 상장(廂長)에게 급여하였다. 한편 『世宗實錄』 嘉靖 29년 3월 辛未 조에 의하면 가정 28년 알탄 칸의 침입시 이 조역은(助役銀)을 각 변방에 보내어 군비로 충당하였는데 이것이 '충변향(充邊餉)'의 기원이 된다.

114) 한대에 부민(富民)을 옮겨 관중(關中)을 채운 고사는 『漢書』 권43, 「婁敬傳」에 상세하다. 물론 그 전에 진(秦)의 시황제(始皇帝)가 천하의 부호 12만 호를 함양(咸陽)으로 이주시킨 전례가 있다. 한편 홍무제(洪武帝)가 한 고조(高祖)의 고사를 모방한 일은 『太祖實錄』 洪武 24년 7월 庚子 조에서 공부에 내린 유시 속에 보인다.

옮김 譯 호구(戶口)의 수는 증감이 한결같지 않으니, 그 가운데 참고할 만한 것은 다음과 같다. 홍무 26년 천하의 호(戶)는 1,065만 2,870이고, 구(口)는 6,054만 5,812이었다.[115] 홍치 4년에 호는 911만 3,446이었고, 구는 5,328만 1,158이었다. 만력 6년에 호는 1,062만 1,436이었고, 구는 6,069만 2,856이었다. 태조 때는 전란을 거친 후인데도 호구의 수는 오히려 가장 많았다. 그 후 평화로운 날이 오랫동안 지속되었지만, 도리어 이에 미치지 못하였다. 정난(靖難)의 역(役)[116]이 일어나 회수(淮水) 이북이 극히 황폐해졌으나, 그때 민수(民數)는 오히려 전보다 증가하였다.[117] 후에 점점 감소하여 천순(天順) 연간에 이르러서는 가장 적게 되었다.[118] 성화(成化)와 홍치 연간에는 계속 늘어나다가[119] 정덕(正德) 이후에 다시 감소하였다.[120] 호구가 감소한 까닭에 대해 주침(周忱)[121]은 "호문(豪門)에

---

115) 이하 역대의 호구수(戶口數)는 모두 萬曆『大明會典』권19, 「戶部 6」, 戶口1 戶口總數조에 실린 것을 그대로 전재한 것이다. 그런데 홍무 26년의 수치는 원래 이동(異同)이 있었다. 저본으로 삼고 있는 『明史』(中華書局, 1974)에 이미 수치가 개정된 것으로 나와 있지만 원서에는 "天下戶一千六百五萬二千八百六十"으로 되어 있었다. 한편 『太祖實錄』 홍무 24년 황책(黃冊)을 편성할 때의 호수가 1,068만 4,435호였으므로 26년의 개정된 호수와 근접함을 알 수 있다.

116) 홍무제(洪武帝)의 사후에 황태손(皇太孫) 윤문(允炆)이 건문제(建文帝)로 즉위한 뒤 삭번책(削藩策)을 취하자, 건문 원년(1399) 7월 연왕(燕王) 주체(朱棣)가 '정난(靖難)' 즉 군측(君側)의 간세(奸細)한 자를 제거한다는 명분하에 거병하여 이후 약 4년간의 내전에 돌입한 일을 가리킨다.

117) 홍무 말년에 1,062만 6,000여의 호수가 영락 원년(1403)에는 호수 1,141만 5,829, 구수(口數) 6,659만 8,000여로 증가하였다. 영락 2년에는 갑자기 하강하여 호수는 940만에서 980만 사이에서 정지하였고 구수는 5,000만에서 5,700만 사이에서 정지하였다.

118) 천순 7년(1463)의 호수는 938만 5,213, 구수는 5,637만 205였다. 이 호구수는 실제로는 영락 2년 이후의 수치와 비슷할 뿐인데 이를 가장 적었다고까지 말하는 것은 지나친 듯싶다. 더욱이 명대의 호구수는 관부에서 파악한 수치와는 별도로 계속 증가하는 추세를 보이고 있기도 하기 때문에, 이러한 결론은 다소 무리가 있다.

119) 홍치 18년(1505)에 호수는 1,297만 2,974로 증가하였다.

120) 정덕 원년(1506)에 호수는 갑자기 915만 1,773으로, 구수는 4,680만 2,510으로 줄어든다.

121) 주침(周忱, 1389~1451)은 강서(江西) 길수(吉水) 출신이다. 영락 연간에 진사가 된 뒤 선덕 5년(1430) 공부우시랑(工部右侍郎)의 신분으로 순무남직예(巡撫南直隸)에 임명되어 모두 22년간 임직(任職)하였는데 큰 치적을 남겼다. 관직은 후에 공부상서에까지 승진하였다.

기대어 들어가거나[122] 장호(匠戶)를 가칭하여 양경(兩京)에 숨어들었거나[123] 혹은 노인(路引)[124]을 위조하여 사방으로 장사하러 다니며 온가족이 수상(水上) 생활을 하므로 그 종적을 알 수 없다[125]"[126]고 말하였다. 요컨대 호구의 증감은 정치와 법령의 엄격함과 느슨함에 기인한다. 그래서 선종(宣宗)은 일찍이 여러 신하들과 역대의 호구에 대해 논의[127]하면서 "호구의 증가는 백성들의 부담을 줄이고 생활을 안정시킨 데 연원하고, 호구의 감소는 토목공사와 전란 탓이다"고 하였으니 탁견이라 할 만하다.

【田制】

원문 明土田之制, 凡二等 : 曰官田, 曰民田. 初, 官田皆宋、元時入官田地. 厥後有還官田, 沒官田, 斷入官田, 學田, 皇莊, 牧馬草場, 城壖苜蓿地, 牲地, 園陵墳地, 公占隙地, 諸王、公主、勳戚、大臣、內

---

122) 경제적 원인 등에 의한 자발적인 경우와 부호(富豪)의 강제적인 경우를 막론하고 가족 구성원 전체 혹은 그 일부가 결국 부호의 집으로 들어가 의남(義男)이 되거나 노복(奴僕)이 됨으로써 납세와 요역의 의무에서 벗어나는 것을 의미한다.

123) 세량(稅糧)과 차요(差徭)를 피하기 위하여 향리에서 양경 즉 북경과 남경으로 가속을 이끌고 숨어 들어가 점포 등을 열고, 장호(匠戶)로 은폐하는 행위를 말한다.

124) 일종의 여권이다. 명대에는 100리 이상의 여행에는 노인(路引)을 필요로 하였다. 만약 노인을 위조하다가 발각되면 장 80에 처했다. 『大明律』「兵律」 關津 조 참조.

125) 장사하러 다닌다는 명분으로 온 가족이 배를 타고 다니면서 노인과 하박소(河泊所)의 유첩(由帖) 등을 위조하여 세량과 차요를 피하는 행위를 말한다.

126) 이상의 주침의 주장은 「與行在戶部諸公書」(『昭代經濟言』 권2)에 실려 있다. 여기에서 그는 소주(蘇州)와 송강(松江) 두 부(府)의 백성이 도망가서 복업(復業)하지 않는 이유를 모두 7개 항목으로 나누어 설명하고 있는데, 원문의 내용은 그 가운데 '大戶苞蔭', '豪匠冒合', '船居浮蕩' 등 3항목에 나오는 것이다.

127) 선덕 3년(1428)의 일이다. 『宣宗實錄』 宣德 3년 8월 辛巳 조 참조.

監、寺觀賜乞莊田, 百官職田, 邊臣養廉田, 軍、民、商屯田, 通謂之官田. 其餘爲民田.

옮김 譯 명대의 토지제도에는 관전(官田)과 민전(民田)의 두 종류가 있다.[128] 국초에 관전은 모두 송원(宋元)시대에 관에 들인 토지였다.[129] 그 후 환관전(還官田[130]) · 몰관전(沒官田[131]) · 단입관전(斷入官田[132]) · 학전(學田),[133] 황장(皇莊[134]) · 목마초장(牧馬草場[135]) · 성연목숙지(城壖苜蓿地[136]) · 생지(牲地[137]) · 원릉분지(園陵墳地[138]) · 공점극지(公占隙地[139])와 제

128) 관전(官田)은 국가가 소유한 전토(田土)를 뜻한다. 관전을 경작하는 사람은 민전의 전호(佃戶)와 같이 일종의 소작료를 관에 납부해야 하였는데, 그 액수는 민전의 세액보다 훨씬 많았다. 관전은 재정 궁핍 등의 원인으로 민간에 매각되는 일도 생기게 되었지만, 그 처분권은 관에 귀속되는 것이 원칙이었다. 한편 민전은 백성이 소유한 전토로서 매매가 가능하였다.

129) 명초의 관전은 송원시대 관전의 계보를 그대로 이은 것이다. 예를 들어 직전(職田) · 몰관전(沒官田) · 학전(學田) · 사관전(寺觀田) 등은 모두 남송 및 원대 이래 변함없이 계승된 것이다. 『天下郡國利病書』 권83, 「浙江」.

130) 앞서 관리에게 하사되었거나 백성에게 주어 경작하던 토지를 나중에 어떤 연유로 인하여 관에 반환시킨 토지를 말한다.

131) 범법자의 토지를 관에 몰수한 토지이다. 민간에서 죄를 범한 경우 그 토지를 관에 적몰(籍沒)하였다. 명초에 몰관전(沒官田)은 소주(蘇州) · 송강(松江) · 가흥(嘉興) · 호주(湖州) 등 강남의 4부에 가장 많았는데, 현지에서 범법한 토호의 전토나 장사성(張士誠) 집단의 전토를 몰수한 것이 대부분이었다.

132) 관에서 일정한 법률 절차를 통해 민전을 관전으로 변경한 것이다. 대체로 경작하던 민호(民戶)의 대가 끊어져 주인이 없게 된 토지 또는 여러 가지 사고로 인하여 소유자가 불분명한 토지가 관전으로 변경되었다. 앞의 강남 4부의 몰관전과 마찬가지로 장사성 멸망 후 집중적으로 조성되었다.

133) 부주현(府州縣)의 각 학교의 경비를 충당하기 위해 설치된 관전이다. 『太祖實錄』 洪武 15년 4월 丙戌 조에 의하면 부학(府學) · 주학(州學) · 현학(縣學)과 응천부학(應天府學)에 대하여 각각 1,000석 · 800석 · 600석 · 1,600석의 전조(田租) 수입이 있는 학전(學田)이 설정되었는데, 그 후 다소의 증감이 이루어졌다고 한다.

134) 황실이 점유한 장전(莊田)과 전토(田土)로서 상세한 것은 아래의 莊田 조 참조.

135) 관마(官馬)를 방목하기 위하여 조성한 목장을 말한다.

136) 성벽의 바깥 측에 관마의 사료를 얻기 위해 만든 것으로서, 원래 이곳은 경작이 금지되어 있었으나, 16세기 이후 개간이 허용된다.

137) 제사나 향연을 하는 데 필요한 가축을 광록시(光祿寺)와 태상시(太常寺)에 공급하기 위하여 그 가축을 기르거나 사료를 재배하기 위한 땅을 가리킨다.

138) 황실의 능묘 혹은 지방의 공동묘지에 속하는 땅을 말한다.

왕(諸王)[140]·공주(公主)[141]·훈척(勳戚)[142]·대신(大臣)·내감(內監)[143]·불사(佛寺)와 도관(道觀) 등이 하사를 받은 장전(莊田)과 백관(百官)의 직전(職田),[144] 변신(邊臣)의 양렴전(養廉田)[145]과 군둔(軍屯)·민둔(民屯)·상둔전(商屯田)[146]이 있어 이를 통틀어 관전이라 하였다. 나머지는 민전이다.

원문 元季喪亂, 版籍多亡, 田賦無準. 明太祖卽帝位, 遣周鑄等百六十四人, 覈浙西田畝, 定其賦稅. 復命戶部覈實天下土田. 而兩浙富民畏避徭役, 大率以田産寄他戶, 謂之鐵脚詭寄. 洪武二十年命國子生武淳等分行州縣, 隨糧定區. 區設糧長四人, 量度田畝方圓, 次以字號, 悉書主名及田之丈尺, 編類爲冊, 狀如魚鱗, 號曰魚鱗圖冊. 先是, 詔天下編黃冊, 以戶爲主, 詳具舊管、新收、開除、實在之數爲四柱式. 而魚鱗圖冊以土田爲主, 諸原坂、墳衍、下隰、沃瘠、沙鹵之別畢具. 魚鱗冊爲經, 土田之訟質焉. 黃冊爲緯, 賦役之法定焉. 凡質賣田土, 備書稅糧科則, 官爲籍記之, 毋令産去稅存以爲民害. 又以中原田多蕪, 命省臣議, 計民授田. 設司農司, 開治河南, 掌其事. 臨濠之田, 驗其丁力, 計畝給之, 毋許兼幷. 北方近城地多不治, 召民耕, 人給十五畝、蔬地二畝, 免租

139) 공공의 사용에 대비하기 위하여 마련한 공지(空地)를 가리킨다.

140) 황제의 자손 가운데 지방의 왕부(王府)에 거주하는 자를 가리킨다.

141) 공주(公主) 즉 천자의 딸을 제후에게 출가시키는 경우 의례의 측면에서 천자 스스로 혼주가 될 수 없기 때문에 동성(同姓)의 제후 혹은 삼공(三公)으로 하여금 혼례를 주재시켰던 데에서 공주라는 명칭이 생기게 되었다.

142) 훈(勳)은 공신(功臣), 척(戚)은 귀척(貴戚) 즉 황제의 외척을 뜻한다. 명초에 황제는 대개 공신의 집안과 혼인관계를 맺었기 때문에 훈척(勳戚)은 연칭(連稱)되곤 하였다.

143) 금중(禁中)에서 근무하는 환관을 뜻한다.

144) 관리의 급료 지급을 목적으로 설치한 관전(官田)이다. 『太祖實錄』 洪武 10년 10월 辛酉 조에 "백관(百官)에게 공전(公田)을 내려 그 지조(地租) 수입으로 봉록을 충당하였다"고 하지만 그 후 특별한 경우가 아니면 직전(職田)은 지급되지 않고 다만 봉미(俸米)만이 제공되었던 것으로 알려져 있다.

145) 변경에 주둔하는 문무관(文武官)에게 정액의 급료 외에 생활비의 보조 명목으로 특별히 추가로 설치한 관전(官田)을 말한다.

146) 둔전(屯田)에 대해서는 뒤의 屯田 조에 상세히 설명되어 있다.

三年. 每歲中書省奏天下墾田數, 少者畝以千計, 多者至二十餘萬. 官給牛及農具者, 乃收其稅, 額外墾荒者永不起科. 二十六年覈天下土田, 總八百五十萬七千六百二十三頃, 蓋駸駸無棄土矣.

옮김 譯 원말(元末)의 혼란으로 토지대장과 호적을 많이 잃어버려 전세(田稅) 부과에 기준이 없었다. 명 태조가 제위에 올라 주주(周鑄) 등 164인을 보내 절서(浙西)의 경지를 조사하여 전세를 정하도록 하고,[147] 다시 호부에 명하여 천하의 토지를 조사케 하였다.[148] 그런데 양절(兩浙)의 부민들은 요역을 기피하여 대개 땅을 타호(他戶)에게 맡겨버리니 이를 철각궤기(鐵脚詭寄)[149]라 하였다. 홍무 20년 국자감생(國子監生) 무순(武淳) 등에게 명하여 각 주현(州縣)으로 가서 세액에 따라 구(區)[150]를 정하게 하였다. 구마다 양장(糧長)[151] 4인을 두고, 땅의 형상을 헤아려 천자문과 일련번호로 순서를 매기고, 소유주의 이름과 토지의 장척(丈尺)[152]을 모두 기록하여 분류·편집하여 책으로 만드니, 모양이 물고기 비늘과 같았으므로 어린도책(魚鱗圖冊)[153]이라 하였다. 이보다 앞서 천하에 조(詔)를

147) 이 내용은 『太祖實錄』 洪武 元年 正月 甲申 조에 보인다.

148) 이 기사로부터 어린도책(魚鱗圖冊)에 관한 부분까지의 내용은 『太祖實錄』 홍무 20년 2월 戊子 조에 나온다.

149) 철(鐵)은 첩(貼)과 음이 같아 통용되고, 각(脚)은 자기 아랫사람을 의미한다. 따라서 '철각(鐵脚)' 즉 첩각(貼脚)은 자기 아랫사람의 전수(田數)로 채워 넣는다는 뜻이다. 즉 전산(田產)을 자신의 지배하에 있는 친린(親隣)이나 전복(佃僕)에게 표면적으로만 분여(分與)하여 그들의 명의로 바꾸는 것이다. 이와 같이 전산의 소유권이 다른 사람에게 이전한 것처럼 보이나 실제로는 자신이 소유하는 것을 궤명기산(詭名寄產)이라 한다. '詭寄'란 '詭名寄產'의 줄임말이다.

150) 명초에 주로 강남 지역을 중심으로 세액(稅額) 1만 석을 단위로 1구(區)를 설정하였다. 다만 그 기준이 되는 세액은 지역에 따라 일정하지는 않았다.

151) 명초에 강절(江浙) 일대에서 먼저 설치한 제도로 각지의 부호(富戶) 가운데에서 충당하여 부세(賦稅)의 징수와 해송(解送) 등의 일을 담당하게 했다. 상세한 것은 「食貨 2」 賦役 항 참조.

152) 『太祖實錄』 洪武 20년 2월 戊子 조에는 '토지의 장척(丈尺)' 뒤에 '사지(四至)' 즉 사방의 경계가 추가되어 있다.

153) 일종의 토지대장이다. 전토(田土)에 관한 소송이 일어났을 때에는 판결의 준거로도 사용되었다. 어린도책(魚鱗圖冊)은 송대부터 만들어졌는데, 원대에는 강남지방에서 널

내려 황책을 편찬하도록 하였는데, 호를 단위로 하여 구관(舊管)·신수(新收)·개제(開除)·실재(實在)의 수를 상세히 기재하여 사주식(四柱式)[154]으로 작성하였다. 그리고 어린도책은 토지를 단위로 하여 원판(原坂)·분연(墳衍)·하습(下隰)·옥척(沃瘠)·사로(沙鹵) 등의 구별[155]을 모두 갖추어 넣었다. 어린책(魚鱗冊)이 경(經)이 되어[156] 토지에 관한 소송은 이를 근거로 판결하였고, 황책이 위(緯)가 되어[157] 부역에 관한 법은 이를 토대로 정하였다. 무릇 토지를 저당 잡히고 매각할 때 세량과칙(稅糧科則)[158]을 죄다 기록하고, 관에서는 이를 문서로 등기해두어, 땅은 없어졌는데 세만 남아 백성의 해가 되지 않도록 하였다. 또 중원(中原)의 경지가 많이 황폐해졌다는 이유로 중서성(中書省)의 관리에게 명하여 의논을 거쳐, 백성의 수를 헤아려 땅을 나누어주도록[計民授田] 하였다. 사농사(司農司)[159]를 설치하여 하남에 치소(治所)를 열고, 그 일을 맡아보도록 하였다.[160] 임호부(臨濠府)의 전지(田地)는 각호(各戶)의 정수(丁數)를 조사한 뒤, 전지를 계산하여 이를 지급해줌으로써 겸병의 폐단이 생기지 않도록 하였다.[161] 북

리 사용되었다. 명대의 어린도책은 원대의 형식을 모방한 것으로 생각된다. 홍무 20년(1387) 이전에 이미 편성에 착수하여 강절(江浙), 강서(江西) 등지에서 먼저 만들어졌고, 후에 산동(山東)·하남(河南)·호광(湖廣) 등지에서도 계속 만들어졌다.

154) 사주식(四柱式)은 10년마다 황책(黃冊)을 작성할 때 그간의 변화된 개별호의 호구와 전산(田産) 등의 수치를 파악하기 위한 방식이다. 먼저 구관(舊管)은 전회(前回)에 등기된 수치, 신수(新收)는 새로 늘어난 액수, 개제(開除)는 감소한 액수, 실재(實在)는 현재 남아있는 실제 수치를 뜻한다.

155) 원판(原坂)은 평원(平原)과 산지(山地), 분연(墳衍)은 융기된 토지와 평탄한 토지, 하습(下濕)은 저지대의 습지, 옥척(沃瘠)은 비옥한 토지와 척박한 토지, 사로(沙鹵)는 모래가 덮여 경작할 수 없는 땅과 염분이 많아 경작할 수 없는 땅을 말한다.

156) 어린책(魚鱗冊)은 위치가 불변인 토지를 주 대상으로 삼기 때문에 경(經)이 된다는 것이다.

157) 황책은 인구와 토지 등 재산의 변동 상황을 각 호별로 등재하기 때문에 끊임없이 변화한다는 측면에서 위(緯)가 된다는 것이다.

158) 각종 전지(田地)에서 납부해야 할 조세의 등급과 수량을 가리킨다.

159) 토지의 경작과 개간 및 일반 농정과 전부(田賦) 등을 관리하는 기구이다. 명조가 건국되기 1년 전인 1367년에 처음 설치되었는데, 그 후 몇 차례에 걸쳐 폐지와 재건이 반복되다가 홍무 4년(1371) 그 일을 호부 소속으로 돌렸다.

160) 『太祖實錄』 홍무 3년(1370) 5월 甲午 조에 상세한 기사가 있다.

방의 근성지(近城地)는 황폐해진 곳이 많아 백성을 불러 경작케 하고, 한 사람[162]당 경지 15무(畝)와 채소지(菜蔬地) 2무를 주고, 3년 간 전세(田稅)는 면제해주었다. 매년 중서성은 천하의 개간된 토지의 액수를 상주하였는데, 적은 경우는 개간지가 천의 단위로 헤아렸고 많은 경우는 20여 만에 이르렀다.[163] 관에서 소와 농구를 지급한 경우에는 그 세를 받고, 액외(額外)로 황무지를 개간한 경우에는 영원히 과세하지 않았다.[164] 26년 천하의 토지를 조사해보니 총 850만 7,623경(頃)[165]이었고, 대개 점점 버려진 땅이 없게 되었다.

원문 凡田以近郭爲上地, 迤遠爲中地、下地. 五尺爲步, 步二百四十爲畝, 畝百爲頃. 太祖仍元里社制, 河北諸州縣土著者以社分里甲, 遷民分屯之地以屯分里甲. 社民先占畝廣, 屯民新占畝狹, 故屯地謂之小畝, 社地謂之廣畝. 至宣德間, 墾荒田永不起科及洿下斥鹵無糧者, 皆覈入賦額, 數溢於舊. 有司乃以大畝當小畝以符舊額, 有數畝當一畝者. 步尺參差不一, 人得以意贏縮, 土地不均, 未有如北方者. 貴州田無頃畝尺籍, 悉徵之土官, 而諸處土田, 日久頗淆亂, 與黃冊不符. 弘治十五

161) 『太祖實錄』 홍무 3년 6월 辛巳 조에 보인다.
162) 여기서는 호주(戶主)를 가리키니 곧 매호(每戶)라는 뜻이다.
163) 『太祖實錄』에는 홍무 원년에서 16년(1383)까지 12차례에 걸쳐 토지 개간의 액수가 기록되어 있다. 그 가운데 액수가 가장 작은 것은 원년의 770여 경(頃)이고, 가장 많은 것은 7년(1374)의 92만 1,124경이다. 따라서 본문의 '적은 경우'는 단위를 무(畝)로 보더라도 '많은 경우'는 경(頃)으로 보아야 하겠지만 그래도 최고 수치에는 크게 미치지 못한다.
164) '액외(額外)'는 홍무 27년(1394) 이후 새로 개간된 토지를 말한다. "영원히 과세하지 않는다"는 것은 『太祖實錄』 洪武 28년 11월 壬辰 조의 상유(上諭)와 正德 『大明會典』 권19의 홍무 28년의 영에 따른 것으로 천하 전체가 아니고 주로 화북(華北)의 산동과 하남을 대상으로 한 것으로 추정된다. 한편 15세기 중엽 이후에는 '영불기과전(永不起科田)'에 대해서도 민전과 같이 일률적으로 세를 걷었다.
165) 이 수치는 萬曆 『大明會典』 권17, 「戶部四」, 田土 조에 실린 12포정사(전국 13포정사 가운데 운남은 자료 미비의 원인으로 제외)와 응천(應天) 등 18부주(府州)의 통계 수치에 의거한 것이다. 그러나 이 통계는 관련 연구에 의하면 洪武 20년경의 액수로 알려져 있다. 藤井宏, 「明代田土統計に關する一考察」, 『東洋學報』 31-1, 1947 참조.

年, 天下土田止四百二十二萬八千五十八頃, 官田視民田得七之一. 嘉靖八年, 霍韜奉命修會典, 言 : “自洪武迄弘治百四十年, 天下額田已減强半, 而湖廣、河南、廣東失額尤多. 非撥給於王府, 則欺隱於猾民. 廣東無藩府, 非欺隱卽委棄於寇賊矣. 司國計者, 可不究心.” 是時, 桂萼、郭弘化、唐龍、簡霄先後疏請覈實田畝, 而顧鼎臣請履畝丈量, 丈量之議由此起. 江西安福、河南裕州首行之, 而法未詳具, 人多疑憚. 其後福建諸州縣, 爲經、緯二冊, 其法頗詳. 然率以地爲主, 田多者猶得上下其手. 神宗初, 建昌知府許孚遠爲歸戶冊, 則以田從人, 法簡而密矣. 萬曆六年, 帝用大學士張居正議, 天下田畝通行丈量, 限三載竣事. 用開方法, 以徑圍乘除, 畸零截補. 於是豪猾不得欺隱, 里甲免賠累, 而小民無虛糧. 總計田數七百一萬三千九百七十六頃, 視弘治時贏三百萬頃. 然居正尙綜核, 頗以溢額爲功. 有司爭改小弓以求田多, 或掊克見田以充虛額. 北直隷、湖廣、大同、宣府, 遂先後按溢額田增賦云.

옮김 譯 무릇 전지(田地)는 성곽에 가까운 곳이 상지(上地)가 되고, 차례대로 먼 곳이 각각 중지(中地), 하지(下地)가 된다. 5척(尺)이 1보(步), 240보가 1무(畝), 100무가 1경(頃)이다. 태조는 원의 이사제(里社制)[166]를 계승하여 하북 여러 주현의 토착민은 사(社)로써 이갑(里甲)을 나누고, 이주민이 나누어 둔전한 땅은 둔으로 이갑을 나누었다. 사민(社民)은 먼저 땅을 차지하여 경지가 넓고, 둔민(屯民)은 새로 차지하여 경지가 좁았으므로, 둔지를 소무(小畝)라 하고 사지(社地)를 광무(廣畝)라 하게 되었다.[167] 선덕 연간에 이르러 황무지를 개간한 토지로서 영원히 과세하지

---

166) 원 지원(至元) 연간에 권농(勸農)을 주요 목적으로 민간의 자연촌락을 기반으로 건립한 전국적인 촌락조직이다. 향촌에서는 50가(家)를 기준으로 1사(社)를 편성하는 것이 원칙이었다. 사내(社內)에서 농사에 밝고 신망이 있는 자가 사장(社長)이 되었다. 이사제(里社制)는 권농의 역할 외에 의학(義學)이나 의창(義倉)의 유지뿐 아니라 향촌조직으로서의 여러 기능을 담당했다.

167) 광무(廣畝)는 대무(大畝)라고도 한다. 명대에는 무(畝)와 경(頃)의 기준 단위가 지역마다 동일하지 않았던 것으로 알려져 있다. 명초에 황폐의 정도가 심했던 북직예·하

않기로 했던 땅 및 물이 고여 있는 저지와 염분이 많은 땅으로 세를 내지 않던 곳도 모두 조사하여 세액의 대상에 포함시키니, 세액의 수가 구액(舊額)보다 많아졌다.[168] 유사(有司)는 곧 대무를 소무로 계산하여 구액에 맞추니, 몇 무를 1무로 간주하는 경우도 있었다. 보척(步尺)의 기준이 일관되지 않아 사람들은 멋대로 늘이고 줄일 수 있었으며, 토지의 불균등함은 북방처럼 심한 곳이 없었다. 귀주(貴州)의 토지는 토지대장이 없어[169] 모두 토관(土官)[170]이 거두어들이도록 했는데, 각지의 토지는 날이 갈수록 자못 혼란스럽게 되어 황책과 부합하지 않게 되었다. 홍치 15년 천하의 토지는 단지 422만 8,058경[171]이었고, 관전이 민전의 1/7이었

남·산동 등이 특히 그러하였다. 따라서 상기 지역에서의 황책에 기재된 전토의 경무(頃畝)는 기과지(起科地)의 실제 면적을 보여준다고 하기보다는 오히려 기과지에 대한 세량(稅糧) 부과액이 경무의 형태로 표현된 것으로 이해해야 할 것이다.

168) 이 기사 내용의 신빙성은 그다지 높지 않다. 선덕 연간의 이러한 내용을 전하는 기사는 『實錄』, 『會典』을 비롯하여 명대의 어떠한 서적에서도 보이지 않기 때문이다. 오히려 하언(夏言)의 「勘報皇莊疏」(『明經世文編』 권202)에서는, "선덕 연간에 이르러 북직예 지방은 성조(聖祖)의 산동과 하남에 대한 사례에 근거하여 민간에서 새로 개간한 전지(田地)는 다과를 불문하고 영원히 과세하지 말도록 하였다"고 하여 반대의 사실을 전하고 있다. 한편 『天下郡國利病書』 권4에서 인용한 嘉靖 『廣平府志』에서는 『明史』 「食貨志」의 내용과 동일한 취지의 상세한 기술을 하고 있지만, 연대가 선덕 연간이 아닌 가정(嘉靖) 연간이다. 따라서 본문의 '宣德'은 '嘉靖'으로 바꾸어야 할 것으로 생각된다.

169) 명초에 귀주(貴州)와 운남(雲南)에는 전토의 책적(冊籍)이 없었다. 따라서 부과되는 양차(糧差)는 그곳의 토관(土官)이 관리하고 경사에 보내지 않았다. 명대 후기에 이르러 운남의 전토의 수를 전하는 기록이 남아 있는 것으로 보아 이때에는 이미 책적이 만들어진 듯하다. 만력 연간 운남의 전토는 1만 7,900여 경이었다. 귀주는 여전히 전수(田數)의 통계가 없는 사남(思南) 등지를 제외하면 귀양(貴陽)과 도균부(都勻府) 등의 전토가 합계 5,166여 경이었다. 萬曆 『大明會典』 권17 「戶部 4」 田土 조 참조.

170) 원대에 서방과 남방의 여러 성(省)에 거주하는 묘(苗)·요(猺)·강(羌)·번(番) 등의 이민족 추장에게 관직을 수여하여 그 부족을 다스리게 했는데 이를 토사(土司) 또는 토관(土官)이라 불렀다. 명은 원의 토관 제도를 이어받아 이를 확대 실시하였다. 명초 이래 서남 이민족의 추장에게 선위사(宣慰使)·선무사(宣撫使)·안무사(安撫使)·초토사(招討使) 등의 관직을 주고 이를 세습토록 하였다. 그러나 명 중기 이후 토관을 없애고, 중앙에서 임명하여 파견한 정식 관리인 유관(流官)으로 대체하는 제도가 시작되었는데 이를 개토귀류(改土歸流)라고 한다. 개토귀류의 경향은 청대에 들어와 더욱 확대되었지만, 민국(民國) 시기에 들어와서도 여전히 토관제는 근절되지 않았다.

171) 이는 正德 『大明會典』 권19에 기재된 액수이다. 그런데 崇禎 『南京戶部志』 권5에는 429만 2,310경으로 기록되어 있다. 부분적으로 보면 위 양자 모두 약간의 오류가 있어

다.[172] 가정 8년 곽도(霍韜)[173]는 명을 받들어 『회전(會典)』[174]을 수찬(修撰)하였는데, 그 책에서 "홍무로부터 홍치에 이르기까지 140년 간 천하의 액전(額田)[175]은 이미 반이 넘게 줄었으며[176] 호광(湖廣)[177]·하남[178]·광동(廣東)[179]은 줄어든 액수가 더욱 많다. 왕부(王府)[180]에 하사된 것이 아

양자의 중간 어딘가에 실제의 수가 있을 것이다. 대체로 이 양자가 일치하는 10만 단위까지는 맞는 것으로 본다면, 약 420만 경이 홍치 15년에 세량의 대상이 되었던 전토의 경수(頃數)라고 할 수 있다.

172) 正德『大明會典』 권19에 의하면 민전이 362만 9,601경 97무, 관전이 59만 8,456경 92무로 기록되어 있어 양자를 비교하면 관전은 민전의 약 1/7이 된다.

173) 곽도(霍韜, 1486~1540)는 자가 위선(渭先)으로 광동(廣東) 남해(南海) 출신이다. 정덕(正德) 9년(1514)에 진사가 되었다. 가정 초에 한림학사(翰林學士)가 되었고, 후에 예부와 이부의 시랑 등을 역임하였다.

174) 가정 8년(1529)부터 시작하여 30년에 수찬(修撰)이 완료된 嘉靖『會典』을 가리킨다. 명초부터 가정 28년에 이르는 법전사례(法典事例)가 실려 있다. 모두 180권으로 되어 있다.

175) 조세의 대상으로서 황책에 등재된 전토를 말한다.

176) 곽도(霍韜)가 액전(額田)이 반이 넘게 줄었다고 한 것은 홍무 연간 850만 7,623경에서 홍치 15년(1502) 422만 8,058경으로 준 것을 가리킨다. 그러나 이는 잘못된 인식이다. 홍무 연간의 위 수치는 황책의 통계가 아니라 포황전(抛荒田)까지 포함시킨 액수이다. 홍무 연간의 황책 통계는 이와는 별도로 존재한다. 『實錄』에 보이는 홍무 14년의 366만 7,715여 경 및 24년의 387만 4,746여 경이 그것이다. 따라서 조세 대상으로서의 황책 통계는 홍무에서 홍치에 이르러 반감한 것이 아니라 오히려 증가했던 것이다.

177) 곽도는 호광(湖廣)의 액전이 홍무 연간의 220만여 경에서 홍치 연간의 23만여 경으로 약 1/10로 줄어든 것으로 파악한 것이지만 이는 오해이다. 『諸司職掌』에 기재된 홍무 연간의 호광의 전토 220만 2,175경 75무는 과세대상이 된 황책 통계뿐만이 아니라 대량의 포황지(抛荒地)가 가산된 것이다. 홍무의 황책 통계는 이와는 별도로 20여 만 경으로 추정된다. 호광의 황책 통계는 홍무와 홍치 두 시기에 급격한 증감은 없었던 것이다.

178) 곽도는 하남의 경우 홍무 연간의 144만여 경에서 약 2/7인 41만여 경으로 감소한 것으로 보고 있는 것이지만, 『諸司職掌』에 기재된 이 수치는 오류이든가 혹은 다량의 포황지를 가산한 것으로 보아야 한다. 과세대상으로서의 전토는 홍무 24년의 27만 5,000여 경에서 홍치 연간의 41만여 경으로 오히려 크게 증가하였다.

179) 광동(廣東)은 곽도에 의하면 23만여 경에서 7만여 경으로 감소하고 있지만, 正德『大明會典』 기재의 홍치 15년 광동포정사(廣東布政司)의 전토 7만여 경은 북경호부(北京戶部)의 문책(文冊)의 오류이다. 『圖書編』 게재의 25만 5,788경이 『南京戶部志』 계통의 수치로 이쪽이 정확하다. 따라서 광동의 경우에도 홍무부터 홍치에 걸쳐 전토의 큰 감소가 있었던 것이 아니라 오히려 증가했던 것이다.

180) 명대의 여러 황자(皇子)는 성년이 되면 궁중을 나와 지방에 거주하는 것이 원칙이었다. 이러한 지방에 거주하는 친왕(親王) 및 그 자손이 거처하는 곳을 왕부(王府)라고 한

니면 교활한 민에게 속여 은닉된 것이다. 광동은 왕부가 없으니 속여 은닉된 것이 아니면 곧 구적(寇賊)[181]에게 유린당한 것이다. 나라의 재정을 맡고 있는 자는 깊이 유념해야 하지 않겠는가?"라고 하였다. 이때 계악(桂萼)[182] · 곽홍화(郭弘化)[183] · 당룡(唐龍)[184] · 간소(簡霄)[185] 등이 앞뒤로 소(疏)를 올려 경지를 자세히 조사하도록 청했고, 고정신(顧鼎臣)[186]은 현장에 가서 장량(丈量)할 것을 청하니 장량의 의논이 이로부터 일게 되었다. 강서의 안복현(安福縣)[187]과 하남의 유주(裕州)[188]에서 먼저 장량을 실

다. 명대의 제왕(諸王)은 법제상 영지를 분여받지 않고 따라서 왕국을 형성하지 않으며 그 생활비는 관에서 지급 받았다. 따라서 왕국이라 하지 않고 왕부라고 하는 것이다. 물론 왕부 가운데는 그 후 이러저러한 기회를 이용하여 점차 장전(莊田)을 증가하기도 하였다.

181) 화남(華南)에 거주하면서 반란을 일으킨 여러 만족(蠻族)을 가리킨다.

182) 계악(桂萼, ?~1531)은 자가 자실(子實)로 강서(江西) 안인(安仁) 출신이다. 정덕 6년(1511)에 진사가 되고, 가정 초 대례의(大禮議) 과정에서 가정제(嘉靖帝)의 신임을 얻어 한림학사가 되었는데, 후에는 예부상서로 입각하기도 하였다. 그의 상주(上奏)는 『世宗實錄』 가정 9년 10월 戊寅 조에 보인다.

183) 곽홍화(郭弘化)는 자가 자필(子弼)로 강서 안복(安福) 출신이다. 가정 2년(1523)에 진사가 되었다. 지현(知縣)에서 어사가 되었는데 채주(採珠)를 간하다가 죄를 얻어 민으로 강출(降黜)되었다. 그의 상주는 『世宗實錄』 가정 9년 11월 己亥 조에 보인다.

184) 당룡(唐龍, 1477~1546)은 자가 우좌(虞佐)로 절강(浙江) 난계(蘭溪) 출신이다. 정덕 3년(1508)에 진사가 되었다. 가정 7년(1528) 도어사(都御史), 병부상서로 임명되어 알탄군의 침공에 대한 방어에 공을 세웠으나, 후에 죄를 입어 민으로 강출되었다. 그의 상주는 『明臣奏議』 권16, 「請均田役疏」 등에 보인다.

185) 간소(簡霄)는 자가 등방(騰芳)으로 강서 신유(新喩) 출신이다. 정덕 9년(1514)에 진사가 되었는데 관직은 남경병부우시랑(南京兵部右侍郎)에까지 올랐다. 그의 상주는 『世宗實錄』 가정 14년 12월 戊子 조에 보인다.

186) 고정신(顧鼎臣, 1472~1540)은 자가 구화(九和)로 강소(江蘇) 곤산(崑山) 출신이다. 홍치 18년(1505)에 진사가 되어 수찬(修撰)에 임명되었다. 가정 17년(1538)에 입각하였다. 고정신은 가정 6년, 9년, 16년 등 3차례에 걸쳐 강남지방에서 토지장량(土地丈量)의 시행을 주장하는 상주를 하였다. 그 결과 가정 17년에 결국 소주부(蘇州府)에서 지부(知府) 왕의(王儀)의 주도 하에 장량(丈量)이 실현되었다. 가정 9년의 상주는 『世宗實錄』 가정 9년 10월 辛未 조에 보이고, 17년의 장량(丈量) 결과는 『世宗實錄』의 18년 6월 己未 조에 중앙에 올린 보고문 속에 보인다.

187) 강서 안복현(安福縣)의 장량(丈量)은 『明書』 권67에 의하면 안복현 출신인 추수익(鄒守益)에 의해 실현되었다. 당시 안복현의 세량은 4만 210석이었는데 그 가운데 허량(虛糧)이 7,000여 석이나 되어 백성이 곤궁을 면치 못하였다. 추수익이 이러한 사정을 조정에 상주하고 포정사와 부현에 호소하여 장량을 실시하게 된 것이다. 장량 시행의 연

시했지만, 법은 아직 상세히 갖추어지지 않았고 의심하고 꺼려하는 사람들이 많았다.[189] 그 후 복건(福建)의 여러 주현에서는 경(經)·위(緯) 두 책(冊)[190]을 만들었는데 그 법이 자못 상세하였다. 그러나 대체로 토지를 기준으로 삼으니 땅이 많은 사람들은 여전히 멋대로 할 수 있었다. 신종 초[191] 건창지부(建昌知府) 허부원(許孚遠)[192]이 귀호책(歸戶冊)[193]을 만들어 땅을 호별로 기록하니, 법은 간략하면서도 세밀하였다. 만력 6년 황제는 대학사(大學士)[194] 장거정(張居正)[195]의 건의에 따라 천하의 경지에 장량을

도는 『實錄』과 지방지(地方志) 등에 모두 실려있지 않지만 가정 초기의 일일 것이다.

188) 하남 유주(裕州)의 장량은 『春明夢餘錄』 권35와 『明書』 권67에 의하면 지주(知州) 안여산(安如山)에 의해 실행되었다. 道光 『河南通志』 권34에 의하면 안여산이 유주(裕州)의 지주(知州)였던 것은 가정 10년에서 14년까지이기 때문에 장량은 그 사이에 실행된 것으로 보아야 할 것이다.

189) 하남순무(河南巡撫) 간소(簡霄)는 안복(安福)과 유주(裕州)의 장량(丈量) 성과를 기초로 전국적인 범위에서의 장량을 요청하였지만, '성법(成法)'을 바꾸려한다는 비판 여론으로 좌절되고 말았다. 王原, 『明食貨志』 권3, 「田制」 참조.

190) 경책(經冊)과 위책(緯冊)에 관한 기록은 명청시대 복건(福建)의 여러 지방지(地方志)에서 예를 찾아볼 수 없다. 경책과 위책은 대체로 어린도책(魚鱗圖冊)과 부역황책(賦役黃冊) 계통의 토지장부와 호구문책(戶口文冊)일 것으로 생각되며, 원래의 어린도책과 황책의 실효가 없어지자 지방에서 편성한 장부일 것이다.

191) 萬曆 『建昌府志』 권10에 의하면 허부원(許孚遠)이 건창지부(建昌知府)가 된 것은 만력 9년이므로 신종 초라 하여 만력 6년 앞에 이 기사를 붙인 것은 잘못이다. 한편 허부원이 귀호책(歸戶冊)을 만들었다는 내용의 기록은 『實錄』이나 기타 자료에서 발견할 수 없었다.

192) 허부원(許孚遠)은 자가 맹중(孟中)으로 절강(浙江) 덕청(德淸) 출신이다. 가정 41년(1562) 진사가 되었고, 만력 9년(1581)에 건창지부(建昌知府)가 되어 제생(諸生)을 불러 강학(講學)하였다. 20년(1592)에 도어사(都御史)가 되어 복건순무(福建巡撫)로서 왜구의 방어에 공을 세웠다.

193) 귀호책(歸戶冊)이란 장량(丈量)의 대상이 된 지단(地段)의 소유주 등을 밝힌 귀호표(歸戶票)를 한데 모아놓은 것이다. 전토 위주의 어린책과는 반대로 호별로 전토의 상황이 분류·정리되어 있다.

194) 대학사(大學士)는 당대에서부터 연원한다. 명초에 화개전(華蓋殿)·무영전(武英殿)·문연각(文淵閣)·동각(東閣)·문화전(文華殿) 등에 대학사를 두어 태자(太子)의 보도(輔導)로 삼아 실제 정치에는 간여치 못하도록 하였다. 그 후 육부의 상서(尙書)가 대학사를 겸하면서부터 권한이 점차 무거워져 후에는 사실상 재상의 역할을 담당하였다. 홍희(洪熙) 연간 근신전(謹身殿) 대학사를 증치(增置)하고, 가정 연간 화개전은 중극전(中極殿), 근신전은 건극전(建極殿)으로 개칭되었다. 한편 장거정(張居正)은 당시 중극전 대학사였다.

시행하여 3년 안에 일을 마치도록 하였다.[196] 개방법(開方法)을 써서 원의 직경과 원주를 곱하고 나누어[197] 우수리는 붙이거나 버렸다. 이에 교활한 토호(土豪)는 속여 숨기지 못하게 되고, 이갑은 연대배상을 면하게 되었으며, 소민(小民)은 땅이 없는데도 전세를 내는 일이 없게 되었다. 토지 면적을 총계하면 701만 3,976경[198]으로 홍치 연간에 비교하면 300만 경이 늘었다.[199] 그러나 장거정은 종합하는 것을 중시하여 종래의 액수보다 늘리는 것을 공(功)으로 삼았다. 유사(有司)는 다투어 소궁(小弓)[200]으로 바꾸어 경지의 수를 늘리려 하거나 현재의 경지에 가혹하게 세를 거두어 허액(虛額)[201]으로 채웠다. 북직예(北直隸)·호광(湖廣)·대동(大同)·선

---

195) 장거정(張居正, 1498~1582)은 자가 숙대(叔大)로 호북(湖北) 강릉(江陵) 출신이다. 가정 26년(1547)에 진사가 되고, 시독학사(侍讀學士)를 역임하였다. 융경 초 입각한 뒤 만력 초 수보(首輔)가 되어 일련의 개혁을 실행하면서 상당한 성과를 거두기도 하지만, 그의 죽음과 함께 개혁은 좌초되고 만다.

196) 장거정이 천하에 장량(丈量)을 실시해야 한다는 의견을 제시한 것은 만력 6년이 아니라 8년(1580) 11월이라고 보는 것이 정확하다. 이보다 앞서 만력 6년 11월 복건(福建)에서 장량이 실시되어 8년 9월에 완성된 사실이 실록에 보인다. 복건에서 장량이 성공한 것을 보고 장거정이 이를 전국적으로 실시해야겠다고 결심한 것으로 생각된다. 한편 가정 8년(1529) 천하에 장량의 명령이 나오기 전에 부분적으로는 복건 뿐 아니라 강소(江蘇)와 절강(浙江) 등지에서도 장량이 시행되었다. 또 이때 3년 내에 장량을 마치도록 한 일도 실제로는 완수되지 못하였다. 섬서(陝西)·감숙(甘肅)·운남(雲南) 등지에서는 결국 중앙으로의 결과 보고가 이루어지지 않았다. 『神宗實錄』 萬曆 10년 9월 辛酉 조에는 장량 중지의 조(詔)가 내려지게 된다.

197) 원형의 땅의 면적을 알기 위한 계산 방법으로 원의 직경에 원주를 곱하고 4로 나누어 얻은 수치로 계산한다.

198) 이 수치를 장거정 장량의 결과로 보는 것은 잘못이다. 만력 『大明會典』 권17, 「戶部 4」 전토에서는 이를 만력 6년의 통계로 보았다. 장거정 장량의 결과는 『實錄』에 의하면 만력 9~10년경에 중앙에 보고되었기 때문에, 만력 6년의 통계에는 반영될 리가 없다. 또 장거정의 장량은 완성되지도 않았기 때문에 천하의 총계도 나올 수 없다. 따라서 700여 만 경은 장거정 장량 이전의 수치인데, 여기에는 호광포정사(湖廣布政司)의 190만 7,849경이라는 가공의 수가 가산된 것으로, 이를 감한 510만 6,127경이 만력 6년의 전국 황책전토(黃冊田土)의 총계로 보아야 할 것이다.

199) 이 수치는 잘못된 것이다. 만력 6년의 시정한 통계에서 홍치 15년의 시정한 통계를 감하면 그 차는 70여 만 경이다.

200) 규정보다 작은 장척(丈尺)을 말한다. 명대에는 5척(尺)을 1보(步) 혹은 1궁(弓)이라 하였다. 오늘날의 기준으로는 4척 7촌 5분으로 약 146cm에 해당한다. 소궁(小弓)이라면 그 반 정도이다.

부(宣府)에서 드디어 앞뒤로 늘어난 액전(額田)을 근거로 하여 전세를 증가시켰다고 한다.

【屯田】

원문 屯田之制 : 曰軍屯, 曰民屯. 太祖初, 立民兵萬戶府, 寓兵於農, 其法最善. 又令諸將屯兵龍江諸處, 惟康茂才績最, 乃下令褒之, 因以申飭將士. 洪武三年, 中書省請稅太原、朔州屯卒, 命勿徵. 明年, 中書省言: "河南、山東、北平、陝西、山西及直隸淮安諸府屯田, 凡官給牛種者十稅五, 自備者十稅三."라詔且勿徵, 三年後畝收租一斗. 六年, 太僕丞梁埜僊帖木爾言 : "寧夏境內及四川西南至船城, 東北至塔灘, 相去八百里, 土膏沃, 宜招集流亡屯田." 從之. 是時, 遣鄧愈、湯和諸將屯陝西、彰德、汝寧、北平、永平, 徙山西眞定民屯鳳陽. 又因海運餉遼有溺死者, 遂益講屯政, 天下衛所州縣軍民皆事墾闢矣.

옮김 譯 둔전(屯田) 제도에는 군둔(軍屯)과 민둔(民屯)이 있다. 태조 초에 민병만호부(民兵萬戶府)[202]를 두어 군인과 농민을 결합[203]시켰는데, 그 법이 가장 좋았다. 또 장수들에게 용강(龍江)[204] 등지에서 병사를

---

201) 부과 대상이 되어야 할 실제 토지는 없는데 부과된 세액을 말한다.

202) 만호(萬戶)는 원조(元朝) 때 로(路)에 설치한 군대를 관리하는 관리이다. 명 태조는 그것을 모방하여 원 지정(至正) 18년(1358) 11월에 관령민병만호부(管領民兵萬戶府)를 설치한 일이 『實錄』에 보인다. 이것은 지방의 자치조직을 이용한 민병이었는데, 그 지휘관은 군사전문가였다. 홍무 원년(1368)에 위소제도(衛所制度)가 만들어지자 폐지되었다.

203) 원문의 '寓兵於農'이란 원래 농민에게 일정한 군사훈련을 시킨 뒤 평소에는 농사짓게 하다가 유사시에 참전케 한다는 뜻이다.

204) 용강(龍江)은 남경 금천문(金川門) 밖의 장강(長江)에 연해 있는 지방을 가리키는데,

둔전시키게 하였는데, 강무재(康茂才)[205]의 성적이 가장 좋아 영(令)을 내려 그를 포상함으로써 장수와 병사들에게 단단히 훈계하였다.[206] 홍무 3년(1370) 중서성에서 태원(太原)·삭주(朔州)[207]의 둔전병에게 세금 매기기를 청하였으나, 징수하지 말도록 하였다.[208] 다음 해 중서성에서, "하남·산동·북평·섬서·산서 및 직예의 회안부(淮安府)[209] 등의 둔전은 무릇 관에서 소와 종자를 지급한 경우에는 열에 다섯을 세금으로 거두고, 스스로 갖춘 경우에는 열에 셋을 세금으로 거두십시오" 하고 상언(上言)하였으나, 조(詔)를 내려 잠시 징수하지 말고, 3년 뒤부터 무(畝)당 조(租)로 1두(斗)씩 거두도록 하였다.[210] 6년에 태복승(太僕丞)[211] 양야선첩목이(梁埜僊帖木爾)[212]가 "영하(寧夏)의 경내 및 사천(四川)의 서남으로 선성(船城)[213]까지, 동북으로 탑탄(塔灘)[214]까지는 거리가 800리나 되고 토지가

현재의 남경시 읍강문(挹江門)에서 하관(下關)에 이르는 일대이다.

205) 강무재(康茂才, ?~1368)는 자가 수경(壽卿)으로 기현(蘄縣) 출신이다. 원래는 '의병수령(義兵首領)'으로 원조의 도원수직(都元帥職)을 받았다. 주원장(朱元璋)의 군대가 강을 건너 그의 부대를 격파하자, 항복하여 수군원수(水軍元帥)·도수영전사(都水營田使)에 임명되어 군둔(軍屯)을 감독하였다. 장사성(張士誠)을 평정한 평강(平江) 전투에도 참가하여 공을 세워, 대도독부동지(大都督府同知)에 임명되었다. 죽은 뒤 기국공(蘄國公)에 봉해졌다. 『明史』 권130, 「康茂才傳」 참조.

206) "강무재(康茂才)의 성적이" 이하의 기사는 『太祖實錄』 癸卯(1363) 2월 壬申朔 조에 보인다.

207) 삭주(朔州)는 대동부(大同府)에 속하는데, 마읍(馬邑) 1현을 관할하였다. 현재 산서성(山西省) 삭현(朔縣)이다.

208) "홍무 3년 중서성에서" 이하의 기사는 『太祖實錄』 洪武 3년 9월 辛卯 조에 보인다. 소와 종자를 관에서 지급하는 자는 열에 다섯을, 소와 종자를 자신이 구비한 자는 열에 넷을 세금으로 매기고자 하였으나, 재가를 받지 못하였다.

209) 회안부(淮安府)는 산양현(山陽縣)에 치소(治所)를 두었고, 청하현(淸河縣)·염성현(鹽城縣) 등과 해주(海州)·비주(邳州)를 관할하였다. 현재 강소성(江蘇省) 회안·청강시(淸江市)·휴녕현(睢寧縣)·숙천현(宿遷縣)·술양현(沭陽縣)·염성현(鹽城縣) 등의 지역이다.

210) "다음 해 중서성에서" 이하의 기사는 『太祖實錄』 홍무 4년(1371) 11월 壬寅 조에 보인다.

211) 태복승(太僕丞)은 태복시(太僕寺)의 시승(寺丞)이다. 태복시는 여마(輿馬)와 목축(牧畜)을 담당하는 관청이고, 시승은 그 차관(次官)이다.

212) 양야선첩목이(梁埜僊帖木爾)의 전(傳)은 불분명한데, 아마 몽골인일 것이다. 명대 몽골인으로 귀순한 자는 한성(漢姓)을 자신의 몽골 이름 위에 붙이는 것이 일상적이었다.

213) 선성(船城)은 현재 영하(寧夏) 회족자치구(回族自治區) 혹은 감숙성(甘肅省) 경내에 있

비옥하니, 고향을 떠나 이주·도망해 온 사람들을 불러 모아 둔전하도록 함이 마땅합니다"고 하니, 이에 따랐다.[215] 이 당시 등유(鄧愈)[216]·탕화(湯和)[217] 등의 장수를 파견하여 섬서·창덕(彰德)·여녕(汝寧)·북평·영평(永平)[218]에서 둔전하게 하고,[219] 산서 진정(眞定)[220]의 백성을 옮겨 봉양(鳳陽)에서 둔전하게 하였다.[221] 또 해운(海運)[222]으로 요동(遼東)에 군량을 보내다가 익사하는 경우가 있어 마침내 더욱 둔전정책을 중시하니,[223] 천하의 위소(衛所)·주현의 군인과 백성이 모두 개간에 나서게 되었다.

으며, 은천(銀川) 이서(以西), 무위(武威) 이동(以東) 일대이다.

214) 탑탄(塔灘)은 아마 현재 영하 회족자치구 경내일 것이다.

215) "6년에 태복승 양야선첩목이가" 이하의 기사는 『太祖實錄』 洪武 6년(1373) 4월 壬申朔 조에 보인다. 『實錄』의 원문에도 "及四川" 세 자가 있는데, 이 세 자는 연자(衍字)이거나 "及陝西"의 잘못일 것이다.

216) 등유(鄧愈, 1336~1377)는 명조 창업기의 공신으로 무장이다. 안휘(安徽) 홍현(虹縣) 출신이다. 『明史』 권126, 「鄧愈傳」 참조.

217) 탕화(湯和, 1326~1395)는 태조 조의 공신으로 무장이다. 주원장의 동향 즉 안휘 호주(濠州) 출신이다. 『明史』 권126, 「湯和傳」 참조.

218) 영평(永平)은 영평부(永平府)로, 노룡현(盧龍縣)을 치소(治所)로 하고 무녕현(撫寧縣)·천안현(遷安縣)·창려현(昌黎縣) 등과 난주(灤州)를 관할한다. 현재 하북성(河北省) 난현(灤縣)·무녕현(撫寧縣)·창려현(昌黎縣) 등의 지역이다.

219) "이 당시 등유(鄧愈)·탕화(湯和) 등의" 이하의 기사는 『太祖實錄』 홍무 8년(1375) 정월 辛巳 조에 보인다. 그것에 의하면 섬서(陝西)로는 등유(鄧愈)·육취(陸聚)가, 창덕(彰德)·진정(眞定)으로는 탕화(湯和)·이백승(李伯昇)이, 여녕(汝寧)으로는 풍준(馮俊)·손통(孫通)·뇌진(賴鎭)이, 북평(北平)·영평(永平)으로는 이익(李謚)·경효(耿孝)·황녕(黃寧)·이청(李靑)·진방용(陳方庸)·무흥(武興) 등이 파견되었다.

220) 진정(眞定)은 진정부(眞定府)로서 진정현(眞定縣)을 치소(治所)로 하고, 정형현(井陘縣)·획록현(獲鹿縣) 등과 정주(定州)·기주(冀州)·심주(深州) 등을 관할한다. 현재 하남성(河南省) 석가장시(石家莊市)·정정현(正定縣)·영수현(靈壽縣)·심현(深縣)·정현(定縣)·조현(趙縣)·원씨현(元氏縣) 등의 지역이다.

221) "산서 진정의 백성을" 이하의 기사는 『太祖實錄』의 홍무 9년(1376) 11월 戊子 조에 보인다.

222) 명초 해운의 조직과 해도(海道)는 대체로 원조의 구제(舊制)를 답습하였다. 명조의 해운선원은 위소(衛所)의 군사를 이용하였으며, 민간의 선원은 쓰지 않는 것이 그 특징이었다.

223) "해운으로 요동에" 이하의 기사는 『太祖實錄』 홍무 15년(1382) 5월 조에 보인다. 『明史紀事本末』 권10에도 동일한 기사가 있다.

원문 其制, 移民就寬鄕, 或召募或罪徙者爲民屯, 皆領之有司. 而軍屯則領之衛所. 邊地, 三分守城, 七分屯種. 內地, 二分守城, 八分屯種. 每軍受田五十畝爲一分, 給耕牛、農具, 教樹植, 復租賦, 遣官勸輸, 誅侵暴之吏. 初畝稅一斗, 三十五年定科則 : 軍田一分, 正糧十二石, 貯屯倉, 聽本軍自支, 餘糧爲本衛所官軍俸糧. 永樂初, 定屯田官軍賞罰例 : 歲食米十二石外餘六石爲率, 多者賞鈔, 缺者罰俸. 又以田肥瘠不同, 法宜有別, 命官軍各種樣田, 以其歲收之數相考較. 太原左衛千戶陳淮所種樣田, 每軍餘糧二十三石, 帝命重賞之. 寧夏總兵何福積穀尤多, 賜敕褒美. 戶部尙書郁新言 : "湖廣諸衛收糧不一種, 請以米爲準, 凡粟穀糜黍大麥蕎穄二石, 稻穀薥秫二石五斗, 穇稗三石, 皆準米一石, 小麥芝蔴豆與米等." 從之, 著爲令.

옮김 譯 그 제도는 백성을 관향(寬鄕)으로 이주시키는 것으로, 모집에 응하거나 죄를 지어 유배된 자가 민둔에 해당되는데, 모두 주현관(州縣官)이 관할하였다. 군둔은 위소가 관할하였다. 변방지역은 3할이 성을 지키고 7할이 둔전을 경작하였다.[224] 내지(內地)는 2할이 성을 지키고 8할이 둔전을 경작하였다. 병사마다 땅 50무를 받아서 이를 1분(分)[225]으로 하였는데, 경우(耕牛)와 농기구를 주고, 재배하는 방법을 가르치고, 조세는 면제해주었으며, 관리를 파견하여 격려와 훈계를 하고, 법을 어기고 착취하는 군관을 주벌(誅罰)하게 하였다.[226] 처음에는 무당 1두를 세금으로 하였으나,[227] 35년에 과칙(科則)[228]을 정하여 군전 1분에 정량(正

224) 같은 군사가 1년 중에 3할은 성을 지키고 7할은 둔전을 경작하는 것을 말하는 것이 아니라, 수성병(守城兵)과 둔전병(屯田兵)을 명료하게 분리하는 것이다. 예를 들어 10인이 있다면 3인은 성을 지키고 7인은 둔전을 경작하는 것을 의미한다.

225) 1분(分)은 한 병사에 대한 할당으로 50무(畝)는 다만 하나의 기준을 보여준 것으로서, 해당 지역의 구체적인 사정에 따라 증감이 있었다.

226) 『古今治平略』 권5, 「國朝屯田」 조에 "둔졸(屯卒)을 착취한 백호(百戶) 오신(吳信)을 주살하고, 제장(諸將)을 파견하여 군관들을 훈계하였다"고 되어 있다.

227) 무(畝)당 1두(斗)를 세금으로 한 일은 『太祖實錄』 홍무 20년(1387) 9월 乙酉 조와 正德 『大明會典』 권19, 「屯田事例」 조에 보인다. 500무의 전을 경작한 사람은 해마다 세량

糧)[229] 12석(石)으로 하고, 이를 둔창(屯倉)에 저장하여 둔전병이 자급하도록 하였고, 여량(餘糧)은 해당 위소의 군관과 병사의 봉량(俸糧)으로 하였다.[230] 영락(永樂) 초에 둔전관군상벌례(屯田官軍賞罰例)를 정하여 해마다 식미(食米) 12석 외에 잉여분 6석[231]을 기준으로 삼아 이보다 많은 경우에는 상으로 초(鈔)를 주고, 모자란 경우에는 벌봉(罰俸)[232]하였다.[233] 또 토질의 비옥하고 척박함이 달라 법에 마땅히 차등이 있어야 했으므로, 군관과 병사에게 명하여 각 양전(樣田)[234]에 씨를 뿌려 그해에 수확한 액수를 서로 비교하게 하였다.[235] 태원좌위천호(太原左衛千戶)[236] 진회(陳淮)가 경작한 양전(樣田)은 병사 1인당 여량이 23석이어서, 영락제가 명을 내려 후한 상을 주었다.[237] 영하총병(寧夏總兵)[238] 하복(何福)[239]이 쌓아놓은

50석을 납부한다고 서술되어 있다.

228) '과칙(科則)'은 『六部成語』「戶部」'科則' 주해(注解)에 "公事之條規"라고 되어 있는데, 특히 부역에 관한 항목이나 등급 등을 말한다.

229) '정량(正糧)'은 『福惠全書』「錢穀部」漕項에 "正糧之外, 有加耗"라고 되어 있는 것을 보면, 정세(正稅)를 가리킨다.

230) "35년에 과칙을" 이하의 기사는 『續文獻通考』 권5, 「屯田」 '建文 4년' 조에 상세히 기재되어 있다. 정량 12석, 여량(餘糧) 12석은 하나의 기준을 보여준 것으로, 각지의 사정에 따라 수에 변화가 있었다. 한편 35년은 홍무 35년이란 뜻이지만, 홍무의 기원은 31년에 그친다. 이는 영락제(永樂帝)가 즉위 후 건문(建文)의 연호를 취소하였기 때문으로 실제로는 건문 4년(1402)이 된다.

231) 잉여분 6석은 『太宗實錄』 영락 2년 정월 丁巳 조에 "餘十二石"이라고 되어 있는 것이 옳은 듯하다.

232) '벌봉(罰俸)'은 징벌의 일환으로 봉급을 정지시키거나 감소시키는 것이다. 참고로 『六部成語』「吏部」'罰俸' 주해에는 "官員有小罪, 則部議罰其應得之俸銀, 一年二年三年不等"이라고 되어 있다.

233) "영락 초에 둔전관군상벌례(屯田官軍賞罰例)를" 이하의 기사는 『太宗實錄』 영락 2년 정월 丁巳 조에 보인다.

234) 토질의 차이를 살피기 위해 도사(都司)마다 기군(旗軍) 11명을 선발하여 경작하게 한 샘플이 되는 토지를 말한다.

235) 『正字通』에 의하면 영락 초에 토질의 차이를 살피기 위해 도사마다 기군 11명을 선발하여 양전(樣田)을 경작하게 했다.

236) 『大明一統志』 권19에 의하면, 태원좌위(太原左衛)는 태원부성(太原府城) 안의 서남방에 있고, 홍무 3년(1370)에 두어졌다. 한편 천호(千戶)는 위소제도(衛所制度)에서의 천호소(千戶所)의 장관이다.

237) "또 토질의 비옥하고" 이하의 기사는 『太宗實錄』 영락 2년(1404) 11월 壬寅 조에 보인다.

곡물이 특히 많아, 칙(勅)을 내려 높이 칭찬하였다.[240] 호부상서(戶部尙書) 욱신(郁新)[241]이 "호광(湖廣)의 여러 위(衛)에서는 거두는 곡물이 한 종류가 아니니, 청컨대 미(米)를 기준으로 해서 무릇 좁쌀·찹쌀·보리·메밀·검은 기장은 2석을, 벼와 차조는 2석 5두를, 쭉정이와 피는 3석을 모두 미 1석에 준하게 하고, 밀·참깨·콩은 미와 같게 하십시오"라고 하니, 이에 따르도록 하고, 이를 기록하여 영(令)으로 삼았다.[242]

원문 又更定屯守之數. 臨邊險要, 守多於屯. 地僻處及輸糧艱者, 屯多於守. 屯兵百名委百戶, 三百名委千戶, 五百名以上指揮提督之. 屯設紅牌, 列則例於上. 年六十與殘疾及幼者, 耕以自食, 不限於例. 屯軍以公事妨農務者, 免徵子粒, 且禁衛所差撥. 於時, 東自遼左, 北抵宣、大, 西至甘、肅, 南盡滇、蜀, 極於交阯, 中原則大河南北, 在在興屯矣. 宣宗之世, 屢覈各屯, 以征戍罷耕及官豪勢要占匿者, 減餘糧之半. 迤北來歸就屯之人, 給車牛農器. 分遼東各衛屯軍爲三等, 丁牛兼者爲上, 丁牛有一爲中, 俱無者爲下. 英宗免軍田正糧歸倉, 止徵餘糧六石. 後又免沿邊開田官軍子粒, 減各邊屯田子粒有差. 景帝時, 邊方多事, 令兵分

---

238) 총병(總兵)은 진수총병관(鎭守總兵官)의 약칭이다. 총병관은 원래 전쟁이 일어나면 공(公)·후(侯)·백(伯) 등의 훈신(勳臣)이나 도독 등의 관리 가운데 충임(充任)하고, 일이 끝나면 본래의 직무로 돌아가도록 하였다. 후에 변경에 일이 많아 마침내 현지에 머물러 진수(鎭守)하게 하면서 사실상 진(鎭)의 최고 무관으로 고정되어 갔다. 황제의 직접적인 지휘를 받으며 품급이 없고 정원이 없었으며, 그 권한이 매우 컸다. 중엽 이후에는 설치된 곳이 날로 늘어나 점차 유관(流官)으로 충임되었으며, 총독과 순무의 지휘를 받았다.

239) 하복(何福)은 안휘(安徽) 봉양(鳳陽) 출신으로 영락 초 질녀가 조왕비(趙王妃)로 뽑히면서 영하총병관(寧夏總兵官)이 되었는데, 크게 둔전을 일으켰다. 그의 전(傳)은 『明史』 권144에 있다.

240) "영하총병 하복이" 이하의 기사는 『太宗實錄』 영락 3년(1405) 정월 乙巳 조에 보인다.

241) 욱신(郁新, ?~1405)은 명초 홍무에서 영락 연간에 걸친 시기의 저명한 이재가(理財家)로서, 안휘 임회(臨淮) 출신이다. 홍무 연간에 '세호인재(稅戶人才)'로 뽑혀 호부주사(戶部主事)가 되었고, 후에는 호부상서로까지 발탁되었다. 호광(湖廣)의 둔전을 정돈하고, 친왕(親王)과 군왕(郡王) 이하의 세록(歲祿)을 재조정했으며, 특히 개중법(開中法) 등을 제정하는 데 주도적인 역할을 했다. 『明史』 권150, 「郁新傳」 참조.

242) "호부상서 욱신이" 이하의 기사는 『太宗實錄』 영락 2년 정월 己未 조에 보인다.

爲兩番, 六日操守, 六日耕種. 成化初, 宣府巡撫葉盛買官牛千八百, 幷置農具, 遣軍屯田, 收糧易銀, 以補官馬耗損, 邊人稱便.

옮김 譯 또한 둔전 담당 병사와 수비 담당 병사의 수를 고쳐 정하였다. 변방에 임한 곳으로 지세가 험하고 요충지의 경우는 수비 담당 병사가 둔전 담당 병사보다 많게 하였다. 후미진 곳 및 군량 운송이 어려운 지역의 경우는 둔전 담당 병사가 수비 담당 병사보다 많게 하였다. 둔전 병사가 100명이면 백호(百戶)에게 맡기고, 300명이면 천호(千戶)에게 맡기며, 500명 이상이면 지휘(指揮)가 감독하였다.[243] 둔(屯)에 홍패(紅牌)[244]를 설치하고, 그 위에 법규를 나란히 적었다.[245] 나이 60(이상)과 불구자 및 어린 사람이 자신이 농사지어 먹는 경우는 법규의 제한을 받지 않았다.[246] 둔군이 공적인 일로 농사일을 방해받은 경우는 자립(子粒)[247]을 징수하지 않고, 또한 위소(衛所)에서 요역을 과하는 것을 금하였다. 당시 동으로는 요동에서부터, 북으로는 선부(宣府)와 대동(大同)에 이르기까지, 서로는 감(甘)・숙(肅)[248]에 이르기

243) "둔전 병사가 100명이면" 이하의 기사는『正德會要』권19,「屯田事例」조에 보인다.『會典』에서는 '100명', '300명'은 모두 '100명 이상', '300명 이상'으로 기재되었고, 100명 이하의 경우도 백호(百戶) 1명에게 지휘 감독을 맡기는 지(旨)의 내용이 기재되어 있다. 홍무 7년(1374)에 정해진 위소제도(衛所制度)에 의하면 대체로 1위의 병사는 5,600인, 1천호소(千戶所)에 1,120인, 1백호소(百戶所)는 112인으로 되어 있기 때문에, 둔전병이 위의 위소제도의 병사 안에 열거된다고 하였으므로, 100명 이상의 둔전병이 백호에게 맡겨진다면, 둔전병만으로 정원을 돌파하게 되고, 수성병(守城兵)이 들어갈 여지는 없게 된다. 게다가『會典』의 문장에 의하면 "100명 이상"은 100명 이상 300명 이하라고 이해되기 때문에, 1백호소의 둔전병의 수는 더욱 늘어나게 된다. 아마 홍무 7년에 제정된 위소의 병사수는 하나의 표준을 보여준 것일 뿐, 실제의 수는 대부분 그보다 많거나 적었으리라 생각된다. 여기에 보이는 둔전병의 수는 정원에서 벗어남이 현저한 하나의 예일 것이다.

244) 홍패(紅牌)는 명대에 일상적으로 사용한 일종의 포고패(布告牌)로, 패에 홍색을 사용하였으며, 그 위에 공포된 법규를 썼다. 둔전의 홍패는 홍무 때 세워졌고, 영락 때에 다시 더욱 상세하게 정해졌다.

245) "둔(屯)에 홍패를" 이하의 기사는『太宗實錄』영락 3년(1405) 정월 壬戌 조에 보인다.

246) "나이 60(이상)과" 이하의 기사는『太宗實錄』영락 2년(1404) 8월 己丑 조에 보인다.

247) 자립(子粒)은 정량(正糧)과 여량(餘糧)을 총괄하여 일컬은 것으로, 정량이 없어지고 나서는 여량의 다른 명칭이 되었다.

248) 감주위(甘州衛)와 숙주위(肅州衛)를 가리키는 것으로, 섬서행도지휘사사(陝西行都指揮使司)에 속하였다. 현재 감숙성(甘肅省) 및 청해성(青海省) 동부지방에 해당된다.

까지, 남으로는 운남(雲南)과 사천에 이르기까지, 더 나아가 교지(交阯)까지, 중원은 황하의 남과 북에서, 곳곳마다 둔전이 시행되었다. 선종의 치세(1426~1435)에 자주 각 둔을 조사하여,[249] 군사 일로 인해 경작을 못하게 되었거나 요로(要路)의 고관 및 권문세가(權門勢家)가 차지하고서 은닉한 경우는 여량(餘糧)의 반을 감하였다. 북쪽에서 귀부(歸附)해 와 둔전하게 된 사람에게는 수레와 소 및 농기구를 지급하였다.[250] 요동 각 위(衛)[251]의 둔군을 세 등급으로 나누었는데, 장정(壯丁)과 소가 모두 있는 경우가 상(上)이고, 장정과 소 가운데 하나만 있는 경우가 중(中)이며, 모두 없는 경우가 하(下)이다. 영종(英宗)은 군전의 정량을 둔창에 귀속시키는 것을 면제하고, 단지 여량 6석만을 징수하였다.[252] 후에 또 변경 지대에서 경지를 개간한 관군의 자립(子粒)을 면해주었고, 각 변방의 둔전의 자립을 차등 있게 감하였다. 경제(景帝) 때 변경에 전쟁이 잦아져,[253] 병사를 두 교대로 나누어 6일간은 훈련을 하며 지키게 하고 6일간은 농사짓게 하였다.[254] 성화(成化) 초에 선부순무(宣府巡撫)[255]

249) 선종의 치세에 둔전을 조사한 일은 『宣宗實錄』 宣德 元年(1426) 12월 丙申 조에 보인다.

250) "북쪽에서 귀부해 와" 이하의 기사는 『宣宗實錄』 宣德 2년(1427) 5월 癸丑 조에 보인다. 몽골의 지휘첨사(指揮僉事) 납합출(納哈出), 태녕위(泰寧衛)의 파독불화(把禿不花) 등이 귀부(歸附)해 와 모두 경사에 있게 해줄 것을 상주한 일을 말한다.

251) 요동 각 위(衛)는 요동도사(遼東都司)에 속한 정요(定遼)·철령(鐵嶺)·동녕(東寧)·심양(瀋陽)·해주(海州)·개주(蓋州)·금주(金州)·복주(復州)·의주(義州)·요해(遼海)·삼만(三萬)·광녕(廣寧) 등 25위를 가리킨다.

252) "영종은 군전의" 이하의 기사는 正德 『大明會典』 권19, 「屯田事例」에는 正統 元年(1436) 조에 주준(奏准)으로서 게재되어 있다. 한편 萬曆 『大明會典』 권17 「屯田」 조에는 정통 2년의 영으로 게재되어 있다. 원년에 재가를 받은 것이 2년에 영이 되어 반포되었음을 보여주는 것 같다.

253) 1449년의 토목보(土木堡)의 변 이후 몽골 세력이 여러 차례 침입한 일을 가리킨다.

254) "병사를 두 교대로" 이하의 기사는 『明書』 권67, 「田志」 屯田 조에 경태중(景泰中) 학사(學士) 상로(商輅)의 상언으로서 상세하게 기술되어 있다. 『昭代經濟言』 권3에 실린 상로의 「邊務疏」는 그 원문에 가장 가까운 것으로 추정되는데, 그 기술에 의하면 각 성보(城堡)의 군사를 나누어 상하의 두 반으로 하고, 상반이 6일간 조수(操守)하는 사이에 하반은 농사짓고, 다음에 하반이 6일간 조수하는 사이에 상반은 농사짓는 것이라고 하였다. 그리고 위에서 말하는 성보군사(城堡軍士)는 종래의 둔전병이 아니라 수성병이다. 때문에 수성병으로 하여금 '차전차경(且戰且耕)'의 방법을 취하게 한 것이다. 변방에 바야흐로 전쟁이 잦아 종래의 둔전병의 여량(餘糧)만으로는 수성병의 병량(兵糧)을 조달할

섭성(葉盛)[256])이 관우(官牛) 1,800마리를 사고 농기구를 마련해놓고서, 군사를 보내어 둔전을 경작하게 하고, 여량을 거두어 은으로 바꾸어 줄어들고 결손된 관마(官馬)[257])를 보충하니,[258]) 변방 사람들이 편하다고 하였다.

원문 自正統後, 屯政稍弛, 而屯糧猶存三之二. 其後屯田多爲內監、軍官占奪, 法盡壞. 憲宗之世頗議釐復, 而視舊所入, 不能什一矣. 弘治間, 屯糧愈輕, 有畝止三升者. 沿及正德, 遼東屯田較永樂間田贏萬八千餘頃, 而糧乃縮四萬六千餘石. 初, 永樂時, 屯田米常溢三之一, 常操軍十九萬, 以屯軍四萬供之, 而受供者又得自耕, 邊外軍無月糧, 以是邊餉恒足. 及是, 屯軍多逃死, 常操軍止八萬, 皆仰給於倉. 而邊外數擾, 棄不耕. 劉瑾擅政, 遣官分出丈田責逋. 希瑾意者, 僞增田數, 搜括慘毒, 戶部侍郎韓福尤急刻. 遼卒不堪, 脅衆爲亂, 撫之乃定.

옮김 譯 정통(正統) 이후 둔전정책이 점차 이완되었으나,[259]) 둔전의 세량(稅糧)은 그래도 2/3는 되었다. 그 뒤 둔전은 대부분 내감(內監)과

수 없게 되어, 새롭게 성보 가까이에 둔전을 설정할 필요가 있었던 것으로 생각된다.

255) 순무(巡撫)는 선덕 5년(1430) 이후 각 성(省)에 설치되었는데, 도어사(都御史)의 직함을 가지고서 한 성의 행정을 총괄관리하거나 군무를 감독하였으나, 상설된 것은 아니었다.

256) 섭성(葉盛)은 강소(江蘇) 곤산(崑山) 출신으로, 정통 10년(1445)에 진사가 되었다. 토목보의 변 이후 군사의 정돈과 변방의 강화를 주장하였다. 천순·성화 연간에는 남북 각지에서 순무로서 치적을 남겼다. 『明史』 권177, 「葉盛傳」 참조.

257) 여기에서 말하는 관마(官馬)는 민간에 맡겨 방목하는 관마가 아니라 관군이 타고 조련하는 관마를 가리킨다.

258) "성화 초에" 이하의 기사는 『憲宗實錄』 成化 元年(1465) 10월 庚寅 조에 보인다.

259) 명대 둔정(屯政)의 이완에 대해서 여기에서는 "정통 이후"라고 하였다. 그러나 왕원(王原), 『明食貨志』 및 『明史稿』 「食貨志」에는 모두 선덕 이후에 붕괴되기 시작하였다고 하였다. 『宣宗實錄』에 의하면 선덕 6년(1431) 2월 壬子 조에 영하좌둔위지휘사(寧夏左屯衛指揮使) 장태(張泰)가 상주하여 영양후(寧陽侯) 진무(陳懋)가 일찍이 사사로이 군사를 파견하여 배를 타고 경계를 넘어 물고기를 잡고 나무를 채집하거나 혹은 군사를 파견하여 은을 휴대하고 항주(杭州)에 가서 화물을 샀으며, 둔창(屯倉)의 양식을 침식하고 도적질한 것이 20여 만 근에 이르며 사사로이 군사를 사역시켜 그를 위해 전(田) 3,000여 경을 경작하게 한 일을 언급하였다. 선덕 중기에 둔정이 이미 무너지기 시작했으며, 정통 이후에는 더욱 심하였음을 알 수 있다.

군관[260]이 차지하고서 빼앗으니,[261] 법이 완전히 무너졌다. 헌종(憲宗)의 치세(1465~1487)에 자못 정돈하여 회복할 것을 의논하였으나, 예전에 들어온 것에 비하면 1/10도 되지 않았다. 홍치 연간(1488~1505)에 둔전의 세량이 더욱 가벼워져, 무(畝)당 3승(升)에 그치는 것도 있었다.[262] 이어서 정덕 연간(1506~1521)에 이르자, 요동의 둔전은 영락 연간(1403~1424)에 비해 땅은 1만 8,000여 경이 늘었으나[263] 세량은 4만 6,000여 석이나 줄어들었다.[264] 전에 영락 때에는 둔전의 미가 늘 1/3이 남아[265] 상조군(常操軍)[266] 19만을 둔군 4만으로 공급하였고, 공급을 받는 자도 스스로 경작할 수 있었으며,[267] 변방 바깥의 군사에게 주는 월량(月糧)[268]이 없었으므로, 이런 까닭에 변방의 군량은 항상 풍족하였다.[269] 이때에 이르러 둔

---

260) 내감(內監)은 황장(皇莊)을 관리하는 태감(太監)을 가리키고, 군관은 각 위소의 무관을 가리킨다.

261) 이정기(李廷機)는 「九邊屯政考」(『明經世文編』 권460)에서 둔정은 "其弊也, 則有膏腴之地, 多爲莊田; 空閑之區, 咸歸邊師, 士卒無近田可耕"이라고 하였다.

262) "홍치 연간에" 이하의 기사는 『孝宗實錄』 弘治 10년(1497) 12월 甲戌 조에 보인다.

263) 萬曆 『大明會典』 권18 「屯田」 조에 의하면, 요동 둔전은 원액(原額)이 1만 2,386경이고 현액(見額)이 2만 9,158경이므로, 영락 때에 비해 1만 6,772경이 많다. 여기에서 말하는 1만 8,000경과는 차이가 있다.

264) 『明經世文編』 권461, 섭향고(葉向高)의 「屯政考」에 의하면 요동의 둔량(屯糧)은 홍무·영락 연간에 매년 70만 석이었으며, 정덕(正德) 후에는 17만 석으로 감축되어, 53만 석이 줄어들었다. 여기에서 말하는 4만 6,000여 석도 이와 차이가 있다.

265) 『明經世文編』 권460, 이정기(李廷機)의 「九邊屯政考」에 의하면, 영락·선덕 연간에 전국의 둔전미(屯田米)는 매년 호부가 정액 외에 따로 수매하는 잉여미가 많게는 20~30만 석에 이르렀고 적어도 10만을 내려가지 않았다. 당시 정액미는 약 70만 석이고 그 위에 잉여미 20~30만 석을 더하면 100만 석 정도가 되었을 것이다.

266) 명대의 군제는 영락 때 경조제(京操制)가 수립된 이후, 명의 군대는 전수(戰守)를 담당하는 상조군(常操軍)과 둔전 경작을 담당하는 둔군으로 나뉘어졌다.

267) 『明經世文編』 권460, 이정기(李廷機)의 「九邊屯政考」에 의하면, 영락 때에 일찍이 "詔各荒屯空土, 毋問土客軍民官舍, 盡力開墾, 永不起科" 하였다.

268) 월량(月糧)은 매달 관에서 지급하는 양식이다.

269) 『明經世文編』 권366, 섭춘급(葉春及)의 「修軍政疏」에 "國初置衛四百九十一, 所三百一十一, 以軍計之, 約三百十萬餘, (…중략…) 天下屯田八十九萬九千餘頃 (…중략…) 分麗三百十萬餘之軍人, 得二十九畝. (…중략…) 三百十萬餘之軍, 歲食糧三千七百二十二萬餘石. (…중략…) 除正糧納餘糧六石, 八十九萬九千餘頃, 通得餘糧二千七百萬石. 則是軍之食, 軍自給之. 邊儲之所運, 軍需之所徵, 供于民者無氣也. 軍多爲農, 故雖額設數百萬而不見其冗;

군은 대부분 도망하거나 죽어, 상조군(常操軍)은 8만 명뿐이었지만 모두 국고에 공급을 의존하였다. 게다가 변방 바깥이 자주 소란스러워지자, 둔전을 포기하고 경작하지 않았다. 유근(劉瑾)[270]이 정치를 농단(壟斷)하여 관리를 나누어 파견하여 경지를 측량하고는 체납한 세금을 독촉하였다.[271] 유근의 뜻에 영합하는 자들은 거짓으로 경지의 액수를 늘려 수탈이 매우 가혹했는데, 호부시랑(戶部侍郎) 한복(韓福)[272]이 특히 심하였다. 요동의 병졸들이 견디지 못하고 무리를 위협하여 난을 일으켰는데, 진정시켜 어루만져 달랜 뒤에야 평정되었다.[273]

원문 明初, 募鹽商於各邊開中, 謂之商屯. 迨弘治中, 葉淇變法, 而開中始壞. 諸淮商悉撤業歸, 西北商亦多徙家於淮, 邊地爲墟. 米石直銀五兩, 而邊儲枵然矣. 世宗時, 楊一淸復請召商開中, 又請倣古募民實塞下之意, 招徠隴右、關西民以屯邊. 其後周澤、王崇古、林富、陳世輔、王畿、王朝用、唐順之, 吳桂芳等爭言屯政. 而龐尙鵬總理江北鹽屯, 尋移九邊, 與總督王崇古, 先後區畫屯政甚詳. 然是時, 因循日久, 卒鮮實效. 給事中管懷理言 : "屯田不興, 其弊有四. 疆埸戒嚴, 一也,

---

食出于軍, 故雖歲費數十萬, 而不見其匱"라고 하였다.

270) 유근(劉瑾)은 섬서(陝西) 흥평(興平) 출신으로, 본성은 담씨(談氏)로서 악명 높은 환관이다. 성화 연간에 입궁하여 태감(太監)이 되었고, 정덕 연간에 무종의 총애를 받아 사례감(司禮監)을 관장하고, 동창(東廠)과 서창(西廠) 등 특무정찰기구 등을 장악하였다. 각종 전횡을 하다가 태감 장영(張永)의 고발을 당하여 결국은 피살되었다. 『明史』 권304, 「劉瑾傳」 참조.

271) "유근이 정사를" 이하의 기사는 『武宗實錄』 正德4년(1509) 8월 辛酉 조에 보인다.

272) 한복(韓福)은 섬서 서안(西安) 전위(前衛) 출신으로, 성화 17년(1481)에 진사가 되었다. 처음에 각지의 지방관으로서 큰 치적을 쌓아 발탁되어 중앙에 돌아왔으나, 가끔 일에 연좌되어 옥중에 있을 때 동향인 까닭에 유근에게 구출되고 나서 그와 결탁하여 가혹한 가렴주구를 행하였다. 유근이 물러남과 함께 한복도 유죄(流罪)에 처해졌다. 『明史』 권306, 「韓福傳」 참조.

273) "호부시랑 한복이" 이하의 기사는 『武宗實錄』 正德 4년(1509) 8월 辛酉朔 조에 보인다. 한복은 유근의 명을 받아 둔전 장량(丈量)을 위해 요동에 가서 가혹한 조치를 일삼았기 때문에 요졸(遼卒)의 반란을 야기하였던 것이다.

牛種不給, 二也, 丁壯亡徙, 三也, 田在敵外, 四也. 如是而管屯者猶欲按籍增賦, 非扣月糧, 卽按丁賠補耳."

옮김 譯 명초에 염상(鹽商)을 각 변방에 모아 개중(開中)[274]하였는데, 이를 상둔(商屯)[275]이라 하였다. 홍치(1488~1505) 중에 이르러 섭기(葉淇)[276]가 법을 바꾸니 개중이 무너지기 시작하였다.[277] 회상(淮商)[278]들은 모두 하던 일을 거두고 돌아갔으며, 서북의 상인[279]도 대부분 집을 회(淮) 지방으로 옮기니, 변경 지대는 텅 비게 되었다. 미(米)는 1석의 값이 은 5량이었으나,[280] 변경의 창고는 텅 비었다.[281] 세종(1522~1566) 때 양일청(楊一淸)[282]이 다시 상인을 불러 개중할 것을 청하였고, 또 옛날에 백성을 모

---

274) 개중(開中)은 개중법(開中法)을 행하는 것을 말하는데 좀 더 자세한 내용은 앞의 주 4)를 참조하라.

275) 상인이 개중법에 응하여 군량을 변창(邊倉)에 내고 염인(鹽引)을 획득하는데, 군량의 수송 거리를 단축하기 위하여 변지(邊地)에 경지를 개간한 뒤, 생산한 곡량(穀糧)을 변창에 납입토록 했다. 이러한 형식의 둔전을 상인이 경영했다는 점에서 상둔(商屯)이라 부른다.

276) 섭기(葉淇, ?~1496)는 성화·홍치 연간의 정치가이다. 남직예(현재의 강소) 산양(山陽) 출신으로, 경태 5년(1454)에 진사가 되어 성화 연간에는 대동순무(大同巡撫)로까지 승진하였다. 효종 등극 이후 호부시랑이 되었다가 홍치 4년(1491)에 호부상서로 승진했는데, 황장(皇莊)의 남발을 억제하고 환관의 은광(銀鑛) 간여를 막았다. 『明史』 권185, 「葉淇傳」 참조.

277) "홍치 중에 이르러" 이하의 기사는 기술이 잘못되었다. 염상(鹽商)으로 하여금 산염지(産鹽地)에서 은납(銀納)하게 한 제도는 성화 연간(1465~1487)에 차례로 성립한 것으로 홍치 5년(1492) 8월 섭기에 의해 단행된 것은 아니다. 이에 대해서는 藤井宏, 「明代鹽商の一考察」, 『史學雜誌』 54-5, 1943 참조.

278) 회상(淮商)은 양회(兩淮)의 염상(鹽商)을 가리킨다.

279) 서북의 상인은 토착상인으로, 대다수가 산서의 미상(米商)이었다.

280) 영락 때 변경에서 개중법을 행하여 속(粟)은 석당 은 2전이었는데, 이에 이르러 이미 가격이 25배나 올랐다. 『天下郡國利病書』 권28, 「江南 16」 참조.

281) 섭춘급(葉春及)은 「修軍政疏」(『明經世文編』 권366)에서 "至于今日, 軍之有者八十四萬餘, 四之一爾! 糧之有者三百七十七萬餘, 七之一爾! (…중략…) 置八十餘萬坐食之人, 以囊三百餘萬僅存之粟"이라고 하였다. 여기에서 둔정(屯政)이 무너진 뒤 변경의 창고가 비어 있음을 알 수 있다.

282) 양일청(楊一淸)은 명조 중기의 정치가이다. 그의 조상은 운남 안녕(安寧) 출신인데, 성화 8년(1472)에 진사가 되었다. 홍치 연간에 섬서순무(陝西巡撫)가 되었다. 정덕 연간에는 환관 장영(張永)과 협력하여 유근을 제거했고, 후에 호부상서가 되어 입각하였다.

아 변경을 충실하게 했던 뜻[283]을 모방하여 농우(隴右)[284]와 관서(關西)[285]의 백성을 오게 하여 변방에서 둔전하게 할 것을 청하였다.[286] 그 뒤 주택(周澤)[287]·왕숭고(王崇古)[288]·임부(林富)[289]·진세보(陳世輔)[290]·왕기(王畿)[291]·왕조용(王朝用)[292]·당순지(唐順之)[293]·오계방(吳桂芳)[294] 등이 다

---

283) "옛날에 백성을 모아 변경을 충실하게 한다"는 것은 『史記』 권30 「平準書 8」에 "흉노가 자주 북변(北邊)에 침략하여 도적질하니 둔수(屯戍)하는 자가 많아져, 변방의 속(粟)은 마땅히 먹어야 할 사람에게 급식하기에 부족하였다. 이에 백성을 모아 변방에 속을 잘 보내거나 돌리는 사람은 작(爵)을 내렸다"는 사실을 가리키는 듯하다.

284) 농우(隴右)는 농산(隴山) 이서로서 대체로 현재의 감숙성(甘肅省) 일대를 가리킨다.

285) 관서(關西)는 함곡관(函谷關) 혹은 동관(潼關) 이서로, 대체로 현재의 섬서성 일대를 가리킨다.

286) "세종 때 양일청이" 이하의 기사는 『世宗實錄』 嘉靖 7년(1528) 정월 丙申 및 2월 己未의 각 조에 상세한 기사가 있다. 또한 『明經世文編』 권117, 「爲條陳鹽池開中事疏」에도 그의 의견이 보인다.

287) 주택(周澤)의 건의는 "(招)土人耕各曠地, 因籍爲兵, 可省饋餉十二, 且免客兵逃亡"(王原, 『明食貨志』 권3, 「田制」)이라고 되어 있는데, 그 연도는 불분명하다. 주택의 인물에 대해서는 『明詩綜』 권27, 「周澤傳」 참조.

288) 왕숭고(王崇古)의 둔정(屯政)에 관한 상주(上奏)는 『世宗實錄』 嘉靖 44년(1565) 4월 丙子 조에 보인다. 왕숭고는 가정·융경·만력 조의 정치가이다. 산서(山西) 포주(蒲州) 출신으로 가정 20년에 진사가 되었다. 북변의 방비에 공이 있었다. 『明史』 권222, 「王崇古傳」 참조.

289) 임부(林富)의 둔정에 관한 상주는 『世宗實錄』 嘉靖 10년 9월 丙子 조에 보인다. 임부는 복건 보전(莆田) 출신으로 홍치 15년(1502)에 진사가 되었다. 영남(嶺南)의 왜구 토벌에 공이 있었다. 『獻徵錄』 권58, 「林富傳」 참조.

290) 진세보(陳世輔)의 상주는 『世宗實錄』 嘉靖 10년(1531) 6월 壬戌 조에 보인다. 진세보의 전기(傳記)는 『蘭臺法鑒錄』 권15에 보인다.

291) 왕기(王畿)의 상주는 『世宗實錄』 嘉靖 10년 5월 癸巳 조에 보인다. 왕기는 절강 산음(山陰) 출신으로, 가정 5년에 진사가 되었다. 관직은 남경병부랑중(南京兵部郎中)까지 올랐으나, 하언(夏言)에게 배척을 당해 귀향하여 강학(講學)하였다. 배우는 사람들은 용계선생(龍谿先生)이라고 불렀다. 『明史』 권283, 「王畿傳」 참조.

292) 왕조용(王朝用)의 상주 건의는 "請申私鬻(屯田)之禁"(王原, 『明食貨志』 권3, 田制)이라고 되어 있는데, 그 연도는 불분명하다. 그의 전(傳)은 『蘭臺法鑒錄』 권14에 나온다.

293) 당순지(唐順之)의 상주 건의는 王原, 『明食貨志』 권3, 「田制」에 "請仿國初舊制, 海島近區, 皆設水寨, 金塘·玉環諸山膏腴幾萬頃, 悉可屯墾"이라고 되어 있는데, 그 연도는 불분명하다. 그는 강소(江蘇) 무진(武進) 출신으로, 호가 형천(荊川)이었다. 가정 8년(1529)에 회시(會試)에서 1등을 하였다. 『明史』 권205, 「唐順之傳」 참조.

294) 오계방(吳桂芳)의 상주 건의는 王原, 『明食貨志』 권3, 「田制」에 "請屯羅旁·淥水徭境"이라고 되어 있는데, 연도는 불분명하다. 그는 강서(江西) 신건(新建) 출신으로, 가정 23년(1544)에 진사가 되었다. 각 지방의 순무를 역임하여 공이 있었다. 『明史』 권205, 「吳

투어 둔전책을 상언(上言)하였다. 그리고 방상붕(龐尙鵬)[295]이 강북의 염법(鹽法)과 둔전을 총괄하여 관장하였는데, 이윽고 구변(九邊)[296]으로 옮겨[297] 총독 왕숭고(王崇古)[298]와 앞뒤로 둔전조치를 구획하는 것이 매우 상세하였다.[299] 그러나 이때 구습에 따라 행하는 것이 날로 오래되어, 끝내 실제 효과는 적었다. 급사중(給事中)[300] 관회리(管懷理)[301]가 "둔전이 부흥하지 않는 데는 그 폐단이 넷이 있기 때문입니다. 변방의 경계가 엄한 것이 하나이고, 소와 종자를 지급해주지 않는 것이 둘이며, 장정(壯丁)이 도망하거나 이주한 것이 셋이고, 땅이 적지(敵地) 바깥에 있는 것이 넷입니다. 이와 같은데도 둔전을 관리하는 자가 오히려 관부(官府)의 기록에만 의거하여 세량(稅糧)을 늘리고자 하니, 월량(月糧)에서 공제하지 않으면 장정에 따라 배납(賠納)시켜 채워 넣을 뿐입니다"고 하였다.[302]

桂芳傳」 참조.

295) 방상붕(龐尙鵬)은 광동 남해(南海) 출신으로, 가정 32년(1553)에 진사가 되었다. 절강순안(巡按)이 되었을 때 일조편법(一條鞭法)의 시행에 공이 있었다. 융경 2년(1568) 우첨도어사(右僉都御史)로 양회·장로·산동의 염정(鹽政)을 관리하고, 구변(九邊)의 둔무(屯務)를 독판(督辦)하였다. 『明史』 권227, 「龐尙鵬傳」 참조.

296) 구변(九邊)은 구변진(九邊鎭)을 말한다. 요동(遼東)·계주(薊州)·선부(宣府)·대동(大同)·연수(延綏)·영하(寧夏)·감숙(甘肅)·태원(太原)·고원(固原) 등의 9진(鎭)을 가리킨다. 『明史』 권91, 「兵志」 참조.

297) 방상붕(龐尙鵬)이 강북의 염둔(鹽屯)을 총리(總理)하는 것은 『穆宗實錄』에 의하면 융경 2년(1568) 2월 임진(壬辰)의 일이다. 그해 가을에 구변으로 옮겼다.

298) 왕숭고(王崇古)는 산서 포주(蒲州) 출신이다. 융경 원년(1567) 10월 갑오에 총독섬서삼변(總督陝西三邊)에 임명되었고 이어 융경 4년 정월 정해(丁亥)에 총독선대산서(總督宣大山西)에 임명되어, 만력 원년(1573)에 병부상서가 되기까지 북변(北邊)에 있었다.

299) 둔정(屯政)에 관한 방상붕의 상주는 『穆宗實錄』 隆慶 3년(1569) 2월 癸未, 5월 己未, 閏6월 甲辰, 4년 3월 丁酉, 4월 己亥의 각 조에 보인다. 왕숭고의 상주는 隆慶 4년 5월 壬辰, 5년 12월 乙未의 각 조에 보인다.

300) 급사중(給事中)은 감찰관이다. 위로는 천자를 규간(規諫)하고, 아래로는 육부백사(六部百司)를 감찰하는 권한이 있다. 또 장주(章奏)를 봉박(封駁)하여 바로잡고 제칙(制勅)을 봉환(封還)하는 권한이 있다. 이·호·예·병·형·공 등 6부에 대응하여 육과(六科)를 설치하였으며, 과(科)마다 도급사중(都給事中) 1인, 좌우급사중(左右給事中) 각 1인, 급사중 4인 내지 10인을 두었다.

301) 관회리(管懷理)는 자가 일초(一初)로서 산동 임읍인(臨邑人)으로 진사 출신이다. 『江西通志』 권47, 「秩官」 조 참조.

302) "급사중 관회리가" 이하의 기사는 『世宗實錄』 嘉靖 13년(1534) 4월 乙巳 조에 보인다.

원문

屯糧之輕, 至弘、正而極, 嘉靖中漸增, 隆慶間復畝收一斗. 然屯丁逃亡者益多. 管糧郎中不問屯田有無, 月糧止半給. 沿邊屯地, 或變爲斥鹵、沙磧, 糧額不得減. 屯田御史又於額外增本折, 屯軍益不堪命. 萬曆時, 計屯田之數六十四萬四千餘頃, 視洪武時虧二十四萬九千餘頃, 田日減而糧日增, 其弊如此. 時則山東巡撫鄭汝璧請開登州海北長山諸島田. 福建巡撫許孚遠墾閩海壇山田成, 復請開南日山、澎湖; 又言浙江濱海諸山, 若陳錢、金塘、補陀、玉環、南麂, 皆可經理. 天津巡撫汪應蛟則請於天津興屯. 或留中不下, 或不久輒廢. 熹宗之世, 巡按張愼言復議天津屯田. 而御史左光斗命管河通判盧觀象大興水田之利, 太常寺卿董應擧踵而行之. 光斗更於河間、天津設屯學, 試騎射, 爲武生給田百畝. 李繼貞巡撫天津, 亦力於屯務, 然仍歲旱蝗, 弗克底成效也.

옮김 譯

둔전의 세량은 홍치(1488~1505)・정덕(1506~1521) 시에 가장 가벼웠는데,[303] 가정(1522~1566) 중에 점차 늘어났고, 융경(隆慶) 연간(1567~1572)에는 다시 무(畝)당 2두를 거두었다. 그런데도 둔전을 담당하던 장정은 도망하는 자가 더욱 많아졌다. 관량낭중(管糧郎中)[304]은 둔전의 유무를 불문하고 월량은 반만 지급하였다. 연변(沿邊)의 둔지(屯地)가 소금기가 있거나 모래가 섞여 경작할 수 없는 땅으로 변하여도 세량의 액수는 줄일 수 없었다. 둔전어사(屯田御史)[305]는 또 규정된 액수 외에 본절(本

303) 영락・선덕・정통 시기에 모두 '이감경례징량(以減輕例徵糧)'・'감징여량자립(減徵餘糧子粒)' 등의 방법으로 둔량(屯糧)을 경감하였고, 홍치・정덕 시기에 이르러 둔전의 세량이 가장 가벼워졌는데, 둔량을 징수할 때 절은(折銀)하는 방법을 취하였으니, 경감하여 절은하게 하거나 가벼운 과칙례(科則例)에 따르게 하였던 것이다. 萬曆『大明會典』 권18,「戶部 5」屯田 조.

304) 관량낭중(管糧郎中)은 호부에서 각 둔(屯)에 파견하여 군둔(軍屯)의 조사와 둔량의 징수 및 자립(子粒)의 해송(解送) 등을 관리토록 한 관리를 말한다.

305) 명초에 남직예 등지에 어사 1인을 파견하여 둔전과 둔량의 일을 관장하게 하였고, 가정 8년(1529) 이후에는 북방 각 위(衛)의 둔전에도 어사 1인을 파견하여 관리하게 하였다. 이를 둔전어사(屯田御史)라고 통칭한다.

折)[306]을 증가시키니, 둔전의 병사는 더욱 살아갈 수 없었다. 만력(1573~1619) 때 둔전의 수를 계산하니 64만 4,000여 경[307]으로서 홍무(1368~1398) 때에 비해 24만 9,000여 경이 줄어들어,[308] 둔전은 날로 감소하였으나 세량은 날로 늘어나니 그 폐해가 이와 같았다. 당시 산동순무(山東巡撫) 정여벽(鄭汝璧)[309]이 등주(登州) 바다 북쪽의 장산제도(長山諸島)[310]의 땅을 개간할 것을 청하였다.[311] 복건순무(福建巡撫) 허부원(許孚遠)[312]은 복건의 해단산(海壇山)[313]을 개간하여 경지가 만들어지자, 다시 남일산(南日山)[314]

---

306) 본절(本折)은 본색(本色)과 절색(折色)이다. 본색은 여기에서는 미맥(米麥)을 말하고, 절색은 대납하는 물품 혹은 은량(銀兩)을 말한다.

307) 64만 4,000여 경은 萬曆 『大明會典』 권17, 「屯田」의 현액전국총계(見額全國總計)를 잘못 계산한 것이라고 생각되는데, 실제는 65만 5,512여 경이다. 그러므로 『會典』에서 말하는 현액이 과연 만력 때의 통계인지 그 여부가 의심스럽다. 在京錦衣衛等五十四衛幷後軍都督府의 "見額屯田五千五十二頃八十五畝七分四釐八毫" 아래에 바로 이어 "嘉靖四十一年清查數"라고 할주(割註)가 달려 있어 분명히 만력의 통계는 아니다. 그 밖의 도사(都司)들의 현액이 이것과 똑같이 가정 41년(1562)의 것인지 그 여부는 의문이지만, 만력의 통계라는 확증은 없다.

308) 홍무 때의 둔전총계(屯田總計)는 존재하지 않는다. 『諸司職掌』이나 그 밖의 홍무 연간에 만들어진 기록 가운데 둔전의 전국 통계를 기재한 것은 없다. 正德 『大明會典』 권19에 기재된 둔전총계는 그 가운데에 '재경(在京)', '남경(南京)' 등의 말이 보이는 바로부터 추정해도 홍무의 것은 아니고, 正德 『大明會典』의 편찬 때로부터 멀지 않은 홍치 연간(1488~1505)의 것이 아닌가 생각된다. 正德 『大明會典』은 물론 이 통계를 홍무의 것이라고 명기하지 않았지만 국초 운운한 기사에 이어 이 통계가 나타나는 바로부터 『明史稿』와 『明史』의 편자는 그것을 홍무 때의 것이라고 오인하였을 것이다. 正德 『大明會典』의 전국 둔전총계를 합계하면 90만 124경이 되어, 이 수와 萬曆 『大明會典』의 소위 현액총계 65만 5,512경 여의 차이는 24만 4,611경 여로 『明史』의 24만 9,000여 경과는 조금 다른 수가 되는 것이다. 『明書』 권67도 正德 『大明會典』의 것을 국초의 것으로 오인하고 그것을 90만 3,313경 95무라고 계산하고, 萬曆 『大明會典』의 현액총계 65만 5,512경 여를 66만 7,268경 68무라고 계산하여 모두 조금 차이가 있다.

309) 정여벽(鄭汝璧)은 절강 진운(縉雲) 출신으로, 융경 2년에 진사가 되었다. 각지의 순무와 총독을 역임하였다. 『獻徵錄』 권58, 「鄭汝璧傳」 참조.

310) 장산제도(長山諸島)는 묘도열도(廟島列島)의 남쪽에 있다.

311) "산동순무 정여벽은" 이하의 기사는 『神宗實錄』 萬曆 22년(1594) 11월 壬午 조에 보인다.

312) 허부원(許孚遠)의 상주(上奏)의 연도는 불분명한데, 그가 복건에 순무로 있었던 것은 만력 20년(1592) 12월 병신(丙申)부터 동 22년 12월 정해(丁亥)까지이기 때문에, 그 사이의 일일 것이다.

313) 해단산(海壇山)은 현재의 복건성(福建省) 평담현(平潭縣) 경내에 있는 섬이다.

314) 남일산(南日山)은 현재의 복건성 포전현(莆田縣) 동쪽 100리에 있는 섬이다.

과 팽호(澎湖)[315]를 개간할 것을 청하였다. 또 절강(浙江) 연해의 산들로서 예를 들면 진전(陳錢)[316]·금당(金塘)[317]·보타(補陀)[318]·옥환(玉環)[319]·남궤(南麂)[320] 등은 모두 개간이 가능하다고 상언하였다. 천진순무(天津巡撫) 왕응교(汪應蛟)[321]가 천진에서 둔전을 일으킬 것을 청하였다.[322] 어떤 것은 상주문(上奏文)이 천자의 수중에 머문 채 결재가 내려지지 않았고, 어떤 것은 오래지 않아 폐기되고 말았다. 희종(熹宗)의 치세(1621~1627) 때 순안(巡按)[323] 장신언(張愼言)[324]은 다시 천진에서 둔전할 것을 건의했고,[325] 어사(御史)[326] 좌광두(左光斗)[327]는 관하통판(管河通判)[328] 노관상(盧

---

315) 팽호(澎湖)는 현재의 팽호도(澎湖島)로, 복건성 진강현(晉江縣) 동남쪽 바다에 있는 섬이다.

316) 진전(陳錢)은 현재의 절강성 정해현(定海縣) 동북의 바다 가운데에 있다.

317) 금당(金塘)은 절강성 정해현 서쪽 80리 떨어진 바다 가운데에 있다.

318) 보타(補陀)는 보타락가산(補陀落迦山)을 가리킨다. 절강성 정해현 동쪽 150리 떨어진 바다 가운데에 있다.

319) 옥환(玉環)은 현재의 절강성 옥환현(玉環縣)에 있는데, 온주(溫州)와 태주(台州)의 문호(門戶)가 되고 있다.

320) 남궤(南麂)는 절강성 평양현(平陽縣) 동남쪽 바다에 있고, 평평한 토양 수천 무가 비옥하여 명대 왜구의 거점이 되었다.

321) 왕응교(汪應蛟)는 남직예 휘주부(徽州府) 무원(婺源) 출신으로, 만력 2년(1574)에 진사가 되었다. 명말의 명신(名臣)으로 관직은 호부상서에 이르렀으며, 재정(財政)에 공이 있었다. 『明史』 권241, 「汪應蛟傳」 참조.

322) 만력 30년(1602)에 천진(天津)에 왜구의 경보가 발생하자, 방해군정(防海軍丁) 5,000여 명을 두고, 순무(巡撫) 왕응교(汪應蛟)가 한지(閑地) 150경을 사서 그것을 군둔(軍屯)으로 하였는데, 그 뒤 왜구가 평정되고 방해군(防海軍)이 철수하여 천계 원년(1621) 무렵에는 둔전은 대부분 소용없게 되어 50경만 남겨둔 사실이 『熹宗實錄』 천계 원년 2월 辛卯 조에 보인다.

323) 순안은 순안어사(巡按御史)를 말한다. 천자의 명을 받아 지방을 순시 감찰하는 관리이다.

324) 장신언(張愼言)은 산서 양성(陽城) 출신으로, 만력 38년에 진사가 되었다. 관직은 남경이부상서(南京吏部尙書)에 이르렀다. 『明史』 권275, 「張愼言傳」 참조.

325) 장신언의 둔전에 관한 논의는 『熹宗實錄』 天啓2년(1622) 4월 戊辰 조에 보인다.

326) 어사는 여기에서는 둔전어사(屯田御史)를 가리킨다.

327) 좌광두(左光斗, 1575~1625)는 남직예 동성(桐城) 출신으로, 만력 35년(1607)에 진사가 되었다. 둔전어사로서 화북(華北)의 수리(水利) 진흥에 공이 있었다. 명말에 위충현(魏忠賢)을 탄핵하다 도리어 구금되어, 결국 옥졸에게 살해되었다. 『明史』 권244, 「左光斗傳」 참조.

觀象)[329]에게 수전(水田)의 이로움을 크게 일으키도록 명하였으며,[330] 태복시경(太僕寺卿)[331] 동응거(董應擧)[332]가 이를 이어받아 행하였다.[333] 좌광두가 재차 하간(河間)과 천진에 둔학(屯學)[334]을 설치하고, 말 타고 활 쏘는 것을 시험하여 무생(武生)[335]으로 삼아 100무의 땅을 지급해주었다.[336] 이계정(李繼貞)[337]이 천진을 순무(巡撫)하면서 또한 둔전 업무에 힘썼으나,[338] 해를 거듭한 가뭄과 병충해[339]로 성과를 거두지는 못하였다.

---

328) 하간부(河間府)의 관하통판(管河通判)이다. 관하통판은 하거(河渠)의 관리를 임무로 하는 통판이다.

329) 노관상(盧觀象)은 강서 감현(贛縣) 출신으로, 둔정(屯政)에 공이 있었다. 명청의 교체기에 순직하였다. 그의 순난(殉難)의 일은 『小腆紀年』 권13에 나온다.

330) "어사 좌광두가" 이하의 기사는 『熹宗實錄』 天啓 元年(1621) 2월 辛卯 조와 『明經世文編』 권495, 「題爲足餉無過屯田屯田無過水利疏」에 보인다.

331) '太僕寺卿'은 원래 '太常少卿'으로 되어 있다. 그러나 『熹宗實錄』 天啓 2년(1622) 4월 乙丑, 9월 戊寅, 3년 9월 乙未 등에는 모두 동응거(董應擧)를 태복시경(太僕寺卿)이라고 하고 있어, 이에 근거하여 정정한다. 동응거가 둔전의 일을 관장하였을 때로서는 태복시경이 옳을 것이다.

332) 동응거는 복건 민현(閩縣) 출신으로, 만력 26년(1598)에 진사가 되었다. 둔정(屯政)에 공이 있었다. 『明史』 권242, 「董應擧傳」 참조.

333) 동응거의 '둔전경영책(屯田經營策)'에 대해서는 『熹宗實錄』 天啓 2년(1622) 4월 乙丑, 9월 戊寅, 3년 9월 乙未, 12월 己丑, 12월 辛卯의 각 조에 상세한 기사가 보인다.

334) 둔학(屯學)은 둔군(屯軍)과 그 자제를 위해 세운 학교이다.

335) 명대 과거에는 문과(文科) 외에 무과(武科)를 두었으며, 무과에도 향시(鄕試)와 회시(會試)가 있었다. 무생(武生)은 무생원(武生員)이라고도 불렸는데, 무과의 수재를 가리킨다.

336) "좌광두가" 이하의 기사는 『熹宗實錄』 天啓2년 9월 己酉 조와 『明經世文編』 권495, 「題爲議開屯學疏」에 상세하게 기재되어 있다.

337) 이계정(李繼貞)은 강소(江蘇) 태창주(太倉州) 출신으로, 만력 41년에 진사가 되었다. 『明史』 권248, 「李繼貞傳」 참조.

338) 이계정이 천진순무(天津巡撫)였던 것은 숭정 12년(1639) 10월부터 14년 10월까지로, 백당(白塘)과 갈고(葛沽) 등지에서 둔전을 크게 일으켰다. 『明史』 권248, 「李繼貞傳」 참조.

339) 명말(明末) 천계 · 숭정 연간에 각지에 재해와 병충해가 빈번하였다. 단지 『明史』 권28, 「五行志」의 기사에 의하면 천계 원년(1621)에서 숭정 14년(1641)까지 전국적으로 혹은 북직예 · 북경 부근에서 큰 가뭄이 아홉 차례 이상 있었으며, 그 가운데 숭정 원년의 '기보(畿輔)'의 가뭄은 가장 심각하였다. 이 시기의 병충해도 광범위한 것이 여섯 차례 있었으며, 그 가운데 북직예와 북경 부근의 큰 병충해가 두 차례 있었다. 이는 당시 북경 · 천진(天津) 부근의 둔전 생산에 막심한 피해를 주었다.

【莊田】

원문 明時, 草場頗多, 占奪民業, 而爲民厲者, 莫如皇莊及諸王、勳戚、中官莊田爲甚. 太祖賜勳臣公侯丞相以下莊田, 多者百頃, 親王莊田千頃. 又賜公侯暨武臣公田, 又賜百官公田, 以其租入充祿. 指揮沒於陣者皆賜公田. 勳臣莊佃, 多倚威扞禁, 帝召諸臣戒諭之. 其後公侯復歲祿, 歸賜田於官.

옮김 譯 명대에 초장(草場)[340]이 자못 많았지만, 백성의 소유지를 빼앗아 백성의 고통이 되는 것으로 황장(皇莊) 및 제왕(諸王)·훈척(勳戚)·환관의 장전(莊田)만큼 심한 것도 없었다. 태조는 훈신(勳臣)·공후(公侯)·승상(丞相) 이하에게 장전을 하사하였는데,[341] 많은 경우는 100경이었고[342] 친왕(親王)의 장전은 1,000경이었다.[343] 또 공후 및 무신에게 공전(公田)을 사여(賜與)하고,[344] 또 백관에게 공전을 하사하여, 그 전조(田租)의 수

340) 초장(草場)은 관마(官馬)를 목축하는 땅이지만, 때로는 소작인을 불러 개간한 경우도 있었는데, 이를 '숙지(熟地)'라고 불렀다. 가정·융경 연간에 불완전한 통계에 따르면 전국의 주요 초장은 9만 5,232경에 달하였다. 만력『大明會典』권17,「草場牧地」조 참조.

341)『太祖實錄』洪武 3년(1370) 12월 己卯 조에 "위국공(魏國公) 서달(徐達) 이하 훈신(勳臣)에게 전(田)을 차등을 두어 사여한다"고 되어 있고, 또『太祖實錄』洪武 4년 3월 癸巳 조에 "한국공(韓國公) 이선장(李善長) 등 6국공(國公), 연안후(延安侯) 당승종(唐勝宗) 등 25후(侯) 및 승상과 좌우참정(左右參政) 등에게 임호(臨濠)의 산지(山地) 658경 남짓을 사여한다"고 되어 있다. 이 두 기사 중 전자는 녹전(祿田)을 의미하고 후자는 장전(莊田)을 가리킨다고 추정하는 학자도 있다. 그에 따르면『明史』의 이 기사는 후자에서 채록한 것으로 볼 수 있다.

342) 공후(公侯)에게 사여(賜與)된 전토(田土)의 면적은 공로에 따라 일정하지 않았다.『太祖實錄』洪武 4년(1371) 12월 壬辰 조에 "중산후(中山侯) 탕화(湯和)에게 만 무(畝)를 사여하였다"고 되어 있다. 여기에 나오는 1만 무가 바로 100경(頃)이 된다.

343) 명초에 친왕(親王)이 1,000경의 장전(莊田)을 사여받은 예는 없었던 듯하다.『明史』권120,「潞王傳」에는 "명초에 친왕은 세록(歲祿) 외에 초장의 목지(牧地)를 지급받았다. 간간이 황폐한 하탄(河灘)을 청하는 경우도 있었는데, 많아도 1,000경에는 미치지 못하였다"라고 막연한 기재가 있을 뿐이다. 명확하게 1,000경의 장전을 사여받은 예는 찾아볼 수 없다.

입으로 봉록에 충당시켰다.[345] 지휘(指揮)[346]가 전쟁 중에 죽는 경우 모두 공전을 하사하였다.[347] 훈신 장전의 소작인 가운데 위세를 믿고 금법(禁法)을 어기는 자가 많아지자, 황제가 신하들을 불러 훈계하였다.[348] 그 후 공후는 세록(歲祿)을 회복하였고, 사전(賜田)은 관에 귀속시켰다.[349]

원문 仁、宣之世, 乞請漸廣, 大臣亦得請沒官莊舍. 然寧王權請灌城爲庶子耕牧地, 帝賜書, 援祖制拒之. 至英宗時, 諸王、外戚、中官所在占官私田, 或反誣民占, 請案治. 比案問得實, 帝命還之民者非一. 乃下詔禁奪民田及奏請畿內地. 然權貴宗室莊田墳塋, 或賜或請, 不可勝計. 御馬太監劉順家人進薊州草場, 進獻由此始. 宦官之田, 則自尹奉、喜寧始.

---

344) 『太祖實錄』 洪武 6년(1373) 9월 丁未 조에 "공후(公侯) 및 무관(武官)에게 공전(公田)을 사여하고, 그 원래 정해진 관량(官糧)과 사조(私租)의 수를 취량(取量)하는데, 주전(主佃)에 의거하여 수를 나누어 그것을 거두게 하라"고 되어 있다. '武臣'은 『實錄』에 '武官'이라고 되어 있는 것이 옳은 듯하다. 또 공전은 일반적으로는 관전을 말하는데, 여기에서는 녹전(祿田)을 가리키고, "공전을 사여한다"는 것은 공전 그 자체를 사여하는 것이 아니라 지정된 공전의 조미(租米)를 녹(祿)으로 사여받는 것으로 수조권(收租權)은 관에 귀속하는 것을 원칙으로 하였다.

345) "백관에게 공전을" 이하의 기사는 『太祖實錄』 洪武 10년(1377) 10월 辛酉 조에 상세한 기사가 보인다.

346) 지휘(指揮)는 위(衛)의 장관이다. 1위는 5,600인의 병사를 그 편성의 단위로 하는 것이 원칙이었다.

347) 『太祖實錄』 洪武 11년(1378) 9월 조에 "하남위지휘(河南衛指揮) 주암(周岩) 등 81인에게 공전미(公田米) 2만 2,140석을 하사한다"고 되어 있어, 반드시 전쟁에서 죽는 것을 기다리지 않고 생전의 현직의 지휘에 대해서도 공전미를 하사하였음을 알 수 있다.

348) "훈신의 장전의" 이하의 기사는 『太祖實錄』 洪武 4년(1371) 12월 甲申 조에 상세한 기사가 있다. 『實錄』에는 "공전(公田)의 장전(莊佃)"이라고 되어 있어 분명히 녹전(祿田)의 전호(佃戶)이며 장전의 전호는 아니다. 그러나 "공전의 장전"이란 표현은 녹전이 사실상 장전의 성격을 띠며, 어떤 형태로든지 소유자의 지배권이 녹전의 전호에게 미친 사실을 보여준다.

349) "공후는 세록을" 이하의 기사는 『太祖實錄』 洪武 25년(1392) 8월 甲戌 조에 상세한 기사가 있다. 그에 의하면 이때 사전(賜田)을 관에 귀속시킨 것은 위국공(魏國公)·조국공(曹國公)·신국공(信國公)·강음후(江陰侯)·정해후(靖海侯)·영평후(永平侯)·기춘후(蘄春侯)의 3공(公)과 4후(侯)뿐으로 다른 공후가 반환한 일은 보이지 않는다. 모든 공후가 녹전(祿田)을 반환하였던 것은 아니었던 셈이다.

옮김 譯 인종(仁宗)과 선종(宣宗)의 치세(1425~1435)에 장전(莊田)의 하사를 청하는 경우가 점점 늘어났는데, 대신(大臣)도 관에 몰수된 장전과 그 부속 건물을 청구할 수 있었다. 그러나 영왕(寧王) 주권(朱權)[350]이 관성(灌城)[351]을 서자(庶子)의 경목지(耕牧地)로 삼기를 청하자,[352] 황제가 사신(私信)을 내렸는데, 조법(祖法)을 원용하여 이를 거절하였다.[353] 영종(英宗) 때(1436~1449)에 이르러서는 제왕(諸王)·외척·환관이 곳곳에서 관부(官府)와 개인의 소유지를 점탈(占奪)하거나 도리어 백성이 차지해버렸다고 무고하며 재판해줄 것을 청하였다. 심문하여 실정을 알게 되자 황제가 백성에게 돌려주도록 명한 것이 비일비재하였다.[354] 이에 조(詔)를 내려 백성의 토지를 빼앗거나 기내(畿內)[355]의 땅을 상주하여 청하는 것을 금하였다.[356] 그러나 고관과 종실이 장전과 묘지를 하사 받거나 청구하는 것이 이루다 헤아릴 수 없을 정도였다. 어마태감(御馬太監)[357] 유순(劉順)[358]의 가인(家人)이 계주(薊州)의 초장(草場)을 바치니,[359] 진헌(進獻)이

---

350) 영왕(寧王) 권(權)은 태조의 열일곱째 아들로, 홍무 24년(1391)에 왕에 봉해졌고, 26년에 대녕(大寧)에 취번(就藩)하였으며 영락 원년(1403)에 남창부(南昌府)로 옮겼다. 정통 13년(1448)에 죽었다.

351) 관성(灌城)은 정확히는 관영성(灌嬰城)이라고 한다. 강서의 남창현의 동쪽 남창고성(南昌故城)에 있다.

352) "영왕 주권이" 이하는 『宣宗實錄』 宣德 3년(1428) 윤4월 壬寅 조에 상세한 기사가 있다.

353) "황제가 사신을" 이하는 『宣宗實錄』 宣德 4년(1429) 5월 丁巳 조에 상세한 기사가 있다.

354) 『英宗實錄』 正統 5년(1440) 10월 甲子 조에 상세한 기사가 있다.

355) 기내(畿內)는 여기에서는 북직예를 가리킨다. 그 가운데 순천부(順天府)가 핵심이었다.

356) "조를 내려" 이하의 기사는 그 출처가 불분명한데, 萬曆 『大明會典』 권17 「凡詭寄投獻等禁例」 조의 正統 9年(1444) 주준(奏准)을 참고할 만하다. 또한 『英宗實錄』 正統 2년(1437) 4월 辛未 조에 "初, 上以南京權貴怙勢占據官私田地房屋, 敕御史李彝等往按之. 彝等廉得中官外戚所占舊地六萬二千三百五十畝, 房屋一千二百二十八間. 上以田地給新調旗軍之貧者, 房屋召軍民賃居"라는 기사도 참조할 만하다.

357) 어마태감(御馬太監)은 12감(監)의 하나인 어마감(御馬監)의 장관으로, 마필을 관장하였다.

358) 『明史稿』 권136, 「劉順傳」 참조.

359) 『英宗實錄』 正統 6년 3월 壬寅 조에 "어마감 고태감(故太監) 유순(劉順)의 가인(家人)이 상주(上奏)하여 '선신(先臣 = 유순)이 생존해 있을 때 황제에게서 받은 것 및 직접 마련한 장전(莊田)·탑방(塌房)·과원(果園)·초장(草場)이 모두 26개가 있습니다. 계주

이로부터 시작되었다. 환관의 장전은 윤봉(尹奉)[360]과 희녕(喜寧)[361]으로부터 시작되었다.

원문 初, 洪熙時, 有仁壽宮莊, 其後又有淸寧、未央宮莊. 天順三年, 以諸王未出閣, 供用浩繁, 立東宮、德王、秀王莊田. 二王之藩, 地仍歸官. 憲宗卽位, 以沒入曹吉祥地爲宮中莊田, 皇莊之名由此始. 其後莊田遍郡縣. 給事中齊莊言 : "天子以四海爲家, 何必置立莊田, 與貧民較利." 弗聽. 弘治二年, 戶部尙書李敏等以災異上言 : "畿內皇莊有五, 共地萬二千八百餘頃; 勳戚、中官莊田三百三十有二, 共地三萬三千餘頃. 管莊官校招集羣小, 稱莊頭、伴當, 占地土, 斂財物, 汙婦女. 稍與分辨, 輒被誣奏, 官校執縛, 擧家驚惶. 民心傷痛入骨, 災異所由生. 乞革去管莊之人, 付小民耕種, 畝徵銀三分, 充各宮用度." 帝命戒飭莊戶. 又因御史言, 罷仁壽宮莊, 還之草場, 且命凡侵牧地者, 悉還其舊.

옮김 이전 홍희(洪熙) 때(1425) 인수궁(仁壽宮)[362]의 장전이 있었고,[363] 그 후 또 청녕궁(淸寧宮)[364]과 미앙궁(未央宮)[365]의 장전이 있었

(薊州) 초장 등 10곳의 땅 468경을 삼가 관에 들이고자 하오니, 나머지 16곳은 신에게 남겨 제사에 공급하게 해주십시오' 하니, 이를 받아들였다"라고 되어 있다. 『續文獻通考』 권6, 「田賦考」 官田 조 참조.

360) 윤봉(尹奉)은 영종이 총애한 환관의 한 사람으로 상선감태감(尙膳監太監)에 임명되었다. 『英宗實錄』 正統 9년(1444) 윤7월 壬辰 조에 "상선감태감 윤봉에게 장전(莊田) 3경 10무를 하사한다"고 되어 있다. 희녕(喜寧)의 장전 취득의 연도는 알 수 없다.

361) 희녕은 영종이 총애한 환관의 한 사람으로, 어용감태감(御用監太監)으로 임명되었다. 일찍이 친정(親征)을 한 영종을 따라 참전했다가 오이라트의 에센에게 포로가 되었는데, 후에 도망쳐 돌아왔다. 『明史』 권304, 「曹吉祥傳」에 그 사적이 있다.

362) 인수궁(仁壽宮)은 건청궁(乾淸宮)의 동쪽에 있는데, 태후(太后)가 거처하는 궁전이다. 홍희 때 이곳에 거처한 태후는 선종의 모친인 장태후(張太后) 즉 인종의 황후인데, 그 책립(冊立)이 홍희 원년(1425) 7월 을해(乙亥)에 행하여진 일이 『實錄』에 보인다.

363) 인수궁의 장전(莊田)은 영락 연간에 두어졌고, 순천부(順天府) 풍윤현(豐潤縣) 경내에 있었다. 가정 때의 조사에 따르면 총 면적 914경, 수박지(水泊地) 980경, 노위지(蘆葦地) 1,322경을 차지하였으며, 명대 황가에서 역사가 가장 오래된 장전의 하나이다. 萬曆 『大明會典』 권17 「田土」 조 참조.

364) 청녕궁(淸寧宮)은 건청궁의 서쪽에 있으며, 태후가 거주하는 궁전이다.

다.[366] 천순(天順) 3년(1459)에 제왕(諸王)이 아직 출합(出閤)[367]하지 않아 경비가 많이 들자, 동궁(東宮)[368]·덕왕(德王)[369]·수왕(秀王)[370]의 장전을 두었다.[371] 두 왕이 번(藩)에 나가자,[372] 땅은 전과 같이 관에 귀속시켰다. 헌종이 즉위(1465)한 뒤 조길상(曹吉祥)[373]에게 몰수한 땅을 궁중의 장전으로 삼았는데,[374] 황장(皇莊)의 명칭이 이로부터 시작되었다.[375] 그 후 장전이

365) 미앙궁(未央宮)은 귀비(貴妃)가 거주하는 궁전으로 종사문(螽斯門) 서쪽에 있으며, 가정 14년(1535)에 계상궁(啓祥宮)으로 고쳤다.

366) 청녕궁과 미앙궁의 장전이 언제 설치되었는가는 불분명하다. 일설에 의하면 선덕 연간일 것이라고 한다. 두 궁의 장전은 매우 널리 분포되어 있어, 북직예의 동북부 풍윤현(豐潤縣)에서부터 서남을 향해 보지(寶坻)·무청(武清)·정해(靜海)를 거쳐 바로 하간부(河間府)의 소속 현에 이르렀다. 궁장(宮莊)의 땅이 민전(民田)과 서로 맞닿아 있었다. 가정 때의 조사에 의하면 인수(仁壽)·청녕(清寧)·미앙(未央) 3궁의 장전은 총 63곳에 있고, 땅은 1만 6,015경 47무였다. 萬曆『大明會典』권17,「田土」.

367) 합(閤)은 각(閣)이라고도 하는데, 궁중을 가리킨다. '출각(出閣)'에는 원래 세 가지 의미가 있다. 첫째, 황자가 10세가 되면 왕으로 봉해진 뒤 취학독서(就學讀書)하게 되는데 이를 '동궁출각강독(東宮出閣講讀)'이라 한다. 둘째, 12세 내지 15세에 관례(冠禮)를 행하고 봉(封)을 받게 되는데, 이를 출각이라 한다. 셋째, 친왕이 성장한 후 황궁을 떠나 봉지(封地)에 나아가게 되는데, 이를 역시 출각이라 하였다. 본문의 경우에는 세 번째에 해당한다. 즉 합(閤)을 나오지 않았다고는 것은, 아직 어리기 때문에 궁중에 머물러 있어 취번(就藩)하지 않은 것을 말한다. 한편 취번 즉 번에 나간다는 것은 궁중을 나와 지방의 왕부(王府)로 가서 현지에서 거주하는 것을 가리킨다.

368) 동궁(東宮)은 황태자 즉 영종의 장자로 이름은 견심(見深)이다. 후의 헌종이다.

369) 덕왕(德王)은 영종의 둘째 아들로, 이름은 견린(見潾)이다.『明史』권104,「諸王世表 5」참조.

370) 수왕(秀王)은 영종의 다섯째 아들로, 이름은 견주(見澍)이다.『明史』권104,「諸王世表 5」참조.

371) "천순 3년에" 이하의 기사는『英宗實錄』天順 3년(1459) 4월 辛酉 조에 상세한 기사가 있다.

372) 덕왕은 성화 3년(1467)에 산동의 제남부(濟南府)에 취번하였고, 수왕은 성화 6년에 하남의 여녕부(汝寧府)에 취번하였다.

373) 조길상(曹吉祥)은 난주(灤州) 출신으로 환관이다. 왕진(王振)의 일파로서 정통 연간에 감군(監軍)을 역임하였다. 특히 영종의 복위(復位)를 주도하여 크게 세력을 얻었으나, 후에 반역죄로 천순 5년(1461) 7월에 주살되었다.『明史』권304「曹吉祥傳」참조.

374) "헌종이 즉위하자" 이하의 기사는『實錄』에는 보이지 않고『名山藏』권15에서는 그것을 천순 8년(1464) 11월에,『明大政纂要』권28에는 동년 10월에,『明政統宗』권13에는 동년 9월에 연결시키고 있다. 어느 쪽이 옳은가 판단하기 어렵다. 하언(夏言)의『桂洲奏議』권2,「奉勅勘報皇莊及功臣國戚田土疏」에 의하면, 이때 조길상으로부터 몰수한 장전은 북직예(현재의 하북성) 순의현(順義縣) 안락리(安樂里) 판교촌(板橋村)에 있는데,

각 군현(郡縣)에 두루 퍼졌다. 급사중(給事中) 제장(齊莊)이 "천자는 천하를 집으로 삼는데, 장전을 두어 빈민과 이(利)를 다툴 필요가 어디에 있습니까"라 하였으나, 들어주지 않았다. 홍치 2년(1489)에 호부상서(戶部尙書) 이민(李敏)[376] 등이 자연재해가 일어나자 상언하기를, "기내(畿內)의 황장(皇莊)이 다섯인데,[377] 전체 땅이 1만 2,800여 경입니다. 훈척과 환관의 장전은 332곳인데, 전체 땅은 3만 3,000여 경입니다. 장전을 관리하는 관교(官校)[378]가 무뢰배들을 불러모아 장두(莊頭)[379]와 반당(伴當)[380]이라 부르며, 토지를 빼앗고 재물을 긁어모으며 부녀자를 욕보이고 있습니다. 조금이라도 함께 실정을 밝히려 하면 번번이 무고한 상주(上奏)로 피소(被訴)당해, 관교가 체포하여 포박하니 온 집안이 놀라 두려워하게 됩니다. 백성들의 마음에 새겨진 고통이 뼈에까지 사무치니, 이것이 자연재해가 생기는 원인입니다. 청컨대 장전을 관리하는 사람을 없애고, 소민(小民)에게 주어 경작하게 하고는 무당 은 3분을 징수하여 각 궁의 비용에 충당케 하시기 바랍

모두 35경의 면적이었다.

375) 천순 8년(1464)에 조길상에게서 몰수한 땅은 『明政統宗』 권13에 따르면 황후의 장전으로 하였다. 그러나 황장(皇莊)은 황실의 장전을 말하여 그 가운데에는 천자・황후・귀비, 수도에 있는 제왕(諸王)과 황태후 등의 장전을 모두 포함하는 것으로, 황장은 천순 8년에 시작된 것은 아니다. 『明史』 권119, 「諸王列傳」에 의하면 인종의 셋째 아들 월왕(越王) 첨용(瞻墉)이 아직 취번하지 않았을 때 선덕 연간(1426~1435)에 선종에게서 창평현(昌平縣)에 장전 40경을 사여받은 사실이 있다. 이 무렵은 아직 '황장(皇莊)'이란 명칭은 존재하지 않았지만 실질은 있었던 셈이다.

376) 이민(李敏)은 하남 양성(襄城) 출신으로, 경태 5년(1454)에 진사가 되었다. 각지의 순무를 거쳐 성화 23년부터 홍치 4년까지 호부상서를 역임하였다. 『明史』 권185 「李敏傳」 참조.

377) 다섯 황장(皇莊)은 첫째가 원래 조길상(曹吉祥)의 땅을 개명한 황장, 둘째가 보지현(寶坻縣) 왕포영(王浦營) 황장, 셋째가 풍윤현(豐潤縣) 황장, 넷째가 신성현(新城縣) 황장, 다섯째가 웅현(雄縣) 황장이다. 『孝宗實錄』 弘治 2년 (1489) 7월 己卯 조 참조.

378) 관교(官校)는 내관(內官)・기교(旗校)를 말한다. 기교는 기(旗)와 교위(校尉)를 가리키고, 기는 이 경우 금의위(錦衣衛)의 소기(小旗; 10인의 병사의 우두머리)・총기(總旗; 50인의 우두머리)를 말한다. 교위는 금의위의 병졸이다.

379) 장두(莊頭)는 전호(佃戶)의 우두머리이다. 소작료를 한데 모아 납부하는 의무를 진다.

380) 반당(伴當)은 전호 중에서 선발되어 장두의 보좌 역할을 하는 사람이다. 장전(莊田)마다 늘 30~40인이 있었다.

니다"라고 하니,[381] 황제가 장호(莊戶)[382]를 경계하도록 명하였다. 또 어사(御史)[383]의 말로 인해 인수궁(仁壽宮)의 장전을 혁파하여 초장으로 되돌리게 하였으며,[384] 또한 목지(牧地)를 침범한 것은 모두 예전대로 되돌리도록 명하였다.[385]

원문 又定制, 獻地王府者戍邊. 奉御趙瑄獻雄縣地爲皇莊, 戶部尙書周經劾其違制, 下瑄詔獄. 敕諸王輔導官, 導王奏請者罪之, 然當日奏獻不絶, 乞請亦愈繁. 徽、興、岐、衡四王, 田多至七千餘頃. 會昌、建昌、慶雲三侯爭田, 帝輒賜之. 武宗卽位, 踰月, 卽建皇莊七, 其後增至三百餘處. 諸王、外戚求請及奪民田者無算.

옮김 譯 또 규정을 정하여 왕부(王府)에 땅을 헌납하는 자는 변방으로 보내 충군(充軍)토록 하였다.[386] 봉어(奉御)[387] 조선(趙瑄)이 웅현(雄縣)[388]의 땅을 황장(皇莊)으로 바치자, 호부상서 주경(周經)[389]이 규정을 어

---

381) 이민 등의 상언은 『孝宗實錄』 弘治 2년(1489) 7월 己卯 조에 보인다.

382) 장호(莊戶)는 장전의 전호를 말하는데, 『孝宗實錄』 弘治 2년(1489) 7월 己卯 조에는 '莊戶'라고 적혀 있지 않고, '管莊之人'이라고 되어 있다. 이것은 장전을 관리하는 관교를 가리킨다. 『實錄』 쪽이 옳고, 『明史』는 『實錄』을 개악하여 사실을 오도한 것이다.

383) 어사는 여기에서는 감찰어사 장순(張淳)을 말한다. 장순은 융경 2년에 진사가 되어, 영강지현(永康知縣)을 역임했는데, 특히 소송 안건을 잘 처리하는 것으로 이름을 떨쳤다. 『明史』에 '순리(循吏)'로 포함되었다.

384) "어사의 말로" 이하의 기사는 『孝宗實錄』 弘治 10년(1497) 2월 丙申 조에 상세한 기사가 있다.

385) "목지를 침범한" 이하의 기사는 『孝宗實錄』 弘治 3년(1490) 8월 조에 상세한 기사가 보인다.

386) "규정을 정하여" 이하의 기사는 萬曆 『大明會典』 권17, 「凡詭寄投獻等禁例」 조의 弘治 3년(1490) 주준(奏准)에 근거한 것이라고 추정된다. 『會典』에서는 토지를 헌납 받은 자가 '王府'라고 기재되지 않고, 막연하게 '勢要之家'라고 표현되어 있다.

387) "봉어(奉御)"는 상선감(尙膳監)의 장수봉어(長隨奉御)이다. 상선감은 궁중의 선부(膳部)를 관장하는 관아이다. 직원은 환관으로 충당한다. 장수봉어는 상선감의 유관(流官)의 말석에 위치한다.

388) 웅현(雄縣)은 현재의 하북성 웅현으로, 당시에는 보정부(保定府)에 속하였다.

389) 주경(周經)은 산서 양곡(陽曲) 출신으로, 천순 4년(1460)에 진사가 되었다. 홍치 9년 섭기(葉淇)의 뒤를 이어 호부상서가 되었는데, '헌지(獻地)'의 풍조를 억제하는 등 재정

졌다고 탄핵하여 조선을 조옥(詔獄)[390]에 내렸다.[391] 제왕(諸王)의 보도관(輔導官)[392]에게 칙(敕)을 내려 왕에게 주청하도록 이끈 자는 죄를 준다고 하였으나, 당일에도 헌납하겠다는 상주가 끊이지 않았으며, 주청도 더욱 빈번하였다.[393] 휘왕(徽王)[394]·흥왕(興王)[395]·기왕(岐王)[396]·형왕(衡王)[397]은 땅이 많게는 7,000여 경에 이르렀다.[398] 회창후(會昌侯)[399]·건창후(建昌侯)[400]·경운후(慶雲侯)[401]가 땅을 놓고 다투니,[402] 황제는 번번이 하사해

(財政) 방면에 적지 않은 공을 세웠다. 『明史』 권183, 「周經傳」 참조.

390) 황제의 특별 명령으로 금의위(錦衣衛)가 심리(審理)하는 중대 안건의 경우, 범인은 진무사옥(鎭撫司獄)에 가두고 형부는 이에 관여치 못하게 했는데, 이를 일러 조옥(詔獄)이라 한다.

391) "봉어 조선" 이하의 기사는 『孝宗實錄』 弘治 10년 正月 乙丑, 同年 4월 戊寅 조에 상세한 기사가 있다.

392) 보도관(輔導官)은 취번(就藩)하여 왕부(王府)에 거주하는 제왕(諸王)을 가르치거나 보좌하는 관이다. 장관을 장사(長史)라고 한다. 장사는 왕부의 정령(政令)을 관장하고, 왕의 보도관 가운데 핵심으로서 왕과 중앙의 연락 등을 담당하며, 왕에게 과실이 있으면 장사가 책임을 지도록 하였다.

393) "제왕의 보도관에게" 이하의 기사는 『孝宗實錄』 弘治 13년 2월 乙未 조의 호과급사중(戶科給事中) 구준(丘浚)의 상언 중의 '一杜奏討' 조에 근거한 것이라고 추정된다.

394) 휘왕(徽王)은 영종의 아홉째 아들로, 이름은 견패(見沛)이다. 성화 17년(1481)에 하남의 균주(鈞州; 현재의 우현(禹縣))에 취번하였다. 『明史』 권104, 「諸王世系表 5」 참조.

395) 흥왕(興王)은 헌종의 넷째 아들로, 이름은 우원(祐杬)이다. 홍치 7년(1494)에 호광(湖廣)의 안육주(安陸州; 현재의 호북성)에 취번하였다. 『明史』 권104, 「諸王世系表 5」 참조.

396) 기왕(岐王)은 헌종의 다섯째 아들로, 이름은 우륜(祐棆)이다. 홍치 8년(1495)에 호광의 안덕부(安德府; 현재의 호북성)에 취번하였는데, 14년에 죽어 자식이 없기 때문에 봉(封)은 없어졌다. 『明史』 권104, 「諸王世系表 5」 참조.

397) 형왕(衡王)은 헌종의 일곱째 아들로, 이름은 우휘(祐楎)이다. 홍치 13년(1500)에 산동의 청주부(青州府)에 취번하였다. 『明史』 권119, 「衡王傳」 참조.

398) 『孝宗實錄』 弘治 13년(1500) 2월 辛丑 조에는 흥왕(興王)에게 땅 1,352경을 하사하여 물의를 일으킨 일이 상세하게 기재되어 있다.

399) 회창후(會昌侯)는 손명(孫銘)으로, 성화 16년(1480)에 봉작(封爵)을 계승하였다. 증조부 손충(孫忠)은 선종의 공황후(恭皇后)의 아버지이다. 『明史』 권108, 「外戚恩澤侯表」 참조.

400) 건창후(建昌侯)는 장연령(張延齡)을 가리키는데, 홍치 8년(1495) 4월에 백(伯)에 봉해졌고, 16년 9월에 후(侯)로 승격되었다. 아버지 장만(張巒)은 효종의 경황후(敬皇后)의 아버지이다. 『明史』 권300, 「張巒傳附傳」 참조.

401) 경운후(慶雲侯)는 주수(周壽)로, 성화 3년(1467) 11월에 경운백(慶雲伯)에 봉해졌고, 17년 12월에 후(侯)로 승격되었다. 아버지 주능(周能)은 헌종의 어머니인 효숙태후(孝肅太后)의 아버지이다. 『明史』 권300, 「周能傳附傳」 참조.

402) 세 후(侯)가 전(田)을 다툰 것이 아니라, 경운후 주수와 건창후 장연령이 다툰 것이

주었다.[403] 무종(武宗)이 즉위[404]하고 그 다음달에 바로 황장 7곳을 두었으며,[405] 그 후 300여 곳으로 늘어났다.[406] 제왕과 외척이 장전을 청하여 민전(民田)을 빼앗은 일은 셀 수도 없었다.

원문 世宗初, 命給事中夏言等淸核皇莊田. 言極言皇莊爲厲於民. 自是正德以來投獻侵牟之地, 頗有給還民者, 而宦戚輩復中撓之. 戶部尙書孫交造皇莊新冊, 額減於舊. 帝命覈先年頃畝數以聞, 改稱官地, 不復名皇莊, 詔所司徵銀解部. 然多爲宦寺中飽, 積逋至數十萬以爲常. 是時, 禁勳戚奏討、奸民投獻者, 又革王府所請山場湖陂. 德王請齊、漢二庶人所遺東昌、兗州閒田, 又請白雲等湖, 山東巡撫邵錫按新令却之, 語甚切. 德王爭之數四, 帝仍從部議, 但存藩封初請莊田. 其後有奏請者不聽.

옮김 譯 세종(1522~1566) 초에 급사중 하언(夏言)[407] 등에게 명하여 황장의 토지를 낱낱이 조사하게 하였다.[408] 하언은 황장이 백성에게

다. 그러나 회창후도 이 다툼에 관계가 없던 것은 아니다. 그 전말은 『孝宗實錄』 弘治 17년(1504) 4월 甲寅 조에 상세하게 나온다.

403) 주수에게 2,000경, 장연령에게 1만 6,705여 경을 하사하였고, 회창후 손명은 땅을 하사받은 것이 아니라 증조부 손충 때 사여(賜與)받은 땅 가운데 320경의 보유를 허가받았을 뿐이다. 『孝宗實錄』 弘治 17년(1504) 4월 甲寅 조의 기사 말미 참조.

404) 무종의 즉위는 홍치 18년(1505) 9월의 일이다.

405) 하언(夏言)의 『桂洲奏議』 권2 「奉勅勘報皇莊及功臣國戚田土疏」에 따르면 홍치 18년(1505) 10월에 두어진 일곱 황장(皇莊)은 모두 북직예(현재의 하북성)의 대흥현(大興縣) 안에 있으니, 십리포황장(十里舖皇莊)·대왕장황장(大王莊皇莊)·심구아황장(深溝兒皇莊)·고밀점황장(高密店皇莊)·석파파영황장(石婆婆營皇莊)·육리둔황장(六里屯皇莊)·토성황장(土城皇莊) 일곱 개를 말한다.

406) 앞의 주에 언급한 하언의 상소에 의하면 천순 8년(1464)부터 정덕 9년(1514)까지 설치된 황장(皇莊)은 36개소 3만 7,595경 46무에 불과하였다. 『明史』는 언제부터 언제까지 두어진 황장이 300여 곳이 되었는가를 명확하게 하고 있지 않은데, 300여 곳은 과장된 수치로 생각된다.

407) 하언은 강서 귀계(貴溪) 출신으로, 정덕 12년(1517)에 진사가 되었다. 이후 병과급사중(兵科給事中), 예부상서를 거쳐 15년에 입각한 뒤 2년 뒤 수보(首輔)까지 승진했다. 그러나 그 후 엄숭(嚴嵩)과의 권력투쟁에서 밀려나게 된다. 『明史』 권196, 「夏言傳」 참조.

고통이 된다고 극언하였다.[409] 이로부터 정덕(15061521) 이래로 투헌(投獻)[410]하거나 빼앗은 땅을 자못 백성에게 돌려주는 일도 있었으나, 환관과 외척의 무리들이 또 중간에서 이를 방해하였다. 호부상서 손교(孫交)[411]는 황장의 새로운 토지대장을 만들었는데,[412] 그 액수가 예전[413]보다 줄었다. 황제는 왕년의 토지면적[414]을 자세히 조사하여 아뢰게 하였고, '관지(官地)'라고 고쳐 부르고 더 이상 '황장'이라 부르지 않게 하였으며, 주현관(州縣官)에게 조(詔)를 내려 은을 징수하여 호부로 보내도록 하였다. 그러나 대부분은 환관이 중간에서 착복하여, 체납이 수십만에 이르는 것이 보통이었다. 이때 훈신과 외척이 주청하는 것과 간사한 백성이 투헌하는 것을 금하였고,[415] 또 왕부(王府)가 청한 산장(山場)[416]과 호

---

408) 『皇明嘉隆聞見記』 권1에는 가정 원년(1522) 동(冬) 10월에 병과급사중 하언, 어사 번계조(樊繼祖), 주사(主事) 장희윤(張希尹)에게 명하여 황장(皇莊) 및 훈척(勳戚)의 전토를 실사하게 한 일이 보인다. 王圻, 『續文獻通考』 권16에는 거의 동일한 내용의 기사를 정덕 16년(1521)에 연결시키고 있다. 『續文獻通考』 권6도 똑같이 16년에 연결시키고 있다. 『世宗實錄』의 正德 16년 10월 辛卯 조에는 "어사 번계조 등을 파견하여 황장전(皇莊田)을 낱낱이 조사하게 하고, 정덕 원년부터 이후에 몰래 투헌(投獻)한 것 및 침점(侵占)한 것은 모두 주인에게 돌려주고 그 징수한 조세는 모두 부(部)에 보내어 수지(收支)하게 하라"고 되어 있어, 하언의 이름은 보이지 않는데 '번계조 등' 중에는 하언도 포함되어 있었을 것이다. 다만 앞에 언급한 견문기(見聞記)의 기사와 『實錄』의 기사는 같은 사건을 기재한 것임에 틀림없는데, 견문기가 기년(紀年)을 잘못 기재한 것으로 생각된다.

409) 하언의 상소는 황장전토(皇莊田土)의 실사 직후에 이루어진 것 같다. 그 상주문은 『桂洲奏議』 권2, 「奉勅勘報皇莊及功臣國戚田土疏」가 가장 원형에 가까운 듯하다.

410) 투헌(投獻)은 자기 소유의 전토를 명목상 권력자에게 헌납하여 국가로부터의 세역(稅役)의 부과를 벗어나고자 하는 행위를 가리킨다. 그 때문에 일종의 사조(私租) 등을 그 권력자에게 납부하지 않으면 안 되었는데, 물론 그 액수가 세역의 총액보다 적을 때 투헌이 현실화하였다.

411) 손교(孫交)는 호북 안륙(安陸) 출신으로, 성화 17년(1481)에 진사가 되었다. 관직은 호부상서에 이르렀고, 재정에 공이 있었다. 『明史』 권194, 「孫交傳」 참조.

412) "호부상서 손교" 이하의 기사는 『世宗實錄』 嘉靖 2년(1523) 9월 戊寅 조의 기사에 근거한 것으로 추정된다. 『實錄』에는 '황장(皇莊)의 새로운 토지대장[新冊]'이란 말은 보이지 않는데, 황장의 새로운 토지대장과 유사한 것을 만든 일은 행문(行文) 속에서 살필 수 있다.

413) "예전"은 정덕 말년을 가리킨다.

414) "왕년의 토지면적"은 『世宗實錄』 嘉靖 2년(1523) 9월 戊寅 조에는 "成化弘治間原數"라고 되어 있다.

수·저수지를 물리쳤다.[417] 덕왕(德王)이 제서인(齊庶人)[418]과 한서인(漢庶人)[419]이 남긴 동창(東昌)과 연주(兗州)[420]의 주인이 없는 땅을 청하고, 또 백운호(白雲湖)[421] 등[422]을 청하자,[423] 산동순무(山東巡撫) 소석(邵錫)[424]이 신령(新令)[425]에 의거하여 거절했는데 말이 매우 간절하였다. 덕왕이 네 번이나 강청(强請)하였으나[426] 황제는 여전히 호부의 논의에 따랐으며, 단지 분봉(分封) 후 처음 청한 장전만을 남겨두었다. 그 후에는 주청이 있어도 들어주지 않았다.

---

415) "훈신과 외척이" 이하의 기사는 그 출처가 다소 명료하지 않은데, 萬曆『大明會典』 권17, 「凡詭寄投獻等禁例」 중의 가정(嘉靖) 6년 조(詔) 및 8년 의준(議准) 등을 참고할 만하다.

416) 산장(山場)은 산에 있는 과수원 또는 땔감과 풀을 캐는 장소를 가리킨다.

417) "왕부가 청한" 이하의 기사에 대해서는『明史』권119,「德王傳」에 "嘉靖中, 戶部議覈王府所請山場湖陂, 斷自宣德以後者皆還官, 詔允行"이라고 되어 있는데,『實錄』과『會典』에는 그 기사가 보이지 않아 연도가 불분명하다.

418) "제서인(齊庶人)"은 제왕(齊王)이 폐하여져 서인이 된 것을 가리킨다. 태조의 일곱째 아들인 부(榑)는 홍무 15년(1382)에 산동의 청주부(青州府)에 취번하여 제왕이라 하였지만, 건문 원년(1399)에 경사로 소환되어 폐하여져 서인이 되었다. 영락 원년(1403)에 다시 봉해졌지만 4년에 다시 작(爵)을 박탈당해 여주(廬州)에 안치(安置)되었다. 선덕 3년(1428)에 갑자기 죽었다. 자손은 모두 서인이 되었다.

419) "한서인(漢庶人)"은 한왕(漢王)이 폐하여져 서인이 된 것을 가리킨다. 성조의 둘째 아들인 고후(高煦)는 영락 15년(1417)에 낙안주(樂安州)에 취번하였으나, 선덕 원년(1426) 8월에 반란을 일으켜 작을 박탈당하고 서인이 되었으며, 자손도 연좌되어 서인이 되었다.

420) 동창(東昌)과 연주(兗州)는 모두 산동포정사(山東布政司)에 속한 부(府)의 명칭이다.

421) "백운호(白雲湖)"는 산동포정사 장구현(章丘縣)에 있는 주위가 50리인 호수이다.

422) "등(等)"이라고 한 것은 다음의 주에 인용한『明史』권119,「德王傳」을 통해 알 수 있듯이 백운호 외에 경양호(景陽湖)와 광평호(廣平湖)가 있기 때문이다.

423) "덕왕이" 이하의 기사는『明史』권119,「德王傳」에 의하면, 덕왕 견린(見潾)이 성화 3년(1467)에 취번하고 얼마 안 된 뒤의 일인 듯한데, 헌종은 모두 들어주었다. 따라서 이 기사는 다음에 오는 "산동순무 소석이 신령에 의거하여"의 기사와는 전혀 관계가 없는 것으로,『明史』가 이 두 가지 기사를 결합시킨 것은 잘못임이 분명하다.

424) 소석이 산동순무를 지낸 것은 가정 9년 3월부터 10년 11월까지이다.

425) "신령(新令)"은『大明會典』중에 그것에 해당하는 것은 발견할 수 없는데,『明史』권119,「德王傳」에 "嘉靖中, 戶部議覈王府所請山場湖陂, 斷自宣德以後者皆還官, 詔允行"이라고 되어 있는 것을 가리키는 것이라고 생각한다.

426) 소석과 다툰 덕왕은 초대의 견린(見潾)이 아니라 그 아들 우용(祐榕)이다.『明史』권119,「德王傳」, "於是山東巡撫都御史邵錫奏德府莊田俱在革中, 與祐榕相訐奏, 錫持之益急." 참조.

원문 又定, 凡公主、國公莊田, 世遠者存什三. 嘉靖三十九年遣御史沈陽淸奪隱冒莊田萬六千餘頃. 穆宗從御史王廷瞻言, 復定世次遞減之限: 勳臣五世限田二百頃, 戚畹七百頃至七十頃有差. 初, 世宗時, 承天六莊二湖地八千三百餘頃, 領以中官, 又聽校舍兼幷, 增八百八十頃, 分爲十二莊. 至是始領之有司, 兼幷者還民. 又著令宗室買田不輸役者沒官, 皇親田俱令有司徵之, 如勳臣例. 雖請乞不乏, 而賜額有定, 徵收有制, 民害少衰止.

옮김譯 또 정하기를, 무릇 공주(公主)와 국공(國公)[427]의 장전으로 세대가 멀어진 경우는 3/10만을 남겼다.[428] 가정 39년(1560)에 어사 심양(沈陽)을 파견하여 은닉하거나 폭력으로 횡령한 장전 1만 6,000여 경을 죄다 박탈하였다.[430] 목종(穆宗 : 1567~1572)은 어사 왕정첨(王廷瞻)[431]의 말에

---

427) 국공(國公)은 명초 개국공신으로 공작에 봉해진 자 및 그것을 계승한 자손을 말한다. 공작은 반드시 모국공(某國公), 예를 들면 위국공(魏國公) 등으로 부른다. 명초 공신 가운데 가장 크게 공적을 인정받은 사람들이 국공에 봉해졌다.

428) 국공(國公)은 명초 개국공신으로 공작에 봉해진 자 및 그것을 계승한 자손을 말한다. 공작은 반드시 모국공(某國公), 예를 들면 위국공(魏國公) 등으로 부른다. 명초 공신 가운데 가장 크게 공적을 인정받은 사람들이 국공에 봉해졌다.

429) "또한" 이하의 기사는 萬曆『大明會典』권17,「凡遠遺莊田」'嘉靖 29年 令'에 근거한 것이다.

430) "가정 39년" 이하의 기사는『世宗實錄』同年 5월 戊子 조에 나온다. 위 기사에 의하면 어사 심양(沈陽)과 호부낭중 장태화(張太化)를 파견하여 기내(畿內)의 장전(莊田)을 낱낱이 조사하여 정리하게 하였다. 심양 등이 돌아와 보고한 은닉되어 있는 장전 수 가운데 일반 백성에게 각각 돌려주어야 할 것 1만 6,264경 여, 몰수하여 관에 들어야 할 것 2,529경 81무여, 그 밖에 일찍이 일단은 장전으로서 주어졌던 것인데 장전 소유자의 적파(嫡派)가 이미 단절되어 당연히 그 장전을 몰수해야 할 것, 본인이 현존하지만 작급(爵級)을 박탈당해 장전 소유의 자격이 없는 자, 환관·사관(寺觀)이 법의 금지를 어기고 스스로 백성의 땅을 사서 세량·차역의 면제를 꾀한 것, 원조의 다루가치[達魯花赤]로 명조에 귀순한 자의 자손이 원조 때 자신이 조상에게서 받은 은상지(恩賞地)를 여전히 소유하고 있는 것 등을 합계하면 1,900여 경이 있다. 모두 추탈(追奪)해야 할 것이었다. 따라서 총계 2만 693경 81무여가 되어,『明史』가 1만 6,000여 경만을 든 것은 타당하지 않다.

431) 왕정첨(王廷瞻)은 호광(湖廣) 황강(黃岡) 출신으로 가정 38년(1559)에 진사가 되었다.『明史』권221,「王廷瞻傳」참조.

따라 다시 세대가 내려감에 따라 차례로 줄이는 규정을 정하였다.[432] 훈신은 5세대가 내려가면 장전을 200경으로 제한하고, 외척은 700경에서 70경에 이르기까지 차등을 두었다.[433] 전에 세종 때(1522~1566)에는 승천(承天)[434]의 6장(莊)·2호(湖)[435]의 땅 8,300여 경을 환관이 관장하게 하고, 또한 교위(校尉)[436]와 사여인(舍餘人)[437]이 겸병하는 것을 허용하여 880경이 늘어나 12장[438]으로 나누었다. 이에 이르러[439] 처음으로 유사(有司)가 관장하게 하고, 겸병한 것은 백성에게 돌려주었다. 다시 영을 제정하여,[440] 종실이 땅을 사고서 차역(差役)에 응하지[441] 않는 경우 관에 몰수하였고, 황친(皇親)의 소유지는 모두 유사가 징수하여 훈신의 규정과 같게 하였다. 비록 청하는 일이 그치지 않았으나, 하사하는 액수가 정해져 있고 징수하는

432) "목종은" 이하의 기사는 『穆宗實錄』 隆慶 2년(1568) 4월 辛巳조에 나온다.

433) "훈신" 이하의 기사는 萬曆 『大明會典』 권17 「凡遠遺莊田」 조의 「隆慶二年題准」 참조. 그러나 "외척" 이하의 기사는 萬曆 『大明會典』에 보이지 않고, 『明史稿』와 『明史』 등 무엇에 근거하여 쓴 것인지 불분명하다.

434) "승천"은 호광포정사(湖廣布政司) 승천부(承天府)로, 현재의 호북성에 있다.

435) "6장·2호"란 마탄(馬灘)·나소산(羅小山)·지하(池河)·초산(焦山)·나철구(羅鐵溝)·이하(利河)의 6장과 적마(赤馬)·야저(野豬)·노보(蘆洑)의 3호를 가리킨다. '2호'는 '3호'의 잘못일 것이다.

436) 교위(校尉)는 금의위(錦衣衛) 소속의 위사(衛士)를 가리킨다.

437) 사여인(舍餘人)은 무신의 뒤를 이은 지서(支庶)로서 위소에 있는 자를 가리킨다.

438) "12장"은 『穆宗實錄』 隆慶 元年 9월 乙丑 조 및 『明史』 권221, 「魏時亮傳」에 "36莊"으로 되어 있다.

439) 융경 원년(1567) 9월 을축(乙丑)에 해당한다. 다만 이하의 기사는 『明史』가 『實錄』의 원문을 곡해하여 기재한 것이다. 즉 6장·3호의 전조(田租)는 이보다 앞서 호광무안관(湖廣撫按官)의 상주에 의해 모두 유사(有司)에게 맡겨 징수하게 하였고 침점(侵占)한 것은 원래의 소유주에게 돌려주게 하였다. 이때에 이르러 승천수비태감(承天守備太監) 장요(張堯)의 상주에 의해 재차 6장·3호의 땅을 내신(內臣)이 관리하도록 맡기게 된 것이다. 『穆宗實錄』 隆慶 元年 9월 乙丑 조 참조.

440) "영을 제정하여" 운운한 것은 萬曆 『大明會典』 권17 「凡詭寄投獻等例」 조의 '隆慶 2年 令'에 근거한 것이라고 추정된다. 영문(令文)에는 투헌(投獻)한 전택(田宅)을 관에 들이는 일은 명기되어 있는데, 종실이 구매한 전토를 관에 들이는 일은 보이지 않는다. 『明史稿』 및 『明史』의 편자가 위의 영문을 잘못 읽은 것이 아닌가 생각된다. 또한 『穆宗實錄』 隆慶 2년 9월 甲寅 조 참조.

441) 이 무렵 차역(差役)은 강남지방을 중심으로 은으로 대납하는 것이 널리 행해지고 있었다.

데에도 규정이 있어, 백성의 피해가 다소 수그러들었다.

원문 神宗賚予過侈, 求無不獲. 潞王、壽陽公主恩最渥. 而福王分封, 括河南、山東、湖廣田爲王莊, 至四萬頃. 羣臣力爭, 乃減其半. 王府官及諸閹丈地徵稅, 旁午於道, 扈養廝廩食以萬計, 漁斂慘毒不忍聞. 駕帖捕民, 格殺莊佃, 所在騷然. 給事中官應震、姚宗文等屢疏諫, 皆不報. 時復更定勳戚莊田世次遞減法, 視舊制稍寬. 其後應議減者, 輒奉詔姑留, 不能革也. 熹宗時, 桂、惠、瑞三王及遂平、寧德二公主莊田, 動以萬計, 而魏忠賢一門, 橫賜尤甚. 蓋中葉以後, 莊田侵奪民業, 與國相終云.

옮김 譯 신종(神宗 : 1573~1619)은 사여(賜與)하는 것이 지나치게 많아, 구하면 얻지 못하는 경우가 없었다. 노왕(潞王)[442]과 수양공주(壽陽公主)[443]에 대한 은총이 가장 두터웠다.[444] 그리고 복왕(福王)[445]이 분봉(分封)될 때 하남·산동·호광의 땅을 묶어 복왕의 장전으로 삼았는데, 4만 경에 이르렀다.[446] 여러 신하들이 힘써 간(諫)하고서야 그 반을 감해주었다.[447] 왕부(王府)의 관리 및 환관들이 토지를 측량해서 세금을 거두느라

442) 노왕(潞王)은 목종의 넷째 아들로, 융경 5년(1571)에 왕에 봉해졌고 만력 17년(1589)에 하남 위휘부(衛輝府)에 취번하였다.

443) 수양공주(壽陽公主)는 목종의 셋째 딸로 만력 9년(1581)에 후공진(侯拱辰)에게 시집갔다.

444) 노왕은 취번하기 전에 그의 왕점(王店)과 왕장(王莊)이 기내(畿內)에 두루 퍼져 있었고, 번(藩)에 있을 때에는 또한 섬전(贍田)과 식염(食鹽)을 많이 청하여 얻지 못하는 일이 없었다. 경왕(景王)이 번에서 제외되자, 그가 맡긴 땅은 모두 노왕의 소유가 되었다. 『明史』 권120, 「潞王傳」 참조.

445) 복왕(福王)은 신종의 셋째 아들로 이름은 상순(常洵)이다. 만력 29년(1601)에 왕에 봉해졌으며, 42년(1614)에 하남의 하남부에 취번하였다.

446) 『神宗實錄』 萬曆 41년 5월 辛未 조에는 신종이 하남·산동 등지의 무안관(撫按官)에게 명하여 각 지방에서 토지를 세밀히 조사하여 4만 경의 토지를 채울 것을 명한 일이 보인다.

447) 『神宗實錄』 萬曆 42년(1614) 3월 壬申 조에 의하면 여러 신하의 상주와 복왕 자신의 사양에 의해 2만 경으로 감액되었다. 감액되고 남은 2만 경은 『實錄』의 萬曆 42년 10월 戊子 조 및 45년 11월 乙丑 조에 의하면 하남에서 1만 1,028경 여, 호광에서 4,485경 50

길을 빈번히 왔다갔다 하여, 그 수행원과 하인에게 지급하는 식량이 만 석 단위로 헤아렸고, 약탈해서 거두어들이는 참혹한 해독은 차마 들을 수 없을 지경이었다. 가첩(駕帖)[448]으로 백성을 체포하고 장전의 전호(佃戶)를 때려죽이니, 이르는 곳마다 소란스러웠다. 급사중 관응진(官應震)[449]과 요종문(姚宗文)[450] 등이 누차 상소하여 간하였으나, 모두 답보(答報)가 없었다.[451] 당시 훈신과 외척의 장전을 세대가 내려감에 따라 차례로 줄이는 법[勳戚莊田世次遞減法][452]을 다시 개정하니 옛 규정[453]보다도 다소

무로, 산동의 수는 『實錄』에 보이지 않는다. 하지만 『馬太僕公奏略』 下卷에 실린 「藩業久定疏」에 의하면 만력 42년 6월에 산동에서 4,485경 50무의 장전을 설정한 일을 알 수 있다. 이 세 수를 합하면 거의 2만 경이 된다. 하지만 『神宗實錄』 萬曆 45년 11월 乙丑 조에 의하면 호광에 할당된 4,485경 50무 가운데 복왕은 1천 경의 감액을 원하였고 그 나머지도 전부는 실현되지 못하여 실제로 얻은 전(田)은 1,226경에 불과하였다. 그러나 『明史』 권120, 「福王傳」에 의하면 그 뒤 복왕은 호광에서 전에 장거정(張居正)의 자손에게서 몰수한 토지를 상주하여 얻은 일이 알려지고 있지만, 그 액수는 불분명하다.

448) 가첩(駕帖)은 금의위(錦衣衛)의 사졸(士卒)이 경사의 내외에서 범인을 취조하거나 체포하는 경우에 휴대하는 허가증이다. 규정상 그것에다가 형과(刑科)에서 발급하는 비문(批文)을 첨부해야 비로소 법적 효력이 발생하였는데, 후에는 비문을 첨부하지 않고 가첩만으로 범인을 체포하는 것이 용인되어 금의위의 부패와 함께 여러 폐해를 낳았다. 또한 금의위의 사졸이 죄수를 호송하는 경우에 휴대하는 증명서도 가첩이라고 한다. 『明史稿』·『明史』의 각 「刑法志 2」, 『孝宗實錄』 弘治 元年 9월 辛巳 조, 『世宗實錄』 嘉靖 元年 11월 丁巳 조, 同年 12월 辛丑 조 등 참조.

449) 『明史稿』 권225, 「官應震傳」 참조.

450) 『明史稿』 권225, 「姚宗文傳」 참조.

451) 『神宗實錄』 萬曆 41년 5월 辛未 조, 42년 10월 戊子 조, 43년 正月 庚午 조 등 참조.

452) 萬曆 『大明會典』 권17, 「給賜」의 '萬曆九年議准'에 상세한 오복체감(五服遞減)의 기술이 있다. 그에 의하면 훈신의 5세의 적손(嫡孫)은 모두 200경에 그친다. 척신은 처음 봉해진 사람을 1세로 하고 자·손·증손·현손을 각각 2세·3세·4세·5세로 한다. 현재의 관품을 가지고 시작하기로 하여 현재 보유하고 있는 땅을 기준으로 해서 금후 2세가 되는 사람은 세 차례에 걸쳐 체감하고 3세는 두 차례에 걸쳐 체감하며, 이와 같이 하여 5세에 이르면 다만 100경만을 남겨두어 세습하는 땅으로 한다. 만약 적계(嫡系)가 이미 끊기거나 작급(爵級)이 사고로 몰수된 경우는 토지 면적의 다소를 불문하고 단지 땅 5경을 남겨 방계 가운데 분영(墳塋)을 지키는 사람에게 지급한다. 적계가 끊어지거나 작급이 몰수된 경우 융경 2년(1568)의 구제(舊制)에 의한 세차체감법(世次遞減法)에서는 전을 모두 몰수하게 되어 있었으나, 신제(新制)에서는 5경을 남겨두었다. 척신에 대한 규정은 만력 19년에 이르러 약간의 변경이 이루어졌다. 『神宗實錄』 同年 12월 甲午 조 참조.

453) 옛 규정이란 융경 2년의 제도를 가리키는 듯하다.

느슨해졌다. 그 뒤 응당 의논하여 감해야 할 경우에도 번번이 조(詔)를 받들어 잠시 보류하게 하니 없앨 수 없었다. 희종(熹宗) 때 계왕(桂王)[454]·혜왕(惠王)[455]·서왕(瑞王)[456] 및 수평공주(遂平公主)[457]·영덕공주(寧德公主)[458]의 장전은 걸핏하면 만 경을 단위로 헤아렸으며, 위충현(魏忠賢)[459] 일족에 대한 불법적인 사여가 특히 심하였다.[460] 대개 중엽(中葉) 이후 장전은 백성의 소유지를 침탈했는데, 나라의 멸망과 함께 종언을 고하였다고 한다.

---

454) 계왕(桂王)은 신종의 일곱째 아들로 이름이 상영(常瀛)이다. 만력 29년(1601)에 왕에 봉해졌고, 천계 7년(1627)에 호광의 형주부(衡州府)에 취번하였다.

455) 혜왕(惠王)은 신종의 여섯 째 아들로 이름이 상윤(常潤)이다. 만력 29년(1601)에 왕에 봉해졌고, 천계 7년(1627)에 호광의 형주부(荊州府)에 취번하였다.

456) 서왕(瑞王)은 신종의 다섯 째 아들로 이름이 상호(常浩)이다. 만력 29년(1601)에 왕에 봉해졌고, 천계 7년(1627)에 호광의 한중부(漢中府)에 취번하였다.

457) 수평공주(遂平公主)는 광종의 셋째 딸로, 천계 7년(1627)에 제찬원(齊贊元)에게 시집갔다.

458) 영덕공주(寧德公主)는 광종의 둘째 딸로, 유유복(劉有福)에게 시집갔다.

459) 위충현(魏忠賢)은 명말의 환관이다. 만력 17년(1589)에 스스로 거세하여 환관이 되었다. 희종이 황태손(皇太孫)일 때부터 좌우에서 시종(侍從)하였으며, 그가 제위에 오름과 동시에 크게 권세를 얻었다. 그 후 그의 전횡은 점점 심해져갔으나, 천계 7년(1627) 의종(毅宗)이 즉위하면서 제거·축출되어 결국 자살하였다. 『明史』 권305, 「魏忠賢傳」 참조.

460) 위충현의 가족 대부분은 관작(官爵)에 봉해져 전토를 사여(賜與)받았다. 그의 조카인 위량경(魏良卿)·위량동(魏良棟)의 사전(賜田)만도 3,400경 남짓에 이르렀다. 『明書』 권18, 「熹宗紀」 참조.

권78 지54

食貨 2

【賦役】

원문 賦役之法, 唐租庸調猶爲近古. 自楊炎作兩稅法, 簡而易行, 歷代相沿, 至明不改. 太祖爲吳王, 賦稅十取一, 役法計田出夫. 縣上、中、下三等, 以賦十萬、六萬、三萬石下爲差. 府三等, 以賦二十萬上下、十萬石下爲差. 卽位之初, 定賦役法, 一以黃冊爲準. 冊有丁有田, 丁有役, 田有租. 租曰夏稅, 曰秋糧, 凡二等. 夏稅無過八月, 秋糧無過明年二月. 丁曰成丁, 曰未成丁, 凡二等. 民始生, 籍其名曰不成丁, 年十六曰成丁. 成丁而役, 六十而免. 又有職役優免者. 役曰里甲, 曰均徭, 曰雜泛, 凡三等. 以戶計曰甲役, 以丁計曰徭役, 上命非時曰雜役, 皆有力役, 有雇役. 府州縣驗冊丁口多寡、事產厚薄, 以均適其力.

옮김 譯 부역법(賦役法) 가운데 당대(唐代)의 조용조(租庸調)[1]는 그래도 고법(古法)에 가까웠다. 양염(楊炎)[2]이 양세법(兩稅法)[3]을 만든 이래 그 법이 간편하고 시행이 용이하였으므로 대대로 이를 계승하여, 명대에 이르러서도 고치지 아니하였다. 태조가 오왕(吳王)이었을 때[4] 전세(田稅)는 1/10을 거두었고, 역법(役法)은 토지면적을 기준으로 요역 담당자를 내게 하였다.[5] 현(縣)은 상·중·하의 3등급을 두었으니 전세 10만 석·6만 석·3만 석 이하로써 차등을 삼았다. 부(府)도 3등급으로 나누어 전세 20만 석 이상과 이하, 10만 석 이하로써 차등을 두었다.[6] 즉위 초에 부역법을 정하였는데 모두 황책(黃冊)을 기준으로 삼았다.[7] 황책에는 인정(人丁)과 전토(田土)의 항목이 있었는데, 인정에는 역(役)이, 전토에는 조(租)가

---

1) 토지와 재산의 다소를 막론하고 인정(人丁)을 기준으로 동량(同量)의 견속(絹粟) 등을 내도록 한 당 전기의 부역(賦役)제도이다. 조(租)는 토지세로서 매정(每丁)은 속(粟) 2석을 내어야 했다. 용(庸)은 노역으로서 정(丁)은 1년에 20일씩 부역하되, 견포(絹布) 등으로 대납할 수 있었다. 조(調)는 현물세로서 능(綾)이나 견(絹) 등의 특산품을 내도록 했다. 더 상세한 것은 『舊唐書』 권48, 「食貨志上」 등 참조.

2) 양염(楊炎)은 자가 공남(公南)으로 섬서 봉상(鳳翔) 출신이다. 하서절도사(河西節度使) 여숭분(呂崇賁)의 막료였던 그는 사훈원외랑(司勛員外郎), 중서사인(中書舍人) 등을 역임하였다. 한때 좌천되기도 했으나 덕종 연간에 문하시랑동평장사(門下侍郎同平章事) 즉 재상으로까지 승진하였다. 건중(建中) 원년(780) 2월 양세법(兩稅法)이라는 새로운 세제를 창시하여 기존의 조용조(租庸調)를 대체시키는 데 주도적인 역할을 하였다.

3) 재상 양염 등에 의해 도입된 당 후기의 주요 세제이다. 안사(安史)의 난 이후 거민(居民)의 대규모 유이사망(流移死亡)으로 호적이 문란해져 조용조 체제를 더 이상 유지할 수 없게 되자 도입한 새로운 세제이다. 자산을 징세의 기준으로 삼아 여름과 가을 두 차례에 걸쳐 징수하였다. 하세(夏稅)는 6월을, 추세(秋稅)는 11월을 넘지 않도록 했다.

4) 태조 주원장은 원 지정(至正) 24년(1364) 정월 오왕(吳王)이라 자칭하고, 26년 12월 다음 해 즉 27년을 오 원년으로 한다고 선포하였다. 한편 이보다 앞선 지정 16년(1356) 7월 남경 입성 후 오국공(吳國公)이라 칭한 바 있다.

5) 홍무 원년(1368)에 반행(頒行)된 『大明令』 「戶令中」에 "民間賦稅, 自有常額 (…중략…) 若係有田產, 應當差役者"라는 언급이 있어 홍무제(洪武帝)가 오왕(吳王)을 칭할 때부터 부세액(賦稅額) 즉 토지세가 정해지고, 차역은 전토를 기준으로 부과했던 것으로 이해되기는 하지만, 정확히 언제부터 이러한 제도가 실시되었는지는 확실치 않다.

6) 한·당·송·원 등 이전의 조대(朝代)에서는 현 혹은 주의 등급 기준이 호수에 있었던 반면 명대에는 사상 처음으로 그 기준을 세량의 다과에 두게 된다.

7) 실제로 황책에 의거한 부역법이 제정된 것은 홍무 14년의 일이므로, 이를 '즉위 초'라 할 수는 없다. 편자의 오해가 아닌 한, 중간에 기사 내용의 축약이 있었던 듯하다.

부과되었다. 조에는 하세(夏稅)와 추량(秋糧)의 두 종류가 있었다. 하세는 8월을 넘기지 않고, 추량은 이듬해 2월을 넘기지 않아야 했다.[8] 인정에는 성정(成丁)과 미성정(未成丁)의 두 종류가 있었다. 백성이 태어나면 그 이름을 적(籍)에 올려 불성정(不成丁)[9]이라 하고, 16세가 되면 성정이라 하였다. 성정은 역의 의무를 지고 60세가 되면 면역(免役)되는데, 직역(職役)으로 우면(優免)받는 자도 있었다.[10] 역에는 이갑(里甲)·균요(均徭)·잡범(雜泛)의 세 종류가 있었다.[11] 호(戶)를 단위로 한 것을 갑역(甲役), 정(丁)을 단위로 한 것을 요역(徭役), 관에서 수시로 명하는 것을 잡역(雜役)이라 하는데,[12] 모두 역역(力役)과 고역(雇役)[13]이 있었다. 부(府)·주(州)·현(縣)에서는 황책에 실린 정구(丁口)와 재산의 많고 적음을 조사하여 그 부담을 균등히 하였다.

원문 兩稅, 洪武時, 夏稅曰米麥, 曰錢鈔, 曰絹. 秋糧曰米, 曰錢鈔, 曰絹. 弘治時, 會計之數, 夏稅曰大小米麥, 曰麥荍, 曰絲綿幷荒絲, 曰稅絲, 曰絲綿折絹, 曰稅絲折絹, 曰本色絲, 曰農桑絲折絹, 曰農桑零

---

8) 양세(兩稅)의 징수기한이 당대에는 하세가 6월, 추세가 11월이었고, 송대에는 하세가 7월, 추세가 12월 15일이었다. 명대에도 국초에는 송제(宋制)와 비슷하여 그 기한이 각각 7월말과 12월말이었다. 이것이 본문처럼 8월과 다음해 2월로 바뀐 것은 명 중기 이후의 일이다.

9) 15세 이하의 정(丁)을 가리키는 용어이다. 다만 바로 앞의 본문에서는 '未成丁'이라 하고, 여기에서는 '不成丁'이라 하여 혼란스러운데, 『明史』「食貨志」뿐 아니라 명대의 각종 사료에서도 양자가 혼용되고 있어 어느 것이 정식 명칭이었는가는 분명하지 않다.

10) 우면(優免)이란 일정 한도 내에서 요역을 면제한 것을 말한다. 당시 우면의 범위는 넓어서, '제향(帝鄕)'(봉양(鳳陽)), '성현후예(聖賢後裔)', '경민(京民)' 및 권귀(權貴)·환관(宦官)·노민(老民)·감생(監生) 등이 모두 해당되었다.

11) 역(役)을 이처럼 세 종류로 나눈 것은 국초부터 그랬던 것은 물론 아니니, 정통 연간 균요법(均徭法)이 제정된 이후의 일이다.

12) 갑역(甲役)이란 이갑역(里甲役), 요역(徭役)이란 균요역(均徭役), 잡역(雜役)이란 잡범(雜泛)을 각각 가리킨다.

13) 실역(實役)은 지지 않는 대신 화폐나 다른 물화로 그 대가를 지불하면 정부에서 이를 가지고 고용하여 충당하는 것을 말한다. 뒤에 나오는 은차(銀差)가 대표적인 고역(雇役)의 한 형태이다.

絲, 曰人丁絲折絹, 曰改科絹, 曰棉花折布, 曰苧布, 曰土苧, 曰紅花, 曰麻布, 曰鈔, 曰租鈔, 曰稅鈔, 曰原額小絹, 曰幣帛絹, 曰本色絹, 曰絹, 曰折色絲. 秋糧曰米, 曰租鈔, 曰賃鈔, 曰山租鈔, 曰租絲, 曰租絹, 曰租粗麻布, 曰課程棉布, 曰租苧布, 曰牛租米穀, 曰地畝棉花絨, 曰棗子易米, 曰棗株課米, 曰課程苧麻折米, 曰棉布, 曰魚課米, 曰改科絲折米. 萬曆時, 小有所增損, 大略以米麥爲主, 而絲絹與鈔次之. 夏稅之米惟江西、湖廣、廣東、廣西, 麥荍惟貴州, 農桑絲遍天下, 惟不及川、廣、雲、貴, 餘各視其地産.

옮김 譯 양세(兩稅)는 홍무 때에 하세는 미(米)·맥(麥)·전(錢)·초(鈔)·견(絹)으로, 추량은 미·전·초·견으로 징수하였다. 홍치 때의 회계의 수[14]에 하세는 대소미맥(大小米麥)[15]·맥교(麥荍)[16]·사면(絲綿) 및 황사(荒絲)[17]·세사(稅絲)[18]·사면절견(絲綿折絹)[19]·세사절견(稅絲折絹)[20]·본색사(本色絲)[21]·농상사절견(農桑絲折絹)[22]·농상영사(農桑零絲)[23]·인정

---

14) 아래에 나열한 하세(夏稅)와 추량(秋糧)의 각 항목은 모두 萬曆 『大明會典』에서 초록한 것이다. 『會典』에서는 각 항목 아래에 모두 거두어들인 숫자를 적어놓았기 때문에 '회계(會計)의 수(數)'라고 이름한 것이다.

15) 大米[쌀]·小米[조]·大麥[보리]·小麥[밀]의 네 종류를 가리킨다.

16) 맥교(麥荍)는 교맥(蕎麥)과 같은 뜻으로 메밀을 가리킨다. '荍'는 '蕎'의 이체자이다. 한편 메밀을 징수한 것은 귀주포정사(貴州布政司) 관하의 각지였다.

17) 사면(絲綿)은 생사(生絲)와 솜, 황사(荒絲)는 거친 재질의 사면을 가리킨다. 사면 및 황사를 하세로 징수한 곳은 절강·섬서·사천 등지였다.

18) 세사(稅絲)에는 농상사(農桑絲) 즉 하세사(夏稅絲)와 어호(漁戶)에 부과하는 세라는 두 가지 뜻이 있는데 여기에서는 후자를 가리킨다. 이 세사를 내는 곳은 산동·하남과 남직예의 영국부(寧國府)·지주부(池州府)·광덕주(廣德州) 등지였다.

19) 사면을 견포(絹布)로 절납(折納)한 것을 가리킨다. 이를 내는 곳은 강서·복건·산동과 남직예의 응천(應天)·소주(蘇州)·송강(松江)·상주(常州)·진강(鎭江)·태평부(太平府) 등지였다.

20) 세사를 견포로 절납한 것을 가리킨다. 이를 내는 곳은 남직예의 봉양부(鳳陽府)·지주부(池州府)·서주(徐州) 등지였다.

21) 하세로 생사(生絲)만을 내야지 절납할 수 없는 것을 가리키는 듯하다. 이를 내는 곳은 산동·강서 및 북직예의 보정부(保定府) 등지였다.

22) 원래 내야 하는 농상사(農桑絲)를 견포로 절납하는 것을 가리킨다. 농상사는 상지(桑地)에 부과하는 세로서 사천·운남·귀주를 제외한 거의 전국 각지에서 징수하였다.

사절견(人丁絲折絹)[24] · 개과견(改科絹)[25] · 면화절포(棉花折布)[26] · 저포(苧布)[27] · 토저(土苧)[28] · 홍화(紅花)[29] · 마포(麻布)[30] · 초(鈔)[31] · 조초(租鈔)[32] · 세초(稅鈔)[33] · 원액소견(原額小絹)[34] · 폐백견(幣帛絹)[35] · 본색견(本色絹)[36] · 견(絹)[37] · 절색사(折色絲)[38] 등이 있었고, 추량(秋糧)은 미(米) · 조초(租鈔)[39] · 임초(賃鈔)[40] · 산조초(山租鈔)[41] · 조사(租絲) · 조견(租絹)[42] · 조조마포(租粗麻

---

23) 명초에 백성으로 하여금 뽕나무를 심고 양잠을 하게 한 뒤 사견(紗絹)을 징수하고 이를 농상사라 했는데, 생사가 근량(斤兩)도 되지 않고, 견이 필척(匹尺)도 되지 않는 경우 이를 영사영견(零絲零絹)이라 하였다. 이 농상영사(農桑零絲)를 내는 곳은 절강 · 복건 · 산서 · 광동 · 광서와 남직예의 양주(揚州) · 영국(寧國) · 지주부(池州府) 등지였다.

24) 인정사(人丁絲)를 견포로 절납한 것을 가리킨다. 인정사란 정부(丁賦) 즉 인두세의 일종이다. 환산 비율은 18량을 1근으로 계산하여 이를 견 1필로 환산하였다. 인정사절견(人丁絲折絹)을 내는 곳은 하남, 북직예와 남직예의 휘주부(徽州府) 등지였다.

25) 광동의 개과전(改科田)에서 내는 견포(絹布)를 가리키는 듯하다. 개과전이란 전토의 등칙(等則)을 개정(改定)한 전토를 일컫는다. 개과견(改科絹)을 내는 곳은 광동이었다.

26) 원래 면화로 내는 것을 면포로 절납한 것을 말한다. 이를 내는 곳은 호광이었다.

27) 저마(苧麻)로 만든 얇고 정치(精緻)한 마포(麻布)를 가리킨다. 저포를 내는 곳은 강서였다.

28) 마(麻)의 일종으로 이를 내는 곳은 복건이었다.

29) 연지(臙脂)의 원료로 이를 내는 곳은 광서였다.

30) 마지(麻地)에 부과한 것으로 이를 내는 곳은 남직예의 상주부(常州府)였다.

31) 이 초(鈔)가 무엇을 절납한 것을 가리키는 것인지 분명하지 않지만 이를 내는 곳은 강서 · 복건 · 광서와 북직예의 대명부(大名府) 등지였다.

32) 관전(官田)에서 조(租) 즉 소작료로 징수한 초를 가리킨다. 하세로서 조초(租鈔)를 낸 곳은 절강이었다.

33) 하세초(夏稅鈔)라고도 하는데 잡지(雜地)에 부과한 초를 가리킨다. 이를 낸 곳은 광서, 남직예의 소주(蘇州) · 송강부(松江府) 및 복건 등지였다.

34) 절강 등지에서 생산된 견(絹)으로 정부에서 규정한 척촌(尺寸)에 미치지 못하는 것을 가리키는 듯하다. 이를 낸 곳은 절강이었다.

35) 정부에서 징수하는 제사용 견포를 가리킨다. 이를 내는 곳은 절강이었다.

36) 본색(本色)으로만 내는 견포를 가리키는데 이를 내는 곳은 광서였다.

37) 홍무 시기에 하세로서 견을 내는 곳은 절강(浙江) · 북평(北平) · 강서(江西) · 호광(湖廣) · 복건(福建) · 산동(山東) · 하남(河南)과 남직예 등지였지만 홍치 시기에는 호광만 해당된다.

38) 원래 다른 물품으로 내는 것을 생사(生絲)로 절납하는 것을 가리킨다. 이를 내는 곳은 광서였다.

39) 추조초(秋租鈔)라고도 하는데 특정 관전에서 소작료로 징수하는 것을 가리킨다. 이를 내는 곳은 절강 · 복건 · 광서와 남직예의 상주(常州) · 양주부(揚州府) 등지였다.

40) 관방(官房) · 관방지(官房地) · 관요(官窯) 등의 임대료로 부과하는 초를 가리킨다. 正

布)[43]・과정면포(課程棉布)[44]・조저포(租苧布)[45]・우조미곡(牛租米穀)[46]・지무면화융(地畝棉花絨)[47]・조자역미(棗子易米)[48]・조주과미(棗株課米)[49]・과정저마절미(課程苧麻折米)[50]・면포(棉布)[51]・어과미(魚課米)[52]・개과사절미(改科絲折米)[53] 등이 있었다. 만력 때 조금 늘고 줄어든 것이 있었는데,[54] 대략 미・맥이 주가 되고 사・견과 초가 차례로 그 뒤를 이었다. 하세의 미는 강서

德『大明會典』에는 이를 내는 곳이 호광뿐이었다고 하지만 실제로는 다른 지방에도 약간의 예가 보인다.

41) 관산(官山)을 소작하는 경우에 징수하는 것으로 이를 내는 곳은 강서였다.

42) 조사(租絲)와 조견(租絹)은 관유상지(官有桑地)를 소작하는 경우 부과하는 생사와 견포를 가리킨다. 이를 내는 곳은 절강이었다.

43) 관유마지(官有麻地)를 소작하는 경우 징수하는 마포(麻布)로서 이를 내는 곳은 절강이었다.

44) 과정(課程)으로 내는 면포라는 말이다. 과정이란 상세(商稅)・차세(茶稅)・어과(漁課) 등의 잡세를 뜻한다. 과정은 원래 초로 내야 했지만 면포로 절납할 수 있었다. 이를 내는 곳은 호광이었다.

45) 관유저마지(官有苧麻地)를 소작하는 경우 내는 저포(苧布)를 가리킨다. 이를 내는 곳은 절강이었다.

46) 농민이 관우(官牛)를 차용하는 경우 관에 내는 조미(租米) 혹은 조곡(租穀)을 말한다. 正德『大明會典』에 의하면 이를 내는 곳은 산동, 강서와 남직예의 양주부이지만 실제로는 그 외의 지역에서도 행해졌다.

47) 목면지(木棉地)의 대소에 따라 내는 면화를 가리킨다. 이를 내는 곳은 산동・하남・섬서・사천과 북직예의 여러 부였다.

48) 명초에 백성에게 대추나무를 심게 하고 이에 대하여 과세하였는데 대추를 미로 환산하여 납부토록 한 것을 말한다. 이를 내는 곳은 하남이었다.

49) 각 호가 재배하는 대추나무의 수에 따라 할당되는 미를 가리킨다. 이를 내는 곳은 하남과 북직예의 보정(保定)・하간(河間)・순덕(順德)・대명부(大名府) 등지였다.

50) 과정(課程)으로 내는 저마(苧麻)를 미로 절납한 것을 말한다. 이를 내는 곳은 호광이었다.

51) 면포를 내는 곳은 섬서였다. 그러나 섬서는 앞의 지무면화융(地畝棉花絨)도 내기 때문에 이 면포가 반드시 목면지에 부과된 것이라고 단정할 수는 없다.

52) 명초에 하박소(河泊所)를 두어 어호(漁戶)에게 어유(魚油)・표(鰾) 등을 징수하였는데 후에 마(麻)・칠(漆) 등으로 절수(折收)하고 다시 미로 절수한 바 있는데 이를 어과미(魚課米)라 한다. 이를 내는 곳은 복건이었다.

53) 개과전(改課田)에서 부과하는 사(絲)를 미로 절수한 것을 가리킨다. 이를 낸 곳은 광동이었다.

54) 세량(稅糧) 항목이 홍치 시기에는 하세가 24항, 추량이 17항이었는데 만력 시기에는 각각 21항, 31항으로 변동되었다. 즉 하세는 줄고 세량은 늘었다.

(江西)·호광(湖廣)·광동(廣東)·광서(廣西)에서만, 맥교는 귀주(貴州)에서만 거두었고, 농상사(農桑絲)는 천하에 두루 미쳤으되 사천(四川)·양광(兩廣)·운남(雲南)·귀주에서만은 거두지 않았으며, 그 나머지는 각기 현지에서 생산되는 품목으로 징수하였다.

원문 太祖初立國卽下令, 凡民田五畝至十畝者, 栽桑、麻、木棉各半畝, 十畝以上倍之. 麻畝徵八兩, 木棉畝四兩. 栽桑以四年起科. 不種桑, 出絹一疋. 不種麻及木棉, 出麻布、棉布各一疋. 此農桑絲絹所由起也.

옮김 譯 태조는 처음에 나라[55]를 세우고 바로 영을 내려 5~10무(畝)의 땅을 가진 백성은 상(桑)·마(麻)·목면(木棉)을 각각 반 무씩 심고, 10무 이상 소유자는 그 두 배를 심도록 하였다. 마는 1무에 8량을, 목면은 1무에 4량을 징수하였다. 상을 심으면 4년째부터 과세[56]하였고, 상을 심지 않으면 견(絹) 1필을 내도록 하였다. 마와 목면을 심지 않으면 마포(麻布)와 면포(棉布)를 각각 1필씩 내도록 하였다.[57] 이상이 농상사견(農桑絲絹)이 생겨난 연유[58]이다.

원문 洪武九年, 天下稅糧, 令民以銀、鈔、錢、絹代輸. 銀一兩、錢千文、鈔一貫, 皆折輸米一石, 小麥則減直十之二. 棉苧一疋, 折米六斗, 麥七斗. 麻布一疋, 折米四斗, 麥五斗. 絲絹等各以輕重爲損

---

55) 명조가 건국되기 전에 세운 오국(吳國)을 가리킨다.

56) 그 과세액이 얼마인가를 규정한 사료는 없는데 그 과칙(科則)은 지역에 따라 일정치 않았을 것으로 생각된다.

57) 萬曆『大明會典』 권17, 「田土」를 보면 마(麻)·면(棉)·상지(桑地) 등에 관한 과세 액수를 정한 규정은 홍무 원년에 만들어졌다.

58) 「食貨志」 편자는 농상사견(農桑絲絹)을 뽕나무를 심지 않은 자에 대한 벌로 견포를 부과한 데서 유래한 것으로 보고 있지만, 이는 받아들이기 어렵다. 『明史稿』의 기사와 같이 농상사(農桑絲)는 역시 상지(桑地)에 대하여 부과한 세로 보아야 할 것이다.

益, 願入粟者聽. 十七年, 雲南以金、銀、貝、布、漆、丹砂、水銀代秋租. 於是謂米麥爲本色, 而諸折納稅糧者, 謂之折色. 越二年, 又令戶部侍郎楊靖會計天下倉儲存糧, 二年外並收折色, 惟北方諸布政司需糧餉邊, 仍使輸粟. 三十年諭戶部曰 : "行人高稹言, 陝西困逋賦. 其議自二十八年以前, 天下逋租, 咸許任土所產, 折收布、絹、棉花及金、銀等物, 著爲令." 於是戶部定 : 鈔一錠, 折米一石; 金一兩, 十石; 銀一兩, 二石; 絹一疋, 石有二斗; 棉布一疋, 一石; 苧布一疋, 七斗; 棉花一斤, 二斗. 帝曰 : "折收逋賦, 蓋欲蘇民困也. 今賦重若此, 將愈困民, 豈恤之之意哉. 金、銀每兩折米加一倍, 鈔止二貫五百文折一石, 餘從所議."

옮김 譯 홍무 9년(1376) 천하의 세량(稅糧)을 백성에게 은(銀)・초(鈔)・전(錢)・견(絹)으로 대납할 수 있도록 하였다.[59] 은 1량과 전 1,000문(文) 및 초 1관(貫)은 모두 미 1석으로 환산하여 납부토록 하되, 소맥은 그 값에서 2/10를 감하였다.[60] 면저(棉苧) 1필은 미 6두, 맥 7두로 환산하였다. 마포 1필은 미 4두, 맥 5두로 환산하였다. 사(絲), 견(絹) 등은 각각 그 무게로 가감하되 곡식으로 내고자 하는 자는 허용해주었다. 홍무 17년(1384) 운남에서는 금(金)・은(銀)・패(貝)・포(布)・칠(漆)・단사(丹砂)[61]・수은(水銀)으로 추조(秋租)를 대납하도록 하였다. 이에 미맥을 본색(本色)이라 하고, 세량을 절납(折納)하는 모든 것들을 통틀어 절색(折色)이라 하였다.[62] 2년이 지난 뒤에 다시 호부시랑 양정(楊靖)[63]에게 영을 내려 천하

---

59) 세량의 절납 사례는 『太祖實錄』 등을 보면 홍무 3년 이래 각지에서 산견(散見)된다. 결국 홍무 9년에 절납이 시작된 것으로 볼 수는 없다. 따라서 이 기사의 내용을 액면 그대로 받아들이기는 어렵다.

60) 은 8분, 전 800문, 초 800문으로 소맥 1석에 환산한다는 말이다.

61) 수은과 유황을 섞은 것으로 안료 혹은 약재로 사용하였다.

62) 본색(本色)이란 칙례(則例)에 규정된 세물(稅物)을 가리키는 것으로 그 대종은 역시 미맥(米麥)이었다. 이를 다른 것으로 환산하여 납부하는 것을 절색(折色)이라 하는 것이다. 따라서 미맥이라 하여 항상 본색은 아니다. 예를 들어 앞에서 나온 바 있는 '과정저마절미(課程苧麻折米)'와 같이 어떤 세물을 미로 절납하는 경우 그 미는 절색이 된다.

63) 양정(楊靖, 1359~1397)은 자가 중녕(仲寧)으로 산양(山陽) 출신이다. 홍무 18년(1385)

의 저장되어 있는 세량을 한데 모아 계산하여 2년분의 양곡 외에는 모두 절색으로 거두고, 북방의 포정사(布政司)들은 변방으로 보낼 군량이 필요하였으므로 여전히 곡식으로 내게 하였다.[64] 홍무 30년(1397) 호부에 유시(諭示)를 내려 말하기를, "행인(行人) 고진(高稹[65])이 섬서(陝西)는 체납된 전세(田稅)로 어려움을 겪고 있다고 한다. 의논해서 28년 이전의 천하의 체납된 전세는 모두 그 지방의 산출물에 따라 포·견·면화 및 금·은 등으로 절납하는 것을 허락하고, 이를 기록하여 영으로 삼도록 하라"고 하였다. 이에 호부에서는 초(鈔) 1정(錠[66])은 미 1석, 금 1량은 10석, 은 1량은 2석, 견 1필은 1석 2두, 면포 1필은 1석, 저포(苧布) 1필은 7두, 면화 1근(斤)은 2두로 환산하도록 정하였다. 태조가 말하기를, "체납된 전세를 절수(折收)하는 것은 백성의 어려움을 덜어주고자 하는 것이다. 지금 전세가 이같이 무거우면 앞으로 백성들을 더욱 곤란하게 할 것이니, 이것이 어찌 백성을 구휼하는 뜻이겠는가? 금과 은은 1량마다 환산하는 미를 2배씩 더해주고,[67] 초는 2관 500문을 1석으로 환산하되, 나머지는 논의하여 시행토록 하라"고 하였다.

원문 永樂中, 旣得交阯, 以絹, 漆, 蘇木, 翠羽, 紙扇, 沉、速、安息諸香代租賦. 廣東瓊州黎人、肇慶瑤人內附, 輸賦比內地. 天下本色稅糧三千餘萬石, 絲鈔等二千餘萬. 計是時, 宇內富庶, 賦入盈羨, 米粟

진사가 되고 다음 해 호부시랑에 발탁되었다가 22년에 상서로 승진하였다.

64) 이 기사는 『食貨志』의 편자가 홍무 19년과 20년의 기사 내용을 섞어 하나의 문장으로 만든 것이다. 실제로 절색을 징수한 곳은 직예와 절강 등 7포정사이고, 이를 행하지 않은 곳은 북변(北邊)의 산동(山東)·북평(北平)·산서(山西)·섬서(陝西)와 서변(西邊)의 사천(四川)·운남(雲南)의 6포정사였다. 따라서 본문에서의 '북방의 여러 포정사' 운운은 정확한 표현이라 할 수 없다.

65) 행인(行人)이란 행인사(行人司)의 속관으로 황제의 명을 받들어 각지에 가서 요무(要務)를 처리하는 직무를 맡은 자이다. 이때 고진(高稹)은 사차(私茶)의 판매를 금하는 유지(諭旨)를 전하기 위하여 섬서에 갔던 것이다.

66) 초(鈔) 1정(錠)은 5관(貫)에 상당한다.

67) 금 1량을 미 20석, 은 1량을 미 4석으로 환산한다는 뜻이다.

自輸京師數百萬石外, 府縣倉廩蓄積甚豐, 至紅腐不可食. 歲歉, 有司往往先發粟振貸, 然後以聞. 雖歲貢銀三十萬兩有奇, 而民間交易用銀, 仍有厲禁.

옮김 譯 영락 연간(永樂年間: 1403~1424)에 교지(交阯)를 얻은 후 그곳에는 견(絹)·칠(漆)·소목(蘇木)[68]·취우(翠羽)[69]·지선(紙扇)과 침(沈)[70]·속(速)[71]·안식(安息)[72] 등 각종 향(香)으로 지조(地租)를 대납하도록 하였다. 광동(廣東) 경주(瓊州)의 여인(黎人)과 조경(肇慶)의 요인(瑤人)으로서 내부(內附)하는 자는 그 지조의 납부를 내지(內地)에 비기도록 하였다.[73] 천하의 본색 가운데 세량이 3,000여 만 석이고 사초(絲鈔) 등이 2,000여 만이었다.[74] 이 때를 돌이켜보면 천하는 백성이 많고 넉넉하였으며, 전세 수입은 창고에 가득 차고도 남았으니, 미와 속(粟)은 경사(京師)로 수송하는 수백만여 석 외에도 부(府)와 현(縣)의 곡창에 쌓인 것이 매우 많아, 썩어서 붉게 변질되어 먹을 수 없는 지경에까지 이르렀다. 흉년 시에는 유사(有司)가 왕왕 먼

68) 소방(蘇枋) 혹은 소방(蘇方)이라고 하는 남방의 수목으로 그 줄기를 기름에 지져 적색 및 자색의 염료를 만들어내었다.

69) 동남아 일대에서 나는 물총새의 깃털로 화잠(花簪) 등 장식품을 만들었다.

70) 침향(沈香)으로 침수향(沈水香)이라고 한다. 동남아의 남부에서 산출되는 진귀한 향료이다.

71) 속향(速香)으로 속잠향(速暫香)이라고도 한다. 진랍(眞臘)·점성(占城)·조왜(爪哇) 등지에서 산출되는 보통의 향료이다.

72) 인도네시아 각지에서 산출되는데 그 모습이 송지(松脂)와 흡사하였다. 당시 가장 많이 산출되는 향료였다.

73) 여인(黎人)은 여족(黎族)을 가리키는데 명대에는 '생려(生黎)'와 '숙려(熟黎)'로 구분한다. '숙려'는 홍무 연간에 이미 세량을 징수하고 차역을 부과하였다. '생려'는 영락 연간에 처음으로 책적(冊籍)에 올렸지만 세량을 징수할 뿐 차역은 부과하지 않았다. 한편 요인(瑤人)은 요족(傜族)을 가리키는데, 영락 연간에 호구를 등기하기 시작하고 이따금 부역을 부과하였다. 만력 연간에 처음으로 장량(丈量)을 실시하고 토지세를 걷고 이갑(里甲)을 편성하였다.

74) '사초 등'이란 사면(絲綿)·포백(布帛)·면화융(棉花絨)·과초(課鈔) 등을 통칭한 것이다. 사면과 면화융의 단위는 근(斤), 포백은 필(疋), 과초는 정(錠)이었다. 따라서 '2,000여 만'이라는 수는 단위를 무시하고 합산한 결과로 보아야 한다. 한편 세량 3,000여 만 석, 사초(絲鈔) 등 2,000여 만이라는 통계가 어느 시기의 통계인지 분명치 않은데, 대개 영락 11년에서 13년 사이에 해당하는 듯하다.

저 곡식을 풀어 진대(賑貸)하고 나중에 보고하였다. 비록 세공(歲貢)하는 은이 30만 량 남짓이었으나, 민간의 교역에서 은을 사용하는 것은 여전히 엄금하였다.

원문 至正統元年, 副都御史周銓言 : "行在各衛官俸支米南京, 道遠費多, 輒以米易貨, 貴買賤售, 十不及一. 朝廷虛糜廩祿, 各官不得實惠. 請於南畿、浙江、江西、湖廣不通舟楫地, 折收布、絹、白金, 解京充俸." 江西巡撫趙新亦以爲言, 戶部尙書黃福復條以請. 帝以問行在戶部尙書胡濙. 濙對以太祖嘗折納稅糧於陝西、浙江, 民以爲便. 遂倣其制, 米麥一石, 折銀二錢五分. 南畿、浙江、江西、湖廣、福建、廣東、廣西米麥共四百餘萬石, 折銀百萬餘兩, 入內承運庫, 謂之金花銀. 其後概行於天下. 自起運兌軍外, 糧四石收銀一兩解京, 以爲永例. 諸方賦入折銀, 而倉廩之積漸少矣.

옮김 譯 정통(正統) 원년(1436)에 이르러 부도어사(副都御史) 주전(周銓[75])이 말하기를, "행재(行在[76])의 각 위관(衛官)의 녹봉은 남경(南京)에서 쌀로 지급하는데, 길이 멀고 비용이 많이 들어 번번이 쌀을 물화(物貨)로 바꾸지만, 비싸게 사고 싸게 파니 수입이 1/10도 되지 못합니다. 조정은 녹봉을 허비하고 각 위관은 실질적인 혜택을 받지 못하고 있습니다. 청컨대 남직예(南直隸)·절강(浙江)·강서(江西)·호광(湖廣)에서 배가 통하지 않는 지역은 포(布)·견(絹)·백금(白金[77])으로 환산 징수하여 경사에 보내

75) 당시 주전(周銓)의 관명은 도찰원우부도어사(都察院右副都御史)였다. 그의 전기는 『獻徵錄』 권78에 보인다.

76) 북경을 가리킨다. 영락 원년(1403) 북경을 순천부(順天府)에 둔 뒤 '행재(行在)'라 칭한 바 있다. 19년(1421)에 북경(北京)을 경사(京師)로 바꾸었지만 홍희 초 다시 남경을 수도로 삼고 북경을 행재(行在)라 칭하였다. 북경이 행재라는 명칭을 벗어 던지고 경사가 된 것은 정통 6년(1441)의 일이다. 따라서 정통 원년 당시에는 여전히 북경을 행재라 불렀던 것이다.

77) 백금은 은을 가리킨다.

녹봉으로 충당하시기 바랍니다"라고 하였다. 강서순무(江西巡撫) 조신(趙新)[78] 또한 같은 취지의 말을 하였고, 호부상서 황복(黃福)[79]이 다시 조목조목 청하였다. 황제는 행재호부상서 호영(胡濙)[80]에게 의견을 물어보았다. 호영은 태조가 일찍이 섬서(陝西)와 절강에서 세량을 환산 징수케 하자 백성이 편하게 여긴 적이 있다[81]고 대답하였다. 마침내 그 제도를 모방하여 미·맥 1석을 은 2전 5분으로 절납토록 하였다. 남직예·절강·강서·호광·복건(福建)·광동(廣東)·광서(廣西)의 미·맥 합계 400여 만 석을 은 100만여 량으로 환산하여 거두어 내승운고(內承運庫)[82]에 들이도록 하였는데, 이를 '금화은(金花銀)'[83]이라고 불렀다. 그 후 천하에 널리 이를 행하였다. 기운(起運)하여 운군(運軍)에게 교태(交兌)[84]하는 것 외에는 양(糧) 4석을 은 1량으로 징수하여 경사로 보내는 것이 상례가 되었다. 여

---

78) 조신(趙新)은 절강 부양(富陽) 출신이다. 영락 초 감생(監生)의 신분으로 공부주사(工部主事)가 된 뒤 이부우시랑(吏部右侍郎)을 거쳐 강서순무(江西巡撫)가 되어 정통 10년(1445)까지 재임하였다. 후에 이부상서에까지 승진하였다. 그의 전기는 『國朝列卿記』 권29에 있다.

79) 황복(黃福, 1362~1440)은 자가 여석(如錫)으로 창읍(昌邑) 출신이다. 홍무 연간 태학생(太學生)의 신분에서 금오위경력(金吾衛經歷)을 거쳐 파격적으로 공부시랑으로 발탁되었다. 당시 황복은 남경호부상서(南京戶部尙書)를 맡고 있었다. 그의 전(傳)은 『明史』 권154에 있다.

80) 호영(胡濙, 1375~1464)은 자가 원결(源潔)로서 무진(武進) 출신이다. 건문 2년(1400)에 진사가 되었고, 영락 초에 호과도급사중(戶科都給事中)이 되었다. 선덕 원년부터 천순 원년에 이르기까지 행재예부상서(行在禮部尙書)를 역임했지만 그중 선덕 6년부터 정통 원년까지는 호부상서도 겸장(兼掌)하였다. 영종의 복벽 후에 치사(致仕)하였다. 『明史』 권169에 전(傳)이 있다.

81) 이 일에 대해서는 『英宗實錄』 正統 元年 8월 庚辰 조 참조. 즉 호영에 의하면 태조가 섬서에서 초 2관 500문을 미 1석으로, 황금 1량을 20석으로, 백금 1량을 4석으로, 견 1필을 1석 2두로, 포 1필을 1석으로 각각 환산토록 했고, 후에 절강에서도 실시하여 효과를 보았다는 것이다.

82) 황제가 직접 관장하는 고장(庫藏)으로 호부 관할 각 고(庫)와는 계통을 달리한다. 여러 고 가운데 수입이 가장 많았다. 상세한 내용은 「食貨志」 倉庫 조 참조.

83) 금화은(金花銀)이란 순도가 높은 양질의 은이라는 뜻이다. 다만 이 명칭이 정통 원년부터 사용된 것은 아니고, 당시는 주로 '절량은(折糧銀)'이라 불렸다. 금화은이란 명칭이 널리 사용되기 시작한 것은 가정 연간 이후의 일이다.

84) 이는 원래 조미(漕米)의 운수 방식인데 상세한 것은 「食貨志」 '漕運' 조 참조. 다만 여기서는 그러한 방식으로 운수하는 조미를 가리킨다.

러 지방의 전세 수입을 은으로 환산하여 징수하니 창고의 축적이 점차 줄어들어 갔다.

원문 初, 太祖定天下官、民田賦, 凡官田畝稅五升三合五勺, 民田減二升, 重租田八升五合五勺, 沒官田一斗二升. 惟蘇、松、嘉、湖, 怒其爲張士誠守, 乃籍諸豪族及富民田以爲官田, 按私租簿爲稅額. 而司農卿楊憲又以浙西地膏腴, 增其賦, 畝加二倍. 故浙西官、民田視他方倍蓰, 畝稅有二三石者. 大抵蘇最重, 松、嘉、湖次之, 常、杭又次之. 洪武十三年命戶部裁其額, 畝科七斗五升至四斗四升者減十之二, 四斗三升至三斗六升者俱止徵三斗五升, 其以下者仍舊. 時蘇州一府, 秋糧二百七十四萬六千餘石, 自民糧十五萬石外, 皆官田糧. 官糧歲額與浙江通省埒, 其重猶如此. 建文二年詔曰:“江、浙賦獨重, 而蘇、松準私租起科, 特以懲一時頑民, 豈可爲定則以重困一方. 宜悉與減免, 畝不得過一斗.” 成祖盡革建文政, 浙西之賦復重. 宣宗卽位, 廣西布政使周幹, 巡視蘇、常、嘉、湖諸府還, 言:“諸府民多逃亡, 詢之耆老, 皆云重賦所致. 如吳江、崑山民田租, 舊畝五升, 小民佃種富民田, 畝輸私租一石. 後因事故入官, 輒如私租例盡取之. 十分取八, 民猶不堪, 況盡取乎. 盡取, 則民必凍餒, 欲不逃亡, 不可得也. 仁和、海寧、崑山海水陷官、民田千九百餘頃, 逮今十有餘年, 猶徵其租. 田沒於海, 租從何出? 請將沒官田及公、侯還官田租, 俱視彼處官田起科, 畝稅六斗, 海淪陷田, 悉除其稅, 則田無荒蕪之患, 而細民獲安生矣.” 帝命部議行之. 宣德五年二月詔:“舊額官田租, 畝一斗至四斗者各減十之二, 四斗一升至一石以上者減十之三. 著爲令.” 於是江南巡撫周忱與蘇州知府況鍾, 曲計減蘇糧七十餘萬, 他府以爲差, 而東南民力少紓矣. 忱又令松江官田依民田起科, 戶部劾以變亂成法. 宣宗雖不罪, 亦不能從. 而朝廷數下詔書, 蠲除租賦, 持籌者輒私戒有司, 勿以詔書爲辭. 帝與尙書胡濙言“計臣壅遏膏澤”, 然不深罪也. 正統元年令蘇、松、浙江等處官田, 準民田起科, 秋糧四斗一升至二石

以上者減作三斗, 二斗一升以上至四斗者減作二斗, 一斗一升至二斗者減作一斗. 蓋宣德末, 蘇州逋糧至七百九十萬石, 民困極矣, 至是, 乃獲少甦. 英宗復辟之初, 令鎭守浙江尙書孫原貞等定杭、嘉、湖則例, 以起科重者徵米宜少, 起科輕者徵米宜多. 乃定官田畝科一石以下, 民田七斗以下者, 每石歲徵平米一石三斗; 官民田四斗以下者, 每石歲徵平米一石五斗; 官田二斗以下, 民田二斗七升以下者, 每石歲徵平米一石七斗; 官田八升以下, 民田七升以下者, 每石歲徵平米二石二斗. 凡重者輕之, 輕者重之, 欲使科則適均, 而畝科一石之稅未嘗減云.

옮김 譯 국초에 태조는 천하의 관전과 민전의 전세를 정하였다. 관전은 무당 세금이 5승(升) 3합(合) 5작(勺)이고 민전은 거기에서 2승을 감하되 중조전(重租田)[85]은 8승 5합 5작, 몰관전(沒官田)은 1두 2승이었다. 다만 소주(蘇州)·송강(松江)·가흥(嘉興)·호주부(湖州府)가 장사성(張士誠)[86]의 근거지였던 데 분노하여 그곳의 호족 및 부민(富民)들의 땅을 몰수하여 관전으로 삼고, 사조(私租)의 장부에 의거하여 세액을 정하였다. 그리고 사농경(司農卿) 양헌(楊憲)[87]은 절서[88]의 땅이 비옥하다는 이유로 그 전세를 늘려 무당 2배를 더하였다. 그래서 절서의 관전과 민전은 다른 지역에 비하여 갑절 이상이어서 무당 세액이 2~3석이 되는 곳도 있었

85) 보통의 관전보다 무거운 조(租)를 내야 하는 관전을 가리키는 듯하다.

86) 장사성(張士誠, 1320~1367)은 원명이 구사(九四)로 강소 태주(泰州) 출신이다. 소금 밀매업자였는데 원말에 염정(鹽丁)을 불러 모아 기병한 뒤 소주(蘇州) 일대를 근거지로 삼으며 오왕(吳王)으로 자립하였으나, 1367년 끝내 주원장에게 소주성이 함락되면서 목을 매어 자살하게 된다.

87) 양헌(楊憲)은 자가 희무(希武)로서 산서 양곡(陽曲) 출신이다. 1366년에 남경에 가서 주원장 집단으로 들어가 강남행성도사(江南行省都事), 강서행성참정(江西行省參政) 등을 역임한 뒤 사농경(司農卿)이 되었다. 그가 사농경으로서 절서(浙西)의 전부(田賦)를 늘린 것은 홍무 원년의 일로 보이지만 이곳의 전부가 무거운 것은 그 이전부터의 현상이었다.

88) 현재의 태호(太湖) 주변 지역으로 강소와 절강 양성(兩省)에 걸쳐 있다. 소주(蘇州)·송강(松江)·항주(杭州)·가흥(嘉興)·호주부(湖州府) 등이 포함된다. 이곳에는 당대에 절강서도(浙江西道)가, 송대에 양절서로(兩浙西路)가 두어진 바 있다.

다. 대체로 소주의 세액이 가장 무거웠고 송강·가흥·호주가 그 다음, 상주(常州)와 항주(杭州)가 또 그 다음이었다. 홍무 13년(1380) 호부에 명하여 그 세액을 덜어 무당 부과액이 7두 5승에서 4두 4승에 이르는 경우는 2/10를 감하고, 4두 3승에서 3두 6승에 이르는 경우는 모두 3두 5승만을 징수하되 그 이하는 전과 같이 하도록 하였다. 당시 소주 한 부(府)의 추량(秋糧)은 274만 6,000여 석이었는데, 민전에서 거둔 15만 석 외에는 모두 관전의 세량이었다. 그 관전 세량의 세액(歲額)은 절강성 전체의 액수와 비슷하였으니 그 전세의 무거움이 이와 같았다.[89] 건문(建文) 2년(1400) 조(詔)를 내려 말하기를, "강(江)·절(浙)의 전세는 특별히 무거운데 게다가 소주와 송강의 경우 사조에 준하여 과세한 것은 다만 한때의 완민(頑民)[90]을 징계하고자 한 것이다. 어찌 이를 정칙(定則)으로 삼아 한 지역만 거듭 곤란하게 할 수 있겠는가? 마땅히 모두 감면해주어 무당 1두를 넘지 않도록 하라"고 하였다. 성조(成祖)가 건문 시기의 정책을 모두 바꾸니 절서의 전세는 다시 무거워졌다. 선종(宣宗)이 즉위하자(1425) 광서포정사(廣西布政司) 주간(周幹)[91]은 소주·상주·가흥·호주부 등 여러 부를 순시하고 돌아와 말하기를, "여러 부의 백성들이 많이 도망하여 노인들에게 그 까닭을 물어보니 모두 전세가 무거운 데서 말미암는다고 하였습니다. 예를 들어 오강(吳江)과 곤산(崑山)의 민전의 지조(地租)는 본래 무당 5승이었고, 소민(小民)이 부민(富民)의 땅을 소작하면 무당 사조(私租) 1석을 내었습니다. 후에 사고[92]로 인하여 관에 몰수된 뒤에도 번번이 사조의 예에 따라 죄다 거두어 갔습니다. 8/10[93]을 거두어도 백성은 오히려 견디

89) 소주부(蘇州府)의 추량(秋糧) 총수에서 민량 15만 석을 제하면 관량은 259만 6,000여 석이 된다. 한편 萬曆『大明會典』의 통계에 의하면 절강포정사(浙江布政司)의 추량은 266만 7,207석이었으므로 소주부의 관량과 큰 차이가 없다.

90) 장사성 집단 및 강절(江浙)의 지주(地主)와 부민(富民) 등 그 추종 세력을 가리킨다.

91) 주간(周幹)은 호광 유양(瀏陽) 출신으로 영락 연간부터 선덕 초까지 광서우포정사(廣西右布政使)를 역임하였다.

92) 입관(入官)된 전토 가운데 몰수(沒收)·호절(戶絶)·유민유류(流民遺留)·관부점용(官府占用) 등을 모두 '사고입관'이라 하였다.

지 못하는데, 하물며 죄다 거두는데 당해낼 수 있겠습니까? 죄다 거두게 되면 백성은 반드시 추위에 떨고 굶주려, 도망하지 않으려 해도 그럴 수 없게 됩니다. 인화(仁和) · 해녕(海寧) · 곤산(崑山)은 바닷물이 관전과 민전 1,900여 경을 잠식한 지 지금까지 10여 년[94]에 이르렀는데도 여전히 세금을 징수합니다. 땅이 바다에 잠식되었는데 세금이 어디서 나온단 말입니까? 청컨대 몰관전과 공후환관전(公侯還官田)[95]의 지조는 모두 그곳에 있는 관전에 견주어 부과해서 무당 6두씩 거두고, 바닷물에 빠진 땅은 모두 면제하여주시기 바랍니다. 그렇게 된다면 땅은 황무지가 될 걱정이 없어지고 가난한 백성은 안락한 생활을 누릴 수 있을 것입니다"라고 하니, 황제가 부(部)[96]에 명하여 논의하여 시행토록 하였다. 선덕(宣德) 5년(1430) 2월에 조(詔)를 내려 말하기를, "구액(舊額) 내에서 관전의 지조가 무당 1두에서 4두에 이르는 것은 각각 2/10를 감하고, 4두 1승에서 1석 이상에 이르는 것은 3/10을 감하라. 이를 기록하여 영으로 삼도록 하라"고 하였다. 이에 강남순무(江南巡撫) 주침(周忱)[97]과 소주지부(蘇州知府) 황종(況鐘)[98]이 빠짐없이 계산하여 소주의 세량 70여 만 석을 줄이고 다른 부도

---

93) 이 수치는 원문만 가지고는 그 맥락을 이해하기 힘들지만 실은 앞 부분에 생략된 구절이 있다. 즉 『明史稿』 「食貨志」에 의하면 "後因沒入官, 依私租二斗, 是十分而取其八也"라는 내용이 포함되어 있었던 것이다.

94) 절강 일대에 해수가 침수한 일은 영락 12년(1414)이므로 선종이 즉위한 해(1425)로부터 거슬러 올라가면 약 10여 년이 된다.

95) 공(公)과 후(侯)에게 사여(賜與)된 전토가 사고에 의하여 관에 회수된 관전을 가리킨다.

96) 『宣宗實錄』 洪熙 元年 7월 丁巳 조에 의하면 본문의 '부'는 호부와 병부를 가리킨다. 여기에서 병부가 들어간 것은, 비록 본문에서는 생략했지만 앞의 주간의 보고 내용 가운데 궁병(弓兵)의 폐해도 언급되었기 때문이다.

97) 주침(周忱)은 강서 길수(吉水) 출신이다. 영락 2년에 진사가 되고, 선덕 초 공부우시랑(工部右侍郎)이 되었다가 호부상서, 공부상서 등을 역임하였다. 선덕 5년부터 경태 2년까지 강남순무(江南巡撫)가 되었는데 민정의 개혁 조치를 적극 추진하는 등 선정을 펼쳐 명망이 매우 높았다.

98) 황종(況鐘, ?~1442)은 자가 백률(伯律)로 강서 정안(靖安) 출신이다. 예부의 이(吏) 신분에서 승진하여 낭중(郎中)이 되었다가 선덕 5년 소주지부(蘇州知府)로 발탁되었다. 호리(豪吏)를 징치(懲治)하고, 체납된 민량을 감면하여 주었으며, 주침과 함께 제농창(濟農倉)을 창설하여 수십 만 석을 축적하는 등 여러 치적을 올리게 된다.

조금씩 차등을 두어 줄여주자 동남지역 백성들의 생활이 조금 여유를 찾게 되었다. 주침이 또한 송강의 관전을 민전에 의거하여 세금을 매기도록 하자 호부에서는 이미 정한 법령을 어지럽힌다는 이유로 탄핵하였다. 선종(宣宗)은 비록 죄는 주지 않았지만 또한 그에 따를 수도 없었다.[99] 그리고 조정은 여러 차례 조서(詔書)를 내려 조세를 덜거나 면제해 주었지만, 재정 관료가 번번이 은근하게 유사(有司)를 타일러 조서를 구실로 삼지 말도록 하였다. 황제와 상서(尙書) 호영(胡濙)은, "재정 관료가 은택(恩澤)을 막는다"고 말하였으나 크게 문책하지는 않았다. 정통(正統) 원년(1436) 영을 내려 소주, 송강과 절강 등지의 관전은 민전에 준하여 세를 징수하고, 추량이 4두 1승에서 2석 이상에 이르는 것은 감하여 3두로 하고, 2두 1승에서 4두에 이르는 것은 감하여 2두로 하고, 1두 1승에서 2두에 이르는 것은 감하여 1두로 하도록 하였다. 대개 선덕 말[100]에 소주의 체납된 세량이 790만석에 이르러 백성의 곤궁함이 극에 달하였으나 이때에 이르러 조금 나아졌다. 영종은 복벽(復辟) 초[101]에 진수절강상서(鎭守浙江尙書) 손원정(孫原貞)[102] 등에게 항주・가흥・호주의 칙례(則例)[103]를 제정하도록 하여 세의 징수가 무거운 것은 미곡 징수를 마땅히 줄이

99) 『宣宗實錄』 宣德 6년 3월 丁亥 조에 의하면 호부에서 주침의 시도를 조법(祖法)을 어기고 자신의 이름만을 남기려는 행위이므로 처벌할 것을 주장하자, 선종이 "주침은 자기의 직분에 입각하여 할 말을 했을 뿐이다. 조의(朝議)해서 불가하다면 그만이지 굳이 처벌해서 언로(言路)까지 막을 필요가 어디 있는가? 주침의 처벌은 받아들이지 않겠지만 나머지는 조의에 따르겠다"고 하였다.

100) 『明史』 권153, 「周忱傳」에 의하면 정확히는 선덕 5년 9월이다. 선덕제(宣德帝)는 재위 기간이 10년이므로 본문의 '선덕 말'은 '선덕 중'이 되어야 마땅하다.

101) 『英宗實錄』 景泰 7년 9월 甲戌 조와 萬曆 『大明會典』 권17, 「戶部 4」 田土 조에 모두 '칙례(則例)'가 만들어진 것은 경태 7년(1456)의 일이다. 그런데 영종이 복벽한 것은 그 다음 해인 천순 원년 정월이므로 본문의 '복벽 초'라는 것은 정확한 표현이 아니다.

102) 손원정(孫原貞, 1387~1474)은 강서 덕흥(德興) 출신이다. 영락 13년(1415)에 진사로 합격하여 이후 지방관을 역임하였다. 정통 8년(1443) 절강포정사(浙江布政使)가 된 뒤 복건과 절강의 교계(交界)에서 일어난 농민반란을 진압한 공으로 병부시랑진수절강(兵部侍郎鎭守浙江)이 되었다. 경태 3년(1452) 6월에는 병부상서로 승진하였다.

103) 정확한 명칭은 '가호항관민전징량칙례(嘉湖杭官民田徵糧則例)'이다.

고, 징수가 가벼운 것은 응당 늘리도록 하였다. 이에 무당 징수 액수가 1석 이하의 관전과 7두 이하의 민전은 석당 해마다 평미(平米)[104] 1석 3두를 징수하고, 4두 이하의 관전과 민전은 석당 해마다 평미 1석 5두를 징수하며, 2두 이하의 관전과 2두 7승 이하의 민전은 석당 해마다 평미 1석 7두를 징수하고, 8승 이하의 관전과 7승 이하의 민전은 석당 해마다 평미 2석 2두를 징수하도록 정하였다. 무거운 것은 덜고 가벼운 것은 늘려 세의 징수 기준을 고르게 하고자 한 것이었지만, 무당 1석 징수의 세는 줄어든 적이 없었다고 한다.

원문 嘉靖二年, 御史黎貫言 : "國初夏秋二稅, 麥四百七十餘萬石, 今少九萬; 米二千四百七十餘萬石, 今少二百五十餘萬. 而宗室之蕃, 官吏之冗, 內官之衆, 軍士之增, 悉取給其中. 賦入則日損, 支費則日加, 請覈祖宗賦額及經費多寡之數, 一一區畫, 則知賦入有限, 而浮費不容不節矣." 於是戶部議 : "令天下官吏考滿遷秩, 必嚴覈任內租稅, 徵解足數, 方許給由交代. 仍乞朝廷躬行節儉, 以先天下." 帝納之. 旣而諭德顧鼎臣條上錢糧積弊四事.

옮김 譯 가정 2년(1523) 어사 여관(黎貫)[105]이 말하기를, "국초에 하세와 추량은 맥이 470여 만 석이었는데 지금은 9만 석이 줄었고, 미

---

104) 주침이 강남에서 창시한 '평미법(平米法)'의 평미(平米)를 가리킨다. 명초부터 강남 지역에서는 전부(田賦)가 매우 높았던 데다가, 가모미(加耗米)에 대해서도 경중의 차가 심하여, 호우(豪右)는 가모(加耗)를 농민에게 전가함으로써 농민은 그 부담을 이기지 못하였다. 이에 따라 전부의 체납이 늘어갔다. 주침은 강남순무가 된 뒤 가모칙례(加耗則例) 즉 평미법을 제정하였다. 즉 세액이 많은 자에게는 가모를 가볍게, 세액이 가벼운 자에게는 가모를 무겁게 부과하여 그 부담의 균등을 획책했던 것이다. 이 가모미를 평미라 한다.

105) 여관(黎貫)은 자가 일경(一卿)으로 광동 종화(從化) 출신이다. 정덕 12년(1517) 진사로 합격한 뒤 서길사(庶吉士)로 임명되었다가 어사가 되었다. 가정 2년(1523) 당시에는 강서의 순안어사(巡按御史)였다. 후에 그는 공자의 왕호(王號) 문제로 간언하다가 문죄되어 민으로 강등되었다.

는 2,470여 만 석이었는데 지금은 250여 만 석이 줄었습니다.[106] 그런데 늘어가기만 하는 종실, 과다한 관리, 수많은 환관, 증가한 군사에 대한 지급을 모두 그 미와 맥 안에서 조달하고 있습니다. 조세의 수입은 날로 줄어드는데 지출은 날로 증가하고 있으니, 청컨대 조종(祖宗) 이래의 세액 및 경비의 다과의 수를 살펴 일일이 구획(區劃)하십시오. 그리하면 조세 수입에 한도가 있어서 쓸데없는 경비를 절약해야만 한다는 점을 이해하실 수 있을 것입니다"라고 하였다. 이에 호부에서 건의하기를, "천하의 관리가 고만(考滿)[107]으로 관위(官位)를 옮길 때에는 반드시 임기 내의 조세를 엄히 살펴서 징수와 해송(解送)이 정해진 액수에 달해야만 비로소 유(由)[108]를 발급해주고 교대를 허락해주십시오. 아울러 조정이 몸소 절약과 검소한 생활을 실천하여 천하에 솔선수범을 하시기 바랍니다"고 하니, 황제가 이를 받아들였다. 얼마 후 유덕(諭德)[109] 고정신(顧鼎臣)[110]이 전량(錢糧)의 누적된 폐단에 관한 네 가지 사항을 조목조목 나누어 상서(上書)하였다.

원문 一曰察理田糧舊額. 請責州縣官, 於農隙時, 令里甲等倣洪武、正統間魚鱗、風旗之式, 編造圖冊, 細列元額田糧、字圩、則號、條段、坍荒、成熟步口數目, 官爲覆勘, 分別界址, 履畝檢踏丈量,

---

106) 국초의 하(夏)・추(秋) 양세(兩稅)의 액수는 『諸司職掌』에 의하면 홍무 26년(1393)의 수치이다. 가정 2년 당시의 액수는 『實錄』의 원문에 의하면 하맥(夏麥)은 462만 5,843석, 추미(秋米)는 2,220만 2,374석이다.

107) 명대에는 관리가 3년, 6년과 9년마다 실시하는 고핵(考核)을 받아야 했는데, 이를 각각 초고(初考)・재고(再考)・통고(通考)라고 한다. 지방관은 대개 3년에 한 번씩 고핵을 실시하여 승(昇)・천(遷)・강(降)・조(調)를 결정하게 되는데 이를 '고만'이라 한다.

108) 유(由)는 해유(解由) 즉 퇴임의 사령(辭令)을 말한다. 이를 근거로 원직(原職)에서 벗어나 신직(新職)에 나아가는 것이니 이는 사실상의 임명장이라고 할 수 있다.

109) 첨사부(詹事府) 소속의 종5품관이다. 황태자를 시종하며 찬유(贊諭)・풍간(諷諫)・규권(規勸) 등을 담당하였다.

110) 고정신(顧鼎臣, 1472~1540)은 자가 구화(九和)로 남직예 곤산(崑山) 출신이다. 홍치 18년(1505) 진사로 합격하여 한림원수찬(翰林院修撰)이 되었다. 정덕 초 좌유덕(左諭德)이 되었고, 가정 연간에는 예부상서의 신분으로 입각하였다.

具開墾改正豁除之數, 刊刻成書, 收貯官庫, 給散里中, 永爲稽考. 仍斟酌先年巡撫周忱、王恕簡便可行事例, 立爲定規, 取每歲實徵、起運、存留、加耗、本色、折色并處補、暫徵、帶徵、停徵等件數目, 會計已定, 張榜曉諭, 庶吏胥不得售其奸欺, 而小民免賠累科擾之患.

옮김 譯 "하나는 전량(田糧)의 구액(舊額)을 살펴 정리하는 것입니다. 청컨대 주현관(州縣官)에게 책임을 지워 농한기에 이갑(里甲) 등으로 하여금 홍무와 정통 연간의 어린(魚鱗)과 풍기(風旗)의 형식[111]에 따라 도책(圖冊)을 작성하고, 원액의 전(田)·양(糧)·자우(字圩)[112]·칙호(則號)[113]·조단(條段)[114]·담황(坍荒)[115]·성숙(成熟)의 보구(步口)[116] 수목(數目)을 상세히 나열토록 하면, 관이 다시 살펴서 경계를 나누고, 실지 조사를 해서 장량(丈量)을 하여, 개간(開墾)·개정(改正)[117]·활제(豁除)[118]의 수를 갖추어 기록한 뒤 이를 서책으로 간행하여 관고에 보관해두었다가 각 리(里)에 나누어주어 영원히 고찰의 근거로 삼아야 합니다. 이어서 과거에 순무(巡撫) 주침(周忱)과 왕서(王恕[119])의 간편해서 실행할 만한 사례를 참작하여 이를

---

111) 어린(魚鱗)은 명대의 토지대장인 어린책(魚鱗冊)을 가리킨다. 정통 연간의 '풍기(風旗)'는 전도(田圖)가 나열되어 있는 것이 풍기처럼 보이는 데에서 유래한 이름일 것으로 생각되지만 구체적으로 무엇을 가리키고, 또 어린책과의 차이가 무엇인지는 분명치 않다.

112) '우(圩)'는 우전(圩田) 즉 강남지방 등에서 수면보다도 낮은 땅의 주위에 제방을 둘러쌓은 전토를 가리킨다. 각각의 우전은 등기할 때 천자문의 자순(字順)에 따라 이름을 붙여 분류한 데서 '자우(字圩)'라고 불리게 되었다.

113) 상·중·하로 나눈 토지의 등칙(等則)을 가리킨다.

114) 전토의 구획을 가리킨다.

115) 강물이나 해수에 잠겨 황폐하게 된 전토를 가리킨다.

116) 전토의 무수(畝數) 및 면적을 가리킨다.

117) 전지의 등급과 면적을 바로잡는 것을 말한다.

118) 기존의 전지(田地) 가운데 사고로 인하여 그 기능을 잃는 경우 이를 원액에서 빼는 것을 가리킨다.

119) 왕서(王恕, ?~1508)는 자가 종관(宗貫)으로 섬서 삼원(三原) 출신이다. 정통 13년(1448)에 진사에 합격하였다. 성화 원년(1465) 형양(荊襄) 지역의 유민의 난을 진압하여 부도어사(副都御史)로 승진하고 나중에는 병부상서에까지 올랐다. 약 50년간의 관직 경력을 갖는데 명신으로 평판이 높았다. 본문에서 왕서의 사례란 그가 강남순무(江南巡撫)였을 때

확정 법규로 삼고, 매년의 실징(實徵)[120]・기운(起運)[121]・존류(存留)[122]・가모(加耗)[123]・본색(本色)・절색(折色) 및 처보(處補)[124]・잠징(暫徵)[125]・대징(帶徵)[126]・정징(停徵)[127] 등 사항의 수목(數目)을 취하여 회계를 확정한 뒤 방(榜)을 내어 널리 알린다면, 서리(胥吏)는 간사한 짓을 할 수 없게 되고 소민은 배상 책임으로 인한 피해와 세역 징수로 인한 소란 등이 일어나는 우환을 면하게 될 것입니다.

원문 一曰催徵歲辦錢糧. 成、弘以前, 里甲催徵, 糧戶上納, 糧長收解, 州縣監收. 糧長不敢多收斛面, 糧戶不敢攙雜水穀糠秕, 兌糧官軍不敢阻難多索, 公私兩便. 近者, 有司不復比較經催里甲負糧人戶, 但立限敲扑糧長, 令下鄕追徵. 豪强者則大斛倍收, 多方索取, 所至雞犬爲空. 孱弱者爲勢豪所凌, 耽延欺賴, 不免變產補納. 至或舊役侵欠, 責償新僉, 一人逋負, 株連親屬, 無辜之民死於箠楚囹圄者幾數百人. 且往時, 每區糧長不過正、副二名, 近多至十人以上. 其實收掌管糧之數少, 而科斂打點使用年例之數多. 州縣一年之間, 輒破中人百家之產, 害莫大焉. 宜令戶部議定事例, 轉行所司, 審編糧長務遵舊規. 如州縣官多僉糧長, 縱容下鄕, 及不委里甲催辦, 輒酷刑限比糧長者, 罪之. 致人命多死者, 以故勘論.

의 일이다. 그의 강남순무 재직 기간은 성화 15년 정월부터 20년 4월까지였다.

120) 본 연도에 실제로 징수할 수 있는 세량을 가리킨다.

121) 실제 징수한 세량액(稅糧額) 가운데 응당 지정된 곳으로 보내야 하는 부분을 가리킨다.

122) 실제 징수한 세량액 가운데 기운(起運)을 제외하고 지출에 대비하기 위하여 현지에 남겨둔 부분을 가리킨다.

123) 징수 혹은 해송(解送) 과정 중에 생기는 손실을 메우기 위하여 세칙(稅則) 규정액 외에 추가로 징수한 부분을 가리킨다.

124) 불시의 필요에 대비하거나 유사시의 공백을 메우기 위한 필요에서 지방관부가 세량을 징수할 때 일정 액수를 추가로 징수하는 부분을 가리킨다.

125) 세율이나 징수의 임무가 아직 정해지지 않았거나 아직 징수 기간이 되지 않았지만 미리 징수하는 것을 말한다.

126) 어떤 세량을 다른 세목에 부가하여 징수하는 부분을 가리킨다.

127) 실제로 징수하는 세량 가운데 규정에 따라 징수를 정지하는 부분을 가리킨다.

옮김 譯 또 하나는 세판(歲辦)의 전량(錢糧)을 최징(催徵)하는 것입니다. 성화와 홍치 이전에는 이갑이 최징[128]하고, 양호(糧戶)[129]가 상납하고, 양장(糧長)[130]이 수해(收解)[131]하고, 주현관이 수해를 감독하였습니다. 양장은 감히 곡면(斛面)을 수북히 하여 더 거두지 못하고, 양호는 감히 미곡을 물에 불리거나 쭉정이를 섞지 못하였으며, 세량을 태운(兌運)하는 관군[132]은 감히 중간에서 농간을 부려 방해하거나 심하게 착취하지 못하여 관민이 모두 편안하였습니다. 근래에는 유사(有司)가 다시 납입을 독촉하는 이갑(里甲)[133]과 아직 세량을 납입하지 못한 인호(人戶)를 비교하지 않고, 다만 기한을 정하여 양장을 몽둥이로 몰아세워 향촌으로 내려가 추징토록 합니다. 호강(豪强)은 대곡(大斛)으로 정액의 배를 거두고 다방면으로 착취하니, 그들이 이르는 곳마다 닭과 개도 남지 않을 정도가 되었습니다. 연약한 자는 세호(勢豪)에게 능멸을 당하여 납부 기일을 놓치고 속임을 당하여, 재산을 변통하여 채워 넣어야 하는 데서 벗어나지를 못하고 있습니다. 혹은 역(役)을 수행해야 할 전임자가 정액을 채우지 못하면 새로 충원된 자에게 보상의 책임[134]을 지워, 한 사람이 체납하면 친속(親屬)에게 줄줄이 연루시키는 데 이르니, 무고한 백성으로서

---

128) 현년이장(見年里長)과 현년갑수(見年甲首)가 각 이내(里內)의 납세자에 대하여 납세를 독촉하는 동시에 세량을 징수하는 행위를 말한다.

129) 세량 납입의 의무가 있는 호로서 전토소유자(田土所有者)를 가리킨다.

130) 세량의 징수 및 수송 등의 임무가 있는 역(役)의 일종이다. 홍무 4년에 창설되었는데, 세량의 부담이 큰 지역으로 점차 확산되어 갔다. 각 구내(區內)의 부유한 이장호(里長戶) 가운데 선발되어 윤충(輪充)의 방식을 취했지만 점차 영충(永充)의 경향이 생기게 되었다. 처음에는 지역사회의 유력자로서 권위와 특권의 소유자의 성격이 강했지만 성화·홍치 연간부터 그 부담이 늘어 파산하는 자가 속출하였다. 이에 따라 명 중기 이후 붕충(朋充)의 경향이 나타나는 등 그 부담의 경감을 위한 조치가 모색되었다.

131) 현년이갑이 징수한 세량을 양장(糧長)이 수납하고 이를 해운하는 것을 말한다.

132) 태운법(兌運法)에서 농민에게서 조미(漕米) 및 모미(耗米) 등을 인도하여 운반하는 운군(運軍)을 가리킨다.

133) 세량의 상납을 최촉(催促)하는 현년이갑과 현년갑수를 가리킨다.

134) 원래 세량 징수의 역을 담당하는 양장(糧長)이나 이장(里長) 등이 징수한 세량의 일부를 횡령하거나 규정액만큼 징수하지 못하는 경우 새로 충당된 양장 혹은 이장 등에게 전임자의 결손 부분을 채워 넣도록 책임을 지우는 것을 말한다.

곤장을 맞고 감옥에 갇혀 죽는 자가 거의 수백 인에 달합니다. 또 전에는 구(區)마다 양장은 정・부 2명에 지나지 않았는데 근래에는 많게는 10인 이상에까지 이르고 있습니다. 사실 징수하고 관리하는 세량의 액수는 줄어들었지만, 착취하고 뇌물을 쓰거나 사용연례(使用年例)[135]하는 액수는 늘어났습니다. 주현 내에서 1년 사이에 중인(中人)[136] 가운데 수많은 집안이 파산하니 해로움이 이보다 큰 것이 없습니다. 마땅히 호부로 하여금 의논하여 사례를 정해서 이를 소관 관사(官司)에 전해 시행하게 하여, 양장을 뽑을 때 힘써 원래의 옛 규정에 따르도록 해야 합니다. 만약 주현관이 양장을 많이 뽑아 멋대로 향촌에 내려가서 추징하게 하거나, 이갑에게 최판(催辦)을 위임하지 않고 번번이 가혹한 형벌로 기한을 정해 양장을 몰아세우는 자는 죄를 주고, 백성의 목숨을 많이 해치는 데까지 이르게 한 자는 고감(故勘)[137]으로 논죄하십시오"라고 하였다.

원문 其二則議遣官綜理及復預備倉糧也. 疏下, 戶部言 : "所陳俱切時弊, 令所司擧行." 遷延數載如故.

옮김 譯 나머지 둘은 담당관을 파견하여 전반적으로 관리하는 것 및 예비창(預備倉)[138]에 곡물을 저장해두는 제도를 회복하는 것이었다. 소(疏)가 내려오자 호부에서 말하기를, "진술한 바가 모두 현재의 폐단에 절실한 내용이니, 소관 관사로 하여금 거행케 하십시오"라 하였으나, 여러 해 동안 질질 끌어 전과 다름이 없었다.

---

135) 매년 세량을 징수할 때 양장(糧長) 등이 주현의 관리에게 내는 수속 비용을 가리킨다.

136) 향촌 내에서의 중소지주 및 부농층을 가리킨다.

137) 감(勘)이란 원래 죄인을 취조하는 것이지만 여기에서는 고문을 뜻한다. 따라서 '고감'이란 고의로 고문을 가한다는 의미이다. 『大明律』「刑律」에 '禁故勘平人' 條가 있다. 즉 관리가 사원(私怨)을 가지고 고의로 고문을 가하면 장 80을 가하고, 절상(折傷) 이상의 상해를 입히면 투상(鬪傷)으로 논죄하고, 치사(致死)하면 참(斬)한다고 하였다.

138) 기황(饑荒)을 구제하기 위하여 각 주현에 설치한 양식 창고이다. 그 특징은 규모가 작고 분산적으로 설치되었기 때문에 향민의 구제에 편했다는 점이다.

원문 糧長者, 太祖時, 令田多者爲之, 督其鄕賦稅. 歲七月, 州縣委官偕詣京, 領勘合以行. 糧萬石, 長、副各一人, 輸以時至, 得召見, 語合, 輒蒙擢用. 末年更定, 每區正、副二名輪充. 宣德間, 復永充, 科斂橫溢, 民受其害, 或私賣官糧以牟利. 其罷者, 虧損公賦, 事覺, 至隕身喪家. 景泰中, 革糧長, 未幾又復. 自官軍兌運, 糧長不復輸京師, 在州里間頗滋害, 故鼎臣及之.

옮김 譯 양장은 태조 때, 소유하고 있는 땅이 많은 자에게 맡겨 그 향리의 세금 징수를 관할토록 하였다. 매년 7월에 주현의 위관(委官)[139]과 함께 경사(京師 : 南京)에 이르러 감합(勘合)[140]을 받아 갔다. 세량 만 석[141] 단위로 양장과 양부(糧副)를 각각 1인씩 두었는데, 기한에 맞게 수송하면 알현할 기회를 얻었고, 말하는 바가 사리에 합당하면 바로 발탁되었다.[142] 태조 말년에 제도를 고쳐 구(區)마다 정·부 2명이 돌아가며 역을 맡도록 하였다. 선덕 연간에 영충제(永充制)[143]로 돌아갔는데, 착취 행위가 횡행하여 백성이 그 피해를 받게 되었고, 몰래 관량(官糧)을 팔아서[144] 이익을 꾀하기도 하였다. 양장에서 물러나는 자가 관부의 세량을 축내다가 일이 발각되어 패가망신에 이르기도 하였다. 경태(景泰) 연

---

139) 주현의 장관에 의하여 일정기간 특정 직무를 위촉받은 관리를 가리킨다.

140) 감합(勘合)이란 원래 관리가 공무(公務)로 출장을 가는 경우 관에서 발급하는 증명서의 일종이다. 여기에서는 양장(糧長)이 운송하여 교부하는 세량을 비교 내지 확인하기 위하여 두 장으로 이어서 만든 증명서를 가리킨다. 절취선 중간에 관인(官印)을 찍은 감합은 절단한 뒤 한 장씩 보관하여, 필요시에 대조할 수 있도록 하였다.

141) 세량 '만석'이란 대체적인 기준일 뿐 실제로는 그보다 적은 경우도 적지 않았다. 예를 들어 휘주부(徽州府)의 경우는 3천 석이 구(區)를 나누는 기준이 되었다. 따라서 그 기준이 되는 수치는 지역의 사정에 따라 일정치 않았다.

142) 명초에 '세호인재(稅戶人才)' 출신의 관료가 있었는데, 대부분이 알현 시 황제의 눈에 든 양장이었다.

143) 영충(永充)이란 교대로 돌아가며 맡는 윤충(輪充)과 상대되는 용어로서 영원히 대를 이어 역을 담당하여 교대하지 않는다는 뜻이다.

144) 양장이 직권을 이용하여 농민에게서 징수한 세량을 착복하여 이를 관에 납입하지 않고 매각해버리는 행위를 말한다.

간에 양장을 없앴으나[145] 얼마 지나지 않아 다시 회복하였다. 관군이 태운(兌運)[146]하면서부터 양장은 더 이상 경사(京師)로 수송하지 않았지만, 각 주현의 향리 내에서 자못 그 폐단이 심했기 때문에 고정신(顧鼎臣)이 언급한 것이었다.

원문 未幾, 御史郭弘化等亦請通行丈量, 以杜包賠兼并之弊. 帝恐紛擾, 不從. 給事中徐俊民言 : "今之田賦, 有受地於官, 歲供租稅者, 謂之官田; 有江水泛溢溝塍淹沒者, 謂之坍江; 有流移亡絶, 田棄糧存者, 謂之事故. 官田貧民佃種, 畝入租三斗, 或五六斗或石以上者有之. 坍江、事故虛糧, 里甲賠納, 或數十石或百餘石者有之. 夫民田之價十倍官田, 貧民旣不能置. 而官田糧重, 每病取盈, 益以坍江、事故虛糧, 又令攤納, 追呼敲扑, 歲無寧日. 而奸富猾胥方且詭寄、那移, 并輕分重. 此小民疾苦, 閭閻凋瘁, 所以日益而日增也. 請定均糧、限田之制, 坍江、事故, 悉與蠲免, 而合官民田爲一, 定上、中、下三則起科以均糧, 富人不得過千畝, 聽以百畝自給, 其羨者則加輸邊稅. 如此, 則多寡有節, 輕重適宜, 貧富相安, 公私俱足矣." 部議 : "疆土民俗各異, 令所司熟計其便." 不行.

옮김 譯 얼마 지나지 않아 어사 곽홍화(郭弘化)[147] 등이 또한 장량(丈量)을 널리 실시하여 포배(包賠)[148]와 겸병(兼并)의 폐해를 막을 것을 청하였다. 황제는 분란과 소요를 걱정하여 이를 따르지 않았다. 급사중 서준민(徐俊民)[149]이 말하기를, "지금의 전부(田賦)는 관으로부터 땅을

---

145) 경태 연간에 일시적으로 남직예와 호광 지방에서 양장을 혁파한 적은 있지만 물론 이는 전국적인 조치는 아니었다.

146) 태운(兌運)에 대해서는 「食貨志」 권3 漕運 조 참조.

147) 곽홍화(郭弘化)는 자가 자필(子弼)로 강서 안복(安福) 출신이다. 가정 2년(1523) 진사가 되었고, 강릉지현(江陵知縣)에서 어사로 발탁되었다. 가정 11년 혜성의 출현을 이유로 빈번한 토목 공정을 반대했고, 사천·호광·귀주·강서·절강·산서 및 진정부(眞定府) 등지에서의 채목(採木)과 응천(應天) 등 5부에서의 조전(造磚) 및 광동에서의 채주(採珠) 등을 간하다가 황제의 노여움을 받아 민(民)으로 폐출(廢黜)되었다.

148) 타인 몫의 세량까지 인수받아 배상하는 것을 말한다.

받아서 해마다 조세를 내는 것을 관전이라 하고, 강물이 범람하여 도랑과 밭두둑이 잠기게 된 것을 담강(坍江)이라 하며, 타향으로 도망·이주하거나 후손이 끊겨 땅은 버려졌으나 세량만 남은 것을 사고(事故)라고 합니다. 관전은 빈민이 소작하여 무당 3두의 지조를 내거나 5~6두 혹은 1석 이상을 내기도 합니다. 담강과 사고의 허량(虛糧)[150]은 이갑이 배납(賠納)[151]하는데 수십 석 혹은 100여 석에 이르는 경우도 있습니다. 무릇 민전의 값은 관전의 10배이어서 빈민은 매입이 불가능합니다. 관전은 지조의 세량이 무거워 잉여를 남기기 어려운 데다 담강과 사고의 허량이 부가되고, 또 탄납(攤納)[152]토록 하여 납세 독촉과 몽둥이질을 하니 1년 내내 평안한 날이 없습니다. 그리고 간사한 부민(富民)과 교활한 서리(胥吏)는 또 궤기(詭寄)[153]와 나이(挪移)[154]를 행하여 부담이 낮은 땅은 합치고 무거운 땅은 나누었습니다.[155] 이것이 소민의 고통과 민간의 피폐함이 날이 갈수록 가중되는 이유입니다. 청컨대 균량(均糧)[156]과 한전(限田)[157]의 제도를 정하여 담강과 사고는 모두 견면(蠲免)해주고, 관전과 민전을 하나로 합하여 상·중·하의 세 등급으로 나누어 징세하여 세량의

---

149) 당시 서준민(徐俊民)은 형과급사중(刑科給事中)이었다.

150) 담강전(坍江田)과 같이 강물에 잠기거나 사고전(事故田)처럼 경작자가 없어져 황폐되었음에도 불구하고 원액대로 부과한 세량을 말한다.

151) 어느 이갑(里甲)에 허량(虛糧)이 있는 경우 이내(里內)의 각 호가 공동책임으로 이를 배상하여 관에 납입하는 것을 말한다.

152) 농민에게 할당하여 세량을 납입시키는 것을 말한다.

153) 궤명기산(詭名寄產)의 약칭이다. 자기 소유의 전토를 거짓으로 다른 사람 명의로 바꾸는 것으로 전토의 소유권이 이전된 것처럼 보이지만 실질적으로는 이를 소유하는 행위를 가리킨다. 전토의 소유액을 기준으로 각종 요역이 할당되기 때문에 자신의 전토를 세분하여 다른 사람 명의로 바꾸어 역의 부담을 피하기 위하여 궤기(詭寄)를 행하였던 것이다.

154) 나이(挪移)라고도 한다. 전토의 명의를 수시로 바꾸어 도대체 납세자가 누구인지 알기 어렵게 하는 행위를 뜻한다.

155) 지주가 경세(輕稅)의 민전이나 경칙(輕則)의 관전을 겸병하고, 중세(重稅)의 전토를 화분(花分)하여 징세의 과중을 피하는 행위를 말한다.

156) 세량의 부담을 균등히 한다는 뜻이다.

157) 토지소유의 액수를 제한하여 토지의 분배를 고르게 하는 것을 의미한다.

부담을 고르게 하고,[158] 부민은 1,000무를 넘지 못하게 하되 100무는 자급할 수 있도록 하고 그 나머지는 수변세(輸邊稅)[159]에 보태십시오.[160] 이와 같이 한다면 다과(多寡)에 절제가 있게 되고 경중(輕重)이 적절하게 되며, 빈부가 서로 평안하고 관민이 모두 만족하게 될 것입니다"고 하였다. 호부에서 건의하기를, "지역과 민속이 각기 다르니 담당 관사(官司)가 적절한 방법을 숙고토록 하십시오"라 했지만 시행은 되지 않았다.

원문 越數年, 乃從應天巡撫侯位奏, 免蘇州坍海田糧九萬餘石, 然那移、飛灑之弊, 相沿不改. 至十八年, 鼎臣爲大學士, 復言 : "蘇、松、常、鎭、嘉、湖、杭七府, 供輸甲天下, 而里胥豪右蠹弊特甚. 宜將欺隱及坍荒田土, 一一檢覈改正." 於是應天巡撫歐陽鐸檢荒田四千餘頃, 計租十一萬石有奇, 以所欺隱田糧六萬餘石補之, 餘請豁免. 戶部終持不下. 時嘉興知府趙瀛建議 : "田不分官、民, 稅不分等則, 一切以三斗起徵." 鐸乃與蘇州知府王儀盡括官、民田裒益之. 履畝淸丈, 定爲等則. 所造經賦冊, 以八事定稅糧 : 曰元額稽始, 曰事故除虛, 曰分項別異, 曰歸總正實, 曰坐派起運, 曰運餘撥存, 曰存餘考積, 曰徵一定額. 又以八事考里甲 : 曰丁田, 曰慶賀, 曰祭祀, 曰鄕飮, 曰科賀, 曰卹政, 曰公費, 曰備用. 以三事定均徭 : 曰銀差, 曰力差, 曰馬差. 著爲例.

옮김 譯 몇 년이 지나 응천순무(應天巡撫) 후위(侯位)[161]의 상주(上奏)에 따라 소주(蘇州)에서 바닷물의 범람으로 잠긴 토지의 세량 9만여 석을 면제해주었으나[162] 나이(那移)와 비쇄(飛灑)[163]의 폐단은 계속되어

158) 이것이 '균량(均糧)'의 구체적인 방책이 된다.
159) 북변(北邊)의 병향(兵餉)으로 충당하는 세를 뜻하는 듯하다.
160) 이상이 '한전(限田)'의 구체적인 내용이 된다.
161) 후위(侯位)는 강서 영신(永新) 출신으로 정덕 6년(1511) 진사가 되었다. 지방관을 거쳐 가정 12년(1533) 6월부터 15년 6월까지 응천순무(應天巡撫)를 역임하였다.
162) 상주(上奏)는 『世宗實錄』 嘉靖 14년 2월 丙辰 조에 보인다. 따라서 본문에서 몇 년이 지났다는 것은 서준민(徐俊民)의 상언으로부터 3년 후인 가정 14년을 가리킨다. 한편

고쳐지지 않았다. 18년에 이르러 고정신(顧鼎臣)이 대학사(大學士)가 되어[164] 다시 말하기를 "소주·송강·상주·진강(鎭江)·가흥·호주·항주 등 7부는 세량 납부 액수가 천하에 으뜸인데, 이서(里胥)와 부호(富豪)가 좀먹는 폐단이 특히 심합니다. 마땅히 속여 은닉하거나 바닷물에 잠기고 황폐해진 토지를 하나하나 조사하여 고쳐 바로잡으십시오"라 하였다. 이에 응천순무(應天巡撫) 구양탁(歐陽鐸)[165]이 황폐해진 토지 4,000여 경을 조사하여 지조를 계산해보니 11만 석 남짓이었는데, 속여 은닉한 토지의 세량 6만여 석으로 보충하고 나머지는 면제해줄 것을 청하였다. 호부가 끝내 기존의 입장을 견지하고 내려보내지 않았다. 당시 가흥지부(嘉興知府) 조영(趙瀛)[166]이 건의하기를, "토지는 관전과 민전을 구분하지 말고 세금은 등칙(等則)을 나눌 것 없이 모두 3두로 징수하십시오"라 하였다. 구양탁은 이에 소주지부(蘇州知府) 왕의(王儀)[167]와 함께 관전과 민전을 모두 하나의 등칙으로 묶어 많은 것은 덜고 적은 것은 더하였다.[168] 실지

실록의 원문에 의하면 소주부(蘇州府)의 허량은 9만 6,439석이었다.

163) 비주(飛走)·쇄파(灑派)·비파(飛派)라고도 한다. 지주가 자기의 소유지를 세분하여 여러 사람의 명의로 변경하는 방법을 통하여 자기가 응당 부담해야 할 전부(田賦)나 요역을 전가함으로써 세역 부담을 경감하는 방법을 말한다.

164) 『明史』 권197의 고정신(顧鼎臣)의 전(傳)에 의하면 그가 대학사(大學士)가 된 것은 가정 18년이 아니라 17년 8월의 일이다.

165) 구양탁(歐陽鐸)은 자가 숭도(崇道)로 강서 태화(泰和) 출신이다. 정덕 3년(1508) 진사가 되었다. 복건 연평부(延平府) 지부(知府) 등 지방관을 역임하며 부역의 불균등을 시정하는 등 큰 치적을 남겨 이부우시랑(吏部右侍郎)까지 승진하였다. 그가 응천순무(應天巡撫)를 맡았던 것은 가정 15년(1536)부터 18년 윤7월까지인데, 이때에도 전부(田賦)의 부담을 균평(均平)하게 하여 칭송을 받은 것으로 알려져 있다.

166) 조영(趙瀛)은 섬서 삼원(三原) 출신이다. 진사로 합격한 뒤 가정 24년(1545) 가흥지부(嘉興知府)에 임명되어 28년까지 재직하였다.

167) 왕의(王儀)는 자가 극경(克敬)으로 북직예 문안(文安) 출신이다. 가정 2년(1523)의 진사로 각지의 지방관을 거쳐 감숙순무(甘肅巡撫)에까지 승진하였다. 소주지부(蘇州知府)로 재임한 기간은 가정 15년부터 18년까지였다. 그는 소주지부로 재직하던 가정 18년에 구양탁과 함께 '균전부법(均田賦法)'을 실시하였다. 그런데 앞의 조영의 건의는 가정 26년이므로 시간적인 괴리가 있다. 편자의 오류로 생각된다.

168) 부담이 무거운 관전의 양액(糧額)을 낮추고, 민전에 대해서는 그 세량을 늘려서 양자의 부담을 고르게 한다는 뜻이다.

조사하여 장량(丈量)을 하고 등칙을 정하였다. 만든 경부책(經賦冊)[169]은 8항목으로 세량을 정하였는데, 그것은 원액계시(元額稽始)[170]·사고제허(事故除虛)[171]·분항별이(分項別異)[172]·귀총정실(歸總正實)[173]·좌파기운(坐派起運)[174]·운여발존(運餘撥存)[175]·존여고적(存餘考積)[176]·징일정액(徵一定額)[177]이었다. 또한 8항목으로 이갑[178]을 나누었는데, 그것은 정전(丁田)[179]·경하(慶賀)[180]·제사(祭祀)[181]·향음(鄕飮)[182]·과하(科賀)[183]·휼정(卹政)[184]·공비(公費)[185]·비용(備用)[186]이었다. 3항목으로 균요(均徭)를 정

---

169) 부역에 관한 각 항목을 기재하여 관부에 비치해두고 징세의 기초로 삼은 것으로 후대의 부역전서(賦役全書)의 원형으로 알려져 있다.

170) 응당 징수할 세량을 계산할 때 전지(田地)의 원액(原額)을 통계의 근거로 삼는다는 내용이다.

171) 세량의 총수 내에서 사고전(事故田)의 허량(虛糧)을 제한다는 내용이다.

172) 징수할 때 반드시 각종 세량의 항목을 나눈다는 내용이다. 대체로 하세(夏稅)와 추량(秋糧) 등의 각 세목마다 그 원액이 설정되어 있었다.

173) 세량의 각 항목에 대해서는 총괄 징수하되 허량은 제한다는 내용이다.

174) 세량 징수 시에는 호부(戶部)·공부(工部)·광록시(光祿寺)·각 위소(衛所) 등에서 좌파(坐派)한 수목(數目)에 따라 징수하여 기운(起運)한다는 내용이다.

175) 기운을 하고 남은 부분을 존류(存留)에 들인다는 내용이다.

176) 기운과 존류를 하고 남은 잉여 부분을 예비비로 축적해놓는다는 내용이다.

177) 징일법(徵一法)에 의하여 과세액을 결정한다는 내용이다. 징일법에 대해서는 하문(下文) 참조.

178) 이갑은(里甲銀)을 가리킨다. 이갑은이란 원래 이갑과는 상관이 없었던 상공물료(上供物料)와 지방공비(地方公費)를 현년이갑(見年里甲)에게 부담지우게 되는데 그 이장과 갑수가 은으로 부담하는 것을 말한다.

179) 인정(人丁)과 전토(田土)를 가리킨다. 이갑은을 과파(科派)하는 기준은 정(丁)과 전(田)이었다.

180) 신관(新官)의 부임이나 신년 등을 경축하기 위하여 마련해야 하는 비용을 가리킨다.

181) 매년 봄가을에 한 번씩 오토(五土)와 오곡(五穀) 등 여러 신에게 올리는 제사 경비를 말한다.

182) 향음주례(鄕飮酒禮)를 위한 비용을 가리킨다. 명대에는 과거 수험자를 위한 송별연을 향음주례라고 불렀다.

183) 과거 합격자를 위한 축하 비용 및 거인(擧人)이 입경(入京)하여 응시하러 가는 데 필요한 여비 등을 빌려주는 비용 등을 가리킨다.

184) 고아나 과부 혹은 노인 등에 대한 구제 비용을 가리킨다.

185) 지방 아문의 판공비를 가리킨다.

186) 지방 아문에서 불시의 지출에 대비하기 위해 마련해놓는 예비비를 가리킨다.

하였는데, 그것은 은차(銀差)·역차(力差)·마차(馬差)[187]였다. 이를 기록하여 예로 삼도록 하였다.

원문 徵一者, 總徵銀米之凡, 而計畝均輸之. 其科則最重與最輕者, 稍以耗損益推移. 重者不能盡損, 惟遞減耗米, 派輕齎折除之, 陰予以輕. 輕者不能加益, 爲徵本色, 遞增耗米加乘之, 陰予以重. 推收之法, 以田爲母, 戶爲子. 時豪右多梗其議, 鼎臣獨以爲善, 曰:"是法行, 吾家益千石輸, 然貧民減千石矣, 不可易也." 顧其時, 上不能損賦額, 長民者私以己意變通. 由是官田不至偏重, 而民田之賦反加矣.

옮김譯 징일(徵一)[188]이라는 것은 징수할 은과 미의 총량을 토지면적에 따라 고르게 내도록 하는 것이다. 과칙(科則) 가운데 가장 무거운 것과 가장 가벼운 것은 점차 모미(耗米)로 가감하여 조정하였다. 무거운 것은 다 없앨 수 없으니, 다만 모미를 차례로 감해주고 경재(輕齎)[189]를 할당하여 환산할 때 덜어줌으로써 암암리에 가벼이 해주었다. 가벼운 것은 추가해서 늘릴 수 없으니, 본색(本色)으로 징수하고 차례로 모미를 늘려 덧붙임으로써 암암리에 무겁게 하였다. 추수법(推收法)[190]은 땅을 모(母)로 하고 호(戶)를 자(子)로 삼았다.[191] 당시 부호들은 대부분 이 의견

187) 은차(銀差)와 역차(力差)에 대해서는 후술한다. 마차(馬差)는 성화 이전에 관마(官馬)를 민간에게 방목을 맡겨 제공토록 했는데 강남의 소주(蘇州) 등지의 민(民)은 10호(戶), 강북 민은 5호에 마 1필을 길러 역참의 쓰임에 대도록 한 것을 가리킨다. 원래는 역차의 일종이었으나 후에 은차로 바뀐다.

188) 가정 16~17년 경 응천(應天)·소주(蘇州)·송강(松江)·상주(常州) 등 4부에서 실행한 세역(稅役)개혁의 일환인 징일법(徵一法)을 가리킨다. 이갑(里甲)을 균요(均徭)에 병입(幷入)하여 추량(秋糧)의 절은(折銀)과 함께 거두었다.

189) 경재은(輕齎銀) 즉 모미(耗米)를 은으로 환산한 것을 가리킨다.

190) 추(推)란 원래 전지(田地)를 매출한다, 수(收)란 매입한다는 뜻이다. 결국 추수(推收)란 전지 매매의 등기를 의미한다.

191) 전토의 소유권이 이동하는 경우 소유자의 호가 아닌 그 전토의 소재지별로 등기하는 것을 가리킨다. 즉 누가 소유하고 있는지보다 전토의 소재 그 자체를 중시하는 것이다.

을 반대하였으나, 고정신(顧鼎臣)만이 좋다고 여겨 말하기를, "이 법을 행하면 내 집에서는 1,000석을 더 내게 되나, 빈민은 1,000석을 덜게 될 것이니 바꾸어서는 안 된다"고 하였다. 다만 그때 위에서는 세액을 덜지 못했고, 백성의 우두머리[192]는 사사로이 자기의 뜻대로 변통[193]하였다. 이로 말미암아 관전이 편중되지는 않았으나 민전의 세액은 오히려 증가하였다.

원문 時又有綱銀、一串鈴諸法. 綱銀者, 擧民間應役歲費, 丁四糧六總徵之, 易知而不繁, 猶網之有綱也. 一串鈴, 則夥收分解法也. 自是民間輸納, 止收本色及折色銀矣.

옮김 譯 당시에 또 강은(綱銀)[194]과 일관령(一串鈴)[195] 등의 여러 법이 있었다. 강은이란 민간에서 역을 부담하는 세비(歲費)[196]를 정사량육(丁四糧六)[197] 방식으로 총괄 징수하는 것으로서, 쉽게 알 수 있어 번잡하지 않았으므로 그물에 강(綱)이 있는 것 같았다. 일관령이란 곧 과수법(夥收法)[198]과 분해법(分解法)[199]이다. 이로부터 민간에서 전량(錢糧)을 납

---

192) 직접 백성과 접하는 지방관인 지현(知縣) 내지 지주(知州)를 가리킨다.

193) 세량의 원액을 덜지 않은 채 그 원액 내에서 융통하는 것을 말한다. 즉 부담이 무거운 자는 경감시키고, 가벼운 자는 가중시키는 식이다.

194) 복건에서는 상공(上供)과 공비(公費)가 은납화(銀納化)되었지만 양자가 서로 분리되어 전자를 정료(丁料), 후자를 강은(綱銀)이라 불렀다. 후에 이를 정강(正綱)과 잡강(雜綱)으로 나누어 정사량육법(丁四糧六法)에 의하여 현년이갑(見年里甲)의 정전(丁田)에 할당하게 된다.

195) 일종의 역은(役銀)을 상납하는 방법이다. 강은이 일괄 징수, 일괄 지해(支解)라면 일관령(一串鈴)은 일괄 징수, 분항(分項) 지해라는 점에서 차이가 있다.

196) 경하(敬賀) · 접조(接詔) · 영춘(迎春) · 시학(視學) · 사전(祀典) · 향음주례(鄕飮酒禮) 등의 의례(儀禮)와 사전(祀典) 비용을 비롯하여 공사(貢士)의 노비(路費), 폐질고과(廢疾孤寡)에 대한 구제비, 왕래하는 관료에 대한 접대비, 역소(役所)의 심홍(心紅) · 지차(紙箚) · 유촉(油燭) · 시탄(柴炭) 등 잡다한 비용이 포함된다. 이러한 것이 모두 현년이갑의 부담이 되었다.

197) 한 현의 민간에서 응역(應役)하는 세비(歲費)를 4 : 6의 비율로 나누어 전자를 현의 인정수(人丁數)에, 후자를 현의 세량액(稅糧額)에 따라 할당하여 징수하는 것을 말한다.

198) 과수(夥收)란 총수(總收) 즉 세량을 징수할 때 세목을 나누지 않고 일괄 징수하는 것

입할 때는 단지 본색과 절색은(折色銀)을 거둘 뿐이었다.

원문 是時天下財賦, 歲入太倉庫者二百萬兩有奇. 舊制以七分經費, 而存積三分備兵歉, 以爲常. 世宗中年, 邊供費繁, 加以土木、禱祀, 月無虛日, 帑藏匱竭. 司農百計生財, 甚至變賣寺田, 收贖軍罪, 猶不能給. 二十九年, 俺荅犯京師, 增兵設戍, 餉額過倍. 三十年, 京邊歲用至五百九十五萬. 戶部尙書孫應奎蒿目無策, 乃議於南畿、浙江等州縣增賦百二十萬, 加派於是始.

옮김譯 이때에 천하의 조세는 해마다 태창고(太倉庫)[200]에 들어오는 것이 200만 량 정도 되었다. 구제도는 70%를 경상비로 하고 30%를 남겨두어 전쟁 및 재황(灾荒)에 대비하는 것을 상례로 하였다. 세종 중년(中年)[201] 변방에 대는 비용이 느는 데다가 토목, 기도(祈禱)와 제사[202]가 한 달에 하루도 쉬는 날이 없어 창고의 축적이 고갈되었다. 호부[203]에서 백방으로 재부(財富)를 증가시키고, 심지어는 사전(寺田)을 변매(變賣)[204]하고 군죄자(軍罪者)를 수속(收贖)[205]했지만 그래도 댈 수 없었다. 29

을 말한다.

199) 분해(分解)란 지출할 때 필요에 따라 항목별로 지해(支解)하는 것을 말한다.

200) 정통 7년(1442)에 설치하였다. 호부주사(戶部主事) 1원(員)이 전담 관리하였다. 은고(銀庫)라고도 한다. 각지의 초가은(草價銀)・염가은(鹽價銀)・초몰범인가재(抄沒犯人家財)・황장자립절은(皇莊子粒折銀)・경운전량(京運錢糧)・추수점전(追收店錢) 등을 모두 태창고(太倉庫)에 들였다.

201) 위 기사는 『世宗實錄』 嘉靖 37년 2월 戊戌 조에 나오는 내용이다. 따라서 본문의 '이때'란 가정 37년 당시를 말한다. 그런데 가정제(嘉靖帝)의 재위 기간은 모두 45년이므로 여기에서의 세종 '중년'은 적절치 못한 표현이다.

202) 가정제가 도교를 맹신하여 대규모 도관(道觀)의 건축 공사를 벌이고, 재초(齋醮) 등의 의식을 거행한 사실을 말한다.

203) 원문의 '사농(司農)'이란 원래 한대의 구경(九卿) 가운데 하나로 전곡(錢穀)을 관장하는 사농경(司農卿)을 뜻하지만 여기서는 호부의 아명(雅名)이다.

204) 가정제는 도교를 맹신한 반면 불교에 대해서는 심한 압박을 가하여 사전(寺田)을 몰수하여 매각한 사실을 가리킨다.

205) 수속(收贖)이란 속형(贖刑)의 일종이다. 속형에는 납속(納贖)・수속(收贖)・속죄(贖罪)의 세 종류가 있어 모두 등급에 따라 속은수(贖銀數)가 정해졌다. 명률(明律)의 규정에

년(1550)에 알탄이 경사(京師)를 침범[206]하자 병사를 늘리고 방비하는 군진(軍鎭)을 두니 군비 액수가 배가 넘었다. 30년에 경변(京邊)의 세용(歲用)[207]이 595만 량에 이르렀다. 호부상서 손응규(孫應奎)[208]가 걱정스럽게 바라보아도 뾰족한 수가 없어 남직예·절강 등의 주현[209]에서 전세 120만 량[210]을 늘리도록 건의하니 가파(加派)가 이로부터 시작[211]되었다.

원문 嗣後, 京邊歲用, 多者過五百萬, 少者亦三百餘萬, 歲入不能充歲出之半. 由是度支爲一切之法, 其箕斂財賄、題增派、括贓贖、算稅契、折民壯、提編均徭、推廣事例興焉. 其初亦賴以濟匱, 久之, 諸所灌輸益少. 又四方多事, 有司往往爲其地奏留或請免：浙、直以備倭, 川、貴以採木, 山、陜、宣、大以兵荒. 不惟停格軍興所徵發, 卽

의하면 유형(流刑)의 범인으로 노유잔질(老幼殘疾)이나 부녀는 은으로 속죄할 수 있었다. 그러나 군위(軍衛)의 죄범(罪犯)은 수속에 해당되지 않았다. 이 경우에는 수속이 적용되지 않는 군율에 의한 죄범에 대해서까지 수속법을 적용하여 국고수입의 증가를 꾀했던 것이다.

206) 알탄은 몽골 타타르[韃靼部]의 추장으로 다얀칸의 손자이다. 가정 9년(1530)부터 수십 년 동안에 걸쳐 거의 매년 명의 북변(北邊)에 침입하여 각지에서 약탈하고 돌아갔다. 이것이 이른바 북로(北虜)의 변이다. 특히 가정 29년에는 북경을 포위하는 지경에까지 이르렀는데 이를 경술(庚戌)의 변이라 한다.

207) 경(京)은 북경, 변(邊)은 구변진(九邊鎭)을 뜻하므로 북경의 경영병(京營兵)과 변병(邊兵)의 매년 군향(軍餉) 비용을 가리킨다.

208) 손응규(孫應奎)는 자가 문숙(文宿)으로 하남 낙양(洛陽) 출신이다. 정덕 16년(1521)에 진사가 되어 호부상서까지 승진하였다. 그러나 그의 재정 정책은 방만하다는 이유로 탄핵을 받아 남경공부상서(南京工部尙書)로 좌천되었다. 그가 호부상서로 재임했던 기간은 가정 29년부터 31년 사이였다.

209) 『世宗實錄』 嘉靖 30년 正月 丁未 조에 의하면 그 구체적인 지역은 남직예의 응천(應天)·휘주(徽州)·영국(寧國)·지주(池州)·안경(安慶)·태평(太平)·소주(蘇州)의 각 부(府), 광덕(廣德)·화(和)·저(滁)의 3주(州) 및 절강(浙江)·강서(江西)·호광(湖廣)·사천(四川)·복건(福建)·광동(廣東)·운남(雲南)이다.

210) 정확한 수는 115만 7,340량이다.

211) 부가세로서의 가파(加派)는 실은 명초부터 존재하였다. 또 정덕 9년 12월에는 건청궁(乾清宮)의 건축비로서 이 당시의 가파액(加派額)에 필적하는 100만 량의 가파를 시행하기도 하였다. 아마 가파의 시작이란 군향(軍餉) 마련을 위한 가파만에 한정해서 이해해야 할 듯하다.

歲額二百萬, 且虧其三之一. 而內廷之賞給, 齋殿之經營, 宮中夜半出片紙, 吏雖急, 無敢延頃刻者. 三十七年, 大同右衛告警, 賦入太倉者僅七萬, 帑儲大較不及十萬. 戶部尙書方鈍等憂懼不知所出, 乃乘間具陳帑藏空虛狀, 因條上便宜七事以請. 旣, 又令羣臣各條理財之策, 議行者凡二十九事, 益瑣屑, 非國體. 而累年以前積逋無不追徵, 南方本色逋賦亦皆追徵折色矣.

옮김譯 이후에 경변의 세용이 많을 때는 500만이 넘었고 적을 때도 300여 만이어서 세입이 세출의 반도 충당하지 못하였다. 이 때문에 호부[212]는 갖가지 법을 만들었으니 각종 재화와 물산(物產)을 키 안에 쓸어넣듯이 하여 과파(科派)의 증가를 상주(上奏)하고, 장물(贓物)과 속전(贖錢)을 국고로 들이고, 세계(稅契)[213]를 걷고 민장(民壯)[214]을 절납(折納)케 하며, 제편균요(提編均徭)[215]와 추광사례(推廣事例)[216]를 일으켰다. 초기에는 또한 이에 힘입어 고갈을 메울 수 있었으나 오래되자 경사로 흘러 들어가는 것이 갈수록 줄어들었다. 또 사방에 일이 많아 유사(有司)는 자주 현지에 존류(存留)를 주청하거나 면세를 청하였으니, 절강과 남직예는 왜구(倭寇)의 대비가, 사천(四川)과 귀주(貴州)는 목재의 채취[217]가, 산서(山西)·섬서(陝西)·선부(宣府)·대동(大同)은 전란[218]으로 인한 황폐가 그 이유였

212) 본문의 탁지(度支)는 호부를 가리킨다.

213) 세계은(稅契銀)을 가리킨다. 계세(契稅)라고도 한다. 전토(田土)·가옥(家屋)·우마(牛馬) 등의 재산을 매매하는 경우 그 가격에 따라 관에 납세하고 세계(稅契)를 지급받았다. 이때 관에 납입한 세를 계세라고 하였다.

214) 민호(民戶) 가운데에서 징발한 민병을 가리킨다. 원래는 신역(身役)이 원칙이었으나 가정 연간 실역(實役) 대신 은을 내고 소모(召募)토록 했는데 그 은을 민장개절은(民壯改折銀)이라 불렀다.

215) 균요(均徭)는 10년마다 한 번씩 편정(編定)하는데 1년분의 균요은(均徭銀)만으로는 부족할 때 다음 해 혹은 그 다음 해의 몫까지 끌어서 부족분을 채운다는 것을 말한다. 결국 균요은을 예징(豫徵)하는 셈이 된다.

216) 연납사례(捐納事例) 즉 매관(賣官) 조례(條例)를 가리킨다. 연납의 범위를 확대하여 국고 수입의 증가를 꾀한다는 말이다.

217) 소실된 궁전을 복구하기 위하여 재목의 공출을 명한 사실을 가리킨다.

다. 군수 조달을 위한 징발도 정지되었을 뿐 아니라 세액 200만에 1/3이 또 줄어들었다. 그런데 내정(內廷)의 상급(賞給), 재전(齋殿)의 경영을 위해서는 궁중에서 한밤중에 징발을 명하는 쪽지가 나오면, 이(吏)가 아무리 급하다 해도 감히 한 순간도 늦추는 경우가 없었다. 37년 대동우위(大同右衛)에서 변고[219]를 알렸는데, 태창고에 들어오는 세액이 겨우 7만이었고 탕저(帑儲)[220]는 대략 10만에도 미치지 못했다. 호부상서 방둔(方鈍)[221] 등은 두려워하며 조달할 바도 알지 못하였는데, 곧 기회를 틈 타 태창고가 비어버린 상황을 자세히 진술하고, 이어서 「편의칠사(便宜七事)」를 조목조목 올려 청하였다. 얼마 후 여러 신하들에게 각기 이재(理財)의 대책을 조목조목 아뢰도록 하였는데, 행하도록 건의한 것이 모두 29건이 되었으나 더욱 조잡하여 나라의 체모가 아니었다. 그리고 여러 해 전에 누적된 체납 전세까지 추징하지 않는 것이 없었고, 남방[222]의 본색(本色)의 체납 전세 또한 모두 절색(折色)으로 추징하였다.

원문 是時, 東南被倭, 南畿、浙、閩多額外提編, 江南至四十萬. 提編者, 加派之名也. 其法, 以銀力差排編十甲, 如一甲不足, 則提下甲補之, 故謂之提編. 及倭患平, 應天巡撫周如斗乞減加派, 給事中何煃亦具陳南畿困敝, 言 : "軍門養兵, 工部料價, 操江募兵, 兵備道壯丁, 府州縣鄉兵, 率爲民累. 甚者指一科十, 請禁革之." 命如煃議, 而提編之額不能減.

---

218) 거의 매년 이루어지는 몽골족의 침입을 가리킨다.

219) 원래는 대동성내(大同城內)에 설치했으나 후에 장성(長城)의 살호구(殺虎口) 즉 오늘날의 산서성(山西省) 우옥현(右玉縣)으로 옮겼다. 가정 36년(1557) 9월부터 대동우위(大同右衛)는 몽골 타타르부[韃靼部]의 포위 공격을 받아 6개월여 만에 포위를 풀 수 있었다.

220) 원래 고장(庫藏)의 축적(蓄積)을 뜻하지만 여기에서는 태창고(太倉庫)의 저은(貯銀)을 가리킨다.

221) 방둔(方鈍)은 호광 파릉(巴陵) 출신으로 호부상서에까지 승진하였다. 재임기간은 가정 31년부터 37년까지인데 청렴하고 신중하여 대과(大過)는 없었지만 엄숭(嚴嵩)에게 배척을 받아 치사(致仕)하게 된다.

222) 남경호부(南京戶部)의 관할 하에 있는 강서・절강・호광과 남직예의 각 주현을 가리킨다.

옮김 譯

이때에 동남 지역은 왜구의 피해를 받아 남직예·절강·복건에서는 대부분 액외(額外)로 제편(提編)[223]하였는데 강남은 40만에 달하였다. 제편이라는 것은 가파(加派)의 명칭[224]이다. 그 법은 은차(銀差)와 역차(力差)를 10갑(甲)으로 배열·편성[225]하여, 만약 한 갑이 부족하면 다음 갑을 올려 채워 넣도록 하였기 때문에 제편이라고 불렀다. 왜구의 환란이 그치자[226] 응천순무(應天巡撫) 주여두(周如斗)[227]가 가파를 줄일 것을 청하였고, 급사중 하규(何煃) 또한 남직예의 곤궁과 피폐함을 자세히 진술하여 말하기를, "군문(軍門)의 양병(養兵),[228] 공부(工部)의 요가(料價),[229] 조강(操江)의 모병(募兵),[230] 병비도(兵備道)의 장정(壯丁),[231] 부주현의 향병(鄕兵)[232]은 모두 백성의 부담이 됩니다. 심한 경우에는 하나를 지목했는데 열을 징수하니, 청컨대 이를 금하고 혁파하시기 바랍니다"라 하였다. 하규의 건의대로 하라고 명하였으나, 제편의 액수는 줄일 수 없었다.

223) 규정 세액 이상으로 끌어들여 세를 예징(豫徵)하는 것을 가리킨다.
224) 제편(提編)이 결과적으로 가파(加派)가 되는 경우가 많다고 해도 제편은 예징을 뜻하는 용어이지 가파의 별명(別名)은 아니므로 주의를 요한다.
225) 10년에 한 번씩 윤류(輪流)하는 순서에 따라 은차(銀差)와 역차(力差)를 10갑(十甲)에 할당하여 과파(科派)하는 것을 말한다.
226) 가정 43년(1564) 척계광(戚繼光)·유대유(兪大猷) 등이 왜구의 주력을 복건 평해위(平海衛) 등지에서 격파한 일을 가리킨다.
227) 주여두(周如斗)는 절강 여요(餘姚) 출신으로 가정 22년의 진사이다. 가정 41년부터 44년까지 응천순무(應天巡撫)를 역임하였다.
228) 군문(軍門)이란 지방에서 군무(軍務)를 제독(提督)하는 관원, 구체적으로는 총병관(總兵官)이나 제독(提督)을 가리키고, '병(兵)'이란 지방의 소속 병사를 뜻한다.
229) 공부에서 필요로 하는 물료(物料)의 가은(價銀) 즉 지방의 각종 건축 공정에 필요한 재료 등에 드는 은을 가리킨다.
230) 조강(操江)은 제독조강(提督操江)의 약칭으로 조강어사(操江御史)를 가리킨다. 장강의 방비 업무와 수군의 조련 사의(事宜)를 담당하였다.
231) 도(道)란 포정사와 부(府)의 사이에 두어진 일종의 행정구획으로 병비도(兵備道)는 안찰사 소속이었다. 그 장정(壯丁)은 민호 가운데에서 뽑아 충당하였다.
232) 가정 연간의 후반에 창궐한 왜구에 대하여 각지에서는 향병(鄕兵) 내지 민장(民壯)을 이용하여 방비하였다.

원문 隆、萬之世, 增額旣如故, 又多無藝之征, 逋糧愈多, 規避亦益巧. 已解而愆限或至十餘年, 未徵而報收, 一縣有至十萬者. 逋欠之多, 縣各數十萬. 賴行一條鞭法, 無他科擾, 民力不大絀.

옮김譯 융경(隆慶)과 만력(萬曆) 연간에 세액을 늘리는 것이 예전과 마찬가지였을 뿐 아니라 끝도 없는 징수가 많아져 체납된 전량(錢糧)은 더욱 증가하고 세역(稅役)의 회피는 더욱 교묘해졌다. 세량(稅糧)을 보냈다 해도 기한에 늦는 것이 10여 년에 이르기도 하고, 아직 징수하지 않았는데 거두었다고 보고한 것이 한 현(縣)에 10만에 이르는 경우도 있었다. 체납된 전량과 흠액(欠額[233])이 많았는데, 현마다 각각 수십 만이 될 정도였다. 일조편법(一條鞭法)이 실행됨에 힘입어 다른 번다한 과파(科派)가 없어져 민생이 크게 무너지지는 않게 되었다.

원문 一條鞭法者, 總括一州縣之賦役, 量地計丁, 丁糧畢輸於官. 一歲之役, 官爲僉募. 力差, 則計其工食之費, 量爲增減; 銀差, 則計其交納之費, 加以增耗. 凡額辦、派辦、京庫歲需與存留、供億諸費, 以及土貢方物, 悉併爲一條, 皆計畝徵銀, 折辦於官, 故謂之一條鞭, 立法頗爲簡便. 嘉靖間, 數行數止, 至萬曆九年乃盡行之.

옮김譯 일조편법(一條鞭法)이라는 것은 한 주현의 부역(賦役)을 총괄하여 지(地[234])와 정(丁[235])을 계산하여 정은(丁銀)과 세량을 모두 관에 보내는 것이다. 한 해의 역은 관에서 희망자를 공모하여 뽑아 해결하였다. 역차(力差)는 그 노임 비용[236]을 계산하여 가감하고, 은차(銀差)는 교부하는 비용을 계산하여 증모(增耗[237])를 더하였다. 액판(額辦[238]) · 파판

233) 장부상에서는 징수된 것으로 기재되지만 실제로는 결액(缺額)된 세량을 말한다.
234) 각 호의 전토 소유액을 가리킨다.
235) 각 호의 성년 남자 즉 성정(成丁)의 수를 가리킨다.
236) 관이 고모(雇募)한 노동자에게 은으로 지급하는 임금 비용을 가리킨다.
237) 가모(加耗)와 같은 용어로 징세시에 미리 모손액(耗損額)을 가징(加徵)하는 부가세를

(派辦)[239] · 경고(京庫)의 세수(歲需)[240]와 존류(存留) · 공억(供億)[241]의 여러 비용 및 지방에서 바치는 특산품은 모두 하나의 항목[一條]으로 합하여, 토지면적을 기준으로 은으로 징수하여, 관에서 처리하게 하였으므로 이를 일조편(一條鞭)[242]이라 하였는데, 만든 법이 자못 간편하였다. 가정 연간에 여러 차례에 걸쳐 실행과 중지가 반복되었는데, 만력 9년(1581)에 이르러 전면적으로 실행[243]되었다.

원문 其後接踵三大征, 頗有加派, 事畢旋已. 至四十六年, 驟增遼餉三百萬. 時內帑充積, 帝靳不肯發. 戶部尙書李汝華乃援征倭、播例, 畝加三釐五毫, 天下之賦增二百萬有奇. 明年復加三釐五毫. 明年, 以兵工二部請, 復加二釐. 通前後九釐, 增賦五百二十萬, 遂爲歲額. 所不加者, 畿內八府及貴州而已.

가리킨다.

238) 세판(歲辦)이라고도 한다. 명대에는 황가(皇家)에서 필요로 하는 용품이나 공정(工程)의 물료(物料) 등을 호부와 공부에서 액수를 정해서 각 산지나 판매지에 할당 부과하였다. 이때 전부(田賦)에 대징(帶徵)하기도 하고 민호가 직접 상납하기도 하고 상인에게 구매하여 바치기도 했는데 이를 액판(額辦)이라 불렀다.

239) 좌판(坐辦)이라고도 한다. 액판이 매년 정액이 할당되는 데 반하여 파판(派辦)은 필요에 따라 호부와 공부가 수시로 부과하는 점에서 차이가 있다. 처음에는 매년 과파(科派)되는 것이 아니었으나 갈수록 점차 액판과 마찬가지로 고정화되는 경향을 보였다.

240) 경사의 여러 고(庫)에서 매년 필요로 하는 물품을 전국의 각 주현에 과파한 것을 가리킨다.

241) 주현에서 매년 필요로 하는 비용으로 예를 들면 관원의 왕래에 드는 것이나 그 밖의 여러 공비(公費) 등을 가리킨다.

242) '鞭'이란 '編'과 같은 뜻으로 전부(田賦)와 요역 및 기타 각종 세를 하나로 묶어 일조(一條)로 병합시킨다는 뜻이다.

243) 본문의 언급대로라면 일조편법이 만력 9년에 전국적으로 실행되었다는 이야기인데 이는 오해의 소지가 있다. 원래 일조편법은 각 부주현마다 필요에 따라 시행된 세제 개혁일 뿐으로서 전국적으로 중앙의 지령에 의하여 일제히 실시되지 않았다. 대체적으로 가정 말년부터 융경 연간을 거쳐 만력 10년경까지 중남부 지방에 보급되고, 화북(華北) 지역에서는 만력 중엽 이후에 점차 시행된 것으로 알려져 있다.

옮김 譯

그 후 잇따르는 삼대정(三大征)[244]으로 자못 가파(加派)가 있었으나 일이 끝나면 곧 그쳤다. 46년(1618)에 이르러 갑자기 요향(遼餉)[245] 300만을 증가하였다. 당시 내탕(內帑)은 차 있었지만 만력제(萬曆帝)가 이를 아껴 내려 하지 않았다.[246] 호부상서 이여화(李汝華)[247]가 곧 왜(倭)와 파주(播州) 정벌 시의 사례[248]를 끌어들여 무당 3리(釐) 5호(毫)를 추가 징수하니 천하의 전세는 200만 남짓 증가[249]하였다. 다음 해 다시 3리 5호를 추가하였다. 다음 해 병부(兵部)와 공부(工部)의 청에 따라 다시 2리를 추가하였다. 앞뒤를 통틀어 9리가 추가되니 늘어난 세액 520만을 드디어 세액(歲額)으로 삼았다.[250] 부가되지 않은 곳은 기내(畿內)의 8부[251] 및 귀주(貴州)뿐이었다.

---

244) 만력 중엽에 일어난 세 차례의 대규모 군사 행동을 가리킨다. 즉 만력 20년(1592) 2월부터 9월에 걸친 영하(寧夏)의 부총병(副總兵) 보바이의 반란 진압과 그해 4월부터 26년 12월까지 모두 두 차례에 걸친 일본의 조선 침략에 대응한 조선으로의 출병 및 24년부터 28년 6월까지 파주(播州) 양응룡(楊應龍)의 반란 진압이 바로 그것이다. 이 삼자는 '만력의 삼대정(三大征)'이라고 불리는데 당시 쇠퇴 일로에 있던 명의 국력을 더욱 소모시키게 된다.

245) 요동으로의 군향(軍餉) 가파(加派)를 가리킨다. 만력 46년(1618)부터 건주위(建州衛)의 수령 누르하치가 후금(後金)을 세운 뒤 무순(撫順) 등지를 침공하자 명조에서는 요향(遼餉)을 가파하여 이에 대비하였다.

246) 병부상서가 50만 량의 내탕금(內帑金)을 열어 방비토록 요청했지만 만력제(萬曆帝)는 겨우 10만 량만을 발급토록 하였다.

247) 이여화(李汝華, ?~1621)는 자가 무부(茂夫)로 하남 저주(雎州) 출신이다. 만력 8년(1580) 진사로 내외의 관직을 역임했다. 특히 14년 동안 남감순무(南贛巡撫)로서 재직하며 큰 치적을 남겼다. 그 후 병부우시랑(兵部右侍郎), 호부좌시랑(戶部左侍郎)을 거쳐 39년에는 호부상서가 되어 천계 원년(1621)까지 임직(任職)하였다.

248) 만력 삼대정 가운데 임진왜란과 파주의 난이 일어났을 때 전부(田賦)에 가파한 사실을 가리킨다.

249) 『神宗實錄』 萬曆 46년 9월 辛亥 조에 의하면 정확한 숫자는 은 200만 31량 4전 3분 8호(毫)이다. 다만 이때 귀주(貴州)는 땅이 척박했을 뿐 아니라 묘족(苗族)의 반란도 있었으므로 가파를 면제한 바 있다.

250) 원래 임시의 과파(科派)로 시작되었던 요향(遼餉)이 만력 48년부터 매년 항상적으로 부과하는 세액이 되었음을 뜻한다.

251) 기내(畿內)의 8부(府) 즉 순천(順天)·영평(永平)·보정(保定)·하간(河間)·진정(眞定)·순덕(順德)·광평(廣平)·대명(大名) 등의 부에 대하여 요향의 가파가 면제되는 관련 사료는 찾을 수 없다. 「食貨志」 편자의 오해가 있는 듯하다.

원문 天啓元年, 給事中甄淑言 : "遼餉加派, 易致不均. 蓋天下戶口有戶口之銀, 人丁有人丁之銀, 田土有田土之銀, 有司徵收, 總曰銀額. 按銀加派, 則其數不漏. 東西南北之民, 甘苦不同, 布帛粟米力役之法, 徵納不同, 惟守令自知其甘苦, 而通融其徵納. 今因人土之宜, 則無偏枯之累. 其法, 以銀額爲主, 而通人情, 酌土俗, 頒示直省. 每歲存留、起解各項銀兩之數, 以所加餉額, 按銀數分派, 總提折扣, 裒多益寡, 期不失餉額而止. 如此, 則愚民易知, 可杜奸胥意爲增減之弊. 且小民所最苦者, 無田之糧, 無米之丁, 田鬻富室, 產去糧存, 而猶輸丁賦. 宜取額丁、額米, 兩衡而定其數, 米若干卽帶丁若干. 買田者, 收米便收丁, 則縣冊不失丁額, 貧民不致賠累, 而有司亦免逋賦之患." 下部覆議, 從之.

옮김 천계(天啓) 원년(1621) 급사중 견숙(甄淑)[252]이 말하기를, "요향(遼餉)의 가파(加派)는 불공평하게 되기 쉽습니다. 대개 천하의 호구(戶口)에는 호구의 은(銀)[253]이 있고, 인정(人丁)에는 인정의 은[254]이 있으며, 전토(田土)에는 전토의 은[255]이 있어 유사(有司)가 징수하는데 이를 은액(銀額)이라 통칭합니다. 은에 의거하여 가파[256]하면 그 수가 부족할 일이 없습니다. 동서남북의 백성들은 생활의 고통과 안락이 동일하지 않고 포백(布帛)·속미(粟米)·역역(力役)의 법[257]도 징납(徵納)이 동일하지 않으니, 수령(守令)[258]만이 스스로 자기 백성들의 고통과 안락을 알고 그 징납

252) 견숙(甄淑)은 황강(黃岡) 출신으로 만력 38년(1610) 진사가 되었다. 숭정 원년(1628) 정월에 형부상서가 되고 13년 11월에 뇌물수수에 걸려 옥사하였다. 천계 원년 당시 그는 이과급사중(吏科給事中)이었다.

253) 정(丁)이나 전(田)을 대상으로 하는 것이 아니라 호등(戶等)의 상하에 따라 호에 과파(科派)하는 은으로 북방에서 주로 실행된 '문은(門銀)'을 가리킨다.

254) 인정(人丁)을 대상으로 과파되는 은인 '정은(丁銀)'을 가리킨다. 일조편법의 실시와 함께 요역 기타 인정을 대상으로 하는 모든 세목이 일괄되어 정은이 된 바 있다.

255) 전토를 대상으로 과파되는 은 즉 지은(地銀) 혹은 양은(糧銀)을 가리킨다.

256) 요향(遼餉)을 가리킨다.

257) 개절(改折)·징실(徵實)·노역(勞役) 등 상이한 징세 방식을 가리킨다.

258) 지부(知府)·지주(知州)·지현(知縣) 등의 지방관을 가리킨다.

방식을 융통[259]할 수 있습니다. 지금 인정과 토속의 적당함에 따르면 불공평의 허물은 없어질 것입니다. 그 법은 은액을 주로 하되 인정을 감안하고 토속을 참작하여 전국[260]에 공고하는 것입니다. 해마다 존류(存留)와 기해(起解) 각 항목의 은량(銀兩) 수는 추가할 바의 요향 액수를 은의 수에 의거하여 나누어 과파(科派)하고, 증감을 가한 세액을 일괄징수[261]하여 많은 것을 덜고 적은 것을 더하여 요향의 액수를 채우는 것만을 기약하고 그칩니다. 이렇게 하면 어리석은 백성들이 알기 쉽고, 간사한 서리가 마음대로 늘리고 줄이는 폐단을 막을 수 있을 것입니다. 또 소민이 가장 고통스러워하는 바는 무전(無田)의 양(糧)[262]과 무미(無米)의 정(丁)[263]으로, 토지를 부유한 집에 팔아 땅은 없는데 세량만 남고 게다가 정부(丁賦)까지 내는 것입니다. 마땅히 정해진 액수의 정과 미를 취해 양자를 비교하여 적정 수를 정하고, 미 약간에 정 약간을 부가 징수해야 합니다.[264] 땅을 산 자가 세량과 정부를 인수하면 현책(縣冊)[265]은 정의 원액(原額)을 잃지 않고, 빈민은 배상 책임으로 인한 피해를 입지 않게 되며, 유사(有司)도 전량 체납의 걱정을 면할 수 있을 것입니다"라고 하였다. 호부에 내려 다시 의논케 했는데, 결국 이를 받아들였다.

---

259) 조세를 징수하고 수납할 때 각지의 특수 정황을 참작하여 지방관이 적당히 융통해 줌으로써 가능한 한 납세자인 농민의 편의를 꾀해주는 것을 말한다.

260) 원문의 '직성(直省)'은 남북직예(南北直隸)와 13포정사를 가리키니 결국 전국을 뜻한다.

261) 원문의 '총제(總提)'란 일괄 징수, '절구(折扣)'는 세액을 증감시키는 것을 가리키므로, 결국 증감을 가한 세액을 일괄 징수한다는 뜻이 된다.

262) 농민이 생활의 곤란으로 자기 소유의 전토를 부실(富室)에게 매각한 경우 그 소유권은 이동했음에도 불구하고 세량만이 원래의 소유자인 농민에게 남는 현상을 가리킨다. 여기에는 두 가지 경우가 있다. 하나는 새로 매입한 부실이 농간을 부려 세량을 인수하지 않는 경우, 다른 하나는 매각한 농민 측에서 세량이 붙지 않는 전토는 고가로 매각할 수 있기 때문에 세량을 자신에게 남긴 채 토지를 처분하는 경우이다. 물론 양자 모두 법률적으로는 금지되었지만 이러한 관례는 당시 흔히 보이는 현상이었다.

263) 정부(丁賦)는 원래 세량을 내는 자의 부담임에도 불구하고 세량을 부담하지 않는 자 즉 토지를 소유하지 않는 자에 대하여 지우는 정부를 가리킨다.

264) 한 현의 정부액(丁賦額)과 세량액(稅糧額)을 총계하여 양자를 계산한 뒤 적정 비율을 정하여 그 비율에 따라 세량 약간에 정부(丁賦) 약간을 부가하여 징수하는 것을 말한다.

265) 현의 세량책(稅糧冊) 혹은 부역전서(賦役全書)를 가리키는 듯하다.

원문 崇禎三年, 軍興, 兵部尚書梁廷棟請增田賦. 戶部尚書畢自嚴不能止, 乃於九釐外畝復徵三釐. 惟順天、永平以新被兵無所加, 餘六府畝徵六釐, 得他省之半, 共增賦百六十五萬四千有奇. 後五年, 總督盧象昇請加宦戶田賦十之一, 民糧十兩以上同之. 旣而概徵每兩一錢, 名曰助餉. 越二年, 復行均輸法, 因糧輸餉, 畝計米六合, 石折銀八錢. 又畝加徵一分四釐九絲. 越二年, 楊嗣昌督師, 畝加練餉銀一分. 兵部郎張若麒請收兵殘遺產爲官莊, 分上、中、下, 畝納租八斗至二三斗有差. 御史衛周胤言: "嗣昌流毒天下, 剿練之餉多至七百萬, 民怨何極." 御史郝晉亦言: "萬曆末年, 合九邊餉止二百八十萬. 今加派遼餉至九百萬. 剿餉三百三十萬, 業已停罷, 旋加練餉七百三十餘萬. 自古有一年而括二千萬以輸京師, 又括京師二千萬以輸邊者乎?" 疏語雖切直, 而時事危急, 不能從也.

옮김 譯 숭정(崇禎) 3년(1603)에 전란[266]이 일어나자 병부상서(兵部尙書) 양정동(梁廷棟)[267]이 전세를 늘릴 것을 청하였다. 호부상서 필자엄(畢自嚴)[268]은 이를 막을 수 없어 곧 9리(釐)[269] 외에 무당 다시 3리를 징수하였다. 순천(順天)과 영평(永平)만은 새로 전쟁의 피해[270]를 입었기 때

---

266) 청군(淸軍)이 산해관(山海關)을 넘어 영평부(永平府)의 노룡(盧龍)·난주(灤州)와 순천부(順天府)의 준화(遵化) 등지를 약탈한 일을 가리킨다.

267) 양정동(梁廷棟, ?~1638)은 하남 언릉(鄢陵) 출신이다. 만력 47년(1619)에 진사가 되었다. 남경병부주사(南京兵部主事)를 거쳐 숭정 3년 정월 병부상서로 승진하여 다음 해 5월까지 재직하였다.

268) 필자엄(畢自嚴, ?~1638)은 자가 경증(景曾)으로 산동 유천(淄川) 출신이다. 만력 20년(1592)에 진사가 되었다. 항주부추관(杭州府推官)으로부터 내외의 관을 거쳐 천계 연간에 천진순무(天津巡撫)·남경호부상서(南京戶部尙書) 등을 역임하였다. 위충현(魏忠賢)의 미움을 받아 일시 관직을 벗고 물러나야 했는데, 숭정 원년(1630) 5월 호부상서가 되었지만, 6년 3월에 치사(致仕)하였다. 호부상서 재직 중에 『賦役全書』 편찬에 참여하기도 하였다.

269) 앞에서 언급한 요향(遼餉)을 가리킨다.

270) 앞에서 언급한 청군의 침입을 받고 영평부의 노룡과 난주, 순천부의 준화 등지가 약탈을 당한 사실을 가리킨다.

문에 추가된 바가 없었고, 나머지 6부(府)[271]는 무당 6리를 징수하여 다른 성(省)의 반을 거두어들였는데, 증가된 모든 세액이 165만 4,000 남짓이었다. 5년 후 총독 노상승(盧象昇)[272]이 환호(宦戶)[273]의 전부(田賦)에 1/10을 추가하고, 민호(民戶)로 세량이 10량 이상의 자도 이와 같이 할 것을 청하였다. 얼마 후 대개 1량에 1전을 징수하게 되었는데 이를 조향(助餉)이라고 하였다. 2년 뒤에 다시 균수법(均輸法)[274]을 행하여 세량에 따라 조향을 내게 했는데, 1무에 미 6합으로 정하고 1석을 은 8전으로 환산하였다.[275] 또 무마다 1분 4리 9사(絲)를 추가 징수하였다. 2년 뒤에 양사창(楊嗣昌)[276]이 군대를 거느리는데 무당 연향(練餉)[277] 은 1분을 추가하

271) 보정(保定)·하간(河間)·진정(眞定)·순덕(順德)·광평(廣平)·대명(大名) 등 북직예의 6부를 가리킨다.

272) 노상승(盧象昇, 1600~1637)은 자가 건두(建斗)로서 남직예 의흥(宜興) 출신이다. 천계 2년(1622)의 진사이다. 숭정 2년(1629) 청군이 입관(入關)하자 문관이었음에도 불구하고 군대를 조직하여 응전하는 등 큰 활약을 하였다. 8년에는 호광순무(湖廣巡撫)로서 이자성군(李自成軍)과 대치하기도 하였다. 10년에 청군이 다시 입관하자 화의(和議)를 반대하고 거록고장(巨鹿賈莊)에서 맞서 싸웠으나 전사하고 말았다. 한편 노상승이 산섬(山陝)의 총독이 되었던 것은 9년 9월의 일이므로 본문에서 5년 후 즉 숭정 8년 기사에서 노상승의 직함을 '총독'이라 표기한 것은 편자의 오류이다.

273) 관호(官戶)를 말한다. 환호(宦戶)에 대해서도 전부(田賦) 그 자체는 우면(優免) 대상이 아니었고, 요역에 대해서만 적용되었다. 그런데 일조편법 시행 후 요역의 부담은 부분적으로 전부의 부가세가 되었기 때문에 실질적으로는 환호의 전부가 경감되는 효과가 있었다.

274) 가파(加派)한 군향(軍餉)을 균등하게 할당하는 방법으로 숭정 10년(1637) 3월 병부상서 양사창(楊嗣昌)의 의견에 따라 시행되었다. 즉 농민반란을 진압하기 위하여 양사창은 군향 조달 방법을 건의했는데 그 가운데 '인량(因糧)'이 포함된다. 이 방법을 통하여 한 해에 은 192만 9,000량을 획득하였다. 숭정제(崇禎帝)는 특별히 '인량'을 '균수(均輸)'로 바꾸어 실행토록 명하게 된다.

275) 이렇게 거둔 가파의 군향을 초향(剿餉)이라 부른다. 초향이란 각지의 적도(賊徒)를 초멸(剿滅)하기 위한 군향이란 뜻이다.

276) 양사창(楊嗣昌, 1578~1641)은 자가 문약(文弱)으로 호광 무릉(武陵) 출신이다. 만력 38년(1610)에 진사가 되었다. 숭정 7년(1634)에 병부우시랑(兵部右侍郞)이 되고, 선대(宣大)·산서의 군무를 총독하였다. 9년 10월에 병부상서로 승진하고, 11년 6월에는 예부상서로서 병부상서를 겸하였다. 12년에는 군대를 거느리고 농민군의 진압에 나섰으나 별 성과를 거두지 못하고 결국 14년 봄에 책임을 통감하고 자살하였다.

277) 농민반란을 진압하기 위한 변병(邊兵)을 훈련시킨다는 명분으로 부가로 거둔 군향을 가리킨다.

였다. 병부랑(兵部郞) 장약기(張若麒)[278]가 잔병(殘兵)의 유산[279]을 거두어 관장(官莊)[280]으로 삼고 상·중·하로 나누어 무마다 세를 거두는데 8두에서 2~3두에 이르기까지 차등을 둘 것을 청하였다. 어사 위주윤(衛周胤)이 말하기를, "양사창이 천하에 해독을 끼쳐 초향(剿餉)[281]과 연향이 많게는 700만에 이르게 되니 백성의 원망이 극에 달하였습니다"고 하였다. 어사 학진(郝晋)[282]도 말하기를, "만력 말년에 구변(九邊)[283]을 합해도 군향(軍餉)은 단지 280만이었습니다. 지금 추가 과파한 요향이 900만[284]에 이르고, 초향 330만[285]은 이미 정지되어 없어졌다 하지만 다시 연향 730만을 추가하였습니다. 자고로 1년에 2,000만을 거두어 경사에 보내고, 다시 경사의 2,000만을 거두어 변경에 보낸 적이 있었습니까?"라 하였다. 상소의 말이 비록 절실하였지만 당시 사정이 위급하여 따를 수 없었다.

---

278) 장약기(張若麒)는 산동 교주(膠州) 출신이다. 숭정 연간에 광록시경(光祿寺卿)의 신분으로 이자성(李自成) 농민군과 맞서 싸우다가 실패하여 하옥되었지만 후에 이자성에게 투항하여 산해관의 방어사(防禦使)가 되었다.

279) 전란으로 황폐되어 소유자가 불분명하게 된 전토를 가리킨다.

280) 관유(官有)의 장전(莊田) 즉 관전(官田)을 가리킨다.

281) 농민반란을 진압하기 위하여 양사창의 건의로 추가 징수한 군향을 말한다.

282) 학진(郝晋)은 산동 서하(棲霞) 출신으로 숭정 원년의 진사이다. 처음에 파현(巴縣)의 지현(知縣)으로부터 승진하여 어사·순천부승(順天府丞)·부윤(府尹)·형부시랑 등을 역임하였다. 청군이 입관하자 투항하여 보정순무(保定巡撫)가 되었지만 얼마 후 퇴관(退官)하였다.

283) 북변(北邊)의 구변진(九邊鎭)으로 자세한 것은 「食貨 1」의 각주 296) 참조.

284) 요향(遼餉)이 900만에 이른다는 것은 정확하지 않은 듯하다. 만력 말의 520여 만과 숭정 3년의 165만을 합한 것이 요향의 총액으로 685여 만이어서 900만과는 다소 큰 차이가 있다.

285) 이 수치도 의심스러운 바가 있다. 초향(剿餉)은 1무(畝)에 4리(釐) 8호(毫)이므로 그 총액은 약 280만으로 계산되기 때문이다.

【役法】

원문 役法定於洪武元年. 田一頃出丁夫一人, 不及頃者以他田足之, 名曰均工夫. 尋編應天十八府州, 江西九江、饒州、南康三府均工夫圖冊, 每歲農隙赴京, 供役三十日遣歸. 田多丁少者, 以佃人充夫, 而田主出米一石資其用. 非佃人而計畝出夫者, 畝資米二升五合. 迨造黃冊成, 以一百十戶爲一里, 里分十甲曰里甲. 以上、中、下戶爲三等, 五歲均役, 十歲一更造. 一歲中諸色雜目應役者, 編第均之, 銀、力從所便, 曰均徭. 他雜役, 曰雜泛. 凡祗應、禁子、弓兵, 悉僉市民, 毋役糧戶. 額外科一錢、役一夫者, 罪流徙.

옮김譯 역법(役法)은 홍무 원년(1368)에 정하였다.[286] 토지 1경마다 정부(丁夫) 1인을 내고, 1경이 되지 않는 경우는 다른 사람의 토지로 채웠는데 이를 균공부(均工夫)라 불렀다. 조금 있다가[287] 응천(應天) 등 18부주(府州),[288] 강서의 구강(九江)·요주(饒州)·남강(南康) 등 3부의 균공부도책(均工夫圖冊)[289]을 편찬하고, 매년 농한기에 경사[南京]에 가서 30일

---

286) 본문의 언급은 오해의 소지가 있다. 마치 홍무 원년에 명대 역법(役法)의 기본적인 틀이 정비된 것으로 이해할 수 있기 때문이다. 그러나 『太祖實錄』 洪武 元年 2월 己丑 조에 의하면 이해에 중서성(中書省)에 명하여 역법을 논의케 한 결과 균공부(均工夫)의 역이 정해졌음을 전하고 있는 데 불과하다. 물론 이를 가지고 명초의 역법 전체로 간주할 수는 없다. 균공부란 국도(國都) 조영(造營)을 위하여 직예 및 강서의 일부 농민을 징발한 것일 뿐이기 때문이다. 명초의 역법 체계가 기본적으로 정비된 것은 최소한 부역황책(賦役黃冊)이 제정된 홍무 14년 즈음으로 보아야 할 것이다.

287) 『太祖實錄』 洪武 3년 7월 辛卯 조에 의하면 홍무 3년(1370) 7월을 가리킨다.

288) 응천(應天)·봉양(鳳陽)·회안(淮安)·양주(揚州)·소주(蘇州)·송강(松江)·상주(常州)·진강(鎭江)·여주(廬州)·안경(安慶)·태평(太平)·지주(池州)·영국(寧國)·휘주(徽州) 등 14부(府)와 서주(徐州)·저주(滁州)·화주(和州)·광덕(廣德) 등 4직예주(直隸州)를 가리킨다.

289) 균공부를 할당하기 위한 대장(臺帳)이다. 황책을 편제하기 전에 만든 일종의 과도적인 부역책으로 일부 지역에서만 통행(通行)되었다.

간 노역을 제공하고 돌아오도록 하였다. 땅이 많고 장정이 적은 자는 전호(佃戶)를 정부로 충당하고, 전주(田主)는 미 1석을 내어 그 비용에 보태도록 하였다. 전호가 아니고서 토지면적에 따라 정부를 내어야 하는 자[290]는 1무에 미 2승 5합씩을 내도록 하였다. 황책이 만들어지면서 110호(戶)를 1리(里)로 하고, 1리는 10갑(甲)으로 나누었는데, 이를 이갑이라 하였다. 상호(上戶)·중호(中戶)·하호(下戶)의 세 등급으로 호등(戶等)을 나누고, 5년에 균역(均役)[291]하고 10년에 한 번씩 황책을 고쳐 만들었다. 1년 중 갖가지 항목의 역(役)을 맡게 되는 자를 등급을 나누어 편성하여 그 부담을 균등[292]하게 하고, 은차와 역차는 편한 바에 따르게 하였는데 이를 균요(均徭)라고 하였다. 그 외의 잡다한 역은 잡범(雜泛)이라고 불렀다. 지응(祗應)[293]·금자(禁子)[294]·궁병(弓兵)[295]은 모두 시민[296]에서 뽑고 양호(糧戶)[297]를 부리지 못하게 하였다. 정해진 액수 이외에 1전이라도 부과하거나 1명이라도 부역시키는 자는 유사(流徙)의 죄를 주었다.

---

290) 앞에서 기술된 바와 같이 소유지가 1경(頃)이 되지 않는 자작농의 경우 수호(數戶)의 전지(田地)를 합하여 1경이 되게 한 다음 그 가운데 1인이 출역(出役)토록 하고, 다른 자들은 소유지의 면적에 따라 미(米)를 내어 출역자(出役者)의 비용을 돕도록 한 것을 말한다.

291) 이 기사의 출전으로 보이는 『古今治平略』에는 '均役'이 아니라 '均徭'라고 되어 있다. 이갑(里甲)의 역(役)을 맡은 뒤 5년이 되는 해에 균요의 역을 담당한다는 뜻으로 보인다. 다만 균요법(均徭法)은 정통 연간에 처음 시행되었기 때문에 명초의 상황을 묘사하고 있는 이곳에서 기술한 것은 적절치 못하다.

292) 각 호의 호등(戶等)에 따라 각각 경역(輕役)과 중역(重役)을 할당하여 각 호의 부담을 균등히 하는 것을 뜻한다.

293) 지후(祗候)라고도 한다. 관부(官府) 및 관리의 사역(使役)에 응하는 조예(皂隷)같은 역을 말한다.

294) 옥졸을 가리킨다.

295) 각지의 순검사(巡檢司) 소속으로 순찰과 간도(奸盜)의 단속 및 치안유지 등의 임무를 맡는 역을 말한다.

296) 시적(市籍)에 오른 상인 혹은 거주민을 가리킨다.

297) 세량을 납부하는 호 즉 토지를 소유하는 농민 및 지주를 가리킨다.

원문 後法稍弛, 編徭役里甲者, 以戶爲斷, 放大戶而勾單小. 於是議者言 : "均徭之法, 按冊籍丁糧, 以資産爲宗, 覈人戶上下, 以蓄藏得實也. 稽冊籍, 則富商大賈免役, 而土著困; 覈人戶, 則官吏里胥輕重其手, 而小民益窮蹙, 二者交病. 然專論丁糧, 庶幾古人租庸調之意." 乃令以舊編力差、銀差之數當丁糧之數, 難易輕重酌其中. 役以應差, 里甲除當復者, 論丁糧多少編次先後, 曰鼠尾冊, 按而徵之. 市民商賈家殷足而無田産者, 聽自占, 以佐銀差. 正統初, 僉事夏時創行於江西, 他省倣行之, 役以稍平.

옮김 譯 후에 역법(役法)이 조금 이완되어 요역과 이갑을 편제하는 자[298]가 호등을 나누는데 대호(大戶)는 내버려두고 가난한 호를 옭아매었다.[299] 그래서 논자들은 말하기를, "균요법[300]은 책적(冊籍)의 인정(人丁)과 세량을 살피는 데 자산[301]을 주요 기준으로 하고, 인호(人戶)의 상하[302]를 조사하는 데 축장(蓄藏)[303]으로 실상을 얻는다. 책적을 살피게 되면 부상대고(富商大賈)가 역을 면하여 토착민은 곤궁하게 되고,[304] 인호를 조사하면 관리와 이서(里胥)가 경중을 마음대로 하여 소민은 더욱 곤

298) 요역의 편심(編審)을 담당하는 관리를 가리키지만 실제로 편심 사무를 맡던 것은 대부분 서리(胥吏)였다.

299) 편심을 담당하는 관리가 부유한 유력호(有力戶)로부터 뇌물을 받고 그들에게 비교적 가벼운 역을 할당하고, 도리어 중역(重役)을 하등호(下等戶)에 할당하는 것을 말한다.

300) 종래 부정기적으로 할당되던 잡역을 10년에 한 번씩 정기적으로 할당하는 방법이다. 이를 위하여 부역황책 외에 균요책(均徭冊)이 만들어져 균요를 할당하는 대장(臺帳)이 되었다. 균요책 편제 시에는 세량의 다과가 주요 기준이 되었다. 처음 균요법(均徭法)이 강서에서 시행되어 큰 성과를 거두자 점차 각지에 보급되어 홍치 원년에는 전국적으로 시행되었다.

301) 주로 전지(田地)를 가리킨다.

302) 삼등(三等) 또는 삼등구칙(三等九則)의 호등(戶等)의 상하를 가리킨다.

303) '자산(資産)' 이외의 재산으로 주로 동산(動産)을 의미한다. 호등을 정할 때 정량(丁糧) 외에 축장(蓄藏)의 다과도 참작하지만 그 실태의 파악은 쉽지 않았을 것으로 생각된다.

304) 정량(丁糧)의 다과를 기준으로 균요를 할당부과하면 가령 부유하더라도 부상대고(富商大賈)는 전지를 갖지는 않기 때문에 균요의 부담에서 벗어나고 농민이 응역(應役)해야 한다는 말이다.

궁해지니, 양자 모두 병폐가 된다. 그러나 정량(丁糧)만을 따진다면 고인(古人)이 조용조(租庸調)를 시행했던 뜻에 가깝게 될 것이다"라고 하였다. 그래서 원래 편성된 역차와 은차[305]의 수를 정량의 수에 맞추되 난이도와 경중을 적절히 참작하도록 하였다. 역은 그에 응하여 부과하는데, 이갑에서 요역 면제자[306]를 제외한 자는 그 정량의 다소를 따져 선후의 차례를 정하고, 이를 서미책(鼠尾冊)[307]이라 하여 이에 따라 징발하도록 하였다. 시민(市民)・상고(商賈)의 집으로서 부유한데도 전산(田産)이 없는 자는 스스로 신고하여 은차를 돕도록 하였다. 정통(正統) 초에 첨사(僉事)[308] 하시(夏時)[309]가 강서에서 처음 시행하였고, 다른 성(省)에서도 이를 모방하여 시행[310]하니 역의 부과가 조금 고르게 되었다.

원문 其後諸上供者, 官爲支解, 而官府公私所須, 復給所輸銀於坊里長, 責其營辦. 給不能一二, 供者或什伯, 甚至無所給, 惟計值年里甲祗應夫馬飮食, 而里甲病矣. 凡均徭, 解戶上供爲京徭, 主納爲中官

305) 균요법에서 은차(銀差)와 역차(力差)의 구별이 생기고 나서 상당한 시간이 흐른 것을 의미한다. 은차와 역차의 구별이 정해진 것은 홍치와 정덕 연간이었기 때문에 이곳에서 서술된 내용은 그 이후의 상태라고 보아야 한다.

306) 우면자(優免者)를 가리킨다.

307) 호두서미책(虎頭鼠尾冊) 혹은 용두사미책(龍頭蛇尾冊)이라고도 한다. 균역을 위하여 소호(小戶)의 부담을 경감시키자는 목적에서 만들었다. 대강의 내용은 은차와 역차 가운데 정량(丁糧)의 수를 난이와 경중을 나누어 등급을 매기고, 다시 면역인호(免役人戶)을 제거한 뒤 정량의 다소에 따라 대호(大戶)와 은실호(殷實戶)를 전면에 배치하여 어렵고 무거운 역을 지우고, 소호와 빈호는 후면에 배치하여 쉽고 가벼운 역을 맡긴다는 것이다.

308) 안찰사 소속으로 부사(副使)와 함께 안찰사를 보좌한 정5품의 관이다.

309) 하시(夏時)는 자가 이정(以正)으로 절강 전당(錢塘) 출신이다. 영락 16년(1418)의 진사이다. 호과급사중(戶科給事中)을 시작으로 내외의 관직을 맡으며 치적을 올렸다. 선덕 연간에는 강서첨사(江西僉事)를 역임하였는데, 민간의 부역과 교육 방면의 개혁에 공을 세웠다.

310) 강서에서 하시의 균요법이 처음 시행된 후 경태 연간에 우참의(右參議) 주영(朱英)이 광동에서, 우참정(右參政) 양선(楊璿)이 산서에서 시행한 적이 있고, 다시 천순 연간에는 강남(江南)・사천(四川)・섬서(陝西)・복건(福建) 등 각지에 보급된 사실을 가리킨다. 홍치 원년에 이르러 전국적으로 시행되었다.

留難, 不易中納, 往復改貿, 率至傾產. 其他役苛索之弊, 不可毛擧.

옮김 譯 그 후 여러 상공(上供[311])은 관이 마련하여 보내도록 하되, 관부에서 공사(公私)로 필요한 것[312])은 거두어들인 은을 다시 방장(坊長)과 이장에게 주어 그 조달의 책임을 지웠다. 지급되는 것은 하나둘도 되지 않는데 상공해야 할 것은 열백이었고, 심지어는 지급되는 것도 없는데 오직 현년이장(現年里長)과 갑수(甲首)가 제공해야 할 부마(夫馬)[313])와 음식을 책정할 뿐이어서 이갑이 고통스러워하게 되었다. 균요(均徭) 가운데 해호(解戶)[314])가 상공하는 것을 경요(京徭)[315])라 하는데, 수납은 환관이 고의적으로 트집을 잡아 납입 자체가 쉽지 않아, 돌아가서 상공물(上供物)을 다시 구매해야 되니, 거의 가산을 탕진하는 지경에까지 이르렀다. 그 밖의 역[316])도 가혹하게 착취하는 폐단을 일일이 들 수 없을 정도였다.

원문 明初, 令天下貢土所有, 有常額, 珍奇玩好不與. 卽須用, 編之里甲, 出銀以市. 顧其目冗碎, 奸黠者緣爲利孔. 又大工營繕, 祠官祝釐, 資用繁溢. 迨至中葉, 倭寇交訌, 仍歲河決, 國用耗殫. 於是里甲、均徭, 浮於歲額矣.

옮김 譯 명초에 천하에 영을 내려 현지에서 산출되는 것을 바치도록 하는데 상액(常額)이 있었으나, 진귀하고 기이한 물품과 신기하고

---

311) 어용(御用)을 위해 각지에서 바치는 물품으로 상공물료(上供物料)라고도 한다.

312) 지방 관부의 공수(公需)와 사비(私費)를 가리킨다. 공수에는 심홍(心紅)·지차(紙箚)·유촉(油燭)·시탄(柴炭) 등이 있고, 사비로는 관사(官舍)의 수선비(修繕費)·연회비(宴會費) 등이 있어 잡다한 항목으로 구성되어 있었다.

313) 관리가 관내의 지역을 돌아다니거나 빈려(賓旅)가 그곳을 경유하여 가는 경우 역전(驛傳)이 갖추어지지 않은 지역은 이갑(里甲)으로 하여금 인부와 마려(馬驢) 등을 제공토록 했는데 이를 부마(夫馬) 혹은 이갑부마(里甲夫馬)라고 하였다.

314) 양장(糧長)이 주로 세량의 해운(解運)을 맡는다고 한다면, 해호(解戶)는 세량(稅糧) 즉 미곡 이외의 각종 징수물품을 지정된 장소로 운반하는 요역을 맡았다.

315) 상공물(上供物)을 가지고 경사에 이르는 데에서 유래한 이름이다.

316) 직당고자(直堂庫子)와 두급(斗級=倉戶) 등을 들 수 있다.

보기 좋은 물건은 여기에 포함되지 않았다. 필요한 것이 생기면 이를 현년이장과 갑수에게 할당하여 은을 내어 사도록 하였다.[317] 다만 그 품목이 번잡하면 간사하고 교활한 자가 이를 빌미로 잇속을 차렸다. 또한 대공(大工)[318]의 수축, 사관(祠官)[319]의 축리(祝釐)[320]에 쓰이는 비용도 지나치게 많았다. 명 중엽에 이르러서는 왜구가 분란을 일으키고 해마다 황하의 제방이 터져 나라의 경비가 모두 소모되었다. 이에 이갑은(里甲銀)과 균요은(均徭銀)이 세액(歲額)을 초과하였다.

원문 凡役民, 自里甲正辦外, 如糧長、解戶、馬船頭、館夫、祗候、弓兵、皂隷、門禁、廚斗爲常役. 後又有斫薪、擡柴、修河、修倉、運料、接遞、站舖、牐淺夫之類, 因事編僉, 歲有增益. 嘉、隆後, 行一條鞭法, 通計一省丁糧, 均派一省徭役. 於是均徭、里甲與兩稅爲一, 小民得無擾, 而事亦易集. 然糧長、里長, 名罷實存, 諸役卒至, 復僉農氓. 條鞭法行十餘年, 規制頓紊, 不能盡遵也. 天啓時, 御史李應昇疏陳十害, 其三條切言馬夫、河役、糧甲修辦、白役擾民之弊. 崇禎三年, 河南巡撫范景文言 : "民所患苦, 莫如差役. 錢糧有收戶、解戶, 驛遞有馬戶, 供應有行戶, 皆僉有力之家充之, 名曰大戶. 究之, 所僉非富民, 中人之產輒爲之傾. 自變爲條鞭法, 以境內之役均於境內之糧, 宜少甦矣. 乃民間仍歲奔走, 罄資津貼, 是條鞭行而大戶未嘗革也." 時給事中劉懋復奏裁驛夫, 征調往來, 仍責編戶. 驛夫無所得食, 至相率從流賊爲亂云.

---

317) 이갑은(里甲銀) 속에 편입시킨다는 말이다. 물론 은을 낸다는 점으로부터도 알 수 있듯이 이는 국초의 상황은 아니므로 주의를 요한다. 이를 명초의 현상처럼 기술한 것은 「食貨志」 편자의 오해 탓인 듯하다.

318) 황제가 궁실을 수축(修築)하는 것을 가리킨다.

319) '祠官'은 『明史稿』 등에 의하면 '祠宮'으로 고쳐야 한다. 사궁(祠宮)은 궁중에 세워놓은 신묘(神廟)를 뜻한다.

320) 기복(祈福) 혹은 축복(祝福)하는 것을 뜻한다. 도교의 기도(祈禱)를 가리킨다.

옮김 譯 백성에 대한 역은 이갑정역(里甲正役) 이외에 양장(糧長)·해호(解戶)·마선두(馬船頭)[321]·관부(館夫)[322]·지후(祗候)·궁병(弓兵)·조예(皂隸)[323]·문금(門禁)[324]·주두(廚斗)[325] 등과 같은 것이 상역(常役)이다. 나중에는 또 작신(斫薪)[326]·대시(擡柴)[327]·수하(修河)[328]·수창(修倉)[329]·운료(運料)[330]·접체(接遞)[331]·참포(站鋪)[332]·삽천부(牐淺夫)[333] 따

---

321) 마두(馬頭)와 선두(船頭)를 가리킨다. 각지의 역에 갖추어놓은 마는 세량의 다과에 따라 예를 들면 상마(上馬)라면 세량 100석에 1필씩이라는 식으로 할당한다. 이 할당을 받은 가(家)가 마호(馬戶)이고, 마호 가운데서도 정량(丁糧)이 많은 자가 마두라고 하였다. 마두는 마호에게서 비용을 모아 마를 조달하는 책임을 졌다. 한편 수역(水驛)의 경우는 마 대신에 선(船)을 할당하는데, 정량이 많은 자를 선두라 하였다.

322) 원래 양경(兩京)의 회동관(會同館)에서 원빈(遠賓)을 접대하는 자를 관부(館夫)라고 불렀다. 후에는 각 주현의 역에서도 민호로부터 뽑아 충당하는 관부를 두었다.

323) 관청에서 각종 잡역에 종사하는 자로서 영락 연간 이후 요역의 한 항목이 되었다.

324) 문(門)은 문자(門子)로 아문의 문지기, 금(禁)은 금자(禁子)로 옥졸을 각각 가리킨다.

325) 주(廚)는 주역(廚役)으로 광록시(光祿寺)·태상시(太常寺) 및 각 왕부(王府)에서 주연(酒宴)에 필요한 일을 담당하는 역이고, 두(斗)는 두급(斗級)으로 곡물창(穀物倉)의 관리를 담당하는 역을 각각 뜻한다.

326) 작신부(斫薪夫)를 가리킨다. 궁중에서 사용하는 연료인 땔감을 마련하는 자로서 공부 소관의 역주산창(易州山廠) 소속이었다. 성화 이후에는 각가은(脚價銀) 3량을 내고 대역시킬 수 있었다.

327) 대시부(擡柴夫)를 가리킨다. 궁중에서 사용하는 연료인 시탄(柴炭)을 굽는 자로 내부(內府)의 석신사(惜薪司) 소속이었다. 성화 연간 이후 1개월에 은 1량 2전을 대고 대역시킬 수 있었다.

328) 연하(沿河) 혹은 운하 부근의 주현에서 민부(民夫)를 징발하여 하도(河道)를 닦도록 했는데 이를 수하역(修河役)이라 하였다.

329) 조운(漕運)의 양창(糧倉)이 있는 곳에 민을 부려 정기적으로 창오(倉廒)를 정비하게 했다.

330) 운료부(運料夫)를 가리킨다. 상공물료(上供物料)의 운반에 종사하는 역이다.

331) 각지의 체운소(遞運所)에서 관물(官物)의 수송에 종사한 접체부(接遞夫)를 말한다. 체운소부(遞運所夫)라고도 한다.

332) '참(站)'은 참부(站夫) 즉 각지의 수(水)·마(馬) 역참에서 왕래하는 공사차객(公使差客)을 위하여 복역(服役)하는 자로서 역부(驛夫)라고도 한다. 특히 수역(水驛)의 부(夫)를 수부(水夫), 마역(馬驛)의 부를 마부(馬夫)라고 부르기도 하였다. '포(鋪)'는 포병(鋪兵)으로 급체포(急遞鋪)에서 긴급의 공문서를 전달하는 일을 맡았다. 포사병(鋪司兵)이라고도 한다.

333) '삽(牐)'은 삽부(牐夫)를 가리킨다. 삽은 갑(閘)과 통하므로 갑부(閘夫)라고도 한다. 삽부는 대운하상(大運河上)에 있는 수갑(水閘)의 수문을 개폐하고 양선(糧船)이 갑을 통과할 때 배를 끄는 일 등을 담당하였다. 천부(淺夫)는 천포부(淺鋪夫)라고도 하는데 운하

위가 있어서 일에 따라 뽑아 맡기니 해마다 증가하였다. 가정・융경 연간 이후에는 일조편법을 시행하여 한 성(省)의 정량(丁糧)을 총계해서 한 성의 요역을 고르게 과파하였다. 이에 균요와 이갑이 양세(兩稅)와 하나가 되어[334] 소민들은 소란이 없게 되었고 일 또한 쉽게 이루어졌다. 그러나 양장과 이장은 그 이름은 없어졌지만 실은 존재했고, 제역(諸役)이 갑자기 부과되면 다시 농민을 동원하였다. 일조편법이 시행된 지 10여 년이 지나자 규제가 문란해져 제대로 시행할 수 없었다. 천계(天啓) 때에 어사 이응승(李應昇)[335]이 소(疏)를 올려 10가지 폐해를 진술하였는데, 그 중 3개조에서 마부(馬夫)・하역(河役)[336]・양갑(糧甲)의 수판(修辦)[337]・백역(白役)[338]이 백성을 괴롭히는 폐해를 절실하게 말하였다. 숭정(崇禎) 3년(1630) 하남순무(河南巡撫) 범경문(范景文)[339]이 말하기를, "백성이 고통스러워하는 바로 차역(差役)만한 것이 없습니다. 전량에 수호(收戶)와 해호(解戶)[340]가, 역체(驛遞)에 마호(馬戶)가, 공응(供應)에 행호(行戶)[341]가 있는데

의 천탄처(淺灘處)에 두어진 천포(淺舖)에서 평소에는 하도(河道)를 유지하고, 양선이 통과할 때에는 배를 끄는 일 등을 담당하였다.

334) 양세(兩稅)란 하세(夏稅)와 추량(秋糧)을 가리킨다. 이 세량과 이갑은(里甲銀) 및 균요은(均徭銀)이 합병되었을 뿐 아니라 역전은(驛傳銀), 민장은(民壯銀) 등 기타 잡다한 세도 일조(一條)로 묶여졌다.

335) 이응승(李應昇, 1591~1625)은 자가 중달(仲達)로 남직예 강음(江陰) 출신이다. 만력 44년(1616)의 진사이다. 처음에 남강(南康)의 추관(推官)에 임명되었는데 청렴결백으로 이름을 떨쳐 천계 2년(1622) 어사로 승진하였다. 6년에 위충현(魏忠賢)에게 모함을 받아 옥사하였다.

336) 마부는 마호의 역, 하역(河役)은 수하부(修河夫)를 각각 가리킨다.

337) '양갑(糧甲)'은 『兩朝從信錄』 권21, 天啓 4년 4월 조에 의하여 '양리(糧里)'로 바꾸어야 하는데 양장(糧長)과 이장(里長)을 각각 가리킨다. 『兩朝從信錄』에는 "里甲修理, 糧長鋪辦"이라 되어 있으니 이장과 양장의 부담이 무거운 것을 말한다.

338) 지방의 차역이 은차(銀差)로 바뀐 후 원액(原額)에 따라 초모(招募)하는데 액외(額外)로 남충(濫充)한 자를 백역(白役)이라 하였다.

339) 범경문(范景文, ?~1644)은 자가 몽장(夢章)으로 북직예 오교(吳橋) 출신이다. 만력 41년(1613)의 진사이다. 초임(初任)은 동창부(東昌府)의 추관(推官)이었으나 그 후 대부분 경관(京官)을 역임하였고, 숭정 2년 7월에는 우첨도어사순무하남(右僉都御史巡撫河南)으로 승진하였다. 7년에 병부상서, 15년에 공부상서로 입각하였다. 이자성군(李自成軍)이 입경(入京)하자 자살하였다.

모두 재력이 있는 가(家)를 뽑아 충당하고 이를 대호(大戶)라고 불렀습니다. 이를 따져보면 뽑히는 자는 실은 부민(富民)이 아니어서 중인(中人)[342]의 가산이 번번이 이 때문에 기울곤 하였습니다. 일조편법으로 바뀌면서 경내의 역을 경내의 세량에 균등 부과하니 마땅히 조금은 나아져야 합니다. 그런데 민간에서는 여전히 일년 내내 분주하고 자산을 덜어서 진첩(津貼)[343]하니 이는 조편(條鞭)이 시행되었지만 대호가 아직 혁파되지 않았기 때문입니다"라고 하였다. 이때 급사중 유무(劉懋)[344]가 역부(驛夫)를 없애고 정조(征調)[345]와 왕래(往來)[346]는 민호에게 책임을 지우도록 하자고 다시 상주하였다. 역부는 먹고 살 길이 없어[347] 서로 이끌어 유적(流賊)을 따라 반란[348]을 일으키기에 이르렀다고 한다.

원문 凡軍、匠、竈戶, 役皆永充. 軍戶死若逃者, 於原籍勾補. 匠戶二等 : 曰住坐, 曰輪班. 住坐之匠, 月上工十日. 不赴班者, 輸罰

340) 양장이 수해(收解)를 전부 관할하는 데 따르는 폐단을 줄이기 위하여 수호(收戶)를 두어 전량(錢糧)의 징수 업무를 전담케 하고, 해호(解戶)를 두어 전량의 기해(起解) 업무를 전담케 하였다.

341) 관부(官府)에서 필요로 하는 물자를 조달하는 포호(鋪戶) 혹은 상인이다. 요역의 일종이기 때문에 그 물자의 가격을 관으로부터 지급받는 경우에도 매우 싼값으로 지불되곤 하였다.

342) 앞의 주 136) 참조.

343) 명대의 역에는 정호(正戶) 즉 두호(頭戶)와 첩호(貼戶)의 구별이 있었다. 즉 정호가 실제로 요역을 담당하고 첩호는 정호에 협력하여 그 비용을 대었다. 이를 진첩(津貼) 혹은 조역(助役)이라 불렀다.

344) 유무(劉懋)는 자가 면지(勉之)로서, 숭정 연간 병과급사중(兵科給事中)의 신분으로 역참의 역졸을 재감(裁減)할 것을 건의하여 매년 역전은(驛傳銀) 수십만 량을 줄였다고 한다.

345) 원래는 세금을 취한다는 뜻이지만 여기서는 각지의 역을 지나가는 공사차객(公使差客)에게 역부(驛夫)가 제공하는 늠량(廩糧)을 가리키는 듯하다.

346) 공사차객이 왕래에 필요한 마(馬)나 여(驢) 등을 가리키는 듯하다.

347) 당시 이미 역부는 요역이 아니라 직업적인 것이 되었기 때문에 역전은이 감액되어 역부의 정원이 감소하면 실업자가 생기게 되었던 것이다.

348) 명말 섬북(陝北)의 왕가윤(王嘉胤)·고영상(高迎祥)·이자성(李自成) 등의 농민군 내에는 상당수의 실업 역졸이 참가하고 있었다. 특히 이자성과 장헌충(張獻忠) 등도 역졸 출신이었다.

班銀月六錢, 故謂之輸班. 監局中官, 多占匠役, 又括充幼匠, 動以千計, 死若逃者, 勾補如軍. 竈戶有上、中、下三等. 每一正丁, 貼以餘丁. 上、中戶丁力多, 或貼二三丁, 下戶概予優免. 他如陵戶、園戶、海戶、廟戶、旛夫、庫役, 瑣末不可勝計.

옮김 譯 군호(軍戶)·장호(匠戶)·조호(竈戶)의 역(役)[349]은 모두 영구히 충당[350] 하였다. 군호 내에서 죽거나 도망한 자가 있는 경우 원적(原籍)에서 뽑아 보충하였다. 장호는 '주좌(住坐)'와 '윤반(輪班)'[351]이라고 하는 두 종류가 있었다. 주좌장호(住坐匠戶)는 매월 10일간 노역하였다. 노역 반(班)에 나가지 않는 자는 벌반은(罰班銀)을 매월 6전씩 내어야 했기 때문에 이를 수반(輸班)이라 한다.[352] 감국(監局)[353]의 환관이 장역(匠役)을 많이 차지하고 또 유장(幼匠)[354]을 뽑아 충당하는 것이 걸핏하면 천으로 헤아렸고, 죽거나 도망한 자가 있는 경우 군호처럼 뽑아 보충하였다. 조호(竈戶)에는 상·중·하의 세 등급이 있었다. 한 정정(正丁)마다 여정(餘丁)을 붙여주었다.[355] 상호와 중호는 정력(丁力)이 많으므로 두세 명의 여

---

349) 민호와 호적을 달리하는 군호와 장호(匠戶) 및 조호(竈戶) 등은 각각 자체의 역을 부담하기 때문에 민호의 요역을 별도로 지지는 않았다.

350) 예를 들어 한번 군호로 뽑히게 되면 자손 대대로 변함없이 군호가 되어 다른 호적으로 옮기지 못하게 함을 가리킨다.

351) 원문에는 '輸班'이라 되어 있으나 『太祖實錄』 洪武 19년 4월 丙戌 조, 萬曆 『大明會典』 권189, 「工部 9」 工匠 조 등의 기사에 따라 '輪班'으로 고친 것이다.

352) 「食貨志」 편자는 벌반은(罰班銀)을 '수(輸)' 즉 내기 때문에 '수반(輸班)'이라는 용어가 생긴 것이라는 견해를 제시하고 있지만 앞에서 언급한 바와 같이 '輸班'은 '輪班'의 잘못이기 때문에 편자의 견해는 억측에 불과하다. 윤반(輪班)이란 용어는 원래 장적(匠籍)에 이름을 올린 자가 1년 내지 5년에 한 번씩 상경하여 3개월 간 장역(匠役)을 부담하도록 정했는데, 그 상경의 반차(班次)가 한바퀴 돌면 다시 시작한다는 데에서 유래한 것이다.

353) 내부(內府)의 환관의 아문인 12감(監)·4사(司)·8국(局) 등을 가리킨다.

354) 내부(內府)의 침공국(針工局) 등에서는 매번 유장(幼匠)을 많으면 천 명까지 뽑곤 하였는데 유장은 장호가(匠戶家)의 자제로 감국(監局)에 들어가 장인이 되기 위한 수련을 하였다.

355) 정정(正丁)과 여정(餘丁)의 관계는 앞에서 언급한 정호(正戶=頭戶)와 첩호(貼戶)의 그것과 동일한 맥락에서 이해할 수 있다. 정정이 제염(製鹽) 업무에 종사하고 여정은 자

정(餘丁)을 붙이도록 하고, 하호는 대개 우면(優免)해주었다. 그 밖의 능호(陵戶)[356]・원호(園戶)[357]・해호(海戶)[358]・묘호(廟戶)[359]・번부(旛夫)[360]・고역(庫役)[361] 같은 것은 자질구레하여 이루 다 헤아릴 수 없다.

원문 明初, 工役之繁, 自營建兩京宗廟、宮殿、闕門、王邸, 採木、陶甓、工匠造作, 以萬萬計. 所在築城、濬陂, 百役具擧. 迄於洪、宣, 郊壇、倉庾猶未迄工. 正統、天順之際, 三殿、兩宮、南內離宮, 次第興建. 弘治時, 大學士劉吉言:“近年工役, 俱摘發京營軍士, 內外軍官禁不得估工用大小多寡. 本用五千人, 奏請至一二萬, 無所稽覈.” 禮部尙書倪岳言:“諸役費動以數十萬計, 水旱相仍, 乞少停止.” 南京禮部尙書童軒復陳工役之苦. 吏部尙書林瀚亦言:“兩畿頻年凶災, 困於百役, 窮愁怨嘆. 山、陝供億軍興, 雲南、廣東西征發剿叛. 山東、河南、湖廣、四川、江西興造王邸, 財力不贍. 浙江、福建辦物料, 視舊日增多. 庫藏空匱, 不可不慮.” 帝皆納其言, 然不能盡從也. 武宗時, 乾淸宮役尤大. 以太素殿初制樸儉, 改作雕峻, 用銀至二千萬餘兩, 役工匠三千餘人, 歲支工食米萬三千餘石. 又修凝翠、昭和、崇智、光霽諸殿, 御馬監、鐘鼓司、南城豹房新房、火藥庫皆鼎新之. 權倖閹宦莊園祠墓香火寺觀, 工部復竊官銀以媚焉. 給事中張原言:“工匠養父母妻子, 尺籍之兵

력(資力)을 보태어 돕도록 했던 것이다.

356) 황제의 능묘(陵墓)가 있는 부근 지역의 민호로부터 능호(陵戶)를 뽑아 능묘 및 부속 건축물의 수리와 관리 그리고 청소 등을 담당토록 하였다. 매호는 2~3명의 여정(餘丁)을 내도록 규정하였다.

357) 남경과 북경의 양경에는 모두 광록시가 관리하는 소채지(蔬菜地)가 있었는데 원호(園戶)를 두어 경작케 하였다.

358) 상림원감(上林苑監) 소속으로 궁중 어용(御用)을 위한 어로(漁撈)에 종사하는 호를 가리킨다.

359) 남북 양경에는 공신묘(功臣廟)와 역대 제왕묘(帝王廟)가 있는데 묘호(廟戶)를 두어 묘우(廟宇)를 수선하고 제사를 준비하며 소제(掃除)를 하도록 하였다.

360) 경성의 번간사(旛竿寺)와 납촉사(蠟燭寺)에서의 공응부역(供應夫役)을 가리킨다.

361) 고자(庫子)라고도 한다. 창고의 관리와 반운(搬運) 등을 담당한다. 다만 이 역은 균요 속에 포함되므로 앞의 능호 등과는 성격이 다르다.

禦外侮, 京營之軍衛王室, 今奈何令民無所賴, 兵不麗伍, 利歸私門, 怨叢公室乎?" 疏入, 謫貴州新添驛丞. 世宗營建最繁, 十五年以前, 名爲汰省, 而經費已六七百萬. 其後增十數倍, 齋宮、秘殿並時而興. 工場二三十處, 役匠數萬人, 軍稱之, 歲費二三百萬. 其時宗廟、萬壽宮災, 帝不之省, 營繕益急. 經費不敷, 乃令臣民獻助; 獻助不已, 復行開納. 勞民耗財, 視武宗過之. 萬曆以後, 營建織造, 溢經制數倍, 加以征調、開採, 民不得少休. 迨閹人亂政, 建第營墳, 僭越亡等, 功德私祠遍天下. 蓋二百餘年, 民力殫殘久矣. 其以職役優免者, 少者一二丁, 多者至十六丁. 萬曆時, 免田有至二三千者.

옮김 譯 명초에 공역(工役)의 번다함은 양경(兩京)[362]의 종묘·궁전·궐문(闕門)[363]·왕저(王邸)[364]를 짓는 것부터 시작해서 채목(採木)·도벽(陶甓)[365]과 공장(工匠)의 조작(造作) 등 셀 수 없을 정도였다. 곳곳에서 성을 쌓고 피당(陂塘)을 준설하여 온갖 역이 다 있었다. 홍희(洪熙)와 선덕(宣德) 연간에 이르기까지 교단(郊壇)[366]과 창유(倉庾)도 아직 완공하지 못하였다. 정통(正統)과 천순(天順) 연간에 삼전(三殿)[367]·양궁(兩宮)[368]·남내(南內)[369]의 이궁(離宮)이 차례로 만들어졌다. 홍치(弘治) 연간에 대학사

---

362) 남경과 북경을 가리킨다. 남경성은 홍무 2년(1369)부터 짓기 시작하여 6년에 완성되었고, 그 외성(外城)은 23년에 완공하였다. 북경성은 영락 4년(1406)부터 짓기 시작하여 19년에 완공하였다. 가정 32년(1553)에는 남쪽으로 외성을 쌓았다.

363) 궁성의 금문(禁門)을 가리킨다.

364) 제왕(諸王)의 번저(藩邸)를 가리킨다.

365) 소조(燒造)한 전와(磚瓦)를 가리킨다. 명대에는 양경을 짓기 위하여 전와를 전문적으로 소조하는 흑요창(黑窯廠), 유리와(琉璃瓦)를 소조하는 유리창(琉璃廠)을 두었다. 영락 이후에는 임청요(臨淸窯)를 세워 성전(城磚)을 소조하였다.

366) 교단(郊壇)이란 천자가 교사(郊祠)의 예를 행하는 제단을 뜻한다. 단이란 흙을 높이 쌓아 올린 것을 말한다.

367) 봉천전(奉天殿)·화개전(華蓋殿)·근신전(謹身殿)의 삼전을 가리킨다. 다만 가정 41년에는 재건을 계기로 황극전(皇極殿)·중극전(中極殿)·건극전(建極殿)으로 개명하였다.

368) 건청궁(乾淸宮)과 곤녕궁(坤寧宮)을 가리킨다.

369) 남내(南內)란 남궁(南宮) 혹은 남성(南城)을 가리킨다. 영락 연간에는 동원(東苑)이라고 칭하였다. 오이라트로부터 귀환한 후 영종이 유폐된 곳도 이곳에 있는 이궁(離宮)이었다.

유길(劉吉)[370]이 말하기를, "근년에 공역은 모두 경영(京營)의 군사를 동원하고, 내외 군관은 공역의 대소와 비용의 다과를 계산하는 것도 금하고 있습니다.[371] 원래 5,000명을 쓸 것을 1~2만 명이나 쓰자고 주청하더라도 조사할 길이 없습니다"라고 하였다. 예부상서(禮部尚書) 예악(倪岳)[372]이 말하기를, "여러 역의 비용이 걸핏하면 수십 만으로 헤아리는데, 홍수와 가뭄이 계속 이어지니, 청컨대 조금 정지시키시기 바랍니다"라고 하였다. 남경예부상서(南京禮部尚書) 동헌(童軒)[373]은 다시 공역의 괴로움을 진술하였다. 이부상서(吏部尚書) 임한(林瀚)[374]도 말하기를, "남북의 양직예(兩直隸)는 매년 흉년과 재화(災禍)가 이어진 데다 온갖 역[375]의 부담에 곤란을 겪고 있어 근심과 원망의 탄식을 내뱉고 있습니다. 산서(山西)와 섬서(陝西)는 군수 물자를 제공[376]해야 하고, 운남과 광동 및 광서는 징발하여 반란을 진압[377]하고 있습니다. 산동・하남・호광・사천・강서는 왕저

370) 유길(劉吉)은 자가 우지(祐之)로 북직예 박야(博野) 출신이다. 정통 13년(1448)의 진사이다. 서길사(庶吉士)에서 편수관(編修官)이 되었다. 성화 연간에 한림학사로서 입각하고 예부상서로까지 승진하였다. 효종이 즉위하면서 문연각대학사(文淵閣大學士)를 겸하였는데 본문에서 말한 대학사가 바로 이것이다. 만안(萬安)과 유후(劉珝)와 함께 유명한 '지호삼각로(紙糊三閣老)' 가운데 한 사람이었다.

371) 당시 궁정 관계의 각종 공사에는 모두 경영(京營)의 군사를 동원하면서 그 감독에는 내관감(內官監)을 임명한 대신 실제로 군사를 감독해야 하는 군관(軍官)은 참견을 막아 공역의 대소와 재용(財用)의 다과를 계산하여 예산을 세우는 일조차 불허했다는 말이다.

372) 예악(倪岳, 1443~1501)은 자가 순자(舜咨)로 남직예 상원(上元) 출신이다. 천순 8년(1464)의 진사이다. 경관(京官)을 역임했으며 성화 22년(1486)에 예부우시랑(禮部右侍郎)이 되었고, 홍치 6년(1493) 6월에는 예부상서로 승진하였다. 9년 4월에는 남경이부상서(南京吏部尚書)로 전임되었다.

373) 동헌(童軒)은 강서 파양(鄱陽) 출신이다. 경태 연간에 진사로 합격한 뒤 남경이과급사중(南京吏科給事中)으로 제수(除授)되었고, 헌종 때에는 부도어사(副都御史)로서 송반(松潘)의 군무를 제독(提督)하였다. 후에 남경호부상서(南京戶部尚書)에까지 승진하였다.

374) 임한(林瀚)은 자가 형대(亨大)로 복건 민현(閩縣) 출신이다. 성화 2년(1466)의 진사이다. 홍치 13년(1500)에 남경이부상서(南京吏部尚書)가 되었다. 본문의 이부상서는 남경이부상서를 뜻한다.

375) 『孝宗實錄』 弘治 8년 11월 甲申 조의 기사에 의하면 구체적으로 장전(莊田)・목마(牧馬)・시탄(柴炭)・마쾌(馬快)・강정부(舡丁夫) 등이 여기에 해당된다.

376) 홍치 연간에 오르도스[河套] 지역에서 몽골 세력이 끊임없이 침입한 사건을 가리킨다.

377) 운남(雲南)의 목방(木邦), 광동의 묘족(苗族), 광서의 고전장족(古田壯族)이 연이어 반

(王邸)를 짓고 있는데[378] 재력이 넉넉하지 않습니다. 절강과 복건은 상공물료(上供物料)를 마련하는데 옛날보다 늘어났습니다. 국고에 쌓아둔 것이 텅 비었으니 걱정스럽지 않을 수 없습니다"라고 하였다. 황제가 그 말들을 모두 받아들였으나 이를 다 따를 수는 없었다. 무종(武宗) 때에 건청궁(乾清宮)[379]의 역사(役事)가 특히 컸다. 태소전(太素殿)[380]은 원래 소박하고 검소하게 지어졌기 때문에 화려하고 웅장하게 고쳤는데, 이에 쓴 은이 2,000만여 량[381]이었고, 부린 공장(工匠)[382]이 3,000여 명이었으며, 1년에 지출된 공식미(工食米)가 1만 3,000여 석[383]이었다. 또 응취(凝翠)·소화(昭和)·숭지(崇智)·광제(光霽) 등 여러 전(殿)[384]을 수축하고, 어마감(御馬監)[385]·종고사(鐘鼓司)[386]·남성(南城)[387]의 표방(豹房)[388]·신방(新

란을 일으키자 명군이 출동하여 진압한 일을 가리킨다.

378) 홍치 연간 산동에 형왕부(衡王府)를, 호광에 길왕(吉王)·흥왕(興王)·기왕(岐王)·옹왕(雍王) 등 네 왕부를, 강서에 익왕(益王)·수왕(壽王) 등 두 왕부를, 하남에 여왕부(汝王府)를, 사천에 신왕부(申王府)를 세운 바 있다.

379) 건청궁(乾清宮)은 정통 연간에 건설되었으나 정덕 9년(1514) 정월 경진(庚辰)에 화재가 일어나 그해 12월 경인(庚寅)에 재건하게 되면서 천하의 전부(田賦) 약 100만 량을 추가 징수하였다. 이 공사가 완성된 것은 정덕 16년 11월 즉 가정제(嘉靖帝) 즉위 후의 일이다.

380) 모전(茅殿)이라고도 한다. 북경의 만수산(萬壽山) 동측에 있다. 정덕 10년(1515)에 고쳐지었고, 가정 43년(1564)에 이름을 수원전(壽原殿)으로 바꾸었다.

381) 『武宗實錄』 正德 10년 7월 己亥 조의 기재에 의하면 태소전(太素殿) 개수(改修)에 쓴 은이 모두 20여 만 량이라고 한다. 본문의 2,000만여 량은 착오인 듯하다.

382) 실록(實錄)의 원문에는 '군장(軍匠)'이라고 쓰여있다. 이때 사역(使役)된 자에는 공장(工匠)만이 아니라 군사도 포함되었던 것으로 보인다.

383) 실록의 원문에는 공식미(工食米) 외에 염(鹽) 3만 4,000근이라는 숫자가 포함되어 있다.

384) 이때 새로 지어진 이 궁전들은 모두 북경 황성의 서원(西苑) 즉 오늘날의 북해공원(北海公園)과 중남해(中南海) 일대에 자리잡고 있었다.

385) 환관 12감(監) 가운데 하나로 궁중의 내구(內廐) 즉 어마(御馬)를 관장하였다. 장인태감(掌印太監)·제독태감(提督太監)·감독태감(監督太監)이 각각 1원(員)씩 두어졌다.

386) 환관 4사(司)의 하나로 출조(出朝)하는 종고(鐘鼓)와 내악(內樂) 및 궁정의 연희 등을 관장하였다. 그 장관은 장인태감이었다.

387) 앞에 나온 남내(南內)의 다른 이름으로 동원(東苑)에 해당한다.

388) 무종이 전녕(錢寧)의 청에 따라 정덕 2년(1507) 8월 병술(丙戌)에 설치하였는데 정덕제(正德帝)의 음락(淫樂)의 장이 되었다. 결국 정덕제는 이곳에서 세상을 떠나는데 가정제(嘉靖帝) 즉위 후 표방(豹房)의 번승(番僧)을 쫓아낸다.

房)[389]·화약고(火藥庫)[390]를 모두 새로 지었다. 황제의 총애를 받아 권세를 부리는 환관의 장원(莊園)·사묘(祠墓)[391]·향화사관(香火寺觀)[392]에는 공부에서 또 관은(官銀)을 빼내주어 아첨하였다. 급사중 장원(張原)[393]이 말하기를, "공장(工匠)은 부모와 처자를 부양하고, 척적(尺籍)[394]의 병사는 외침을 막고, 경영(京營)의 군대는 왕실을 지키는데, 지금은 어찌하여 백성[395]이 의지할 곳이 없게 하고 병사는 부대에 붙어 있지 못하게 하여, 그 이익은 사문(私門)이 차지하고 원망은 조정에 집중되게 하는 것입니까?"라고 하였다. 소(疏)가 들어간 뒤 곧 귀주의 신첨(新添) 역승(驛丞)[396]으로 좌천되었다. 세종은 건축 공사를 가장 빈번하게 하였는데, 15년 이전에는 말로는 골라서 공사하여 줄인다고 하였지만 경비는 이미 600~700만이나 되었다. 그 후에는 십수배가 늘어 제궁(齊宮)[397]과 비전(秘殿)[398]을 동시에 축조하였다. 공장(工場)[399]은 20~30군데이고 역에 부린 장인(匠人)

---

389) 정덕 8년(1513)에 세운 사례감(司禮監)의 신방(新房)이다. 주로 정덕제가 변복(變服)을 하고 신분을 속여 외출할 때의 숙박을 위한 쓰임에 제공되었다.

390) 정덕 연간 내조(內操)를 거행할 때 화약을 보관하던 창고를 가리킨다.

391) 사당(祠堂)과 분묘(墳墓)를 가리킨다.

392) 향화(香火)는 부처에 공진(供進)하는 의식인 분향(焚香)과 등화(燈火)하는 것을 가리킨다. 향화사관(香火寺觀)이란 이러한 분향과 등화의 비용을 궁실과 권귀(權貴)로부터 기진(寄進) 받아 만든 사원(寺院)과 도관(道觀)을 가리킨다. 결국 자신의 기복(祈福)을 위하여 대귀족(大貴族)·고관·환관 등이 만든 향화할 수 있는 불사와 도관을 말하는 것이다.

393) 장원(張原, 1474~1524)은 섬서 삼원(三原) 출신으로 자는 사원(士元), 호는 패란(佩蘭) 혹은 옥파(玉坡)이다. 정덕 9년(1514)의 진사이다. 이과급사중(吏科給事中)이었을 때의 상언으로 귀주의 신첨역승(新添驛丞)으로 좌천되었다. 가정 초에 복직되어 병과급사중(兵科給事中), 호과우급사중(戶科右給事中) 등을 역임했는데, 직간(直諫)을 자부하다 결국 장사(杖死)당하고 말았다.

394) 군령의 책적(冊籍) 즉 군적(軍籍)을 가리킨다.

395) 문맥상 일반 민호라기보다는 공장(工匠)을 가리키는 것으로 보인다.

396) 신첨(新添)은 귀주 신첨위(新添衛)를 가리킨다. 오늘날 귀주성 귀정현(貴定縣)에 해당한다. 역승(驛丞)은 주현 소속으로 우전(郵傳)과 영송(迎送)에 관한 일을 담당하였다.

397) 황제가 제사를 지내기 전에 재계(齋戒)하는 궁전을 가리킨다.

398) 황제가 기복하고 송경(誦經)하는 궁전을 가리킨다.

399) 궁전을 수축하는 공정 현장을 가리킨다. 『世宗實錄』 嘉靖 19년 6월 丙戌 조에 의하면 당시 이러한 공정을 하던 곳이 모두 23처였다고 한다.

은 수만 명, 군사도 그 정도 숫자였고 해마다 드는 비용은 200~300만이었다. 그때 종묘와 만수궁(萬壽宮)[400]에 화재[401]가 났는데 황제는 이를 거들떠보지 않고 건축·수리를 더욱 다그쳤다. 경비가 부족하자 신하와 백성들에게 헌금하여 돕도록 하였다. 헌금이 그치지 않았는데 다시 연납(捐納)[402]을 시행하였다. 백성을 수고롭게 하고 재화를 소모한 것이 무종(武宗)보다 심하였다. 만력 이후에는 건축과 직조(織造)[403]가 경상비의 범위를 벗어나는 것이 수배에 달한 데다가 정조(征調)[404]와 개채(開採)[405]가 추가되니 백성은 조금도 쉴 수 없었다. 환관[406]이 정치를 어지럽히면서부터는 저택 건축과 묘지 조성이 분에 넘치게 지나쳐 등급을 무시하였고, 공덕사사(功德私祠)[407]가 천하에 깔리게 되었다. 거의 200여 년 동안 민력(民力)이 쇠잔한 지 오래였다. 직역(職役)[408]에 의한 우면(優免)[409]은

---

400) 북경의 황성 서원(西苑)으로 원래는 영락제(永樂帝)의 구궁(舊宮)이었는데 가정제(嘉靖帝)가 이곳에 거처하며 이름으로 영수궁(永壽宮)으로 고쳤다. 가정 41년(1562) 11월 화재가 나자 다음 해 재건하여 만수궁(萬壽宮)이라 이름하였다.

401) 종묘의 화재는 『明史』 권17, 「世宗本紀」 嘉靖 20년 4월 辛酉 조에 관련 사실이 언급되어 있고, 만수궁의 화재는 가정 20년(1541) 전후로는 그 사례를 찾을 수 없으나 다만 40년 11월에 일어났음은 확인할 수 있다.

402) 관직 수여를 조건으로 미곡 또는 금전을 상납시키는 것을 말한다. "다시 연납(捐納)을 시행"했다는 것은 이미 경태 4년 연납제(捐納制)를 정하여 감생(監生)의 자격을 준 적이 있었는데 반대 의견이 많아 중지했다가 이때 부활되었음을 의미한다.

403) 직조에 대해서는 후술할 것이다.

404) 원래 세를 취한다는 뜻이지만 여기서는 군향(軍餉)을 가리키는 듯하다.

405) 각지의 금은광을 연다는 뜻이지만 자세한 것은 후술할 것이다.

406) 천계 연간의 대표적 환관인 위충현(魏忠賢)을 가리킨다.

407) 원래는 어떤 자의 공적과 덕행을 기리기 위하여 개인적으로 만든 사당이라는 뜻이지만, 여기에서는 천계 연간 각지의 관료들이 위충현에게 아첨하기 위하여 각지와 북경 등지에 만든 위충현의 '공덕'을 칭송하는 사당을 가리킨다. 이를 '생사(生祠)'라 하는데 백 수십여 개가 만들어졌다고 한다.

408) 직역(職役)이란 용어는 송대에는 이정(里正)이나 호장(戶長) 등 지방자치기구에 관한 요역을 지칭하지만, 명대에는 관직을 가진 자를 뜻한다.

409) 우면(優免)이란 요역을 면제한다는 뜻이다. 처음에 관리의 우면은 잡범차역(雜泛差役)의 면제 규정밖에 없었으나, 전토 소유의 액수에 따라 요역이 할당되면서 관리는 우면의 특권을 이용하여 타인 소유 전토의 기탁(寄託)을 받고 요역의 탈면(脫免)을 꾀하였다. 그 결과 점차 궤기(詭寄)의 폐해가 확대되면서 우면액을 제한하려는 경향을 띠게 된다.

적은 자는 1~2정(丁),[410] 많은 자는 16정[411]에 이르렀다. 만력 때에는 우면전(優免田)이 2,000~3,000무[412]에 이르는 경우도 있었다.

원문 至若賦稅蠲免, 有恩蠲, 有災蠲. 太祖之訓, 凡四方水旱輒免稅, 豐歲無災傷, 亦擇地瘠民貧者優免之. 凡歲災, 盡蠲二稅, 且貸以米, 甚者賜米布若鈔. 又設預備倉, 令老人運鈔易米以儲粟. 荊、蘄水災, 命戶部主事趙乾往振, 遷延半載, 怒而誅之. 青州旱蝗, 有司不以聞, 逮治其官吏. 旱傷州縣, 有司不奏, 許耆民申訴, 處以極刑. 孝感饑, 其令請以預備倉振貸, 帝命行人馳驛往. 且諭戶部 : "自今凡歲饑, 先發倉庾以貸, 然後聞, 著爲令." 在位三十餘年, 賜予布鈔數百萬, 米百餘萬, 所蠲租稅無數. 成祖聞河南饑, 有司匿不以聞, 逮治之. 因命都御史陳瑛榜諭天下 : "有司水旱災傷不以聞者, 罪不宥." 又敕 : "朝廷歲遣巡視官, 目擊民艱不言者, 悉逮下獄." 仁宗監國時, 有以發振請者, 遣人馳諭之, 言 : "軍民困乏, 待哺嗷嗷, 尙從容啓請待報, 不能效漢汲黯耶?" 宣宗時, 戶部請覈饑民. 帝曰 : "民饑無食, 濟之當如拯溺救焚, 奚待勘?" 蓋二祖、仁、宣時, 仁政亟行. 預備倉之外, 又時時截起運, 賜內帑. 被災處無儲粟者, 發旁縣米振之. 蝗蝻始生, 必遣人捕瘞. 鬻子女者, 官爲收贖. 且令富人蠲佃戶租. 大戶貸貧民粟, 免其雜役爲息, 豐年償之. 皇莊、湖泊皆弛禁, 聽民採取. 饑民還籍, 給以口糧. 京、通倉米, 平價出糶. 兼預給俸糧以殺米價, 建官舍以處流民, 給糧以收棄嬰. 養濟院窮民各注籍, 無籍者

---

410) 현의 승차(承差)·지인(知印)·이전(吏典) 등 하급 관원은 1정(丁)씩을, 교관(敎官)·감생(監生)·거인(擧人)·생원(生員) 등은 2정씩을 각각 우면받았다. 우면 1정인 자는 양(糧) 1석, 2정인 자는 2석을 면제받았다. 물론 이것은 세량 그 자체에 대한 면제가 아니라 세량액에 따라 할당되는 요역의 면제이다.

411) 우면의 최고액은 가정 24년(1545)에 제정된 우면칙례(優免則例)에 의하면 경관(京官) 1품은 30정, 2품은 24정이므로 본문의 '16정'이 최고액은 아니다. 한편 경관에 비하여 외관(外官)은 우면액이 그 반액에 불과하였다.

412) 가정 24년(1545)에 제정된 우면칙례에 의하면 면전(免田)의 최고액은 1천 무(세량 30석에 해당)이다. 이곳에서 말한 2~3천 무란 숫자는 황제가 일부 공신과 귀족에게 규정 한도액을 무시하고 특별히 하사한 것으로 생각된다.

收養蠟燭、旛竿二寺. 其卹民如此. 世宗、神宗於民事略矣, 而災荒疏至, 必賜蠲振, 不敢違祖制也.

옮김譯 부세(賦稅)의 면제에는 은견(恩蠲)[413]과 재견(災蠲)[414]이 있었다. 태조의 조훈(祖訓)에, "사방에 홍수와 가뭄이 있으면 곧 세를 면해주고, 풍년에 재해가 없더라도 땅이 척박하여 백성이 가난한 지역을 골라 우면(優免)해주라"고 하였다. 재해가 있는 해에는 이세(二稅)[415]를 모두 면제하고 또 미를 빌려주며, 심한 경우에는 미・포(布) 및 초(鈔)를 내려주었다. 또 예비창(預備倉)[416]을 두어 노인에게 초를 가지고 미로 바꾸어서 속(粟)을 저장하도록 하였다. 형주(荊州)와 기주(蘄州)[417]에 수재(水災)가 들어 호부주사(戶部主事) 조건(趙乾)에게 가서 구휼하도록 명했는데, 미루기를 반년이나 하자 노하여 그를 주살(誅殺)하였다.[418] 청주(青州)[419]에 가뭄과 병충해가 들었는데 유사(有司)가 이를 보고하지 않아 그 관리를 체포하여 처벌하였다. 가뭄의 피해가 있는 주현에서 유사가 보고하지 않

413) 왕원(王原)의 『明食貨志』 권4, 「賦役」에 의하면 '은견(恩蠲)'이란 전쟁 등으로 전토가 유린되어 황폐된 지역에 그해의 조세를 면제해주는 것을 가리킨다.

414) 홍수와 가뭄 및 병충해 등 자연재해로 인하여 피해를 당한 경우 세량을 면제해주는 것을 가리킨다.

415) 하세와 추량 즉 양세를 가리킨다.

416) 홍무 22년(1389) 홍무제(洪武帝)는 호부의 관리를 보내어 각지에 예비창을 세우도록 했고(『太祖實錄』 洪武 22년 3월 辛巳 조), 다음 해 5월 각지의 노인이 관련 사무를 담당토록 고치는 동시에 다른 지역으로 확대 실시토록 했으며(『太祖實錄』 洪武 23년 5월 壬子 조), 24년 8월에는 노인에 의한 미곡 매입을 정지하고 다시 예비창의 미곡을 관의 관할로 옮겼다(『太祖實錄』 洪武 24년 8월 壬午 조).

417) 호광포정사(湖廣布政司) 소속의 형주부(荊州府)와 황주부(黃州府) 소속의 기주(蘄州)를 가리킨다.

418) 『太祖實錄』 洪武 10년 5월 丙午 조에 조건(趙乾)이 주살된 사실을 싣고 있는데 그가 명을 받들고 호광에 간 것은 홍무 9년 12월 갑인(甲寅)의 일이다. 한편 홍무 9년에 수재의 피해를 입은 지역은 호광만이 아니라 직예의 소주(蘇州)・호주(湖州)・가흥(嘉興)・송강(松江)・상주(常州)・태평(太平)・영국부(寧國府) 및 절강의 항주부(杭州府) 등 꽤 광범위하였다.

419) 청주부(青州府)로 치소는 익도(益都)이다. 임치(臨淄) 등 현과 거주(莒州) 등을 관할한다. 오늘날 산동성 치박시(淄博市)와 유방시(維坊市), 익도현(益都縣)과 수광현(壽光縣) 등에 해당한다.

으면 기민(耆民)[420]이 신고하여 호소하도록 허락하고, 이를 극형으로 처벌하였다. 효감(孝感)[421]에 기근이 들어 그곳의 현령[422]이 예비창에서 진대(賑貸)할 것을 청하자 황제는 행인(行人)에게 명하여 역마(驛馬)를 급히 내몰아 가도록 하였다. 또 호부에 유시(諭示)를 내리기를, "지금부터 기근이 든 해에는 먼저 창고를 열어 진대하고 사후에 보고하라. 이를 기록하여 영으로 삼도록 하라"고 하였다. 30여 년의 재위 기간[423] 동안 포·초를 하사한 것이 수백 만이었고 미는 백여 만, 조세를 면제해준 것은 셀 수도 없었다. 성조(成祖)는 하남에 기근이 든 것을 들었는데도 유사가 감추고 보고하지 않았다 하여 그를 체포하여 처벌하였다. 이어서 도어사(都御史) 진영(陳瑛)[424]에게 명하여 천하에 방을 붙여 유시하기를, "유사(有司)가 홍수와 가뭄 등의 재난을 보고하지 않으면 문죄(問罪)하여 용서하지 않을 것이다"고 하였다. 또 칙을 내리기를, "조정에서 해마다 파견하는 순시관(巡視官)이 백성의 어려움을 목격하고도 말하지 않는 자[425]는 모두 체포하여 하옥시킬 것이다"고 하였다. 인종(仁宗)이 감국(監國)[426]할 때에 창고를 열어 진대하자고 청하는 자[427]가 있어 사람을 그에게 급히 말달

420) 이노인(里老人)의 전신이다. 명초 각 리마다 '년고유덕지민(年高有德之民)' 1인을 선발하여 기민(耆民)이라 이름하고는 이내(里內)의 분쟁을 처리토록 한 바 있다.

421) 호광 덕안부(德安府) 소속의 현명이다. 오늘날 호북성 효감현(孝感縣)에 해당한다.

422) 효감지현(孝感知縣)을 가리킨다.

423) 홍무제의 재위기간을 말하는데 정확히 말하면 31년이다.

424) 진영(陳瑛, ?~1411)은 남직예 저주(滁州) 출신이다. 홍무 연간에 '인재(人才)'의 항목으로 국자감에 입학한 뒤 어사로 발탁되었다. 건문 원년(1399) 북평첨사(北平僉事)로 승진하였지만 연왕(燕王)과 밀모(密謀)를 꾀한 혐의를 받고 광서로 귀양을 갔다. 영락제 즉위 후 도찰원좌부도어사(都察院左副都御史)가 되고, 다시 좌도어사(左都御史)로 승진하였지만 9년에 옥사하였다.

425) 재해를 보고할 책임이 있는 포정사 및 소속의 부주현관이 사실을 은폐하여 중앙에 보고하지 않는 자를 가리킨다.

426) 인종은 영락 2년(1404)에 황태자가 되었는데 영락제가 몇 차례에 걸쳐 북정(北征)할 때 그로 하여금 국정을 감리케 한 바 있다. 본문에서 언급한 감국은 영락 8년 3월부터 7월까지의 감국을 가리킨다.

427) 우도어사(右都御史) 우겸(虞謙)을 가리킨다. 『明史』 권150, 「虞謙傳」; 『太宗實錄』 永樂 8년 3월 乙亥 조 등 참조.

려 보내 유시하기를, "군민이 곤궁하고 궁핍하여 먹을 것을 기다리느라 아우성인데, 오히려 느릿느릿 계청(啓請[428])하여 회답을 기다리고 있으니, 한(漢)의 급암(汲黯[429])을 본받지도 못한단 말인가?"라고 하였다. 선종(宣宗) 때에 호부에서 굶주린 백성을 조사할 것을 청하였다. 황제가 말하기를, "백성이 굶주려 먹지 못하고 있으니, 이를 구하기를 물에 빠진 사람 건지듯, 불길 속의 사람 구하듯 해야 마땅하거늘, 어찌 실태 조사를 기다릴 수 있겠는가?"라고 하였다. 대개 이조(二祖[430]) · 인종(仁宗) · 선종 때에는 인정(仁政)이 자주 행해졌다. 예비창 외에도 때때로 기운(起運)을 중지[431]시키고 내탕(內帑)을 열어 하사하였다. 재난을 당한 곳에 저장된 곡식이 없으면 인근 현의 쌀을 풀어 구휼하였다. 누리의 유충[蝗蝻]이 생기기 시작하면 반드시 사람을 보내어 잡아 묻어버리도록 하였다. 자녀를 파는 자는 관부에서 수속(收贖)해주었다. 또 부민(富民)에게 전호(佃戶)의 지조(地租)를 면제해주도록 하였다. 대호(大戶)가 빈민에게 곡식을 빌려주면 그들의 잡역을 면제해주어 이를 그 이식으로 삼고 풍년에 갚도록 하였다. 황장(皇莊) · 호박(湖泊)은 모두 금지했던 것을 느슨하게 하여 백성의 채취를 허가하였다. 굶주린 백성이 원적지(原籍地)로 돌아오면 식량을 지급하였다. 경창(京倉)과 통주창(通州倉)의 미를 일반가격으로 내다 팔고 아울러 봉미(俸米)를 미리 지급하여 미가(米價)를 잡았으며,[432] 관사(官舍)를 지어 유민(流民)을 살게 하고, 양식을 지급하여 버려진 어린아이를 거두

---

428) 중앙에 대하여 창고를 열어 진대(賑貸)해줄 것을 허가해달라고 요청하는 문건을 올리는 것을 가리킨다.

429) 한 무제 때의 인물로 하내(河內)에서 실화로 천여 가가 소실되자 위문하도록 파견되었는데 돌아와 보고하기를 수한(水旱)의 피해가 극심하여 창속(倉粟)을 열어 진대해주었다고 하였다. 『史記』 권120 「汲鄭列傳」 및 『漢書』 권50 「汲黯傳」 등 참조.

430) 태조 홍무제와 성조 영락제를 가리킨다.

431) 재난을 당한 지역은 기운(起運)할 세량 부분을 보내지 않고 현지에 남겨 진대용으로 충당한다는 뜻이다.

432) 성화 6년(1470) 화북 일대에서 한해(寒害)가 들어 북경에서는 미가의 앙등이 야기되었다. 이에 그 대책으로 채용한 것이 본문의 이상과 같은 조치였다. 『憲宗實錄』 成化 6년 9월 己亥 조 참조.

어들였다. 양제원(養濟院)의 궁민(窮民)은 각각 적(籍)에 올리고, 무적자(無籍者)는 납촉사(蠟燭寺)와 번간사(旛竿寺) 두 사원에서 거두어 부양하였다.[433] 백성을 구휼하는 것이 이와 같았다. 세종(世宗)과 신종(神宗)은 백성의 일에 소홀했으나 재해와 흉년을 아뢰는 소(疏)가 이르면 반드시 세량의 면제와 구휼 조치를 내려 감히 조훈(祖訓)을 어기지는 않았다.

원문 振米之法, 明初, 大口六斗, 小口三斗, 五歲以下不與. 永樂以後, 減其數.

옮김 譯 진미법(振米法)은 명초에 대구(大口)는 6두, 소구(小口)[434]는 3두를 주되 5세 이하에게는 주지 않았다.[435] 영락(永樂) 이후에는 그 수를 줄였다.[436]

원문 納米振濟贖罪者, 景帝時, 雜犯死罪六十石, 流徒減三之一, 餘遞減有差. 捐納事例, 自憲宗始. 生員納米百石以上, 入國子監; 軍民納二百五十石, 爲正九品散官, 加五十石, 增二級, 至正七品止. 武宗時, 富民納粟振濟, 千石以上者表其門, 九百石至二三百石者, 授散官, 得至從六品. 世宗令義民出穀二十石者, 給冠帶, 多者授官正七品, 至五百石者, 有司爲立坊.

---

433) 남북 양경에 설치한 관영의 진대 및 수용 기구이다. 내부(內府)의 광록시 관원이 관리하였다. 반당(飯堂)을 두어 매일 미 6석으로 죽을 끓여 제공하였다. 황년(荒年)에는 유민이나 거지를 수용하기도 하였다. 양제원(養濟院)이 본적이 판명된 자들을 수용하는 것과는 달리 무적자를 수용하였다. 萬曆『大明會典』 권80「禮部 38」 恤孤貧 조에 嘉靖 6년(1527)의 영으로 민적에 속한 자는 양제원에, 군적에 속한 자는 납촉(蠟燭)・번간(旛竿) 2사(寺)에 수용한다는 내용이 있다. 한편 양제원은 홍무 5년(1372) 5월에 처음 설치되었다.

434) 영락 2년(1404)의 규정에 의하면 소구(小口)는 6세부터 14세까지이고, 대구(大口)는 15세 이상인 자를 가리킨다.

435) 萬曆『大明會典』 권17「戶部 4」 賑濟 조에 관련 규정이 기재되어 있다.

436) 영락 2년의 규정에 대구는 1두, 소구는 6승을 줄이고, 가정 8년(1529)에는 대구는 2~3두, 소구는 1~2두로 삭감되었다.

옮김 譯

미를 납부하여 구휼 활동을 하고 속죄하려는 자는 경제(景帝) 때에 잡범으로 사죄(死罪)에 해당하는 자는 60석, 유형(流刑)과 도형(徒刑)에 해당하는 자는 거기에서 1/3을 감하고, 나머지는 차등을 두어 차례로 감하였다.[437] 연납(捐納)의 사례는 헌종(憲宗) 때부터 시작되었다.[438] 생원(生員)이 미 100석 이상을 내면 국자감(國子監)에 입학시키고, 군민이 250석을 내면 정9품의 산관(散官)[439]으로 삼고, 50석을 추가하면 두 등급을 올려주되 정7품까지로 한정하였다.[440] 무종(武宗) 때에는 부민(富民) 가운데 곡식을 들여 구휼 활동을 하는데 1,000석 이상이면 그 가문을 표창하고, 900석에서 200~300석에 이르면 산관(散官)을 제수(除授)하여 종6품에까지 이를 수 있게 하였다. 세종은 영을 내려 의민(義民)[441]이 곡식 20석을 내면 관대(冠帶)를 주는데, 많이 내면 정7품관을 제수하고, 500석에 이르면 유사(有司)가 방문(坊門)[442]을 세워주도록 하였다.

---

437) 萬曆『大明會典』 권17「戶部 4」 災傷 조에 의하면 잡범으로 사죄(死罪)는 60석, 유형(流刑)과 도(徒) 3년은 40석, 도 2년 반은 35석, 도 2년은 30석, 도 1년 반은 25석, 도 1년은 20석, 장죄(杖罪)는 11석, 태죄(笞罪)는 15두로 되어 있다.

438) 연납(捐納)의 최초 사례가 성화 연간이라는 것은「食貨志」 편자의 오해에 불과하다. 실제로 생원의 납미(納米) 사례는 경태 4년(1453)부터 시작되었다.

439) 계관(階官)이라고도 한다. 관계(官階)만 있고 직장(職掌)이 없는 관을 가리킨다. 명대의 산관(散官) 가운데 문관의 산계(散階)는 모두 42개가 있으니 영록대부(榮祿大夫)·문림랑(文林郎) 등과 같은 것이고, 무관의 산계는 모두 30개가 있으니 표기장군(驃騎將軍)·용호장군(龍虎將軍)·기도위(騎都尉) 등과 같은 것이다. 한편 『續文獻通考』 권43에는 성화 6년(1470)의 조(詔)가 인용되어 있는데 그에 의하면 미 200석을 내면 정9품의 산관을 주고, 250석은 정8품, 300석은 정7품을 준다고 하여 본문의 내용과 약간 다르다.

440) 萬曆『大明會典』 권220「禮部」 國子監 生員入監 조에 실려 있는데 이는 성화 2년(1466)의 규정이다.

441) 명대에 각지에서 미곡을 내어 진재(賑財)하거나 전곡(錢穀)을 연납하는 자에게 '의민(義民)'으로 표창하였다. 이 의민에게는 동시에 관복을 착용하거나 차역을 우면하는 등의 특권을 부여함으로써 진재나 연납을 장려하였다.

442) 패방(牌坊)을 가리킨다. 정표(旌表)를 위한 방문(坊門)으로 의민이나 절부(節婦)를 표창하는 것이다.

원문 振粥之法, 自世宗始.

옮김譯 진죽법(振粥法)은 세종 때부터 시작되었다.443)

원문 報災之法, 洪武時不拘時限. 弘治中, 始限夏災不得過五月終, 秋災不得過九月終. 萬曆時, 又分近地五月、七月, 邊地七月、九月.

옮김譯 보재법(報災法)은 홍무(洪武) 때에는 시한에 구애받지 않았다. 홍치(弘治) 연간에 처음으로 여름의 재해는 5월말444)을, 가을의 재해는 9월말445)을 넘길 수 없다는 시한을 두었다. 만력 때에 근지(近地)446)는 5월과 7월, 변지(邊地)447)는 7월과 9월448)로 다시 나누었다.

원문 洪武時, 勘災既實, 盡與蠲免. 弘治中, 始定全災免七分, 自九分災以下遞減. 又止免存留, 不及起運, 後遂爲永制云.

옮김譯 홍무(洪武) 때에 재해 상황을 조사하여 사실이면 모두 세량을 감면하여주었다. 홍치(弘治) 연간에 비로소 100% 재해를 입은 경우는 7할을 면해주고, 90% 이하의 재해를 입은 경우는 차례로 감해주었

---

443) 가정 연간에 시행한 진죽법(振粥法)은 가정 원년(1522) 남경병부시랑(南京兵部侍郎) 석서(席書)의 건의로 시작한 것이다. 그 대강의 방법은 대현(大縣)에 죽(粥)을 주는 곳 12소를 두고, 중현(中縣)에는 1/3을 감하고, 소현(小縣)은 1/2을 감하여 내외의 차별 없이 진휼토록 하는 것이었다.

444) 萬曆『大明會典』권17,「戶部 4」災傷 조에는 '6월말'로 되어 있다.

445) 萬曆『大明會典』권17,「戶部 4」災傷 조에는 '10월말'로 되어 있다.

446) 복리(腹裏)의 지방을 가리킨다.

447) 연(延)·녕(寧)·감(甘)·고(固)·선(宣)·대(大)·산서(山西)·계(薊)·밀(密)·영(永)·창(昌)·요동(遼東) 등의 지방을 가리킨다.

448) 萬曆『大明會典』권17「戶部 4」災傷 조에는 '10월'로 되어 있다.

다.[449] 또 존류(存留)를 면해주는 데 그치고 기운(起運)에는 미치지 않게 하였는데 후에는 마침내 영구적인 법제가 되었다[450]고 한다.

449) 萬曆『大明會典』권17「戶部 4」災傷 조에 '재상응면량초사례(災傷應免糧草事例)'가 실려 있는데, "전재(全災)의 경우는 7할을, 9분은 6할을, 8분은 5할을, 7분은 4할을, 6분은 3할을, 5분은 2할을, 4분은 1할을 면제해준다"고 하였다.

450)『世宗實錄』嘉靖 16년 8월 辛亥 조에 어사 경진(景溱)의 건의에 따라 견면(蠲免)을 기운(起運)에도 적용했다는 언급이 있다. 따라서 견면이 존류(存留)에만 적용되었고 이것이 영구적인 법제가 되었다는「食貨志」편자의 견해는 수긍하기 어렵다.

권79 지55

食貨 3

【漕運】

원문 歷代以來, 漕粟所都, 給官府廩食, 各視道里遠近以爲準. 太祖都金陵, 四方貢賦, 由江以達京師, 道近而易. 自成祖遷燕, 道里遼遠, 法凡三變. 初支運, 次兌運、支運相參, 至支運悉變爲長運而制定.

옮김譯 역대 이래로 곡물을 수도로 조운(漕運)하여 관부의 급료로 지급하였는데, 각기 거리의 원근을 기준으로 삼았다. 태조가 금릉(金陵)에 수도를 정하자[1] 사방의 공물과 조세가 장강(長江)을 통하여 경사에 이르렀는데, 그 길은 가깝고도 쉬웠다. 성조(成祖)가 북경(北京)으로 천도[2]

1) 금릉(金陵)은 남경(南京)의 옛 명칭이다. 홍무11년(1378)에 남경을 경사(京師)로 개칭하였다.

2) 영락 19년(1421)에 북경(北京)을 경사로 정하였다(『明史』 권7 「成祖紀 3」).

한 뒤로부터 거리가 멀어져 조운법(漕運法)이 모두 세 번 변하였다.[3] 처음에는 지운(支運[4])이었고, 다음에는 태운(兌運[5])과 지운이 혼용되었으며, 지운이 완전히 변해 장운(長運[6])이 되기에 이르러 법으로 정해졌다.

원문 洪武元年北伐, 命浙江、江西及蘇州等九府, 運糧三百萬石於汴梁. 已而大將軍徐達令忻、崞、代、堅、臺五州運糧大同. 中書省符下山東行省, 募水工發萊州洋海倉餉永平衛. 其後海運餉北平、遼東爲定制. 其西北邊則浚開封漕河餉陝西, 自陝西轉餉寧夏、河州. 其西南令川、貴納米中鹽, 以省遠運. 於時各路皆就近輸, 得利便矣.

옮김 譯 홍무(洪武) 원년(1368)에 북벌을 행하면서,[7] 절강·강서 및 소주부(蘇州府) 등 9부(府)에 명령을 내려 미곡 300만 석을 변량(汴梁)[8]

3) 조량(漕糧)의 수송법이 세 차례 변했다는 것은 조운(漕運)의 자의(字義)를 협의로 해석한 것으로, 하도(河道)에 의한 수송만을 가리킨다. 이것을 광의로 해석하여 해상의 수송도 포함시킨다면, 홍무·영락 연간의 해운 및 영락 연간의 해(海)·륙(陸) 겸운(兼運)도 보태어 모두 다섯 차례 변했다고 해야 할 것이다.

4) '지운(支運)'이란 농민 스스로 회안(淮安)·서주(徐州)·임청(臨淸)·덕주(德州)의 각 수차창(水次倉)에 곡물을 운반하여 납부하고, 수차창부터는 관군이 이것을 체송(遞送)하여 경창(京倉) 및 통창(通倉)에 이르기까지 군민이 분담하여 이어서 운반하는 방법이다.

5) '태운(兌運)'이란 농민의 수송거리를 단축하기 위해 농민이 모미(耗米) 및 각미(脚米) 즉 운반비용으로 충당되는 미를 내고, 운군(運軍)이 각 수차(水次)에서부터 직접 경창과 통창에 수송하는 방법이다.

6) '장운(長運)'은 『明史稿』에 '개태(改兌)'로 되어 있다. 개태법(改兌法)은 태운법(兌運法)의 변형으로 성화 11년(1475) 경 태운법에 의해 모두 수송할 수 없어 종래 과주(瓜洲)·회안(淮安)에서 교태(交兌)한 소주(蘇州)·송강(松江) 지방의 일부 조량을 과주·회안의 운군이 빈 배로 소주·송강 지방으로 가서 조량을 교태하고, 모미와 각미를 받아서 직접 경창과 통창으로 수송한 것에 연원하였다. 그 후 점차 지운법(支運法)에 의한 조량도 회안·서주·임청·덕주의 운군이 각 수차에 가서 교태하고 직접 북운(北運)하기에 이르러 마침내 지운법을 대신하게 되었다. 이후 조운(漕運)은 태운법·개태법 두 법에만 의거하였는데, 두 법은 모두 운군이 운반하는 거리가 긴 방법이었기 때문에, 이를 통틀어 장운이라고 한 것이다. 따라서 장운은 지운·태운·개태와 같은 조운법과 대비될 만한 용어가 아니라 단순한 보통명사이기 때문에, 『明史稿』에 따라야 할 것이다.

7) 홍무 원년에 주원장(朱元璋)은 서달(徐達) 등에게 명령하여 병사 25만 명을 거느리고 길을 나누어 북벌에 올라 원조를 공격하게 하였다. 그해에 대도(大都)를 공격하여 점령하였으며, 원 순제(順帝)는 북으로 도주하여 원조는 결국 멸망하였다(『明史』 권2, 「太祖紀 2」).

으로 운반하게 하였다.[9] 그로부터 얼마 후 대장군 서달(徐達)[10]이 흔주(忻州)[11]·곽주(崞州)[12]·대주(代州)[13]·견주(堅州)[14]·대주(臺州)[15] 등 5주(州)에 영을 내려 대동(大同)으로 곡물을 운반하게 하였다.[16] 중서성(中書省)[17]은 산동행성(山東行省)[18]에 부(符)를 내려 선원을 모아 내주양(萊州洋)[19] 해창(海倉)[20]의 곡물을 내어 영평위(永平衛)[21]에 보내게 하였다.[22] 그 뒤 해운(海運)으로 북평(北平)[23]·요동(遼東)[24]에 곡물을 보내는 것이 제도화되

---

8) '변량(汴梁)'은 현재 하남성 개봉시(開封市)로, 원대 변량로(汴梁路)의 치소였다.

9) "홍무 원년" 이하의 기사는 『太祖實錄』 洪武 元年 6월 戊辰 조에 의한 것이다.

10) 서달에 대해서는 「食貨 1」의 주 84) 참조.

11) 흔주(忻州)는 태원부(太原府)에 속하였는데, 현재의 산서성 흔현(忻縣)이다.

12) 곽주(崞州)는 홍무 2년(1369)에 곽현(崞縣)으로 강등되어 태원부에 속했다가 8년에 대주(代州)로 예속시켰다. 현재의 산서성 곽현이다.

13) 대주(代州)는 태원부에 속하는데, 홍무 2년에 대현(代縣)으로 강등되었다가 8년에 대주로 환원되었다. 현재의 산서성 대현이다.

14) 견주(堅州)는 원의 견주이고 명의 번치현(繁峙縣)으로 태원부 대주에 속하였는데, 현재 산서성 번치현이다.

15) 대주(臺州)는 원의 대주이고 명 오대현(五臺縣)으로 태원부 대주에 속하였는데, 현재 산서성 오대현이다.

16) "그로부터 얼마 후" 이하의 기사는 『太祖實錄』 홍무 2년 2월 戊辰 조에 의한 것이다.

17) 중서성(中書省)은 중앙의 중추기구의 하나이다. 명초에 원의 구제(舊制)를 답습하여 3대부(大府)를 세워 도독부는 군사를, 어사대는 규찰을, 중서성은 정사(政事)를 통할케 하였다. 중서성의 장관으로 좌·우 승상(丞相)을 두었다. 홍무 13년(1380)에 좌승상 호유용(胡惟庸)의 모반 후 중서성을 없애고 그 휘하의 6부를 독립시켜 천자에 직속시켰으며, 영원히 그 부활을 금지하였다(『續文獻通考』 권51, 「職官考」).

18) 원대의 지방행정의 최고기관을 행중서성(行中書省, 약칭은 행성 혹은 성)이라 불렀고 명초에 이를 답습하였는데, 홍무 9년(1376)에 승선포정사사(承宣布政使司)로 고치고 부(府)·주(州)·현(縣)을 통할토록 하였다. 산동행성(山東行省)은 대략 현재의 산동성 지방을 관할하였고, 제남부(齊南府) 역성현(歷城縣)을 치소로 하였다.

19) 내주양(萊州洋)은 산동성 내주만(萊州灣)을 가리킨다.

20) 해창(海倉)은 현재 산동성 액현(掖縣) 서북 대원(大原) 부근에 있는데, 지명은 해창구(海倉口)이다.

21) 영평위(永平衛)는 명초에 북평도사(北平都司)에 속했다가 후에 영평부(永平府) 소속으로 바뀌었다. 현재의 하북성 노룡현(盧龍縣)에 두어졌다. 홍무 3년(1370) 정월에 창설되었다(『太祖實錄』 洪武 3년 정월 丁巳 조).

22) "中書省은" 이하의 기사는 『太祖實錄』 홍무 3년 정월 甲午 조에 의한 것이다.

23) 북평(北平)은 오늘날의 북경을 뜻하지만, 여기서는 북평행도지휘사사(北平行都指揮使司)를 가리킨다.

었다.[25] 서북 변경의 경우는 개봉(開封)의 조하(漕河)[26]를 준설하여 섬서(陝西)에 양식을 보내고, 섬서에서 다시 영하(寧夏)[27]와 하주(河州)[28]에 보냈다. 서남의 경우 사천과 귀주에서는 미곡을 내고 소금을 불하[29]받도록 하여 멀리서 운반하는 수고를 덜게 하였다. 당시 각 로(路)는 모두 가까운 곳에 가서 내어 편리하였다.

원문 永樂元年納戶部尚書郁新言, 始用淮船受三百石以上者, 道淮及沙河抵陳州潁岐口跌坡, 別以巨舟入黃河抵八柳樹, 車運赴衛河輸北平, 與海運相參. 時駕數臨幸, 百費仰給, 不止餉邊也. 淮、海運

---

24) '요동(遼東)'은 요하(遼河)의 동쪽이란 의미로, 요서(遼西)에 대한 상대적 명칭이다. 전국시대의 연(燕)이 이 지방에 군(郡)을 두어 요동군이라 부른 것이 그 시초로, 이후 누차 행정구획의 명칭 또는 속칭으로 사용되었으며 시대에 따라 영역의 차이가 있었다. 여기에서는 요동도지휘사사(遼東都指揮使司) 관내의 대략 지금의 요녕성(遼寧省) 및 길림성(吉林省)의 일부를 가리킨다. 현재의 요양(遼陽)이 그 중심이다.

25) 요동·북평 지방으로의 해운은 명의 북벌에 따른 요동으로의 군량 수송에서 비롯되었고, 홍무 원년(1368)에 탕화(湯和)에 의한 시도가 실패하였으나 4년(1371) 7월 오정(吳禎)의 성공 이후는 거의 정기적으로 행하여졌으며, 30년(1397) 요동 둔전의 정비에 따라 중지되기까지 성행하였다. 영락 연간(1403~1424)에 이르러 북평을 국도(國都)로 하는 준비와 함께 국비(國費)를 북운(北運)할 필요가 생겨 해운을 부활하였고 매년 약 100만 석을 수송하였으며, 13년(1415)에 회통하(會通河)의 개통에 따라 조도(漕道)가 완성되기에 이르자 폐하여졌다(『明史』 권86, 「海運」).

26) 조하(漕河)는 송대의 변하(汴河)로, 홍무 6년(1373)에 준설하였다(『讀史方輿紀要』 권46 汴水). 현재 하남성 하음현(河陰縣) 부근에서 황하로 갈라져 기현(杞縣)을 지나 동쪽으로 가서, 개봉현(開封縣)을 관통하고 상구현(商邱縣) 남쪽을 경유하여 안휘성(安徽省) 우이현(盱眙縣)에 이르러 회수(淮水)로 흘러들어간다.

27) 영하(寧夏)는 영하위(寧夏衛)를 가리키는 것으로, 홍무 3년(1370)에 부(府)가 되었다가 5년에 폐하여졌고, 9년에 위(衛)를 두었다가 28년에 폐하였고, 영락 원년(1403)에 다시 두었다(『明史』 권42, 「地理志三」). 후에 총병관(總兵官)·총독이 주재했고, 2위·4소(所)를 지배하여 9변진(邊鎭)의 하나로 열거되는 북변 방위를 위한 중진(重鎭)의 하나이다(『讀史方輿紀要』 권3, 권62). 현재 영하성 영하현이 그 중심이다.

28) 하주(河州)는 홍무 4년(1371)에 위를 두었고, 6년에 부로 했으며, 7년에 섬서행도지휘사사(陝西行都指揮使司)를 두었고, 12년에 도사(都司) 및 부를 폐하고 고쳐 하주위를 두었다(『明史』 권42, 「地理三」). 서북 변방의 방위를 위한 중진의 하나였다(『讀史方輿紀要』 권3·권60). 현재 감숙성(甘肅省) 도하현(導河縣)이 그 중심이다.

29) 염상(鹽商)은 관염(官鹽)의 불하를 받고 그 대가로서 미속(米粟)을 관에서 지정하는 지방에 수송하여 납입하였다. 상세한 것은 『明史』 권80 「食貨志 4」 鹽法 참조.

道凡二, 而臨淸倉儲河南、山東粟, 亦以輸北平, 合而計之爲三運. 惟海運用官軍, 其餘則皆民運云.

옮김 譯 영락(永樂) 원년(1403)에 호부상서[30] 욱신(郁新)[31]의 말을 받아들여 처음으로 300석 이상을 수용하는 회선(淮船)[32]을 이용하여 회수(淮水) 및 사하(沙河)[33]를 거쳐 진주(陳州) 영기구(潁岐口)[34]의 질파(跌坡)[35]에 이르러 별도로 큰 배로 황하[36]에 들어가 팔류수(八柳樹)[37]에 다다르고, 수레로 운반하여 위하(衛河)[38]에 가서 북평(北平)으로 수송하였는데,[39] 해운과 병행하였다. 당시 황제가 자주 행차하여[40] 온갖 비용을 다 대니, 변경에 곡물을 보내는 것에 국한되지 않았다. 회운도(淮運道)[41]와 해운도(海運道)가 있어 모두 둘인데, 임청창(臨淸倉)[42]에 하남과 산동의 속

---

30) 호부는 중앙관청인 6부의 하나로 주로 호구(戶口)·재부(財賦)를 관장한다. 상서(尙書)는 그 장관이다.

31) 욱신(郁新, ?~1405)은 홍무·영락 연간의 정치가로,『明史』권150에 전(傳)이 있다.

32) 회선(淮船)은 회수(淮水) 항행용의 배를 가리킨다.

33) 사하(沙河)는 회수의 지류로 현재 대사하(大沙河)라고도 한다.

34) 영기구(潁岐口)는 진주(陳州) 관할하의 지명으로 영수(潁水)와 사하가 만나는 지점에 위치해 있다(『大淸一統志』권170,「陳州府」山川).

35) 질파(跌坡)의 질(跌)은 빨리 간다는 뜻이고, 파(坡)는 비탈의 뜻이기 때문에 여울을 말하는 것으로 보인다.

36) 황하는 금의 명창(明昌) 5년(1194)에 양무(陽武)에서 갈라져 남북 두 물길로 되었는데, 하나는 북쪽으로 흘러 발해(渤海)로, 다른 하나는 남쪽으로 흘러 황해(黃海)로 흘러들었다. 원의 지원(至元) 연간에 북도(北道)는 단절되었고 오로지 개봉(開封)에서 서주(徐州)를 거쳐 사수(泗水)에 합쳐져서 회수로(淮水路)를 거쳐 황해로 들어갔다. 이렇게 명을 거쳐 청에 이르렀다가 함풍(咸豐) 3년(1853)에 재차 북쪽으로 흘렀고, 1938년에 남쪽으로, 다시 1947년에 북쪽으로 흘러 현재에 이른다.

37) 팔류수(八柳樹)는 현재 하남성 신향현(新鄕縣) 관하의 황하 강가에 위치한 지역이다(雍正『河南通志』권25).

38) 위하(衛河)는 산서·하남·산동 3성을 거의 동북쪽으로 흘러 천진(天津)에 이르러 백하(白河)로 들어가는 하천이다. 수대에 이것을 준설하여 영제거(永濟渠)라 불렀고, 원대에는 어하(御河)라고 부르며 이용했었는데, 명대에 이를 답습했던 것 같다.

39) "永樂 원년에" 이하의 기사는『太宗實錄』永樂 元年 7월 丙申 조에 의한 것이다.

40) 성조는 즉위 후부터 영락 18년(1420) 9월 북평(北平)으로 천도하기까지 대개 이 지역에 머물러, 북평은 완연히 국도(國都)의 모습을 띠었던 사실을 말한 것이다.

41) 회운도(淮運道)란 회수(淮水)·위하(衛河)를 경유하는 운도(運道)를 가리킨다.

(粟)을 저장하여 다시 이를 북평으로 수송하니[43] 이를 합쳐 계산하면 3운(運)이 된다. 해운만이 관군을 이용하였고,[44] 그 나머지는 모두 민운(民運)[45]이었다고 한다.

원문 自濬會通河, 帝命都督賈義、尙書宋禮以舟師運. 禮以海船大者千石, 工窳輒敗, 乃造淺船五百艘, 運淮、揚、徐、兗糧百萬, 以當海運之數. 平江伯陳瑄繼之, 頗增至三千餘艘. 時淮、徐、臨淸、德州各有倉. 江西、湖廣、浙江民運糧至淮安倉, 分遣官軍就近輓運. 自淮至徐以浙、直軍, 自徐至德以京衛軍, 自德至通以山東、河南軍, 以次遞運. 歲凡四次, 可三百萬餘石, 名曰支運. 支運之法, 支者, 不必出當年之民納; 納者, 不必供當年之軍支. 通數年以爲裒益, 期不失常額而止. 由是海陸二運皆罷, 惟存遮洋船, 每歲於河南、山東、小灘等水次, 兌糧三十萬石, 十二輸天津, 十八由直沽入海輸薊州而已. 不數年, 官軍多所調遣, 遂復民運, 道遠數愆期.

---

42) 임청창(臨淸倉)은 현재 산동성 임청현치(臨淸縣治)에 있어 조량(漕糧)의 수송에 도움을 준 창오(倉廒)이다(『太祖實錄』 洪武 6년 12월 己亥 조).

43) "臨淸倉이" 이하의 기사는 王圻, 『續文獻通考』 권37, 「國用考」 漕運上에 의한 것이다.

44) 해운에서의 관군은 홍무 초에는 주로 무신 오정(吳禎)이 이끄는 사병적 집단이었는데, 후에 명은 바다 일에 밝고 자기 땅이 없는 부랑자와 같은 사람을 관군으로 이용하여 위소에 배치하고, 오정(吳禎)·장혁(張赫)·주수(朱壽)·주신(朱信)·선신(宣信) 등을 모두 도지휘첨사(都指揮僉事) 등의 무관직에 임명하여 이를 통솔하게 하였다.

45) 민운(民運)의 조직은 양장(糧長)을 중심으로 한다. 양장은 홍무 4년(1371) 징세를 위해 부유하고 정(丁)이 많은 자에게 역(役)을 부과하였는데, 또한 세량 수송의 임무도 짊어졌다. 처음에는 대략 세량 1만 석의 징수지역에 1명을 두었는데, 후에 3,000석에 1명씩 두는 등 일정치 않았다. 정(正)·부(副) 및 대기자 3명이 있어 1년 교대의 윤번제였다. 처음은 부호(富豪)의 특권적 역역(力役)으로서 양장은 농민 사이에 세력을 지녔는데, 후에는 조량(漕糧)의 증대를 계기로 관리의 수탈과 농민의 원한을 받아 대개 이 역에 나가는 것을 기피하는 풍조를 초래하기에 이르렀다.

옮김 譯

회통하(會通河)[46]를 준설하고부터는 황제가 도독 가의(賈義)[47]와 상서(尙書) 송례(宋禮)[48]에게 명령을 내려 수군으로 운반하게 하였다.[49] 송례는 해선으로 큰 것은 1,000석을 실을 수 있는 것일지라도 배가 조악하여 쉽게 부서진다고 여기고는, 천선(淺船)[50] 500척을 만들어 회안부(淮安府)·양주부(揚州府)·서주(徐州)[51]·연주부(兗州府)의 세량 100만 석을 운반하여 해운의 액수에 충당시켰다.[52] 평강백(平江伯) 진선(陳瑄)[53]이 이를 계승하여[54] 3,000여 척으로 늘렸다.[55] 당시에는 회안부·서주·

---

46) 회통하(會通河)는 지금의 산동에 위치한 운하이다. 원 지원 26년(1289)에 대도(大都=北京)로의 조운(漕運) 길을 확립하기 위해 지금의 산동성 임청현에서 동평현(東平縣)에 이르는 사이를 개착(開鑿)하여 회통하라고 불렀다. 그러나 기술 수준이 낮아 수심이 충분하지 않았고, 당연히 수송능력도 기대에 미치지 못하였기 때문에 원대에는 거의 이용하지 않았다. 게다가 명 홍무 24년(1391)에 황하의 범람으로 인해 막혔는데, 영락 연간에 들어와 북평이 국도에 준하는 위치에 놓이게 되자, 강남·북평간의 조운의 강화에 몰려 제녕주동지(濟寧州同知) 반숙정(潘叔正)의 상언에 따라 회통하의 준설이 시작되었다. 영락 9년(1411) 2월 공부상서 송례(宋禮)의 지휘 하에 착공되고 같은 해 6월에 준공되었는데, 깊이 1장 3척, 넓이 3장 2척으로 갑(閘) 15좌(座)를 배치하여 수량을 조절하였다. 그런 까닭에 갑하(閘河)·갑조(閘漕)라는 다른 명칭이 있다(『元史』 권64; 『太宗實錄』 永樂 9년 2월 己未 조 및 同 6월 乙卯 조).

47) 가의(賈義)에 대해서는 그 행적을 찾아보기 어렵지만, 『太宗實錄』 永樂 10년 정월 丁未 조에 의하면, 당시 그는 도찰원(都察院) 소속이었다.

48) 송례(宋禮, ?~1422)는 홍무 연간에 국자감생(國子監生) 신분으로 산서안찰사첨사(山西按察司僉事)로 발탁되었고, 영락 2년에 공부상서에 임명되었다. 『明史』 권153에 전(傳)이 있다.

49) "황제가" 이하의 기사는 『太宗實錄』 永樂 10년 정월 丁未 조에 의한 것이다.

50) 천선(淺船)은 운하 또는 자연하천에서의 항행(航行)에 적응하기 위해 만들어진 배이다. 배 바닥은 평평하고 아랫부분은 깊이 잠기지 않으며, 선창(船倉)은 얕아 많이 실을 수 없으니, 400석을 한도로 하되 200석을 표준 적재량으로 하며, 승무원을 10명 정도로 하였다(『明史』 권85 「河渠 3」; 同 권153 「宋禮傳」).

51) 서주(徐州)는 홍무 4년(1371)에 중도임호부(中都臨濠府)에 속했는데, 14년 11월에 경사(京師)의 직예(直隸)로 되었다(『明史』 권40 「地理 1」).

52) "송례는" 이하의 기사는 『太倉州志』(『古今圖書集成』 「食貨典」 권163 「漕運部彙考 9」에 수록)의 영락 10년 11월에 실린 기사에 보인다.

53) 진선(陳瑄, 1365~1433)은 영락·선덕 간의 정치가로, 명대 조운제도(漕運制度)의 확립에 큰 공이 있다. 『明史』 권153에 전(傳)이 있다.

54) 진선이 대운하에 의한 조운(漕運)의 통솔을 담당한 것은 영락 13년(1415)의 일로, 당시 총병관(總兵官)의 직임이었다.

55) "자못 3,000여 척으로 늘렸다"는 것은 『憲章錄』 권18의 영락 13년 3월에 실린 기사

임청주 · 덕주(德州)에 각기 창(倉)이 있었다.[56] 강서 · 호광 · 절강은 백성이 곡물을 운반하여 회안창(淮安倉)에 이르면, 관군을 나누어 파견하여 가까운 곳에 가서 운송하게 하였다.[57] 회안부에서 서주까지는 절강과 남직예의 관군이, 서주에서 덕주까지는 경위(京衛)의 관군[58]이, 덕주에서 통주(通州)까지는 산동과 하남의 관군이 차례로 운반하였다.[59] 1년에 총 네 차례, 300만여 석 가량을 운반하였는데, 지운(支運)이라 불렀다.[60] 지운법(支運法)은, 운반하는 자가 반드시 그해의 백성이 납입한 것을 다 운반할 필요는 없고, 납입하는 자가 반드시 그해의 관군이 운반할 것을 다 제공할 필요는 없었다. 여러 해를 통틀어 덜고 보태어, 정해진 액수를 채우기만 하면 되었다.[61] 이로부터 해운(海運)과 육운(陸運)[62]이 모두 없어지고,[63]

에 의한 것이다.

56) 여기에서 회안부(淮安府) · 서주(徐州) · 임청주(臨淸州) · 덕주(德州)는 각 주의 치소를 가리킨다. 회안부 · 서주 · 임청주 · 덕주 각지에 조운창(漕運倉)이 있었던 사실에 대해서는 『明史』 권79 「食貨 3」 倉庫 참조.

57) "강서 · 호광 · 절강은" 이하의 기사는 正德 『大明會典』 권25, 「漕運」의 영락 13년에 실린 기사에 의해 그 대의를 기록한 것이다.

58) 경위(京衛)의 관군(官軍)이란 경사에 소재하는 위소의 관군이다. 경위란 지방에 배치된 위소를 외위(外衛)라고 하는 것에 대칭된 말이다. 명 태조가 천하 통일에 앞서 한의 북군(北軍), 당의 남아금군(南衙禁軍)을 모방하여 창설하고 숙위(宿衛)와 호위(護衛)의 임무를 맡긴 어중군(御中軍)에서 그 맹아를 찾을 수 있다. 처음에 오군도독부(五軍都督府) 하의 도진무사(都鎭撫司)에 예속되었는데, 홍무 3년(1370)에 도진무사가 유수위(留守衛)로 개칭되었고, 11년에 중(中) · 좌(左) · 우(右) · 전(前) · 후(後)의 유수 5위로 개조되자 경위는 5위와 함께 오군도독부(五軍都督府)에 직속하였다. 당시 경위의 수는 35개로 추산되고 평시에는 모두 영(營)을 조직하지 않았는데, 영락 이후는 반군번상(班軍番上)하는 외위와 함께 상설적으로 영을 조직하였고, 경영(京營)이라 불렀다(『春明夢餘錄』 권31).

59) "회안부에서 서주까지는" 이하의 기사는 萬曆 『大明會典』 권27, 漕運의 영락 13년(1415)에 실린 기사에 의한 것이다.

60) "1년에 총 네 차례" 이하의 기사는 王圻, 『續文獻通考』 권37 「漕運」의 영락 13년에 실린 기사에 의한 것이다. "당시에는 淮安府" 이하의 기사는 영락 13년에 완전히 정비된 지운법(支運法)의 형태를 기록한 것으로 여기에 이르기까지 약간의 변천이 있었다.

61) 지운법은 민운에 의해 수차창(水次倉)에 수납되어 늘 쌓여 있는 조량(漕糧) 가운데에서 운군(運軍)에 의해 체송(遞送)되기 때문에, 반드시 그해에 민운된 액수의 조량이 그대로 같은 해 안에 군운(軍運)되는 것은 아니다. 수년간의 증감을 조절하여 정액(定額)에 부족하지 않기만 하면 충분하다는 뜻이다. 『武宗實錄』 正德 6년 12월 辛巳 조의 호부시랑 소보(邵寶)의 상언 중에 보이는 한 구절이다.

단지 차양선(遮洋船)[64]만이 남아 매년 하남・산동・소탄(小灘)[65] 등의 수차(水次)[66]에서 곡물 30만 석을 태운(兌運)하였는데, 20%는 천진(天津)으로 보내고, 80%는 직고(直沽)[67]를 거쳐 바다로 들어가 계주(薊州)[68]로 수송했을 뿐이었다.[69] 몇 년도 되지 않아 관군은 대부분이 차출되어 마침내 민운(民運)으로 돌아가게 되었는데, 길이 멀어 자주 기한을 어겼다.[70]

원문 宣德四年, 瑄及尙書黃福建議復支運法, 乃令江西、湖廣、浙江民運百五十萬石於淮安倉, 蘇、松、寧、池、廬、安、廣德民運糧二百七十四萬石於徐州倉, 應天、常、鎭、淮、揚、鳳、太、滁、和、徐民運糧二百二十萬石於臨淸倉, 令官軍接運入京、通二倉. 民糧旣就近入倉, 力大減省, 乃量地近遠、糧多寡, 抽民船十一或十三、五之一以給官軍. 惟山東、河南、北直隸則徑赴京倉, 不用支運. 尋令南

62) 여기에서 육운(陸運)이란 내륙운(內陸運)의 의미로, 회수(淮水)・사하(沙河)・황하(黃河)・위하(衛河)를 경유하는 조운의 길이다.

63) 해운과 육운을 그만둔 것은 영락 13년(1415)의 일이다(萬曆『大明會典』 권27「漕運」).

64) 차양선(遮洋船)이란 내하(內河)와 연해(沿海)의 겸용을 위해 특별히 제작된 배이다. 들보가 넓고 바닥이 깊기 때문에 홍(洪)・갑(閘)・파(壩)가 있어 수량이 적은 운하를 다닐 수는 없다(萬曆『大明會典』 권27「漕運」, 漕船).

65) 소탄(小灘)은 현재 하북성 대명현(大名縣) 동북 위하(衛河) 물가의 소탄진(小灘鎭)이다.

66) 수차(水次)는 조운하는 곡물을 교태(交兌)하는 연하(沿河)의 마두(碼頭) 즉 배가 정박하는 곳을 가리킨다.

67) 직고(直沽)는 현재 천진시(天津市) 백하(白河)에 연해 있는 지역이다.

68) 계주(薊州)는 현재의 하북성 계현(薊縣)이다. 홍무 9년(1376)에 계주위(薊州衛)가 두어진 북변 방어를 위한 요충지 가운데 한 곳이다. 가정 27년(1548)에 계요총독(薊遼總督)이 부근의 삼둔영(三屯營)에 주재하여 113관(關)을 지배하는 계진(薊鎭=薊州鎭)이 두어진 후에는 구변진(九邊鎭)의 한 중심이 되었다(『四鎭三關志』 권6; 『明史』 권91「邊防」; 『大淸一統志』 권6).

69) "단지 차양선만이" 이하의 기사는 王圻, 『續文獻通考』 권37「國用考」 漕運上에 의한 것이다.

70) 영락 16년(1418) 이후 선덕 4년(1429) 무렵까지 민운(民運)은 지운(支運)과 함께 행해졌다. 정화(鄭和)의 서정(西征), 교지(交阯) 지방의 경략 등에 수군을 필요로 하였을 때, 수상교통에 숙련된 운군(運軍)을 징집하였기 때문에 운군의 부족을 가져온 것이 원인이다(正德『大明會典』 권25; 『宣宗實錄』 宣德 2년 9월 乙酉 조와 同 5년 3월 己巳 조).

陽、懷慶、汝寧糧運臨淸倉, 開封、彰德、衛輝糧運德州倉, 其後山東、河南皆運德州倉.

옮김 譯 선덕 4년(1429)에 진선(陳瑄)과 상서(尙書) 황복(黃福)[71]이 건의하여 지운법을 회복하자,[72] 이에 강서·호광·절강의 백성은 150만 석을 회안창에, 소주부(蘇州府)·송강부(松江府)·영국부(寧國府)·지주부(池州府)·여주부(廬州府)·안경부(安慶府)·광덕주(廣德州)의 백성은 세량 274만 석을 서주창(徐州倉)에, 응천부(應天府)·상주부(常州府)·진강부(鎭江府)·회안부(淮安府)·양주부(揚州府)·봉양부(鳳陽府)·태평부(太平府)·저주(滁州)·화주(和州)·서주(徐州)의 백성은 세량 220만 석을 임청창(臨淸倉)에 운반하게 하고, 관군이 이를 이어 운반하여 경창(京倉)[73]과 통창(通倉)[74]에 들이게 하였다. 백성의 세량을 가까운 곳의 창(倉)에 들이게 하여 부담이 크게 줄어들게 되자, 지역의 원근과 세량의 다소를 헤아려 민선(民船)을 열에 하나 혹은 열셋이나 열다섯에 하나를 차출하여 관군에게 지급하였다.[75] 다만 산동·하남·북직예[76]는 곧바로 경창에 이르므로 지운(支運)

71) 황복(黃福, 1363~1440)은 영락·선덕 간의 관리로 당시 행재공부상서(行在工部尙書)였다. 『明史』 권154에 전(傳)이 있다.

72) 여기에서 '회복'이라고 한 것은 종래 민운·지운이 병행되던 것을 민운을 중지하고 지운을 전면적으로 시행한다는 뜻이지, 중단된 것을 회복한다는 뜻은 아니다. 이에 관한 내용은 『宣宗實錄』 宣德 4년 6월 庚子 조에 보인다.

73) 경창(京倉)은 경사 즉 북경의 조량(漕糧)을 저장하는 창고이다. 경창에는 장안문창(長安門倉)·동안문창(東安門倉)·서안문창(西安門倉)·북안문창(北安門倉)·구태창(舊太倉)·신태창(新太倉)·해운창(海運倉)·남신창(南新倉)·북신창(北新倉)·대군창(大軍倉)·제양창(濟陽倉)·녹미창(祿米倉)·서신태창(西新太倉)·태평창(太平倉) 등 56창(倉)이 있다(萬曆 『大明會典』 권21 「倉庾 1」).

74) 통창(通倉)은 통주(通州)의 조량을 저장하는 창고이다. 통창에는 대운서창(大運西倉)·대운남창(大運南倉)·대운중창(大運中倉) 등 모두 16창이 있다(萬曆 『大明會典』 권21 「倉庾 1」).

75) 『宣宗實錄』 宣德 4년 6월 庚子 조의 곽자(郭資) 등이 상주한 구절에 "만약 회안으로 세량을 상납하면 민선(民船)을 열에 하나를 징발하고, 서주는 열셋에 하나를 징발하며, 임청은 열다섯에 하나를 징발하여 관군에 지급한다"고 되어 있는 것에 따른 것이다.

76) 북직예는 대략 지금의 하북성을 중심으로 하는 지역이다. 당시는 지금의 강소성(江蘇省)과 안휘성(安徽省)의 일부 지역을 남직예라고 부른 것에 대한 상대적인 말이다.

할 필요가 없었다.[77] 얼마 후 남양부(南陽府)·회경부(懷慶府)·여녕부(汝寧府)의 세량을 임청창으로, 개봉부(開封府)·창덕부(彰德府)·위휘부(衛輝府)의 세량을 덕주창(德州倉)으로 운반하게 하였는데,[78] 그 뒤 산동·하남 모두 덕주창으로 운반하였다.

원문 六年, 瑄言 : "江南民運糧諸倉, 往返幾一年, 誤農業. 令民運至淮安、瓜洲, 兌與衛所. 官軍運載至北, 給與路費耗米, 則軍民兩便." 是爲兌運. 命羣臣會議. 吏部蹇義等上官軍兌運民糧加耗則例, 以地遠近爲差. 每石, 湖廣八斗, 江西、浙江七斗, 南直隸六斗, 北直隸五斗. 民有運至淮安兌與軍運者, 止加四斗. 如有兌運不盡, 仍令民自運赴諸倉, 不願兌者, 亦聽其自運. 軍旣加耗, 又給輕齎銀爲洪閘盤撥之費, 且得附載他物, 皆樂從事, 而民亦多以遠運爲艱. 於是兌運者多, 而支運者少矣. 軍與民兌米, 往往恃强勒索. 帝知其弊, 敕戶部委正官監臨, 不許私兌. 已而頗減加耗米, 遠者不過六斗, 近者至二斗五升. 以三分爲率, 二分與米, 一分以他物準. 正糧斛面銳, 耗糧俱平概. 運糧四百萬石, 京倉貯十四, 通倉貯十六. 臨、徐、淮三倉各遣御史監收.

옮김 譯 6년(1431)에 진선(陳瑄)이 말하기를, "강남에서 백성이 세량을 여러 창(倉)에 운반하는데, 갔다 돌아오는데 거의 1년이나 걸려 농사를 그르칩니다. 백성은 회안부와 과주(瓜洲)[79]까지 운반하여 위소(衛所)에 넘겨주도록 하고, 관군은 이를 싣고서 북으로 운반하는데 운반비와 모미(耗米)[80]를 지급한다면, 군과 민이 모두 편할 것입니다"라고 하였다.[81] 이것

77) "몇 년도 되지 않아" 이하의 기사는 『宣宗實錄』 宣德 4년 6월 庚子 조에 의한 것이다. 단지 여기에서 재정비된 회안·서주·임청 3창에 수납(輸納)해야 할 지역은 영락 연간에 있던 것과 상당한 차이가 나고 있음을 알 수 있다.

78) "얼마 후" 이하의 기사는 선덕 5년(1430)의 일이다(正德 『大明會典』 권25,「漕運」).

79) 과주(瓜洲)는 강소성 강도현(江都縣) 관하 장강(長江) 연안의 과주진(瓜洲鎭)이다.

80) '모미(耗米)'란 수송 도중 및 저장 중에 소모되는 미(米)를 보충하기 위한 미이다. 그 양은 수송거리의 원근에 따라 미리 정해지는데, 후에 수송비 부족 때문에 모미의 명의

이 태운(兌運)이다.[82] 여러 신하들에게 명하여 모여 의논하게 하였다.[83] 이부(吏部)의 건의(蹇義)[84] 등이 「관군태운민량가모칙례(官軍兌運民糧加耗則例)」[85]를 올렸는데, 지역의 원근에 따라 차등을 두어, 1석당 호광은 8두, 강서와 절강은 7두, 남직예는 6두, 북직예는 5두로 하였다. 백성 가운데 회안까지 가져와서 관군에게 넘겨주어 운반하는 경우는 4두만을 부가하였다. 만약 태운으로 다 수송할 수 없다면[86] 예전대로 백성이 스스로 운반하여 여러 창에 이르게 하고, 넘겨주는 것을 원하지 않는 경우도 그들 스스로 운반할 수 있도록 하였다.[87] 군은 모미(耗米)를 추가받은 데다 경재은(輕齎銀)[88]을 지급받아 홍(洪)[89]과 갑(閘)[90]의 반발(盤撥)[91] 비용[92]으로 삼았을

하에 부가적으로 징수되기도 하였다.

81) "6년에 진선이" 이하의 기사는 『宣宗實錄』 宣德 6年 6월 乙卯 조에 의한 것이다.

82) 태운법(兌運法)은 농민이 북방으로 운반해야 할 조량을 부근 위소의 관군에게 건네주고 운반비와 모미를 운군에게 주는 방법인데, 건네주는 곳은 회안·과주에만 한정되지 않았기 때문에, 여기에서 기술한 방법은 태운법의 일부에 지나지 않을 것이다.

83) 여러 신하들에게 명령을 내려 회의하게 한 사실은 『宣宗實錄』 宣德 6년 9월 癸亥 조에 보인다.

84) 건의(蹇義, 1364~1436)는 선덕 연간의 정치가로, 당시 이부상서였다(『宣宗實錄』 宣德 6년 11월 丙子 조). 『明史』 권149에 전(傳)이 있다. 이부는 중앙관청인 6부의 하나로 문관의 임면(任免)·서훈(敍勳)·출척(黜陟) 및 봉작(封爵) 등을 관장한다.

85) 운군이 민량을 태운(兌運)할 때의 모미의 양에 관한 법규이다. 칙례(則例)는 『大明會典』의 시행에 관해 발생한 행정상의 실례에 붙여 황제의 재가를 거쳐 신례(新例)로 설정되어 이후 법규로서의 효력을 가지는 일종의 성문법이다.

86) 북쪽으로 운반해야 할 조량이 다량이어서 부근 위소의 운군에 건네주는 것만으로는 다 수송할 수 없다는 의미이다.

87) "이부의 건의 등이" 이하의 기사는 『宣宗實錄』 宣德 6년 11월 丙子 조에 의한 것이다. 여기에서 진선(陳瑄)의 상언은 여러 신하들의 회의 결과, 강남의 조량 전부를 각 수차(水次)로부터 운군에 의해 경창과 통창에 직접 이르게 하는 것을 원칙으로 하고, 회안 기타 수차창(水次倉)에서 건네주는 것은 예외로서만 인정한 것이기 때문에, 이것이야말로 태운법(兌運法)이라고 부를 만하다. 진선의 상언 그대로를 태운법이라고 이해하는 것은 문제가 있을 듯하다.

88) 경재은(輕齎銀)은 운군의 농민에 대한 착취에 의해 증가한 부가적 모미를 은으로 환산한 것으로, 홍치 연간에 그 기원을 둔다고 한다.

89) '홍(洪)'이란 암석이 하천의 흐름을 막는 항행하기 어려운 곳으로 서주홍(徐州洪)·여량홍(呂梁洪)은 그 대표적인 것이다(正德 『大明會典』 권158).

90) '갑(閘)'이란 갑문(閘門)으로 하류(河流)의 낙차가 커 수량 조절이 필요한 곳에 설치하는데, 석재를 운하의 양안에서부터 하도(河道)를 좁히도록 돌출시키고 그 사이에 목판

뿐만 아니라 다른 물자를 덧붙여 실을 수도 있어[93] 모두 즐거이 종사하였으며, 백성 역시 대부분 멀리 운반하는 것을 괴로워하였다. 이에 태운하는 자가 많아지고 지운하는 자가 적어지게 되었다. 군이 백성에게서 미를 넘겨받는데, 왕왕 우세한 지위를 이용하여 착취를 가하였다. 황제가 그 폐단을 알고는 호부에 칙을 내려 정관(正官)[94]에게 맡겨 현장에서 감독하게 하였으며 사태(私兌)[95]를 허용하지 않았다.[96] 그로부터 얼마 후 가모미(加耗米)를 상당히 줄여, 먼 경우는 6두를 넘지 않도록 하고, 가까운 경우는 2두 5승에 머물렀다. 셋으로 나누어 둘은 미를 지급하고 하나는 다른 물건으로 준하게 하였다.[97] 정량(正糧)[98]은 곡면(斛面)을 예리하게 하고, 모량(耗糧)은 모두 평평하게 하였다.[99] 세량 400만 석을 운반하여 경창(京倉)에는 열에 넷을 저장하고, 통창(通倉)에는 열에 여섯을 저장하였다. 임청창·서주창·회안창에는 각각 어사[100]를 파견하여 거두는 것을 감시하였다.[101]

을 끼워 물의 흐름을 막고 배가 항행할 때 개폐하는 장치이다.

91) '반발(盤撥)'은 홍(洪) 또는 갑(閘)과 같은 험난한 곳을 어렵사리 통과하는 것을 말한다.

92) 홍과 갑과 같이 어려운 곳을 통과하는데 견부(縴夫)의 고용 등을 위한 비용이 필요하였다.

93) 조선(漕船)에 개인화물을 싣고 연도에서 판매하여 이익을 얻는 것을 허용했다고 하는 의미이다. 홍무 말에 처음으로 공인되었다(『仁宗實錄』 洪熙 元年 정월 乙未 조).

94) 정관(正官)은 부이관(副貳官)에 상대되는 말로, 정인관(正印官)이란 의미이다. 책임을 지는 주임관(主任官)을 가리킨다.

95) '사태(私兌)'란 정식기관을 거치지 않고 관민이 몰래 미속(米粟)을 교태(交兌)하는 것을 말한다.

96) "군이 백성에게서" 이하의 기사는 『宣宗實錄』 宣德 10년 8월 丁未 조에 의한 것이다.

97) "그로부터 얼마 후" 이하의 기사는 『宣宗實錄』 宣德 10년 9월 壬辰 조에 의한 것이다. 다음해 정통 원년(1436) 이후의 실시사항으로 정해진 것으로, 선덕 6년(1431) 및 8년에 제정된 모미칙례(耗米則例)를 정정한 것이다.

98) 정량(正糧)은 조량(漕糧)으로 수납(輸納)해야 할 양(糧)으로 모미와 각미(脚米)는 포함되지 않는다.

99) 정량은 되로 잴 때에 산처럼 수북하게 하고, 모량(耗糧) 즉 모미는 평평하게 하여 재는 방법이다. '모두'란 1석은 2곡(斛)이기 때문에 '2곡과 함께'라는 의미이다.

100) 어사는 행정의 득실을 감찰하고 관리의 정사(正邪)를 변별하고 인민의 억울함을 풀어주는 것을 직무로 하는 도찰원 소속의 관(官)이다. 도찰원에는 좌·우도어사(都御史), 좌·우부도어사(副都御史), 좌·우첨도어사(僉都御史), 십삼도감찰어사(十三道監察御史) 110명 등의 관원이 있어 그 직무를 담당하였다. 어사라고만 하면 십삼도감찰어사를 뜻

원문 正統初, 運糧之數四百五十萬石, 而兌運者二百八十萬餘石, 淮、徐、臨、德四倉支運者十之三四耳. 土木之變, 復盡留山東、直隸軍操備. 蘇、松諸府運糧仍屬民. 景泰六年, 瓦剌入貢, 乃復軍運. 天順末, 兌運法行久, 倉人覬耗餘, 入庾率兌斛面, 且求多索, 軍困甚. 憲宗卽位, 漕運參將袁佑上言便宜. 帝曰 : "律令明言, 收糧令納戶平準, 石加耗不過五升. 今運軍願明加, 則倉吏侵害過多可知. 今後令軍自槪, 每石加耗五升, 毋溢, 勒索者治罪." 後從督倉中官言, 加耗至八升. 久之, 復溢收如故, 屢禁不能止也.

옮김 譯 정통(正統) 초에 곡물 운반 액수가 450만 석인데, 태운한 것이 280여 만 석이고, 회안부·서주·임청주·덕주 등 4창에서 지운한 것은 열에 서넛뿐이었다.[102] 토목(土木)의 변(變)[103]으로 다시 산동·직예의 관군을 다 남겨 대비하게 하였다.[104] 소주부(蘇州府)와 송강부(松江府) 등 각 부(府)에서의 세량 운반은 여전히 백성에게 맡겼다.[105] 경태(景泰) 6년(1455)에 오이라트[106]가 입공(入貢)하자[107] 다시 군운(軍運)이 회복되

하지만, 여기에서는 순창감찰어사(巡倉監察御史)를 가리킨다.

101) "세량 400만 석을" 이하의 기사는 『宣宗實錄』 宣德 10년 9월 壬辰 조에 의한 것이다.

102) "정통 초에" 이하의 기사는 『英宗實錄』 정통 원년 9월 甲午 조, 4년 9월 戊午 조, 萬曆 『大明會典』 권27, 「漕運總數」에 의한 것이다.

103) '토목(土木)의 변'은 정통 14년(1449) 8월에 몽골의 별부(別部)인 오이라트부(部)의 남침을 격퇴하기 위해 친정(親征)한 영종이 대동(大同) 근방의 토목보(土木堡; 지금의 하북성(河北省) 회래(懷來)현의 서방)에서 패배한 뒤 생포되어 명의 사직(社稷)이 위태롭게 된 사건이다.

104) 토목의 변 이후 몽골의 에센[也先]군이 내지에 깊이 침입하여 형세가 긴박했기 때문에 병부상서 우겸(于謙)은 남경·하남에서 새로 모은 병사, 강북 및 북경 제부(諸府)의 세량을 운반하는 군대, 산동 및 남경 연해에서 왜구에 대비한 군대를 모두 징발하여 북경에 와 방비를 맡게 했다.

105) "토목의 변으로" 이하의 기사는 『英宗實錄』 景泰 元年 8월 乙酉 조에 의한 것이다.

106) 오이라트는 몽골의 별부로 원대에는 바이칼호 방면에 있었는데, 원의 쇠퇴와 함께 흥기하여 명의 영락 중기에 탈환(脫歡)이 나와 강성해져, 정통 초에는 내외 몽골의 실권을 장악했다. 그 아들 에센이 즉위하자 더욱 강해져 자주 명의 북변을 위협하여 마침내 토목의 변을 일으켰다.

107) 오이라트가 입공(入貢)한 것은 경태 2년(1451)부터 시작되었다(『明史』 권11 「景帝本

었다.[108] 천순(天順) 말에 태운법이 행하여진 지 오래되어, 창의 관리자가 모미의 잉여를 노려 곳간에 들이는데 대개 곡면을 예리하게 하고[109] 또 많이 착취하니, 운군이 매우 괴로워하였다. 헌종이 즉위하자(1465) 조운참장(漕運參將)[110] 원우(袁佑[111])가 형편에 맞게 처리할 것을 상언하였다. 황제는, "율령(律令)[112]에 명시되어 있기를, 세량을 거두는데 납세호로 하여금 평준(平準)하게 하고[113] 석당 부가되는 모미는 5승을 넘지 않도록 하였다. 지금 운군이 분명하게 더하기를 원하니 창리(倉吏)의 착취가 지나치게 많음을 알겠다. 앞으로는 운군이 스스로 평미레질해서 석당 모미 5승을 더하되 이를 넘지 말도록 하고, 착취하는 자는 처벌하라"고 하였다.[114] 후에 독창중관(督倉中官)[115]의 말을 따라 모미의 부가가 8승에 이르게 되었다.[116] 얼마 후 다시 예전과 같이 넘치게 거두니, 누차 금하였으나 그치게 할 수 없었다.

紀」). 5년에 이르러 오이라트의 에센이 지원(知院) 아랄(阿剌)에게 살해되고, 몽골 타타르[韃靼]부의 패래(孛來)가 아랄을 공격하여 죽여 오이라트 부족은 서쪽으로 옮겨갔다. 경태 6년에 입공한 것은 오이라트부가 아니라 타타르부 소왕자(小王子) 마아가아(麻兒可兒)였다(『明史』 권327 「韃靼傳」).

108) 군운(軍運)의 부활은 북변 정세의 완화와 함께 점차 이루어졌다(『英宗實錄』 景泰 元年 8월 乙酉 조). 소주부(蘇州府)・송강부(松江府) 지방의 민운이 정식으로 군운으로 회복된 것은 성화 6년(1470)이다(萬曆 『大明會典』 권27 「漕運」).

109) "곡면(斛面)을 예리하게 했다"는 것은 미(米)를 수북하게 쌓아 계산했음을 말한다.

110) 조운참장(漕運參將)은 조운총독(漕運總督) 및 조운총병관(漕運總兵官)을 보좌하여 조운 운영의 핵심을 담당하는 무관이다. 선덕 5~6년(1430~1431)경 창설되었으며 정통 2년(1437)에 2명으로 증원되었고 융경 6년(1572)에 폐하여졌다.

111) 원우(袁佑)는 천순・성화 연간의 무신이다(『憲宗實錄』 成化 9년 6월 甲申 조).

112) 율령(律令)은 『憲宗實錄』 成化 元年 11월 丁未 조에는 율조(律條)로 적혀 있다. 율(律)은 형벌법전으로 범인의 징계법이다. 영(令)은 비(非)형벌법전으로 명령법이고, 행정법적 규정이다. 조(條)는 법령이란 의미이다. 여기서는 명률(明律), 명령(明令)을 말한다. 『大明律』 권7 「倉庫」에 본문에 기록되어 있는 것과 같은 명문(明文)이 있다.

113) 납세호가 스스로 평미레질을 행하여 두량[枡目]을 평평하게 한다는 의미이다.

114) "조운참장 원우가" 이하의 기사는 『憲宗實錄』 成化 元年 11월 丁未 조에 의한 것이다.

115) 성화 때부터 환관을 파견하여 조창(漕倉)을 감독하게 하였는데, 그 명칭을 독창중관(督倉中官)이라 불렀다. 여기에서의 독창중관은 제독감창인수감태감(提督監倉印綬監太監) 완통(阮通)을 가리킨다(王原, 『明食貨志』 권5 「漕運」).

116) "독창중관의 말을" 이하의 기사는 『憲宗實錄』 成化 2년 윤3월 丙戌 조에 의한 것이다.

원문 初, 運糧京師, 未有定額. 成化八年始定四百萬石, 自後以爲常. 北糧七十五萬五千六百石, 南糧三百二十四萬四千四百石, 其內兌運者三百三十萬石, 由支運改兌者七十萬石. 兌運之中, 湖廣、山東、河南折色十七萬七千七百石. 通計兌運、改兌加以耗米入京、通兩倉者, 凡五百十八萬九千七百石. 而南直隸正糧獨百八十萬, 蘇州一府七十萬, 加耗在外. 浙賦視蘇減數萬, 江西、湖廣又殺焉. 天津、薊州、密雲、昌平, 共給米六十四萬餘石, 悉支兌運米. 而臨、德二倉, 貯預備米十九萬餘石, 取山東、河南改兌米充之. 遇災傷, 則撥二倉米以補運, 務足四百萬之額, 不令缺也.

옮김 譯 처음에는 경사에 세량을 운송하는 데 정액(定額)이 없었다.[117] 성화 8년(1472)에 비로소 400만 석으로 정했는데, 이후 이를 정액으로 삼았다.[118] 북량(北糧)[119]은 75만 5,600석, 남량(南糧)[120]은 324만 4,400석, 그 가운데 태운하는 것은 330만 석, 지운[121]하였다가 개태(改兌)

117) 『實錄』의 각 연도의 말미에 보이는 경사로의 세량 운반액수에 의하면 영락 연간은 250만 석 전후이고, 선덕 연간은 500만 석대로 오르고, 정통 연간에는 450만 석 전후가 되었으며, 경태·천순 연간은 430만 석 내외로 내려갔고, 천순 말부터 성화에 걸쳐서는 다시 330만 석대로 감소하였다. 그러나 모두 연간 액수 30만 석에 달하는 차양조운량(遮洋漕運量)은 포함하지 않았다.

118) 『憲宗實錄』의 성화 8년 이후 각 해의 말미에 보이는 경사로의 세량 운반액수는 모두 370만 석인데, 여기에 차양조운량 30만 석을 더하면 모두 400만 석이 되는 것에 근거한다.

119) 북량(北糧)은 강북지방 즉 산동·하남의 두 포정사사(布政使司)에서 수송하는 조량을 말한다(萬曆 『大明會典』 권27 「漕運總數」).

120) 남량(南糧)은 강남지방 즉 절강·강서·호광 각 포정사사, 응천부(應天府)·소주부(蘇州府)·송강부(松江府)·상주부(常州府)·진강부(鎭江府)·영국부(寧國府)·지주부(池州府)·여주부(廬州府)·회안부(淮安府)·태평부(太平府)·안경부(安慶府)·봉양부(鳳陽府)·양주부(揚州府) 및 광덕주(廣德州)·서주(徐州) 등지에서 수송되는 조량을 말한다(萬曆 『大明會典』 권27 「漕運總數」).

121) 『明史稿』에는 '지운(支運)' 두 자를 생략하고 단지 "개태(改兌)에 의한 것"이라고 기록되어 있다. 개태법(改兌法)은 지운법(支運法)을 대신한 것이기 때문에 『明史』는 그 과정을 명확하게 하기 위해 이와 같은 표현을 쓴 것으로, 『明史稿』가 의미하는 바와 다르지 않을 것이다.

하는 것은 70만 석이었다. 태운하는 것 중에서 호광・산동・하남의 절색(折色)[122]이 17만 7,700석이었다. 태운과 개태에 모미를 더하여 경창(京倉)과 통창(通倉)에 들인 것을 합산하면 총 518만 9,700석이었다.[123] 그리고 남직예는 정량(正糧)만으로 180만 석이었고, 소주(蘇州)는 한 부(府)가 70만 석이었는데, 가모(加耗)는 포함되지 않는다. 절강의 부세(賦稅)는 소주부에 비해 수만 석이 적었고, 강서와 호광은 더 적었다.[124] 천진・계주・밀운(密雲)・창평(昌平)은 합계 미 64만여 석이 지급되는데, 모두 태운미(兌運米)[125]였다.[126] 그리고 임청주와 덕주 2창은 예비미(預備米) 19만여 석을 저장하였는데, 산동과 하남의 개태미(改兌米)[127]로 충당하였다.[128] 재해를 당하면 바로 2창의 미를 내어 보충하여 운송해서 400만 석의 액수를 채워 부족함이 없게 하였다.[129]

---

122) 본래 조세로 납부해야 할 물품(이것을 본색이라 한다) 대신에 그 가격에 상당하는 다른 물품으로 납부하는 경우, 이 다른 물품을 절색이라 한다.

123) "북량은" 이하의 기사는 萬曆『大明會典』권27, 「漕運總數」에 의한 것이다.

124) "남직예는 정량만으로" 이하의 기사는 萬曆『大明會典』권27, 「漕運總數」에 기재된 각 사(司)・부(府)・주(州)마다의 태운미수(兌運米數)・개태미수(改兌米數)에 의해 집계하여 비교한 결과의 기술이다.

125) 태운미(兌運米)는 태운법에 의해 수송되는 조량을 말한다.

126) "천진・계주" 이하의 기사는 각지에서 수급해야 할 수량의 총액으로, 萬曆『大明會典』권27 「漕運總數」에 의한 것이다.

127) 개태미는 개태법에 의해 수송되는 조량을 말한다.

128) "임청주와 덕주 2창은" 이하의 기사는 萬曆『大明會典』권27, 「漕運總數」에 의한 것이다.

129) "재해를 당하면" 이하의 기사는『憲宗實錄』成化 13年 11月 辛卯 조 및 萬曆『大明會典』권27 「漕運總數」에 의한 것이다. 재해로 인해 조량을 수납(輸納)할 수 없는 지방을 위해 보충하여 납부하는 2창(倉)의 역할은 성화 8년(1472)에 북운(北運)해야 할 곡물을 400만 석으로 정하고, 이것을 최소 분량으로 확보해야 할 방책에 따라 정해진 것이다. 즉 종래 태운과 지운의 병용 시기에는 회안부・서주・임청주・덕주 4창에 늘 체송(遞送)해야 할 조량이 남아 있어, 완급의 쓰임에 대는 데 편리하였으나, 최소 분량의 확보책은 북운할 곡물이 매년 감소되는 것을 방지하는 것이 목적이었기 때문에, 이 4창이 평소에 곡물을 저장하는 것을 불가능하게 하였음에도 불구하고, 게다가 또 다른 한편으로는 곡물의 상비(常備)를 완전히 폐지할 수도 없는 상황이었기 때문에, 특별히 임청주・덕주 2창으로 그 용도에 충당한 것이다. 그것이 시작된 시기는 성화 11년(1475) 경이다. 또한 2창은 이 역할 외에도 순전히 구황(救荒)을 위한 지출, 변향(邊餉)의 공급, 군사(軍士)의 월량(月糧)・행량(行糧)의 지급에도 이용되었다.

원문 至成化七年, 乃有改兌之議. 時應天巡撫滕昭令運軍赴江南水次交兌, 加耗外, 復石增米一斗爲渡江費. 後數年, 帝乃命淮、徐、臨、德四倉支運七十萬石之米, 悉改水次交兌. 由是悉變爲改兌, 而官軍長運遂爲定制. 然是時, 司倉者多苛取, 甚至有額外罰, 運軍展轉稱貸不支. 弘治元年, 都御史馬文升疏論運軍之苦, 言 : "各直省運船, 皆工部給價, 令有司監造. 近者, 漕運總兵以價不時給, 請領價自造. 而部臣慮軍士不加愛護, 議令本部出料四分, 軍衛任三分, 舊船抵三分. 軍衛無從措辦, 皆軍士賣資產、鬻男女以供之, 此造船之苦也. 正軍逃亡數多, 而額數不減, 俱以餘丁充之, 一戶有三、四人應役者. 春兌秋歸, 艱辛萬狀. 船至張家灣, 又僱車盤撥, 多稱貸以濟用, 此往來之苦也. 其所稱貸, 運官因以侵漁, 責償倍息. 而軍士或自載土產以易薪米, 又格於禁例, 多被掠奪. 今宜加造船費每艘銀二十兩, 而禁約運官及有司科害搜檢之弊, 庶軍困少甦." 詔從其議. 五年, 戶部尙書葉淇言 : "蘇、松諸府, 連歲荒歉, 民買漕米, 每石銀二兩. 而北直隸、山東、河南歲供宣、大二邊糧料, 每石亦銀一兩. 去歲, 蘇州兌運已折五十萬石, 每石銀一兩. 今請推行於諸府, 而稍差其直, 災重者, 石七錢, 稍輕者, 石仍一兩. 俱解部轉發各邊, 抵北直隸三處歲供之數, 而收三處本色以輸京倉, 則費省而事易集." 從之. 自後歲災, 輒權宜折銀, 以水次倉支運之糧充其數, 而折價以六七錢爲率, 無復至一兩者.

옮김 譯 성화 7년(1471)에 이르러 개태(改兌)[130]에 관한 논의가 있었다. 당시 응천순무(應天巡撫)[131] 등소(滕昭)[132]는 운군에게 강남의 수차(水次)

---

130) 개태법에 대해서는 주 6) 참조.

131) 순무(巡撫)는 영락 19년(1421) 이후 군민을 달래고 어루만질 목적으로 천하를 순행(巡行)케 한 경관(京官)으로, 상서(尙書)·시랑(侍郎)·도어사(都御史)·소경(少卿) 등의 관이 임명되었다. 임무가 완료된 뒤는 원래의 관으로 돌아갔는데, 선덕 5년(1421) 이후 각 요지에는 상주하는 자도 나오기에 이르러 대개 시랑이 임명되었다. 응천순무는 선덕 5년에 창설되어 총독량저(總督糧儲)의 겸관(兼官)이 되었고, 시랑이 그 직임을 맡았는데, 경태 4년(1453)에 도어사의 직함이 더해졌다. 처음에 남경에 주재하였으나 왜구

에 가서 교태(交兌)하게 했는데, 모미를 더하는 것 외에 다시 석당 미 1두를 추가하여 강을 건너는 비용으로 삼았다.[133] 몇 년 뒤에 성화제(成化帝)는 회안부·서주·임청주·덕주 4창에서 지운하는 70만 석의 미를 모두 수차에서 교태하는 것으로 고치게 하였다.[134] 이로부터 모두 개태로 변하였으며,[135] 관군의 장운(長運)[136]이 마침내 제도화되었다. 그러나 이때 창의 관리자들이 대부분 가혹하게 착취하였고 심지어 액외의 벌금도 있어,[137] 운군은 계속 빌려대기 바빠 지불하지 못하였다.[138] 홍치 원년(1488)에 도어사 마문승(馬文升)[139]이 소(疏)를 올려 운군의 괴로움을 논하면서 말하기를, "각 직성(直省)[140]의 운선(運船)은 모두 공부(工部)[141]에서 대금을 지급하고, 유사(有司)로 하여금 만드는 것을 감독케 하였습니다. 근자에 조운총병(漕運總兵)[142]이 대금이 제때 지급되지 않는 것을 이유로 대금을 받아 직접 만들기

의 근심이 생기자 가정 33년(1554)에 제독군무(提督軍務)를 더하여 소주(蘇州)로 옮겼다(『明史』 권73 「職官 2」).

132) 등소(滕昭)는 성화 연간의 관리로, 『獻徵錄』 권40에 전(傳)이 있다.

133) "성화 7년에 이르러" 이하의 기사는 『明史稿』에는 "개태(改兌)의 논의는 성화 7년 순무 등소가 건의하였다. 과주(瓜洲)·회안(淮安)의 관군으로 하여금 강을 건너 태운하게 했는데, 모미를 더하는 것 외에 다시 각미를 덧붙였다"고 되어 있다. 이것은 『憲宗實錄』 成化 7년 9월 丁亥 조에 충실히 따른 것이 분명하기 때문에, 본문 중의 '운군'이란 '과주·회안의 관군'을 가리킨다.

134) "몇 년 뒤에" 이하의 기사는 萬曆 『大明會典』 권27, 「漕運」의 성화 11년(1475)에 실린 기사에 의한 것이다.

135) 종래 지운법에 의해 수송된 조량은 모두 개태법에 따르기에 이르렀다는 의미이다. 그러나 개태법에 의해 다 수송할 수 없는 소량의 조량이 여전히 임청·덕주 등의 창(倉)에서 운납(運納)되었던 것은 본문에서 나중에 서술하는 바와 같다.

136) 태운 및 개태법은 지운법에 비해 군운(軍運)의 거리가 자못 길었기 때문에, 이 두 법을 총칭하여 장운(長運)이라고 한 것이다.

137) 이러한 사실은 『憲宗實錄』 성화 14년 정월 丁亥 조에 보인다.

138) 지불기가 도래하면 다시 그대로 빌리는 식으로, 순환적으로 빌려서 그때마다 원금과 이자가 차례로 증가하기 때문에, 마침내 지불할 수 없게 된다는 뜻으로, 운군의 고통을 서술한 문장이다.

139) 마문승(馬文升, 1426~1510)은 성화·홍치 연간의 정치가이다. 당시 도찰원좌도어사(都察院左都御史)였다. 『明史』 권182에 전(傳)이 있다.

140) 직성(直省)이란 직예 및 각 성 즉 전국이라는 뜻이다.

141) 공부는 중앙관청인 육부의 하나로, 주로 영조공작(營造工作)의 일을 관장한다.

142) 조운총병(漕運總兵)이란 조운총병관(漕運總兵官)을 말한다. 영락 2년에 창설되었다.

를 청하였습니다. 그런데 공부의 신하들은 군사를 보호하지 못하게 될까 염려하여, 의논해서 공부에서 비용의 4할을 내고, 군위(軍衛)에서 3할을 맡으며, 구선(舊船)으로 3할을 충당하게 하였습니다.[143] 군위에서는 조달할 방법이 없어, 모두 군사들이 재산을 팔고 아들딸을 팔아 공급하니, 이것이 조선(造船)의 괴로움입니다. 정군(正軍)은 도망한 자의 인수(人數)가 많아도 액수(額數)[144]가 줄지 않아 모두 여정(餘丁)[145]으로 충당하니, 한 호(戶)에 서너 사람이 역에 응하는 경우도 있습니다. 봄에 태운하고 가을에 돌아오는데, 온갖 고생을 다합니다. 배가 장가만(張家灣)[146]에 이르면 다시 수레를 고용해서 옮겨 운반하는데, 대부분 돈을 빌려서 그 비용에 대니, 이것이 왕래의 괴로움입니다. 그 빌린 것은 운관이 이를 이용하여 착취하니, 배나 되는 이자를 물게 됩니다. 그리하여 군사는 스스로 토산품을 싣고 와서 땔감이나 미곡과 바꾸기도 하지만, 또한 금례(禁例)에 저촉되어 대부분이 약탈을 당합니다.[147] 지금 마땅히 조선의 비용을 배 1척당 은 20량씩 더해주고, 운관 및 유사가 착취하는 폐단을 단속하고 금지하신다면, 운군의 곤궁함을 조금이나마 덜 수 있을 것입니다"라고 하니, 조(詔)를 내려 그 건의를 수용

조운 운영의 최고책임자이었지만, 경태 2년 조운총독(漕運總督)이 신설된 뒤 이와 협력하여 그 지위를 유지했다. 융경 이후 순조어사(巡漕御史)의 진출에 따라 용관(冗官)으로 간주되기에 이르렀다.

143) 『孝宗實錄』 弘治 元年 2월 丙辰 조에는 "구선(舊船)은 3분(分)을 만드는 것을 허락한다"고 되어 있는데, "만든다"[作]는 것은 "사(使)" 또는 "용(用)"의 뜻이기 때문에, 구선의 고재(古材) 또는 매각대금 등의 형태로 새로운 배를 만드는 데 3할을 지출한다는 뜻일 것이다.

144) 액수란 여기에서는 수송해야 할 조량의 전체 액수라는 뜻이다.

145) 명대의 호적은 군(軍)·민(民)·장(匠)으로 나누어져, 군호는 위소에, 민호는 주현에, 장호는 공부에 예속하여 분명하게 구별하였는데, 군호는 호마다 장정 1인을 내어 이를 정정(正丁)이라 하고, 그 호의 다른 장정을 여정(餘丁)이라 하였다.

146) 장가만(張家灣)은 현재 하북성 통현(通縣) 치소의 남방, 백하(白河)·위하(衛河)가 만나는 지점 가까이에 위치하고 있다. 명대 조선(漕船)의 도달지로 혜통하(惠通河) 준설 전은 조량을 여기에서 육지로 올린 뒤, 수레로 운반해서 경창과 통창으로 보냈다.

147) 운군은 조선(漕船)에 토산물을 싣고 연도에서 팔아 이득을 얻어 생계를 보충하고자 하였으나, 조선에 개인화물을 실을 수 없다는 금례(禁例)를 구실로 운관이 약탈을 가한다는 뜻이다.

하였다.[148] 5년에 호부상서 섭기(葉淇)[149]가 말하기를, "소주부와 송강부 등 여러 부에서 매년 흉년이 들어 백성이 조미(漕米)를 사는데 석당 은 2량이었습니다. 그리고 북직예·산동·하남에서 매년 선부진(宣府鎭)과 대동진(大同鎭)에 공급하는 곡물의 가격은 석당 또한 은 1량이었습니다. 작년에 소주의 태운은 이미 50만 석을 환산하였는데, 석당 은 1량이었습니다. 지금 청컨대, 여러 부에 미루어 시행하되 조금 그 가격에 차이를 두어, 재해가 심각한 곳은 석당 7전으로 하고 조금 가벼운 곳은 전과 같이 석당 1량으로 하시기 바랍니다. 모두 호부로 보낸 뒤 다시 각 변진(邊鎭)[150]으로 전달하여 북직예 등 3곳[151]에서 매년 공급하는 수에 충당하게 하고, 3곳의 본색(本色)을 거두어 경창(京倉)에 보내게 한다면, 비용은 절약되면서도 일은 쉽게 이루어질 것입니다"라고 하니,[152] 이를 받아들였다. 이후 재해가 든 해에는 번번이 그때그때 편의에 따라 은으로 절납(折納)하고 수차창(水次倉)의 지운량(支運糧)[153]으로 그 수에 충당하였는데, 환산 가격은 6~7전을 기준으로 하였으며, 다시 1량에 이르는 경우는 없었다.

원문 先是, 成化間行長運之法. 江南州縣運糧至南京, 令官軍就水次兌支, 計省加耗輸輓之費, 得餘米十萬石有奇, 貯預備倉以資緩急之用. 至是, 巡撫都御史以兌支有弊, 請令如舊上倉而後放支. 戶部言: "兌支法善, 不可易." 詔從部議, 以所餘就貯各衛倉, 作正支銷. 又從戶

---

148) "홍치 원년 도어사 마문승이" 이하의 기사는 『孝宗實錄』 弘治 元年 2월 丙辰 조에 의한 것이다. 이와 같은 운군의 조선 비용 부담에 의하여 운군이 어려움에 빠지자, 민간의 경제력이 서서히 조운의 운영기구 속으로 침투하게 된 것 같다.

149) 섭기(葉淇, ?~1496)는 성화·홍치 연간의 정치가로, 『明史』 권185에 전(傳)이 있다.

150) 변진(邊鎭)은 선부(宣府)·대동(大同) 등의 변진을 가리킨다.

151) 3곳은 북직예·산동·하남을 가리킨다.

152) "5년에 호부상서 섭기가" 이하의 기사는 『孝宗實錄』 弘治 5년 7월 丁酉 조에 의한 것이다.

153) 개태법이 시행된 이후 수차창(水次倉) 즉 임청주·덕주 2창에 저장한 곡물로부터 운군이 운송하는 곡물을 지운량(支運糧)이라고 한다. 이 지운량을 가지고 절은(折銀)에 의해 부족한 본색을 보충한다는 의미이다.

部言, 山東改兌糧九萬石, 仍聽民自運臨、德二倉, 令官軍支運. 正德二年, 漕運官請疏通水次倉儲, 言 : "往時民運至淮、徐、臨、德四倉, 以待衛軍支運. 後改附近州縣水次交兌. 已而并支運七十萬石亦令改兌. 但七十萬石之外, 猶有交兌不盡者, 民仍運赴四倉, 久無支銷, 以致陳腐. 請將浙江、江西、湖廣正兌糧米三十五萬石, 折銀解京, 而令三省衛軍赴臨、德等倉, 支運如所折之數. 則諸倉米不腐, 三省漕卒便於支運, 歲漕額外, 又得三十五萬折銀, 一擧而數善具矣." 帝命部臣議, 如其請. 六年, 戶部侍郎邵寶以漕運遲滯, 請復支運法. 戶部議, 支運法廢久, 不可卒復, 事遂寢.

옮김 譯 이보다 앞서 성화 연간에는 장운법(長運法)[154]을 시행하였다. 강남의 주현에서 세량을 운반해서 남경(南京)에 이르면 관군으로 하여금 수차에 나아가 태지(兌支)[155]하게 하였는데, 계산해보니 가모(加耗)와 운반의 비용을 절약하여 여미(餘米) 10만 석 남짓을 얻어 예비창[156]에 저장하여 완급의 쓰임에 도움이 되게 하였다. 이에 이르러 순무도어사(巡撫都御史)[157]가 태지에 폐단이 있다는 이유로 예전과 같이 창에 넣은 뒤에 지급하게 하자고 청하였다. 호부가 이르기를 "태지법이 좋으니 바꾸어서는 안 됩니다"고 하여, 조(詔)를 내려 호부의 논의에 따르게 하고, 남은 것을 가지고서 각 위창(衛倉)에 저장하여 정식 지급 비용으로 삼게 하였다.[158] 또 호부의 의견에 따라 산동의 개태량(改兌糧)[159] 9만 석을 전과

154) 『明史稿』는 '長運'이 '改兌'라고 되어 있다. 장운(長運)은 태운·개태 두 법의 총칭이기 때문에 여기에서는 본문에 따라야 할 것이다.

155) 태지(兌支)란 태운과 지운을 함께 사용하는 것을 말한다.

156) 예비창(預備倉)은 구휼을 위한 시설이다. 상세한 것은 『明史』 권79 「食貨 3」 倉庫 항 참조.

157) 순무로서 파견되거나 상주하는 경관은 대개 6부의 시랑인데, 직책 수행의 편의상 때로는 도어사를 이에 임명한 경우가 있었다. 이것을 순무도어사라고 한다.

158) "이보다 앞서" 이하의 기사는 『孝宗實錄』 弘治 6년 4월 己亥 조에 의한 것이기 때문에, "이에 이르러" 이후의 기사도 같은 해의 사실이라고 해야 할 것이다.

159) 개태량(改兌糧)이란 개태미(改兌米)와 같다. 이에 대해서는 앞의 주 127)을 참조하라.

같이 백성이 스스로 임청·덕주 2창으로 운반하도록 하고, 관군으로 하여금 지운토록 하였다.[160] 정덕 2년(1507)에 조운관(漕運官)이 수차의 창고 저장 물자를 소통시킬 것을 청하여 말하기를, "예전에는 백성이 회안·서주·임청·덕주 4창에 운반하여 위군(衛軍)이 지운하기를 기다렸습니다. 후에는 부근 주현의 수차에서 교태하는 것으로 고쳤습니다. 그로부터 얼마 후 지운하던 70만 석도 아울러 개태(改兌)하게 하였습니다. 다만 70만 석 외에 여전히 교태로 다할 수 없는 것이 있어, 백성은 전과 같이 4창으로 운반하였는데, 오랫동안 지급하지 않아 썩어 문드러지기에 이르렀습니다. 청컨대 절강·강서·호광의 정태량미(正兌糧米)[161] 35만 석을 은으로 환산해서 경사에 보내게 하고 3성(省)의 위군(衛軍)으로 하여금 임청·덕주 등의 창에 가서 환산한 수만큼 지운하게 하십시오. 그렇게 하면 여러 창의 미는 썩지 않고, 3성의 조졸(漕卒)은 지운을 편하다 할 것이며, 해마다 조액(漕額) 외에 또 35만의 환산한 은을 얻게 되니, 일거에 여러 장점을 취할 수 있습니다"라고 했다. 정덕제(正德帝)가 호부의 신료에게 명하여 논의하게 하니, 그 청(請)과 같았다.[162] 6년(1511) 호부시랑(戶部侍郎)[163] 소보(邵寶)[164]는 조운(漕運)이 지체된다는 이유로 지운법으로 돌아갈 것을 청하였다. 호부에서 논의하기를, 지운법은 폐지된 지 오래되어 갑자기 부활시키는 것은 옳지 않다고 하여, 일은 마침내 잠잠해졌다.[165]

---

160) "또 호부의 말에 따라" 이하의 기사는 『孝宗實錄』 弘治 6년 10월 戊辰 조에 의한 것이다. 그러나 이 민운의 조치는 임시적·예외적인 것인 듯하고, 임청·덕주 2창의 양미(糧米)가 원칙적으로 개태법에 의해야 하는 것은 萬曆 『大明會典』 권26, 「起運」에 만력 6년의 기운수목(起運數目)으로서 "臨·德二倉改兌米九萬五千六百石"으로 기재되어 있는 것에 의해 분명히 알 수 있다.

161) 정태량미(正兌糧米)란 개태량미(改兌糧米)에 상대적인 말로, 태운미(兌運米)를 가리키는데, 태운법에 의해 수송된 조량을 말한다.

162) "정덕 2년에 조운관이" 이하의 기사는 『武宗實錄』 正德 2년 10월 己亥 조에 의한 것이다.

163) 호부시랑은 호부의 차관(次官)이다.

164) 소보(邵寶)는 정덕·가정 연간의 관리로, 『明史』 권282에 전(傳)이 있다.

165) "6년 호부시랑" 이하의 기사는 『武宗實錄』 正德 6년 12월 辛巳 조에 의한 것이다.

원문

臨、德二倉之貯米也, 凡十九萬, 計十年得百九十萬. 自世宗初, 災傷撥補日多, 而山東、河南以歲歉, 數請輕減, 且二倉囤積多朽腐. 於是改折之議屢興, 而倉儲漸耗矣. 嘉靖元年, 漕運總督楊宏, 請以輕齎銀聽運官道支, 爲顧僦舟車之費, 不必裝鞘印封, 計算羨餘, 以苦漕卒. 給事、御史交駁之. 戶部言 : "科道官之論主於防奸, 是也. 但輕齎本資轉般費, 今慮官軍侵耗, 盡取其贏餘以歸太倉, 則以脚價爲正糧, 非立法初意也." 乃議運船至通州, 巡倉御史覈驗, 酌量支用實數, 著爲定規. 有羨餘, 不輸太倉, 卽用以修船, 官旗漁蠹者重罪. 輕齎銀者, 憲宗以諸倉改兌, 給路費, 始各有耗米; 兌運米, 俱一平一銳, 故有銳米; 自隨船給運四斗外, 餘折銀, 謂之輕齎. 凡四十四萬五千餘兩, 後頗入太倉矣.

옮김 譯

임청과 덕주 2창에서 저장하는 미는 모두 19만 석으로, 10년을 계산하면 190만 석이다. 세종 초부터 재해지에 보충해서 내는 날이 많았고,[166] 산동·하남에서는 흉년이 들었다는 이유로 자주 경감해 줄 것을 청하였으며, 또한 2창에 쌓아둔 미가 많이 썩어문드러졌다. 이에 절납(折納)으로 바꾸자는 논의가 자주 일어났고, 창에 쌓아둔 물자는 점차 줄어들었다.[167] 가정 원년(1522)에 조운총독(漕運總督) 양굉(楊宏)[168]이 청하기를, 경재은(輕齎銀)을 운관(運官)[169]이 길에서 지불하여 배와 수레를 고용하고 빌리는 비용으로 삼도록 하고, 초(鞘)[170]에 담아 인봉(印封)[171]하

166) 재해지에서 납입해야 할 조량을 대신해서 보충하여 납입하는 것을 말한다. 임청·덕주 2창에서 이 역할을 수행한 실례를 『實錄』에서 본다면, 가정 연간만 해도 7년 9월 乙酉·10년 9월 辛酉·12년 10월 丙申·13년 9월 丙子, 13년 9월 乙丑·13년 11월 甲子·14년 8월 辛酉·15년 10월 乙酉·20년 정월 己亥·20년 10월 癸丑 등의 기사에 보인다.

167) "임청과 덕주 2창에서" 이하의 기사는 『神宗實錄』 萬曆 元年 8月 庚申 조의 순무강서부도어사 서식(徐栻)이 올린 주문(奏文)의 한 구절에 의한 것이다. 한편 저장한 미가 줄어드는 원인에는 이 밖에 가정 이후 변향(邊餉)의 공급, 운군의 행량과 월량의 지급에도 충당된 일을 들 수 있다. 때문에 만력 연간에는 개절(改折)을 막고 본색 50만 석을 확보할 대책을 세웠으나(『神宗實錄』 萬曆 14년 12월 壬戌 조) 효과는 없었고, 말기에는 텅 비게 되었다(『神宗實錄』 萬曆 45년 5월 辛亥 조).

168) 양굉(楊宏)은 정덕·가정 연간의 무신으로, 『獻徵錄』 권107에 전(傳)이 있다.

169) 운관(運官)은 조운(漕運)과 관련이 있는 관리의 범칭이다.

고 선여(羨餘)를 계산해서[172] 조졸(漕卒)을 고생시킬 필요가 없을 것이라고 하였다. 급사(給事)[173]와 어사가 번갈아 반박하였다. 호부에서 말하기를, "과도관(科道官)[174]의 논의가 농간을 방지하는 데 주안점을 둔 것은 옳습니다. 다만 경재(輕齎)는 본래 운반비에 보탬이 되도록 한 것인데, 지금 관군이 모미를 침탈할까 우려하여, 그 나머지를 다 취해 태창(太倉)[175]에 귀속시킨다면, 각가(脚價)[176]가 정량(正糧)이 되니 법을 제정할 때의 처음 의도가 아닙니다"라고 하였다. 이에 의논하여 운선(運船)이 통주(通州)에 이르면 순창어사(巡倉御史)[177]가 조사해서 지출에 사용되는 실제의 수를 참작하여 헤아리도록 하고, 이를 기록하여 정규(定規)로 하였다. 선여(羨餘)가 있으면 태창으로 보내지 않고 배를 수리하는 데 썼으며, 관기(官旗)[178]가 약탈하는 경우는 중죄로 다스렸다.[179] 경재은이란, 헌종 때 여러 창에서 개태(改兌)한다는 이유로 노비를 지급[180]하면서 비로소 각기

170) '초(鞘)'란 나무를 깎아 은을 담아 전송(轉送)하기에 편하게 만든 용기이다.

171) '인봉(印封)'이란 일반적으로 지방관청에서 중앙관청으로, 또는 상호간에 발송하는 중요한 문서를 두툼한 봉지에 넣어 인신(印信)을 날인하여 역송(驛送)에 붙이는 것을 말한다.

172) 경재은(輕齎銀)은 원래 통주(通州)에 보낼 때 연도에서의 소비액 및 기타 비용을 모두 계산하여 그 액수를 공제한 뒤 잔액을 태창(太倉)에 수납(輸納)하는 것이 통례였다.

173) 급사(給事)는 급사중(給事中)의 약칭이다. 천자에 시종 및 간언을 하고, 모든 관청의 잘못을 계찰(稽察)하는 것을 그 직무로 하며, 장주(章奏)를 반박하고 제칙(制勅)을 봉환(封還)하는 권한을 가진다. 명대에는 이・호・예・병・형・공의 6과(科)로 나누고, 과마다 도급사중(都給事中) 1인, 좌・우급사중(給事中) 각 1인, 급사중 4인 내지 10인이 있었다(『續文獻通考』 권52 「職官考」). 여기에서는 호과급사중을 가리킨다(『世宗實錄』 嘉靖 元年 12월 壬寅 조).

174) 과도관(科道官)이란 육과급사중 및 십삼도감찰어사(十三道監察御史)의 총칭이다. 여기에서는 앞에서 나온 급사중과 어사를 의미한다.

175) 태창(太倉)은 태창고(太倉庫)를 가리키는데, 절색 특히 은을 수납하는 기능을 가졌다(萬曆 『大明會典』 권30 「庫藏 1」 太倉庫). 상세한 것은 『明史』 권79, 「食貨 3」 倉庫 항 참조

176) 각가(脚價)란 운반하기 위한 노비를 가리킨다.

177) 순창어사(巡倉御史)란 십삼도감찰어사 중 창장(倉場)을 순시독찰(巡視督察)하는 관을 말한다(『明史』 권73 「職官 2」).

178) 관기(官旗)란 운관(運官) 및 기군(旗軍)의 약칭이다. 조운에 종사하는 관리와 운군이다.

179) "가정 원년에 조운총병" 이하의 기사는 『世宗實錄』 嘉靖 元年 12월 壬寅 조에 의한 것이다.

모미가 있게 되었고, 태운미(兌運米)는 모두 일평일예(一平一銳)[181]하였기 때문에 예미(銳米)[182]가 있었으며, 배에 따라 운군에게 지급하는 4두 외에 나머지는 은으로 바꾸었는데, 이를 경재라 한 것이다.[183] 총 44만 5,000여 량이었는데, 후에는 자못 태창에 들였다.[184]

원문 隆慶中, 運道艱阻, 議者欲開膠萊河, 復海運. 由淮安淸江浦口, 歷新壩、馬家壕至海倉口, 徑抵直沽, 止循海套, 不泛大洋. 疏上, 遣官勘報, 以水多沙磧而止.

옮김 譯 융경(隆慶) 연간에 운도(運道)가 어렵고 험하여 의논하는 사람들이 교래하(膠萊河)[185]를 열어 해운을 회복하고자 하였다. 회안의 청강

---

180) "경재은이란" 이하의 기사는 萬曆『大明會典』권27,「漕運」脚耗輕齎의 항에 "성화 연간 서주·회안·임청·덕주 4창의 지운을 또한 군에게 개태하고 모두 노비를 주었다"고 되어 있는 것에 의한 것이다.

181) 조량을 재는 되를 조곡(漕斛) 또는 창곡(倉斛)이라 하고, 1곡(斛)은 5두(斗)를 담는데, 1석(石)은 2곡이 필요하다. 일평일예(一平一銳)란 1석을 재는데 1곡은 평평하게, 1곡은 수북하게 쌓아 재는 방식을 말한다. 일평일첨(一平一尖)이라고 표현할 수도 있다.

182) 일평일예의 방법으로 재면 1석 당 1두를 더하는 것이 된다. 이 1두를 예미(銳米) 또는 첨미(尖米)라고 한다.

183) "비로소 각각" 이하의 기사는 萬曆『大明會典』권27,「漕運」脚耗輕齎 항에 의한 것이다. 이 문장의 의미를 서술하면, 조량을 교태할 때 모미와 함께 일평일예의 측량 방법으로 한다면 1석당 1두의 예미를 얻을 수 있다. 강서·호광·절강 등의 조량은 1석당 6두 6승의 모미이기 때문에, 여기에 예미를 더하여 7두 6승이 되고, 그 가운데 수송 중의 소모미(消耗米) 4두를 제하고 나머지 3두 6승을 은으로 환산한다(이것을 삼육경재(三六輕齎)라고 한다). 또 북직예에서는 모미 및 예미의 합계는 5두 6승인데, 소모미 3두를 제하고 2두 6승을 은으로 환산한다(이육경재(二六輕齎)). 그 밖의 다른 지방도 또한 수송거리의 장단에 의해 모미의 양이 다르기 때문에 절은액(折銀額)은 달라도 이와 같은 절은(折銀)을 경재은(輕齎銀)이라고 하는 것이다(『國朝典彙』권97「漕運」成化 10년 2월 조).

184)『神宗實錄』萬曆 7年 9月 辛酉 조에 의한 것이다.

185) 교래하(膠萊河)는 오늘날 산동반도의 고하(沽河)와 교하(膠河)를, 평도현(平度縣) 서방을 개착하는 운하에 의해 연결하는 하도(河道)이다. 원의 지원 17년 7월 강남에서 대도(大都) 즉 북경에 이르는 해운선이 산동반도를 우회할 때 만나는 위험을 제거하기 위해, 요연(姚演)이 기도한 것에서 비롯되었다. 원조는 교래해도조운사(膠萊海道漕運使) 아팔적(阿八赤)으로 하여금 착공하게 하였으나 소기의 성과를 얻지 못하고, 21~22년

포구(淸江浦口)[186]로부터 신파(新壩)[187] · 마가호(馬家壕)[188]를 거쳐 해창구(海倉口)[189]에 이르러 바로 직고(直沽)에 다다르면, 바다 모퉁이만 돌면 되고 대양을 건너지 않아도 된다는 것이었다. 소(疏)가 올라가자 관을 파견해서 조사하여 보고하게 하였는데, 물에 모래가 많다고 하여 중지하였다.[190]

원문 神宗時, 漕運總督舒應龍言 : "國家兩都並建, 淮、徐、臨、德, 實南北咽喉. 自兌運久行, 臨、德尙有歲積, 而淮、徐二倉無粒米. 請自今山東、河南全熟時, 盡徵本色上倉. 計臨、德已足五十餘萬, 則令納於二倉, 亦積五十萬石而止." 從之. 當是時, 折銀漸多. 萬曆三十年, 漕運抵京, 僅百三十八萬餘石. 而撫臣議截留漕米以濟河工, 倉場侍郞趙世卿爭之, 言 : "太倉入不當出, 計二年後, 六軍萬姓將待新漕擧炊. 倘輸納愆期, 不復有京師矣." 蓋災傷折銀, 本折漕糧以抵京軍月俸. 其時混支以給邊餉, 遂致銀米兩空, 故世卿爭之. 自後倉儲漸匱, 漕政亦益弛. 迨於啓、禎, 天下蕭然煩費, 歲供愈不足支矣.

경 도중에 육운을 섞어 겨우 해마다 10만 석 내외를 수송할 수 있었을 뿐으로, 배의 파손이 심하여 매년 300만 석 이상의 조량의 수송로로서의 기능은 바랄 수 없게 되었기 때문에, 22년 2월에 공사를 중지하였다. 명대에는 재삼 공사재개의 의논이 있었다. 정통 6년 창읍인(昌邑人) 왕탄(王坦), 가정 11년 순안어사 방원(方遠) 등의 상주는 어느 것도 채용되지 않았는데, 가정 17년 산동순무 호찬종(胡纘宗)의 건의가 처음으로 받아들여져 2년 뒤 해방도부사(海防道副使) 왕헌(王獻)으로 하여금 화기(火器)를 가지고 시공하게 하였으나 실패하였다. 가정 31년 급사중 이용경(李用敬)의 재개하자는 상언은 기각되고, 그리하여 여기에서 말하는 융경 5년 이귀화(李貴和)의 건의로 이어져 실지답사를 행하였으나, 성공을 보지 못하고 중지되고 말았다.

186) 청강포(淸江浦)는 지금의 강소성 회음현치(淮陰縣治)이다. 회안현치에서 서쪽으로 약 60리로서, 회수(淮水)에 접하고 있다(『讀史方輿紀要』 권22 淮安府).

187) 신파(新壩)는 지금의 강소성 동해현(東海縣) 남방 약 40리의 신파진(新壩鎭)이다(『讀史方輿紀要』 권22 淮安府 海州).

188) 마가호(馬家壕)는 지금의 산동성 평도현(平度縣) 근방이다(『讀史方輿紀要』 권36 平度州 新河).

189) 해창구(海倉口)는 오늘날 산동성 액현(掖縣) 서방에 위치한 교하(膠河)에서 바다로 들어가는 입구이다.

190) "융경 연간" 이하의 기사는 『穆宗實錄』 隆慶 5년 3월 丁卯 조에 의한 것이다.

옮김
譯

신종(神宗) 때 조운총독(漕運總督)[191] 서응룡(舒應龍[192])이 말하기를, "나라에 두 수도[193]가 병존하니, 회안·서주·임청·덕주는 실로 남북의 급소입니다. 태운(兌運)이 행해진 지 오래되고 나서 임청·덕주는 아직 저장이 있으나 회안·서주의 2창은 쌀 한 톨도 없습니다. 청컨대 지금부터 산동·하남에서 크게 풍년이 들면, 모두 본색(本色)으로 징수하여 창에 넣으시기 바랍니다. 헤아려보아 임청·덕주에 이미 50여 만 석이 채워지면 회안·서주의 2창에 들이도록 하되, 또한 50만 석이 쌓이면 그치시기 바랍니다"라고 하니, 이를 받아들였다.[194] 이때 은으로 절납하는 것이 점차 많아졌다. 만력 30년(1602)에 조운(漕運)하여 경사에 이른 것이 겨우 138만여 석이었다. 그리고 무신(撫臣)[195]이 조운미(漕運米)를 절류(截留)[196]하여 황하를 정비하는 공사에 보탤 것을 건의하니, 창장시랑(倉場侍郎)[197] 조세경(趙世卿)[198]이 이를 반대하며 말하기를, "태창의 수입이 지출을 감당하지 못하니, 헤아려보건대, 2년 뒤에는 육군만성(六軍萬姓)[199]이 장차 새 조미(漕米)를 기다렸다가 밥을 짓게 될 것입니다. 만약 수납(輸納)이 기한을 어기게 되면 더 이상 경사가 존립하지 못할 것입니다"라고 하였다. 대개 재해가 있어

---

191) 조운총독(漕運總督)은 조운 운영의 최고책임관이다. 경태 원년에 창설에 관한 의논이 정해져 다음 해에 초대 총독이 임명되어, 원래 있던 조운총병관(漕運總兵官)과 병존하면서 조운의 업무를 처리하였다. 대개 도어사를 이에 충당하여 봉양등처(鳳陽等處)의 순무를 겸하게 하였고, 때로는 제독군무(提督軍務) 또는 하도총독(河道總督) 등도 겸임하여, 그 권한은 대외적으로 넓었는데, 총병관이 대내적으로 좁게 통솔한 것과 비교된다.

192) 서응룡(舒應龍)은 만력 연간의 정치가로, 『國朝列卿記』 권150에 전(傳)이 있다.

193) 두 수도란 북경과 남경을 가리킨다.

194) "신종 때" 이하의 기사는 『神宗實錄』 萬曆 17년 8월 己卯 조에 의한 것이다.

195) 무신(撫臣)은 순무를 말한다. 여기서는 봉양순무(鳳陽巡撫) 이삼재(李三才)를 가리킨다.

196) 절류(截留)란 마땅히 다른 곳으로 가야 할 것들을 남겨 두는 것을 말한다.

197) 창장시랑(倉場侍郎)은 경사 및 통주 등의 양곡을 저장하는 곳 즉 양창(糧倉)을 관리하는 호부시랑으로, 총독창장시랑(總督倉場侍郎)이라고도 한다.

198) 조세경(趙世卿, ?~1616)은 만력 연간의 정치가로, 『明史』 권220에 전(傳)이 있다.

199) 육군만성(六軍萬姓)은 군민 모두라는 뜻이다. 예를 들어 『周禮』 권28 「夏官司馬 4」에 "무릇 군대를 편성할 때 1만 2,500인을 1군(軍)으로 한다. 왕은 6군, 대국(大國)은 3군, 차국(次國)은 2군, 소국(小國)은 1군으로 한다"고 되어 있듯이, 육군은 천자가 통솔하는 군을 가리킨다. 만성은 만민이란 뜻이다.

은으로 바꾸어 내는 것은 본래 조량(漕糧)을 은으로 바꾸어 경군(京軍)의 월봉에 충당하는 것이었다. 그 당시 (은과 미를) 섞어 지출하여 변향(邊餉)[200]에 공급하였는데, 마침내 은과 미 둘 다 비게 되었기[201] 때문에 조세경이 반대했던 것이다. 그 뒤 창의 저장 물자가 점차 비게 되었고 조정(漕政)도 더욱 이완되었다. 천계·숭정 때에 이르러, 천하가 시끄럽게 되어[202] 크게 비용이 드니, 세공(歲供)을 더욱 대지 못하였다.[203]

원문 運船之數, 永樂至景泰, 大小無定, 爲數至多. 天順以後, 定船萬一千七百七十, 官軍十二萬人. 許令附載土宜, 免徵稅鈔. 孝宗時限十石, 神宗時至六十石.

옮김 譯 운선(運船)의 수는 영락에서 경태에 이르기까지 크기는 정해지지 않았고, 수는 매우 많았다.[204] 천순 이후 선(船) 1만 1,770척, 관군 12만 명으로 정하였다.[205] 토산물을 덧붙여 싣게 하는 것을 허용하고,[206] 세초(稅鈔)의 징수를 면제하였다.[207] 효종(孝宗) 때 10석으로 제한하였는데,[208] 신종 때 60석에 이르렀다.[209]

---

200) 변향(邊餉)이란 변강지방(邊疆地方)에 주둔한 군대에게 보내는 양향(糧餉)을 말한다.

201) "무신이 조운미를" 이하의 기사는 『神宗實錄』 萬曆 30년 윤2월 丁未 조에 의한 것이다.

202) 숭정 때 북방변경에는 전쟁 상황이 날로 긴박하였고, 내지에는 자연재해가 빈발하여 도처에서 반란이 일어났으며, 농촌경제가 침체되고 사회가 혼란해졌고, 조운은 막히고 또 약탈당해 기내(畿內)는 식량 결핍이 심각하였다.

203) 『明會要』 권31 職官3에 실린 창장시랑 남거역(南居易)의 상주에 "今計京·通二倉實在米止二百餘萬, 不過兩年配搭, 便罄盡而無餘. 根本重地, 萬一有意外之變, 何以御之?"라고 되어 있는데, 이는 숭정 연간 북경의 세공(歲供)이 부족한 정황을 반영하고 있다.

204) 명대 운선(運船)의 수는 영락 때 천선(淺船)이 약 2천여 척, 차양선(遮洋船)이 약 350척이다(萬曆 『大明會典』 권27 「漕船」).

205) 선(船) 및 운군(運軍)의 수에 관한 이 수치는 개략적인 것으로, 때에 따라 다소의 증감이 있었다. 가정 연간의 선수(船數)는 1만 2,100여 척이었다(萬曆 『大明會典』 권27 「漕船」).

206) 토산물 또는 개인의 화물을 조선(漕船)에 덧붙여 싣도록 허용한 것은 홍무 말이다(『仁宗實錄』 洪熙 元年 정월 乙未 조).

207) 덧붙여 싣게 한 토산물에 대한 면세는 성화 원년부터 시작하였다(萬曆 『大明會典』 권27 「漕運」 優恤官軍).

208) 10석으로 제한한 것은 홍치 15년이다(『漕運通志』 권8 「漕例」). 조운 관군이 지방의

원문 憲宗立運船至京期限, 北直隷、河南、山東五月初一日, 南直隷七月初一日, 其過江支兌者, 展一月, 浙江、江西、湖廣九月初一日. 通計三年考成, 違限者, 運官降罰. 武宗列水程圖格, 按日次塡行止站地, 違限之米, 頓德州諸倉, 曰寄囤. 世宗定過淮程限, 江北十二月, 江南正月, 湖廣、浙江、江西三月, 神宗時改爲二月. 又改至京限五月者, 縮一月, 七八九月者, 遞縮兩月, 後又通縮一月. 神宗初, 定十月開倉, 十一月兌竣, 大縣限船到十日, 小縣五日. 十二月開幇, 二月過淮, 三月過洪入閘. 皆先期以樣米呈戶部, 運糧到日, 比驗相同乃收.

옮김 譯 헌종 때 운선(運船)이 경사에 이르는 기한을 정했는데, 북직예·하남·산동은 5월 1일, 남직예는 7월 1일이었고, 그 중 장강(長江)을 건너 지태(支兌)하는 경우는 1개월을 연장하여 주었으며, 절강·강서·호광은 9월 1일이었다. 3년을 합산해서 고과(考課)를 하는데 기한을 어긴 경우 운관에게 강등의 벌을 주었다.[210] 무종 때 수운(水運) 일정의 예정 도표를 그려놓고 날짜에 따라 가고 멈추는 참지(站地)를 기입하고,[211] 기한을 어긴 미는 덕주의 제창(諸倉)에 쌓아두고, 기돈(寄囤)이라 하였다.[212] 세종 때 회수(淮水)를 건너는 노정의 기한을 정하였는데, 강북은 12월, 강남은 정월이었고, 호광·절강·강서는 3월이었다가[213] 신종

세호(勢豪)·간상(奸商)과 결탁하여 그들의 화물을 운반하고 운송비를 취하였고, 동시에 적재량도 증가하였기 때문에 그것을 제한한 것이다.

209) 융경에서 만력에 걸쳐 40석으로 제한하였는데(『穆宗實錄』 隆慶 5년 9월 辛酉; 『神宗實錄』 萬曆 15년 7월 癸巳 조), 만력 31년에 60석으로 늘렸다(『神宗實錄』 萬曆 31년 10월 癸卯 조).

210) "헌종 때" 이하의 기사는 萬曆 『大明會典』 권27 「漕規」 完糧期限 항 성화 8년의 규정에 의한 것이다.

211) "무종 때" 이하의 기사는 萬曆 『大明會典』 권27 「漕規」 運糧期限 항 正德 5년의 규정에 의한 것이다. 문장의 의미는 수운 일정의 예정도표(豫定圖表)를 그리고, 운행에 따라 가고 멈추는 곳을 기입한다는 의미로, 수송 지연의 방지책이다.

212) "기한을 어긴 미는" 이하의 기사는 萬曆 『大明會典』 권27, 「漕規」 寄頓 항의 홍치 12년의 규정에 의한 것이다.

213) "세종 때" 이하의 기사는 萬曆 『大明會典』 권27, 「漕規」 運糧程限 항의 가정 18년의

때 2월로 고쳤다.[214] 다시 경사에 이르는 기한을 고쳐 5월인 경우는 1개월을 단축하고 7·8·9월인 경우는 2개월을 단축하였으며,[215] 후에 다시 전체적으로 1개월을 단축하였다.[216] 신종 초에 정하기를, 10월에 창을 열고 11월에 교태(交兌)하는 것을 마치되, 대현(大縣)은 배의 도착을 10일, 소현(小縣)은 5일까지로 제한하였다. 12월에 방(幇)을 편성하여,[217] 2월에 회수를 건너고, 3월에 홍(洪)[218]을 지나 갑(閘)[219]에 들어가도록 하였다.[220] 모두 기한에 앞서 미의 견본[221]을 호부에 올려 운량(運糧)이 도착하는 날 비교·검사해서 서로 같아야 거두어들였다.[222]

규정에 의한 것이다. 여기에서 말하는 강북·강남은 남직예에 대해 장강(長江)을 경계로 그 이북과 이남을 가리키는 것이다.

214) 3월을 2월로 고친 것은 만력 2년이다(萬曆『大明會典』권27「漕規」運糧程限).

215) "다시 경사에 이르는 기한을" 이하의 기사는 萬曆『大明會典』권27「漕規」完糧期限 항의 가정 8년의 규정에 의한 것이다. 이미 서술한 성화 8년의 규정을 고친 것이다.

216) "전체적으로 1개월을 단축하였다"는 것은 萬曆『大明會典』권27,「漕規」完糧期限 항의 가정 37년의 규정에 의한 것이다.

217) "정하기를 10월에" 이하의 기사는 萬曆『大明會典』권27「漕規」水次交兌 항의 융경 4년의 규정에 의한 것이다. 문중에 "대현은 (…중략…) 소현은 (…중략…) 5일까지로"는『通漕類編』권3「徵兌運納」에 융경 3년의 일로 기록되어 있다. 그래서 서두의 "신종 초에"는 위의 문장에 관련된 것은 아닐까. '대현'·'소현'은 세량의 다과(多寡)에 의한 구별이다. '배의 도착을 10일'은 조량(漕糧)을 적재하기 위해 조운선이 차례로 도착하는 것이 10일간이라는 뜻이며, '방을 편성하여'는 조운선이 항해를 위해 방을 편성한다는 뜻이다.

218) 여기서는 서주홍(徐州洪) 및 여량홍(呂梁洪)을 가리킨다.

219) 여기서는 갑하(閘河) 즉 회통하(會通河)를 가리킨다.

220) "2월에 회수를 건너고" 이하의 기사는 만력 원년 및 2년의 사실(『通漕類編』권3「徵兌運納」;『神宗實錄』만력 2년 6월 丁未 조)이기 때문에 서두의 "신종 초에"는 이 문장에 관계된 것으로, 앞의 "10월에 창을 열고" 이하의 문장은 만력 초년 시행중인 규정을 보여주는 의미에서 부가된 것으로 보인다.

221) 미의 견본이란 조량의 수납(輸納)에 앞서 지방의 수송지로부터 호부에 양질(良質)의 견본으로 보내는 소량의 미속(米粟)으로, 조량의 품질 저하를 방지하는 방법이었다. 처음에 부주현관이 이것을 가지고 갔지만, 만력 연간에는 감태관(監兌官)이 이것을 처리하였다. 즉 수납해야 할 조량에서 2승을 떼어내어 쌀자루에 넣어 봉인하고 운관으로 하여금 호부에 보내게 하여 조량이 도착한 뒤 비교조사의 근거로 삼게 하였다, 그 송납(送納)은 조량수납(漕糧輸納)의 약 1개월 전이라고 정해졌지만, 지역의 원근에 따라 다소 차이는 인정되었다.

222) 萬曆『大明會典』권27「漕規」樣米 항의 선덕 10년의 규정에 의한 것이다.

원문 凡災傷奏請改折者, 毋過七月. 題議後期及臨時改題者, 立案免覆. 漂流者, 抵換食米. 大江漂流爲大患, 河道爲小患; 二百石外爲大患, 二百石內爲小患. 小患把總勘報, 大患具奏, 其後不計多寡, 概行奏勘矣.

옮김 譯 무릇 재해가 있어 절납으로 바꾸기를 주청하는 경우는 7월을 넘기지 못하게 하였다. 주청을 의논하는 중에 그 기한을 지났거나 임기응변으로 고쳐 주청한 경우는 실시계획을 세우면 재조사를 면해 주었다.[223] 표류하는 경우는 식미(食米)로 바꾸어 충당하게 하였다.[224] 장강의 표류는 대환(大患)으로 하고, 하도(河道)[225]는 소환(小患)으로 하였으며,[226] 200석 이상은 대환으로 하고, 200석 이내는 소환으로 하였다. 소환은 파총(把總)[227]이 조사하여 보고하고, 대환은 실정을 자세히 상주하게 하였는데,[228] 그 뒤 많고 적음을 가리지 않고 모두 조사결과를 상주하도록 하였다.[229]

원문 初, 船用楠杉, 下者乃用松. 三年小修, 六年大修, 十年更造. 每船受正耗米四百七十二石. 其後船數缺少, 一船受米七八百石. 附載夾帶日多, 所在稽留違限. 一遇河決, 卽有漂流, 官軍因之爲奸. 水次

---

223) 『通漕類編』 권3 「徵兌運納」 항의 만력 24년의 기사에 의한 것이다.

224) 萬曆 『大明會典』 권27 「漕規」 漂流 항의 성화 12년의 규정에 의한 것이다. 문장의 의미는 조량이 표류한 경우에는 그 피해미(被害米)를 운군의 식용으로 공급하고, 식용으로 적재한 미를 조량으로 집어넣는다는 뜻이다.

225) 하도(河道)란 운하도(運河道)를 말한다.

226) 『通漕類編』 권3 「漂流掛欠」 항의 天順 8년의 규정에 의한 것이다.

227) 파총(把總)은 조운파총관(漕運把總官)을 가리키고, 조운 운영상 지방기관의 핵심을 이룬다. 12인 또는 13인으로 요지마다 한 사람씩 주재하고 관할지역을 가지며 관할 내의 운량위소(運糧衛所)를 통솔하였다. 영락 연간 때 창설된 듯하다.

228) 萬曆 『大明會典』 권27 「漕規」 漂流 항의 가정 44년의 규정에 의한 것이다. 『世宗實錄』 嘉靖 44년 9월 甲寅 조에도 보인다.

229) 이 사실은 법적으로 정해진 것이 아니라, 관례적으로 행하여진 것으로, 가정·융경 연간에 시작된 듯하다.

折乾, 沿途侵盜, 妄稱水火, 至有鑿船自沈者.

옮김 譯 처음에 배[230]는 녹나무와 삼나무로 만들었는데, 하등의 배는 소나무를 썼다. 3년마다 소규모로 수리하고, 6년마다 대규모로 수리하며, 10년마다 새로 만들었다.[231] 배마다 정량과 모미 472석을 실었다. 그 뒤 배의 수가 줄어들어 한 배에 미 700~800석을 실었다.[232] 덧붙여 싣거나 몰래 휴대하는 것[233]이 날로 많아져, 곳곳에서 지체하면서 기한을 어겼다.[234] 한 번 황하가 터지는 일을 당하면 바로 표류하게 되는데, 관군이 이를 이용하여 농간을 부렸다. 수차(水次)에서는 절건(折乾)[235]하였고, 연도(沿途)에서는 착복하고는 거짓으로 수재와 화재를 칭하였으며, 심지어 배에 구멍을 뚫어 스스로 침몰시키는 경우도 있었다.[236]

원문 明初, 命武臣督海運. 嘗建漕運使, 尋罷. 成祖以後用御史, 又用侍郎、都御史催督, 郎中、員外分理, 主事督兌, 其制不一. 景泰二年始設漕運總督於淮安, 與總兵、參將同理漕事. 漕司領十二總, 十二萬軍, 與京操十二營軍相準. 初, 宣宗令運糧總兵官、巡撫侍郎歲八月赴京, 會議明年漕運事宜, 及設漕運總督, 則幷令總督赴京. 至萬曆十八年

---

230) 여기에서는 천선(淺船) 즉 하선(河船)을 말한다.

231) "3년마다" 이하의 기사는 천순 2년의 규정으로 삼나무를 재목으로 한 경우에 관한 것이다, 소나무를 재목으로 한 것은 2년마다 조금 수리하고 3년마다 크게 수리하는 규정으로, 선재(船材)의 종류, 수송거리의 장단에 의해 수리 및 개조 연한에 차이가 있었다(萬曆『大明會典』 권27 「漕船」; 『神宗實錄』 萬曆 4년 2월 壬辰; 同 19년 9월 戊寅 조).

232) "그 뒤 배의 수가" 이하의 기사는 『穆宗實錄』 隆慶 2년 8월 戊子 조에 의한 것이다. 융경 연간 조선(漕船)의 총수는 1만 척 내외로 정수(定數)보다 약 2천 척 줄었다(『穆宗實錄』 隆慶 6년 11월 庚戌 조).

233) 사리(私利)를 위해 조운선에 개인화물을 적재하는 것을 말한다.

234) 개인화물을 연도에서 팔아 사리를 얻고자 하였기 때문에, 도중에 정류(停留)하는 일이 많아 창(倉)에 들이는 기한에 지체된다는 의미이다.

235) 절건(折乾)이란 곡물을 다른 물건으로 교환할 때 철저하게 화리(貨利)를 취한다는 의미이다.

236) "한번 황하가 터지는" 이하의 기사는 『穆宗實錄』 隆慶 5년 12월 辛亥 조; 萬曆 『大明會典』 권27 「漕規」 漂流 항에 의한 것이다.

後始免. 凡歲正月, 總漕巡揚州, 經理瓜、淮過閘. 總兵駐徐、邳, 督過洪入閘, 同理漕參政管押赴京. 攢運則有御史、郎中, 押運則有參政, 監兌、理刑、管洪、管廠、管閘、管泉、監倉則有主事, 淸江、衛河有提舉. 兌畢過淮過洪, 巡撫、漕司、河道各以職掌奏報. 有司米不備, 軍衛船不備, 過淮誤期者, 責在巡撫. 米具船備, 不卽驗放, 非河梗而壓幇停泊, 過洪誤期因而漂凍者, 責在漕司. 船糧依限, 河渠淤淺, 疏濬無法, 閘坐啓閉失時, 不得過洪抵灣者, 責在河道.

옮김 譯 명초에 무신에게 해운을 감독하도록 명하였다.[237] 일찍이 조운사(漕運使)를 세웠다가 얼마 후 없앴다.[238] 성조 이후 어사로 하여금, 다시 시랑·도어사로 하여금 재촉하고 감독케 하였으며, 낭중(郎中)과 원외랑(員外郎)이 나누어 관리하고, 주사(主事)가 교태(交兌)를 감독하게 하는 등 그 제도가 한결같지 않았다.[239] 경태 2년(1451)에 처음으로 조운총독(漕運總督)을 회안에 설치하여[240] 총병(總兵)·참장(參將)과 함께 조운(漕運)의 일을 관리하게 하였다. 조사(漕司)[241]는 12파총(把總)·12만 운군을 거느

---

237) 명초의 해운은 요동 경략을 위한 병향(兵餉)의 수송이었기 때문에, 전부 무신에 의해 통솔되었다. 탕화(湯和)·오정(吳禎)·오매(吳邁)·진권(陳權)·당승종(唐勝宗)·장덕(張德)·황로(黃輅)·양문(楊文)·주신(朱信)·선신(宣信)·진선(陳瑄) 등이 이에 종사했다(『太祖實錄』 洪武 元年 8월 癸未; 4년 12월 丙戌; 6년 4월 甲戌; 7년 正月 乙亥; 29년 3월 庚申; 『太宗實錄』 永樂 元年 3월 戊子 조).

238) 조운사(漕運使)는 홍무 원년에 창설되었다. 14년 2월에 한때 폐지되었다가 얼마 후 바로 부활되었으며, 영락 연간에 완전히 폐지되었다(『太祖實錄』 洪武 元年 10월 己丑 조; 『國朝典彙』 권97 漕運; 『漕運通志』 권3 「漕運表」).

239) "성조 이후" 이하의 기사는 正德 『大明會典』 권25, 「漕運」의 선덕 4년 조에 실린 기사에 의한 것이다. 문중에 보이는 낭중(郎中)·원외랑(員外郎)·주사(主事) 등의 관직은 6부(部)의 각 부에 두어진 것이다. 6부의 상서를 그 장관으로 한다면 시랑은 차관, 낭중은 국장(局長)과 같은 지위로 각 사(司)를 주재하고, 원외랑 및 주사는 각 사에 소속되어 사무를 분담한다. 문중에 보이는 시랑 이하는 호부 소속의 관직이다.

240) 조운총독(漕運總督)의 창설은 萬曆 『大明會典』 권27 「漕官」에 의하면 경태 원년이다. 단지 창설의 결정은 원년이었지만, 초대 총독 왕굉(王竑)의 임명은 2년이었기 때문에 본문은 아마 이 사실에 비중을 두고 기술한 것 같다(『明史』 권73 「職官 2」).

241) 조사(漕司)란 조운에 관한 사무를 관장하는 관청의 범칭인데, 여기에서는 그 최고관청을 의미한다.

리는데, 경조(京操)의 12영군(營軍)[242]과 서로 필적하였다. 처음에 선종은 운량총병관(運糧總兵官)[243] · 순무시랑(巡撫侍郎)[244]으로 하여금 해마다 8월에 경사에 와서 다음 해의 조운에 관한 일을 모여 의논케 하였는데,[245] 조운총독을 설치하기에 이르러 아울러 총독으로 하여금 경사에 오게 하였다. 만력 18년 이후에 이르러 비로소 면해주었다.[246] 무릇 한 해의 정월에 조운총독은 양주(揚州)를 순행(巡行)하고, 과주(瓜洲) · 회안에서 갑(閘)을 지나는 일[247]을 관리하였다. 총병은 서주와 비주(邳州)에 주둔하면서 홍(洪)[248]을 통과하고 갑[249]에 들어가는 일을 감독하고, 이조참정(理漕參政)[250]과 함께 거느리고서 경사에 이르렀다.[251] 찬운(攢運)[252]에는 어사 · 낭중이 있

242) 12영군(營軍)이란 경사를 수비하는 12영(營)의 군대를 가리킨다. 영락 연간에는 3대영이 있었는데, 정통 14년에 토목의 변으로 붕괴되어 새로 5단영(團營)이 성립했고, 다시 10단영으로 늘어났으며, 성화 연간에 마침내 12단영으로 했다. 경위(京衛)의 정병(精兵) 8만, 외위(外衛)의 정병 8만으로 이루어져 있는데, 외위의 8만은 2반(班)으로 나누어지고 4만씩 교대로 번상(番上)하여 경위군과 합했기 때문에 12단영의 정병수는 늘 12만이었다(王圻, 『續文獻通考』 권161 「兵考」 兵制).

243) 운량총병관(運糧總兵官)은 운량(運糧)을 관장하는 총병관, 즉 조운총병관을 말한다.

244) 순무시랑이란 6부의 시랑으로 순무에 임명된 자를 가리킨다.

245) 이 사실은 선덕 10년에 시작된 규정이다(萬曆 『大明會典』 권27 「督運官員」). 종래 조무(漕務)의 모든 것은 총병관 진선(陳瑄)의 자유재량에 맡겨져 있었는데, 선덕 10년에 그가 죽은 뒤 조운총병관과 각처의 순무가 경사에서 회의하여 다음 해의 조운에 관한 일을 결정하였다(『宣宗實錄』 宣德 10년 9월 壬辰 조). 이후 그것을 모방하여 제도화하였다.

246) "조운총독을 설치하기에 이르러" 이하의 기사는 『通漕類編』 권2 「漕運職掌」의 正德 18년의 기사에 의한 것이다.

247) 여기에서 갑(閘)을 지난다는 말은 과주 · 회안 부근의 갑문을 조선이 통과하는 것을 말한다. 『通漕類編』 권3 「輕齎耗脚」에 의하면, 만력 원년에 이 땅에 갑을 세운 사실이 있고, 갑을 세우기 이전에도 총독은 봄에 과주 · 회안의 조운 업무를 관리하는 것이 관례였다(『皇明嘉隆兩朝見聞記』 嘉靖 45년 11월 조; 『穆宗實錄』 隆慶 6년 正月 癸未 조).

248) 여기에서의 홍(洪)은 서주홍(徐州洪)과 여량홍(呂梁洪)을 말한다.

249) 여기에서의 갑(閘)은 갑하(閘河) 즉 회통하(會通河)를 말한다.

250) 이조참정(理漕參政)은 조운을 관장하는 참정을 말하고, 조운참정이라고도 한다. 융경 6년 조운참장(漕運參將)의 폐지 이후 창설되었다. 포정사의 보좌관인 참정에 준하고 조운총독을 보좌하는데, 1인이었다(萬曆 『大明會典』 권27 「督運官員」).

251) "무릇 한 해의 정월에" 이하의 기사는 『通漕類編』 권2 「漕運職掌」의 隆慶 4년 조에 실린 기사에 의한 것이다.

252) 찬운(攢運)은 찬운(儹運)이라고도 하는데, 찬(攢)은 모인다는 의미이다. 홍(洪) · 갑(閘) · 파(壩)와 같이 험난한 곳에 조운선이 모여 있는 것을 처리하여 통과시키는 것을 말

고,[253] 압운(押運)[254]에는 참정(參政)이 있으며, 감태(監兌)[255] · 이형(理刑)[256] · 관홍(管洪)[257] · 관창(管廠)[258] · 관갑(管閘)[259] · 관천(管泉)[260] · 감창(監倉)[261]에는 주사(主事)가 있고, 청강(淸江) · 위하(衛河)에는 제거(提擧)[262]가 있었다. 조량(漕糧)의 교부를 마치고 회수를 지나 홍을 통과하면, 순무(巡撫) · 조사(漕司) · 하도관(河道官)은 각각 직무에 따라 상주하여 보고하였다. 유사(有司)가 미(米)를 갖추지 않거나, 군위가 배를 갖추지 않거나, 회수를 건

한다(『穆宗實錄』 隆慶 元年 正月 辛未 조). 또 단지 수송의 의미로도 사용된다.

253) 처음에 호부낭중 1인이었는데, 후에 어사 1인으로 고친 사실을 말한다(萬曆『大明會典』 권27「督運官員」).

254) 압운(押運)은 조선을 직접 통솔 · 관리하여 수송하는 것을 말한다(萬曆『大明會典』 권27「督運官員」).

255) 감태(監兌)는 조량이 농민으로부터 운관에게 건네질 때 이것을 감시하는 것을 말한다. 호부주사가 이것을 담당하여 감태주사라고 불렸으며, 홍치 연간에 창설되었다가 만력 40년에 폐하여졌다. 대체로 5인으로, 산동 · 하남 · 남직예 · 절강 · 강서 · 호광 등의 요지에 주재하였다(萬曆『大明會典』 권27「督運官員」).

256) 이형(理刑)은 여기에서는 조운에 관한 부정 · 범죄를 처리하는 것을 말한다. 형부주사(刑部主事)가 담당하며, 이형주사(理刑主事)라고도 불렀다. 천순 2년에 창설되었는데, 처음에는 2인이었다가 후에 1인으로 정했다. 회안에 주재하였다(萬曆『大明會典』 권27「督運官員」; 王圻, 『續文獻通考』 권37「漕運職官」).

257) 관홍(管洪)은 서주홍 · 여량홍을 관리하는 것을 말한다. 공부주사가 담당하였다. 각 홍에 1인씩, 총 2인이었다(『漕運通志』 권3「職官表」; 王圻, 『續文獻通考』 권37「漕運職官」).

258) 관창(管廠)은 선창(船廠)을 관리하는 것을 말한다. 공부주사가 담당하였는데, 2인 모두 청강포(淸江浦)에 주재하였다(王圻, 『續文獻通考』 권37「漕運職官」).

259) 관갑(管閘)은 갑문을 관리하는 것을 말한다. 공부주사가 담당하였다(『漕運類編』 권2「漕運職官」). 2인이 있었는데, 1인은 안평진(安平鎭 : 산동성 동아현(東阿縣) 서남 약 60리의 장추진(張秋鎭))에 주재하여 제녕(濟寧) 이북, 1인은 고우주(高郵州)에 주재하여 제녕 이남의 갑을 관리하였다(王圻, 『續文獻通考』 권37「漕運職官」).

260) 관천(管泉)은 조도(漕道)의 수원(水源)을 관리하는 것을 말한다. 공부주사가 담당하였는데(『漕運通志』 권3「漕運職官」), 1인이 산동성 영양현(寧陽縣)에 주재하였다(王圻, 『續文獻通考』 권37「漕運職官」).

261) 감창(監倉)은 조량을 출납하는 곳간을 관리하는 것을 말한다. 호부주사가 담당하였는데(『通漕類編』 권2「漕運職官」), 4인이 각각 회안 · 서주 · 임청 · 덕주에 주재하였다(王圻, 『續文獻通考』 권37「漕運職官」).

262) 제거(提擧)는 관리 또는 관리자의 의미이다. 여기에서는 조선(漕船)을 새로 만들거나 수리하는 등의 일에 종사하는 관사(官司)인 청강제거사(淸江提擧司) 및 위하제거사(衛河提擧司)의 수장을 가리킨다. 전자는 청강포에, 후자는 임청 남쪽의 위하 강가에 있다(『漕運通志』 권3「公署」).

너는 데 기한을 어긴 경우에는 그 책임이 순무에게 있었다. 미와 배가 구비되었는데 즉시 검사하여 통과시키지 않거나, 조도(漕道)가 막히지 않았는데 방(幇)을 억압하여 정박케 하거나, 홍을 지나는 기한을 어겨 그로 인해 표류하거나 얼게 한 경우는 그 책임이 조사에게 있었다. 선량(船糧)이 기한에 따랐는데도 하거(河渠)가 진흙이 쌓여 얕아져, 파내어 물길을 통하게 할 방법이 없거나, 갑좌(閘坐)의 열고 닫음이 때를 잃어 홍을 지나 장가만(張家灣)에 이르지 못한 경우에는 그 책임이 하도관에게 있었다.[263]

원문 明初, 於漕政每加優恤, 仁、宣禁役漕舟, 宥遲運者. 英宗時始扣口糧均攤, 而運軍不守法度爲民害. 自後漕政日弛, 軍以耗米易私物, 道售稽程. 比至, 反買倉米補納, 多不足數. 而糧長率攙沙水於米中, 河南、山東尤甚, 往往蒸濕浥爛不可食. 權要貸運軍銀以罔厚利, 至請撥關稅給船料以取償. 漕運把總率由賄得. 倉場額外科取, 歲至十四萬. 世宗初政, 諸弊多釐革, 然漂流、違限二弊, 日以滋甚. 中葉以後, 益不可究詰矣.

옮김 명초에는 조정(漕政)에 대해 늘 관대하여, 인종(仁宗)·선종(宣宗) 때에는 조선(漕船)을 다른 일에 부리는 것을 금하고, 운송을 지체한 자를 용서해주었다.[264] 영종(英宗) 때 처음으로 구량(口糧)을 덜어 균등하게 할당하였는데,[265] 운군이 법도를 지키지 않아 백성의 해가 되었

263) "유사가 미를 갖추지 않거나" 이하의 기사는 『學淹類稿』(『古今圖書集成』「食貨典」 권176 漕運部의 총론에 수록됨)에 보인다.

264) "인종·선종 때" 이하의 기사는 『宣宗實錄』 宣德 3년 6월 辛卯 조에 의한 것이다. 종래 조운선은 다른 역에 사용하여 조량의 수송이 지연되는 예(『宣宗實錄』 宣德 元年 3월 庚申; 11월 壬辰; 2년 2월 乙酉 조)가 있었기 때문에, 이에 이르러 이를 금하여 지연을 방지한 것이다.

265) "영종 때" 이하의 기사는 『英宗實錄』 正統 元年 正月 甲午 조에 의한 것이다. 구량(口糧)이란 운군의 식량으로 1군(軍)에 2석 5두이다. 홍무 연간에 해운 군사에게 지급되었으나 영락 13년에 하운(河運)의 창설 후 폐지되어 있던 것을 이때 처음으로 조정하여 지급하기에 이른 것이다.

다. 이후 조정(漕政)이 날로 이완되어, 군이 모미를 개인화물로 바꾸어 길에서 파니 일정이 지체되었다. 도착해서는 도리어 창의 미를 사서 채워 넣어도 대부분 액수에 부족하였다.[266] 그리고 양장(糧長)은 대개 쌀 속에 모래와 물을 섞어 넣었는데, 하남·산동이 특히 심해, 왕왕 찐 듯이 눅눅해지고 문드러져 먹을 수가 없었다.[267] 권세가들은 운군에게 은을 빌려주어 많은 이익을 거두었으며, 관세에서 뽑아 선료(船料)를 지급하여 배상하게 할 것을 청하기에 이르렀다.[268] 조운파총(漕運把總)은 대개 뇌물로 이익을 얻었다. 창장(倉場[269])에서 액외로 할당하여 취한 것이 해마다 14만에 이르렀다. 세종이 처음 정사를 돌볼 때 여러 폐단이 많이 고쳐졌지만, 표류하거나 기한을 어기는 두 폐단은 날로 심해졌다. 중엽 이후에는 조사 자체가 더욱 불가능할 정도였다.[270]

원문 漕糧之外, 蘇、松、常、嘉、湖五府, 輸運內府白熟粳糯米十七萬四十餘石, 內折色八千餘石, 各府部糙粳米四萬四千餘石, 內折色八千八百餘石, 令民運, 謂之白糧船. 自長運法行, 糧皆軍運, 而白糧民運如故. 穆宗時, 陸樹德言 : "軍運以充軍儲, 民運以充官祿. 人知軍運之苦, 不知民運尤苦也. 船戶之求索, 運軍之欺陵, 洪閘之守候, 入京入倉, 厥弊百出. 嘉靖初, 民運尚有保全之家, 十年後無不破矣. 以白糧令軍帶運甚便." 疏入, 下部議. 不從.

옮김 譯 조랑(漕糧[271]) 외에 소주부(蘇州府)·송강부(松江府)·상주부(常州府)·가흥부(嘉興府)·호주부(湖州府) 등 5부에서는 내부(內府[272])

---

266) "군이 모미를" 이하의 기사는 『憲宗實錄』 成化 6년 10월 己酉 조에 의한 것이다.
267) "양장은" 이하의 기사는 『憲宗實錄』 成化 9년 正月 丙申 조에 의한 것이다.
268) "권세가들은" 이하의 기사는 『武宗實錄』 正德 12년 4월 辛酉 조에 의한 것이다.
269) 창장(倉場)은 조량을 수납하는 곳간이 있는 곳을 말한다.
270) "표류하거나" 이하의 기사에 관해서는 萬曆 『大明會典』 권27 「漕規」; 王宗沐의 「乞優恤運士以實漕政疏」(『明經世文編』 권343)에 상세히 서술되어 있다.
271) 조랑(漕糧)이란 세량 가운데 경사에 물길로 보내져 국비로 쓰이는 것을 가리킨다.

에 백숙갱나미(白熟粳糯米)[273] 17만 40여 석[274]을 보내었는데 그 안에 절색(折色)이 8,000여 석이었고, 각 부(府)·부(部)[275]에 조갱미(糙粳米)[276] 4만 4,000여 석을 보내었는데 그 안에 절색이 8,800여 석이었으며, 백성으로 하여금 운반하게 하였는데, 이를 백량선(白糧船)이라 불렀다.[277] 장운법(長運法)[278]이 행해지고부터 조량은 모두 관군이 운송하였으나, 백량은 백성이 운송하는 방식이 예전 그대로였다. 목종(穆宗) 때 육수덕(陸樹德[279])이 말하기를, "군운으로 군의 창고에 충당하고, 민운으로 관의 봉록에 충당합니다. 사람들은 군운이 고통스럽다는 것은 알지만 민운이 더욱 고통스럽다는 것은 알지 못합니다. 선호(船戶)[280]의 착취, 운군의 기만,[281] 홍과 갑에서의 기다림[282]과 경사에 들이고 창에 들이는 데 온갖 폐단이 생깁니다. 가정 초에 민운할 때에는 아직 건재한 집이 있었지만 가정 10년 이후로는 파산하지 않은 집이 없었습니다. 백량을 관군으로 하여금 함께 운반하게 하면 매우 편할 것입니다"라고 하였다. 상소가 올라가자, 호부에 내려 의논하게 하였다. 따르지 않았다.[283]

---

272) 내부(內府)란 여기에서는 궁중의 고장(庫藏)을 가리킨다.

273) 백숙갱나미(白熟粳糯米)란 정백(精白)한 멥쌀과 찹쌀을 가리킨다. 궁중 여러 아문의 경비에 충당된다(王恕, 『明經世文編』 권37 「議事奏狀」).

274) 王原, 『明食貨志』 권5 「漕運」 조에 의하면 17만 40여 석은 17만 4,000여 석으로 되어 있다.

275) 부(府)·부(部)는 내부(內府) 및 육부(六部)를 가리킨다.

276) 조갱미(糙粳米)란, 조(糙)가 아직 도종하지 않은 조미(粗米)를 뜻하기 때문에 멥쌀의 현미일 것이다.

277) "조량 외에" 이하의 기사는 『學淹類稿』(『古今圖書集成』, 「食貨典」 권176 「漕運部」 總論에 수록)에 보인다. 백량(白糧) 수송의 시작은 영락 6년이다(『國朝典彙』 권97 「漕運」).

278) 장운법(長運法)이 『明史稿』에는 '개태법(改兌法)'이라고 되어 있다.

279) 육수덕(陸樹德)은 가정·융경 연간의 정치가이다. 『明史』 권227에 전(傳)이 있다.

280) 선호(船戶)란 백량을 해송(解送)하는 양장(糧長)에게 민선(民船)을 임대하는 선주(船主)를 가리킨다. 배의 임대 가격과 수부(水夫)의 임금을 합해 약 200여 량이었다.

281) 군운선(軍運船)이 백량선(白糧船)을 만나면 고의로 부딪힌 다음에 조선(漕船)이 파괴되었다는 것을 구실로 배상금을 물려 착취하는 것을 말한다.

282) 백량(白糧)을 운송하는 민운선이 홍(洪)을 통과할 때마다 은 10여 량을 내고, 갑을 통과할 때마다 은 5~6전을 내야 했다. 그런데 강남에서 북경에 이르기까지는 3곳의 홍과 50곳의 갑을 통과해야 했다.

원문 凡諸倉應輸者有定數, 其或改撥他鎭者, 水次應兌漕糧, 卽令坐派鎭軍領兌者, 給價州縣官, 督車戶運至遠倉, 或給軍價就令關支者, 通謂之空運. 九邊之地, 輸糧大率以車, 宣德時, 餉開平亦然, 而蘭、甘、松潘, 往往使民背負. 永樂中, 又嘗令廣東海運二十萬石給交趾云.

옮김 譯 무릇 창에서 보내야 할 것에는 정수(定數)가 있었는데, 그중 다른 진(鎭)으로 고쳐 보내야 할 것,284) 수차에서 건네야 할 조량을 바로 할당한 진군(鎭軍)에게 수령하게 하는 경우,285) 품삯을 주현관에게 주고 거호(車戶)를 감독하여 원창(遠倉)으로 운반하거나, 혹은 군에게 품삯을 주어 가서 관지(關支)286)하게 하는 경우287) 이를 통틀어 알운(空運)288)이라 하였다. 구변(九邊)289) 지역은 양(糧)의 수송을 대체로 수레로

283) 육수덕의 상소는 『穆宗實錄』 隆慶 6년 8월 甲子 조에 의한 것이다.

284) 어느 변진(邊鎭)에 보낸 조량을 타진(他鎭)으로 고쳐 보낸다는 뜻으로, 예를 들면 성화 20년에 계주진(薊州鎭)으로의 차양선(遮洋船)에 의한 조량 24만 석 중 10만 석을 풍윤창(豐潤倉)으로 고쳐 보내도록 규정한 것과 같은 것이 그것이다(萬曆 『大明會典』 권27 「空運」).

285) 변진의 군이 수차(水次)로 나아가 수령하여 운반해야 할 양(糧)을 수차가 소재하는 운군이 수송하여 그 진(鎭)의 근방에 이르러 진군(鎭軍)의 편의를 도모하는 것을 말한다. 예를 들면 융경 3년 임청·덕주 두 창(倉)으로부터 창평(昌平)·밀운(密雲) 두 진까지 수송할 때 임청·덕주의 군이 이 일에 종사하고, 두 진의 군선이 그 근방에서 수령하는 데 편하게 한 것이 그 예이다(萬曆 『大明會典』 권27 「空運」).

286) 관지(關支)란, 관(關)이 전량(錢糧)의 수수(授受)를 완료하고 증서를 교부하는 것을 말하고 지(支)가 계량·계산의 뜻이기 때문에, 조량을 수령한다는 뜻일 것이다.

287) 융경 4년, 석갑(石匣)·고북(古北) 등지가 멀어 병향(兵餉)을 거두는 데 불편했기 때문에, 봄에 수납(輸納)해야 할 주현의 장관에게 거리의 원근에 따른 운반비를 지급하고, 거호(車戶)를 감독하고 거느리고서 수납하게 하거나 또는 석갑·고북 등지의 군사에게 운반비를 지급하여 가서 수령하게 하든가 어느 방법이든 편한 것을 취하게 한 것과 같은 예를 말한다(『通漕類編』 권4 「空運」).

288) 알운(空運)이란, 알(空)이 구멍을 찾는 것 혹은 심원(深遠)함을 말하고, 또한 공대(空大)한 뜻이기 때문에 벽지(僻地)로의 원운(遠運)을 의미할 것이다.

289) 구변(九邊)이란 9변진(邊鎭)을 가리킨다. 명은 대개 장성선(長城線) 내외에 북방세력에 대한 방위의 진을 펴서 그 요지에 많은 위소를 설치하고 병사를 집중 배치했다. 비상의 경우는 중앙에서 총병관을 파견하여 이 위소를 지휘하였으나, 뒤에 영락 무렵부터는 총병관이 상주하기에 이르러 진(鎭)이라고 불렀다. 후에는 그 위에 총독·순무 등도 상주하여 지휘하기에 이르렀다. 처음에 요동(遼東)·선부(宣府)·대동(大同)·유림(楡林) 4

하였는데,[290] 선덕 때 개평위(開平衛)[291]로 군량을 보내는 것도 그러하였으나, 난주위(蘭州衛)[292]·감숙진(甘肅鎭)[293]·송반위(松潘衛)[294]는 왕왕 백성으로 하여금 등에 지게 하였다.[295] 영락 중에 또 일찍이 광동에서 바다로 20만 석을 운반해서 교지(交趾)[296]에 주게 하였다고 한다.[297]

진이 두어졌고, 나중에 영하(寧夏)·감숙(甘肅) 2진이, 홍치 이후에 고원(固原)·계주(薊州)·산서(山西) 3진이 두어졌으며, 그 외에도 두세 개 두어졌으나 대개 이 9진이 핵심을 이루고 있었기 때문에, 이를 9변진이라고 했다(『明史』 권83 「食貨志」 各鎭正餉).

290) "구변 지역은" 이하의 기사는 『太宗實錄』 永樂 7년 10월 己亥 조; 『宣宗實錄』 宣德 10년 8월 庚戌 조; 萬曆 『大明會典』 권28, 「邊糧」 嘉靖 33년에 실린 기사 등에 보이는 예에 의한 것이다.

291) 개평위(開平衛)는 홍무 29년에 지금의 내몽고 자치구 찰합이맹(察哈爾盟)의 다륜현치(多倫縣治)의 서북에 설치되었고, 북평도지휘사사(北平都指揮使司)에 속하였으나, 선덕 5년에 그 남방 독석보(獨石堡)로 옮겨 만전도지휘사사(萬全都指揮使司)의 관하(管下)에 들어갔다(『明史』 권40 「地理 1」).

292) 난주위(蘭州衛)는 홍무 3년 지금의 감숙성(甘肅省) 고란현치(皐蘭縣治)의 동북에 설치되었고, 건문 원년에 숙왕(肅王) 영(楧)이 감주위에서 이봉(移封)되었을 때 현재의 치소로 옮겼다. 영하(寧夏)·고원(固原)과 함께 서북변 방위의 한 요지를 이루고 있었다(『讀史方輿紀要』 권3; 권60).

293) 감숙진(甘肅鎭)은 홍무 24년 지금의 감숙성 장액현치(張掖縣治)에 감주위(甘州衛)를 두었고, 2년 뒤 섬서행도지휘사사(陝西行都指揮使司)를 부설하고, 29년에 감주 5위를 늘렸다. 후에 순무·총병관도 주재하였고, 12위·4소를 배치하여 감숙진이라 불린 서북변방의 중진(重鎭)이다(『讀史方輿紀要』 권3; 권63).

294) 송반위(松潘衛)는 홍무 11년 지금의 사천성 송반현치(松潘縣治)에 송강(松江)·반주(潘州) 2위를 두었고, 얼마 후 송반위라고 하였다. 20년에 송반등처군민지휘사사(松潘等處軍民指揮使司)로 고쳐, 사천도지휘사사(四川都指揮使司)에 예속하였으며, 가정 42년에 송반위로 고쳤다. 서북의 저(氐)·강(羌)을 진무하는 중진(重鎭)의 하나였다(『讀史方輿紀要』 권3; 권73).

295) 백성으로 하여금 등에 지게 한 예는 『太祖實錄』 洪武 31년 2월 辛丑 조에 보인다.

296) 교지(交趾)는 지금 인도차이나반도 동북부 지역을 말한다.

297) "영락 중에" 이하의 기사는 『太宗實錄』 永樂 6년 2월 丁亥 조에 의한 것이다.

【倉庫】

원문 明初, 京衛有軍儲倉. 洪武三年增置至二十所, 且建臨濠、臨淸二倉以供轉運. 各行省有倉, 官吏俸取給焉. 邊境有倉, 收屯田所入以給軍. 州縣則設預備倉, 東南西北四所, 以振凶荒. 自鈔法行, 頗有省革. 二十四年儲糧十六萬石於臨淸, 以給訓練騎兵. 二十八年置皇城四門倉, 儲糧給守禦軍. 增京師諸衛倉凡四十一. 又設北平、密雲諸縣倉, 儲糧以資北征. 永樂中, 置天津及通州左衛倉, 且設北京三十七衛倉. 益令天下府縣多設倉儲, 預備倉之在四鄕者移置城內. 迨會通河成, 始設倉於徐州、淮安、德州而臨淸因洪武之舊, 幷天津倉凡五, 謂之水次倉, 以資轉運. 旣, 又移德州倉于臨淸之永淸壩, 設武淸衛倉於河西務, 設通州衛倉於張家灣. 宣德中, 增造臨淸倉, 容三百萬石, 增置北京及通州倉. 京倉以御史、戶部官、錦衣千百戶季更巡察. 外倉則布政、按察、都司關防之. 各倉門, 以致仕武官二, 率老幼軍丁十人守之, 半年一更. 英宗初, 命廷臣集議, 天下司府州縣, 有倉者以衛所倉屬之, 無倉者以衛所改隷. 惟遼東、甘肅、寧夏、萬全及沿海衛所, 無府州縣者仍其舊. 正統中, 增置京衛倉凡七. 自兌運法行, 諸倉支運者少, 而京、通倉不能容, 乃毁臨淸、德州、河西務倉三分之一, 改爲京、通倉. 景泰初, 移武淸衛諸倉於通州. 成化初, 廢臨、德預備倉在城外者, 而以城內空廒儲預備米. 名臨淸者曰常盈, 德州者曰常豐. 凡京倉五十有六, 通倉十有六. 直省府州縣、藩府、邊隘、堡站、衛所屯戍皆有倉, 少者一二, 多者二三十云.

옮김 譯

명초 경위(京衛)에 군저창(軍儲倉)[298]이 있었다. 홍무 3년(1370)에 늘려서 20곳에 이르렀으며,[299] 또한 임호창(臨濠倉)·임청창(臨淸倉)을 세워 수송에 제공하였다.[300] 각 행성(行省)[301]에 창이 있어 관리의 봉록은 그곳에서 취하여 지급하였다. 변경에 창이 있어 둔전의 수입을 거두어 군에 공급하였다. 주현에서는 예비창을 설치했는데 동서남북 네 곳에서 기근을 진휼하였다.[302] 초법(鈔法)[303]이 행해지면서부터 자못 줄어들고 없어졌다. 24년 임청(臨淸)에 미곡 16만 석을 저장하여 기병의 훈련에 공급하였다.[304] 28년 황성의 4문(門)[305]에 창을 설치하고, 미곡을 저장하여 수비병에게 공급하였다.[306] 경사의 여러 위창(衛倉)을 늘려 총 41곳으로 하였다.[307] 또 북평(北平)·밀운(密雲) 등 여러 현에 창을 설치하여,[308] 미곡을 저장해서 북정(北征)에 보탬이 되게 하였다.[309] 영락 연간에 천진 및

---

298) 군저창(軍儲倉)은 경창(京倉)의 하나로 창설되었다. 군량을 저장하였고, 대사(大使)·부사(副使) 각 1인이 이를 관리하였는데, 홍무 3년(1370)에 20곳으로 늘렸다. 거둔 미곡이 600여 만 석에 이르자 경기조운사(京畿漕運司)의 관하에 들여 창(倉)마다 3인을 배치하여 관리하였고, 북방경략의 군저(軍儲)를 공급하는 역할을 수행하였다(『太祖實錄』洪武 3년 8월 己酉 조; 萬曆『大明會典』권21「京倉」; 『續文獻通考』권53「職官考」).

299) '명초 경위에' 이하의 기사는 『太祖實錄』洪武 3년 7월 丁酉 조에 의한다. 각 창(倉)은 1부터 20까지 숫자로써 이름 붙였다.

300) '또한 임호창' 이하의 기사는 『太祖實錄』洪武 4년 12월 丁未; 6년 12월 己亥 조에 의한다.

301) 행성(行省)은 행중서성(行中書省)의 약칭이다.

302) 예비창(預備倉)의 창설은 홍무 20년대인데, 정확한 연대를 정할 수는 없다. 아마 홍무 초에 민간에서 관습적으로 발생한 것을 20년대에 이르러 정비한 것 같다.

303) 초법(鈔法)에 대해서는 『明史』권81「食貨 5」錢鈔 항 참조.

304) '24년 임청에' 이하의 기사는 『太祖實錄』洪武 24년 정월 庚寅 조에 의한다.

305) 황성(皇城)의 4문(門)이란 장안문(長安門)·동안문(東安門)·서안문(西安門)·북안문(北安門)을 말한다.

306) '28년 황성의' 이하의 기사는 만력『大明會典』권21「倉庾 1」京倉에 의한다.

307) 여기서의 경사는 남경을 가리킨다. 경사의 41위창(衛倉)은 만력『大明會典』권42「南京戶部」倉庾에 열거되어 있다. 그러나 증치(增置)한 정확한 연대는 알 수 없다.

308) 현창(縣倉)은 현마다 현비(縣費)로 세량의 징수와 저장을 위해 설치된 창인데, 여기에서는 북정(北征)을 위한 군량의 저장에도 이용되었던 것이다.

309) '또 북평·밀운의' 이하의 기사는 『太祖實錄』洪武 6년 6월 庚辰 조에 의한다. 여기에서의 북정(北征)이란 서달(徐達)·이문충(李文忠)·부우덕(傅友德) 등에 의한 구북(口北)·요동(遼東) 지방의 경략을 말한다.

통주좌위창(通州左衛倉)을 설치하였고,[310] 또 북경에 37곳의 위창을 설치하였다.[311] 더욱 천하의 부현으로 하여금 창저(倉儲)를 많이 설치하게 하였고, 예비창이 향촌에 있는 것은 성내(城內)로 옮겨 설치하게 하였다.[312] 회통하(會通河)가 완성되자[313] 처음으로 서주[314]·회안[315]·덕주[316]에 창을 설치하였고, 임청[317]은 홍무의 옛 창을 이용하게 하였으며, 천진창[318]과 합하여 총 5창을 수차창이라 하여 수송에 보탬이 되게 하였다. 얼마 있다가 또 덕주창을 임청의 영청파(永淸壩)로 옮겼으며,[319] 하서무(河西務)[320]에 무청위창(武淸衛倉)을 설치하였고[321] 장가만(張家灣)[322]에 통주위창(通州

310) '영락 중' 이하의 기사는 『太宗實錄』 永樂 2년 11월 己未·辛酉 조 및 永樂 5년 11월 戊辰 조에 의한다. 모두 조량을 저장하기 위한 창(倉)이다.

311) '또 북경에' 이하의 기사는 영락 7년(1409)의 사실이다. 萬曆 『大明會典』 권21 「倉庾 1」에 37위창의 이름이 열거되어 있다.

312) '더욱 천하의' 이하의 기사는 『太宗實錄』 永樂 6년 5월 丁亥 조에 의한다. 처음에 예비창은 향촌에 있었는데, 이것을 성내(城內)로 옮긴 것은, 향촌에 거주민이 적고 수비하기 어려우며 들불에 연소되고 산택(山澤)의 기운에 부식되는 등의 폐단이 많았기 때문이다.

313) 회통하(會通河)가 완성된 것은 영락 9년(1411)이다.

314) 서주창(徐州倉)의 창설은 영락 13년(1415)으로, 광운창(廣運倉)이라고 하였다(道光, 『銅山縣志』 권7).

315) 회안창(淮安倉)의 창설은 영락 13년으로, 상영창(常盈倉)이라고 하였다(梁端肅, 『明經世文編』 권104 「革徐淮二倉內臣疏」).

316) 덕주창(德州倉)의 창설은 영락 13년으로, 광적창(廣積倉)이라고 하였다(乾隆 『德州志』 권5).

317) 임청창(臨淸倉)의 창설은 홍무 6년(1373)이다(『太祖實錄』 洪武 6년 12월 己亥 조).

318) 천진창(天津倉)의 창설은 영락 2년(1404)이다(『太宗實錄』 永樂 2년 11월 己未·辛酉 조; 永樂 5년 11월 戊辰 조).

319) '또 임청의' 이하의 기사는 『太宗實錄』 永樂 13년 6월 癸未 조에 의한다. 그러나 이것에 의해 덕주(德州)의 수차창(水次倉)이 소멸된 것은 아니고, 덕주에는 영락 7년(1409)에 성북(城北) 3리의 위하반(衛河畔)에 건설된 수차창이 여전히 존속하였다(『讀史方輿紀要』 권31).

320) 하서무(河西務)는 하북성 무청현(武淸縣) 소속의 한 읍이다. 현성의 동북에 위치하고 원의 지원 25년(1288)에 조운사(漕運司)를 여기에 설치하여 강남으로부터 해운하여 오는 조량을 처리하였는데, 이후 조운의 요충지로서 유명하였다(『讀史方輿紀要』 권11).

321) '하서무에' 이하의 기사는 『太宗實錄』 永樂 13년 8월 庚子 조에 의한다.

322) 장가만(張家灣)은 하북성 통현치(通縣治)의 남, 위하(衛河)와 백하(白河)가 만나는 곳 가까운 한 읍이다. 원초에 장선(張瑄)이 해운선을 지휘하여 여기에 이른 것으로 인해

衛倉)을 설치하였다.[323] 선덕 연간에 임청창을 늘려 300만 석을 수용하였고,[324] 북경 및 통주에 창을 늘렸다.[325] 경창(京倉)은 어사, 호부의 관원,[326] 금의위(錦衣衛)[327]의 천호(千戶)・백호(百戶)로 하여금 석 달마다 교대로 순찰하게 하였다.[328] 외창(外倉)[329]은 포정사(布政司)・안찰사(按察司)・도사(都司)가 검열하였다.[330] 각 창문(倉門)은 나이가 차서 벼슬을 그만둔 무관 2인으로 하여금 노유(老幼)의 군정(軍丁)[331] 10인을 거느리고 지키게 하였

명명되었다고 한다.

323) '장가만에' 이하의 기사는 萬曆『大明會典』권21,「倉庾 1」永樂 13년에 실린 기사에 의한다. 통제창(通濟倉)이라고 명명되었으며, 조량을 거두어 저장하였다. 앞서 永樂 5년(1407)에 통주좌위창(通州左衛倉)을 설치하였는데, 이해에 다시 장가만에 통제창을 설치한 것이다.

324) '선덕 중에' 이하의 기사는『宣宗實錄』宣德 6년 9월 庚午 조에 의한다.

325) '북경 및 통주에' 이하의 기사는『宣宗實錄』宣德 7년 2월 戊午 조에 의한다. 모두 조량의 증가에 따른 시설의 확충이다.

326) 여기에서는 호부시랑・낭중 및 주사를 말한다.

327) 금의위(錦衣衛)는 금위군(禁衛軍)의 하나로, 경사의 제위(諸衛)와는 별도로 시위상직군(侍衛上直軍) 즉 상(上)12위(衛)의 하나로서 천자에 직속하고, 노부(鹵簿)의 의장(儀仗), 궁금(宮禁)의 수호(守護), 내외의 죄인에 대한 체포와 국문(鞠問)을 그 직무로 한다. 그러나 그 권한은 병(兵)・형(刑)을 겸한 위에 영락 이후는 천자를 위한 정탐의 일도 관장했기 때문에 정치・군사에 영향을 주는 특별한 권력을 가지기에 이르렀다(萬曆『大明會典』권228;『續文獻通考』권126;『明史』권76).

328) '경창은' 이하의 기사는 萬曆『大明會典』권22「內外各倉通例」의 宣德 3년(1428)에 실린 기사에 의한다. 다만 호부관(戶部官) 중 낭중・주사가 창(倉)의 감독에 종사한 것은 어사, 금의위의 천호(千戶)・백호(百戶)와 똑같이 선덕 3년이었지만, 시랑이 종사한 것은 정통 3년(1438) 이후이다(萬曆『大明會典』권21,「倉庾 1」).

329) 외창(外倉)은 경창(京倉)의 대칭어로, 경사(京師)에 있는 것을 경창이라고 하는 것에 대해 지방에 있는 것을 외창이라고 한다.

330) '외창은' 이하의 기사는 萬曆『大明會典』권22「內外各倉通例」의 선덕 3년(1428)에 실린 기사에 의한다. '관방(關防)한다'는 것은 대인(代印)을 사용하여 임무를 수행한다는 의미로, 여기에서는 포정사관(布政司官)으로 하여금 관하의 특정 창유(倉庾)의 저장된 양식의 출납을 감독시키고(선덕 원년(1426) 섬서포정사(陝西布政司)의 예), 또는 안찰사첨사(按察司僉事)로 하여금 변저(邊儲)를 순시하여 감독케 하고(정통 2년(1437) 사천안찰사(四川按察司)의 예), 또는 도지휘사사첨사(都指揮使司僉事)로 하여금 휘하 위소의 둔전의 양초(糧草)를 관리하게 하는(홍치 5년(1492) 섬서도사(陝西都司)의 예) 따위의 것을 말한다(萬曆『大明會典』권22「倉庾 2」各司府州縣衛所倉, 內外各倉通例).

331) 노유(老幼)의 군정(軍丁)이란 노군(老軍)과 유군(幼軍)을 가리키는데, 노군은 70세 이상, 유군은 16세 이하 13세 이상의 군정(軍丁)을 말한다(萬曆『大明會典』권137「兵部」

는데, 반년에 한 번 교대하였다.[332] 영종 초에 정신(廷臣)에게 명하여 모여 의논하게 하였는데, 천하의 승선포정사사(承宣布政使司)·부(府)·주(州)·현(縣)에 창이 있는 경우는 위소의 창을 그것에 속하게 하고, 창이 없는 경우는 위소의 창을 고쳐 예속시켰다. 단지 요동진(遼東鎭)[333]·감숙(甘肅)·영하(寧夏)·만전(萬全)[334] 및 연해의 위소로서 부·주·현이 없는 경우는 예전대로 하게 하였다.[335] 정통 연간에 경위(京衛)의 창을 총 7개를 늘려 설치하였다.[336] 태운법(兌運法)이 행해지고부터 창에서 지운(支運)하는 경우가 적어져 경창(京倉)과 통창(通倉)에서 수용할 수가 없었으므로, 임청·덕주·하서무창(河西務倉)의 1/3을 헐어 경창과 통창으로 고쳤다.[337] 경태 초 무청위(武淸衛)[338]의 여러 창을 통주로 옮겼다.[339] 성화 초 임청과 덕주

收補·老疾).

332) "각 창문은" 이하의 기사는 萬曆『大明會典』권22「倉庾 2」內外各倉通例의 선덕 3년에 실린 기사에 의한다. 그러나 경창에 대해서는 "경태 3년 각 창장(倉場)의 치사무관(致仕武官)이 문금(門禁)을 지키는 것을 혁파하고 다만 판사관 1인으로 하여금 관리하게 하였다"(萬曆『大明會典』권21,「倉庾 1」京倉)라고 되어 있기 때문에, 이 제도는 경태 3년에 중지되었던 듯하다.

333) 요동진(遼東鎭)은 홍무 4년에 지금의 요녕성(遼寧省) 요양(遼陽)에 정요도위(定遼都尉)를 두었고, 8년에 요동도지휘사사(遼東都指揮使司)로 고쳐 동북지역 진무(鎭撫)의 중진(重鎭)으로 하였다. 관하에 25위·2주를 거느렸고, 광녕위(廣寧衛)에는 일찍부터 총병관이 주둔하여 이를 통솔하였으며, 9변진의 하나로서 유명하였다(『四鎭三關志』권6;『讀史方輿紀要』권3·권37).

334) 만전(萬全)이란 만전도지휘사사(萬全都指揮使司)가 관할하는 지역을 말한다. 선덕 5년에 지금의 하북성(河北省) 선화현치(宣化縣治)에 만전도지휘사사를 두었고, 홍무 20년대에 설치된 선부좌위(宣府左衛)·만전좌위(萬全左衛) 이하 15위와 3천호소를 지배하게 하였다. 선부진(宣府鎭)과 더불어 내몽고 세력의 방위지대로 간주되었다(『讀史方輿紀要』권3·권18;『明史』권40,「地理 1」).

335) "英宗 초 ……" 이하의 기사는『宣宗實錄』宣德 10년 7월 己卯 조에 의한다. 이 무렵 선종은 이미 죽고 영종이 즉위하였다. 이 조치는 위소창(衛所倉)에서는 세량을 거둘 때 군이 민을 억압하여 온갖 폐단이 생겼기 때문이라고 한다.

336) "정통 중" 이하의 기사는『宣宗實錄』正統 3년 5월 乙酉 조에 의한다.

337) "태운법이 행해지고부터" 이하의 기사는『英宗實錄』正統 10년 4월 甲寅 조에 의한다. 그러나 문장 전반의 의미를 실록에서는 뒤의 문장에 붙여, "당시 각 창이 모두 비어서 통주(通州)·경창(京倉)이 모두 부족했기 때문이다"라고 표현하고 있다.

338) 무청위(武淸衛)는 현재 하북성 무청현치(武淸縣治)에 두어진 위(衛)이다.

339) "경태 초" 이하의 기사는『英宗實錄』景泰 2년 3월 戊辰 조에 의한다.

의 예비창으로 성 밖에 있는 것을 없애고, 성 안의 빈 곳집에 예비미를 저장하게 하였다. 임청의 것을 상영창(常盈倉)이라고 불렀고 덕주의 것을 상풍창(常豐倉)이라고 불렀다.[340] 경창은 56개 있고, 통창은 16개가 있었다.[341] 전국의 부·주·현, 번왕(藩王)의 왕부(王府), 변경의 요충지로서 군사시설이 있는 곳, 보(堡)[342]와 참(站),[343] 위소(衛所)·둔수(屯戍)에는 모두 창이 있었는데, 적은 경우는 한두 개, 많은 경우는 20~30개였다고 한다.

원문 預備倉之設也, 太祖選耆民運鈔糴米, 以備振濟, 卽令掌之. 天下州縣多所儲蓄, 後漸廢弛. 于謙撫河南、山西, 修其政. 周忱撫南畿, 別立濟農倉, 他人不能也. 正統時, 重侵盜之罪, 至僉妻充軍. 且定納穀千五百石者, 敕獎爲義民, 免本戶雜役. 凡振饑米一石, 俟有年, 納稻穀二石五斗還官. 弘治三年限州縣十里以下積萬五千石, 二十里積二萬石; 衛千戶所萬五千石, 百戶所三百石. 考滿之日, 稽其多寡以爲殿最. 不及三分者奪俸, 六分以上降調. 十八年令贖罪贓罰, 皆糴穀入倉. 正德中, 令囚納紙者, 以其八折米入倉. 軍官有犯者, 納穀準立功. 初, 預備倉皆設倉官, 至是革, 令州縣官及管糧倉官領其事. 嘉靖初, 諭德顧鼎臣言: "成、弘時, 每年以存留餘米入預備倉, 緩急有備. 今秋糧僅足兌運, 預備無粒米. 一遇災傷, 輒奏留他糧及勸富民借穀, 以應故事. 乞急復預備倉糧以裕民." 帝乃令有司設法多積米穀, 仍倣古常平法, 春振貧民, 秋成

---

340) "성화 초" 이하의 기사는 『憲宗實錄』 成化 元年 4월 庚辰 조에 의한다. 그러나 이 구절은 예비창에 관한 기술임에도 불구하고, 전후 모두 수차창을 설명한 글 속에 끼어들어간 것은, 앞에서 기술한 임청·덕주의 수차창에 대비하여 이 지역의 예비창에 대해서도 여기에서 기술하여 그 구별을 분명하게 하고자 한 의도였던 것 같다.

341) 경창(京倉)과 통창(通倉)의 수는 萬曆 『大明會典』 권21 「倉庾 1」에 열거된 창명(倉名)의 수에 의한다.

342) 보(堡)는 교통의 경비와 방어에 충당하는 시설의 하나로, 산의 험준함에 기대어 새(塞)를 쌓고 군사를 주둔시키는 곳을 말한다.

343) 참(站)은 역제(驛制)에서의 체역(遞驛)의 하나로, 변지에 군사보고를 위해 설치하여 군사를 주둔시킨 곳을 말한다(『清國行政法』 권3).

還官, 不取其息. 府積萬石, 州四五千石, 縣二三千石爲率. 旣, 又定十里以下萬五千石, 累而上之, 八百里以下至十九萬石. 其後積粟盡平糶, 以濟貧民, 儲積漸減. 隆慶時, 劇郡無過六千石, 小邑止千石. 久之數益減, 科罰亦益輕. 萬曆中, 上州郡至三千石止, 而小邑或僅百石. 有司沿爲具文, 屢下詔申飭, 率以虛數欺罔而已.

옮김 譯 예비창이 설치[344]되자 태조는 기민(耆民)[345]을 선발하여 초(鈔)를 운반해서 미를 사들여 진휼에 대비하게 하고, 바로 예비창을 관장하게 하였다.[346] 천하의 주현에서는 축적한 바가 많았으나, 후에 점차 이완되었다.[347] 우겸(于謙)[348]이 하남·산서의 순무로 있으면서 그 일을 정돈하였다.[349] 주침(周忱)[350]은 남직예의 순무로 있으면서 별도로 제농창(濟

344) 예비창의 창설연대는 분명하지 않다. 홍무 초부터 민간에서 발달한 시설이 홍무 10년(1377) 경 미가(米價) 조절과 구황(救荒)을 위한 시설이 요망되기에 이르러, 점차 정비되어 21년에 비로소 산동지방에 국가시설로서 설치되었고, 25년 경까지는 전국 주요 지방에 보급된 듯하다(『國朝典彙』 권101; 『太祖實錄』 洪武 10년 正月 丙戌; 23년 3월 辛巳; 10월 壬戌 조).

345) 기민(耆民)은 기로(耆老)·노인(老人)·이노(里老)·이노인(里老人)이라고도 하고, 이갑제(里甲制)에서 교화(敎化)·재판(裁判) 등의 면에서 중요한 역할을 하는 나이가 많고 덕도 높은 사람을 말한다.

346) '예비창이 설치되자' 이하의 기사는 萬曆 『大明會典』 권22 預備倉의 서두의 기사에 의한다. 『國朝典彙』 권101 「倉儲」의 기술에 비추어보면 문장은 다음과 같다. 호부가 각 부주현에 초(鈔)를 교부하고, 각 부주현은 관내의 거주민이 집중한 곳에 창(倉)을 설치하고 방시(榜示)하여 남은 속(粟)을 초로 바꾸고자 하는 사람을 모아 시가로 매입해서 기민으로 하여금 관리하게 하며 흉년에 창을 열어 진대(賑貸)한다는 의미이다.

347) 처음에 부주현의 예비창에 거두어 저장한 것이 풍성하였으나, 홍무(1368~1398) 말에 기민의 사리(私利) 추구 행위에 의해 그 기능은 점차 쇠퇴해졌고, 정난(靖難)의 역(役)으로 황폐해진 뒤 영락(1403~1424) 연간에는 완전히 형해화되어 진휼(賑恤)은 오로지 부주현창(府州縣倉)에 의해 행해졌고, 선덕(1426~1435)에 이르러 약간 부흥의 기운이 있었으나 여전히 볼 만한 것은 없는 상태였다.

348) 우겸(于謙, ?~1457)은 선덕·정통·경태 연간의 정치가로, 하남·산서의 순무였던 시기는 정통 5~6년 무렵이다. 『明史』 권170에 전(傳)이 있다.

349) '우겸이' 이하의 기사는 『英宗實錄』 正統 5년 7월 辛丑 조에 의한다.

350) 주침(周忱, ?~1453)은 영락·선덕·정통 연간의 정치가로, 남직예의 순무였던 시기는 선덕 5년(1430)부터 정통(1436~1449) 말경에 이르는 사이이다. 『明史』 권153에 전(傳)이 있다.

農倉)[351]을 세웠는데,[352] 다른 사람이 하지 못한 것이었다. 정통 때 침도(侵盜)의 죄를 무겁게 하여 처와 함께 군에 충당하기에 이르렀다.[353] 또한 정하기를 미곡 1,500석을 들인 사람은 칙으로 장려하여 의민(義民)으로 삼고 본호(本戶)의 잡역을 면제하여주었다.[354] 무릇 기근을 진휼한 미 1석에 대해 풍년이 있기를 기다려 도곡(稻穀) 2석 5두를 납부하여 관에 반납하게 하였다.[355] 홍치 3년(1490)에 규정하기를 주현이 10리 이하인 경우는 1만 5,000석을 축적하고, 20리인 경우는 2만 석을 축적하며,[356] 위(衛)와 천호소(千戶所)는 1만 5,000석을, 백호소(百戶所)는 300석을 축적하게 하였다. 고만(考滿)[357]의 날에 그 많고 적음을 살펴서 전최(殿最)[358]로 하였다. 3할에 미치지 않는 경우는 봉록을 박탈하고, 6할 이상인 경우는 강등시켰다.[359] 18

---

351) 제농창(濟農倉)은 처음에 소주부(蘇州府)에 이어서 송강부(松江府)·상주부(常州府)에 설치되었다. 그 기능은 미가(米價)의 조절, 재해의 진휼(賑恤) 뿐만 아니라 세량 수송비의 경감, 종자의 급여 등에도 미치었고, 예비창의 기능보다도 광범위하게 걸쳐 예비창 부흥의 선구가 되었다. 『國朝典彙』 권101 「倉儲」 및 『明史紀事本末』 권28 「仁宣政治」는 이것을 선덕 8년(1433)의 일로 적고 있는데, 지금은 『實錄』에 따른다.

352) '주침은' 이하의 기사는 『宣宗實錄』 宣德 7년 8월 辛亥 조에 의한다.

353) '정통 때' 이하의 기사는 萬曆 『大明會典』 권22 預備倉의 정통 5년에 실린 기사에 의한다. 이해 예비창의 정식부활에 즈음하여 정해진 세칙(細則)에 포함된 1조(條)이다(『英宗實錄』 正統 5년 7월 辛丑 조). 예비창의 저장된 양식을 훔쳐 사사로이 쓴 자의 죄를 무겁게 하여 처와 함께 변경을 수비하는 군으로 충당한다는 뜻이다.

354) '또한 정하기를' 이하의 기사는 萬曆 『大明會典』 권22 「預備倉」의 正統 5년(1440)에 실린 기사에 의한다.

355) '무릇 기근을' 이하의 기사는 정통 7년 복건포정사(福建布政司)에서의 실례에 기초하여 정한 규정이다(萬曆 『大明會典』 권22 「預備倉」).

356) 리(里)는 여기에서는 이갑제(里甲制)에서의 리를 의미한다. 즉 110호를 1리로 한다. 주현에서는 10리 이하인 경우는 1만 5,000석, 20리 이하의 경우는 2만 석을 저축한다는 것이다.

357) 관리에 대한 근무 평가의 기한이 찼다는 의미이다.

358) 관리에 대한 근무 평가시 하등을 전(殿), 상등을 최(最)라고 하였다.

359) '홍치 3년에' 이하의 기사는 『孝宗實錄』 弘治 3년 3월 丙辰 조 및 萬曆 『大明會典』 권22 「預備倉」의 弘治 3년에 실린 규정에 의한다. 이에 의하면 "고만의 날" 이하의 기사의 의미는 다음과 같다. 예비창의 저장량을 3년마다 감사(監査)하여 이에 의해 주현관의 성적에 차등을 매기고 3할 이하로 부족한 자는 벌봉(罰俸) 반년에, 5할인 자는 벌봉 1년에 처하고, 6할 이상인 자는 9년의 임기가 찼을 때 하급의 관으로 강등한다는 뜻이다. 또한 『實錄』에는 "군위(軍衛)의 경우에는 300석을 채우지 않았을 때 그 책임자

년에 속죄(贖罪)[360]·장벌(贓罰)[361]은 모두 미곡을 사서 창에 들이게 하였다.[362] 정덕 연간에 죄수가 종이를 납부하는 경우 그 8할을 미로 바꾸어 창에 들이게 하였다.[363] 군관[364]이 죄를 지은 경우 미곡을 납부하는 것을 공을 세운 것에 준하게 하였다.[365] 처음에 예비창에는 모두 창관(倉官)을 설치하였다가 이에 이르러 없애고, 주현관 및 식량을 관장하는 창관[366]으로 하여금 그 일을 맡게 하였다.[367] 가정 초 유덕(諭德) 고정신(顧鼎臣)[368]이 말하기를, "성화·홍치 때 매년 존류(存留)[369]한 여미(餘米)를 예비창에 들

는 봉급의 지급을 정지한다"라고 하는 1조(條)도 덧붙여져 있다.

360) 속죄(贖罪)란 속형(贖刑)의 일종이다. 명부(命婦) 및 관리의 정처(正妻)가 죄를 지어 처벌해야 할 경우에 적용하고, 범인으로 하여금 금전·미곡 또는 노동력을 제공하게 하여 그 죄를 면해주는 것을 말한다(『淸國行政法』 권5).

361) 장벌(贓罰)이란 재판의 결과로 생기는 국가수입으로, 속(贖)·추상(追償)·몰수(沒收)의 3종으로 이루어진다. 속은 앞의 주와 같은 방법이다. 추상은 범죄에 의해 국가가 받은 손해를 범인으로 하여금 배상케 하는 방법이다. 몰수는 이른바 입관(入官)으로, 범죄행위를 조직하거나 그 행위에 가담하고 또는 범죄행위에 의해 얻은 동산 및 부동산을 강권(强權)으로 관에 거두게 하는 방법이다. 이것을 금전·미곡으로 환산하여 납부하는 경우는 이것을 변가입관(變價入官)이라고 한다(『淸國行政法』 권6).

362) '18년에' 이하의 기사는 萬曆 『大明會典』 권22 「預備倉」의 홍치 18년에 실린 기사에 의한다. 속죄 및 장벌의 동산 및 부동산은 모두 미량(米糧)으로 바꾸어 예비창에 납입하게 하고 은량(銀兩)의 절납 또는 다른 것으로의 유용을 허용하지 않는다는 의미이다.

363) '정덕 중에' 이하의 기사는 萬曆 『大明會典』 권22, 「預備倉」의 정덕 7년(1512)에 실린 기사에 의한다. 지방의 문형아문(問刑衙門)에서 종이를 납입하도록 판결을 받은 죄수로 하여금 그 8할을 미곡으로 바꾸어 예비창에 납입하게 한다는 의미이다.

364) 군관(軍官)이란 군인과 관리, 또는 무관의 장교와 병사라는 두 가지 의미가 있는데, 여기에서는 무관을 의미한다.

365) '군관이' 이하의 기사는 萬曆 『大明會典』 권22 「預備倉」의 정덕 8년(1513)에 실린 기사에 의한다.

366) 식량을 관장하는 창관(倉官)은 식량을 관장하는 좌이관(佐貳官)의 의미로, 주현 장관의 대리인으로서 식량을 관리하는 직무를 맡은 자를 말한다.

367) '처음에 예비창에는' 이하의 기사는 萬曆 『大明會典』 권22, 「預備倉」의 정덕 5년(1510)에 실린 기사에 의한다. 따라서 "이에 이르러" 이하의 기사는 이해의 규정이다.

368) 고정신(顧鼎臣)에 대해서는 『明史』 권78 「賦役」 항 참조.

369) 존류(存留)란 기운(起運) 또는 기해(起解)에 대한 말이다. 지방에서 징수한 세량은 지방에서 지출해야 할 액수만을 지방관청에 남기고 나머지는 중앙의 지시에 따라 중앙 또는 지정된 곳으로 수송하는데, 전자를 존류라고 하고 후자를 기운이라고 한다. 존류는 관리의 봉록, 서리의 공식은(工食銀), 역참의 운영 등에 지출된다. 상세한 것은 『明史』 권78 「食貨 2」 賦役 항 참조.

여 긴급한 상황에 대비하였습니다.[370] 지금 추량(秋糧)은 가까스로 태운(兌運)을 충족시키고, 예비창에는 쌀 한 톨도 없습니다. 일단 재해를 당하면 바로 상주하여 다른 식량을 남기거나 부민(富民)에게 권하여 곡(穀)을 빌려 사고에 응하도록 합니다. 급히 예비창의 식량을 회복하여 백성을 넉넉하게 하시기 바랍니다"라고 하였다.[371] 가정제(嘉靖帝)는 이에 유사에게 미곡을 많이 축적할 방법을 세우게 하니, 전과 같이 옛 상평법(常平法[372])을 모방하여 봄에 빈민에게 진대(賑貸)하였다가 가을에 수확한 뒤 관에 반환하게 하고 그 이식은 취하지 않게 하였다. 부(府)는 1만석, 주(州)는 4,000~5,000석, 현(縣)은 2,000~3,000석의 저장을 기준으로 하였다.[373] 얼마 있다가 다시 정하기를 10리 이하는 1만 5,000석으로 하고 누적해서 올리니, 800리 이하는 19만 석에까지 이르렀다.[374] 그 뒤 저장된 속(粟)을 모두 평조(平

370) '매년 존류의' 이하의 한 구절은 『明史』 권79 漕運의 본문에 조응하는 기술이다. 여미(餘米)란, 여기에서는 존류로부터 모든 경비를 제한 뒤에 남은 미를 말한다.

371) '가정 초' 이하의 기사는 『世宗實錄』 가정 9년 10월 辛未 조에 의한다. 다만 같은 조의 서두에 "이보다 앞서 한림원학사 고정신(顧鼎臣)이 춘방유덕(春坊諭德)이었을 때 전량(錢糧)의 적폐(積弊) 네 가지를 조목조목 상주하였다"라고 되어 있어, 고정신이 춘방유덕이었던 것은 가정 4년(1525)부터 6년 사이였기 때문에 사실은 그 무렵의 일이라고 보는 것이 마땅할 것이다.

372) 상평법(常平法)은 물가를 조절하여 평준하게 하는 법으로, 특히 곡물에 적용되는 일이 많다. 그 기원은 전국시대(戰國時代)에 위(魏)의 이회(李悝)가 행한 조적법(糶糴法)에 있고, 한의 오봉(五鳳) 4년(B.C. 54)에 변군(邊郡)에 창(倉)을 두고 상평창(常平倉)이라 이름붙인 것에서 역대로 대개 이것을 답습하여 확충하였다. 풍작으로 미가(米價)가 낮아지거나 가을의 수확 때 미가가 저렴한 때에 즈음하여 관에서 시가보다 높게 사들여 이 상평창에 저장해서 이로써 미가의 폭락을 막고, 역으로 흉년 또는 봄에 미가가 앙등할 때 시장가격보다 저렴하게 저장미를 내다 팔아 이로써 미가의 앙등을 막는 방법이다. 또한 상평창 운용법의 하나로 차방(借放)이 있다. 봄의 농민의 단경기에 곡물을 빌려주고 가을의 수확기에 반환케 하여 저리(低利)를 거두어 호민(豪民)의 주구(誅求)를 면하게 하기 위한 방법이다(『淸國行政法』 권4).

373) '제는 이에' 이하의 기사는 萬曆 『大明會典』 권22 「預備倉」의 가정 6년(1527)에 실린 기사에 의한다.

374) "얼마 있다가" 이하의 기사는 萬曆 『大明會典』 권22 「預備倉」의 가정 8년에 실린 기사에 의한다. 이와 같은 규정은 이미 『孝宗實錄』 홍치 3년 3월 丙辰 조에 남경급사중(南京給事中) 나감(羅鑒)의 상소에 의해 그해에 정해진 것처럼 기록되어 있다. 아마 가정 8년은 이것을 재확인한 것 같다.

糶[375]하여 가난한 백성을 구제하니,[376] 저장된 것이 점차 줄어들었다.[377] 융경 때 극군(劇郡)[378]도 6,000석을 넘지 않았고, 소읍(小邑)[379]은 1,000석에 그쳤다.[380] 얼마 있다가 그 수가 더욱 줄어들었으며, 과벌(科罰)[381]도 더욱 가벼워졌다. 만력 연간에 상주군(上州郡)[382]은 3,000석에 그쳤고, 소읍은 혹 겨우 100석이었다.[383] 유사는 계속해서 형식적인 글로 간주하니, 누누이 조(詔)를 내려 거듭 타일러도, 대개 허수로 속일 뿐이었다.[384]

원문 弘治中, 江西巡撫林俊嘗請建常平及社倉. 嘉靖八年乃令各撫、按設社倉. 令民二三十家爲一社, 擇家殷實而有行義者一人爲社首, 處事公平者一人爲社正, 能書算者一人爲社副, 每朔望會集, 別戶上中下, 出米四斗至一斗有差, 斗加耗五合, 上戶主其事. 年饑, 上戶不足者量貸, 稔歲還倉. 中下戶酌量振給, 不還倉. 有司造冊送撫、按, 歲一察覈. 倉虛, 罰社首出一歲之米. 其法頗善, 然其後無力行者.

---

375) 평조(平糶)란 앙등한 쌀 가격을 조절하기 위해 저장되어 있는 쌀을 시가보다 저렴한 가격으로 내다 파는 것을 말한다.

376) "저장된 속을" 이하의 기사는 萬曆『大明會典』권22「預備倉」의 가정 9년에 실린 기사에 의한다.

377) 가정 말부터 예비창의 기능이 정체된 상황에 있었던 사실은『穆宗實錄』隆慶 元年 9월 丁卯 조에 분명하다.

378) 극군(劇郡)이란 세량이 많은 큰 부(府)를 가리킨다. 군(郡)은 부의 아칭(雅稱)이다.

379) 소읍(小邑)이란 세량이 적은 작은 현을 가리킨다. 읍은 현의 아칭이다.

380) "융경 때" 이하의 기사는『國朝典彙』권101「倉儲」의 융경 3년 7월 급사중 유계문(劉繼文)의 상언에 보이는 한 구절이다.

381) 과벌(科罰)은 죄과벌칙(罪科罰則)을 가리킨다. 여기에서는 예비창을 관리하는 데 좋고 나쁨에 대한 주현관에 대한 과벌을 말한다.

382) 각 부・주는 세량의 많고 적음에 의해 상・중・하 3등으로 나뉘어 있었는데, 상주군(上州郡)이란 이 상등의 부・주로 앞에서 말한 극군(劇郡)을 가리킨다. 상세한 것은『明史』권78「食貨 2」賦役 항 참조.

383) "만력 중" 이하의 기사는 萬曆『大明會典』권22「預備倉」의 만력 5년에 실린 기사에 의한다.

384) "유사는" 이하의 기사는『神宗實錄』萬曆 8년 閏4월 乙亥 조에 의한다. 이 문장의 의미는 부・주・현의 아문은 이와 같은 규정을 단순한 형식적 글로 간주하여, 누누이 조(詔)로써 거듭 타일러도 대개 저장량을 가공의 숫자를 써서 보고하여 속인다는 것이다.

옮김
譯

홍치 연간에 강서순무 임준(林俊[385])이 일찍이 상평창과 사창(社倉)[386]을 세울 것을 청하였다.[387] 가정 8년(1529)에 각 순무와 안찰사로 하여금 사창을 설치하게 하였다. 민(民) 20~30가(家)를 1사(社)로 하여, 집안이 부유하고 의로운 행실이 있는 자 1인을 뽑아 사수(社首)로 삼고, 일의 처리가 공평한 자 1인을 사정(社正)으로 삼으며, 서산(書算)에 능한 자 1인을 사부(社副)로 삼아, 매달 1일과 15일에 모여 호(戶)를 상·중·하로 나누어 미 4두에서 1두까지 차등 있게 내게 하되 1두당 모미 5합을 추가하도록 하였는데, 상호(上戶)가 그 일을 주관하도록 하였다. 기근이 든 해에 상호로서 부족한 자는 헤아려 빌려주고 풍년이 든 해에 창에 반환하였다. 중호(中戶)와 하호(下戶)는 헤아려 진휼해서 지급하는데, 창에 반환하지 않았다. 유사는 책을 만들어 순무와 안찰사에게 보내고, 1년에 한 번 조사하였다. 창이 비면 사수를 처벌하여 1년의 미를 내게 하였다.[388] 그 법은 상당히 좋았으나 그 후 힘써 행하는 사람이 없었다.

---

385) 임준(林俊, 1461~1526)은 홍치·정덕 연간의 정치가로, 강서순무였던 것은 홍치 말이다. 『明史』 권194에 전(傳)이 있다.

386) 사창(社倉)은 흉년 및 단경기에 빈농의 식량이 부족할 때 진대(賑貸)하여 곤경을 구하기 위해 미속(米粟)을 저장하여 두는 시설이다. 수대에 연원하여 의창(義倉)이라고 불렀고 촌진(村鎭)마다 두어졌으며, 진대는 대개 무상이었고, 그 관리는 자치단체인 사(社)에 의해 행하여졌기 때문에 사창이라고도 불렀다. 송대에 이르러 가장 발달하여 사창과 의창의 구별이 생겼다. 즉 사창은 수대의 그것을 계승했는데, 별도로 의창을 주현시진(州縣市鎭)에 세워 주현관이 관리를 담당했으며, 창(倉)의 자본은 농민으로부터 징수하거나 그 기부에 의존했기 때문에 사창이 자치적인 것에 대해 의창은 관치적인 색채가 농후하였다고 할 수 있다. 명대에 복구된 것이 송대의 사창인 사실은 『英宗實錄』 正統 元年(1436) 7월 庚戌 조에 보이는 순천부(順天府) 추관(推官) 서욱(徐郁)의 사창 건설에 대한 건의에 의해 분명하다.

387) 임준의 이 상언은 그가 강서순무 재임중 아마 홍치 말에 행하여졌던 것 같은데, 그 정확한 연대는 불분명하다. 다만 이것이 명대에 상평창(常平倉) 및 사창(社倉)의 건설에 관한 최초의 상언이 아니라는 것은 분명하다. 상평창에 관해서는 『太祖實錄』 洪武 10년 正月 丙戌 조의 장치중(張致中)의 상주(上奏), 사창에 관해서는 『英宗實錄』 正統 元年 7月 庚戌 조의 서욱(徐郁)의 건의를 효시로 한다. 그러나 그로부터 얼마 후 예비창의 정비가 이루어졌기 때문에, 상평창·사창은 그다지 보급되지 않았다. 아마 이 임준의 상언은 홍치 연간 예비창의 쇠퇴에 즈음해서 이를 대신하는 것으로서 사창의 시설에 대해 행한 것으로 보인다.

원문

兩京庫藏, 先後建設, 其制大略相同. 內府凡十庫. 內承運庫, 貯緞匹、金銀、寶玉、齒角、羽毛, 而金花銀最大, 歲進百萬兩有奇. 廣積庫, 貯硫黃、硝石. 甲字庫, 貯布匹、顔料. 乙字庫, 貯胖襖、戰鞋、軍士裘帽. 丙字庫, 貯棉花、絲纊. 丁字庫, 貯銅鐵、獸皮、蘇木. 戊字庫, 貯甲仗. 贓罰庫, 貯沒官物. 廣惠庫, 貯錢鈔. 廣盈庫, 貯紵絲、紗羅、綾錦、紬絹. 六庫皆屬戶部. 惟乙字庫屬兵部. 戊字、廣積、廣盈庫屬工部. 又有天財庫, 亦名司鑰庫, 貯各衙門管鑰, 亦貯錢鈔. 供用庫, 貯秔稻、熟米及上供物. 以上通謂之內庫. 其在宮內者, 又有內東裕庫、寶藏庫, 謂之裏庫. 凡裏庫不關於有司. 其會歸門、寶善門迤東及南城磁器諸庫, 則謂之外庫. 若內府諸監司局, 神樂堂, 犧牲所, 太常、光祿寺, 國子監, 皆各以所掌, 收貯應用諸物. 太僕則馬價銀歸之. 明初, 嘗置行用庫於京城及諸府州縣, 以收易昏爛之鈔. 仁宗時罷.

옮김 譯

양경(兩京)[389]의 고장(庫藏)은 차례로 건설되었는데, 그 제도는 대략 서로 같았다. 내부(內府)[390]는 모두 10고(庫)이다. 내승운고(內承運庫)[391]는 단필(緞匹)[392] · 금[393] · 은[394] · 보옥(寶玉)[395] · 치각(齒角)[396] ·

---

388) '가정 8년에' 이하의 기사는 萬曆 『大明會典』 권22, 「預備倉」의 기사에 의한다. 그러나 『會典』에는 '의창(義倉)을 설치한다'라고 하여 이 문장을 기재하고 있는데, 사창(社倉)의 잘못임이 분명하다. 『世宗實錄』 嘉靖 8년 3월 甲辰 조의 병부좌시랑 왕정상(王廷相)의 사창 복구에 관한 경위에 대한 상언에서, 주현 단위에 설치하는 의창으로는 흉년에 가난하고 고통에 빠진 자를 구제하는 데 불편하니, 더욱 소단위인 사(社)에 창을 두어야 한다고 하여, 『會典』의 구절과 거의 같은 서술을 하고 있는데, 아마 『會典』은 이것에 의해 기술하였을 때 이를 의창으로 오인한 것이라고 생각되기 때문이다.

389) 양경은 북경과 남경을 가리킨다.

390) 내부(內府)란 여기에서는 궁중의 고장(庫藏)을 가리킨다.

391) 홍무 2년(1369)에 내부고(內府庫)를 두었고, 6년에 이것을 승운고(承運庫)로 고쳐 대사(大使) 1인, 부사(副使) 2인이 이를 관리하였으며, 17년에 다시 내승운고(內承運庫)를 두었다(『續文獻通考』 권56 「職官考」). 그리고 萬曆 『大明會典』 권30 「庫藏 1」에는 승운고·내승운고 2고가 있다고 기재하고 각각 저장물을 열거하였으며, 『明史』 권72 「職官」에는 처음에 승운고·내승운고 2고가 있었으나 후에 외승운고(外承運庫)는 폐하여진 사실을 기록하고 있다. 아마 『明史』의 외승운고는 萬曆 『大明會典』 및 『續文獻通考』의 승운고, 『明史』의 승운고는 萬曆 『大明會典』 및 『續文獻通考』의 내승운고를 가리키는 것으로, 萬曆 『大明會典』 편찬 때까지 위의 2고가 존재하였으나, 그 후 외승운고(萬曆

우모(羽毛)[397]를 저장하는데, 금화은(金花銀)이 가장 많아 매년 들어오는 것이 100만 량 남짓이었다. 광적고(廣積庫)[398]는 유황·초석(硝石)을 저장한다.[399] 갑자고(甲字庫)[400]는 포필(布匹)[401]·안료(顔料)[402]를 저장한다. 을자

『大明會典』·『續文獻通考』의 승운고)는 폐지되었기 때문에, 『會典』의 내승운고는 단지 승운고라고 불리어졌을 것이다. 따라서 여기에서 말하는 승운고는 내승운고를 의미하고, 뒤에 본문에 나오는 바와 같이 내승운고라고 하는 것이 옳을 것이다.

392) 단필(緞匹)은 여기에서는 절강·복건·강서·호광·사천의 각 포정사사(布政使司) 및 소주(蘇州)·송강(松江)·상숙(常熟)·진강(鎭江)·휘주(徽州)·영국(寧國)·양주(揚州) 등의 각 부(府)로부터의 단(緞), 산서로부터의 능(綾) 등의 견직물을 말한다(王圻, 『續文獻通考』 권36 「國用考」; 萬曆 『大明會典』 권30 「庫藏 1」 內府庫). 다만 여기에서 말하는 능이란 산서 노안부(潞安府)에서 산출하는 유명한 주(紬)를 의미할 것이다. 당시 능과 주는 병칭되어 양자 사이에 엄밀한 구별은 없었기 때문이다.

393) 금은 여기에서는 전국 각지에서 보내진 금 및 연례금 2,000량을 말한다(萬曆 『大明會典』 권30 「庫藏 1」 內府庫).

394) 은은 여기에서는 금화은(金花銀) 100만 량여, 자녕궁(慈寧宮) 자립은(子粒銀) 2만 7,000여 량, 자경궁(慈慶宮) 자립은 7,000여 량, 건청궁(乾淸宮) 자립은 1만여 량, 미앙궁(未央宮) 개진(改進) 건청궁 자립은 3,900여 량을 말한다(萬曆 『大明會典』 권30 「庫藏 1」 內府庫).

395) 보옥(寶玉)이란 남해(南海) 지방의 조왜(爪哇)·발니(浡泥)·고리(古里)로부터의 보석, 서역 지방의 합밀(哈密)로부터의 옥(玉)을 말한다(王圻, 『續文獻通考』 권33 「土貢考」; 萬曆 『大明會典』 권30 「庫藏 1」 內府庫).

396) 치각(齒角)이란 남해 지방 주로 섬라(暹羅)·점성(占城)·진랍(眞臘)·만랄가(滿剌加)로부터의 상아 및 서각(犀角)이다(王圻, 『續文獻通考』 권33 「土貢考」; 萬曆 『大明會典』 권30 「庫藏 1」 內府庫).

397) 우모(羽毛)란 남해 지방 주로 조왜·방갈랄(榜葛剌)로부터의 취모(翠毛)이다. 취조(翠鳥, 비취)의 깃털로 청색인 것은 장식용으로 귀하게 여겨졌다(王圻, 『續文獻通考』 권33 「土貢考」; 萬曆 『大明會典』 권30 「庫藏 1」 內府庫).

398) 광적고(廣積庫)는 홍무 8년(1375)에 창설되어(『太祖實錄』 洪武 8년 7월 乙酉 조) 대사(大使)·부사(副使)·전사(典史) 각 1인이 이를 관리하였는데, 부사와 전사는 가정(1522~1566) 연간에 없앴다(『明史』 권72 「職官 1」).

399) 광적고의 저장물은 이 밖에 저사(紵絲)·능(綾)·나(羅) 등도 포함되어 있다(王圻, 『續文獻通考』 권36 「國用考」).

400) 갑자고(甲字庫)는 홍무 10년(1377)에 창설되어, 대사·부사 각 1인이 이를 관리하였다(『續文獻通考』 권56 「職官考」).

401) 포필(布匹)은 여기에서는 면포(棉布)를 가리키는데, 절강·강서·복건·광동·사천·호광·하남·산동·산서·섬서 등의 포정사사 및 소주(蘇州)·송강(松江)·상숙(常熟)·진강(鎭江)·여주(廬州)·봉양(鳳陽)·회안(淮安)·양주(揚州)·휘주(徽州)·영국(寧國)·지주(池州)·태평(太平)·안경(安慶) 등의 부(府), 저(滁)·화(和)·광덕(廣德) 등의 주(州)로부터 보내오는 것이다(萬曆 『大明會典』 권30 「庫藏 1」 內府庫). 명대에는 면화

고(乙字庫)[403]는 반오(胖襖)[404]・군화(軍靴), 군사의 가죽모자[405])를 저장한다. 병자고(丙字庫)[406]는 면화[407]・사광(絲纊)[408]을 저장한다. 정자고(丁字庫)[409]는 동[410]・철・수피(獸皮)[411]・소목(蘇木)[412]을 저장한다. 무자고(戊字庫)[413]

・면포는 모든 포정사사에서 산출되었다고 한다.

402) 안료(顔料)란 염색과 착색의 재료이다. 앞의 주에서 보이는 포필의 수납지(輸納地)로부터 거두었다(萬曆『大明會典』 권30「庫藏 1」 內府庫).

403) 을자고(乙字庫)는 홍무 10년(1377)에 창설되어 대사・부사 각 1인이 이를 관리하였다가, 가정 36년(1557)에 부사는 폐하여졌다(『續文獻通考』 권56「職官考」).

404) 반오(胖襖)란 상체에 입는 상의・포(袍) 따위를 말하는데, 여기에서는 군장용(軍裝用)의 옷이다.

405) 반오・군화, 군사의 가죽모자는 복건・광동・광서・남직예・절강 등의 포정사사로부터 3만 5,000여 벌을 거두어들였다(萬曆『大明會典』 권30「庫藏 1」 內府庫).

406) 병자고(丙字庫)는 홍무 10년(1377)에 창설되어 대사・부사 각 1인이 이를 관리하였다(『續文獻通考』 권56「職官考」).

407) 면화란 여기에서는 면화융(棉花絨)을 가리키는데, 절강・하남・산동의 각 포정사사 및 북직예 진정부(眞定府)로부터 거두어들였다. 연액(年額)은 37만 4,000여 근이었다(萬曆『大明會典』 권30「庫藏 1」 內府庫).

408) 사광(絲纊)이란 생사(生絲)와 진면(眞綿)을 가리키는데, 토사(土絲)와 사면(絲綿)이라고도 한다. 절강・하남・산동의 각 포정사사, 북직예의 진정, 남직예의 지주(池州)・양주(揚州)의 각 부로부터 거두어들인 것이다. 생사 220여 근, 사면 31만 4,000여 근이다(萬曆『大明會典』 권30「庫藏 1」 內府庫).

409) 정자고(丁字庫)는 홍무 10년(1377)에 창설되어 대사 1인, 부사 2인이 이를 관리하였다가, 가정 36년(1557)에 부사 1인을 줄였다(『續文獻通考』 권56「職官考」).

410) 동(銅)은 황숙동(黃熟銅 = 眞鍮) 2만 2,000여 근, 홍숙동(紅熟銅 = 赤銅) 2만 4,000여 근, 생동(生銅 = 未精鍊銅) 9,800여 근을 말한다(萬曆『大明會典』 권30「庫藏 1」 內府庫).

411) 수피(獸皮)는 여기에서는 황우피(黃牛皮) 980여 장(張)을 말한다. 그 밖에 우근(牛觔)・수우각(水牛角)도 받았다. 동・철・수피는 생칠(生漆)・동유(桐油)・황랍(黃蠟) 등과 함께 절강・복건・광동・사천・강서・호광・하남・산동・산서 등의 각 포정사사, 응천(應天)・소주(蘇州)・송강(松江)・상숙(常熟)・진강(鎭江)・여주(廬州)・봉양(鳳陽)・회안(淮安)・양주(揚州)・휘주(徽州)・영국(寧國)・지주(池州)・태평(太平)・안경(安慶) 등의 각 부, 저(滁)・서(徐)・화(和)・광덕(廣德) 등의 각 주로부터 거두어들였다(萬曆『大明會典』 권30「庫藏 1」 內府庫).

412) 소목(蘇木)이란 소방(蘇枋)을 가리키는 것으로, 섬라(暹羅)・유구(琉球)・진랍(眞臘)・조왜(爪哇)・만랄가(滿剌加)・방갈랄(枋葛剌)・소문답랄(蘇門答剌) 등, 주로 동남아 지방에서 공납된 그 지방 특산의 교목(喬木)이다. 재목은 양궁(楊弓)을 만드는데, 주로 수피(樹皮)를 깎아 흘러나온 수액(樹液) 또는 대패질한 가루로부터 적색의 염료를 추출하는데 쓴다(王圻, 『續文獻通考』 권33「土貢考」; 萬曆『大明會典』 권30「庫藏 1」).

413) 무자고(戊字庫)는 홍무 10년(1377)에 창설되어 대사・부사 각 1인이 이를 관리하였는데, 가정 36년(1557)에 부사를 없앴다(『續文獻通考』 권56「職官考」).

는 갑장(甲仗)[414]을 저장한다. 장벌고(贓罰庫)[415]는 관에 몰수한 재물[416]을 저장한다. 광혜고(廣惠庫)[417]는 전(錢)・초(鈔)[418]를 저장한다. 광영고(廣盈庫)[419]는 저사(紵絲)[420]・사(紗)[421]・라(羅)[422]・릉(綾)[423]・금(錦)[424]・주

---

414) 갑장(甲仗)이란 궁전(弓箭)・현조(弦條)・회갑(盔甲) 등을 가리킨다. 천하의 위소가 군기(軍器)를 만들고 변진의 위소는 스스로 그것을 사용하였는데, 산동・북직예 지방의 위소에서 만드는 것은 그것을 무자고(戊字庫)에 보내고 경영군(京營軍)의 사용에 제공하였다(萬曆『大明會典』권30「庫藏 1」; 권193,「工部 1」).

415) 장벌고(贓罰庫)는 홍무 20년경에 창건되었다(『太祖實錄』洪武 25년 11월 조). 대사 1인, 부사 2인이 이를 관리하였는데, 가정 36년에 부사 2인을 없앴다(『續文獻通考』권56「職官考」).

416) 관민(官民)이 법을 어겨 적몰(籍沒)된 자의 가재(家財), 부패한 관리의 장물(贓物) 즉 금(金)・은(銀)・전(錢)・초(鈔)・의복 등을 말한다. 장벌고는 관에 몰수된 물건 외에 각처로부터 보내온 전・초・저사(紵絲)・능(綾)・나(羅)・주(紬)・견(絹)・면포(棉布) 등도 거두어 저장하였다(萬曆『大明會典』권30「庫藏 1」內府庫).

417) 광혜고(廣惠庫)는 홍무 16년에 창설되었는데, 정식명칭은 보초광혜고(寶鈔廣惠庫)라고 한다. 대사・부사 각 1인이 이를 관리하였는데, 가정 36년에 부사는 없앴다. 처음에 보초광원고(寶鈔廣源庫)와 병존하여, 광원고는 저폐(楮幣)의 납입, 광혜고는 그 지출을 관장하였는데(『續文獻通考』권56「職官考」), 후에는 단지 전초(錢鈔)를 저장하는 고가 된 것 같다.

418) 전(錢)・초(鈔)란 여기에서는 임청・하서무 이하 7초관(鈔關)의 초 2,900여만 관, 동전 5,900여 만 문, 연산우위(燕山右衛)・상군전위(廂軍前衛) 등 4위(衛)의 초 5만 6,000여 관을 말한다(萬曆『大明會典』권30,「庫藏 1」內府庫).

419) 광영고(廣盈庫)는 홍무 9년경에 창설된 듯한데, 분명하지는 않다(『太祖實錄』홍무 9년 2월 丁酉 조). 대사 1인, 부사 2인이 이를 관리하였는데, 가정 36년에 부사 2인을 없앴다(『續文獻通考』권56「職官考」).

420) 저사(紵絲)는 견직물의 일종으로, 청대의 단자(緞子)를 말한다(汪日禎『湖蠶述』권4「紡織」). 가늘고 강한 경사(經絲)에 두터운 위사(緯絲)를 짜 넣은 바탕이 두터운 견(絹)이고, 대부분은 흑색이나 감색의 바탕, 또 그것에 꽃무늬를 가한 것이다. 남송 무렵부터 있었는데, 명청시대에는 주로 남경(南京)・소주(蘇州)・항주(杭州)・파주(巴州)・장주(漳州)에서 많이 만들어졌다.

421) 사(紗)는 견직물의 일종으로, 가볍고 가는 실로 짠 것이다. 묶어 짠 얇은 명주를 가리키며, 모자 등에 사용된다. 당・송 이래 주로 장강(長江) 하류 지방에서 만들어졌다.

422) 나(羅)는 견직물의 일종으로, 가볍고 부드러우며 통하는 구멍이 있어 여름에 입을 수 있다. 사(紗)와 같은 종류이다. 실을 누인 것과 누이지 않은 것이 있어, 숙라(熟羅)와 생라(生羅)의 구별이 있다. 당・송 이래 주로 장강 하류 지방에서 만들어졌다.

423) 능(綾)은 견직물의 일종이다. 단자(緞子)와 비슷한데 보다 엷고, 한 가지 색의 실로 짜서 이것을 바라보면 빙릉(氷凌)처럼 보이는 무늬를 짜낸 직물이다. 당・송 이후에는 빙문(氷文) 외에 자유롭게 화훼(花卉)・금수(禽獸)와 같은 것도 짜내어 화문릉(花文綾)이라고 했다. 당대에는 하북성 정주(定州)를 중심으로 화북에서 많이 생산하였는데, 송대

(紬)[425]・견(絹)[426]을 저장한다.[427] 6고는 모두 호부에 속한다. 을자고만 병부에 속한다. 무자・광적・광영고는 공부에 속한다. 또 천재고(天財庫)[428]가 있어 사약고(司鑰庫)라고도 하는데,[429] 각 아문의 관약(管鑰)[430]을 저장하고 전(錢)・초(鈔)[431]도 저장한다. 공용고(供用庫)[432]는 갱도(秔稻)・숙미(熟米)[433] 및 상공물(上供物)[434]을 저장한다. 이상을 통틀어 내고(內庫)라 부른

에는 하북・사천, 명청시대에는 주로 장강 하류 지방에서 만들어졌다.

424) 금(錦)은 견직물의 일종이다. 색사(色絲)・금사(金絲)를 짜서 문양을 가한 것으로, 한대에 많이 직조되었으며, 당・송시대에 염색하는 방법과 짜는 방법이 복잡해져 많은 종류가 생겨났다. 명청시대에는 폭 1장(丈) 남짓의 휘장에 사방 4촌(寸)의 글자 등도 짜내었다.

425) 주(紬)는 견직물의 일종이다. 생사(生絲)와 진면(眞綿)을 자아 짠 것이다. 면주(綿紬)・견주(繭紬)라고 하는 것과 같은 것이다. 명청시대에는 남북 각지에서 생산되었으나, 산서성 노안(潞安)의 것이 가장 좋아 노주(潞紬)라고 불러 애용하였다.

426) 견(絹)이란 평견(平絹)을 말한다. 고대부터 가장 일찍이 만들어진 견직물이다. 증(繒)・환(紈)・호(縞) 등이라고도 불렀다.

427) 이를 거두어 저장한 물품에는 법을 어겨서 몰수한 물품 또는 외국에서 바친 공물로 예부에서 보내온 것도 있었다(萬曆『大明會典』권30「庫藏 1」內府庫).

428) 천재고(天財庫)는 홍무 17년에 창설되었다. 대사 1인, 부사 4인이 이를 관리하였다(『續文獻通考』권56「職官考」).

429) 천재고가 사약고(司鑰庫)라고 불리게 된 것은 홍무 28년의 일이다(『太祖實錄』洪武 228년 9월 조).

430) 각 아문의 관약(管鑰)이란, 여기에서는 황성 각 문의 열쇠이다(萬曆『大明會典』권30「庫藏 1」內府庫).

431) 전(錢)・초(鈔)란 여기에서는 정양문(正陽門) 등 9문 및 각 초관(鈔關)으로부터의 본색과 절색의 전초를 말한다(萬曆『大明會典』권30「庫藏 1」內府庫).

432) 공용고(供用庫)는 홍무 28년에 창설되었다(『太祖實錄』洪武 28년 9월 조). 대사 1인, 부사 2인이 이를 관리하였다(『續文獻通考』권56「職官考」).

433) 갱도숙미(秔稻熟米)란, 갱(秔)은 갱(粳)과 같고, 도(稻)는 쌀의 총칭이며, 숙미(熟米)는 백숙미(白熟米)를 가리킨다. 여기에서는 소주(蘇州)・송강(松江)・상주(常州)의 3부에서 보낸 백숙조갱나미(白熟糙粳糯米) 8만 2,400여 석을 말한다(萬曆『大明會典』권30「庫藏 1」內府庫). 궁중 및 산릉(山陵) 등의 비용 및 그 내관(內官)의 식미(食米)에 충당되는 것이다.

434) 상공물(上供物)이란 일종의 세로 부과된 것으로, 공헌(貢獻)의 명의하에 수납(輸納)되는 지방의 특산물을 말한다. 여기에서는 주로 절강・호광・사천・복건・강서・광동・산동・하남 등의 각 포정사사, 남직예의 소주(蘇州)・송강(松江)・상주(常州)・진강(鎭江)・영국(寧國)・태평(太平)・안경(安慶)・여주(廬州)・봉양(鳳陽)・회안(淮安)・양주(揚州) 등의 부에서 보내는 황랍(黃蠟)・백랍(白蠟)・아차(芽茶)・엽차(葉茶)・지마(芝麻)・침향(沈香) 등을 말한다(萬曆『大明會典』권30「庫藏 1」內府庫). 상세한 것은『明史』권82「食貨 6」上供採造 항 참조).

다. 그 가운데 궁 안에 있는 것에는 내동유고(內東裕庫)・보장고(寶藏庫)[435]가 있는데, 이를 이고(裏庫)라고 한다. 무릇 이고는 유사에게 간섭받지 않는다. 그중 회귀문(會歸門)[436]・보선문(寶善門)[437] 이동(以東) 및 남성(南城)[438]의 자기고(磁器庫) 등 여러 고(庫)는 외고(外庫)라 부른다. 그리고 내부(內府)[439]의 모든 감(監)・사(司)・국(局)[440]・신악당(神樂堂)[441]・희생소(犧牲所)[442]・태상시(太常寺)[443]・광록시(光祿寺)[444]・국자감(國子監)[445]은 모두

---

435) 내동유고(內東裕庫)는 숭인문(崇仁門)의 약간 남쪽, 홍효전(弘孝殿)・소신전(霄神殿) 가까이에 있었다(『明書』 권84 「營建志」). 보장고(寶藏庫)와 함께 그 창설연대 및 기능 등에 대해서는 분명하지 않다.

436) 회귀문(會歸門)은 또한 회극문(會極門)이라고도 하고, 궁궐의 오문(午門) 안에 있는 황극문(皇極門)의 동방에 위치한 문이다(『日下舊聞』 권6 「宮室 4」 明1; 『春明夢餘錄』 권6 「宮闕」).

437) 보선문(寶善門)은 원휘전(元輝殿)의 북쪽, 자경궁(慈慶宮) 후문의 서쪽에 위치한 문이다(『日下舊聞』 권6 「宮室 4」 明 1; 『春明夢餘錄』 권6 「宮闕」).

438) 남성(南城)은 대내(大內)의 동남부를 말한다(『宸垣識略』 권3 「皇城」).

439) 내부(內府)란 여기에서는 궁중을 말한다.

440) 모든 감(監)・사(司)・국(局)이란 환관의 관아인 12감(監)・4사(司)・8국(局), 이른바 24아문(衙門)을 말한다. 12감이란 사례(司禮)・내관(內官)・어용(御用)・사설(司設)・어마(御馬)・신궁(神宮)・상선(尙膳)・상보(尙寶)・인수(印授)・직전(直殿)・상의(尙衣)・도지(都知)의 각 감, 4사란 석신(惜薪)・종고(鐘鼓)・보초(寶鈔)・혼당(混堂)의 각 사, 8국이란 병장(兵仗)・은작(銀作)・완의(浣衣)・건모(巾帽)・침공(鍼工)・내직염(內織染)・주초면(酒醋麵)・사원(司苑)의 각 국을 말한다(『續文獻通考』 권56 「職官考」). 이 가운데 萬曆 『大明會典』 권30 「庫藏 1」 內府庫에서 주요 저장물로 열거한 바에 따르면, 내관감(內官監; 궁정 내의 사무를 담당하는 관리를 통할한다)은 백숙세갱미(白熟細粳米)・백숙갱미(白熟粳米)・고천도초(藁薦稻草)・초지도초(草紙稻草)・청백염(青白鹽) 등, 상선감(尙膳監; 선부(膳部)를 관장한다)은 천초(川椒)・속곡(粟穀)・촉출(蜀秫) 등, 사원국(司苑局; 채소・과일을 관장한다)은 흑두(黑豆)・곡초(穀草) 등, 주초면국(酒醋麵局; 주초면(酒醋麵) 등의 제조를 관장한다)은 백숙나미(白熟糯米)・황두(黃豆)・흑두(黑豆)・녹두(菉豆)・곡초(穀草)・도피(稻皮) 등, 석신사(惜薪司; 땔감・석탄을 관장한다)는 백숙나미(白熟糯米)・홍조(紅棗) 등, 보초국(寶鈔局; 조세초지(粗細草紙)를 관장한다)은 도초(稻草)・향유(香油) 등을 거두어 저장하였다.

441) 신락당(神樂堂)은 신락관(神樂觀)이라고도 하고, 태상시(太常寺)에 속하는 관사(官司)이다. 홍무 12년에 창설되었다(『太祖實錄』 同年 2월 戊申 조). 제사에 공급하는 악무생(樂舞生)의 양성 그 외의 제사에 관한 사무를 관장하고, 제사를 지내는 데 필요한 물품 및 악무생 양성에 도움이 될 만한 물건을 거두어 저장했다(『續文獻通考』 권55 「職官考」; 萬曆 『大明會典』 권226 「神樂觀」).

442) 희생소(犧牲所)는 태상시에 속한 관사로 홍무 초에 창설되었다. 제사에 공급해야 할

각 관장하는 바에 따라 마땅히 써야 할 물건들을 거두어 저장한다. 태복시(太僕寺)[446]는 마가은(馬價銀)[447]을 귀속시켰다. 명초에 일찍이 경성[448] 및 모든 부・주・현에 행용고(行用庫)를 두어, 글자가 잘 보이지 않고 파손된 초(鈔)를 거두어 바꾸어주었다.[449] 인종(仁宗 : 1425) 때 없앴다.[450]

희생을 관장하고, 우독(牛犢)・빈양(牝羊)・산양(山羊)・저(豬)・녹(鹿)・토(兎) 등의 동물을 사육하며, 또한 그 사료를 거두어 저장하였다(『續文獻通考』 권55 「職官考」; 萬曆 『大明會典』 권215 「太常寺」). 신락당・희생소는 모두 태상시 소속의 관사인데, 여기에 태상시와 병렬하여 열거된 것은 아마 그 저장물이 많기 때문일 것이다.

443) 태상시(太常寺)는 처음에는 태상사(太常司)라고도 불렸는데, 오(吳)의 원년에 창설하여 홍무 30년에 태상시(太常寺)로 고쳤다. 경(卿) 1인, 소경(少卿) 2인, 시승(寺丞) 2인의 직관(職官)이 있었다. 제사예악(祭祀禮樂)에 필요한 물자를 거두어 저장하였다(萬曆 『大明會典』 권215 「太常寺」).

444) 광록시(光祿寺)는 처음에 선휘원(宣徽院)으로서 오의 원년에 설치되었고, 홍무 원년에 광록시로 고쳤다. 8년에 광록사(光祿司)라고 개칭했다가 30년에 재차 광록시(光祿寺)로 고쳤다. 경 1인, 소경 2인, 시승 2인의 직관이 있었다. 홍무 원년에 공수고(供需庫), 4년에 법주고(法酒庫), 만력 2년에 은고(銀庫)를 두었으며, 제향(祭享)・연로(宴勞)・주례(酒醴)・선수(膳羞) 등에 필요한 식량 그 밖의 물자를 거두어 저장하였다(『續文獻通考』 권55 「職官考」; 萬曆 『大明會典』 권217 「光祿寺」).

445) 국자감(國子監)은 처음에 국자학(國子學)이라고 했는데, 오의 원년에 남경에 설치하였다. 홍무 8년에 중도(中都)에도 국자학을 두고, 15년에 모두 국자감으로 고쳤다. 영락 원년 북경에도 두었다. 문화교육의 일을 관장하는 최고학부였다. 좨주(祭酒) 1인, 사업(司業) 1인, 오경박사(五經博士) 5인, 육당조교(六堂助教) 15인, 학정(學正)・학록(學錄) 그 밖의 직관(職官)이 있었다. 좨주・사업은 학생에 대한 훈도(訓導)의 정령(政令)을 관장하고, 박사는 가르쳤다. 그 저장물은 학생의 의식용 물자를 주로 한다(萬曆 『大明會典』 권220 「國子監」; 『明史』 권73, 「職官 2」).

446) 태복시(太僕寺)는 홍무 4년에 군목감(群牧監)을 두었고, 6년에 태복시(太僕寺)로 고쳤으며, 각지에 목관(牧官) 14, 군목(群牧) 97이 있었다. 경 1인, 소경 2인, 시승 4인의 직관이 있고, 목마(牧馬)에 관한 사무를 관장하였다. 홍무 30년에 행태복시(行太僕寺)를 산서(山西)・북평(北平)・섬서(陝西)・감숙(甘肅)・요동(遼東) 등에 두었고, 후에 개폐가 있었다. 그 저장물은 말을 키우기 위한 초료(草料) 및 마필의 구입, 목장의 관리를 위한 은 등이었다(『續文獻通考』 권55 「職官考」; 萬曆 『大明會典』 권218 「太僕寺」; 『明史』 권74, 「職官 3」).

447) 마가은(馬價銀)이란 말의 구입을 위한 은을 가리킨다.

448) 경성(京城)이란 여기에서는 남경(南京)을 말한다.

449) "명초에" 이하의 기사는 萬曆 『大明會典』 권31, 「庫藏 2」 鈔法의 홍무 13년에 실린 기사에 의한다. 다만 행용고(行用庫)가 경성(京城)에 창설된 것은 홍무 7년이다(『太祖實錄』 同年 9월 辛未 조). 더러워지고 훼손된 지폐를 회수 및 교환한다는 의미이다.

450) 행용고의 설치와 폐지는 두세 번 있었는데(『太祖實錄』 洪武 13년 11월 丁亥, 25년 2월 庚辰 조), 완전히 폐지된 것은 永樂 22년, 인종이 즉위한 뒤의 일이다(『太宗實錄』 同

원문 英宗時, 始設太倉庫. 初, 歲賦不徵金銀, 惟坑冶稅有金銀, 入內承運庫. 其歲賦偶折金銀者, 俱送南京供武臣祿. 而各邊有緩急, 亦取足其中. 正統元年改折漕糧, 歲以百萬爲額, 盡解內承運庫, 不復送南京. 自給武臣祿十餘萬兩外, 皆爲御用. 所謂金花銀也. 七年乃設戶部太倉庫, 各直省派剩麥米, 十庫中綿絲、絹布及馬草、鹽課、關稅, 凡折銀者, 皆入太倉庫. 籍沒家財, 變賣田產, 追收店錢, 援例上納者, 亦皆入焉. 專以貯銀, 故又謂之銀庫. 弘治時, 內府供應繁多, 每收太倉銀入內庫. 又置南京銀庫. 正德時, 內承運庫中官, 數言內府財用不充, 請支太倉銀. 戶部執奏不能沮. 嘉靖初, 內府供應視弘治時, 其後乃倍之. 初, 太倉中庫積銀八百餘萬兩, 續收者貯之兩廡, 以便支發. 而中庫不動, 遂以中庫爲老庫, 兩廡爲外庫. 及是時, 老庫所存者僅百二十萬兩. 二十二年特令金花、子粒銀應解內庫者, 並送太倉備邊用, 然其後復入內庫. 三十七年令歲進內庫銀百萬兩外, 加預備欽取銀, 後又取沒官銀四十萬兩入內庫. 隆慶中, 數取太倉銀入內庫, 承運庫中官至以空箚下戶部取之. 廷臣疏諫, 皆不聽. 又數取光祿、太僕銀, 工部尚書朱衡極諫, 不聽. 初, 世宗時, 太倉所入二百萬兩有奇. 至神宗萬曆六年, 太倉歲入凡四百五十餘萬兩, 而內庫歲供金花銀外, 又增買辦銀二十萬兩以爲常, 後又加內操馬芻料銀七萬餘兩. 久之, 太倉、光祿、太僕銀, 括取幾盡. 邊賞首功, 向發內庫者, 亦取之太僕矣.

옮김譯 영종 때 처음으로 태창고를 설치하였다.[451] 처음에 세부(歲賦)는 금은을 징수하지 않았고, 다만 갱야세(坑冶稅)[452]에 금은이 있어 내승운고(內承運庫)[453]에 들였다. 세부 중 마침 금은으로 절납한 것은 모

年 10월 壬寅 조).

451) 태창고(太倉庫)의 창설은 정통 7년(1442)이다(萬曆『大明會典』권30「庫藏 3」太倉庫). 상세한 것은『明史』권78「食貨 2」賦役 항 참조).

452) 갱야세(坑冶稅)란 광산 개발에 부과되는 세이다. 상세한 것은『明史』권81「食貨 5」坑冶 항 참조.

453) 내승운고(內承運庫)는 승운고(承運庫)라고도 한다.

두 남경에 보내 무신의 녹봉으로 제공하였다. 그리고 각 변진(邊鎭)에 급한 일이 있으면 또한 그 가운데에서 취하여 채웠다. 정통 원년(1436)에 조량을 절납하는 것으로 고쳐서 매년 100만을 정액으로 하여 모두 내승운고에 보내고, 더 이상 남경에 보내지 않았다. 무신의 녹봉으로 지급되는 10여만 량 외에는 모두 어용(御用)으로 하였다. 이른바 금화은(金花銀)이다.[454] 7년(1442)에 이르러서야 호부에 태창고를 설치하였는데, 각 직성(直省)에서 파잉(派剩)[455]한 맥미(麥米)와 10고[456] 중의 면사(綿絲)·견포(絹布) 및 마초(馬草)[457]·염과(鹽課)·관세(關稅)로 무릇 은으로 절납하는 것은 모두 태창고에 들였다.[458] 적몰(籍沒)된 가재(家財),[459] 변매(變賣)한 전산(田産),[460] 추수(追收)한 점전(店錢)[461]으로 예에 따라 상납하는 것도 모두 들였다.[462] 오로지 은을 저장하였기 때문에 은고(銀庫)라고도 하였다. 홍치 때 내부(內府)의 공응(供應)이 번다해져[463] 매번 태창의 은을 거두어 내고

---

454) '세부 중' 이하의 기사는 萬曆『大明會典』권30「庫藏 1」內府庫의 서두에 기술된 것에 의한다.

455) 파잉(派剩)이란 처음에 이갑(里甲)에서 유사(有司)의 불시의 징수에 대비하기 위해 추량(秋糧)과 함께 징수한 미량(米糧)인데, 후에는 정수(正數)의 감소에 의해 그 좌파(坐派)가 장기간 행하여져 점차 정식 지소(支銷)로 옮겨갔기 때문에 그 정수를 다 지소하지 않은 경우 그 잉여를 파잉이라고 하기에 이르렀다(『天下郡國利病書』권14「應天府」). 萬曆『大明會典』권26「會計 2」에는 萬曆 6년(1578) 기운수목(起運數目) 중에 대여섯 곳의 사(司)·부(府)에 관해 파잉 맥미(麥米)의 절은(折銀) 액수가 열거되어 있다.

456) 10고(庫)란 앞에서 기술한 내부(內府)의 10고이다.

457) 마초(馬草)는 이세(二稅)와 함께 징수하였다. 징수범위는 남직예 13부·4주와 북직예 8부·2주 및 절강·산동·산서·하남·섬서 5성(省)이다(『續文獻通考』권2「田賦考」).

458) '10고 중의' 이하의 기사는 萬曆『大明會典』권30「庫藏 1」太倉庫의 嘉靖 11년(1532)에 실린 기사에 의한다.

459) '적몰(籍沒)된 가재(家財)'란 범죄에 의해 관에 몰수된 범죄자의 재산을 말한다.

460) 변매(變賣)한 전산(田産)이란 연납(捐納)되거나 매각된 토지와 가옥을 말한다.

461) '추수(追收)한 점전(店錢)'이란 관설(官設)의 여사(旅舍)에서 강제적으로 징수한 상품의 보관료를 말한다. 점(店)은 창고(倉庫)의 의미이다.

462) '적몰된 가재' 이하의 기사는 萬曆『大明會典』권30「庫藏 1」太倉庫의 가정 22년(1543)에 실린 기사에 의한다. 다만 본문 속의 "예에 따라[援例]"가『會典』에는 "원래의 규정에 따라[照舊]"로 되어 있다.

463) 내부(內府)의 공응(供應)이 번다했던 것은 궁전·왕저(王邸)의 건축을 위해 수십 만의 은을 지출한 것이 주요 요인이다. 게다가 연이은 흉년으로 백성은 온갖 역에 고통을

에 들였다.[464] 또 남경의 은고를 설치하였다.[465] 정덕 때 내승운고의 중관(中官)이 자주 내부의 재용(財用)이 충분하지 못하다고 말하며 태창의 은을 지출할 것을 청하였다. 호부가 집주(執奏)[466]하였으나 막을 수 없었다.[467] 가정 초에는 내부의 공응[468]이 홍치 때와 비슷하였으나, 그 후에는 2배가 되었다. 처음에 태창의 중고(中庫)에는 은 800여 만 량이 쌓여 있어,[469] 계속해서 거둔 것은 양무(兩廡)[470]에 쌓아두어 지급하고 내주는 데 편리하게 하였다. 그리고 중고는 건드리지 않아, 마침내 중고는 노고(老庫)가 되고, 양무는 외고(外庫)가 되었다. 이때에 이르러 노고에 남아 있는 것은 겨우 120만 량이었다.[471] 22년(1543)에 특별히 내고에 보내야 할 금화은·자립은(子粒銀)[472]을 모두 태창에 보내 변진의 비용[473]에 대비하

받는 상황이었다. 상세한 것은 『明史』 권78 「食貨 2」 賦役 항 참조.

464) 내고(內庫)란 내부고(內府庫)를 가리키는데, 내고가 궁핍해지자 태창고(太倉庫)의 은으로 보충한 예는 이미 성화 연간(1465~1487)에도 보였다(『憲宗實錄』 成化 17년 1월 戊子 조). 홍치 연간(1488~1505)에 이르러 더욱 심해져 『孝宗實錄』 弘治 15년 10월 辛酉 조에 의하면 내승운고(內承運庫)는 다섯 차례에 걸쳐 태창은(太倉銀) 195만 량을 취하였고, 밖에서 주료(廚料)·생구료(牲口料)로서 수차례에 걸쳐 10만 3,000여 량을 빌린 사실이 있다.

465) 남경은고(南京銀庫)의 창설은 홍치 8년(1495)이다(萬曆 『大明會典』 권42 「南京戶部」 銀庫).

466) 명의 법제에 의하면 각 부(部)의 상서(尙書)는 규정에 맞지 않거나 실행이 불가능한 안건에 대하여 황제에게 명을 거두어주도록 요구할 권리가 있었다. 이는 고대의 '봉박(封駁)'에 해당되지만, 물론 최후의 결정권은 여전히 황제에게 귀속되었다.

467) '정덕 때' 이하의 기사를 뒷받침하는 실례는 『武宗實錄』 正德 元年 7月 癸未; 同 2年 8月 戊寅 조를 비롯해 『實錄』에 여러 차례 보인다.

468) 가정 연간 내부의 공응(供應)은 주로 세종의 도교 광신에 의한 도관(道觀)의 건축비이다.

469) 태창(太倉)에 쌓인 은이 800여 만 량이었던 사실은 『皇明大政纂要』 권60 嘉靖 29년 正月 甲子 조의 호부회계(戶部會計)에 보인다.

470) 무(廡)란 당하(堂下)의 주옥(周屋) 또는 사(舍)의 의미이기 때문에, 양무(兩廡)란 중고(中庫)를 중심으로 하여 좌우에 있던 사를 가리키는 것 같다.

471) 가정 연간에 노고(老庫)의 저장이 격감한 사실은 『穆宗實錄』 隆慶 元年 12월 조의 마삼(馬森)의 상주(上奏) 속에 설명되어 있다.

472) 자립은(子粒銀)이란 여기에서는 황장(皇莊)의 소작료를 절은한 것을 가리키고, 자녕궁(慈寧宮)·자경궁(慈慶宮)·건청궁(乾淸宮) 등 3궁의 것으로 나뉘어져 있었다.

473) 변진의 비용이란 변경 방위를 위한 비용으로, 여기에서는 특히 타타르[韃靼]부의 남

게 하였지만,[474] 그 뒤 다시 내고에 들였다. 37년에 해마다 내고에 은 100만 량을 들이는 것 외에 예비흠취은(預備欽取銀)[475]을 추가하였고,[476] 후에 다시 관에 몰수된 은 40만 량을 취하여 내고에 들였다.[477] 융경 연간에 자주 태창의 은을 취하여 내고에 들였는데, 승운고(承運庫)의 중관이 공차(空箚)[478]를 가지고 호부에 내려 그것을 취하기에 이르렀다. 정신(廷臣)이 상소하여 이를 간해도 모두 듣지 않았다.[479] 또 자주 광록(光祿)과 태복(太僕)의 은을 취하자, 공부상서 주형(朱衡)[480]이 극간(極諫)하였으나 듣지 않았다.[481] 처음에 세종 때 태창에 들인 것이 200만 량 남짓이었다.[482] 신종 만력 6년(1578)에 이르러 태창의 세입(歲入)은 총 450여 만 량이었고,[483] 내고의 세공(歲供)은 금화은 외에 다시 매판은(買辦銀)[484] 20만 량을 늘려 상액(常額)으로 하였으며,[485] 후에 다시 내조마추료은(內操馬芻料銀)[486] 7만여 량을 더하였다.[487] 시간이 조금 지나 태창・광록・태복의

하를 막는 북변 경비를 위한 비용을 말한다.

474) '22년에 특별히' 이하의 기사는 萬曆『大明會典』권30「庫藏 1」太倉庫에 의한다.

475) 예비흠취은(豫備欽取銀)이란 황제의 명으로 내고에 진납(進納)해서 미리 대비해두어야 할 은을 가리키는 것 같다.

476) '37년에 해마다' 이하의 기사는『世宗實錄』嘉靖 37년 12월 庚午 조에 의한다.

477) '후에 다시 관에' 이하의 기사는 가정 44년의 일이다(『國朝典彙』권101「庫貯」).

478) 공차(空箚)란 책임관의 성명을 쓰지 않고 도장도 찍지 않은 명령서를 말한다(『國朝典彙』권101「庫貯」).『皇明大政纂要』권62 隆慶 4년 정월의 조에 "경고(京庫)의 전량(錢糧)은 편지(片紙)로서 그것을 취한다. 성명・도장이 없어 진위를 판별하기 어렵다"라고 되어 있다.

479) '융경 연간에' 이하의 기사는『國朝典彙』권101「庫貯」의 隆慶 4년 정월에 실린 기사에 의한다. 또 王圻,『續文獻通考』권36「國用考」에도 같은 구절이 보인다.

480) 주형(朱衡, 1502~1574)은 가정・융경 연간의 정치가이다. 공부상서의 직에 있었던 것은 가정 44년 이후 융경 연간의 일이다.『明史』권223에 전(傳)이 있다.

481) '또 다시 광록과 태복의' 이하의 기사는『穆宗實錄』隆慶 3년 正月 甲子 조에 의한다.

482) '처음에 세종 때' 이하의 기사는『世宗實錄』嘉靖 37년 12월 庚午 조에 의한다.

483) '신종 만력 6년에' 이하의 기사는『神宗實錄』萬曆 16년 12월 己酉 조의 호부 상주문 속에 예전을 회고한 한 조목으로 나와 있다.

484) 매판은(買辦銀)은 궁중의 어용품(御用品)의 구입자금에 충당하기 위한 은을 말한다.

485) '내고의 세공' 이하의 기사는『神宗實錄』萬曆 12년 12월 辛酉 조에 의한다.

486) 내조마추료은(內操馬芻料銀)이란 궁내의 경비용(警備用) 마필의 사료를 구입하기 위한 은을 말한다.

은을 다 취하여 거의 다 썼다. 변상수공(邊賞首功)[488] 등 전에 내고에서 내었던 것도 태복에서 취하였다.[489]

원문 凡甲字諸庫, 主事偕科道巡視. 太倉庫, 員外郎、主事領之, 而以給事中巡視. 嘉靖中, 始兩月一報出納之數. 時修工部舊庫, 名曰節愼庫, 以貯礦銀. 尙書文明以給工價, 帝詰責之, 令以他銀補償, 自是專以給內用焉.

옮김 譯 무릇 갑자제고(甲字諸庫)는 주사(主事)[490]가 과도(科道)[491]와 함께 순시하였다. 태창고는 원외랑·주사가 관할하는데, 급사중으로 하여금 순시케 하였다.[492] 가정 연간에 처음으로 두 달에 한 번 출납의 수를 보고하게 하였다.[493] 그때 공부의 구고(舊庫)를 수리하여 절신고(節愼庫)라 하였는데, 광은(礦銀)[494]을 저장하였다.[495] 상서 문명(文明)[496]이

487) '후에 다시 내조마추료은' 이하의 기사는 『神宗實錄』 萬曆 13년 4월 乙丑 조에 의한다.

488) 변상수공(邊賞首功)이란 변방의 군사에 대한 상여와 무공이 뛰어난 자에 대한 상여를 말한다. 승상(陞賞)에 기공(奇功)·수공(首功)·차공(次功)의 3등급이 있고, 그 두 번째를 수공이라 하는데, 여기에서는 넓은 개념으로 이해하여 단지 무공이 뛰어난 자의 의미로 사용되고 있는 것 같다.

489) '시간이 조금 지나' 이하의 기사는 萬曆 30년 경 이후의 일인 듯하다(王圻, 『續文獻通考』 권36 「國用考」 邊餉年例). 다 취하여 거의 썼다는 사실은 萬曆 36년 2월의 섭향고(葉向高)의 상주 속에 보이고(『皇明通紀從信錄』 권39), 군향(軍餉)이 부족하여 태복시(太僕寺)에 은을 구한 예는 『神宗實錄』 萬曆 46년 6월 己丑; 同 47년 丙戌 조에 각각 보인다.

490) 주사(主事)는 여기에서는 호부주사(戶部主事)를 가리킨다.

491) 과도(科道)란 과도관(科道官)을 가리키는 말로, 6과(科) 급사중·13도(道) 감찰어사를 말한다.

492) '무릇 갑자제고는' 이하의 기사는 萬曆 『大明會典』 권30 「庫藏 1」 內府庫의 宣德 7년(1432), 太倉庫의 正統 7년(1442), 嘉靖 11년(1532)·24년(1545)·31년(1552)에 실린 기사를 정리한 것이다. 여기에서 말하는 원외랑·주사는 호부원외랑·호부주사를 가리킨다. 급사중은 호과급사중을 가리킨다.

493) '가정 중에 처음으로' 이하의 기사는 萬曆 『大明會典』 권30 「庫藏 1」 太倉庫의 嘉靖 38년(1559)에 실린 기사에 의한다.

494) 광은(礦銀)이란 광세은(礦稅銀)을 가리킨다. 상세한 것은 『明史』 권81 「食貨 5」 坑冶 항 참조.

495) '공부의 구고를' 이하의 기사는 王圻, 『續文獻通考』 권36 「國用考」; 萬曆 『大明會典』

그것으로 공가(工價)를 지급하자, 황제가 이를 힐책하고는 다른 은으로 보상하게 하니, 이로부터 오로지 내용(內用)으로 지급되었다.[497]

원문 其在外諸布政司、都司、直省府州縣衛所, 皆有庫, 以貯金銀、錢鈔、絲帛、贓罰諸物. 巡按御史三歲一盤查. 各運司皆有庫貯銀, 歲終, 巡鹽御史委官察之. 凡府州縣稅課司局・河泊所, 歲課、商稅、魚課、引由、契本諸課程, 太祖令所司解州縣府司, 以至於部, 部箚之庫, 其元封識, 不擅發也. 至永樂時, 始委驗勘, 中, 方起解, 至部復驗, 同, 乃進納. 嘉靖時, 建驗試廳, 驗中, 給進狀寄庫. 月逢九, 會巡視庫藏科道官, 進庫驗收, 不堪者駁易. 正統十年設通濟庫於通州. 世宗時罷. 隆慶初, 密雲、薊州、昌平諸鎮皆設庫, 收貯主客年例、軍門公費及撫賞、修邊銀云.

옮김 譯 지방의 모든 포정사・도사・전국의 부・주・현・위・소에는 모두 고가 있어,[498] 금은・전초(錢鈔)・사백(絲帛)・장벌(贓罰) 등 여러 물품을 저장하였다. 순안어사(巡按御史[499])가 3년에 한 번씩 검사하였다.[500] 각 운사(運司)[501]에 모두 고가 있어 은을 저장하는데, 연말에 순염

권207 「節愼庫」의 嘉靖 8년(1529)에 실린 기사에 의한다.

496) 문명(文明)은 가정 연간의 관리이다. 가정 26년(1547)에 공부상서가 되었고, 28년 재임 중에 죽었다. 『國朝列卿記』 권62에 전(傳)이 있다.

497) '상서 문명이' 이하의 기사는 『世宗實錄』 嘉靖 27년 8월 庚午 조에 의한다.

498) '지방의' 이하의 기사는 萬曆 『大明會典』 권30 「庫藏 1」 在外諸司庫의 洪熙 元年(1425)에 실린 기사에 의한다.

499) 순안어사(巡按御史)는 지방행정을 감시하기 위해 파견되는 감찰어사로 북직예에 2인, 남직예에 3인, 선부(宣府)・대동(大同)에 1인, 요동・감숙 및 13성(省)에 각 1인으로 정해져 있었다(『明史』 권73 「職官 2」).

500) '금은・전초' 이하의 기사는 萬曆 『大明會典』 권30 「庫藏 1」 在外諸司庫의 弘治 12년(1499)에 실린 기사에 의한다.

501) 운사(運司)란 도전염운사사(都轉鹽運使司)를 가리킨다. 염장(鹽場)의 염무(鹽務)를 관리하는 관사(官司)로 양회(兩淮) 이하 6사(司)가 있었다. 상세한 것은 『明史』 권75 「職官 4」 및 권80 「食貨 4」 鹽法 항 참조.

어사(巡鹽御史)[502]의 위관(委官)[503]이 이를 조사하였다.[504] 무릇 부·주·현·세과사국(稅課司局)[505]·하박소(河泊所)[506]의 세과(歲課)[507]·상세(商稅)·어과(魚課)[508]·인유(引由)[509]·계본(契本)[510] 등 여러 과정(課程)은 태조 때 관할하는 관사(官司)로 하여금 주·현·부·포정사로 보내 호부에 이르게 하였고 호부가 송장(送狀)과 함께 내부고(內府庫)에 들였는데, 그 처음에 표기를 가한 봉함은 함부로 열지 못하게 하였다.[511] 영락 때에 이르러 비로

---

502) 순염어사(巡鹽御史)란 염무(鹽務)를 감찰하기 위해 파견되는 감찰어사이다. 상세한 것은 『明史』 권80 「食貨 4」 鹽法 항 참조.

503) 위관(委官)이란 관리가 일정 기간 다른 사무를 처리하거나, 또는 신설 관청의 사무를 상관으로부터 위임받았을 때 이것을 위관이라 부른다(『淸國行政法』 권1).

504) '각 운사에' 이하의 기사는 萬曆 『大明會典』 권30 「庫藏 1」 在外諸司庫의 弘治 17년(1504)에 실린 기사에 의한다.

505) 세과사국(稅課司局)이란 세과사(稅課司) 및 세과국(稅課局)을 가리킨다. 상세(商稅)의 징수기관으로 경사(京師)의 제문(諸門) 및 각 부주현의 요지에 있었다. 주로 세과사는 부·주에, 세과국은 현에 두어졌으며, 처음에는 400여 개 소가 있었으나 후에 점차 철폐되었다. 상세한 것은 『明史』 권75 「職官 4」 및 권81 「食貨 5」 商稅 항 참조.

506) 하박소(河泊所)는 과세기관의 일종이다. 오로지 어과(魚課)를 관장하였으며, 주로 황하 이남의 땅에 설치되었다. 상세한 것은 『明史』 권81 「食貨 5」 商稅 항 참조.

507) 세과(歲課)란 매년 특정의 물건 또는 행위에 대해 부과되는 잡부(雜賦)를 말한다(『淸國行政法』 권6).

508) 어과(魚課)란 어망(魚網)·어선(魚船)·어표(魚標)의 소유고(所有高)를 표준으로 하여 어호(魚戶)에게 부과되는 세를 가리키는데, 어세(魚稅)·어부(魚賦)·어조(魚租)라고도 한다(『淸國行政法』 권6). 상세한 것은 萬曆 『大明會典』 권36 「魚課」 항 참조.

509) 인유(引由)란 염법(鹽法)에서의 인(引), 차법(茶法)에서의 인(引)과 유(由)이다. 전매품인 염 및 차의 판매 특권을 얻고자 하는 사람에게 주는 면허장을 가리킨다. 호부에서 발급하고 정인(正引)·여인(餘引)의 구분이 있으며, 후자는 전자의 예비적 작용을 가진다. 염법(鹽法)에서는 대소(大小) 2종이 있어, 대인(大引)은 염 400근, 대모(帶耗) 10근, 소인(小引)은 염 200근, 대모 5근으로 하였다. 신청자가 납입한 염과(鹽課)의 액수에 따라 지급하고, 인을 염장(鹽場)에서 제시해서 염을 받아 비험소(批驗所)에서 검사를 받고 판매에 종사한다. 판매 종료 후에는 10일 이내에 인을 지방관에서 보여주어 한 모퉁이를 잘라내어 무효의 증거로 하였다. 차법에는 인과 유[由帖] 두 종류가 있는데, 인은 차 100근(1도(道)), 유는 100근 미만으로 하였고, 신청자가 납입한 차과(茶課)의 액수에 따라 지급하였다. 행상자(行商者)에게 지급하는 것을 행소인(行銷引), 점포를 가진 자에 지급하는 것을 좌소인(坐銷引)이라 하였으며, 그 기능은 대체로 염법에서와 같았다(『淸國行政法』 권6). 『明史』 권80 「鹽法·茶法」 항 참조.

510) 계본(契本)은 계권(契券)과 같다. 전택(田宅)·우마(牛馬)의 매매문서를 말한다. 관에 등기할 때 계본에 과세되는 예였다(『淸國行政法』 권6).

소 검사를 맡겨, 합격하면 바로 기해(起解)하고, 호부에 이르면 다시 검사해서 결과가 같으면 진납(進納)하였다.[512] 가정 때 험시청(驗試廳[513])을 세워 검사하여 합격하면 진장(進狀[514])을 주어 고에 보관시켰다. 매달 9일·19일·29일에 고장(庫藏)을 순시하는 과도관(科道官)과 함께 고에 들어가 거둔 것을 검사해서 맞지 않는 것은 반환시켜 바꾸게 하였다.[515] 정통 10년(1515)에 통주에 통제고(通濟庫[516])를 설치하였다. 세종 때 없앴다.[517] 융경 초에 밀운(密雲)·계주(薊州)·창평(昌平)의 각 진(鎭)에 모두 고를 설치하여 주병(主兵)과 객병(客兵[518])의 연례은(年例銀),[519] 군문(軍門)의 공비[520] 및 무상(撫賞[521])·수변(修邊)의 은을 거두어 저장하였다고 한다.[522]

511) '무릇 부·주' 이하의 기사는 萬曆『大明會典』권30「庫藏 1」內府庫 洪武 26년(1393)에 실린 기사에 의한다.

512) '영락 때에' 이하의 기사는 萬曆『大明會典』권30「庫藏 1」內府庫의 영락 10년(1412)에 실린 기사에 의한다. 그 글의 의미는 기해(起解)의 제과(諸課)에 대해서는 영락 10년에 이르러 처음으로 호부의 위관(委官)이 직접 검사해서 양과 질 모두 실제와 차이가 없다는 것이 인정되면 호부로 기해하고, 호부에 이르면 호부가 다시 이것을 직접 검사해서 이상이 없으면 비로소 내부고(內府庫)에 진납(進納)한다는 뜻이다.

513) 험시청(驗試廳)은 萬曆『大明會典』권207에는 시험청(試驗廳)으로 기록되어 있다. 가정 28년(1549)에 창설되었다. 만력 4년(1576)에 관방(關防)을 주급(鑄給)하고 공부에 예속시켰으며, 공부는 사관(司官) 1인을 두어 관리하였다.

514) 진장(進狀)이란 양과 질 모두 실제로 차이가 없음을 보여주는 송장(送狀)이다.

515) '가정 때' 이하의 기사는 가정 28년(1549)에 정해진 규정이다(王圻,『續文獻通考』권36「國用考」).

516) 통제고(通濟庫)는 통주(通州) 등의 5위(衛)에 지급해야 할 동의(冬衣)·포화(布花)를 거두어 저장하였다.

517) '정통 10년에' 이하의 기사는『英宗實錄』正統 10년 9월 己亥 조에 의한다.

518) 변진의 수비병에는 두 종류가 있는데, 그 진(鎭) 본래의 수비병을 주병(主兵)이라 하고, 다른 곳에서 증파된 병을 객병(客兵)이라 한다.

519) 정부가 직접 각 진으로 매년 군향(軍餉)을 발급하였는데, 이를 연례(年例)라고 하였다.

520) 각 변진의 총병 아문의 판공(辦公) 비용을 가리킨다.

521) 무상(撫賞)이란 오랑캐를 위무(慰撫)하기 위해 상으로 주는 은을 말한다.

522) '융경 초에' 이하의 기사는 융경 5년(1571) 및 6년에 정해진 규정을 정리한 것이다(萬曆『大明會典』권30「庫藏 1」在外諸司庫). 밀운(密雲)·계주(薊州)·창평(昌平)의 3진에 대해서는『明史』권79,「食貨 3」漕運 항 참조.

원문

凡爲倉庫害者, 莫如中官. 內府諸庫監收者, 橫索無厭. 正德時, 台州衛指揮陳良納軍器, 稽留八載, 至乞食於市. 內府收糧, 增耗嘗以數倍爲率, 其患如此. 諸倉初不設中官, 宣德末, 京、通二倉始置總督中官一人, 後淮、徐、臨、德諸倉亦置監督, 漕輓軍民被其害. 世宗用孫交、張孚敬議, 撤革諸中官, 惟督諸倉者如故. 久之, 從給事中管懷理言, 乃罷之.

옮김譯

무릇 창고에 해가 되는 것으로 환관(宦官)만한 자가 없었다. 내부(內府)의 여러 고에서 거두는 것을 감독하는 자의 착취가 끝이 없었다.[523] 정덕 때 태주위(台州衛)[524]지휘(指揮) 진량(陳良)이 군기(軍器)를 납입하였는데 8년 동안 계류(稽留)되자, 저잣거리에서 걸식하기에 이르렀다.[525] 내부에서 미곡을 거두는데 모미를 늘린 것이 일찍이 몇 배가 되곤 하니, 그 피해가 이와 같았다. 각 창은 처음에 환관을 두지 않았는데, 선덕 말 경창(京倉)과 통창(通倉)에 처음으로 총독중관(總督中官) 1인을 두었고,[526] 뒤에 회안창(淮安倉)·서주창(徐州倉)·임청창(臨淸倉)·덕주창(德

---

523) 명대 중엽 이후 환관의 폐해가 날로 심해졌다. 정덕제(正德帝)가 태자였을 때 환관 유근(劉瑾)이 총애를 받았는데, 정덕제가 즉위하자 유근은 더욱 교만해져 환관 마영성(馬永成)·곡대용(谷大用) 등과 함께 '8호(虎)'로 불렸다. 그들은 황제를 꾀어 방탕하고 사치하게 만들었으며 재물을 착취하였고, 아울러 다방면에서 국정에 간여하였다. 환관 집단의 부패가 극히 심각하였는데, 유근을 예로 들어 말하자면 다방면으로 재물을 탐하여, 황제를 뵙고자 하는 자는 반드시 그에게 뇌물을 바쳐야 했다. 유근은 실각된 후 가산을 몰수당했는데, 『明史紀事本末·補編』에 의하면 그 재물이 모두 황금 1,205만 7,800량, 은 2억 5,958만 3,600량이었다. 그가 정권을 좌지우지 하였을 때 일찍이 각 성(省)으로 하여금 고(庫)에 저장된 것을 모두 경사에 보내게 하였는데, 그의 재물에 대한 욕심이 이와 같았던 것이다. 내부(內府)의 모든 고는 환관의 장악하에 징수를 늘리고, 생트집을 잡아 계류시키고, 뇌물을 요구하고, 중도에 착복하는 일이 항상적으로 존재하였다. 그 결과 백성은 부담이 가중되고 정부의 고장(庫藏)은 텅 비어, "이(利)는 사가(私家)에게 넘어가고 해는 조정으로 돌아가" 명 조정의 재정 파탄을 격화시켰다.

524) 태주위(台州衛)는 지금의 절강성 임해현(臨海縣) 소재의 위(衛)이다.

525) '내부의 제고는' 이하의 기사는 『國朝典彙』 권101, 「庫貯」의 정덕 16년(1521) 5월에 실린 기사 및 『武宗實錄』 正德 16年 5月 庚辰 조에 의한 것이다. 진량(陳良)이 군기(軍器)를 납부하였을 때 창고를 감독하는 환관이 뇌물을 요구하여 충분히 응하지 않았기 때문에 계류(稽留)되었을 것이다.

州倉)에도 감독을 두니,[527] 수운(水運)과 육운(陸運)을 담당하는 군민이 그 해를 입었다.[528] 세종 때 손교(孫交)[529]와 장부경(張孚敬)[530]의 논의로 여러 환관을 없앴으나, 오직 창을 감독하는 경우만 예전과 같게 하였다.[531] 조금 있다가 급사중 관회리(管懷理)의 말을 따라 그것도 없앴다.[532]

원문 初, 天下府庫各有存積, 邊餉不借支於內, 京師不收括於外. 成化時, 巡鹽御史楊澄始請發各鹽運提擧司贓罰銀入京庫. 弘治時, 給事中曾昂請以諸布政司公帑積貯征徭羨銀, 盡輸太倉. 尙書周經力爭之, "以爲用不足者, 以織造、賞賚、齋醮、土木之故, 必欲盡括天下財, 非藏富於民意也." 至劉瑾用事, 遂令各省庫藏盡輸京師. 世宗時, 閩、廣進羨餘, 戶部請責他省巡按, 歲一奏獻如例. 又以太倉庫匱, 運南戶部庫銀八十萬兩實之. 而戶部條上理財事宜, 臨、德二倉積銀二十萬兩, 錄以歸太倉. 隆慶初, 遣四御史分行天下, 搜括庫銀. 神宗時, 御史蕭

---

526) 선덕 말에 경창과 통창에 처음으로 총독으로서 중관(中官) 1인을 둔 사실은 『世宗實錄』 嘉靖 元年 8월 壬申 조의 호부의 상언에 보인다.

527) '뒤에 회안창(淮安倉)·서주창(徐州倉)·임청창(臨淸倉)·덕주창(德州倉)' 이하의 일은 정통 10년(1445)의 일이다(萬曆 『大明會典』 권21, 「倉庾 1」 京倉).

528) 조만(漕輓) 즉 수운과 육운을 담당하는 군민이 중관(中官)의 해를 입은 실례를 상세히 서술한 것에 『孝宗實錄』 弘治 14년 9월 乙未 조의 예부도급사중 영거(寧擧) 등의 상언이 있다.

529) 손교(孫交)는 정덕·가정 간의 정치가로, 당시 호부상서였다. 『明史』 권194에 전(傳)이 있다.

530) 장부경(張孚敬, 1475~1539)은 처음에 장총(張璁)이라고 하였다. 가정 10년(1531) 2월 기휘(忌諱)에 의해 부경이란 이름을 사여(賜與)받았다. 당시 예부상서의 직임에 있었다. 『明史』 권196에 전(傳)이 있다.

531) '세종 때' 이하의 기사는 가정 10년(1531) 전후의 사실일 것이다. 실록 및 『明史』 권194 「孫交傳」 와 권196, 「張璁傳」에 의하면 그들이 함께 활약하여 중관(中官)을 논한 것은 가정 10년~11년 사이이기 때문이다. 한편 『昭代典則』 권21에 의하면 이미 성화 21년(1485) 3월 남경병부상서(南京兵部尙書) 왕서(王恕)는 내부고(內府庫)에서의 중관의 폐해를 모조리 제거할 것을 상언하여, 중관의 폐지를 요망하고 있다.

532) '조금 있다가' 이하의 기사는 가정 12년(1533) 8월부터 14년 7월 사이의 사실일 것이다. 관회리(管懷理)가 호과급사중이었던 것은 그 사이이기 때문이다(『世宗實錄』 嘉靖 12년 8월 乙酉; 14년 7월 庚午의 각 조).

重望請覈府縣歲額銀進部, 未報上. 千戶何其賢乞敕內官與已督之, 帝竟從其請, 由是外儲日就耗. 至天啓中, 用操江巡撫范濟世策, 下敕督歲進, 收括靡有遺矣. 南京內庫頗藏金銀珍寶, 魏忠賢矯旨取進, 盜竊一空. 內外匱竭, 遂至於亡.

옮김 譯 처음에 천하의 부고(府庫)는 각기 비축한 것이 있었으므로, 변향(邊餉)은 내고(內庫)에서 빌려 지출하지 않았으며, 경사는 외고(外庫)에서 거두어들이지 않았다.[533] 성화 때 순염어사(巡鹽御史) 양징(楊澄[534])이 처음으로 각 염운제거사(鹽運提擧司[535])의 장벌은(贓罰銀)을 내어 경고(京庫[536])에 들일 것을 청하였다.[537] 홍치 때 급사중 증앙(曾昻)이 포정사의 공탕(公帑)의 적저(積貯[538])와 정요(征徭)의 선은(羨銀[539])을 모두 다 태창(太倉)에 보낼 것을 청하였다. 상서 주경(周經[540])이 힘써 이를 간하여 말하기를, "쓰기에 부족한 것은 직조(織造[541]) · 상뢰(賞賚[542]) · 재초(齋

---

533) '처음에 천하의 부고는' 이하의 기사는 王圻, 『續文獻通考』 권36 「國用考」 邊餉年例에 보이는 융경 원년(1567) 12월 상유(上諭)의 한 구절이다. 그 구절의 의미는 처음에 천하 각지에 두어진 부고(府庫)는 각각 저장이 충분하여 변향(邊餉)도 내고에서 채우게 되는 일도 없었고, 경사의 그것도 지방의 부고에서 채울 필요가 없었다는 뜻이다.

534) 양징(楊澄)은 성화 · 홍치 연간의 관리로, 『國朝列卿記』 권94에 전(傳)이 있다.

535) 염운제거사(鹽運提擧司)는 도전운염사사(都轉運鹽使司)와 염과제거사(鹽課提擧司)를 병칭한 말이다. 모두 염의 생산지에 두어진, 염무를 총괄하는 최고관청으로서 도전운염사사는 7곳에, 염과제거사는 6곳에 설치되었다. 대개 전자는 후자에 비해 중요한 염의 생산지에 설치되었다. 상세한 것은 『明史』 권80 「食貨 4」 鹽法 항 참조.

536) 경고(京庫)란 내부고(內府庫)를 가리킨다.

537) '성화 때' 이하의 기사는 성화 16년(1480) 5월의 일이다(『皇明大政纂要』 권32).

538) 공탕(公帑)의 적저(積貯)는 각 포정사고(布政司庫)에 쌓아둔 공금(公金)으로 원래는 상부로 보내지 않는다.

539) '정요(征徭)의 선은(羨銀)'은 『明史紀事本末』 권42 「弘治君臣」에는 '균요(均徭)의 선여(羨餘)'로 되어 있다. 균요법(均徭法)에 따라 납부된 은의 잉여를 말하는 듯하다.

540) 주경(周經)에 대해서는 『明史』 권77 「食貨 1」 田賦 항 참조. 당시에는 호부상서였다(『國朝典彙』 권101 「庫貯」).

541) 직조(織造)란 여기에서는 고칙용(誥敕用)의 축백(軸帛), 문무관 청봉용(請封用)의 주단(綢緞) · 견포(絹布), 기타 궁정용 및 정부용 직물의 제조를 말한다. 상세한 것은 『明史』 권78, 「食貨 2」 賦役 항 참조.

542) 상뢰(賞賚)란 외이(外夷; 여기에서는 주로 몽골과 만주 제부)를 회유하기 위한 상사

醮)[543]·토목(土木)[544]의 일 때문인데, 반드시 천하의 재화를 다 쓸어 담고자 하는 것은 부를 백성에게 담는 뜻이 아닙니다"라고 하였다.[545] 유근(劉瑾)이 전횡을 하게 되자, 마침내 각 성(省)의 고(庫)에 저장한 물자를 모두 경사에 보내게 하였다.[546] 세종 때 복건과 광동에서 선여(羨餘)[547]를 바치자, 호부에서 다른 성의 순안어사(巡按御史)에게 해마다 한 차례 상납하기를 그 예와 같이 하도록 청하였다. 또 태창고가 비었다는 이유로 남경 호부고(戶部庫)의 은 80만 량을 운반하여 채웠다. 그리고 호부에서 이재사의(理財事宜)를 조목조목 올려 임청창과 덕주창의 축적한 은 20만 량을 거두어 태창에 귀속시켰다.[548] 융경 초에 네 어사를 천하에 나누어 파견하여 창고의 은을 수색하여 거두게 하였다.[549] 신종 때, 어사 소중망(蕭重望)[550]이 부현의 세액은(歲額銀)[551]을 조사하여 호부에 들일 것을 청하였으나, 황제에게 보고되지 않았다. 천호(千戶) 하기현(何其賢)[552]

(賞賜)를 말한다.

543) 재초(齋醮)란 신앙을 위해 제단을 설치하여 기도하는 것을 말한다. 여기에서는 영종·효종 때의 도교신앙을 말한다.

544) 토목(土木)이란 여기에서는 주로 궁전·왕저 및 궁정의 도교신앙에 의한 도관(道觀)의 건축을 말한다.

545) '홍치 때' 이하의 기사는 『國朝典彙』 권101, 「庫貯」의 홍치 13년(1500) 3월에 실린 기사에 근거한 것이다.

546) '유근이 전횡' 이하의 기사는 『國朝典彙』 권101, 「庫貯」의 정덕 4년(1509) 2월에 실린 기사에 근거한 것이다. 『明史紀事本末』 권43, 「劉瑾用事」에는 이것을 정덕 2년 2월 조에 실어 "유근이 조(詔)를 바꾸어 과도(科道)를 파견해서 천하 군민의 부고(府庫)를 조사해서 그 존류(存留) 부분을 모두 다 경사에 보내게 하였다. 군현(郡縣)의 저장이 그 때문에 텅 비게 되었다"고 기록하고 있지만, 본문과의 문체의 유사성에 의거하여 일단 전자에 따른다.

547) 선여(羨餘)란 부세(賦稅)로서의 전량(錢糧)의 잉여를 말한다.

548) '세종 때' 이하의 기사는 『世宗實錄』 嘉靖 27년 正月 壬寅 조에 근거한 것이다.

549) '융경 초에' 이하의 기사는 『穆宗實錄』 隆慶 4년 8월 辛丑 조에 근거한 것이다.

550) 何出光, 『蘭臺法鑒錄』 권20에 소중망(蕭衆望)의 전(傳)이 있다.

551) '세액은(歲額銀)'은 세해은(歲解銀)으로 바로 부(府)와 현(縣)에서 매년 상부에 보내야 하는 세은이다.

552) 하기현(何其賢)은 만력 때 제양위천호(濟陽衛千戶)였으며, 만력 27년(1599)에 다음과 같이 상주하였다. "萬曆二十五年, 御史蕭重望請核天下歲解, 至今部未覆, 乞敕內官同臣等將浙江·江西·湖廣見庫淸査, 逐一解送."(談遷, 『國榷』 권78)

이 내관(內官)에게 칙을 내려 자신과 함께 그것을 감독할 것을 청하여, 황제가 마침내 그 청에 따르니,[553] 이로부터 외저(外儲)[554]가 날로 줄어들었다. 천계 연간에 이르러 조강순무(操江巡撫)[555] 범제세(范濟世)의 계책을 써서 칙을 내려 매년 진헌(進獻)하는 것을 감독하여, 남김없이 거두어들였다.[556] 남경의 내고에 자못 금은과 진귀한 보물이 소장되어 있었는데, 위충현(魏忠賢)[557]이 어지(御旨)를 사칭하여 들어오는 것을 취하니, 도적질로 텅 비게 되었다. 안과 밖이 다 비니, 마침내 멸망에 이르렀다.

---

553) '신종 때' 이하의 기사는 만력 29년(1601) 전후의 일일 것이다. 소중망이 순안직예감찰어사(巡按直隷監察御史)였던 것은 그 무렵이었기 때문이다(『神宗實錄』 萬曆 29년 5월 乙丑 조).

554) '외저(外儲)'란 재외제사고(在外諸司庫; 지방의 각 관사의 고)의 저장물을 말한다.

555) '조강순무(操江巡撫)'란 제독조강(提督操江)을 겸하는 순무를 말한다. 제독조강은 남경도찰원(南京都察院)의 직관(職官)으로 부첨도어사가 이에 임명되었고, 상하강방(上下江防)의 일을 관장하였다(『明史』 권75, 「職官 4」).

556) '천계 연간에' 이하의 기사는 천계 5~6년(1625~1626)경의 일일 것이다. 범제세(范濟世)가 제독조강이었던 것은 그 무렵의 일이기 때문이다(『熹宗實錄』 天啓 5년 5월 己亥 조).

557) 위충현(魏忠賢)은 명말의 환관으로 전횡을 휘둘렀다. 『明史』 권305에 전(傳)이 있다.

권80 지56

食貨 4

【鹽法】

원문 煮海之利, 歷代皆官領之. 太祖初起, 卽立鹽法, 置局設官, 令商人販鬻, 二十取一, 以資軍餉. 旣而倍征之, 用胡深言, 復初制. 丙午歲, 始置兩淮鹽官. 吳元年置兩浙. 洪武初, 諸產鹽地次第設官. 都轉運鹽使司六 : 曰兩淮, 曰兩浙, 曰長蘆, 曰山東, 曰福建, 曰河東. 鹽課提擧司七 : 曰廣東, 曰海北, 曰四川, 曰雲南; 雲南提擧司凡四, 曰黑鹽井, 白鹽井, 安寧鹽井, 五井. 又陝西靈州鹽課司一.

옮김 譯 염(鹽)의 생산에서 나오는 이익은 역대로 모두 관에서 거두어들였다. 태조는 처음 기병하면서 바로 염법(鹽法)을 만들어 염국(鹽局)[1]을 설치하고 관을 두었으며, 상인에게 유통하도록 하여 그 이익의

1/20을 취해 군향(軍餉)에 보탰다. 얼마 지나지 않아 2배로 징수하였는데 호심(胡深)[2]의 진언에 따라 다시 원래의 제도로 돌아갔다. 병오년(1366)[3]에 처음으로 양회(兩淮)에 염관(鹽官)을 두었다. 오(吳) 원년(1367)에는 양절(兩浙)에도 두었다. 홍무 초에 여러 염산지(鹽産地)에 차례로 관을 두었다. 도전운염사사(都轉運鹽使司)[4]는 6곳인데, 양회[5]·양절[6]·장로(長蘆)[7]·산동[8]·복건[9]·하동(河東)[10]에 있었다. 염과제거사(鹽課提擧司)[11]는 7곳인데, 광동[12]·해북(海北)[13]·사천[14]·운남[15]에 있었고, 운남제거사(雲南提擧司)

---

1) 염국(鹽局)을 설립한 때는 명의 개국 전년도인 오 원년(1367)이다(王原, 『明食貨志』 권7 「鹽法」).

2) 호심(胡深, 1311~1363)은 자는 중연(仲淵)이며 용천(龍泉) 출신이다. 원말에 병사를 모아 자위단을 꾸렸는데, 원의 장군 석말의손(石抹宜孫)의 부하가 되었다가 후에 주원장에게 투항하여 오 왕부(王府)의 참군(參軍)이 되었다. 상세한 것은 『明史』 권133 「胡深傳」 참조.

3) 병오년은 원 지정(至正) 26년(1366)으로서 오 원년으로 개국하기 바로 전해이다.

4) 중요한 산염구(産鹽區)에 설치되어, 그 산염구 내의 모든 염장(鹽場)을 총괄하는 관청이다. 장관을 도전운사(都轉運使)라고 한다.

5) 양회(兩淮)란 회남(淮南)과 회북(淮北)을 의미한다. 오늘날 강소성(江蘇省)의 장강(長江) 이북에서 회수(淮水) 이남을 회남, 이북을 회북이라고 한다. 양회의 동해안 일대에 제염장이 산재하였다. 도전운염사사(都轉運鹽使司)는 양주부성(揚州府城)에 두어졌다.

6) 양절(兩浙)은 절동(浙東)과 절서(浙西)를 말한다. 절동은 전당강(錢塘江) 이남의 오늘날 절강성(浙江省)의 대부분에 해당하고, 절서는 절강성의 전당강 이북 및 강소성의 장강 이남 지역에 해당한다. 양절의 동해안에도 염장이 산재하였다. 도전운염사사는 항주부성(杭州府城)에 설치되었다.

7) 하간장로도전운염사사(河間長蘆都轉運鹽使司)가 두어졌는데, 오늘날 하북성 창현(滄縣)의 성(城) 안에 위치한다.

8) 도전운염사사(都轉運鹽使司)는 제남부(濟南府) 성 안에 있었다.

9) 도전운염사사는 복주부(福州府) 성 안에 있었다.

10) 산서성(山西省) 안읍현(安邑縣) 노촌(路村)에 두었고, 염지(鹽池)를 관리했다.

11) 도전운염사사에 비하여 중요도가 떨어지는 산염구(産鹽區)에 설치되었는데, 그 산염구 내의 모든 염장을 총괄하는 관청이다. 장관은 제거(提擧)라고 하였다.

12) 홍무 2년(1369)에 설치되었으며, 광주부성(廣州府城) 동남쪽에 있었다.

13) 홍무 2년에 설치되었으며, 염주부(廉州府) 석강현(石康縣)의 현성(縣城)에 있었다. 이후 염주부의 부성(府城)으로 옮겼으며, 고(高)·뇌(雷)·염(廉)·경주(瓊州) 등의 염구(鹽區)를 관할했다.

14) 홍무 5년(1372)에 설치되었으며, 성도부(成都府) 부성(府城) 안에 있었다. 이후 수녕현(遂寧縣)으로 옮겼다.

15) 홍무 15년(1382)에 설치되었다. 17년 백염정(白鹽井) 등 세 제거사(提擧司)를 설치했

는 모두 4곳이었는데 흑염정(黑鹽井)[16]·백염정(白鹽井)[17]·안녕염정(安寧鹽井)[18]·오정(五井)[19]이었다. 또 섬서(陝西)의 영주(靈州)[20]에 염과사(鹽課司) 1곳이 있었다.

원문 兩淮所轄分司三, 曰泰州, 曰淮安, 曰通州; 批驗所二, 曰儀眞, 曰淮安; 鹽場三十, 各鹽課司一. 洪武時, 歲辦大引鹽三十五萬二千餘引. 弘治時, 改辦小引鹽, 倍之. 萬曆時同. 鹽行直隸之應天、寧國、太平、揚州、鳳陽、廬州、安慶、池州、淮安九府, 滁、和二州, 江西、湖廣二布政司, 河南之河南、汝寧、南陽三府及陳州. 正統中, 貴州亦食淮鹽. 成化十八年, 湖廣衡州、永州改行海北鹽. 正德二年, 江西贛州、南安、吉安改行廣東鹽. 所輸邊, 甘肅、延綏、寧夏、宣府、大同、遼東、固原、山西神池諸堡. 上供光祿寺、神宮監, 內官監. 歲入太倉餘鹽銀六十萬兩.

옮김 譯 양회(兩淮)는 관할하는 분사(分司)[21]가 3곳 있었는데, 태주(泰州)[22]·회안(淮安)[23]·통주(通州)[24]이고, 비험소(批驗所)[25]는 2곳

고 19년 오정제거사(五井提擧司)를 증설하였다.

16) 흑염정(黑鹽井)은 당시 정원현(定遠縣)에 있었으며, 지금의 운남(雲南) 염흥현(鹽興縣)이다.

17) 백염정(白鹽井)은 지금의 운남 대요현(大姚縣)이다.

18) 안녕염정(安寧鹽井)은 현재 운남 안녕현(安寧縣)이다.

19) 오정(五井)은 현재 운남 이원현(洱源縣)이다.

20) 영주(靈州)는 섬서 임조부(臨洮府) 소속으로, 현재 영하(寧夏)의 은천시(銀川市)이다.

21) 도전운염사사에서는 보통 분사(分司)라고 불리는 중간 관청이 그 산염구 내의 적당한 곳에 설치되어 얼마간의 염장을 총괄하여 도전운염사사에 예속하였다. 통상 도전운염사사로부터 부사(副使)나 판관(判官)이 출장을 나가 분사의 업무를 담당하였다(『明史』 권75 「職官志 4」 都轉運鹽使司).

22) 태주분사(泰州分司)는 강소성(江蘇省) 태주(泰州)에 있었는데, 후에 동대장(東臺場)으로 옮겼다.

23) 회안분사(淮安分司)는 강소성 회안현(淮安縣)에 있었다.

24) 통주분사(通州分司)는 강소성 양주시(揚州市)에 있었다.

25) 산염구(産鹽區)에서 행염구(行鹽區) 즉 염을 판매하는 지역에 이르는 그 중간의 교통 운수의 요지에 세운 염인(鹽引) 검사 기관이다. 상인의 염인 및 자루에 넣은 염의 중량

있었는데 의진(儀眞)[26]·회안이었으며, 염장(鹽場)은 30군데였는데 각각 염과사[27]가 하나씩 있었다. 홍무 때 해마다 대인염(大引鹽)[28] 35만 2,000여 인(引)을 발행[29]하였다. 홍치 때에는 소인염(小引鹽)으로 바꾸어 발행하였는데 2배가 되었다. 만력 때에도 동일했다. 염(鹽)은 남직예의 응천·영국(寧國)·태평(太平)·양주(揚州)·봉양(鳳陽)·노주(廬州)·안경(安慶)·지주(池州)[30]·회안부(淮安府) 등의 9부, 저주(滁州)·화주(和州) 등의 2주, 강서·호광 등의 2포정사, 하남의 하남·여녕(汝寧)·남양부(南陽府) 등의 3부와 진주(陳州)[31]에서 유통되었다. 정통 연간에 귀주에서도 회염(淮鹽)을 먹었다. 성화 18년(1482) 호광의 형주(衡州)[32]·영주(永州)[33]에서는 해북염(海北鹽)으로 바꾸어 유통되었다. 정덕 2년(1507) 강서의 감주(贛州)[34]·남

을 조사하는 곳으로서 설치의 목적은 사염(私鹽)의 방지에 있었다.

26) 의진비험소(儀眞批驗所)는 지금의 강소성 의진현(儀眞縣) 과주진(瓜洲鎭)에 있었다. 회남의 각 염장에서 반출되는 인염은 운염하(運鹽河)를 통과하여 이곳에 모여 인염의 검열을 받은 뒤 장강으로 나아가 행염지로 향했다.

27) 염장을 관리하는 관청으로서, 대사(大使)와 부사(副使)가 각각 1인씩 주재하며 염장의 사무를 담당하였다. 도전운염사사·분사·염과사(鹽課司)의 관계는 포정사(布政司)·부(府)·주현(州縣)의 관계에 상당하는데, 전자가 제염업자인 조호(竈戶)를 대상으로 하는 염무(鹽務) 행정을 관장하고 있음에 비하여 후자는 주로 일반 민호를 대상으로 하는 일반 행정을 관장하였다.

28) 인(引)이란 염(鹽)을 판매할 수 있는 면허장으로 원대에는 1통의 인에 염 400근의 판매가 허가되었다. 따라서 염 400근을 1인(引)이라고도 칭했지만, 명초에 이르러 1인에 따른 판매 가능한 염의 양을 200근으로 정했다. 그러나 홍무 초년에는 조호(竈戶)로부터 징수하는 염은 여전히 400근을 1인으로 계산하는 경우가 많았다. 이 양자를 구별하기 위해 염 400근을 대인염(大引鹽), 200근을 소인염(小引鹽)이라 불렀다.

29) 조호(竈戶)가 관을 위해 염을 생산한다는 뜻이다. 따라서 여기에 사염(私鹽)은 포함되지 않는다.

30) 지주부(池州府)의 치소는 귀지(貴池)로서, 청양(靑陽) 등의 현을 관할하였다. 오늘날 안휘성(安徽省) 귀지(貴池), 동릉(銅陵) 등의 현이다.

31) 진주(陳州)는 개봉부(開封府)에 속하며, 항성(項城) 등의 현을 관할하였다. 오늘날 하남성 상수(商水), 항성(項城) 등의 현이다.

32) 형주부(衡州府)의 치소는 형양(衡陽)으로서, 계양(桂陽) 등의 주와 형산(衡山) 등의 현을 관할했다. 지금의 호남성 형양시(衡陽市)와 형산 등의 현에 해당한다.

33) 영주부(永州府)의 치소는 영릉(零陵)으로서, 기양(祁陽) 등의 현을 관할하였다. 지금의 호남성 영릉현(零陵縣), 도현(道縣) 등이다.

34) 감주부(贛州府)의 치소는 감현(贛縣)으로서, 우도(雩都) 등의 현을 관할하였다. 지금의

안(南安)[35]·길안(吉安)[36]에서는 광동염(廣東鹽)으로 바꾸어 유통되었다. 수송하는 바의 변진(邊鎭)[37]은 감숙(甘肅)·연수(延綏)[38]·영하(寧夏)·선부(宣府)·대동(大同)·요동·고원(固原)·산서의 신지(神池)[39] 등의 제보(諸堡)였다. 광록시(光祿寺)·신궁감(神宮監)[40]·내관감(內官監)[41]에 상공(上供)하였다. 해마다 태창에 들이는 여염은(餘鹽銀)[42]이 60만 량이었다.

원문 兩浙所轄分司四, 曰嘉興, 曰松江, 曰寧紹, 曰溫台; 批驗所四, 曰杭州, 曰紹興, 曰嘉興, 曰溫州; 鹽場三十五, 各鹽課司一. 洪武時, 歲辦大引鹽二十二萬四百餘引. 弘治時, 改辦小引鹽, 倍之. 萬曆時同. 鹽行浙江, 直隸之松江、蘇州、常州、鎭江、徽州五府及廣德州, 江西之廣信府. 所輸邊, 甘肅、延綏、寧夏、固原、山西神池諸堡. 歲入太倉餘鹽銀十四萬兩.

강서성(江西省) 감주시(贛州市)와 흥국녕도(興國寧都) 등의 현이다.

35) 남안부(南安府)의 치소는 대수(大庾)로서, 남강(南康) 등의 현을 관할하였다. 지금의 강서성 대여(大余), 상유(上猶), 남강 등의 현이다.

36) 길안부(吉安府)의 치소는 노릉(盧陵)으로서, 길수(吉水) 등의 현을 관할하였다. 지금의 강서성 길안시와 길수, 만안(萬安) 등의 현이다.

37) 양회의 염인으로써 개중(開中)하고, 염상(鹽商)에게 군향(軍餉)을 수납(輸納)시키는 변진을 말한다. 양회의 염이 식용으로 변진에 수송되었다는 뜻은 아니다.

38) 연수(延綏)는 변진으로서, 지금의 섬서성(陝西省) 유림현(榆林縣)이다.

39) 신지(神池)는 지금의 산서성(山西省) 신지현(神池縣)이다.

40) 신궁감(神宮監)은 효릉신궁감(孝陵神宮監)을 의미하며, 효릉에서 향을 피우고 청소하는 일을 맡으며 환관이 담당하였다.

41) 내관감(內官監)은 황가(皇家)에서 사용하는 물자를 관장하는데 목석(木石)·와토(瓦土)·탑재(塔材) 등의 작방(作坊)과 미(米)·염(鹽) 등의 창고를 관리하며, 환관이 담당하였다.

42) 염장의 조호(竈戶)가 관에 수납(輸納)하는 정액(定額)의 염을 정염(正鹽)이라 하고, 정염 이외에 사사로이 만든 잉여의 염을 여염(餘鹽)이라 한다. 양회에서는 성화 연간 이후 정염의 결액(缺額)을 보충하기 위해 상인이 조호로부터 여염을 사사로이 구매하는 것을 허락했지만, 정덕과 가정 연간에 이르러 상인이 조호로부터 정액(正額) 보충 이외에 밀매한 여염(이것은 비험소(批驗所)에서 중량 검사 시에 몰수됨)을 몰수하는 대신에 그 상인으로 하여금 대가를 내도록 했는데, 이를 여염가은(餘鹽價銀) 혹은 여염은(餘鹽銀)이라 했다.

옮김 譯 양절(兩浙)은 관할하는 분사가 4곳이었는데, 가흥(嘉興)[43]·송강(松江)[44]·영소(寧紹)[45]·온태(溫台)[46]이고, 비험소(批驗所)는 4곳이었는데, 항주(杭州)[47]·소흥(紹興)[48]·가흥[49]·온주(溫州)[50]이었으며, 염장(鹽場)은 35곳이었는데 각각 염과사가 하나씩 있었다. 홍무 때 해마다 대인염 22만 400여 인(引)을 발행하였다. 홍치 때 소인염으로 바꾸어 발행하였는데 2배가 되었다. 만력 때에도 동일하였다. 염은 절강, 남직예의 송강·소주·상주·진강(鎭江)·휘주부(徽州府) 등의 5부 및 광덕주(廣德州), 강서의 광신부(廣信府)[51]에서 유통되었다. 수송하는 바의 변진(邊鎭)은 감숙(甘肅)·연수(延綏)·영하(寧夏)·고원(固原)·산서의 신지(神池) 등의 제보(諸堡)였다. 해마다 태창에 들이는 여염은(餘鹽銀)이 14만 량이었다.

원문 明初, 置北平河間鹽運司, 後改稱河間長蘆. 所轄分司二, 曰滄州, 曰青州; 批驗所二, 曰長蘆, 曰小直沽; 鹽場二十四, 各鹽課司一. 洪武時, 歲辦大引鹽六萬三千一百餘引. 弘治時, 改辦小引鹽十八萬八百餘引. 萬曆時同. 鹽行北直隸, 河南之彰德、衛輝二府. 所輸邊, 宣府、大同、薊州. 上供郊廟百神祭祀、內府羞膳及給百官有司. 歲入太倉餘鹽銀十二萬兩.

옮김 譯 명초에 북평하간염운사(北平河間鹽運司)를 설치하였다가 후에 하간장로(河間長蘆)로 개칭하였다. 관할하는 분사는 2곳이 있었는

43) 가흥분사(嘉興分司)는 지금의 절강성 해염현(海鹽縣)에 있었다.
44) 송강분사(松江分司)는 지금의 상해시 상해현(上海縣)에 있었다.
45) 영소분사(寧紹分司)는 지금의 절강성 소흥시(紹興市)에 있었다.
46) 온태분사(溫台分司)는 지금의 절강성 온주시(溫州市)에 있었다.
47) 항주비험소(杭州批驗所)는 지금의 항주시(杭州市) 동북 10리에 있었다.
48) 소흥비험소(紹興批驗所)는 지금의 소흥시(紹興市) 서북 60리에 있었다.
49) 가흥비험소(嘉興批驗所)는 지금의 해염현성(海鹽縣城) 밖에 있었다.
50) 온주비험소(溫州批驗所)는 지금의 온주(溫州) 시내에 있었다.
51) 광신부(廣信府)의 치소는 상요(上饒)로서, 옥산(玉山)과 귀계(貴溪) 등의 현을 관할하였다. 지금의 강서성 상요시(上饒市)와 과양(戈陽), 귀계(貴溪) 등의 현이다.

데, 창주(滄州)[52]・청주(青州)[53]이고, 비험소(批驗所)는 2곳이었는데 장로(長蘆)[54]・소직고(小直沽)[55]이며, 염장(鹽場)은 24곳으로 각각 염과사 하나씩을 두었다. 홍무 때 해마다 대인염 6만 3,100여 인을 발행하였다. 홍치 때 소인염으로 고쳐 발행하니 18만 800여 인이었다. 만력 때에도 동일하였다. 염은 북직예, 하남의 창덕(彰德)[56]・위휘부(衛輝府)[57] 등 2부에서 유통되었다. 수송하는 바의 변진(邊鎭)은 선부(宣府)・대동(大同)・계주(薊州)였다. 상공(上供)은 교묘백신(郊廟百神)의 제사(祭祀)[58]와 내부(內府)의 수선(羞膳)[59] 및 백관유사(百官有司)의 급여로 충당하였다. 해마다 태창에 들이는 여염은(餘鹽銀)이 12만 량이었다.

원문 山東所轄分司二, 曰膠萊, 曰濱樂; 批驗所一, 曰濼口; 鹽場十九, 各鹽課司一. 洪武時, 歲辦大引鹽十四萬三千三百餘引. 弘治時, 改辦小引鹽, 倍之. 萬曆時, 九萬六千一百餘引. 鹽行山東, 直隸徐、邳、宿三州, 河南開封府, 後開封改食河東鹽. 所輸邊, 遼東及山西神池諸堡. 歲入太倉餘鹽銀五萬兩.

옮김 譯 산동은 관할하는 분사가 2곳이었는데 교래(膠萊)[60]와 빈락(濱樂)[61]이고, 비험소(批驗所)는 1곳으로 낙구(濼口)[62]이며, 염장은 19

---

52) 창주분사(滄州分司)는 지금의 하북성 창현(滄縣)에 있었다.
53) 청주분사(青州分司)는 월지염장(越支鹽場)이 있었으며, 지금의 하북성 계현(薊縣)이다.
54) 장로비험소(長蘆批驗所)는 현재의 하북성 창현(滄縣)에 있었다.
55) 소직고비험소(小直沽批驗所)는 현재의 하북성 정해현(靜海縣)에 있었다.
56) 창덕부(彰德府)의 치소는 안양(安陽)으로서, 자주(磁州)와 탕음(湯陰) 등의 현을 관할하였다. 현재의 하남성 안양시(安陽市)와 탕음현(湯陰縣), 하북성 자현(磁縣)・임장(臨漳) 등의 현이다.
57) 위휘부(衛輝府)의 치소는 급현(汲縣)으로서, 신향(新鄉) 등의 현을 관할하였다. 지금의 하남성 신향시(新鄉市)와 급(汲)・휘(輝) 등의 현이다.
58) 천지와 종묘에 제사지내는 데 사용되는 염을 의미한다.
59) 황가의 음식에 사용되는 염을 가리킨다.
60) 교래분사(膠萊分司)는 지금의 산동성 교현(膠縣)에 있었다.
61) 빈락분사(濱樂分司)는 지금의 산동성 빈현(濱縣)의 포진(浦鎭)에 있었다.

곳이었는데 각각 염과사 하나씩을 두었다. 홍무 때 해마다 대인염 14만 3,300여 인(引)을 발행하였다. 홍치 때 소인염으로 바꾸어 발행하니 2배가 되었다. 만력 때 9만 6,100여 인이었다. 염은 산동, 남직예의 서(徐)·비(邳)·숙(宿)의 3주(州), 하남의 개봉부(開封府)에서 유통되었는데, 후에 개봉은 하동염(河東鹽)으로 바꾸어 먹었다. 수송하는 바의 변진(邊鎭)은 요동 및 산서의 신지(神池) 등 제보(諸堡)였다. 해마다 태창에 들이는 여염은이 5만 량이었다.

원문 福建所轄鹽場七, 各鹽課司一. 洪武時, 歲辦大引鹽十萬四千五百餘引. 弘治時, 增七百餘引. 萬曆時, 減千引. 其引曰依山, 曰附海. 依山納折色. 附海行本色, 神宗時亦改折色. 鹽行境內. 歲入太倉銀二萬二千餘兩.

옮김 譯 복건에서 관할하는 염장은 7곳인데, 각각 염과사 하나씩 두었다. 홍무 때에 해마다 대인염 10만 4,500여 인을 발행하였다. 홍치 때에 700여 인을 증액[63]하였다. 만력 때에 1,000인을 감하였다. 그 인을 의산(依山)[64]·부해(附海)[65]라 하였다. 의산은 절색(折色)을 납부하였다. 부해는 본색(本色)으로 하였다가 신종 때에 또한 절색으로 바꾸었다. 염은 경내에서 유통되었다. 해마다 태창에 들이는 은이 2만 2,000여 량이었다.

---

62) 낙구비험소(濼口批驗所)는 지금의 산동성 역성현(歷城縣) 서북 10리에 있었다.

63) 여기에서 가리키는 것은 대인염이다. 복건에서는 시종 대인염을 통용하였다.

64) 의산(依山)은 원래 산에 거주한다는 뜻이다. 복건에서는 제염업자 가운데 산에 거주하여 직접 제염에 종사하지 않는 호를 조호(竈戶)라고 하는데, 그 조호가 납부해야 하는 염과(鹽課)를 의산인(依山引)이라고 한다.

65) 부해(附海)는 원래 해변에 거주한다는 뜻이다. 복건에서는 해변에 거주하며 제염에 종사하는 호를 염호(鹽戶)라고 하는데, 그 염호가 납부해야 하는 염과(鹽課)를 부해인(附海引)이라고 한다.

원문

河東所轄解鹽, 初設東場分司於安邑, 成祖時, 增設西場於解州, 尋復並於東. 正統六年復置西場分司. 弘治二年增置中場分司. 洪武時, 歲辦小引鹽三十萬四千引. 弘治時, 增八萬引. 萬曆中, 又增二十萬引. 鹽行陝西之西安、漢中、延安、鳳翔四府, 河南之歸德、懷慶、河南、汝寧、南陽五府及汝州, 山西之平陽、潞安二府, 澤、沁、遼三州. 地有兩見者, 鹽得兼行. 隆慶中, 延安改食靈州池鹽. 崇禎中, 鳳翔、漢中二府亦改食靈州鹽. 歲入太倉銀四千餘兩, 給宣府鎭及大同代府祿糧, 抵補山西民糧銀, 共十九萬兩有奇.

옮김 譯

하동에서 관할하는 해염(解鹽)[66]의 경우 처음에는 동장분사(東場分司)를 안읍(安邑)[67]에 설치하였고 성조 때에 서장(西場)을 해주(解州)[68]에 증설하였다가 곧 다시 동장에 병합시켰다. 정통 6년(1441)에 다시 서장분사(西場分司)를 두었다. 홍치 2년(1489)에 중장분사(中場分司)를 늘려 설치하였다. 홍무 때 해마다 소인염 30만 4,000인을 발행하였다. 홍치 때에 8만 인을 증액하였다.[69] 만력 연간에 다시 20만 인을 증액하였다. 염은 섬서(陝西)의 서안(西安)·한중(漢中)[70]·연안(延安)·봉상부(鳳翔府)[71] 등 4부, 하남의 귀덕(歸德)·회경(懷慶)·하남(河南)·여녕(汝寧)·남양부(南陽府) 등 5부 및 여주(汝州),[72] 산서의 평양(平陽)[73]·노안부(潞安府) 등 2부, 택(澤)·심(沁)·

66) 해주(解州)의 염지(鹽池)를 가리킨다.

67) 안읍현(安邑縣)은 산서 해주(解州) 소속이다. 지금의 산서성 운성현(運城縣) 안읍진(安邑鎭)이다.

68) 해주(解州)는 평양부(平陽府)에 속하며 안읍(安邑)과 평육(平陸) 등의 현을 관할한다. 지금의 산서성 운성현 남쪽의 해주진(解州鎭)이다. 서장(西場)의 설치는 성조 때가 아니라 홍무 연간이다(『太祖實錄』 洪武 25년 庚辰 조).

69) 萬曆 『大明會典』 권33 「鹽法 2」에는 "弘治間歲辦鹽四十二萬引"이라 기재되어 홍무 연간의 30만 4,000인보다 오히려 11만 6,000인이 증가한 것으로 되어 있어 본문의 수치와는 일치하지 않는다.

70) 한중부(漢中府)의 치소는 남정(南鄭)으로서, 성고(城固) 등 6현과 영강주(寧羌州)를 관할한다. 오늘날 섬서성(陝西省)의 한중(漢中)·남정(南鄭)·성고(城固) 등의 현에 해당한다.

71) 봉상부(鳳翔府)의 치소는 봉상으로서, 기산(岐山)과 보계(寶鷄) 등의 현을 관할한다. 오늘날 섬서성 보계시(寶鷄市)와 부풍(扶風)·기산(岐山)·봉상(鳳翔) 등의 현에 해당한다.

요주(遼州) 등 3주에서 유통되었다. 두 차례 보이는 지역은 염이 두 곳에서 같이 유통될 수 있었다.[74] 융경 연간에 연안(延安)에서는 영주(靈州)의 지염(池鹽)으로 바꾸어 먹었다. 숭정(崇禎) 연간에 봉상부와 한중부 2부에서도 영주염(靈州鹽)으로 바꾸어 먹었다. 해마다 태창에 들이는 은이 4,000여 량이었고, 선부진(宣府鎭) 및 대동(大同)의 대부(代府)[75]의 녹량(祿糧)으로 지급하는 것과 산서의 민량(民糧)[76]으로 채워 넣는 은이 모두 19만 량 남짓이었다.

원문 陝西靈州有大小鹽池, 又有漳縣鹽井、西和鹽井. 洪武時, 歲辦鹽, 西和十三萬一千五百斤有奇, 漳縣五十一萬五千六百斤有奇, 靈州二百八十六萬七千四百斤有奇. 弘治時同. 萬曆時, 三處共辦千二百五十三萬七千六百餘斤. 鹽行陝西之鞏昌、臨洮二府及河州. 歲解寧夏、延綏、固原餉銀三萬六千餘兩.

옮김 譯 섬서는 영주에 대소염지(大小鹽池)[77]가 있었고, 또 장현염정(漳縣鹽井)[78]과 서화염정(西和鹽井)[79]이 있었다. 홍무 때에 매해 생산하는 염은, 서화가 13만 1,500근 남짓, 장현(漳縣)이 51만 5,600근 남짓, 영주가 286만 7,400근 남짓이었다. 홍치 때에도 동일하였다. 만력 때에는

---

72) 여주(汝州)는 창덕부(彰德府)에 속하며, 노산(魯山) 등의 현을 관할한다. 오늘날 하남성의 노산(魯山), 임여(臨汝) 등의 현이다.

73) 평양부(平陽府)의 치소는 임분(臨汾)으로서, 홍동(洪洞) 등의 11현과 포(浦)·해(解)·강(絳) 등의 주를 관할하였다. 지금의 산서성 임분·홍동·곡옥(曲沃) 등의 현이다.

74) 두 차례 보이는 곳은 하남의 하남(河南 = 洛陽), 여녕(汝寧), 남양(南陽)의 3부(府)로 회염(淮鹽)도 함께 유통되었다.

75) 대부(代府)는 산서성 대동부(大同府) 대동현(大同縣)에 있었던 대왕부(代王府)를 가리킨다. 대왕(代王)은 주계(朱桂)였는데, 세록(歲祿)은 모두 4만 3,000여 량이었다.

76) 산서의 민량은 산서포정사의 민호가 수납(輸納)하는 세량을 가리킨다. 그 부족한 수는 하동염과은(河東鹽課銀)으로 보충하였다.

77) 영주(靈州)의 대염지(大鹽池)는 지금의 영하(寧夏) 회족(回族) 자치구 염지현(鹽池縣)이며, 소염지(小鹽池)는 염지현의 서쪽인데 화마지(花馬池)라고도 부른다.

78) 장현(漳縣)은 공창부(鞏昌府)에 속하며, 염정(鹽井)은 현의 동남쪽에 있다. 지금의 감숙성(甘肅省) 장현이다.

79) 서화(西和)는 공창부에 속하며, 염정은 현의 동북쪽에 있다. 지금의 감숙성 서화현이다.

세 곳에서 총 1,253만 7,600여 근을 생산하였다. 염은 섬서의 공창(鞏昌)[80]·임조(臨洮)[81] 2부 및 하주(河州)에서 유통되었다.[82] 매해 영하(寧夏)·연수(延綏)·고원(固原)에 보내는 향은(餉銀)이 3만 6,000여 량이었다.

원문 廣東所轄鹽場十四, 海北所轄鹽場十五, 各鹽課司一. 洪武時, 歲辦大引鹽, 廣東四萬六千八百餘引, 海北二萬七千餘引. 弘治時, 廣東如舊, 海北萬九千四百餘引. 萬曆時, 廣東小引生鹽三萬二百餘引, 小引熟鹽三萬四千六百餘引; 海北小引正耗鹽一萬二千四百餘引. 鹽有生有熟, 熟貴生賤. 廣東鹽行廣州、肇慶、惠州、韶州、南雄、潮州六府. 海北鹽行廣東之雷州、高州、廉州、瓊州四府, 湖廣之桂陽、郴二州, 廣西之桂林、柳州、梧州、潯州、慶遠、南寧、平樂、太平、思明、鎭安十府, 田、龍、泗城、奉議、利五州. 歲入太倉鹽課銀萬一千餘兩.

옮김 譯 광동(廣東)에서 관할하는 염장은 14곳, 해북(海北)에서 관할하는 염장은 15곳으로 각각 염과사 하나씩 두었다. 홍무 때 매해 발행하는 대인염은 광동이 4만 6,800여 인, 해북이 2만 7,000여 인이었다. 홍치 때 광동은 전과 같았으나 해북은 1만 9,400여 인이었다. 만력 때 광동은 소인생염(小引生鹽[83])이 3만 200여 인, 소인숙염(小引熟鹽[84])이 3만 4,600여 인이었으며, 해북은 소인정모염(小引正耗鹽[85])이 1만 2,400여 인이었다. 염에 생

---

80) 공창부(鞏昌府)의 치소는 농서(隴西)로서, 안정(安定) 등의 현과 진(秦)·계(階) 등의 주를 관할한다. 지금의 감숙성 농서·위원(渭源)·정서(定西)·진안(秦安) 등의 현이다.

81) 임조부(臨洮府)의 치소는 적도(狄道)로서, 위원현(渭源縣)과 난(蘭)·하(河)·영(靈) 등의 주를 관할한다. 지금의 감숙성 난주시(蘭州市)와 임조(臨洮)·민(岷) 등의 현이다.

82) 하주(河州)는 임조부(臨洮府)에 속한다. 지금의 감숙성 임하시(臨夏市)와 하하(夏河), 임담(臨潭) 등의 현이다.

83) 생염(生鹽)은 햇볕을 쬐어 자연적으로 만들어진 것으로, 원가가 비교적 낮다.

84) 숙염(熟鹽)은 소금물을 달이고 볶아서 인공적으로 만든 염으로, 원가가 비교적 높다.

85) 정모염(正耗鹽)은 정염(正鹽)과 모염(耗鹽)이다. 정염은 조정(竈丁)이 해마다 납부하는 정액의 염과(鹽課)이며, 모염은 염의 운수 도중 손실되는 양을 보충하기 위해 조호에게

(生)과 숙(熟)이 있는데, 숙염(熟鹽)은 비싸고 생염(生鹽)은 쌌다. 광동염은 광주(廣州)·조경(肇慶)·혜주(惠州)[86]·소주(韶州)[87]·남웅(南雄)[88]·조주부(潮州府)[89] 등 6부에서 유통되었다. 해북염은 광동의 뇌주(雷州)[90]·고주(高州)[91]·염주(廉州)[92]·경주부(瓊州府)[93] 등 4부, 호광의 계양(桂陽)[94]·침주(郴州)[95] 등 2주, 광서의 계림(桂林)·유주(柳州)·오주(梧州)[96]·심주(潯州)[97]·경원(慶元)·남녕(南寧)·평락(平樂)[98]·태평(太平)[99]·사명(思明)[100]·진안부(鎭安府)[101] 등 10부, 전(田)[102]·용(龍)[103]·사성(泗城)[104]·봉

추가로 징수하는 가모염(加耗鹽)이다.

86) 혜주부(惠州府)의 치소는 귀선(歸善)으로서 박라(博羅)·해풍(海豊) 등의 현을 관할한다. 지금의 광동성 혜주시(惠州市)와 박라·혜양(惠陽) 등의 현이다.

87) 소주부(韶州府)의 치소는 곡강(曲江)으로 영덕(英德) 등의 현을 관할한다. 지금의 광동성 소관시와 곡강·영덕 등의 현이다.

88) 남웅부(南雄府)의 치소는 보창(保昌)으로 시흥현(始興縣)을 관할한다. 지금의 광동성 남웅·시흥(詩興)·인화(仁化) 등의 현이다.

89) 조주부(潮州府)의 치소는 해양(海陽)으로 조양(潮陽)·게양(揭陽) 등의 현을 관할한다. 지금의 광동성 게양·혜래(惠來)·보녕(普寧) 등의 현이다.

90) 뇌주부(雷州府)의 치소는 해강(海康)으로 수계(遂溪)·서문(徐聞) 등의 현을 관할한다. 지금의 광동성 담강시(湛江市)와 해강(海康)·서문(西聞) 등의 현이다.

91) 고주부(高州府)의 치소는 무명(茂名)으로 전백(電白), 신의(信宜) 등의 현을 관할한다. 지금의 광동성 무명시(茂名市)와 전백·고주(高州) 등의 현이다.

92) 염주부(廉州府)의 치소는 합포(合浦)로 흠주(欽州) 및 영산현(靈山縣)을 관할한다. 지금의 광동성 합포·흠주 등의 현과 북해시(北海市)이다.

93) 경주부(瓊州府)의 치소는 경산(瓊山)으로 문창(文昌) 등의 현과 담(儋)·만(萬)·애(崖)·나정(羅定) 등의 주를 관할한다. 지금의 해남성(海南省)이다.

94) 계양(桂陽)은 형주부(衡州府)에 속하며, 임무(臨武) 등의 현을 관할한다. 지금의 호남성 계양·가화(嘉禾)·난산(蘭山) 등의 현이다.

95) 침주(郴州)는 영흥(永興)·흥녕(興寧) 등의 현을 관할한다. 지금의 호남성 침현(郴縣)·영흥(永興)·계림(桂林) 등의 현이다.

96) 오주부(梧州府)의 치소는 창오(蒼梧)로서 등(藤)·용(容) 등의 현과 욱림주(郁林州)를 관할한다. 지금의 광서 장족(壯族) 자치구 오주시(梧州市)와 창오·등현(藤縣)·용현(容縣) 등이다.

97) 심주부(潯州府)의 치소는 계평(桂平)으로 평남(平南)·귀현(貴縣)을 관할한다. 지금의 광서 장족 자치구 계평·평남 등의 현이다.

98) 평락부(平樂府)의 치소는 평락으로 하현(賀縣)·여포(荔浦) 등의 현과 영안주(永安州)를 관할한다. 지금의 광서 장족 자치구 평락·여포 등의 현이다.

99) 태평부(太平府)의 치소는 숭선(崇善)으로 타릉(陀陵)과 양리(養利)·영강(永康) 등의 주를 관할한다. 지금의 광서 장족 자치구 숭좌(崇左), 용주(龍州) 등의 현이다.

의(奉議)[105] · 이주(利州)[106] 등 5주에서 유통되었다. 매해 태창에 들이는 염과은은 1만 1,000여 량이었다.

원문 四川鹽井轄鹽課司十七. 洪武時, 歲辦鹽一千一十二萬七千餘斤. 弘治時, 辦二千一十七萬六千餘斤. 萬曆中, 九百八十六萬一千餘斤. 鹽行四川之成都、敘州、順慶、保寧、夔州五府, 潼川、嘉定、廣安、雅、廣元五州縣. 歲解陝西鎮鹽課銀七萬一千餘兩.

옮김譯 사천(四川)의 염정(鹽井)에서 관할하는 염과사는 17곳이었다.[107] 홍무 때 매해 염 1,012만 7,000여 근을 생산하였다. 홍치 때에는 2,017만 6,000여 근을 생산하였다.[108] 만력 연간에는 986만 1,000여 근을 생산하였다. 염은 사천의 성도(成都) · 서주(敘州)[109] · 순경(順慶)[110] · 보녕(保

---

100) 사명부(思明府)의 소속으로 석서(石西) · 서평(西平) · 녹(祿) 등의 주가 있다. 지금의 광서 장족 자치구 상사(上思) · 동흥(東興) 등의 현이다.

101) 진안(鎭安)은 진안부(鎭安府)이다. 지금의 광서 장족 자치구 덕보(德保) · 정서(靖西) · 나파(那坡) 등의 현이다.

102) 전주(田州)는 지금의 광서 장족 자치구 전양(田陽) · 전수(田水) 등의 현이다.

103) 용주(龍州)는 태평부(太平府)에 속한다. 지금의 광서 장족 자치구 용주(龍州), 영명(寧明) 등의 현과 빙상시(凭祥市)이다.

104) 사성주(泗城州)는 지금의 광서 장족 자치구 전림(田林) · 능운(凌雲) · 봉산(鳳山) 등의 현이다.

105) 봉의주(奉議州)는 지금의 광서 장족 자치구 백색현(百色縣)과 파마요족(巴馬瑤族) 자치현이다.

106) 이주(利州)는 지금의 광서 장족 자치구 능락(凌樂) 등의 현이다.

107) 사천의 염정(鹽井)은 사천염과제거사(四川鹽課提擧司)를 의미한다. 명대 사천의 염정(鹽政) 기구는 염과제거사(鹽課提擧司)와 염정위(鹽井衛)의 두 계통으로 나뉘어져 있었다. 여기에 열거된 숫자는 염과사(鹽課司) 15곳과 염정위(鹽井衛) 2곳을 포함한 것이다.

108) 萬曆『大明會典』 권33 「鹽法」에 의하면 홍치 연간 사천에는 상류의 염정 외에 12염과사가 해마다 생산하는 염의 액수가 2,016만 7,080근이다. 그러나 이 외에 당시 복해(福海) 등의 염정에서 생산하는 근수는 홍무 연간의 구액(舊額)과 같았다. 복해 등의 홍무 시기의 구액은 49만 770근이다. 따라서 사천의 염정에서 해마다 생산하는 염의 액수는 합계 2,066만 6,850근이 된다.

109) 서주부(敘州府)의 치소는 의빈(宜賓)으로 남계(南溪) 등의 현과 고주(高州)를 관할한다. 지금의 사천성 의빈시(宜賓市) 및 남계(南溪) · 균연(筠連) · 고(高) · 공(珙) · 홍문(興文) 등의 현이다.

110) 순경부(順慶府)의 치소는 남충(南充)으로 서충(西充) 등의 현과 봉(蓬) · 광안(廣安) 등

寧)[111]・기주부(夔州府)[112] 등 5부, 동천(潼川)[113]・가정(嘉定)[114]・광안(廣安)・아(雅)[115]・광원(廣元)[116] 등 5주현에서 유통되었다. 매해 섬서진(陝西鎭)에 보내는 염과은은 7만 1,000여 량이었다.

원문 雲南黑鹽井轄鹽課司三, 白鹽井、安寧鹽井各轄鹽課司一, 五井轄鹽課司七. 洪武時, 歲辦大引鹽萬七千八百餘引. 弘治時, 各井多寡不一. 萬曆時與洪武同. 鹽行境內. 歲入太倉鹽課銀三萬五千餘兩.

옮김 譯 운남의 흑염정(黑鹽井)[117]에서 관할하는 염과사는 3곳이었고, 백염정(白鹽井)과 안녕염정(安寧鹽井)에서 각각 관할하는 염과사는 1곳씩이었으며, 오정(五井)에서 관할하는 염과사는 7곳이었다. 홍무 때 매해 대인염 1만 7,800여 인을 발행하였다.[118] 홍치 때에는 각 염정의 다과가 한결같지 않았다. 만력 때에는 홍무 때와 같았다. 염은 경내에서 유통되었다. 매해 태창에 들이는 염과은은 3만 5,000여 량이었다.

의 주를 관할한다. 지금의 사천성 남충시(南充市)와 서충(西充)・봉안(蓬安)・의롱(儀隴)・악지(岳池)・대죽(大竹) 등의 현이다.

111) 보녕부(保寧府)의 치소는 낭중(閬中)으로 광원(廣元) 등의 현과 검(劍)・파(巴) 등의 주를 관할한다. 지금의 사천성 낭중・창계(蒼溪)・광원(廣元)・재동(梓潼)・남강(南江) 등의 현이다.

112) 기주부(夔州府)의 치소는 봉절(奉節)로 무산(巫山)・대녕(大寧) 등의 현과 달주(達州)를 관할했다. 지금의 사천성 봉절, 만현시(萬縣市)와 달(達)・무산(巫山)・운양(雲陽) 등의 현이다.

113) 동천주(潼川州)는 포정사(布政司)에게 직속되었으며 사홍(射洪)・염정(鹽亭) 등의 현을 관할한다. 지금의 사천성 삼태(三台)・사홍・염정・안악(安岳)・중강(中江) 등의 현이다.

114) 가정주(嘉定州)는 포정사에 직속되었으며, 아미(峨眉)・건위(犍爲)・영(榮) 등의 현을 관할한다. 지금의 사천성 협강(夾江)・아미(峨眉)・홍아(洪雅) 등의 현이다.

115) 아주(雅州)는 포정사에 직속하며, 명산(名山)・영경(滎經) 등의 현을 관할한다. 지금의 사천성 아안(雅安)・영경(滎經)・명산(名山) 등의 현이다.

116) 광원현(廣元縣)은 보녕부(保寧府) 소속이다. 지금의 사천성 광원현이다.

117) 흑염정(黑鹽井)은 흑염정염과제거사(黑鹽井鹽課提擧司)를 의미한다. 아래의 백염정(白鹽井), 안녕정(安寧井), 오정(五井)도 모두 마찬가지이다.

118) 운남(雲南) 염정에서 홍무 때 해마다 생산하는 염의 액수는 182만 7,877근이다. 대인염으로 환산하면 4,569인 남짓으로 본문의 내용과 다르다(萬曆『大明會典』 권3「鹽法」).

원문 成祖時, 嘗設交阯提擧司, 其後交阯失, 乃罷. 遼東鹽場不設官, 軍餘煎辦, 召商易粟以給軍.

옮김 성조 때 일찍이 교지제거사(交趾提擧司)[119]를 두었는데, 그 후 교지(交趾)를 잃자[120] 곧 없앴다. 요동의 염장에는 관을 두지 않고, 군호의 여정(餘丁)이 염을 생산하여 상인을 불러 속(粟)과 바꾸어 군에 지급하였다.

원문 凡大引四百斤, 小引二百斤. 鹽所產不同. 解州之鹽風水所結. 寧夏之鹽刮地得之. 淮、浙之鹽熬波. 川、滇之鹽汲井. 閩、粵之鹽積鹵. 淮南之鹽煎. 淮北之鹽曬. 山東之鹽有煎有曬. 此其大較也.

옮김 대인(大引)은 400근, 소인(小引)은 200근이었다.[121] 염은 만드는 방법이 달랐다. 해주(解州)의 염은 풍수로 응결되었다.[122] 영하(寧夏)의 염은 흙을 긁어서 얻었다.[123] 회(淮)와 절(浙)의 염은 바닷물을 끓였다.[124] 천(川)과 전(滇)의 염은 우물에서 길었다.[125] 민(閩)과 월(粵)의 염은 바닷물을 쏟아 부

---

119) 여기서의 교지제거사(交趾提擧司)는 교지염과제거사(交趾鹽課提擧司)를 가리킨다. 영락 7년(1409)에 설치되었으며, 4곳의 염장을 관할하였다(王原, 『明食貨志』 권7 「鹽法」).

120) 안남(安南)의 여리(黎利)가 명의 세력을 구축하고 독립을 회복한 것이 선덕 2년(1427) 10월이고, 다음 달에 명조는 정식으로 교지포정사(交阯布政司)를 방기(放棄)하였다(『宣宗實錄』 宣德 2년 10월 癸未 조; 11월 乙酉 조).

121) 이 문장은 앞뒤의 문장과 연결되지 않을 뿐 아니라 앞에서 이미 나온 바 있다. 연문(衍文)인 듯하다.

122) 봄에 염지(鹽池)의 염수(鹽水)를 염지 근처의 염전에 끌어들여 한동안 방치해두는데, 여름과 가을의 환절기에 남풍이 크게 불면 하룻밤에 염이 응결된다.

123) 영하(寧夏)의 염지에는 항상 굳어서 마치 서리처럼 하얗게 흙에 응고되어 있는 염이 있다. 현지인은 이것을 긁어서 염을 얻는데, 그 속에는 초석(硝石)이 섞여 있으므로, 볶은 후에도 여전히 흑색이었고, 맛은 약간 쓰며, 이름을 소염(小鹽) 또는 말염(末鹽)이라고 한다.

124) 조호(竈戶)가 바닷물을 염지로 끌어들여서 모래 등을 거른 다음, 볕을 쬐어 서리처럼 되면, 달이고 볶으면 알갱이 소금[顆鹽]이 되는데, 이를 '오파(熬波)'라 한다(『天工開物』 上卷 「作鹹」).

125) 천(川)은 사천(四川), 전(滇)은 운남(雲南)을 말한다. 정염(井鹽)을 만드는 방법은 다음과 같다. "염정의 깊이가 10장(丈) 이상이면 소금기를 얻는데, (…중략…) 대롱 같은 것을 넣어 물을 끌어올리고, (…중략…) 솥에 넣어 끓여 구우면 순식간에 염이 굳어지는데, 색깔이 백옥과 같다."(『天工開物』 上卷 「作鹹」).

었다.[126] 회남(淮南)의 염은 달였다.[127] 회북(淮北)의 염은 볕에 쬐었다.[128] 산동의 염은 달이기도 하고 볕에 쬐기도 하였다.[129] 이것이 그 대강이다.

원문 有明鹽法, 莫善於開中. 洪武三年, 山西行省言 : "大同糧儲, 自陵縣運至太和嶺, 路遠費煩. 請令商人於大同倉入米一石, 太原倉入米一石三斗, 給淮鹽一小引, 商人鬻畢, 卽以原給引目赴所在官司繳之. 如此則轉運費省而邊儲充." 帝從之. 召商輸糧而與之鹽, 謂之開中. 其後各行省邊境, 多召商中鹽以爲軍儲. 鹽法邊計, 相輔而行.

옮김 譯 명의 염법(鹽法)으로 개중법(開中法)[130]보다 좋은 것은 없었다. 홍무 3년 산서행성(山西行省)[131]에서 상언하기를, "대동(大同)의 양저

---

126) 월(粵)은 광동 및 해북(海北), 민(閩)은 복건을 가리킨다. 바닷물을 쏟아 붓는다는 것은, 해수면보다 높게 만든 염전에 몇 번이나 바닷물을 쏟아 부어, 이를 침전시켜 소금물을 만든 다음 말려서 소금을 만드는 것을 말한다. 특히 복건에서는 이 방법이 널리 행해졌다.

127) 회남의 염장은 모두 25곳이다. 태주분사(泰州分司)와 회안분사(淮安分司)의 염장 등을 위시하여 모두 갈대를 연료로 이용하여 졸여서 염을 만들었다.

128) 회북에서 볕을 쬐어서 염을 만드는 방법은 일명 탄쇄법(攤曬法)이라고도 한다. 먼저 바닷가 높은 곳에 도랑을 만들어, 바닷물을 먼저 파놓은 구덩이에 부어놓고, 구덩이에는 갈대・모래 등을 깔아놓는데, 바닷물이 걸러진 후에 구덩이에서는 소금을 얻을 수 있다. 농도가 진한 것은 며칠 정도 볕을 쬐면 소금이 되고, 연한 것은 달여야 소금이 될 수 있다(『天工開物』 上卷 「作鹹」).

129) 산동의 염장 중 영리(永利)・이국(利國)・풍민(豊民)・풍국(豊國)의 4곳이 탄쇄법(攤曬法)을 시행하였다. 영부(永阜)・신진(新鎭)・왕가강(王家崗)・영해(寧海)의 4곳은 전련법(煎煉法)을 시행하였다.

130) 명대의 개중법(開中法)은 송대의 절중법(折中法)에 송원시대의 인법(引法)을 가미한 것이다. 여기에서 '중(中)'은 납입한 군수물자와 지불대가인 염인이 서로 맞아떨어진다는 뜻이고, '개(開)'는 개중법을 시행할 때 호부에서 방문을 공포하여 관과 민 사이에 염과 곡물을 교환하는 조건을 나열하여 발표한다는 의미이다. 이 개중법은 변경에서의 군사력을 강화하기 위해 군향(軍餉)을 충실하게 하는 것이 주요 목표였지만 일부 기근이나 재해 시에 구제 등을 위해 내지에서 시행되기도 했다. 때문에 상인들은 양식을 정부가 지정하는 창고에 납입시키고 그 대가로 영수증을 받아, 그것을 가지고 정해진 염운사(鹽運司)나 염과제거사(鹽課提擧司)에 가서 영수증에 기재된 액수에 따라 염인을 지급받은 뒤, 그 염인을 가지고 염장에 가서 염을 지급받는 것이다. 그 후에도 상인은 반드시 운반 판매 시에 염인을 계속 지녀야 하였다. 그렇지 않으면 사염(私鹽)으로 간주되었는데, 사염의 판매는 엄금되었다. 염을 판매한 후에는 일정기간 내에 염인을 관에 반납해야 했다. 명대에는 이 납량(納糧)에서 염인의 반환까지의 모든 과정을 총괄하여 개중법이라 불렀다.

(糧儲)는 능현(陵縣)[132]으로부터 태화령(太和嶺)[133]에까지 운반하는데 길이 멀고 비용이 많이 듭니다. 청컨대 상인에게 대동창(大同倉)에 미 1석을 들이거나 태원창(太原倉)에 미 1석 3두를 들이게 하고 양회(兩淮)의 염 1소인을 지급한 뒤, 상인이 염을 다 판매하면 원래 지급한 염인(鹽引)을 가지고 관할 관사[134]에 가서 반환케 하시기 바랍니다. 이와 같이 한다면 운송비가 절약되고 변방의 축적이 충실해질 것입니다" 하니, 황제가 이를 받아들였다. 상인을 불러 미곡을 운송시키고 그에게 염을 주니, 이를 개중(開中)이라 하였다. 그 후 각 행성(行省)의 변경으로 대부분 상인을 불러 중염(中鹽)[135]케 하여 군수물자를 삼았다. 염법과 변경 방어 계책이 서로 보완되며 시행되었다.

원문 四年定中鹽例, 輸米臨濠、開封、陳橋、襄陽、安陸、荊州、歸州、大同、太原、孟津、北平、河南府、陳州、北通州諸倉, 計道里近遠, 自五石至一石有差. 先後增減, 則例不一, 率視時緩急, 米直高下, 中納者利否. 道遠地險, 則減而輕之. 編置勘合及底簿, 發各布政司及都司、衛所. 商納糧畢, 書所納糧及應支鹽數, 齎赴各轉運提擧司照數支鹽. 轉運諸司亦有底簿, 比照勘合相符, 則如數給與. 鬻鹽有定所, 刊諸銅版, 犯私鹽者罪至死, 僞造引者如之, 鹽與引離, 卽以私鹽論.

131) 산서행성(山西行省)은 산서등처행중서성(山西等處行中書省)의 약칭이다. 홍무 2년 4월에 설치되었다. 홍무 9년 6월 산서승선포정사사(山西承宣布政使司)로 개칭되었다.

132) 능현(陵縣)은 지금의 산동성 능현이다. 『太祖實錄』 洪武 3년 6월 辛巳 조에는 능현 다음에 장로(長蘆)가 들어가 있다.

133) 태화령(太和嶺)은 지금의 산서성 삭현(朔縣)의 마읍진(馬邑鎭)에서 동남으로 60리 떨어진 지점에 있었다.

134) 관할 관사(官司)는 각 주현을 가리킨다.

135) 중염(中鹽)이란 염에 적중시킨다는 뜻이다. 상인 등이 관이 필요로 하는 금품을 정해진 장소에 납입시키고 그 대가로 염을 지급받아 정해진 바의 판매구역 내에서 판매시킴을 말한다. 개중(開中)과 같은 의미이다.

옮김譯 홍무 4년에 중염의 예를 정하여 미를 임호(臨濠)[136]·개봉(開封)·진교(陳橋)[137]·양양(襄陽)·안륙(安陸)[138]·형주(荊州)[139]·귀주(歸州)[140]·대동(大同)·태원(太原)·맹진(孟津)[141]·북평(北平)·하남부(河南府)[142]·진주(陳州)[143]·북통주(北通州)[144]의 각 창에 들이게 하였는데, 거리의 원근에 따라 5석에서 1석까지 차등을 두었다.[145] 앞뒤로 숫자의 증감이 있고 칙례(則例)[146]가 일정하지 않았는데, 대개 당시 사정의 완급, 미가의 고하, 중납자(中納者)의 이익 여부를 고려하였다. 길이 멀고 지세가 험하면 줄여서 가볍게 해주었다. 감합(勘合)[147]과 저부(底簿)[148]를 두루

---

136) 임호(臨濠)는 지금의 안휘성(安徽省) 봉양현(鳳陽縣) 동북의 임회관(臨淮關)이다.

137) 진교(陳橋)는 진교역(陳橋驛)이다. 지금의 하남성 개봉현(開封縣)에서 동북으로 20km 거리에 있다.

138) 안육창(安陸倉)은 지금의 호북성 종상현(鍾祥縣)에 있었다.

139) 형주창(荊州倉)은 지금의 호북성 강릉현(江陵縣)에 있었다.

140) 귀주창(歸州倉)은 지금의 호북성 자귀현(秭歸縣)에 있었다.

141) 맹진창(孟津倉)은 지금의 하남성 맹진현(孟津縣)에 있었다.

142) 하남부창(河南府倉)은 지금의 하남성 낙양현(洛陽縣)에 있었다.

143) 진주창(陳州倉)은 지금의 하남성 회양현(淮陽縣)에 있었다.

144) 북통주창(北通州倉)은 지금의 하북성 통현(通縣)에 있었다.

145) 이 기사는『太祖實錄』洪武 4년 3월 癸酉 조에 상세하게 기재되어 있다. 실록에는 각 창마다 염 1인에 대한 납미(納米)의 액수를 구체적으로 기재하고 있다. 그에 의하면, 임호부창(臨濠府倉)은 회염 5석, 절염(浙鹽) 4석이며, 개봉부와 진교창(陳橋倉)은 회염 2석 5두, 절염 2석이고, 양양부창(襄陽府倉)은 회염 2석 5두, 절염 1석 5두이며, 안육부창(安陸府倉)은 회염 4석, 절염 3석 5두이고, 진주부(辰州府)·영주부(永州府)·협주창(峽州倉)은 회염 3석 5두, 절염 2석 5두이며, 형주부창(荊州府倉)은 회염 4석 5두, 절염 4석이며, 귀주창은 회염 2석, 절염 1석 2두이며, 대동부창(大同府倉)은 회염 1석, 절염 8두이며, 태원부창(太原府倉)은 회염 1석 3두, 절염 1석이며, 맹진현창(孟津縣倉)은 회염 1석 5두, 절염 1석 2두이며, 북평부창(北平府倉)은 회염 1석 8두, 절염 1석 5두, 산동염(山東鹽) 2석 3두이며, 하남부창(河南府倉)은 회염 1석 5두, 절염 1석 2두이며, 서안부창(西安府倉)은 회염 1석 3두, 절염 1석이며, 진주창은 회염 3석, 절염 2석이며, 북통주창은 회염 2석, 절염 1석 8두, 산동염 2석 5두로 되어 있다. 여기에서 진주부·영주부·협주·서안부의 각 창은『明史』에는 보이지 않는다. 또한 가장 양이 많은 것은 임호의 회염 5석이고, 가장 작은 것은 대동의 절염 8두이다. 본문에서 최소 1석이라 한 것은 회염을 기준으로 했기 때문으로 여겨진다.

146) 행정상의 시행과 관련하여 일어난 실례로서 행정기관 내부에서 장래의 사건에 대하여 적용할 만한 준칙을 보여주는 동시에 외부 즉 백성에 대해서도 그 효력을 갖는다.

147) 각 포정사 및 도사, 위소에서 납량(納糧)을 완료한 상인에게 교부하는 창초(倉鈔) 즉

설치하여 각 포정사 및 도사, 위소에 발급하였다. 상인이 양초(糧草)를 다 납입하면 납입한 양초 및 지급해야 할 염수(鹽數)를 기록하고, 이를 각 전운제거사(轉運提擧司)[149]에 가지고 가면 그 액수에 따라 염을 지급하였다. 전운제사(轉運諸司)에도 저부(底簿)가 있었는데, 감합(勘合)과 견주어 서로 일치하면 그 액수에 맞추어 지급해주었다. 염을 파는 데는 정해진 지역이 있어 동판에 새겨놓았으며,[150] 사염(私鹽)[151]을 범하는 자는 그 죄가 사형에까지 이르렀고,[152] 염인(鹽引)을 위조한 사람도 마찬가지였으며, 염과 인이 일치되지 않으면 사염의 죄로 논하였다.

원문 成祖卽位, 以北京諸衛糧乏, 悉停天下中鹽, 專於京衛開中. 惟雲南金齒衛、楚雄府, 四川鹽井衛, 陝西甘州衛, 開中如故. 不數年, 京衛糧米充羨, 而大軍征安南多費, 甘肅軍糧不敷, 百姓疲轉運. 迨安南新附, 餉益難繼, 於是諸所復召商中鹽, 他邊地復以次及矣.

옮김 譯 성조가 즉위하자 북경의 제위(諸衛)에서 식량이 부족하였기 때문에 천하의 중염(中鹽)을 모두 중지시키고 오로지 경위(京衛)에만 개중(開中)하게 하였다. 다만 운남의 금치위(金齒衛)와 초웅부(楚雄

관의 창고에 물품을 납입한 것에 대한 증명서를 말한다. 감합(勘合) 즉 할인(割印)을 찍어 위조를 방지했기 때문에 감합이라고도 하는 것이다.

148) 감합의 대장(臺帳)을 가리킨다.

149) 도전운염사사와 염과제거사를 가리킨다.

150) 양회나 양절 기타 여러 산염구(産鹽區) 별로 행염지(行鹽地)의 부주(府州)의 이름을 기재하여 동판(銅版)에 인쇄하여 관민에게 주지시킨 것이다. 동판은 행염지의 변동에 따라 발행되므로 『會典』의 기재와 다른 경우가 있다.

151) 관의 허가 없이 사사로이 만들거나 매매하는 염을 가리킨다. 원래 염장의 조정(竈丁)이 정염(正鹽) 외의 여염(餘鹽)을 다른 물품에 섞어 염장 밖으로 가지고 나간 것이나 조호(竈戶)가 염장에서 사사로이 만들어 상인 등에게 매도한 염이지만, 이를 전매하는 자도 사염의 죄를 주었다.

152) 『大明律』 권8에 의하면, "사염을 범하는 자는 장 100, 도(徒) 3년에 처하되, 군기(軍器)를 가진 자는 1등(等)을 더하고, 무고인(無辜人)을 무고한 자는 3등을 더한다. 체포를 막은 자는 참(斬)한다"라고 되어 있다.

府),[153] 사천의 염정위(鹽井衛),[154] 섬서(陝西)의 감주위(甘州衛)[155]만은 예전과 같이 개중(開中)하였다. 몇 해 지나지 않아 경위(京衛)는 식량이 넉넉해졌으나, 대군을 동원하여 안남(安南)을 정벌하는 데 경비가 많이 들었고,[156] 감숙(甘肅)의 군량이 부족하여 백성이 운송하는 일로 피폐하였다.[157] 안남이 새로이 복속되기에 이르러서는 군향(軍餉) 조달을 계속하기 더욱 어렵게 되니, 이에 여러 곳에서 다시 상인을 불러 중염하였으며, 다른 변경지역도 다시 차례로 실시하게 되었다.

원문 仁宗立, 以鈔法不通, 議所以斂之之道. 戶部尙書夏原吉請令有鈔之家中鹽, 遂定各鹽司中鹽則例, 滄州引三百貫, 河東、山東半之, 福建、廣東百貫. 宣德元年停中鈔例. 三年, 原吉以北京官吏、軍、匠糧餉不支, 條上預備策, 言 : "中鹽舊則太重, 商賈少至, 請更定之." 乃定每引自二斗五升至一斗五升有差, 召商納米北京. 戶部尙書郭敦言 : "中鹽則例已減, 而商來者少, 請以十分爲率, 六分支與納米京倉者, 四分支與遼東、永平、山海、甘肅、大同、宣府、萬全已納米者. 他處中納悉停之." 又言 : "洪武中, 中鹽客商年久物故, 代支者多虛冒, 請按引給鈔十錠." 帝皆從之, 而命倍給其鈔. 甘肅、寧夏、大同、宣府、獨石、永平道險遠, 趨中者少, 許寓居官員及軍餘有糧之家納米豆中鹽.

---

153) 금치위(金齒衛)는 지금의 운남성 등충(騰沖)·보산(保山)·노서(潞西) 등의 현에 있었다. 초웅부(楚雄府)는 운남성 초웅(楚雄) 이족(彝族) 자치주에 있었다.

154) 염정위(鹽井衛)는 지금의 사천성 염원현(鹽源縣)에 있었다.

155) 감주위(甘州衛)는 홍무 5년에 설치되었다. 섬서행도사(陝西行都司)의 소재지로서, 치소는 감주좌위(甘州左衛)이고 12위를 거느렸다. 지금의 감숙성(甘肅省) 장액(張掖)·영창(永昌)·고랑(古浪) 등의 현과 청해성(靑海省) 서녕시(西寧市)에 해당한다.

156) 이는 영락 4년(1406) 7월 주능(朱能), 장보(張輔) 등이 안남(安南)을 정벌했고, 다음 해 안남왕(安南王)을 포로로 잡아 6월 교지포정사(交趾布政司)를 설치한 것을 말한다.

157) 감숙총병관좌도독(甘肅總兵官左都督) 송성(宋晟)의 청에 의해 감숙위(甘肅衛)에서 회절염(淮浙鹽)으로 중납(中納)하는 것을 허락하였다(『太宗實錄』 永樂 2년 12월 癸未 조).

옮김 譯

인종이 즉위하자, 초법(鈔法)이 통용되지 않았기 때문에[158] 이를 거두어들이는 방도[159]를 의논토록 하였다. 호부상서 하원길(夏原吉)[160]이 초(鈔)를 가진 집안으로 하여금 중염케 할 것을 청하여, 마침내 각 염사(鹽司)의 중염칙례(中鹽則例)를 정하니, 창주(滄州)는 1인(引)에 300관, 하동과 산동은 그 반으로 하였고, 복건과 광동은 100관으로 하였다. 선덕 원년(1426)에 중초례(中鈔例)를 정지시켰다.[161] 3년에 하원길이 북경의 관리·군인·장정(匠丁)[162]에 대한 양향(糧餉)이 부족하다는 이유로 예비책을 조목조목 상소하여 아뢰기를, "중염의 옛 규정은 너무 무거워, 오는 상인이 적으니 개정할 것을 청합니다"고 하였다. 이에 1인(引)당 2두 5승에서 1두 5승까지 차등을 두고, 상인을 불러 북경에 미를 납입하도록 하였다.[163] 호부상서 곽돈(郭敦)[164]이 말하기를, "중염의 칙례가 이미 감해

158) 당시에 보초(寶鈔)의 유통이 정체되어 가치가 하락한 것을 일컫는 것이다. 홍무 8년 초법(鈔法)이 제정되었을 당초에는 초(鈔) 1관(貫)이 전 1,000문, 은 1량, 미 1석에 상당하였다. 하지만 『太祖實錄』 洪武 18년 12월 己丑 조에는 녹미(祿米)를 초로 지급하는데 2관 500문을 미 1석으로 하였다고 한다. 한편 洪武 18년 8월 丙戌 조에 의하면, 양절에서는 초 1관이 전 160문에 불과하였으며, 복건·광동·강서도 대체로 같았다. 또 『明史』 권81 「食貨 5」에 의하면, 선덕 초에는 미 1석이 초 50관에 상당하고, 천순 연간에는 초 1관이 전 1문도 되지 않았다고 한다.

159) 보초를 국고에 회수하는 방법을 말한다.

160) 하원길(夏原吉, 1365~1430)은 자가 유철(維喆)로서 상음(湘陰) 출신이다. 홍무 때 태학생(太學生)에서 호부주사로 발탁되었다. 영락 때 호부상서로 임명되어 부역제도를 규정하고 재정을 주지하면서 넉넉한 국가재정을 이루어냈는데, 명조 국가재정의 핵심인물이자 수성(守成)의 신하로서 최대의 공신이었다. 『明史』 권149 「夏原吉傳」 참조.

161) 이 기사는 『宣宗實錄』 宣德 元年 6월 壬午 조에 상세하다. 여기에서 중초례(中鈔例)란 납초중염칙례(納鈔中鹽則例)를 의미한다. 실록에 의하면, 행재호부(行在戶部)는 중초[納鈔中鹽] 때문에 변경의 납미(納米)가 이루어지지 않고, 또한 각 염장의 연간 생산액이 한정되어 있는 것을 들어 중초를 정지시키고, 납량개중(納糧開中)을 행할 것을 주장하여 재가(裁可)되었다고 한다.

162) 군인은 위소를 구성하고, 장정(匠丁)은 윤반(輪班) 혹은 주좌(住坐)에 의하여 북경에 거주 또는 체재하는 것을 말한다.

163) 이 기사는 『宣宗實錄』 宣德 3년 7월 壬申 조에 상세하다. 그에 의하면, 북경의 양향(糧餉)이 불안하게 된 것은 수해와 한발 때문에 부세(賦稅)가 미납된 바가 많고, 조운(漕運)에만 의지하는 것이 위험했기 때문이라고 한다. 이때 북경의 양저(糧儲)를 충실히 하기 위해 시행된 개중에서는, 회절염은 1인(引)당 납미(納米) 2두 5승, 하간(河間)은 3두, 하동·사천·복건은 1두 5승으로 순서에 구애되지 않고 지염(支鹽)하도록 했다고

졌는데도, 오는 상인이 적으니, 청컨대 10분을 기준으로 해서, 6분을 경창(京倉)에 미를 납입하는 자에게 지급하고, 4분을 요동·영평(永平)[165]·산해(山海)[166]·감숙(甘肅)·대동(大同)·선부(宣府)·만전(萬全)[167]에서 이미 미를 납입한 자에게 지급하시기 바랍니다. 다른 곳의 중납(中納)은 모두 정지시키십시오"라고 하였다. 또 말하기를, "홍무 연간에 중염시킨 객상(客商)은 해가 오래되어 사망했고, 본인 대신 지급받는 자는 대부분 가짜이니,[168] 청컨대 인(引)에 따라 초(鈔) 10정(錠)[169]을 지급하시기 바랍니다"라고 하니, 황제가 모두 그에 따르도록 하고, 초를 갑절로 지급하도록 명하였다. 감숙·영하(寧夏)·대동·선부·독석(獨石)[170]·영평은 길이 험하고 멀어 중염에 나서는 자가 적었기 때문에, 그곳에 거주하는 관원 및 군여(軍餘) 가운데 식량이 있는 집안에서 미두(米豆)를 납입하여 중염하는 것을 허락하였다.

원문 正統三年, 寧夏總兵官史昭以邊軍缺馬, 而延慶、平涼官吏軍民多養馬, 乃奏請納馬中鹽. 上馬一匹與鹽百引, 次馬八十引. 旣而定邊諸衛遞增二十引. 其後河州中納者, 上馬二十五引, 中減五引;

한다. '옛 규정'이란 앞에서 보았던 영락 2년 2월에 제정된 것을 말한다.

164) 곽돈(郭敦, 1369~1431)은 자가 중후(仲厚)로서 당읍(堂邑) 출신이다. 홍무 연간 향거(鄉擧)로 태학(太學)에 입학하여 호부주사로 제수(除授)되었다가 구주지부(衢州知府)로 부임했다. 선덕 연간에 호부상서가 되어 많은 제도를 만들고 혁신하였다. 『明史』 권157 「郭敦傳」 참조.

165) 영평(永平)은 영평위(永平衛)를 말한다. 지금의 하북성 노룡현(盧龍縣) 내에 있었다.

166) 산해(山海)는 산해위(山海衛)를 말한다. 지금의 하북성 산해관(山海關) 성내에 있었다.

167) 만전(萬全)은 만전도지휘사사(萬全都指揮使司)를 말한다. 지금의 하북성 선화현(宣化縣)에 있었다.

168) '대지(代支)'란 본인을 대신해서 염을 지급받는 것을 말한다. 『宣宗實錄』 宣德 4년 6월 丁亥 조에 따르면, 본인의 자(子)·질(姪)·원친(遠親)이나 이성인(異姓人)이 관이 인준하는 일정 수속을 받으면, 본인을 대신해서 염을 대신 지급받을 수 있었다.

169) 초(鈔) 1정(錠)은 5관 즉 5,000문에 해당한다.

170) 독석(獨石)은 장성(長城)의 중요 통로로서, 지금의 하북성 적성현(赤城縣)에서 동북으로 90리 지점에 있었다. 명초에 세워졌는데, 선덕 연간 개평위(開平衛)가 이곳으로 옮겨 왔다.

松潘中納者, 上馬三十五引, 中減五引. 久之, 復如初制. 中馬之始, 驗馬乃掣鹽. 旣而納銀於官以市馬, 銀入布政司, 宗祿、屯糧、修邊、振濟展轉支銷, 銀盡而馬不至, 而邊儲亦自此告匱矣. 於是召商中淮、浙、長蘆鹽以納之, 令甘肅中鹽者, 淮鹽十七, 浙鹽十三. 淮鹽惟納米麥, 浙鹽兼收豌豆、青稞. 因淮鹽直貴, 商多趨之, 故令淮、浙兼中也.

옮김 譯 정통 3년(1438) 영하총병관(寧夏總兵官) 사소(史昭)[171]가 변군(邊軍)에는 말이 부족한데, 연경(延慶) · 평량(平涼)[172]의 관리와 군민은 대부분 말을 기르고 있다는 이유로, 말을 납입하여 중염할 것을 상주하여 청하였다. 상마(上馬) 1필에 염 100인을 주고, 차마(次馬)는 80인으로 하였다. 얼마 후 정변(定邊)[173]의 제위(諸衛)에서는 20인씩 차례로 늘렸다. 그 후 하주(河州)[174]에서 중납하는 자에게는 상마는 25인으로 하되, 중마(中馬)는 5인을 감하였으며, 송반(松潘)에서 중납하는 자에게는 상마는 35인으로 하되, 중마는 5인을 감하였다. 한참 뒤에는 다시 원래의 제도로 돌아갔다. 중마 제도를 시작할 때에는 말을 살펴본 뒤 바로 염의 중량을 검사하였다.[175] 얼마 후에는 관에 은을 납입하여 말을 사도록 하였는데, 은이 포정사(布政使)에 들어가면 종록(宗祿)[176] · 둔량(屯糧) · 수변(修邊)[177] ·

171) 사소(史昭, ?~1444)는 합비(合肥) 출신이다. 영락 초 도지휘첨사(都指揮僉事)가 되어 총병관진량주(總兵官鎭凉州)로 충임(充任)되었다. 인종 때 서녕(西寧)을 진무하는 총병관으로 옮겼는데, 위군(衛軍)의 가속을 불러들여 둔전을 시행하였다. 『明史』 권174에 전(傳)이 있다.

172) 연경(延慶)은 연경주(延慶州)이다. 지금의 감숙성(甘肅省) 경양현(慶陽縣)이다. 평량(平凉)은 평량부(平凉府)로 평량이 치소이며, 숭신(崇信) 등의 현과 정녕(靜寧) 등의 주를 관할한다. 지금의 감숙성 평량 · 숭신 · 화정(華亭) 등의 현에 해당한다.

173) 명대에 정변위(定邊衛)는 산서에 있었던 반면, 영하(寧夏)에는 정변영(定邊營)이 있었다. 여기에서 중염납마(中鹽納馬) 시의 1필당 인(引)의 수를 고려해보면, 그 위치는 감숙과 영하 방면으로 한정된다. 따라서 이 기사는 정변영의 오류인 듯하다.

174) 하주(河州)는 하주위(河州衛)이다. 지금의 감숙성 임하(臨夏) 등의 현이다.

175) 염의 중량을 검사한다는 것은, 말을 납입하는 자에게 염장에서 염을 지급해준다는 뜻이다.

176) 종록(宗祿)은 제왕(諸王)의 봉록을 가리킨다.

177) 수변(修邊)은 변새(邊塞)를 수리하는 것을 말한다.

진제(振濟)[178]의 명목으로 이리저리 유용하여 은을 다 소모해도 말은 이르지 않게 되었고, 변방의 비축도 이로부터 비게 되었다. 이에 상인을 불러 회(淮)·절(浙)·장로(長蘆)[179]의 염을 중염케 하여 이를 납입시키고, 감숙(甘肅)에서 중염하는 자에게는 회염을 7/10, 절염을 3/10의 비율로 지급하였다. 회염은 오직 미맥(米麥)을 납입케 하였고 절염은 완두와 청과(青稞)[180]를 겸하여 거두었다. 회염의 값이 비싸 상인들이 대부분 이에 몰려들었기 때문에 회·절을 겸하여 중염하게 한 것이었다.

원문 明初仍宋、元舊制, 所以優恤竈戶者甚厚, 給草場以供樵采, 堪耕者許開墾, 仍免其雜役, 又給工本米, 引一石. 置倉於場, 歲撥附近州縣倉儲及兌軍餘米以待給, 兼支錢鈔, 以米價爲準. 尋定鈔數, 淮、浙引二貫五百文, 河間、廣東、海北、山東、福建、四川引二貫. 竈戶雜犯死罪以上止予杖, 計日煎鹽以贖. 後設總催, 多朘削竈戶. 至正統時, 竈戶貧困, 逋逃者多, 松江所負課六十餘萬. 民訴於朝, 命直隸巡撫周忱兼理鹽課. 忱條上鑄鐵釜、恤鹵丁、選總催、嚴私販四事, 且請於每年正課外, 帶徵逋課. 帝從其請. 命分逋課爲六, 以六載畢徵.

옮김譯 명초에는 송원시대의 옛 제도[181]를 따라 조호(竈戶)[182]를 우대하는 바가 매우 두터워, 초장(草場)[183]을 주어 땔감을 마련하도

178) 진제(振濟)는 기근 수해 등의 구제를 말한다.

179) 『英宗實錄』 正統 3년 5월 乙未 조 및 萬曆 『大明會典』 권34 「鹽法 3」 開中 조에는 '장로(長蘆)'의 2자가 빠져 있다.

180) 청과(青稞)는 맥(麥)의 일종이다. 절염은 희망자가 적은 까닭에 미맥(米麥)에 비해 열악한 완두와 청과를 납입하는 것을 허락해주었던 것이다.

181) 송원시대의 옛 제도란 송 인종 때 정호(亭戶=竈戶)에게 관본(官本)을 지급해주고, 미납된 염과(鹽課) 등을 면제해주고, 원 천력(天曆) 때 곤궁한 정호에게 구제 등의 조치를 취한 사례 등을 말한다.

182) 조호(竈戶)는 넓은 의미로 제염업자 일반을 가리킨다. 송대에는 이를 정호(亭戶)나 조호로 불렀고, 그 정(丁)을 염정(鹽丁)이라 했다. 명대에는 보통 조호라고 불렀는데, 그 정은 염정이라고도 하지만 조정(竈丁)이라 부르는 경우가 많았다.

183) 초장(草場)은 염을 끓여서 만드는 데 필요한 연료가 되는 초(草)를 키우는 장소로서,

록 하고, 경작하는 사람에게는 개간을 허락[184]했는데, 계속 잡역을 면제해주었고[185] 또 공본미(工本米)[186]를 지급하였는데 1인(引)에 1석으로 하였다. 염장에 창을 설치하고, 해마다 부근 주현의 창고 저장 물자와 태군(兌軍)의 여미(餘米)[187]를 내어 지급에 대비하고, 아울러 전초(錢鈔)를 지급하였는데 미가(米價)로 기준을 삼았다. 얼마 있다가 초수(鈔數)를 정했는데 회(淮)와 절(浙)은 1인에 2관 500문, 하간(河間)·광동·해북(海北)·산동·복건·사천은 1인에 2관으로 하였다. 조호 가운데 잡범사죄(雜犯死罪) 이상은 장형(杖刑)을 주는 데 그치고, 날짜를 계산하여 전염(煎鹽)함으로써 속죄하게 하였다.[188] 후에 총최(總催)[189]를 설치했지만, 대부분 조호를 착

바닷가에 있는 것은 보통 초탕(草蕩)이라고 불렀다.

184) 초장(草場=草湯) 개간이 국초부터 인정되었는지의 여부는 매우 의문이다. 이를 인정하게 되면 전염(煎鹽)의 연료의 감소를 불러오고, 나아가서는 염 생산액의 저하를 가져오게 되기 때문에, 초탕의 개간은 원칙적으로는 금지되었을 것으로 생각된다. 본문의 이러한 기술은 국초의 상태를 서술한 것으로서는 의문이 아닐 수 없다.

185) 조호(竈戶)의 잡역 면제에 대해서는 正德『大明會典』권36「鹽法 2」의 洪武 27년 令 등에 염정(鹽丁)의 잡범차역(雜泛差役)의 우면(優免) 등에 관한 규정 등이 있다. 그 이래 잡역의 면제에 관한 명령은 반복해서 하달되었지만, 현실적으로는 이와 반대로 주현에 거주하는 조호는 면제되지 않는 경우가 많았다.

186) 공본(工本)은 조호가 납입하는 염과(鹽課)에 대한 대가로서 정부에서 주었던 미곡 또는 전초(錢鈔)를 말한다. 제염(製鹽)의 노동은 매우 가혹했고, 다른 농경 등에 노동력을 할애할 여지가 없었다. 따라서 액염(額鹽)의 무상 납입은 조호의 재생산을 불가능으로 이끌었으므로, 정부는 액염의 양에 따라 소정의 미곡이나 전초를 주어 조호의 생활을 보호하였다. 이 미곡이나 전초를 송대에는 관본(官本), 원명시대에는 공본이라 불렀다.

187) 선덕 6년(1431)에 태운(兌運)이 개시된 이후 출현한 것으로, 태운을 위하여 장강(長江) 하류 지방의 농민이 지정된 창고로 미곡을 납입하는 경우 가모미(加耗米)를 부가하였으므로, 왕왕 약간의 잉여미를 낳게 되는데, 이를 태군(兌軍)의 여미(餘米)라고 한다. 따라서 홍무 연간에는 태군의 여미가 있을 리가 없고, 또 태군의 여미가 정염(正鹽)에 대한 공본미(工本米)로서 급여된 사실도 없다. 결국 본문의 기사는 완전한 오류로 보인다.

188) 正德『大明會典』권36「戶部 21」鹽法 2에는, "양절과 양회의 조호(竈戶)로서 태(笞)와 장(杖)의 죄를 범한 자는 형을 바로 집행하고, 도(徒)·유(流)·천사(遷徙)·잡범사죄(雜犯死罪)를 범한 자는 장 100에 그치고 계속 전염(煎鹽)시키도록 한다"고 규정하고 있다.

189) 총최(總催)는 각지의 염장에서 조호를 관리하던 두목으로 일종의 차역이다. 원대 염장의 백부장(百夫長) 제도에서 기원하는데, 염과를 재촉하여 거두어들이고 염인을 판별하고 생산을 독촉하였다.

취했다. 정통 연간에 이르러 조호가 빈곤해지자 체납자와 도망하는 자가 많아져 송강(松江)에는 미납된 염과(鹽課)가 60여 만 인이었다. 백성이 조정에 호소하자, 직예순무(直隷巡撫) 주침(周忱)[190]에게 염과도 겸해서 관리하도록 명하였다. 주침은 쇠솥을 주조하고, 노정(鹵丁)을 구휼하고, 총최를 선발하고, 사판(私販)을 엄금하는 4사항을 조목조목 상주하고, 또 매년 정규의 염과 외에 미납된 염과를 부대(附帶)하여 징수하도록 청하였다. 황제가 그 청을 받아들였다. 미납된 염과를 6으로 나누어 6년 동안 모두 징수하도록 명하였다.

원문 當是時, 商人有自永樂中候支鹽, 祖孫相代不得者. 乃議仿洪武中例, 而加鈔錠以償之, 願守支者聽. 又以商人守支年久, 雖減輕開中, 少有上納者, 議他鹽司如舊制, 而淮、浙、長蘆以十分爲率, 八分給守支商, 曰常股, 二分收貯於官, 曰存積, 遇邊警, 始召商中納. 常股、存積之名由此始. 凡中常股者價輕, 中存積者價重, 然人甚苦守支, 爭趨存積, 而常股壅矣. 景帝時, 邊圉多故, 存積增至六分. 中納邊糧, 兼納穀草、秋青草, 秋青草三當穀草二.

옮김 譯 이때[191] 상인들 중에 영락 연간부터 염의 지급을 기다렸으나 조부에서 손자 대에 이르도록 얻지 못하는 자가 있었다. 이에 의논하여 홍무 연간의 예를 모방하여 초정(鈔錠)을 더하여 보상해주었고,[192] 염의 지급을 기다리기를 원하는 자는 들어주었다. 또한 상인이 염을 기다

190) 주침(周忱)은 강서 길수현(吉水縣) 출신이다. 영락 2년 진사가 되었다. 영락에서 경태 초반에 걸쳐 활약했던 정치가이다. 특히 이재(理財)에 장기가 있어 남기순무(南畿巡撫)로 22년을 재직하여 강남의 민정에 큰 공을 세웠고, 전제(田制)・염법(鹽法)・조운(漕運) 등에 많은 개혁을 단행하였다. 『明史』 권153 「周忱傳」 참조.

191) 『英宗實錄』 正統 5년 正月 丁卯 조에 의하면, 正統 5년(1440)에 해당한다.

192) 홍무 연간에 중염(中鹽)하고는 염의 지급을 받지 않은 채 사망하여, 당사자 대신에 대지(代支)하는 자에게 허모(虛冒)가 많았기 때문에 선덕 4년(1429) 6월에 이르러 염 1인(引)에 20정(錠)을 대지하는 자에게 지급하였지만, 이때 즉 정통 5년에는 영락 연간에 중염하고 그 자손이 염을 지급받지 않은 자에 대하여 10정을 추가하여 30정으로 한 것을 말한다.

리는 기간이 길어져서 개중(開中)[193]을 경감해도 상납하는 자가 적어지자, 의논하여 다른 염사(鹽司)[194]는 옛 제도와 같이 하였으나, 회(淮)·절(浙)·장로(長蘆)는 10을 기준으로 삼아 8할을 염의 지급을 기다리는 상인에게 주어 상고(常股)[195]라고 하고, 2할은 관에서 거두어 보관하여 존적(存積)[196]이라 하였는데, 변방에 일이 생기면 비로소 상인을 불러 중납(中納)케 하였다. 상고와 존적의 명칭이 이때부터 시작되었다. 대개 상고로 중납하는 것은 가격이 낮고, 존적으로 중납하는 것은 가격이 높았지만, 사람들은 염의 지급을 기다리는 것을 매우 고통스러워하여 다투어 존적으로 향하니, 상고는 옹체되었다. 경제(景帝) 때 변경에 일이 많아[197] 존적이 증가하여 6할에 이르렀다. 변량(邊糧)을 중납할 때 함께 곡초(穀草)와 추청초(秋青草)[198]를 납입하였는데, 추청초 셋이 곡초 둘에 상당하였다.

원문 廣東之鹽, 例不出境, 商人率市守關吏, 越市廣西. 巡撫葉盛以爲任之則廢法, 禁之則病商, 請令入米餉邊, 乃許出境, 公私交利焉. 成化初, 歲洊災, 京儲不足, 召商於淮、徐、德州水次倉中鹽.

옮김 광동의 염은 예(例)로 경계[199]를 나가지 못하게 하였는데, 상인들은 대개 관(關)을 지키는 관리를 매수하여, 경계를 넘어 광서

193) 개중할 때의 염과 미의 교환 비율을 가리킨다.

194) 복건(福建)·운남(雲南)·사천(四川)·광동(廣東)·하동(河東)의 여러 염사(鹽司; 도전운염사사나 염과제거사)를 가리킨다.

195) 평소 북변(北邊)에 가서 개중에 응한 상인에게 그 대가로 주는 염을 말하는데, 지급을 기다리는 기간이 길었다.

196) 특별히 축적해두어 변경의 비상시에 개중으로 충당하는 염이다. 상인이 염장에 도착하면 바로 지급하는 것이 원칙이었지만, 나중에는 지급을 기다리는 기간이 길어졌다.

197) 정통 14년(1449) 8월에 영종이 토목보(土木堡)에서 오이라트의 에센군에게 생포된 뒤 경태 연간에 걸쳐 오이라트와의 사이에 분쟁이 끊이지 않는 등 북변(北邊)이 다사다난했음을 말한다.

198) 곡초(穀草)란 도(稻)와 고량(高粱) 등과 같이 알갱이를 탈곡하고 남은 줄기부분을 말한다. 추청초(秋青草)는 여름과 가을의 환절기에 벤 목초의 종류로서 말의 사료로 이용되었는데, 마른 뒤의 색깔이 청색이었기 때문에 추청초라 불렀다.

199) 여기에서의 경계란 광동포정사(廣東布政司)의 영역을 말한다.

에 팔았다. 순무 섭성(葉盛)[200]은 이를 내버려두면 법이 무력해지고, 금지하면 상인을 병들게 한다고 생각하여, 미를 거두어 변방에 군향(軍餉)을 보내도록 하기를 청하자, 경계를 나가는 것을 허락하니, 관민(官民)이 서로 이로워 하였다. 성화 초에 해마다 재해가 있어 경사의 축적이 부족하게 되자, 상인을 회안부(淮安府)·서주(徐州)·덕주(德州)의 수차창(水次倉)[201]으로 불러 중염케 하였다.

원문 舊例中鹽, 戶部出榜召商, 無徑奏者. 富人呂銘等托勢要奏中兩淮存積鹽, 中旨允之. 戶部尙書馬昻不能執正. 鹽法之壞自此始. 勢豪多攙中, 商人旣失利, 江南、北軍民因造遮洋大船, 列械販鹽. 乃爲重法, 私販、窩隱俱論死, 家屬徙邊衛, 夾帶越境者充軍. 然不能遏止也. 十九年頗減存積之數, 常股七分, 而存積三分. 然商人樂有見鹽, 報中存積者爭至, 遂仍增至六分. 淮、浙鹽猶不能給, 乃配支長蘆、山東以給之. 一人兼支數處, 道遠不及親赴, 邊商輒貿引於近地富人. 自是有邊商、內商之分. 內商之鹽不能速獲, 邊商之引又不賤售, 報中寖怠, 存積之滯遂與常股等. 憲宗末年, 閹宦竊勢, 奏討淮、浙鹽無算, 兩淮積欠至五百餘萬引, 商引壅滯.

옮김 譯 구례(舊例)에 중염은 호부에서 방문을 게시하여 상인을 불러들였으니, 직접 상주하는 경우는 없었다. 부인(富人) 여명(呂銘) 등이 권문세가에 기대어 양회(兩淮)의 존적염(存積鹽)으로 중염할 것을 상주하자 중지(中旨)[202]로 윤허하였다. 호부상서 마앙(馬昻)[203]이 논박하여 바

200) 섭성(葉盛)은 남직예(오늘날의 강소성) 곤산(崑山) 출신이다. 정통 10년 진사로 되었다. 천순 연간 양광순무(兩廣巡撫)로서 요족(猺族) 토벌에 공을 세웠다. 『明史』 권177 「葉盛傳」 참조.

201) 여기에서의 수차창(水次倉)이란 조운의 편의를 도모하기 위해 대운하의 연변에 세운 창고를 말한다.

202) 궁중에서 환관이 전달하는 황제의 칙의(勅意)를 말한다. 지(旨)란 특정한 기관이나 개인의 상주(上奏)에 대하여 내린 칙의를 가리킨다.

로잡지 못하였다. 염법(鹽法)의 붕괴는 이로부터 시작되었다. 권문세가가 대부분 상인 속에 섞여서 중납을 하니 상인은 이익을 잃어버렸고, 강남과 강북의 군민들은 이로 인하여 차양대선(遮洋大船[204])을 만들어 무장하면서 염을 판매하였다. 이에 법을 엄하게 적용하여, 사사로이 판매하거나 사염(私鹽)을 숨기는 자는 모두 사형에 처하고, 그 가속은 변방의 위소로 옮겼으며, 협대(夾帶[205])하고 경계를 넘는 자[206]는 충군(充軍)하였다. 그러나 제지할 수는 없었다. 성화 19년(1483) 존적의 수를 자못 줄여 상고를 7할, 존적을 3할로 하였다. 그러나 상인들은 염을 가지기를 좋아하여 존적으로의 중염을 보고하는 자가 앞을 다투어 이르러, 마침내 예전대로 증가되어 6할에 이르렀다. 회염(淮鹽)과 절염(浙鹽)으로도 지급할 수 없어서 이에 장로(長蘆)와 산동을 배지(配支[207])하여 지급하였다. 한 사람에게 여러 곳에서 아울러 지급하니 길이 멀어 친히 가지 못하여, 변상(邊商[208])은 번번이 인(引)을 가까운 곳[209]의 부인(富人)에게 팔았다. 이로부터 변상과 내상(內商[210])의 구분이 있게 되었다.[211] 내상의 염은 속히 얻기가 힘들었고, 변상의 인 또한 값이 싸서 팔지 못하니, 개중(開中)에 응하는 것이 늦추어져 존적의 옹체가 드디어 상고와 같게 되었다. 헌종 말년에 환

---

203) 마앙(馬昂)은 북직예 창주(滄州) 출신이다. 영락 연간에 거인(擧人)이 되었다. 경태에서 성화에 걸쳐 활약했다.

204) 차양대선(遮洋大船)은 큰 차양선을 말한다. 차양선은 하천과 연해에서 사용하는 배이다. 들보가 넓고 바닥이 깊기 때문에, 수문이 많고 수량이 적은 운하에서는 다니기 어려웠다.

205) 다른 물품 속에 사염(私鹽)을 숨겨 운반하는 것을 가리킨다.

206) 행염구(行鹽區) 밖으로 나가 염을 판매하는 자를 말한다.

207) 다른 산염구(産鹽區)의 염을 함께 지급하는 것을 말한다.

208) 변상(邊商)은 북변에서 개중에 응하는 산서·섬서 등의 토착 염상(鹽商)을 가리킨다.

209) 염장 부근을 말한다. 구체적으로는 양주(揚州)와 회안(淮安) 등을 가리킨다.

210) 내상(內商)은 회절(淮浙)의 산염지(産鹽地)에 거주하며 변상으로부터 염인을 사들여서 염을 입수하는 염상이다. 휘주상인(徽州商人)과 산서 및 섬서 상인이 대부분 내상이 되었다.

211) 변상과 내상의 분리는 성화와 홍치 연간의 현상이고, 회절(淮浙)에 대한 장로(長蘆)와 산동의 배지(配支)는 가정 연간에 시작되었기 때문에, 본문에서 변상과 내상의 분리 원인을 배지에서 찾고 있는 것은 수용하기 힘들다.

관이 권세를 도용하여 회염과 절염을 상주하여 얻는 것이 셀 수 없어,[212] 양회(兩淮)의 누적된 미납액이 500여 만 인에 이르러 상인(商引)이 막혀서 유통되지 않았다.

원문 至孝宗時, 而買補餘鹽之議興矣. 餘鹽者, 竈戶正課外所餘之鹽也. 洪武初制, 商支鹽有定場, 毋許越場買補; 勤竈有餘鹽送場司, 二百斤爲一引, 給米一石. 其鹽召商開中, 不拘資次給與. 成化後, 令商收買, 而勸借米麥以振貧竈. 至是淸理兩淮鹽法侍郎李嗣請令商人買餘鹽補官引, 而免其勸借, 且停各邊開中, 俟逋課完日, 官爲賣鹽, 三分價直, 二充邊儲, 而留其一以補商人未交鹽價. 由是以餘鹽補充正課, 而鹽法一小變.

옮김 譯 효종(孝宗) 때에 이르러 여염(餘鹽)을 사서 보충[213]하자는 논의가 일어났다. 여염이라는 것은 조호(竈戶)의 정과(正課) 외의 잉여의 염이다.[214] 홍무 때의 원래 제도는 상인에게 염을 지급하는데 정해진 염장이 있었으니, 별도의 염장에서 사서 보충하는 것을 허락하지 않았고, 부지런한 조호에게 여염이 있으면 염과사로 보내 200근을 1인(引)으로 하여 미 1석을 지급하였다.[215] 그 염은 상인을 모집하여 개중(開中)시켰는데, 자격과 순서에 상관없이 지급하였다. 성화 연간 이후에는 상인으로 하여금 수매토록 하였는데 미맥(米麥)을 권차(勸借)[216]하여 가난한 조호를

---

212) 『憲宗實錄』 成化 18년 11월 丁未 조에 의하면, 태감 유통(劉通)에게 회염 1만 인을 하사했고, 같은 달 庚戌 조에는, 태감 왕포(王包)에게 회염 6,000인을 하사했으며, 같은 달 戊午 조에는 유통(維通)의 가인 서달(徐達)에게 회염 3만 인을 하사했다.

213) 상인이 조호(竈戶)로부터 여염을 사서 정염(正鹽)의 결액을 보충한다는 뜻이다.

214) 여염(餘鹽)이란 조호가 관에 납입하는 염과 외에 잉여 생산된 염을 가리키지만, 명초에는 일시적으로 그 판매가 인정되었다. 그러나 홍무 이래로 여염의 사적인 매매는 금지되었다.

215) 萬曆 『大明會典』 권36 「戶部 21」 鹽法2에, "若有餘鹽, 送赴該場, 每二百斤爲一引, 給與米一石, 年終具奏造冊申部"라 하였다.

216) 미맥(米麥)을 권차(勸借)한다는 것은 상인에게 권면하여 조호(竈戶)를 구제하기 위한

구휼하였다. 이에 이르러 청리양회염법호부시랑(淸理兩淮鹽法戶部侍郞)[217] 이사(李嗣)[218]가 상인으로 하여금 여염을 사서 관인(官引)을 보충하게 하되 그 권차(勸借)를 면해주고, 또 각 변방의 개중을 정지시키고, 미납된 염과가 완납되는 날을 기다려 관이 염을 판매[219]하되, 그 값을 3분하여 2/3는 변방의 축적으로 충당하고, 1/3을 남겨 상인에게 아직 주지 않은 염의 가격으로 보충하기를 청하였다. 이로부터 여염으로 정과를 보충하게 되니, 염법이 한 번 조금 변하였다.

원문 明初, 各邊開中商人, 招民墾種, 築臺堡自相保聚, 邊方菽粟無甚貴之時. 成化間, 始有折納銀者, 然未嘗著爲令也. 弘治五年, 商人困守支, 戶部尙書葉淇請召商納銀運司, 類解太倉, 分給各邊. 每引輸銀三四錢有差, 視國初中米直加倍, 而商無守支之苦, 一時太倉銀累至百餘萬. 然赴邊開中之法廢, 商屯撤業, 菽粟翔貴, 邊儲日虛矣.

옮김 譯 명초(明初)에 각 변방에서 개중하는 상인은 백성을 불러들여 개간하여 경작하고, 보루를 만들어 서로 모여 사니,[220] 변방의 곡물이 크게 귀한 때는 없었다. 성화 연간에 처음으로 은을 절납(折納)하는 사례가 있었으나, 아직 문서화하여 영으로 삼지는 않았다. 홍치 5년((1492) 상인이 염의 지급을 기다리는 데 곤란해 하자, 호부상서 섭기(葉淇)[221]가 상

미맥을 관에 내도록 하는 것을 말한다.

217) 양회염법(兩淮鹽法)의 문란을 청리(淸理)하는 임무를 띠고 도찰원좌첨도어사(都察院左僉都御史)를 겸한 호부좌시랑이라는 뜻이다.

218) 이사(李嗣)는 광동 남해현(南海縣) 출신이다. 경태 5년(1454)의 진사이다. 성화와 홍치 연간에 활약했는데, 청렴함으로 이름이 높았다. 『獻徵錄』 권30 「李嗣傳」 참조.

219) 변방에서 개중법(開中法)에 의하지 않고, 정염(正鹽)을 운사(運司)에서 발매한 것을 말한다. 이 경우 염을 구매하는 상인은 운사에게 납은했다.

220) 부상(富商)들은 변방에서 스스로 출자하여 유민들을 불러들여 땅을 개간하고 경작했으며, 보루를 쌓고 보오(保伍)를 편성하였는데, 이런 경영 방식을 상둔(商屯)이라 한다.

221) 섭기(葉淇)는 남직예(지금의 강소성) 회안부(淮安府) 산양현(山陽縣) 출신이다. 경태 5년의 진사이다. 홍치 연간 호부상서로 되어 재정에 진력하였다. 『明史』 권185에 전(傳)이 있다.

인을 불러 은을 운사(運司)에 들이고, 그것을 모아 태창(太倉)에 보내어 각 변방으로 나누어 지급할 것을 청하였다. 인(引)마다 들이는 은은 3~4전으로 차등을 두었는데, 국초의 미가(米價)에 비교해보면 2배가 되었지만,[222] 상인은 염의 지급을 기다리는 고통이 없어졌고, 한때 태창의 은은 누적하여 100여 만에 이르렀다. 그러나 변방에 나아가 개중하는 법이 폐지되자, 상둔(商屯)[223]은 철폐되고 곡물의 값은 등귀하여 변방의 축적은 날로 비게 되었다.

원문 武宗之初, 以鹽法日壞, 令大臣王瓊、張憲等分道清理, 而慶雲侯周壽、壽寧侯張鶴齡各令家人奏買長蘆、兩淮鹽引. 戶部尚書韓文執不可, 中旨許之. 織造太監崔杲又奏乞長蘆鹽一萬二千引, 戶部以半予之. 帝欲全予, 大學士劉健等力爭, 李東陽語尤切. 帝不悅. 健等復疏爭, 乃從部議. 權要開中既多, 又許買餘鹽, 一引有用至十餘年者. 正德二年始申截舊引角之令, 立限追繳, 而每引增納紙價及振濟米麥. 引價重而課壅如故矣.

옮김 譯 무종(武宗) 초에 염법이 날로 붕괴되자 대신[224] 왕경(王瓊)[225] · 장헌(張憲)[226] 등으로 하여금 도(道)를 나누어 잘 다스리게 하였지만, 경운후(慶雲侯) 주수(周壽),[227] 수녕후(壽寧侯) 장학령(張鶴齡)[228]은 각

---

222) 국초란 여기에서는 영락 연간을 가리킨다. 당시에는 염 1인(引)당 속(粟) 2두 5승을 내어야 했는데, 은으로 환산하면 5분(分)이었다. 이때에 이르러 염 1인은 속 2석으로 몇 배나 올랐다. 한편 본문에는 '가배(加培)' 즉 2배로 늘었다고 되어 있지만, 『名山藏』 「鹽法記」에는 '수배(數培)'로 되어 있다.

223) 북변(北邊)에서 상인이 개중을 위해 경영하는 둔전을 말한다.

224) 중앙정부의 고관을 가리킨다.

225) 왕경(王瓊, ?~1532)은 산서 태원현(太原縣) 출신이다. 성화 20년(1484)의 진사이다. 정덕에서 가정에 이르기까지 활약했다. 재정에 밝았고 섬서 방면의 군무에도 공을 세웠다. 『明史』 권198 「王瓊傳」 참조.

226) 장헌(張憲)은 강서 덕흥현(德興縣) 출신이다. 성화 8년의 진사이다. 홍치와 정덕 연간에 활약했으며, 청렴한 인사로 유명했다. 『明史』 권172 「張憲傳」 참조.

227) 주수(周壽)는 북직예(지금의 하북성) 창평주(昌平州) 출신이다. 주능(周能)의 장자이

각 자신의 가인(家人)에게 장로(長蘆)와 양회(兩淮)의 염인을 매입할 것을 주청하도록 하였다. 호부상서 한문(韓文)[229]이 완강하게 불가하다 했지만, 중지(中旨)로써 이를 허락하였다. 직조태감(織造太監)[230] 최고(崔杲) 또한 장로염 1만 2,000인을 주청하니 호부에서 그 반을 주었다. 황제는 모두 주고자 하였으나, 대학사 유건(劉健)[231] 등이 힘써 간하였는데, 이동양(李東陽)[232]의 말이 특히 절실하였다. 황제는 불쾌해 하였지만, 유건 등이 다시 소(疏)를 올려 간하니, 이에 호부의 의견에 따랐다. 권문세가의 개중이 많아진 데다가 또 여염의 매입을 허락하자, 1인(引)의 사용이 10여 년에 이르는 경우도 있었다. 정덕 2년(1507) 처음으로 구인(舊引)의 각(角)을 절단하는 영을 내려 기한을 정해 반납하도록 하였고,[233] 인마다 지가(紙

며, 그의 누이가 영종의 비(妃)이자 헌종의 생모이다. 성화 3년 경운백(慶雲伯)으로 봉해졌고, 17년 후(侯)로 진봉(進封)되었다. 성화·홍치·정덕의 3대에 걸쳐 장전(莊田)과 염인을 주청(奏請)하는 등 나라의 재정을 크게 문란하게 했다. 『明史』 권300 「周能傳」의 附傳 참조.

228) 장학령(張鶴齡)은 장만(張巒)의 아들이다. 장만은 효종의 경황후(敬皇后)의 부친이다. 장학령은 동생 연령(延齡)과 함께 홍치·정덕·가정의 3대에 걸쳐 온갖 횡포를 부렸다. 가정 연간 창국후(昌國侯)로 되었지만, 사건에 연좌되어 체포되어 죽었다. 『明史』 권300 「張巒傳」의 附傳 참조.

229) 한문(韓文, 1440~1526)은 산서 홍동현(洪洞縣) 출신이다. 성화 2년의 진사이다. 홍치와 정덕 연간에 호부상서가 되어 국가재정에 진력하였다. 정덕 초 유근(劉瑾) 등과 다투어 죄를 얻어 치사(致仕)하였는데, 유근이 주멸되자 복직되었다. 그러나 곧 다시 치사하여 가정 5년에 사망하였다. 『明史』 권186 「韓文傳」 참조.

230) 직조태감(織造太監)은 명 중기 이후 남경 혹은 소주(蘇州)·송강(松江)·가흥(嘉興)·호주(湖州)·항주(杭州) 등 5부 지역에 파견되어 특수한 궁정용 옷감인 상공포복(上供袍服)의 제조 감독을 담당하던 태감이다. 이 태감은 사례감(司禮監)에서 파견되는 경우가 많았다.

231) 유건(劉健, 1432~1526)은 하남 낙양현(洛陽縣) 출신이다. 홍치·정덕·가정의 3대에 걸친 명신이다. 천순 4년(1460)에 진사가 되었다. 홍치 4년(1491)에 입각하였으며 11년에 수보(首輔)가 되었다. 일찍이 이동양(李東陽)과 함께 염정(鹽政)의 폐단을 논하였는데, 이후 비슷한 상소가 속출되는 계기가 되었다. 유근 등 환관의 천정(擅政)을 탄핵하였다가, 도리어 축출되고 말았다. 『明史』 권181 「劉健傳」 참조.

232) 이동양(李東陽, 1446~1516)은 호광 다릉현(茶陵縣) 출신이다. 홍치·정덕·가정의 3대에 걸쳐 사환(仕宦)을 역임했는데, 시문(詩文)에도 뛰어났다. 천순 8년 진사가 되었으며, 홍치 8년에 입각하였다. 『明史』 권181 「李東陽傳」 참조.

233) 천순·성화 연간의 구인(舊引)을 연월도 기입하지 않고 각(角)도 베어내지 않은 채

價)[234]와 구휼을 위한 미맥을 추가하여 내도록 하였다. 인의 값이 올라가니 염과(鹽課)의 옹체는 여전하였다.

원문 先是成化初, 都御史韓雍於肇慶、梧州、淸遠、南雄立抽鹽廠, 官鹽一引, 抽銀五分, 許帶餘鹽四引, 引抽銀一錢. 都御史秦紘許增帶餘鹽六引, 抽銀六錢. 及是增至九錢, 而不復抽官引. 引目積滯, 私鹽通行, 乃用戶部郎中丁致祥請, 復紘舊法. 而他處商人夾帶餘鹽, 掣割納價, 惟多至三百斤者始罪之.

옮김 譯 이보다 앞서 성화 초에 도어사 한옹(韓雍)[235]이 조경(肇慶)·오주(梧州)·청원(淸遠)·남웅(南雄)[236]에서 추염창(抽鹽廠)[237]을 세워 관염(官鹽) 1인(引)에 추은(抽銀)[238] 5분(分)을 내도록 하고, 여염 4인을 가지

몇 번이나 사용하기도 하였으므로, 이를 방지하기 위하여 정덕 2년부터 상인이 인(引)을 받고 염장에 도착하면, 1,000인 이상은 6년, 1,000인 이하는 4년, 3,000인 이상은 10년을 각각의 기한으로 정하여 이를 넘는 것은 인염을 모두 관에 몰수하고 사염의 죄로 처벌하였다. 한편 인의 절각(截角) 규정을 보면, 염인은 염장을 나올 때 1각을 잘라내고, 운사(運司)에서 고험(告驗)할 때 1각을 잘라내고, 비험소(批驗所)에서 중량을 검사한 후 1각을 잘라내며, 행염(行鹽) 지방에서 다 팔면 남은 1각을 주현관이 자르도록 되어 있었다.

234) 지가(紙價)는 인(引)에 사용되는 지(紙)의 대가(代價)를 말한다. 정통 3년의 영에 의하면 염상이 염운사나 염과제거사에 인의 용지를 1인에 한 장씩 내면, 이를 남경호부(南京戶部)에 보내어 염인의 인쇄를 하도록 하였다. 성화 19년에는 염인의 지가로서 인 100매당 은 1전을 징수하였다.

235) 한옹(韓雍)은 자가 영희(永熙)이고, 남직예(지금의 강소성) 장주현(長洲縣) 출신이다. 정통 7년에 진사가 되었다. 과감하고 재략이 있어 성화 연간 요족(猺族)의 토벌에 공을 세웠다. 성화 원년 정월에 좌첨도어사(左僉都御史)로서 양광(兩廣)의 반란을 진압하고, 그해에 좌부도어사(左副都御史)가 되었으며, 4년에는 우도어사(右都御史), 5년에는 총독양광겸순무(總督兩廣兼巡撫)가 되어 10년까지 재임하였다. 『明史』 권178 「韓雍傳」 참조.

236) 조경(肇慶)은 광동 조경부(肇慶府), 오주(梧州)는 광서 오주부(梧州府), 청원(淸遠)은 광동 광주부(廣州府) 청원현(淸遠縣), 남웅(南雄)은 광동 남웅부(南雄府)이다.

237) 추염창(抽鹽廠)은 교통의 요충지에 설치하여, 그곳을 통과하는 염상에게 추세(抽稅) 즉 과세하는 곳이다. 여기에서 추세는 염을 직접 거두는 것이 아니라 은으로서 대납하게 한 것이다.

238) 추은(抽銀)은 세은(稅銀)과 같다.

고 가는 것을 허락했는데 인마다 추은 1전으로 하였다. 도어사 진굉(秦紘)[239]은 증가시켜 여염 6인을 지니는 것을 허락했는데 추은은 6전으로 하였다. 이에 이르러 9전까지 늘었지만, 다시 관인(官引)에 과세하지는 않았다. 인목(引目)이 적체되고 사염이 통용되자, 이에 호부낭중(戶部郎中) 정치상(丁致祥)[240]의 청에 따라 진굉의 구법(舊法)으로 돌아갔다. 그리고 다른 곳의 상인이 협대하는 여염은 체할(掣割)[241]하여 납가(納價)하도록 하였는데, 다만 대부분 300근(斤)에 이르는 경우에 비로소 죄를 주었다.

원문 淮、浙、長蘆引鹽, 常股四分, 以給各邊主兵及工役振濟之需; 存積六分, 非國家大事, 邊境有警, 未嘗妄開. 開必邊臣奏討, 經部覆允, 未有商人擅請及專請淮鹽者. 弘治間, 存積鹽甚多. 正德時, 權幸遂奏開殘鹽, 改存積、常股皆爲正課, 且皆折銀. 邊臣緩急無備, 而勢要占中賣窩, 價增數倍. 商人引納銀八錢, 無所獲利, 多不願中, 課日耗絀. 奸黠者夾帶影射, 弊端百出. 鹽臣承中璫風旨, 復列零鹽、所鹽諸目以假之. 世宗登極詔, 首命裁革. 未幾, 商人逯俊等賁緣近幸, 以增價爲名, 奏買殘餘等鹽. 戶部尚書秦金執不允, 帝特令中兩淮額鹽三十萬引於宣府. 金言 : "奸人占中淮鹽, 賣窩罔利, 使山東、長蘆等鹽別無搭配, 積之無用. 虧國用, 誤邊儲, 莫此爲甚." 御史高世魁亦爭之. 詔減淮引十萬, 分兩浙、長蘆鹽給之. 金復言 : "宣、大俱重鎭, 不宜令奸商自擇便利, 但中宣府." 帝可之. 已而俊等請以十六人中宣府, 十一人中大同, 竟從其請.

239) 주굉(秦紘, 1425~1505)은 자가 세영(世纓)이고, 산동 단현(單縣) 출신이다. 경태 2년 진사가 되었다. 홍치 원년 좌부도어사로 되어 조운을 감독했다. 14년 총제삼변군무(總制三邊軍務)가 되어 변보(邊堡) 만여 곳을 수축하였다.

240) 정치상(丁致祥)은 남직예 무진현(武進縣) 출신이다. 정덕 3년 진사가 되었다. 지방관으로 가는 곳마다 치적을 올렸다고 한다. 『獻徵錄』 권92 「丁致祥傳」 참조.

241) 체할(掣割)이란 관이 비험소에서 인염의 중량을 검사하여 규정량 이상의 부분을 거두어들이는 것이다. 이것을 체할여염(掣割餘鹽) 또는 할몰여염(割沒餘鹽)이라고 한다. 그러나 정덕에서 가정에 걸쳐 체할여염을 거두는 대신에 은으로 납부하는 것으로 되었다.

옮김 譯

회(淮)·절(浙)·장로(長蘆)의 인염(引鹽)은 상고(常股) 4할로 각 변방의 주병(主兵)[242] 및 공역(工役)과 진제(振濟)[243]의 수요에 지급하고, 존적(存積) 6할은 국가의 대사나 변경의 위급 상황이 아니라면 함부로 개중(開中)하지 않았다. 개중할 때에는 반드시 변신(邊臣)[244]이 주(奏)를 올려 토의하고, 호부의 복윤(覆允)[245]을 거치니, 상인이 멋대로 청하거나 회염만을 청하는 경우는 없었다. 홍치 연간에 존적염이 매우 많았다. 정덕 때에 권행(權幸)[246]이 드디어 주를 올려 잔염(殘鹽)[247]을 개중토록 하면서, 존적과 상고를 고쳐 모두 정과(正課)로 하고[248] 또 모두 은으로 절납하도록 하였다. 변신은 완급에 대비가 없었고, 권문세가는 점중(占中)[249]하여 와(窩)[250]를 파니 가격이 몇 배로 증가 하였다. 상인은 인(引)

---

242) 주병(主兵)이란 변진에 상시 주둔하는 군대를 말한다. 불규칙적으로 초모(招募)되는 객병(客兵)에 대응하는 말이다. 주병의 경상비의 일부를 대기 위해 상고(常股)의 개중이 행해지고, 객병을 일시적으로 한 곳에 집결하는 경우 존적(存積)의 개중이 행해지는 것이 원칙이었지만, 명 중기 이후는 상고와 존적의 구별이 그다지 명료하지 않았다.

243) 공역(工役)과 진제(振濟)는 대규모 토목공사에 동원된 자들의 식량이 부족한 경우와 수재나 한재로 인한 기근으로 구제를 행해야 할 경우 상고의 개중을 행하는 것을 말한다.

244) 변신(邊臣)은 변경에 주둔하는 군대의 사령관을 가리킨다. 실록에 많이 나오는 개중 관련 기사를 살펴보면, 명초에는 변진의 총사령관인 총병관이 개중을 주청하는 경우가 가장 많고, 도지휘사(都指揮使) 등도 행하는 경우가 있었다. 명 중기 이후는 총독과 제독(提督)이 주청하는 경우가 많았다.

245) 복윤(覆允)이란 육부가 각자 관할 사항에 관한 상주에 대하여 검토를 한 뒤 허가하는 것을 말한다.

246) 권문세가와 황제의 총신(寵臣)을 말한다. 앞에서 나온 주수나 장학령 등이 이에 해당된다.

247) 잔염(殘鹽)은 비바람 때문에 녹아버려 징수할 수 없게 된 오래된 염과를 말하며, 그 염과는 이미 면제되어 그것에 대한 염인은 무효가 된다. 따라서 그 염인을 입수해도 염의 지급을 받는 것은 불가능하지만, 극히 낮은 가격으로 불하되는 이 염인을 가지고 여염을 보충하여 사는 방식이 시도되면서 염법의 문란이 초래되었다.

248) 여기서는 잔염의 개중을 바라는 권문세가가 존적과 상고를 구별하지 않고, 일률적으로 정과(正課)로 해서 잔염의 염인으로 정과를 수중에 넣는 것을 말한다. 이것은 『孝宗實錄』 弘治 18년 9월 癸未 조의 호부상서 한문(韓文)의 말에 의해서도 알 수 있다.

249) 점중(占中)은 개중에서 다량의 납량권(納糧權)을 독점하는 것이다. 후에는 납량권이 납은권(納銀權)으로 변했다.

250) 와(窩)는 개중에 응할 수 있는 권리를 말한다. 명초에는 개중에 응하는 것은 정부가 지정한 창고에 납량(納糧)하면 가능하였지만, 성화 연간부터 와를 획득하지 않으면 개

마다 은 8전을 납입하니, 이익을 획득할 방법이 없어 대부분 개중을 원치 않으니 염과(鹽課)가 날로 줄어들었다. 간악한 자는 협대(夾帶)[251] 영사(影射)[252]하여 폐단이 백방으로 불거졌다. 염신(鹽臣)[253]은 환관의 풍지(風旨)[254]를 받들어 다시 영염(零鹽)과 소염(所鹽)[255] 등 여러 명목을 붙여 정과로 가탁했다.[256] 세종은 등극하자 조(詔)를 내려 제일 먼저 이를 없앨 것을 명하였다. 얼마 되지 않아 상인 녹준(逯俊) 등은 근행(近幸)[257]과 연고를 맺어 값을 올리는 것을 명분으로 삼아 상주하여 잔염과 여염 등을 매입하고자 했다. 호부상서 진금(秦金)[258]이 완강하게 버티어 허락하지

중하는 것이 불가능했다. 명초에는 공후백(公侯伯) 및 문무관 4품 이상이 가족 노복으로 하여금 중염하는 것이 금지되어 있었지만, 사실은 이성(異姓)의 친속(親屬) 등으로 하여금 중염시켰고, 정통 연간에는 율문(律文)을 무시하고 공공연히 가인(家人)으로 하여금 중염시키는 자도 나타났다. 그런데 성화 연간에 들어서면서 완전히 새로운 현상이 나타났다. 원래 개중의 실시는 호부의 권한에 속하고, 대부분은 변신(邊臣)의 요구에 따라 호부가 행했던 것이지만, 성화 연간에 들어서서 권문세가가 직접 황제에게 상주하여 칙지(勅旨)에 의해 중염이 가능하게 되었다. 이것은 개중법을 붕괴로 이끈 일대 계기가 되었다. 권문세가와 관료는 칙허로 얻은 중염의 권리를 자신의 가인을 사용하여 행사하는 경우도 있었지만, 대부분은 상인에게 전매하여 이익을 얻게 되었는데, 그 권리를 와라 불렀다. 홍치 말년에는 각 변방의 중염의 권리는 거의 대부분 모두 권문세가와 관료에게 독점되었고, 상인은 그들에게 와를 사서 중염해야 했다. 와의 가격은 성화 초기에는 1인(引)당 1전 내외였지만, 가정 초기에는 2배인 2전으로 되었다. 상인의 중염은 정덕 9년 1인(人)당 3,000인(引)을 한도로 하였지만, 칙허에 의한 권문세가와 관료의 중염은 성화 이래 몇 만 인 혹은 그 이상에 이르는 경우도 드물지 않았다. 그 와를 전매하는 것에 의해 얼마나 막대한 이익을 획득했는가를 엿볼 수 있다.

251) 협대(夾帶)란 상인이 염을 지급받을 때 1인(引)에 잔염와 여염의 인 약간씩을 같이 가지고 가서 세금을 내지 않고 이익을 취하는 것을 말한다.

252) 영사(影射)란 그림자가 비치는 것과 같은 방식으로 부정행위를 하는 것을 말한다. 즉, 상인이 염인을 호용(互用)하여 염을 지급받음으로써 진짜와 가짜를 구별할 수 없게 하는 것이다.

253) 순염어사(巡鹽御史), 도전운사(都轉運使) 등을 가리킨다.

254) 풍지(風旨)는 환관이 전달하는 불확실한 칙의(勅意)를 말한다.

255) 영염(零鹽)은 해마다 각 염장에서 개중하고 남은 염을 말한다. 소염(所鹽)은 각 비험소에서 중량을 검사할 때 인에 기재되어 있는 중량 이상의 것을 떼어내어 거두어들여 비험소에 쌓아놓은 여염을 말한다. 일명 체할여염(掣割餘鹽)이라고도 한다.

256) 가탁한다는 것은 영염과 소염 등 여러 명목을 붙여 그것을 모두 정과(正課)와 동일하게 개중의 대상으로 하는 것을 말한다.

257) 황제 측근의 총신(寵臣)을 말한다.

않도록 하니, 황제가 특별히 명하여 양회(兩淮)의 액염(額鹽) 30만 인을 선부(宣府)에 개중케 했다. 진금이 말하기를, "간악한 자들이 회염을 점중(占中)하여 와를 팔아 이(利)를 남김없이 취하고, 산동과 장로 등의 염을 별도로 탑배(搭配)[259]하지 않고 이를 쌓아두어 쓰지를 않습니다. 국가의 비용을 축내어 변방의 축적을 그르치는 것으로 이보다 심한 것이 없습니다"라고 하였다. 어사 고세괴(高世魁)[260] 역시 반대하였다. 조(詔)를 내려 회인(淮引) 10만을 감하고 양절(兩浙)과 장로의 염으로 나누어 지급하도록 했다. 진금이 다시 말하기를, "선부와 대동(大同)은 모두 중진(重鎭)이니, 간상(奸商)으로 하여금 스스로 편리함을 택하여 선부에만 중염케 해서는 안 됩니다"라고 하니, 황제가 이를 옳다고 여겼다. 얼마 있다가 녹준 등이 16인은 선부에 중염하고 11인은 대동에 중염케 하도록 청하자, 결국 그 청을 받아들였다.

원문 嘉靖五年從給事中管律奏, 乃復常股存積四六分之制. 然是時餘鹽盛行, 正鹽守支日久, 願中者少; 餘鹽第領勘合, 卽時支賣, 願中者多. 自弘治時以餘鹽補正課, 初以償逋課, 後令商人納價輸部濟邊. 至嘉靖時, 延綏用兵, 遼左缺餉, 盡發兩淮餘鹽七萬九千餘引於二邊開中. 自是餘鹽行. 其始尙無定額, 未幾, 兩淮增引一百四十餘萬, 每引增餘鹽二百六十五斤. 引價, 淮南納銀一兩九錢, 淮北一兩五錢, 又設處

258) 진금(秦金)은 자가 국성(國聲)이고, 남직예 무석현(無錫縣) 출신이다. 홍치 6년(1493) 진사가 되었다. 가정 연간 호부상서가 되어 상인 녹준(逯俊) 등이 회염 30만 인을 청하는 것을 반대했다가 오히려 권귀(權貴)의 공격을 받아 사직했다. 『明史』 권194 「秦金傳」 참조.

259) 탑배(搭配)란 탑중(搭中) 또는 탑파(搭派)라고 한다. 산동과 장로의 염을 양회염에 포함시켜 중염하는 것이다.

260) 고세괴(高世魁)에 대해서는 『福建通志』 권43 人物1에 의하면, 자는 소보(紹甫)이고, 후관(候官) 출신이다. 정덕 16년(1521)에 진사가 되었다. 자계지현(慈谿知縣)으로 제수되었는데, 치적이 있어 어사로 선발되었다. 가정 연간에 대례의(大禮議)에 연루되어 파직되었다. 융경 초에 광록시소경(光祿寺少卿)으로 추증(追贈)되었다.

置、科罰名色, 以苛斂商財. 於是正鹽未派, 先估餘鹽, 商竈俱困. 奸黠者藉口官買餘鹽, 夾販私煎. 法禁無所施, 鹽法大壞.

옮김 譯 가정 5년(1526) 급사중 관율(管律)[261]의 상주에 따라 곧 상고와 존적을 각각 4할과 6할로 나누는 방식을 회복시켰다. 그러나 이때 여염이 성행하고 정염(正鹽)은 염의 지급을 기다리는 날이 오래되어 중염(中鹽)을 원하는 자가 적었고, 여염은 다만 감합(勘合)을 수령하면 바로 지매(支賣)하니[262] 중염을 원하는 자가 많았다. 홍치 때부터 여염으로 정과(正課)를 보충하였는데, 처음에는 여염으로 미납된 염과(鹽課)를 보상하더니 후에는 상인에게 값을 납입케 하여 호부로 수송하여 변방을 구제하였다. 가정 때에 이르러 연수(延綏)에서 전쟁이 일어나고[263] 요동에서는 군향(軍餉)이 부족하여 양회(兩淮)의 여염 7만 9,000여 인(引)을 두 변(邊)으로 모두 보내어 개중토록 하였다. 이로부터 여염이 유통되었다. 처음에는 아직 정액(定額)이 없었는데, 얼마 있지 않아 양회에서는 인 140여 만을 증가시키고 인마다 여염 265근을 증가시켰다. 인가(引價)로서 회남은 은 1량 9전을, 회북은 1량 5전을 납입시켰고, 또 처치(處置)와 과벌(科罰)[264] 등의 여러 명목을 만들어 상인의 재화를 가혹하게 거두어들였다. 이에 정염이 할당되기 전에 먼저 여염을 파니 상인과 조호(竈戶)가 모두

261) 감숙(甘肅) 영하(寧夏) 출신이다. 정덕 11년(1516)에 거인(擧人), 정덕 16년(1521)에 진사가 되었다. 가정 5년 당시에는 형과급사중(刑科給事中)이었다. 乾隆『甘肅通志』 권33「選擧」; 『弇山堂別集』 권99「中官考 10」 등 참조.

262) 이 기사는 『世宗實錄』 嘉靖 2年 3月 丙辰 조에 의한 것으로 보인다. 이는 분명히 여염을 요동과 연수(延綏)에서 개중한 경우를 말하고 있다. 따라서 이 말은 감합(勘合)만으로 염을 준다는 의미는 아니고, 북변에서 감합을 가지고 운사(運司)에 오면, 운사가 염인을 주어 비험소에서 쌓아놓은 할몰여염(割沒餘鹽)을 바로 지급하고, 상인은 그것을 행염지(行鹽地)로 운반하여 판매한다는 것을 거칠게 표현한 것이다. 할몰여염에 대해서는 염인이 없어도 감합만으로 염의 판매가 인정된다는 의미는 아니다.

263) 가정 시기 오르도스지역에서 몽골의 공격에 대한 방어에 나선 일을 의미한다.

264) 처치(處置)란 개중시에 관부에서 염상에게 요구하는 대량의 수속 비용을 말한다. 과벌(科罰)은 상인이 개중납량(開中納糧)할 때 품질이 조악하면, 벌은(罰銀)을 부과하여 거두는 것을 말한다.

괴로웠다. 간악한 자는 여염을 관에서 사들인다고 핑계 삼아 사염을 끼워 팔았다. 법금(法禁)이 무력화되니 염법이 크게 무너졌다.

원문 十三年, 給事中管懷理言 : "鹽法之壞, 其弊有六. 開中不時, 米價騰貴, 召糴之難也. 勢豪大家, 專擅利權, 報中之難也. 官司科罰, 吏胥侵索, 輸納之難也. 下場挨掣, 動以數年, 守支之難也. 定價太昂, 息不償本, 取贏之難也. 私鹽四出, 官鹽不行, 市易之難也. 有此六難, 正課壅矣, 而司計者因設餘鹽以佐之. 餘鹽利厚, 商固樂從, 然不以開邊而以解部, 雖歲入距萬, 無益軍需. 嘗考祖宗時, 商人中鹽納價甚輕, 而竈戶煎鹽工本甚厚, 今鹽價十倍於前, 而工本不能十一, 何以禁私鹽使不行也? 故欲通鹽法, 必先處餘鹽, 欲處餘鹽, 必多減正價. 大抵正鹽賤, 則私販自息. 今宜定價, 每引正鹽銀五錢, 餘鹽二錢五分, 不必解赴太倉, 俱令開中關支, 餘鹽以盡收爲度. 正鹽價輕, 旣利於商; 餘鹽收盡, 又利於竈. 未有商竈俱利, 而國課不充者也." 事下所司, 戶部覆, 以爲餘鹽銀仍解部如故, 而邊餉益虛矣. 至二十年, 帝以變亂鹽法由餘鹽, 敕罷之. 淮、浙、長蘆悉復舊法, 夾帶者割沒入官, 應變賣者以時估爲準. 御史吳瓊又請各邊中鹽者皆輸本色. 然令甫下, 吏部尙書許讚卽請復開餘鹽以足邊用. 戶部覆從之, 餘鹽復行矣.

옮김 譯 가정 13년(1534) 급사중 관회리(管懷理[265])가 말하기를, "염법이 무너짐에 그 폐해는 여섯 가지가 있습니다. 개중(開中)이 제때에 행해지지 않아 미가(米價)가 등귀하는 것은 소적(召糴[266])의 어려움입니다. 권문세가가 오로지 이권을 좌지우지하는 것은 보중(報中)의 어려움입니

265) 관회리(管懷理)는 자가 일초(一初)이고, 산동 임읍(臨邑) 출신이다. 가정 8년(1529)에 진사가 되었다. 『江西通志』 권47 「秩官」 明; 『山東通志』 권15 「選擧志」 등 참조.

266) 소적(召糴)은 여기에서는 변진에서 상인을 불러들여 미곡을 매입하는 것을 말한다. 소적의 어려움이란 개중에 의해 얻은 은으로 미곡을 매입하는 경우 미가가 등귀하여 매입 수량이 줄어드는 것을 말한다.

다.[267] 관사(官司)의 과벌(科罰)과 이서(吏胥)의 착취[268]는 수납(輸納)[269]의 어려움입니다. 염장으로 보내져 중량 검사의 순번을 기다리는데 번번이 몇 년씩 걸리는 것은 수지(守支)[270]의 어려움입니다. 정가[271]가 너무 높아 매상고가 본전을 채우지 못하는 것은 취영(取贏)[272]의 어려움입니다. 사염이 사방에서 나오고 관염(官鹽)이 유통되지 않는 것은 시역(市易)[273]의 어려움입니다. 이러한 여섯 가지 어려움이 있어 정과(正課)는 옹체되니 재정을 맡은 관료[274]는 이로 인하여 여염을 마련하여 이를 다소나마 타개하였습니다. 여염의 이익이 많으면 상인은 본디 즐겨 좇는 법이지만, 이를 변방으로 개중하지 않고 호부로 보내니, 비록 세입이 아무리 많더라도 군수에 보탬이 되지 않습니다. 일찍이 살펴보니 조종(祖宗) 때는 상인이 중염하는데 납입가격이 매우 싸고 조호가 소금을 만드는데 공본(工本)이 매우 두터웠는데, 지금은 염가가 전보다 10배가 되고 공본은 1/10도 되지 못하니 어떻게 사염을 금하여 유통되지 않도록 할 수 있겠습니까? 그러므로 염법을 통하게 하려면 반드시 여염부터 대처해야 하며, 여염에 대처하려면 반드시 정가[275]를 많이 감해야 합니다. 대저 정염이 싸면 사판(私販)은 저절로 없어질 것입니다. 지금 마땅히 가격을 정하여 인

267) 권문세가가 칙허에 의해 대규모로 중염의 권리를 획득한 뒤 이것을 와로서 전매하니, 개중하는 상인은 와를 사지 않으면 개중에 응할 수 없게 된 것을 말한다. 와는 개중에 응하는 권리이다. 보중(報中)이란 상인이 개중에 응하는 것을 말한다.

268) 이서(吏胥)의 착취란 개중할 때 상인이 은을 납입하는 경우 출납을 맡은 변진의 하급관리가 뇌물을 요구하는 것을 말한다. 따라서 여기서의 이서란 주현의 하급관리인 서리(胥吏)가 아니라 변창(邊倉)의 하급관리를 말한다.

269) 수납(輸納)은 여기서는 개중하는 상인이 변진에 은을 납입하는 것을 가리킨다.

270) 원래 수지(守支)는 염의 지급을 기다리는 것이지만, 여기서는 염을 지급받아 비험소에 가서 중량검사를 기다리는 것을 말한다.

271) 정가(定價)는 개중할 때에 제시되는 인(引)의 가격을 말한다.

272) 취영(取贏)이란 이익을 얻는 것을 말한다.

273) 시역(市易)이란 여기서는 상인이 개중에 의해 입수한 관염(官鹽)을 행염지(行鹽地)에서 판매하는 것을 뜻한다.

274) 원문은 '사계자(司計者)'로서, 회계를 맡은 관료라는 뜻인데, 호부나 염무 관련의 관료를 가리키는 것 같다.

275) 정가(正價)는 정염(正鹽)의 가격을 말한다.

(引)마다 정염은 은 5전, 여염은 2전 5분으로 하고, 태창에 보낼 필요 없이[276] 모두 개중하여 관지(關支)[277]케하고, 여염은 모두 거두는 것[278]을 법도로 해야 합니다. 정염의 값이 싸지면 상인에게 이롭고 여염을 모두 거두면 조호에게 이롭습니다. 상인과 조호 모두에게 이로운데 국과(國課)가 충실하지 않은 경우는 아직 없었습니다" 하였다. 일을 담당 관사[279]에 내리니, 호부에서 검토하였지만 여염은은 예전대로 호부로 보내야 한다고 하니, 변향(邊餉)은 더욱 비게 되었다. 20년에 이르러 황제는 염법의 문란은 여염에 기인한다고 여겨 조칙을 내려 없애도록 했다. 회・절・장로에서는 모두 옛 방식으로 돌아가, 협대(夾帶)하는 자는 할몰(割沒)하여 관에 들이고 응당 변매(變賣)[280]해야 하는 경우는 시가로 표준을 삼도록 했다. 어사 오경(吳瓊)[281]은 또 각 변방에서 중염하는 경우는 모두 본색(本色)을 수납(輸納)할 것을 청했다. 그러나 영이 내려지자마자 이부상서 허찬(許讚)[282]이 곧 다시 여염을 개중하여 변방의 용도로 충당할 것을 청하였다. 호부에서 검토하여 이를 따르니, 여염이 다시 유통되었다.

---

276) 상인이 인가(引價)를 운사(運司)에 납부하고 운사가 그 은을 중앙의 태창고(太倉庫)에 보내는 것을 말한다.

277) 관지(關支)란 것은 지급한다는 뜻이다. 이는 정염(正鹽)도 여염도 모두 변방에서 개중하여 소정의 수속을 밟은 상인에게 염장에서 지급한다는 의미이다. 하지만 실록에는 "正鹽, 給以引目, 下場關支. 餘鹽, 給以小票, 商自收買"라 하여 관지(關支)란 용어는 정염에 대해서만 사용하고 있고, 여염의 경우에는 소표(小票)를 주어 스스로 수매케 했다고 한다.

278) 여염을 관염으로 끌어들이는 것을 말한다. 실록에는 이 경우 관이 여염을 사들여 소표를 지급하여 상인 스스로 수매해야 한다고 되어 있다.

279) 호부를 가리킨다.

280) 변매(變賣)란 팔아서 화폐로 바꾼다는 의미이다.

281) 오경(吳瓊)은 자가 방진(邦珍)이고, 남직예 무원현(婺源縣) 출신이다. 가정 14년 진사가 되었다. 『明詩綜』 권42 「吳瓊傳」 참조.

282) 허찬(許讚)은 자가 정미(廷美)이고, 하남 영보현(靈寶縣) 출신이다. 허진(許進)의 삼남이다. 홍치 9년 진사가 되었다. 가정 10년 호부상서에 임명되었다. 『明史』 권186 「許讚傳」 참조.

원문 先是, 十六年令兩浙僻邑, 官商不行之處, 山商每百斤納銀八分, 給票行鹽. 其後多侵奪正引, 官商課缺, 引壅二百萬, 候掣必五六載. 於是有預徵、執抵、季掣之法. 預徵者, 先期輸課, 不得私爲去留. 執抵者, 執現在運鹽水程, 復持一引以抵一引. 季掣, 則以納課先後爲序, 春不得遲於夏, 夏不得超於春也. 然票商納稅卽掣賣, 預徵諸法徒厲引商而已.

옮김 이보다 앞서 가정 16년(1537)에 양절(兩浙)의 후미진 곳으로 관상(官商)[283]이 가지 않는 곳에 산상(山商)[284]이 100근마다 은 8분을 납입하면 표(票)[285]를 지급하여 염을 유통시키도록 했다. 그 후 대부분 정인(正引)을 침탈[286]하여 관상의 과(課)가 부족하게 되었고, 인(引)의 옹체도 200만이 되어 검사의 차례를 기다리는데 반드시 5~6년은 걸렸다. 이에 예징(預徵)·집저(執抵)·계체(季掣)의 법이 있게 되었다. 예징은 기일[287]에 앞서 과[288]를 납부하여 멋대로 갈 수 없는 것이다. 집저는 현재 운반하는 염의 수정(水程)[289]을 받고 다시 1인(引)을 가지고 1인[290]에 해

283) 나라의 어용상인으로서, 여기서는 인염을 판매하는 염상을 가리킨다.

284) 인염이 가지 않는 산간벽지에서 표염(票鹽)을 판매하는 염상을 가리킨다. 산간의 토착자보다는 염장 부근의 토착자가 많다. 그들이 산간 지방에 가서 염을 판매하기 위한 허가증 즉 표(票)는 일명 산정(山程)이라고도 불렸으므로, 염장 부근의 토상(土商)이라 해도 산상(山商)이라 불렸다.

285) 표(票)는 인염이 유통되지 않는 지방에서 여염을 판매하는 허가증이다. 염인과 다른 점은, 염인이 호부에 의해 발행되고 매우 복잡한 수속을 거치지만, 표는 그 입수(入手)의 수속이 매우 간단하고 어떤 사람도 운사(運司) 또는 제거사(提擧司)에 소정의 은을 납입하면 불하받았다. 염인은 일반적으로 대상인을 대상으로 해서 발행하며, 따라서 상인이 한번 운반하는 염의 양도 막대하다. 반면에 표는 적은 염의 판매에 대해서도 허가되어 소자본의 상인도 쉽게 염을 판매하는 것이 가능했다. 표는 원래 인의 가격에 비해 매우 낮았으며 판매 운반 중의 검사도 행해지지 않았고, 아세(牙稅) 등도 면제되었다.

286) 표염(票鹽)이 정인(正引=鹽引)이 유통되고 있는 주현을 침식한 것을 가리킨다.

287) '기일(期日)'은 변방의 개중에서 변상에게 교부된 감합이 운사에 도착하여 변상과 내상과의 사이에 감합 또는 염인의 인계가 행해지는 때를 말한다. 내상은 변상으로부터 인계한 염인으로 여염의 추가 구매가 허가되는데, 그때 운사에게 납입하는 여염은(餘鹽銀)이 여기에서는 과(課)로 표현되었다.

288) 과(課)란 여염은(餘鹽銀)을 가리킨다.

당시키는 것이다. 계체[291]는 염과(鹽課) 납입의 선후로 순서를 매겨, 봄은 여름보다 늦지 않도록 하고 여름은 봄을 추월하지 않도록 한 것이다. 그러나 표상(票商)이 세를 납입하면 곧 체매(掣賣)[292]하였고 예징 등 여러 법은 한낱 인상(引商)[293]만 괴롭힐 뿐이었다.

원문 靈州鹽池, 自史昭中馬之議行, 邊餉虧缺, 甘肅米直石銀五兩, 戶部因奏停中馬, 召商納米中鹽.

옮김 譯 영주(靈州)의 염지(鹽池)에서 사소(史昭)의 중마(中馬)의 의논이 있은 후로부터 변향(邊餉)이 차질이 생겼고, 감숙에서는 미가가 1석 당 은 5량에 이르게 되니, 호부에서 이로 인하여 상주하여 중마를 중지하고 상인을 불러 미를 납입하여 중염케 하였다.

원문 二十七年令開中者止納本色糧草. 三十二年令河東以六十二萬引爲額, 合正餘鹽爲一, 而革餘鹽名. 時都御史王紳、御史黃國用議 : 兩淮竈戶餘鹽, 每引官給銀二錢, 以充工本, 增收三十五萬引, 名爲

289) 수정(水程)은 행염지(行鹽地)와 그곳에 도달하는 수로를 기재한 일종의 통행증으로서, 거기에는 유효기간, 상인의 주소와 성명 등이 기입되어 있다. 염상은 비험소에서 인염의 중량 검사를 마치면 수정을 지급받는다. 염인에 대해 수정을 주는 것은 국초에는 없던 제도이며, 정통 무렵부터 행해지기 시작하여 정덕 가정 무렵에는 본격적으로 제도화되었다. 이것은 구인(舊引)을 사용하여 부정을 저지르는 염상이 끊이지 않았기 때문에, 이런 부정을 방지하기 위해 사용되었다. 특히 수정의 유효기간은 엄중하게 단속되었다.

290) 앞은 인(引)은 구인(舊引)이고, 뒤의 인은 신인(新引)으로서, 구인을 신인으로 바꾸어 준다는 의미이다. 중량 검사를 마치고 운염(運鹽)의 수정을 입수하는 동시에 운반하는 염인의 수만큼 신인의 신청을 하도록 한 것을 말한다.

291) 계체(季掣)는 중량 검사를 네 계절로 나눈다는 뜻으로, 과(課)를 예납(豫納)한 상인의 인염수(引鹽數)를 예납한 순서에 따라 운사의 장부에 기록하여 춘하추동의 4조로 나누어 검사를 받는 것을 말한다.

292) 체매(掣賣)란 염상이 비험소에서 중량 검사를 받고 나서 행염지에 가서 판매하는 것을 말한다.

293) 염인을 지닌 염상으로 여기서는 내상을 말한다.

工本鹽. 令商人中額鹽二引, 帶中工本鹽一引, 抵主兵年例十七萬六千兩有奇. 從其請.

옮김譯 가정 27년 개중하는 자에게 영을 내려 본색(本色)의 양초(糧草)만을 납입하도록 했다. 32년 하동[294]에 영을 내려 62만 인(引)을 액(額)으로 하고 정염과 여염을 하나로 합하여 여염이라는 이름을 없앴다. 당시에 도어사 왕신(王紳),[295] 어사 황국용(黃國用)[296]이 건의하기를, "양회의 조호(竈戶)의 여염은 인(引)마다 관에서 은 2전[297]을 지급하여 공본(工本)에 충당하고, 35만 인을 더 거두어 공본염(工本鹽)이라 불렀습니다. 상인으로 하여금 액염(額鹽)[298] 2인을 입중(入中)하면 공본염 1인을 덧붙여서 중염시켜 주병(主兵)의 연례(年例)[299] 17만 6,000량 남짓에 이르도록 하시기 바랍니다" 하였다. 그 청을 받아들였다.

원문 初, 淮鹽歲課七十萬五千引, 開邊報中爲正鹽, 後益餘鹽納銀解部. 至是通前額凡一百五萬引, 額增三之一. 行之數年, 積滯無所售, 鹽法壅不行. 言事者屢陳工本爲鹽贅疣. 戶部以國用方絀, 年例無所出, 因之不變. 江西故行淮鹽三十九萬引, 後南安、贛州、吉安改行廣鹽, 惟南昌諸府行淮鹽二十七萬引. 旣而私販盛行, 袁州、臨江、瑞州則私食廣鹽, 撫州、建昌私食福鹽. 於是淮鹽僅行十六萬引. 數年之間, 國

294) 하동도전운염사사(河東都轉運鹽使司)를 가리킨다.

295) 왕신(王紳)은 『明史』에 전(傳)이 없어 자세한 이력은 알 수 없다. 다만 지방지에 창주(滄州) 출신으로 도어사를 지냈고 염법을 청리(淸理)하였다고 기록되어 있다. 『畿輔通志』 권62 「進士」; 『浙江通志』 권117 「職官」 明 7 등 참조.

296) 황국용(黃國用)은 강서 풍성현(豊城縣) 출신이다. 가정 31년 양회순염어사(兩淮巡鹽御史)로 되었다. 嘉慶 『兩淮鹽志』 권36 「黃國用傳」 참조.

297) 은 2전은 할몰은(割沒銀)을 재원(財源)으로 한다. 할몰은은 비험소에서 할몰해야 할 염 대신에 그 상인에게 납부시킨 은을 말한다. 실록에 따르면 2전은 회북에서의 경우이고, 회남은 2전 5분이었다.

298) 정염(正鹽)을 가리킨다.

299) 연례란 매해의 경상비를 말한다.

計大絀. 巡撫馬森疏其害, 請於峽江縣建橋設關, 扼閩、廣要津, 盡復淮鹽額, 稍增至四十七萬引. 未久橋毁, 增額二十萬引復除矣.

옮김 譯 처음에 회염의 세과(歲課) 70만 5,000인(引)은 변방에 개중하여 정염으로 삼았는데, 후에 여염을 늘려 은을 납입토록 하여 호부로 보냈다. 이에 이르러 전액(前額)과 합쳐 모두 105만 인[300]이 되니 증가된 액수는 1/3이었다. 유통된 지 수년 동안 적체되어 팔리지 않고 염법은 꽉 막혀 통용되지 않았다. 간관(諫官)이 누차 공본(工本)이 염의 혹이 되어 버렸다고 아뢰었다. 호부에서는 국용(國用)이 이제 한창 줄어들고 있고 연례(年例)는 나올 바가 없다는 이유로 이를 바꾸지 않았다. 강서에서는 원래 회염 39만 인이 유통되었는데, 후에 남안(南安)·감주(贛州)·길안(吉安)에서는 광염(廣鹽)으로 바꾸어 유통시켰고, 남창(南昌) 등 여러 부(府)에서만 회염 27만 인[301]이 유통되었다. 얼마 있다가 사사로운 매매가 성행하여 원주(袁州)[302]·임강(臨江)[303]·서주(瑞州)[304]에서는 광동염(廣東鹽)을 몰래 먹었고, 무주(撫州)[305]와 건창(建昌)[306]은 복건염(福建鹽)을 몰래 먹었다. 이에 회염은 겨우 16만 인이 유통되었다. 몇 년만에[307] 나라의 수입이 크게 감소되었다. 순무 마삼(馬森)[308]이 그 피해에 대하여 소(疏)를 올

---

300) 양회의 구액(舊額)의 염(鹽) 70만 5,000인에 공본염(工本鹽) 35만 인을 더한 것이다.

301) 27만 인은 39만 인에서 남안(南安), 감주(贛州), 길안부(吉安府) 등 3부의 9만 9,390여 인을 감한 인수(引數)이다.

302) 원주부(袁州府)의 치소는 의춘(宜春)으로서, 의평향(宜萍鄕) 등의 현을 관할한다. 지금의 강서성 의춘, 평향시(萍鄕市)와 만재(萬載)·분의(分宜) 등의 현이다.

303) 임강부(臨江府)의 치소는 청강(淸江)으로서, 신금(新淦) 등의 현을 관할한다. 지금의 강서성 청강·협강(峽江) 등의 현이다.

304) 서주부(瑞州府)의 치소는 고안(高安)으로서, 상고(上高)·신창현(新昌縣)을 관할한다. 지금의 강서성 상고·고안 등의 현이다.

305) 무주부(撫州府)의 치소는 임천(臨川)으로서, 숭인(崇仁)·의황(宜黃) 등의 현을 관할한다. 지금의 강서성 임천·숭인, 의황 등의 현이다.

306) 건창부(建昌府)의 치소는 남성(南城)으로서, 남풍(南豊)·광창(廣昌) 등의 현을 관할한다. 지금의 강서성 남성(南城)·남풍(南豊)·광창(廣昌) 등의 현이다.

307) 가정 34년을 중심으로 몇 년 동안을 가리킨다.

308) 마삼(馬森, ?~1580)은 자가 공양(孔養)이고, 회안현(懷安縣) 출신이다. 가정 14년 진사

려 청하기를, 협강현(峽江縣)[309]에 교량을 만들고 관소(關所)를 두며, 복건과 광동의 요충지의 진(津)을 단속하여, 회염의 액(額)을 모두 회복하도록 하니, 점점 증가하여 47만 인에 이르렀다. 오래되지 않아 교량이 훼손되자 증액되었던 20만 인도 다시 사라졌다.

원문 三十九年, 帝欲整鹽法, 乃命副都御史鄢懋卿總理淮、浙、山東、長蘆鹽法. 懋卿, 嚴嵩黨也, 苞苴無虛日. 兩淮額鹽銀六十一萬有奇, 自設工本鹽, 增九十萬, 懋卿復增之, 遂滿百萬. 半年一解. 又搜括四司殘鹽, 共得銀幾二百萬, 一時詡爲奇功. 乃立克限法, 每卒一人, 季限獲私鹽有定數; 不及數, 輒削其人僱役錢. 邏卒經歲有不得支一錢者, 乃共爲私販, 以牟大利, 甚至劫估船, 誣以鹽盜而執之, 流毒遍海濱矣. 嵩失勢, 巡鹽御史徐爌言 : "兩淮鹽法, 曰常股, 曰存積, 曰水鄉, 共七十萬引有奇. 引二百斤, 納銀八分. 永樂以後, 引納粟二斗五升, 下場關支, 四散發賣, 商人之利亦什五焉. 近年, 正鹽之外, 加以餘鹽; 餘鹽之外, 又加工本; 工本不足, 乃有添單; 添單不足, 又加添引. 懋卿趨利目前, 不顧其後, 是誤國亂政之尤者. 方今災荒疊告, 鹽場淹沒, 若欲取盈百萬, 必至逃亡. 弦急欲絶, 不棘於此." 於是悉罷懋卿所增者.

옮김 譯 가정 39년에 황제가 염법을 정돈하고자 하여 부도어사(副都御史) 언무경(鄢懋卿)[310]에 명하여 회 · 절 · 산동 · 장로의 염법을 총괄 관리시켰다. 언무경은 엄숭(嚴嵩)[311]의 도당으로 뇌물을 받는 데 쉬는 날

가 되었다. 융경 연간에 호부상서가 되었으며, 각 지역의 총독 및 순무로서 치적을 남겼다. 『明史』 권214 「馬森傳」 참조.

309) 협강현(峽江縣)은 임강부(臨江府)에 속한다. 지금의 강서성 협강현(峽江縣)이다. 감강(贛江)의 중류 연안에 위치하는데, 교통의 요충으로 알려져 복건과 광동의 사염은 대부분 이 현을 거쳐 북상하고 있었다. 이를 금지하기 위해 교량과 관소(關所)를 건설한 것이다. 관소에서는 염세를 걷었다.

310) 언무경(鄢懋卿)은 강서 풍성현(豐城縣) 출신이다. 가정 연간 엄숭(嚴崇) 부자와 결탁하여 사운사(四運司)의 염정을 관리하면서 회상(淮商)을 가혹하게 착취하였다. 엄숭과 함께 실각했다. 『明史』 권308 「鄢懋卿傳」 참조.

이 없었다. 양회의 액염은(額鹽銀)[312]은 61만 남짓이었는데, 공본염(工本鹽)을 둔 뒤로부터 90만으로 증가하였으며, 언무경도 다시 증가시켜 드디어 100만에 이르렀다. 반년마다 한 번씩 호부로 보냈다.[313] 또 4사(司)[314]의 잔염을 찾아 구하여 모두 200만 정도의 은을 얻었는데, 한때 흔치 않은 공적이라 자랑하였다. 이에 극한법(剋限法)[315]을 만들어 졸(卒)[316] 한 사람마다 한 계절을 기한으로 하여 사염을 적발하는 데 소정의 액수를 정하고, 그 수에 미치지 못하면 곧 고역전(僱役錢)[317]을 깎아버렸다. 나졸(邏卒) 가운데 1년이 되어도 1전도 지급받지 못하는 자는 이에 함께 사사로운 매매에 나서서 큰 이익을 도모하였는데, 심지어는 상선을 위협하여 염도(鹽盜)로 무고하여 잡아들이기까지 이르니, 해독이 바닷가에까지 두루 퍼졌다. 엄숭이 실각하자 순염어사(巡鹽御史) 서광(徐爌)[318]이 말하기를, "양회의 염법에는 상고·존적·수항(水鄉)[319]이 있는데, 모두 70만 인(引) 남

---

311) 엄숭(嚴嵩, ?~1565)은 자가 유중(惟中)으로서, 강서 분의현(分宜縣) 출신이다. 홍치 18년(1505) 진사가 되어 편수(編修)로 제수되었다. 가정 7년(1528) 남경예부상서(南京禮部尙書)가 되었고, 21년(1542) 대학사(大學士)로 입각하였다. 수보(首輔) 하언(夏言)을 무고하여 대신 수보가 되어 전권을 휘둘렀다. 이후 차보(次輔) 서계(徐階) 등의 공격을 받아 뇌물 수여가 폭로되면서 결국 실각하였다.

312) 양회의 여염은의 액징(額徵)이 61만여 량이라는 뜻이다. 액징이란 매년 액수를 정하여 징수하는 것을 말한다. 액염은(額鹽銀)은 액염(額鹽=正鹽)의 은이라는 뜻은 아니다.

313) 반년에 한 번씩 50만 량을 운사에서 호부로 보낸다는 의미이다.

314) 사사(四司)는 본래 양회(兩淮)·절강(浙江)·산동(山東)·장로(長蘆)의 네 염운제거사를 의미한다. 그러나 실제로 언무경이 잔염을 거두어들인 것은 하동·장로·양회의 3운사이다. 『世宗實錄』 嘉靖 40년 9월 癸巳 조 참조.

315) 극한법(剋限法)이란 원래 일정 기한 내에 완수해야 할 책임 액수를 정한 법이란 뜻이다. 이 경우에는 보통 3개월 내에 사염 판매인 몇 명, 사염 몇 근, 사염선 몇 척을 적발해야 하는 책임 할당액을 정한 법이다.

316) 졸(卒)은 주현의 순검사(巡檢司) 소속의 나졸(邏卒)이다.

317) 고역전(僱役錢)은 여기서는 나졸에게 주는 급료를 말한다. 순검사의 나졸은 명초에는 역법(役法)에 따라 주현의 이갑(里甲) 내의 인호가 취역(就役)하였지만, 명 중기 이후은 유통의 발달과 함께 취역하는 대신 은으로 대납하면, 주현은 그 은을 가지고 나졸을 고모(僱募)하는 방식이 행해졌다. 여기서의 나졸은 고모된 나졸을 가리킨다.

318) 서광(徐爌)은 남직예(지금의 강소성) 태창주(太倉州) 출신이다. 가정 41년 양회순염어사(兩淮巡鹽御史)에 임명되어 염정에 진력했다.

319) 수향(水鄉)이란 여기서는 수향의 조호(竈戶)가 납입하는 염과를 가리킨다. 이 염과는

짓 입니다. 1인 당 200근으로서 은 8분을 납입합니다. 영락 이후로는 인마다 속(粟) 2두 5승을 납입하면, 염장에 내려 보내 지급하고 사방으로 판매하니, 상인의 이익도 5/10는 되었습니다. 근년에 정염 외에 여염을 더하고, 여염 외에 또 공본염을 더하고, 공본염이 부족하면 곧 단(單)[320]을 첨가하고, 단이 부족하자 다시 인을 더합니다.[321] 언무경은 목전의 이익을 추구하여 결과를 돌아보지 않으니, 이는 나라를 망치고 국정을 어지럽히는 수괴입니다. 지금 재해와 흉작이 연달아 보고되고 있으며, 염장도 가라앉고 있는데, 만약 100만을 남김없이 거두고자 한다면, 반드시 조호(竈戶)는 도망하고 말 것입니다. 악기의 줄을 너무 팽팽히 잡아당기면 끊어져버리는 것이니 이를 급하게 해서는 안 됩니다"라고 하였다. 이에 언무경이 늘린 것을 모두 없앴다.

원문 四十四年, 巡鹽御史朱炳如奏罷兩淮工本鹽. 自葉淇變法, 邊儲多缺. 嘉靖八年以後, 稍復開中, 邊商中引, 內商守支. 末年, 工本鹽行, 內商有數年不得掣者, 於是不樂買引, 而邊商困, 因營求告掣河鹽. 河鹽者, 不上廩囷, 在河逕自超掣, 易支而獲利捷. 河鹽行, 則守支存積者愈久, 而內商亦困, 引價彌賤. 於是姦人專以收買邊引爲事, 名曰囤戶, 告掣河鹽, 坐規厚利. 時復議於正鹽外附帶餘鹽, 以抵工本之數, 囤戶因得賤賣餘鹽而貴售之, 邊商與內商愈困矣. 隆慶二年, 屯鹽都御史龐尚鵬疏言 : "邊商報中, 內商守支, 事本相須. 但內商安坐, 邊商遠輸, 勞逸不均, 故掣河鹽者以惠邊商也. 然河鹽既行, 淮鹽必滯, 內商無所得利, 則邊商之引不售. 今宜停掣河鹽, 但別邊商引價, 自見引及起紙關引到

이 무렵 양회에서는 절은되고 있었다. 수향의 조호란 염장에서 대체로 30리 정도 멀리 떨어진 주현에 거주하며 제염에 종사하지 않는 조호를 말한다.

320) 단(單)은 양회에서 중량 검사를 치른 염인의 단위이다. 단을 첨가한다는 것은 실질적으로는 염인의 발행을 늘렸다는 것과 같은 뜻이다.

321) 보통 중염한 상인에게 정염 1인(引)마다 몇 인인가의 여염을 더하는 것을 첨인(添引)이라고 하지만, 여기서는 1단(單)에 포함된 인수(引數)를 증가하는 것을 말한다.

司勘合, 別爲三等, 定銀若干. 邊商倉鈔已到, 內商不得留難. 蓋河鹽停則淮鹽速行, 引價定則開中自多, 邊商內商各得其願矣." 帝從之. 四年, 御史李學詩議罷官買餘鹽. 報可.

옮김 譯 가정 44년(1565) 순염어사 주병여(朱炳如)[322]가 상주하여 양회의 공본염을 없앴다. 섭기(葉淇)가 법을 바꾼 이래 변경 방어용 비축 물자가 많이 부족하게 되었다. 가정 8년 이후 점차 개중하는 것이 회복되어 변상(邊商)은 염인을 입수하고 내상(內商)은 염의 지급을 기다렸다.[323] 말년에 공본염이 행해져 내상은 몇 년이 지나도 지급받지 못하는 자가 있게 되니, 이에 염인을 매입하려 하지 않아 변상이 궁핍해졌으므로, 이에 대책을 강구하여 하염(河鹽)의 수령을 청구하였다. 하염이라는 것은 늠균(廩囷)[324]에 들이지 않고 운염하(運鹽河)에서 바로 순서를 건너뛰어 수령하는 것이니, 지급이 쉽고 이익을 빨리 얻을 수 있었다. 하염이 행해지자 존적의 지급을 기다리는 것이 더욱 길어지고 내상 또한 곤란해져 인(引)의 값은 더욱 하락하였다. 이에 간사한 자는 오로지 변인(邊引)을 사들이는 것을 능사로 삼으니, 이를 돈호(囤戶)[325]라고 불렀는데, 하염의 수령을 청구하고는 앉아서 큰 이익을 꾀하였다. 이때에 다시 정염 외에 여염을 부대(附帶)하여 공본(工本)의 수에 맞추도록 의논하였는데, 돈호는 이로 인해 여염을 싼 값에 사서 비싸게 팔게 되니, 변상과 내상은 더욱 괴로워하였다. 융경 2년(1568) 둔염도어사(屯鹽都御史) 방상붕(龐尙鵬)[326]이 상소하여 말하기를, "변상이 개중을 하고

---

322) 주병여(朱炳如)는 자가 중보(仲甫=中南)이고, 호광 계양현(桂陽縣) 출신이다. 가정 연간에 진사가 되었으며, 가정 43년 양회염운어사(兩淮鹽運御史)가 되었다.

323) 변상은 개중에 응하여 곡식을 납입하여 염인을 획득하고, 내상은 이 변상의 인(引)을 인계하여 정염의 지급을 기다린다는 의미이다.

324) 염의 운염하(運鹽河) 강변의 창고를 말한다.

325) 돈호(囤戶)라는 것은, 상품을 싼 값에 매점하여 쌓아두고[囤積] 값이 뛰기를 기다렸다가 이를 파는 상인을 말한다. 이들은 미곡상이나 기타 상인에게도 많지만, 여기서는 변상의 염인을 매점하여 쌓아두는 내상을 가리켜 특별히 돈호라 한다. 돈호는 내상 중에도 대자본을 소유한 자인데, 스스로 매입한 변인(邊引)에 의해 염의 지급을 받는 자도 있지만, 대부분은 염인을 다시 내상에게 전매하여 고리(高利)를 차지했다.

내상이 지급을 기다리는 것은 일이 본디부터 서로 들어맞는 바입니다. 다만 내상은 편안히 앉아있고 변상은 멀리 운반하니, 수고로움과 안락함이 균등하지 않습니다. 그러므로 하염(河鹽)을 수령하는 것으로 변상에게 혜택을 주었습니다. 그러나 하염이 행해지면 회염[327]이 반드시 옹체되고, 내상이 이익을 얻을 바가 없게 되면 변상의 인(引)도 팔리지 않습니다. 지금 마땅히 하염을 수령하는 것을 정지시키되, 다만 변상의 인가(引價)를 나누어 현인(見引[328])으로부터 기지관인(起紙關引),[329] 도사감합(到司勘合)[330]에 이르기까지 3등급으로 구별하여 은으로 값을 정해야 합니다. 변상의 창초(倉鈔[331])가 도달하면 내상은 지체시키지 못하게 됩니다. 대체로 하염이 정지되면 회염이 빨리 유통되고, 인가가 정하여지면 개중이 저절로 많아져 변상과 내상은 각기 그 원하는 바를 얻을 수 있을 것입니다" 하니, 황제가 이를 받아들였다. 4년 어사 이학시(李學詩)[332]가 관에서 여염을 사는 것을 그만둘 것을 건의하니, 답보(答報)를 내려 이를 인준했다.

원문 是時廣西古田平, 巡撫都御史殷正茂請官出資本買廣東鹽, 至桂林發賣七萬餘包可獲利二萬二千有奇. 從之.

---

326) 방상붕(龐尙鵬)은 광동 남해현(南海縣) 출신이다. 가정 32년 진사가 되었다. 절강 등지에서 일조편법(一條鞭法)을 단행한 것으로 유명하다. 융경 2년 봄에는 우첨도어사(右僉都御史)로서 양회 · 장로 · 산동의 세 운사의 염법을 총괄 관리하고, 기보(畿輔) · 하남(河南) · 산동(山東) · 강북(江北) · 요동(遼東)의 둔전 업무를 겸하여 관리하였다. 본문의 '둔염도어사(屯鹽都御史)'란 이 일을 가리킨다. 『明史』 권22 「龐尙鵬傳」 참조.

327) 여기서 회염은 퇴염(堆鹽)의 잘못으로 보인다. 하염(河鹽)은 배에 싣고 있는 소금이고, 퇴염은 쌓아두고 있는 소금이니, 하염의 상대어는 퇴염이 되어야 한다.

328) 변상이 이미 입수하고 있는 인(引)의 현물(現物)을 가리킨다.

329) 기지관인(起紙關引)은 상인이 먼저 염인의 지대(紙代)를 운사에 납부하고 남경호부(南京戶部)에서 인(引)을 받는 것을 말하지만, 여기서는 이러한 수속을 거쳐 받게 된 염인을 말한다. 실록에 의하면 그 값은 회남은 8전이고, 회북은 7전이다.

330) 도사감합(到司勘合)은 운사에 막 도착한 감합이란 뜻으로, 변상이 운사에 막 가져온 감합을 말한다. 실록에 의하면 그 값은 회남은 7전이고 회북은 6전이다.

331) 창초(倉鈔)란 감합을 말한다.

332) 이학시(李學詩)는 산동 동아현(東阿縣) 출신이다. 가정 44년 진사가 되었다. 만력 연간의 정치가이다.

옮김 譯 이때 광서의 고전(古田)[333]이 평정되어[334] 순무도어사(巡撫都御史) 은정무(殷正茂)[335]가 청하기를, "관에서 자본을 내어 광동염(廣東鹽)을 구입하여 계림(桂林)에 이르러 7만여 포(包)를 내어 팔면 2만 2,000량 남짓의 이익을 얻을 수 있습니다" 하니, 황제가 이를 받아들였다.

원문 自嘉靖初, 復常股四分存積六分之制. 後因各邊多故, 常股、存積並開, 准額歲課七十萬五千餘引, 又增各邊新引歲二十萬. 萬曆時, 以大工搜遠年違沒廢引六十餘萬, 胥出課額之外, 無正鹽, 止令商買補餘鹽. 餘鹽久盡, 惟計引重科, 加煎飛派而已. 時兩淮引價餘銀百二十餘萬增至百四十五萬, 新引日益, 正引日壅. 千戶尹英請配賣沒官鹽, 可得銀六萬兩. 大學士張位等爭之. 二十六年, 以鴻臚寺主簿田應璧奏, 命中官魯保鬻兩淮沒官餘鹽. 給事中包見捷極陳利害. 不聽. 保旣視事, 遂議開存積鹽. 戶部尚書楊俊民言 : "明旨核沒官鹽, 而存積非沒官也. 額外加增, 必虧正課. 保奏不可從." 御史馬從聘亦爭之. 俱不聽. 保乃開存積八萬引, 引重五百七十斤, 越次超掣, 壓正鹽不行. 商民大擾, 而姦人蜂起. 董璉、吳應麒等爭言鹽利. 山西、福建諸稅監皆領鹽課矣. 百戶高時夏奏浙、閩餘鹽歲可變價三十萬兩, 巡撫金學曾勘奏皆罔. 疏入不省. 於是福建解銀萬三千兩有奇, 浙江解三萬七千兩有奇, 借名苛斂, 商困引壅. 戶部尚書趙世卿指其害由保, 因言 : "額外多取一分, 則正課少一分, 而國計愈絀, 請悉罷無名浮課." 不報. 三十四年夏至明年春, 正額逋百餘萬, 保亦惶懼, 請罷存積引鹽. 保尋死. 有旨罷之, 而引斤不能減矣.

---

333) 고전(古田)은 홍무 때에 고전현(古田縣)으로 되었다가, 융경 연간에 영녕주(永寧州)로 바뀌었는데, 계림부(桂林府)에 속했으며 영복(永福)과 의녕(義寧)의 두 현을 관할했다. 지금의 광서 장족(壯族) 자치구 영복(永福) 등의 현이다.

334) 융경 5년(1571) 5월 동족(獞族)의 반란이 이천(李遷)과 은정무(殷正茂) 등이 지휘하는 명군에 의해 평정된 일을 말한다.

335) 은정무(殷正茂, ?~1592)는 자가 양실(養實)로 남직예(지금의 안휘성) 흡현(歙縣) 출신이다. 가정 26년(1547)에 진사가 되었다. 융경 3년(1569) 광서순무(廣西巡撫), 5년 8월에 총독양광겸순무광동(總督兩廣兼巡撫廣東)이 되었는데, 병부상서로까지 승진하였다.

옮김 譯

가정 초부터 상고(常股) 4분, 존적(存積) 6분의 제도가 부활하였다. 후에 각 변방에 변고가 많았기 때문에 상고와 존적을 함께 개중하여 양회(兩淮)의 액염(額鹽)의 세과(歲課)는 70만 5,000여 인(引)이었는데, 다시 각 변방의 신인(新引)으로 1년에 20만을 늘렸다.[336] 만력 때에 큰 공사[337]로 인하여 원년위몰폐인(遠年違沒廢引)[338] 60여 만[339]을 수색하여 모두 과액(課額) 외로 내었기 때문에 정염이 없게 되자, 상인으로 하여금 여염을 사서 보충케 하였다. 여염도 끝내 소진되자, 오직 인(引)을 계산해 과(科)[340]를 무겁게 하고 가전비파(加煎飛派)[341]할 따름이었다. 당시 양회의 인가여은(引價餘銀)[342]이 120여 만이었는데 증가하여 145만에 이르렀고,[343] 신인[344]은 날로 넘치고 정인(正引)[345]은 날로 옹체되었다. 천호(千戶) 윤영(尹英)이 청하기를, 관에 몰수한 사염을 분배하여 팔면 은 6만 량을 얻을 수 있다 하였다. 대학사 장위(張位)[346] 등이 이를 반박하였다. 26년(1598) 홍

---

336) 해마다 20만 인이 계속 누적되어 증가한 것이 아니라, 각 해마다 70만 5,000여 인에 20만 인을 더한 수 즉 90만 5,000여 인을 매년 발행한 것을 말한다.

337) 만력 26년(1598) 화재로 소실되었던 황극(皇極)·중극(中極)·건극(建極)의 3전(殿)에 대한 재건 공사를 말한다.

338) 원년위몰폐인(遠年違沒廢引)은 『神宗實錄』 萬曆 26년 8월 丙辰 조에는 '원년여몰로인(遠年餘沒老引)'으로 되어 있는데, 각 운사가 왕년에 몰수한 위법폐인(違法廢引)을 가리킨다. 이것을 이때 거듭 발매한 것이다.

339) 60여 만이란 숫자는 16만 여의 오기이다. 『神宗實錄』 萬曆 27년 정월 庚子 조에 의하면 위몰엄소(違沒淹消)의 폐인(廢引) 16만 남짓을 1인(引)당 은 5전을 납입케 하여 합계 8만여 량으로 매각하여 '대공(大工)'에 보탰다고 한다.

340) 과(科)란 여기서는 조호(竈戶)를 구제하기 위해 염상에게 거두었던 과벌은(科罰銀)을 말한다. 『神宗實錄』 萬曆 27년 정월 庚子 조 참조.

341) 가전(加煎)이란 조호에게 여염의 생산량을 늘리게 한 것을 가리킨다. 비파(飛派)는 행염(行鹽) 지방 내의 아행(牙行)과 포호(鋪戶)에게 새로 부과한 부담을 가리키는데, 비(飛)란 행염 지방이 염장에서 멀리 떨어져 있음을 의미하고, 파(派)란 행염 지방의 아행과 포호에 대한 가파(加派) 즉 증세(增稅)를 의미한다.

342) 인가여은(引價餘銀)은 정염의 인가(引價)와 여염은(餘鹽銀)의 합계를 의미한다.

343) 가정 연간에는 인가은 35만 량, 여염은 60만 량으로 합계 95만 량이 양회 염은의 표준액이었지만, 만력 23년 이래 변방의 증향(增餉), 궁전 재건 공사비 등으로 인가(引價)와 여염은을 합하여 120만 량이 되고, 다시 26년에는 145만 량이 되었던 것이다.

344) 양회의 세과(歲課) 70만 5,100여 인 외에 새로 증가한 액인(額引)을 말한다.

345) 양회의 세과 70만 5,100여 인을 가리킨다.

려시주부(鴻臚寺主簿)[347] 전응벽(田應璧)의 상주를 계기로 환관 노보(魯保)[348]에게 명하여 양회의 몰관여염(沒官餘鹽)[349]을 팔도록 했다. 급사중 포견첩(包見捷)[350]이 그 폐해를 남김없이 상언하였으나, 받아들이지 않았다. 노보가 일을 주관하게 된 뒤 마침내 존적염을 개중[351]할 것을 건의하였다. 호부상서 양준민(楊俊民)[352]이 말하기를, "명지(明旨)[353]로 몰관여염을 조사토록 했지만, 존적은 몰관여염이 아닙니다. 액외(額外)로 추가로 늘린 것은 반드시 정과(正課)를 어그러뜨릴 것이니, 노보의 상주를 받아들여서는 안 됩니다"고 하였다. 어사 마종빙(馬從騁)[354]도 또한 반대하였지만, 모두 들

---

346) 장위(張位)는 자가 명성(明成)으로, 강서 신건현(新建縣) 출신이다. 융경 2년 진사가 되었다. 만력 때 입각하여 광세(礦稅)에 대하여 완강하게 반대하였는데, 후에 축출되고 말았다. 『明史』 권219 「張位傳」 참조.

347) 홍려시주부(鴻臚寺主簿)란 홍려시(鴻臚寺)의 속청(屬廳)인 주부청(主簿廳)의 주임(主任)을 가리킨다. 장부에 관한 일을 관장하였다. 홍려시는 조회(朝會)·빈객(賓客)·길흉(吉凶)·의례(儀禮)에 관한 일을 관장하는 관청으로 장관을 경(卿)이라고 한다. 『明史』 권74 「職官 3」 鴻臚寺 항 참조.

348) 노보(魯保)는 만력 때의 환관이다. 만력 중기에 천하 각지로 파견된 환관 출신의 세감(稅監)이 각 운사와 제거사에서 염세의 증수(增收)도 함께 시행했다. 양회에는 전문적 세감이 설치되었는데, 만력 26년(1598) 내신(內臣) 노보가 처음으로 임명되었다. 28년 염무소감(鹽務少監)을 거쳐 염무태감(鹽務太監)으로 승진했다. 그래서 양회의 세감은 특별히 염감(鹽監)이라고도 불렸다. 염감 노보는 순염어사(巡鹽御史)와 운사보다 더 큰 권한을 지녔는데, 그로 인하여 양회의 염법은 철저하게 붕괴되었다.

349) 몰관여염(沒官餘鹽)은 그 실체가 불분명하다. 『神宗實錄』 萬曆 26년 11월 癸巳 조에 의하면, 이 여염은 체지(掣摯) 시에 상염(商鹽)으로부터 할몰(割沒)한 여염이 아니라, 염장에서 조호(竈戶)로부터 몰수한 여염을 가리킨다. 다만 실제로는 그러한 여염이 존재하지 않았음은 위 실록의 기사로부터 엿볼 수 있다.

350) 포견첩(包見捷)은 운남 임안위(臨安衛) 출신이다. 만력 17년(1589) 진사가 되었다. 도급사중(都給事中)이 되어 환관의 채주(採珠)와 각세(榷稅)에 반대하고, 노보의 염정 관리에 반대하였으며 광세(礦稅)를 모두 없앨 것을 청하였다. 이후 견책되어, 귀주도사(貴州都事)로 강등되었다.

351) 변방으로의 개중이 아니라 운사에서 상인에게 납은(納銀)시킨 것을 가리킨다.

352) 양준민(楊俊民)은 자가 백장(伯章)으로서, 가정 41년(1562)의 진사이다. 만력 초 호부상서에 임명되었다. 『明史』 권214 「楊博傳」의 附傳 참조.

353) 명지(明旨)는 총명한 천자의 칙의(勅意)라는 뜻으로서, 지(旨)를 공경하게 부르는 용어이다.

354) 마종빙(馬從騁, 1546~1638)은 자가 기신(起莘)으로서 북직예(지금의 하북성) 영수현(靈壽縣) 출신이다. 만력 17년(1589)의 진사이다. 어사로 발탁되어, 양회의 염과를 처

어주지 않았다. 노보는 이에 존적염 8만 인을 개중하였는데, 인마다 570근으로 하여 순서를 건너뛰어 수령하고, 정염을 억압하여 유통시키지 않았다. 상민(商民)이 크게 근심하였고 간사한 자들은 벌떼처럼 일어났다. 동련(董璉)과 오응기(吳應麒)[355] 등이 다투어 염리(鹽利)를 상언하였다. 산서와 복건의 여러 세감(稅監)[356]은 모두 염과(鹽課)를 거두었다. 백호(百戶) 고시하(高時夏)가 상주하여 말하기를, "절강과 복건의 여염은 해마다 염가를 30만 량으로 바꾸어야 합니다"[357] 하였는데, 순무(巡撫) 김학증(金學曾)이 현지조사한 후 "모두 거짓입니다"고 상주하였다. 상주가 들어갔지만 제대로 살피지 않았다. 이에 복건에서는 은 1만 3,000량 남짓을 보내고, 절강에서는 3만 7,000량 남짓을 보내게 되었는데, 이러한 명목을 빌어 가혹하게 거두어들이니 상인이 궁핍해지고 염인이 옹체되었다. 호부상서 조세경(趙世卿)[358]은 그 해로움이 노보로 인한 것임을 지적하고 덧붙여 말하기를, "액외로 1분을 더 취하면 정과 1분이 적어지고 나라의 수입은 더욱 감소하게 되는 것이니, 청컨대 아무 명분도 없는 부과(浮課)[359]를 모두 없애시기 바랍니다" 하였으나, 답보(答報)가 없었다. 34년(1606) 여름에서 이듬해 봄에

리했다. 명조의 멸망에 즈음하여 순사한 절의의 사(士)로서도 유명하다. 『明史』 권267 「馬從聘傳」 참조.

355) 『神宗實錄』 萬曆 27년 8월 壬寅 조에 의하면, 백호(百戶)인 오응기(吳應麒)는 하동운사(河東運司)가 쌓아놓은 구염(舊鹽)을 변매(變賣)할 것을 주청하였고, 간곤(奸棍)인 동련(董璉)은 하동(河東)의 염리(鹽利)를 노려서 신설(新說)을 제기했다고 한다. 한편 오응기의 주청은 어느 정도 실현되어 약간의 여염의 변매가 실행되었지만, 태반은 그가 착복했다고 한다. 『神宗實錄』 萬曆 28년 2월 壬辰 조; 3월 丁未 조 참조.

356) 만력 연간에 각지로 파견된 환관 출신의 광감세사(礦監稅使)를 가리킨다. 산서와 복건의 세감(稅監)이 염과를 거둔 일에 대해서는 『神宗實錄』 萬曆 28년 2월 壬辰 조; 5월 丁未 조; 30년 4월 乙巳 조 등 참조.

357) 고시하(高時夏)는 절강과 복건의 여염은을 30만 량 거둘 수 있다고 하였지만, 실제로 절강순안(浙江巡按) 섭영성(葉永盛)이 조사한 바로는 절강에서 해마다 낼 수 있는 여염은은 1만 6,000량에 불과했다. 『神宗實錄』 萬曆 28년 7월 丁巳 조 참조.

358) 조세경(趙世卿, ?~1618)은 자가 상현(象賢)으로 산동 역성현(歷城縣) 출신이다. 융경 5년의 진사이다. 호부의 관직을 역임하여 호부상서로까지 승진했는데, 38년(1610)에 사직했다. 『明史』 권220 「趙世卿傳」 참조.

359) 생산이 뒷받침되지 않는 증세를 가리킨다.

이르기까지 정액(正額) 100여 만이 체납되자 노보도 두려워하여 존적인염(存積引鹽)을 없앨 것을 청하였다. 노보가 얼마 후 죽었다. 지(旨)를 내려 없애도록 하였으나 인근(引斤)[360]은 감할 수 없었다.

원문 李太后薨, 帝用遺誥蠲各運司浮課, 商困稍蘇, 而舊引壅滯. 戶部上鹽法十議, 正行見引, 附銷積引, 以疏通之. 巡鹽御史龍遇奇立鹽政綱法, 以舊引附見引行, 淮南編爲十綱, 淮北編爲十四綱, 計十餘年, 則舊引盡行. 從之. 天啓時, 言利者恣搜括, 務增引超掣. 魏忠賢黨郭興治、崔呈秀等, 巧立名目以取之, 所入無算. 論者比之絶流而漁. 崇禎中, 給事中黃承昊條上鹽政, 頗欲有所釐革. 是時兵餉方大絀, 不能行也.

옮김 譯 이태후(李太后)[361]가 죽자 만력제(萬曆帝)는 유고(遺誥)[362]로 각 운사(運司)의 부과(浮課)를 덜어주니, 상인의 곤궁함이 조금 펴졌으나 구인(舊引)은 옹체되었다. 호부에서 염법10의(鹽法10議)[363]를 올려 현인(見引)[364]을 바로 유통시키고, 옹체되어 있는 구인을 끼워 팔아 이를 소통시키고자 하였다. 순염어사(巡鹽御史) 용우기(龍遇奇)[365]가 염정강법(鹽政綱法)[366]을 세워 "구인을 현인에 끼워서 함께 팔아, 회남(淮南)을 10강(綱)으

---

360) 1인(引)의 근수(斤數)를 말한다. 노보의 존적염(存積鹽)은 1인이 570근이었기 때문에 보통의 1인 550근보다 근수가 20근이 더 많았다. 따라서 이를 대염(大鹽)이라고 하였다. "인근(引斤)을 감할 수 없었다"는 것은 이 570근을 550근으로 감하지 못했음을 말한다.

361) 이태후(李太后)는 목종의 귀비(貴妃)로 신종의 생모이다. 북직예(지금의 하북성) 곽현(漷縣) 출신이다. 융경 원년 귀비로 봉해졌고, 신종이 즉위하자 자성황태후(慈聖皇太后)라는 존호(尊號)를 받았다. 만력 초년 장거정(張居正)을 중용하여 부국강병의 정치를 이끌었다. 『明史』 권114 「后妃 2」, 孝定李太后傳 참조.

362) 이태후의 유언을 가리킨다.

363) 염법10의는 만력 44년(1616) 호부산동청리사낭중(戶部山東淸理司朗中)인 원세진(遠世振)이 초안한 것으로 회남 염법에 관한 10편(篇)의 개혁안이다. 원문은 『明經世文編』 권474~477 「兩淮鹽政疏理成編」에 수록되어 있다. 그 대강은 소적인(疏積引)·행현인(行現引)·평장가(平場價)·청폐해(淸弊害)·택운관(擇運官)·금사염(禁私鹽)·처정압(處停壓) 등이다.

364) 그해의 신인(新引)을 가리킨다.

365) 용우기(龍遇奇)는 강서 출신이며, 만력 45년(1617) 경에 순염어사로 임명되었다.

로, 회북(淮北)을 14강으로 편성하여 10여 년이 지나면 구인을 다 팔 수 있을 것입니다"하니, 황제가 이를 받아들였다. 천계 때 이익을 언급하는 자들이 멋대로 수괄(搜括)[367]하여 인을 증액[368]하고 순서를 건너뛰어 수령하는 데 힘썼다. 위충현(魏忠賢)의 도당인 곽흥치(郭興治)와 최정수(崔呈秀)[369] 등이 교묘히 명목을 만들어 세은(稅銀)을 취하니 그 수입이 셀 수도 없을 정도였다. 논자들은 그것을 물길을 막아서 고기를 잡는 것에 비유하였다. 숭정(崇禎) 연간에 급사중 황승호(黃承昊)[370]가 조목조목 염정(鹽政)을 올려, 자못 개혁되는 바가 있게 하고자 하였다. 이때에 병향(兵餉)이 마침 크게 부족해 이를 실행할 수 없었다.

원문 初, 諸王府則就近地支鹽, 官民戶口食鹽皆計口納鈔, 自行關支. 而官吏食鹽多冒增口數, 有一官支二千餘斤, 一吏支五百餘斤者. 乃限吏典不得過十口, 文武官不過三十口; 大口鈔十二貫支鹽十二斤, 小口半之. 景泰三年始以鹽折給官吏俸糧, 以百四十斤當米一石. 京官歲遣吏下場, 恣爲姦利. 錦衣吏益暴, 率聯巨艦私販, 有司不能詰. 巡鹽御史乃定百司食鹽數, 攟束以給吏, 禁毋下場. 納鈔、僦輓, 費無所出,

---

366) 강(綱) 즉 조(組)를 만들어 양회의 구인(舊引)을 소화시키는 방법이다. 회남의 강법(綱法)은 만력 45년에 원세진이 지은 강책범례(綱冊凡例) 속에 보인다. 따라서 실제로는 염정강법(鹽政綱法)의 적어도 회남 부분은 원세진이 만력 45년 양회염법소리도신(兩淮鹽法疏理道臣)으로 임명되어 실행한 것이지만, 다음 해 직예순안어사(후에 양회순염어사가 되는) 용우기의 손을 거쳐 상주되었기 때문에, 중앙정부는 염정강법의 실행자를 용우기로 간주했던 것이다.

367) 과세의 대상을 수색하여 남김없이 과세하는 것을 말한다.

368) 산염구(產鹽區)의 정액 염인의 틀 외에 인수(引數)를 증가시켜, 그 증가된 인을 1인마다 염상에게 과세하는 것을 말한다.

369) 최정수(崔呈秀, 1568~1627)는 북직예(지금의 하북성) 계주(薊州) 출신이다. 만력 41년 진사가 되었다. 천계 연간 위충현(魏忠賢)과 결탁하여 권세를 휘두르며 5호(虎)의 하나로 불렸지만, 위충현이 자살하자 모면치 못할 것을 알고 그 또한 자살했다. 『明史』 권306 「崔呈秀傳」 참조.

370) 황승호(黃承昊)는 자가 이소(履素)로서 절강 수수현(秀水縣) 출신이다. 만력 44년 진사가 되었다. 이(吏)·형(刑)·호(戶)·공(工) 4과(科)의 급사중을 거쳐 복건안찰사에 이르렀다. 그가 올린 염정의 대강은 절가(折價)·감근(減斤)·가과(加課)의 3조(條)이다.

吏多亡. 嘉靖中, 吏部郎中陸光祖言於尙書嚴訥, 疏請革之. 自後百司停支食鹽, 惟戶部及十三道御史歲支如故. 軍民計口納鈔者, 浙江月納米三升, 買鹽一斤, 而商賈持鹽赴官, 官爲斂散, 追徵之急過於租賦. 正統時, 從給事中鮑輝言, 令民自買食鹽於商, 罷納米令, 且鬻十斤以下者勿以私鹽論, 而鹽鈔不除. 後條鞭法行, 遂編入正賦.

옮김 譯 처음 제왕부(諸王府)는 곧 가까운 지역에 가서 염을 지급받았는데,[371] 관민의 호구식염(戶口食鹽)[372]은 모두 구(口)를 계산해 초(鈔)를 납부하고 스스로 관지(關支)를 하였다. 그런데 관리의 식염은 대부분 구수(口數)를 거짓으로 늘려, 유관(流官)[373] 한 명에게 2,000여 근을 지급하고, 이전(吏典)[374] 한 명에게 500여 근을 지급하는 경우도 있었다. 이에 제한을 두어, 이전은 10구를 넘지 못하게 하고, 문무관(文武官)은 30구를 넘지 않게 하였으며, 대구(大口)는 초 12관에 염 12근을 지급하고 소구(小口)는 그 반으로 하였다. 경태 3년(1452) 처음으로 염으로 관리의 봉량(俸糧)을 환산하여 지급하였는데, 염 140근을 미 1석으로 환산하였다. 경관(京官)은 해마다 하급관리를 염장으로 파견해 내려보내 멋대로 불법적인 이익을 취하였다. 금의위(錦衣衛)의 이(吏)[375]는 더욱 횡포가 심해 대부분 거선(巨船)들을 거느리고 사사로이 판매해도 유사(有司)가 힐문하지 못하였다. 순염어사가 이에 백관의 식염수(食鹽數)를 정해 일괄하여 이

---

371) 성화 16년(1480) 각 왕부(王府)는 매년 본색으로 식염 300인을 지급받았다고 한다. 휘(徽)·숭(崇)의 2부는 하동운사에서, 양(襄)·길(吉)·흥(興)·익(益)·옹(雍)·영(榮)의 6부는 양회운사에서, 덕(德)·형(衡)·경(涇) 3부는 산동운사에서, 수(壽)·신(申)의 2부는 사천염과사에서 각각 지급받았다. 萬曆『大明會典』권41「戶部 28」經費 조 참조.

372) 호구식염(戶口食鹽)은 관민의 호구에 따라 식염의 수량을 결정하고 그것을 강제적으로 배급한 데 대한 대가로서 초(鈔)·전(錢)·은(銀)·미맥(米麥) 등을 납부하는 방법이다.

373) 품질(品秩)을 갖는 정식의 관료로서 대개는 과거 합격자가 유관(流官)으로 임명되었다.

374) 지방 주현관 아래의 입류(入流)하지 않은 관리를 말한다.

375) '이(吏)'는 실록에는 '관교(官校)'라고 되어 있다. 관교란 여기서는 관군(官軍)과 교위(校尉)의 약칭으로, 관군은 무관, 교위는 금의위(錦衣衛)의 하급병사를 뜻한다. 횡포를 일삼은 것은 하급병사뿐만이 아니라 무관도 참가하고 있음을 알 수 있다. 본문에서 관교를 이로 바꾼 것은 타당치 않다.

(吏)[376]에게 지급하고, 염장으로 내려보내지 못하도록 이를 금하였다. 납초(納鈔)와 추만(僦輓)[377]의 비용을 낼 수가 없어 이(吏)는 대부분 도망하였다. 가정 연간에 이부낭중(吏部郎中) 육광조(陸光祖)[378]가 상서 엄눌(嚴訥)[379]에게 말해, 소(疏)를 올려 이를 혁파하기를 청했다. 그 후부터 백관에게 식염을 지급하는 것을 중지하였는데, 단지 호부 및 13도(道)의 어사[380]에게만 매년 지급하는 것을 예전과 같이 하였다. 군민이 구(口)당초를 납부하는 경우, 절강에서는 매월 미 3승을 납입하고 염 1근을 사도록 하였고, 상인이 염을 가지고 관[381]에 가면, 관이 미를 받고 염을 분배하였는데, 미를 추징[382]하는 것이 조부(租賦)보다 심했다. 정통 때 급사중 포휘(鮑輝)[383]의 말에 따라 민으로 하여금 스스로 상인에게 식염을 사도록 하여 납미령(納米令)을 혁파하였고, 또 10근 이하를 파는 것은 사염으로 논하지 말도록 하였지만, 염초(鹽鈔)[384]는 없애지 않았다. 후에 일조편

376) 실록에는 '인역(人役)'으로 표기되어 있다. 역법에 의하여 고모(雇募)된 자가 염의 수취 및 운반에 나선 것을 알 수 있다. 당시의 인역은 고역(雇役)이었던 것으로 추정된다. 특히 이즈음의 이(吏)는 고역이 많았기 때문에 염의 수령 인역을 이라고 해도 안 될 것은 없을 듯하다.

377) 납초(納鈔)는 염가(鹽價)를 납부하는 것이며, 추만(僦輓)은 운반비를 말한다.

378) 육광조(陸光祖)는 자가 여승(與繩)으로 절강 평호현(平湖縣) 출신이다. 가정 26년 진사가 되었다. 이부시랑과 형부상서를 역임했다. 『明史』 권224 「陸光祖傳」 참조.

379) 엄눌(嚴訥, 1511~1585)은 자가 민경(敏卿)으로, 강소 상숙현(常熟縣) 출신이다. 가정 20년(1541) 진사가 되어 한림학사로 제수되었고, 44년(1565) 입각하였다. 『明史』 권193 「嚴訥傳」 참조.

380) 13도(道)의 어사는 선덕 10년(1435) 도찰원감찰어사(都察院監察御史)를 13도로 나누어 모두 110인(人)을 둔 것을 말한다. 여기에서 도는 감찰어사의 감찰구획으로서 대체적으로 포정사(布政司)의 영역과 일치한다. 절강·강서·하남·산동은 10인의 감찰어사를 두었고, 복건·광동·광서·사천·귀주는 7인을 두었고, 섬서·호광·산서는 8인을 두었으며, 운남에는 11인을 두었다. 이들은 내외의 백관에 대한 감찰을 행하며, 각지에 출순(出巡)하고, 청군(淸軍)·순염(巡鹽)·순조(巡漕) 등을 행하였다.

381) 주현관을 가리키는 듯하다.

382) 염의 대가로 미를 관이 추징하는 것을 말한다.

383) 포휘(鮑輝, ?~1449)는 자가 숙대(淑大)로서 절강 평양현(平陽縣) 출신이다. 선덕 8년 진사가 되었다. 공과급사중(工科給事中)을 역임했는데, 토목의 변의 와중에 사망했다. 『明史』 권167 「王佐傳」의 附傳 참조.

384) 염초(鹽鈔)는 식염을 분배하고 초(鈔)를 납부하는 제도이지만 당시 절강에서는 이 제

법이 행해져 마침내 전부(田賦)로 편입되었다.

원문

巡鹽之官, 洪、永時, 嘗一再命御史視鹽課. 正統元年始命侍郎何文淵、王佐, 副都御史朱與言提督兩淮、長蘆、兩浙鹽課, 命中官御史同往. 未幾, 以鹽法已清, 下敕召還. 後遂令御史視鹺, 依巡按例, 歲更代以爲常. 十一年以山東諸鹽場隸長蘆巡鹽御史. 十四年命副都御史耿九疇清理兩淮鹽法. 成化中, 特遣中官王允中、僉都御史高明整治兩淮鹽法. 明請增設副使一人, 判官二人. 孝宗初, 鹽法壞, 戶部尙書李敏請簡風憲大臣清理, 乃命戶部侍郎李嗣於兩淮, 刑部侍郎彭韶於兩浙, 俱兼都御史, 賜敕遣之. 弘治十四年, 僉都御史王璟督理兩淮鹽法. 正德二年, 兩淮則僉都御史王瓊, 閩、浙則僉都御史張憲. 後惟兩淮賦重, 時遣大臣. 十年, 則刑部侍郎藍章. 嘉靖七年, 則副都御史黃臣. 三十二年, 則副都御史王紳. 至三十九年, 特命副都御史鄢懋卿總理四運司, 事權尤重. 自隆慶二年, 副都御史龐尙鵬總理兩淮、長蘆、山東三運司後, 遂無特遣大臣之事.

옮김 譯

순염관(巡鹽官)[385]의 경우, 홍무와 영락 때에 일찍이 한두 차례 어사에게 명하여 염과(鹽課)를 살펴보도록 하였다. 정통 원년(1436)에 비로소 시랑 하문연(何文淵)[386]과 왕좌(王佐),[387] 부도어사(副都御史) 주여언(朱與言)[388]에게 명하여 양회(兩淮)·장로(長蘆)·양절(兩浙)의 염과를

도가 시행되지 않았다. 따라서 염초에 관한 내용은 절강을 대상으로 한 것이 아니라 전국적 범주의 시야에서 기술한 것으로 보인다.

385) 중앙정부로부터 파견되어 각 산염지(産鹽地)의 염법을 순찰하는 관리를 가리킨다.

386) 하문연(何文淵)은 강서 광창현(廣昌縣) 출신이다. 영락 16년 진사가 되었다. 『獻徵錄』 권24 「何文淵傳」 참조.

387) 왕좌(王佐, ?~1449)는 산동 해풍현(海豊縣) 출신이다. 정통 연간 호부상서를 지냈으며, 토목의 변 중에 사망했다. 『明史』 권167 「王佐傳」 참조.

388) 주여언(朱與言)은 자가 일악(一鶚)으로서 강서 만안현(萬安縣) 출신이다. 영락 9년(1411) 진사가 되었다. 정통 원년(1436) 남경우부도어사(南京右副都御史)가 되었다. 『明史』 권158 「吳訥傳」의 附傳 참조.

제독(提督)케 하였는데, 환관과 어사에게 명하여 함께 가도록 했다. 얼마 지나지 않아 염법이 이미 정돈되었다는 이유로 칙서를 내려 불러들였다. 후에 드디어 어사로 하여금 차(鹾)[389]를 살피게 하였고 순안어사(巡按御史)[390]의 예에 따라 해마다 바꾸는 것을 상례로 하였다. 11년 산동의 각 염장을 장로의 순염어사에게 예속시켰다. 14년 부도어사 경구주(耿九疇)[391]에게 명하여 양회의 염법을 확실하게 관리하도록 했다. 성화 연간에 특별히 환관 왕윤중(王允中)과 첨도어사(僉都御史) 고명(高明)[392]을 파견하여 양회의 염법을 정돈하게 하였다. 고명이 부사(副使) 1인과 판관(判官) 2인을 늘려 설치할 것을 청하였다. 효종 초에 염법이 무너지자 호부상서 이민(李敏)[393]이 풍헌대신(風憲大臣)[394]을 가려 뽑아서 확실하게 관리할 것을 청하니, 이에 호부시랑 이사(李嗣)를 양회에서, 형부시랑 팽소(彭韶)[395]

389) '차(鹾)'란 '염(鹽)'을 말한다. 여기서는 염장을 시찰하는 것을 의미한다.

390) 순안어사(巡按御史)는 천자를 대신해서 지방을 순찰하며 지방관의 비위(非違)를 감찰하는 것을 주요 임무로 한다. 『明史』 권73 「職官志 2」에, "十三道監察御史一百十人, 正七品, 浙江・江西・河南・山東各十人, 福建・廣東・廣西・四川・貴州各七人, 陝西・湖廣・山西各八人, 雲南十一人"이라 되어 있다.

391) 경구주(耿九疇)는 자가 우범(禹範)으로서 하남 노씨현(盧氏縣) 출신이다. 영락 22년 진사가 되었다. 선덕 6년 예과급사중(禮科給事中)으로 되었으며, 정통 초 양회운사의 동지(同知)가 되고, 10년에는 도전운사(都轉運使)가 되어 양회의 염정에 진력하였다. 경태와 천순 연간에는 우부도어사(右副都御史)에서 우도어사(右都御史)로 승진하였는데, 청렴하고 강직한 인물로서 관계의 숙정(肅正)에 힘썼다. 만년에는 남경형부상서(南京刑部尙書)로 승진하였는데 천순 4년에 사망했다. 『明史』 권158 「耿九疇傳」 참조.

392) 고명(高明)은 자가 상달(上達)로서 강서 귀계현(貴溪縣) 출신이다. 어려서 어머니를 섬기는 것으로 이름났다. 경태 2년(1451) 진사가 되었는데, 어사로 제수되었다. 성화 3년(1467) 양주(揚州)에서 발생했던 염민(鹽民)의 반란을 진압했다. 『明史』 권159 「高明傳」 참조.

393) 이민(李敏)은 하남 양성현(襄城縣) 출신이다. 경태 5년에 진사가 되었다. 성화 말년부터 홍치 초에 걸쳐 호부상서로서 황장(皇莊)의 개혁 등을 위해 진력했지만, 충분한 성과를 올리지는 못했다. 『明史』 권185 「李敏傳」 참조.

394) 풍헌대신(風憲大臣)은 관리의 기풍을 숙정하기 위해 황제가 친히 파견하는 대신이다. 대개 도어사의 직함을 겸하였다.

395) 팽소(彭韶)는 자가 봉의(鳳儀)로서 복건 보전현(莆田縣) 출신이다. 천순 원년 진사가 되었다. 홍치 연간 형부우시랑(刑部右侍郞)으로 첨도어사(僉都御史)를 겸하면서 염법을 정리하였다. 『明史』 권183 「彭韶傳」 참조.

를 양절에서 모두 도어사를 겸하도록 하여 칙서를 내려 파견하였다. 홍치 14년(1501) 첨도어사 왕경(王璟)[396]이 양회의 염법을 감독하였다. 정덕 2년(1507) 양회는 첨도어사 왕경(王瓊)이, 복건과 절강은 첨도어사 장헌(張憲)이 관리하였다. 이후 오직 양회의 부(賦)만 무거워지자 때때로 대신을 파견하였다. 10년(1515)에는 형부시랑 남장(藍章)[397]을, 가정 7년(1528)에는 부도어사 황신(黃臣)[398]을, 32년(1553)에는 부도어사 왕신(王紳)[399]을, 39년(1560)에 이르러서는 특별히 부도어사 언무경(鄢懋卿)[400]에게 명하여 네 운사(運司)를 총괄해 다스리도록 하니, 권한이 막중했다. 융경 2년(1568) 부도어사 방상붕(龐尙鵬)[401]이 양회·장로·산동의 세 운사를 총괄해 다스리게 된 뒤로부터 마침내 특별히 대신을 파견하는 일이 없었다.

茶法

원문 番人嗜乳酪, 不得茶, 則困以病. 故唐、宋以來, 行以茶易馬法, 用制羌、戎, 而明制尤密. 有官茶, 有商茶, 皆貯邊易馬. 官茶間徵課鈔, 商茶輸課略如鹽制.

---

396) 왕경(王璟)은 자가 정채(廷采)로서 산동 기주(沂州) 출신이다. 성화 8년(1472) 진사가 되었다. 홍치 14년(1501) 남경도어사(南京都御史)가 되어 양절 지역의 염정을 관리하였다. 『明史』 권186 「王璟傳」 참조.

397) 남장(藍章)은 산동 즉묵현(卽墨縣) 출신이다. 성화 19년 진사가 되었다. 정덕 10년(1515) 양회와 장로의 염법을 관리하였다. 『山東通志』 권28－3 「人物」 참조.

398) 황신(黃臣)은 자가 백린(伯鄰)으로서 산동 제양(濟陽) 출신이다. 정덕 6년(1511) 진사가 되었다. 이·호·형·공 등 4과(科)의 급사중을 역임하였으며, 절강 지역의 염법을 관리하였다. 『山東通志』 권28－3, 「人物」 참조.

399) 주 295) 참조.

400) 주 310) 참조.

401) 주 326) 참조.

옮김 譯 번인(番人)[402]은 버터를 즐겨, 차(茶)를 얻지 못하면 곤란하여 괴로워하였다. 그러므로 당송 이래로 차로써 그들의 말과 바꾸는 제도를 시행하면서 융적(戎狄)을 통제하였으며,[403] 명에 와서는 이를 더욱 엄격히 시행하였다. 관차(官茶),[404] 상차(商茶)[405] 모두 변경 지방에 저장하였다가 말과 바꾸었다.[406] 관차는 때때로 과초(課鈔)[407]를 징수하며, 상차는 과(課)[408]를 납부케 한 것이 대략 염제와 같았다.

원문 初, 太祖令商人於產茶地買茶, 納錢請引. 引茶百斤, 輸錢二百, 不及引曰畸零, 別置由帖給之. 無由、引及茶引相離者, 人得告捕. 置茶局批驗所, 稱較茶引不相當, 卽爲私茶. 凡犯私茶者, 與私鹽同罪. 私茶出境, 與關隘不譏者, 並論死. 後又定茶引一道, 輸錢千, 照茶百斤; 茶由一道, 輸錢六百, 照茶六十斤. 旣, 又令納鈔, 每引由一道, 納鈔一貫.

---

402) 번(番)은 번(蕃)과 통한다. 번인(番人)은 서장(西藏; 티베트)・청해(青海)와 사천 서북쪽에 사는 소수민족을 가리킨다.

403) 당대 이전에는 주로 견백(絹帛)과 말을 바꾸었다. 당 이후에 차와 말을 바꾸는 제도가 만들어졌다. 송대에 이르러 차마(茶馬)교역을 전문적으로 담당하는 차마사(茶馬司) 등의 기구가 출현했다. 명대에 이 교역제도를 계승하여 서북변경에 차마사를 두었으며, 요동과 북방 여러 민족과의 사이에 설치한 마시(馬市)와 함께 중국의 군마(軍馬)공급원으로 삼았으며, 아울러 이민족을 통제하는 수단으로 삼기도 했다.

404) 관차(官茶)는 정부가 소유하는 차라는 의미이다. 협의로는 차의 생산자로부터 본색 즉 현물로 받아 관부(官府)에서 거두어들인 차를 말하며, 광의로는 관부가 필요상 민간에서 구입한 차와 관에 몰수한 사차(私茶) 및 상공물(上供物)로 공납된 공차(貢茶) 등을 포함한다.

405) 상차(商茶)는 차의 판매허가증인 차인(茶引)・차유(茶由)를 상인에게 주어 판매케 한 차를 말한다.

406) 사천이나 섬서 지역에서 생산되는 차에 해당하며, 강남이나 기타 다른 지방에서 나는 차에 대한 언급은 아니다.

407) 과초(課鈔)는 차의 생산자로부터 해마다 부과하여 징수하는 차세(茶稅)이며, 현물로 납부하는 본색과 대납하는 절색이 있다. 여기에서의 과초는 현물인 차 대신에 지폐인 초(鈔)로 징수하는 것을 가리킨다. 섬서와 사천은 주로 본색을 징수하고 다른 지역은 초로 하는 경우가 많았다.

408) 차과(茶課) 또는 인과(引課)를 가리킨다. 과를 납부한다는 것은 차 상인이 관부가 발급한 차인・차유에 대한 대가(代價)를 납부하는 것을 말한다.

옮김 譯

국초에[409] 태조는 상인에게 차의 산지에서 차를 매입하는 경우, 전(錢)을 내고 인(引)[410]을 청구하도록 하였다. 인마다 차 100근이 지급되며, 전 200을 납부해야 하는데,[411] 인에 미치지 못하면 기령(畸零)이라 하여 별도로 유첩(由帖)[412]을 두어 지급하였다. 유(由)와 인이 없거나 차와 인이 서로 일치하지 않는 경우는 다른 사람들이 고발하여 체포할 수 있었다. 차국(茶局)·비험소(批驗所)[413]를 설치하여 무게를 달아 비교했는데, 차와 인이 서로 맞지 않으면 사차(私茶)로 간주하였다. 사차를 범하는 자는 사염과 동일하게 처벌하였다.[414] 사차가 경계 밖으로 나가는 경우와 관애(關隘)에서 적발하지 못한 자는 모두 사죄(死罪)로 논하였다. 후에 또 정하기를, 차인 1장은 전 1,000을 납부하고 차 100근에 해당시켰으며, 차유(茶由) 1장은 전 600을 납부케 하고 차 60근에 해당시켰다. 얼마 있다가 또 초(鈔)를 납부케 하여, 인·유 1장마다 초 1관을 납부케 하였다.[415]

원문

洪武初, 定令 : 凡賣茶之地, 令宣課司三十取一. 四年, 戶部言 : "陝西漢中、金州、石泉、漢陰、平利、西鄉諸縣, 茶園四十

409) '국초'는 원 지정 26년(1366)이며, 명 태조가 즉위하기 2년 전의 일이다.

410) 인(引)은 정부가 발행하는 차인(茶引)을 가리킨다. 인은 본래 증명서이며, 약속어음이나 허가증으로 사용되었다. 결국 차인이란 차의 판매허가증이다.

411) 차 100근을 1인(引)으로 하여, 1인에 차 100근을 주고, 차과(茶課)로서 동전 200문을 거둔다는 뜻이다.

412) 유첩(由帖)도 차의 판매허가증이다. 차가 100근에 미치지 못하면 유첩을 발급하는데, 차 60근을 1유(由)로 하였다. 차인에 대하여 차유라고도 하는데, 차인을 보조한다는 뜻으로 보인다.

413) 차국(茶局)·비험소는 동일한 관청의 앞뒤 명칭으로서, 차인과 차를 비교 검사하여 그 가부를 결정하는 관청이다. 비험소는 비험차과소(批驗茶課所) 또는 비험차인소(批驗茶引所)의 약칭이다. 홍무 초 강남의 차 산지에 차국을 설치하였다가 이후 비험차인소로 개명하였다.

414) 『大明律』 권8 「戶律 5」 課程鹽法의 사차(私茶) 규정에 의한다. 사염을 범하는 자는 장(杖) 100, 도(徒) 3년의 죄를 주었는데, 사차의 죄도 이와 마찬가지라는 이야기이다.

415) 인유(引由)의 대가로 전(錢) 대신에 초(鈔)를 납부하게 한 것은, 당시 초의 유통 대책에 따라 정부가 초를 회수하려 하였기 때문이다.

五頃, 茶八十六萬餘株. 四川巴茶三百十五戶, 茶二百三十八萬餘株. 宜定令每十株官取其一. 無主茶園, 令軍士薅采, 十取其八, 以易番馬." 從之. 於是諸產茶地設茶課司, 定稅額, 陝西二萬六千斤有奇, 四川一百萬斤. 設茶馬司於秦、洮、河、雅諸州, 自碉門、黎、雅抵朵甘、烏思藏, 行茶之地五千餘里. 山後歸德諸州, 西方諸部落, 無不以馬售者.

옮김 譯 홍무 초에 영을 정하기를, 차를 파는 모든 곳에서는 선과사(宣課司)로 하여금 1/30의 세를 취하게 하였다.[416] 홍무 4년 호부에서 말하기를, "섬서(陝西)의 한중(漢中)·금주(金州)·석천(石泉)·한음(漢陰)·평리(平利)·서향(西鄉) 등의 현은 차원(茶園) 45경(頃), 차 86만여 주(株)이고, 사천의 파(巴)[417]지역은 차호(茶戶) 315호(戶), 차 238만여 주입니다. 마땅히 영을 정하여, 10주마다 1주를 관에서 취해야 합니다. 주인이 없는 차원은 군사에게 잡초를 뽑고 채취케 하여 8/10을 취하여 번마(番馬)와 바꾸게 하시기 바랍니다" 하니, 이에 따랐다. 이때에 모든 차의 산지에 차과사(茶課司)[418]를 설치하고, 세액을 정하니, 섬서는 2만 6,000근 남짓, 사천은 100만 근이었다. 진(秦)·조(洮)·하(河)·아주(雅州) 등의 여러 주[419]에 차마사(茶馬

---

416) 선과사(宣課司)는 당시 경사인 남경에 두어졌으며, 지방의 세과사 등과 함께 상세(商稅)를 징수하던 기관인데, 여기서는 상세 징수기관의 대표로서 특기되고 있는 것이다. 『明會典』 권32 「戶部 17」 참조.

417) 파(巴)는 옛 군명(郡名)이다. 명대에는 중경부(重慶府)가 설치되었다. 여기에서는 금각지(禁榷地)로서의 보녕부(保寧府) 소속의 파주(巴州)·통강(通江)·광원(廣元)·남강(南江) 등의 여러 주현 지방을 가리킨다.

418) 차과사(茶課司)는 차의 산지에 설치되었으며, 차과(茶課)와 차세(茶稅)를 징수하는 기관이다. 차과는 통상법(通商法) 시행 지역에서는 상인의 인유에 대한 세금이지만, 섬서와 사천의 각차법(榷茶法) 지역에서는 차의 생산자에 대한 관의 수매 할당액을 의미한다.

419) 진주(秦州)는 공창부(鞏昌府)에 속했으며 진안(秦安) 등의 현을 관할한다. 지금의 감숙성(甘肅省) 천수시(天水市) 및 진안(秦安)·청수(清水) 등의 현이다. 조주(洮州)는 조주위(洮州衛)를 가리키며 섬서도사(陝西都司)에 속했다. 지금의 감숙성 임담(臨潭)·탁니(卓泥)·녹곡(碌曲) 등의 현이다. 하주(河州)는 임조부(臨洮府)에 속했으며, 홍무 7년 서안행도위(西安行都衛)가 이곳에 두어졌다. 하주·타감(朵甘)·오사장(烏思藏)의 3위를 거느렸다. 지금의 감숙성 임하(臨夏)·하하(河夏)·화정(和政) 등의 현이다. 아주(雅州)는 명산(名山)·영경(滎經)·노산(蘆山) 등의 현을 관할한다. 지금의 사천성 아안(雅安)·영경(滎經)·홍아(洪雅)·명산(名山) 등의 현이다.

司)[420]를 설치하니, 조문(碉門)·여(黎)·아(雅)[421]로부터 타감(朵甘)·오사장(烏思藏)[422]에 이르기까지 차 유통지역은 5,000여 리(里)에 달했다. 산후(山後)[423]의 귀덕(歸德) 등 여러 주와 서쪽의 여러 부락 가운데 마(馬)와 교환하지 않는 곳이 없었다.

원문 碉門、永寧、筠連所產茶, 名曰剪刀麁葉, 惟西番用之, 而商販未嘗出境. 四川茶鹽都轉運使言 : "宜別立茶局, 徵其稅, 易紅纓、氈衫、米、布、椒、蠟以資國用. 而居民所收之茶, 依江南給引販賣法, 公私兩便." 於是永寧、成都、筠連皆設茶局矣.

옮김 譯 조문(碉門)·영녕(永寧)·균련(筠連)[424]에서 생산된 차는 전도추엽(剪刀麁葉)[425]이라 하였는데, 서번(西番) 만이 이를 이용하였고 상인은 경계를 넘는 일이 없었다. 사천차염도전운사(四川茶鹽都轉運使)[426]에서 말하기를, "마땅히 따로 차국(茶局)[427]을 설치하여 세를 징수하여 홍영

420) 차마사(茶馬司)는 차를 집적하여 서번(西番)과의 차마무역을 관장하는 관사이며, 섬서와 사천의 서번과 인접한 변경지대에 설치되었다.

421) 조문(碉門)은 조문채(碉門寨)이며 아주(雅州)에 속했다. 명초에 여기에 백호소(百戶所)가 설치되었다. 지금의 사천성 영경현(榮經縣) 서북(西北)이다. 여(黎)는 여주장관사(黎州長官司)이다. 사천포정사(四川布政司)에 소속되었다. 지금의 사천성 청계현(淸溪縣)의 경내에 있다. 아(雅)는 아주로서 사천성 아안현(雅安縣)이다.

422) 타감(朵甘), 오사장(烏思藏)은 모두 당대 토번(吐蕃)의 구역이며, 원대에 이를 정복하여 토번선위사(土蕃宣慰司) 등을 설치하였다. 명은 타감에 타감도지휘사사(朵甘都指揮使司)와 선위사사(宣慰使司) 및 천호소(千戶所)를 두었다. 지금의 사천성 감자장족(甘孜藏族) 자치주 절다산(折多山) 서쪽과 이당(理塘) 북쪽 지역을 관할하였다. 오사장은 지금의 서장(西藏) 자치구이다.

423) 산후(山後)는 감숙성 임하시(臨夏市) 서북(西北) 소적석산맥(小積石山脈) 북쪽 지역을 말한다. 이 산맥이 바로 감숙성(甘肅省)과 청해성(青海省)의 경계가 된다.

424) 영녕(永寧)은 영녕 선무사(宣撫司)를 가리킨다. 구성(九姓)과 태평(太平)의 두 장관사(長官司)를 거느린다. 지금의 사천성 서영(敘永)·홍문(興文)·고린(古藺)등의 현이다. 균련(筠連)은 서주부(叙州府) 고주(高州)에 속하며, 현재 사천성 균련현이다.

425) 전도추엽(剪刀麁葉)은 사천성 서남부의 산지나 들에서 자라는 조악한 엽차의 명칭이다.

426) 사천차염도전운사(四川茶鹽都轉運使)는 홍무 5년(1372) 설치하였다가 10년에 없앴는데, 차염(茶鹽) 재무를 관장하는 중앙 직속의 특설 관청으로서, 그 장관을 아염도전운사(亞鹽都轉運使)라고 한다.

(紅纓)・전삼(氈衫)・미(米)・포(布)・초(椒)・납(蠟)[428]으로 바꾸어 국용(國用)에 보탬이 되게 하십시오. 거주하는 백성이 거두어들인 차는 강남에서의 급인판매법(給引販賣法)[429]에 의거한다면 관민이 모두 편해질 것입니다" 하니, 이에 영녕・성도(成都)・균련에 모두 차국을 설치하였다.

원문 川人故以茶易毛布、毛纓諸物以償茶課. 自定課額, 立倉收貯, 專用以市馬, 民不敢私采, 課額每虧, 民多賠納. 四川布政司以爲言, 乃聽民采摘, 與番易貨. 又詔天全六番司民, 免其徭役, 專令蒸烏茶易馬.

옮김(譯) 사천 사람들은 원래 차를 모포(毛布)・모영(毛纓) 등의 물품과 교역하여 차과(茶課)를 납부하여 왔다. 과액(課額)을 정하여 창고를 지어 차를 저장하면서부터는 차를 말의 구입에만 사용하니, 백성은 감히 사사로이 차를 수확하지 못하여 과액이 모자랄 때마다 백성들은 채워 넣어 납입하는 경우가 많았다.[430] 사천포정사(四川布政使)에서 그것을 거론하여 마침내 백성이 차를 따서 번(番)과 물품을 교역하는 것을 허락하였다. 또 조(詔)를 내려 천전(天全) 6번사(番司)[431]의 백성은 요역을 면제하여주었는데, 오로지 오차(烏茶)[432]만을 쪄서 말과 교역하게 하였다.

---

427) 차국(茶局)은 차과사(茶課司)와 같다. 별도로 차국을 세웠다는 것은, 사천의 파(巴) 지역의 차 산지에 설치한 차과사에 대하여 서남부의 차 산지에도 이를 설치하여 차세(茶稅)를 징수하였다는 의미이다.

428) 홍영(紅纓) 즉 붉은 끈은 일명 모영(毛纓)이라고 하며 말의 꼬리털을 붉게 염색하여 만들며, 군모(軍帽)나 창(槍)의 끈과 마구(馬具)에 장식으로 사용한다. 전삼(氈衫)은 모직 옷이다. 초(椒)는 산초이며, 납(蠟)은 백랍이다.

429) 급인판매법(給引販賣法)이란 강남의 차 생산지에서 시행한 상차인유(商茶引由)제도인데, 상인에게 차가 생산되는 주현에 가서 차과(茶課)를 납부하고는 차인(茶引)을 청구하도록 하여 그들에게 차의 판매를 인가하는 방법이다.

430) 과액(課額)을 정한다는 말은 세과(歲課) 이외에 관이 수매하는 차과액(茶課額)을 정하는 것을 일컫는 것이다. 그것을 관의 창고에 저장하여 말로 바꾸기 위해 차호(茶戶)가 차를 마음대로 처분하지 못하도록 하니, 차호는 세과의 미납에 괴로워하게 되었던 것이다.

431) 천전(天全) 6번사(番司)는 천전의 6번초토사(番招討司)의 약칭이다. 홍무 6년(1373)에 설치되어 사천포정사에 직속되었지만, 21년에 사천도사(四川都司)에 예속시켰다. 천전은 사천의 서부로서 서번과 경계를 접하는데, 지금의 사천성 천전・보흥(寶興) 등의 현이다.

원문 初制, 長河西等番商以馬入雅州易茶, 由四川巖州衛入黎州始達. 茶馬司定價, 馬一匹, 茶千八百斤, 於碉門茶課司給之. 番商往復迂遠, 而給茶太多. 巖州衛以爲言, 請置茶馬司於巖州, 而改貯碉門茶於其地, 且驗馬高下以爲茶數. 詔茶馬司仍舊, 而定上馬一匹, 給茶百二十斤, 中七十斤, 駒五十斤.

옮김譯 초제(初制)433)에 장하서(長河西)434) 등의 번상(番商)이 말을 가지고 아주(雅州)에 들어와 차와 교역할 때, 사천 암주위(巖州衛)435)에서 여주(黎州)로 들어와 비로소 도달하였다. 차마사에서 값을 정하기를, 말 1필에 차 1,800근으로 하였고, 조문차과사(碉門茶課司)에서 지급하였다. 번상은 먼 거리를 왕복하였는데 차의 지급은 너무 많았다. 암주위에서는 이러한 문제를 거론하며, 차마사를 암주(巖州)에 설치하고, 조문(碉門)의 차를 그곳에 저장하도록 바꾸며, 또한 말의 질을 조사하여 차의 수량을 정하도록 청하였다. 조(詔)를 내려 차마사는 구제(舊制)에 따르되, 상마(上馬) 1필에 차 120근을 지급하고, 중마(中馬)는 70근, 망아지는 50근을 지급토록 정하였다.

원문 三十年改設秦州茶馬司於西寧, 敕右軍都督曰: "近者私茶出境, 互市者少, 馬日貴而茶日賤, 啓番人玩侮之心. 檄秦、蜀二府, 發都司官軍於松潘、碉門、黎、雅、河州、臨洮及入西番關口外,

---

432) 오차(烏茶)는 사천 서남부 토산(土産)의 조악한 엽차를 쪄서 가공시킨 차의 명칭이다.

433) 『太祖實錄』 洪武 22년 6월 丙寅 조에는 '初制'가 '每歲'로 되어 있다. 따라서 홍무22년 이전의 관례를 의미한다.

434) 장하서(長河西)는 어통(魚通) · 영원(寧遠) 등과 함께 사천 서쪽 변방 바깥에 있는데, 원래는 토번(吐蕃)의 영역으로서, 홍무 16년(1383) 장하서군민안무사(長河西軍民安撫司)가 설치되었다가, 30년에 선위사(宣慰司)로 고쳤으며, 치소는 지금의 사천성 강정현(康定縣)에 있었다.

435) 암주위(巖州衛)는 명초에 설치했다가 이후 없앴다. 지역은 동으로는 여주(黎州)와 아주(雅州) 등의 여러 주에 인접하고, 서로는 장하서의 서번 지역과 인접한다. 지금의 사천성 천전현(天全縣)의 서남이다.

巡禁私茶之出境者." 又遣駙馬都尉謝達諭蜀王椿曰:"國家榷茶, 本資易馬. 邊吏失譏, 私販出境, 惟易紅纓雜物, 使番人坐收其利, 而馬入中國者少, 豈所以制戎狄哉! 爾其諭布政司、都司, 嚴爲防禁, 毋致失利."

옮김 譯 홍무 30년에 바꾸어 진주차마사(秦州茶馬司)를 서녕(西寧)[436]에 설치하고 우군도독(右軍都督)[437]에게 칙을 내려 말하기를, "근래에 사차가 변경을 넘어가 호시(互市)하는 것은 적어지니, 말의 값은 날로 비싸지나 차는 날로 싸져서 번인(番人)의 업신여기는 마음을 불러일으킨다. 진(秦)과 촉(蜀) 2부(府)[438]에 격문을 내려 도사(都司)[439]의 관군을 송반(松潘)[440]·조문(碉門)·여(黎)·아(雅)·하주(河州)·임조(臨洮) 및 서번(西番)으로 들어가는 관(關) 입구 밖에 파견하여 사차가 변경을 나가는 것을 순찰하여 금하도록 하라"고 하였다. 또한 부마도위(駙馬都尉)[441] 사달(謝達)을 파견하여 촉왕(蜀王) 춘(椿)에게 유시(諭示)를 내려 말하기를, "국가가 차를 전매하는 것은 본디 마(馬)의 교역에 이바지하고자 한 것이다. 변방의 관리가 살펴 조사하지 못하여 사판(私販)이 경계를 넘어 오직 홍영(紅纓)의 잡물(雜物)만을 교역하여 번인에게 앉아서 그 이익을 얻게 하고 중

436) 서녕(西寧)은 서녕위(西寧衛)이며 홍무 6년(1373)설치되었으며 섬서도사(陝西都司)에 속했다. 지금의 청해성(靑海省) 서녕시(西寧市)와 황중(湟中)·황원(湟源)·대통(大通) 등의 현이다.

437) 우군도독부(右軍都督府)의 장관을 가리킨다. 우군도독부는 오군도독부(五軍都督府)의 하나로 홍무 13년의 관제 개혁에 의하여 오군으로 나뉘어졌는데, 사천과 섬서의 도사(都司)는 우군도독부가 관할하게 되었다.

438) 진(秦)과 촉(蜀) 2부는 진왕(秦王)과 촉왕(蜀王)이 분봉(分封)되어 있는 왕부(王府)이다. 진왕은 태조의 둘째 아들인 주상(朱樉)으로 섬서 서안(西安)에 봉해졌고, 촉왕은 11번째 아들인 주춘(朱椿)이며, 사천 성도(成都)에 봉해졌다.

439) 도사(都司)는 도지휘사사(都指揮使司)의 준말인데, 여기서는 섬서와 사천의 두 도사를 가리킨다.

440) 송반(松潘)은 사천도사(四川都司) 소속의 위(衛)이다. 지금의 사천성 송반현(松潘縣)이다. 송반(松潘), 조문(碉門), 여주(黎州), 아주(雅州)는 모두 사천의 서쪽 변경에 위치한다. 임조(臨洮)는 하주위(河州衛)와 함께 섬서의 서쪽 변경에 위치한다.

441) 부마도위(駙馬都尉)는 관명(官名)으로 한대에 부마 즉 천자의 종거(從車)의 말을 관장하는 관직이었지만, 위진(魏晉) 이후 공주(公主)의 배우자가 모두 이 관직을 얻게 되는 것이 관례가 되었는데, 이는 명대에도 마찬가지였다.

국으로 수입되는 말이 적게 하니, 어찌 이것이 융적(戎狄)을 제어하는 방법이겠는가? 그대는 포정사와 도사에게 유시하여 엄히 이를 금하여 이로움을 잃지 않도록 하라"라고 하였다.

원문 當是時, 帝綢繆邊防, 用茶易馬, 固番人心, 且以强中國. 嘗謂戶部尙書郁新 : "用陝西漢中茶三百萬斤, 可得馬三萬匹, 四川松、茂茶如之, 販鬻之禁, 不可不嚴." 以故遣僉都御史鄧文鏗等察川、陝私茶; 駙馬都尉歐陽倫以私茶坐死. 又制金牌信符, 命曹國公李景隆齎入番, 與諸番要約, 篆文上曰"皇帝聖旨", 左曰"合當差發", 右曰"不信者斬". 凡四十一面 : 洮州火把藏思囊日等族, 牌四面, 納馬三千五十匹; 河州必里衛西番二十九族, 牌二十一面, 納馬七千七百五匹; 西寧曲先、阿端、罕東、安定四衛, 巴哇、申中、申藏等族, 牌十六面, 納馬三千五十匹. 下號金牌降諸番, 上號藏內府以爲契, 三歲一遣官合符. 其通道有二, 一出河州, 一出碉門, 運茶五十餘萬斤, 獲馬萬三千八百匹. 太祖之馭番如此.

옮김譯 이때는 황제가 변경의 방위를 단속하여 차를 가지고 마(馬)를 교역하여 번인의 마음을 안정시키고 또한 이로써 중국을 강하게 하였다. 일찍이 호부상서 욱신(郁新)[442]에게 이르기를, "섬서, 한중의 차 300만 근이면 3만 필의 말을 구할 수 있고[443] 사천의 송주(松州)·무주(茂州)[444]의 차도 그와 같으니, 차의 판매를 금지하는 것은 엄히 하지 않으면

---

442) 욱신(郁新, ?~1405)은 자가 돈본(敦本)으로 봉양부(鳳陽府) 임회(臨淮) 출신이다. 홍무 연간에 호부탁지주사(戶部度支主事)로 제수된 뒤, 상서에까지 승진했는데, 건문 연간에 병으로 귀향하였다. 영락제 즉위 후 소환(召還)되어 이후 13년간 호부상서를 역임하였다.

443) 이는 마(馬) 1필에 대략 차 100근으로 상정한 것이다. 다만 이 문장은 많은 말을 구입하려면 다량의 차가 필요하다는 것으로, 섬서 한중(漢中)의 실제 차의 생산량은 아니다. 명 중기 이 지역의 차 생산량은 대략 백 수십 만 근에 달했다고 한다.

444) 송주(松州)는 홍무 20년에 주를 철폐하고 사천도사에 예속되는 송반등처군민사(松潘等處軍民司)의 관할이 되었으나, 가정 42년에 군민사를 폐지하고 송반위(松潘衛)로 바꾸었다. 지금의 사천성 송반현(松潘縣)이다. 무주(茂州)는 지금의 사천성 무현(茂縣)이다.

안 된다"라고 하였다. 그리하여 첨도어사[445] 등문갱(鄧文鏗)[446] 등을 파견하여 사천・섬서의 사차를 규찰하였다. 부마도위(駙馬都尉) 구양륜(歐陽倫)은 사차 때문에 사형을 당했다.[447] 또한 금패신부(金牌信符)[448]를 제조하고 조국공(曹國公) 이경륭(李景隆)[449]에게 명하여 그것을 가지고 번(番)에 가서 제번(諸番)과 약정을 하도록 하였는데, 그 신패(信牌)에는 전서(篆書)로 윗면에 "황제성지(皇帝聖旨)", 왼쪽에 "합당차발(合當差發)[450]", 오른쪽에는 "불신자참(不信者斬)"이라고 적혀 있었다. 모두 41개인데, 조주(洮州)의 화파장(火把藏)[451]・사낭일(思囊日)[452] 등의 족(族)은 패(牌)가 4개로 말 3,050필을 바쳤고, 하주(河州) 필리위(必里衛)[453]의 서번(西番) 29족(族)은 패가 21개로

---

445) 첨도어사(僉都御史)는 도찰원(都察院)에 속하며, 도어사(都御史)와 부도어사(副都御史) 바로 아래의 정4품관이다. 실록에는 서첨도어사(署僉都御史)로 되어 있다.

446) 등문갱(鄧文鏗)은 자가 덕성(德聲)으로, 복건 사현(沙縣) 출신이다. 홍무 18년에 진사가 되었다. 무명지현(茂名知縣)으로 제수되었는데, 치적이 높은 평가를 받아 형부주사(刑部主事)로 발탁되었고, 첨도어사(僉都御史)로까지 승진하였다.

447) 구양륜(歐陽倫)은 자신의 지위를 이용하여 가노(家奴)를 섬서에 파견하여 경계를 넘어 사차(私茶)의 밀매를 행하였다. 난현(蘭縣)의 하교순검사(河橋巡檢司)의 관리에게 적발되어 결국 사형을 당했다. 『明史』 권121 「列傳 9」 참조.

448) 금패신부(金牌信符)는 서번(西番)과의 차마(茶馬)무역에서 부정행위를 막기 위하여 명 조정에서 동으로 만든 일종의 감합으로 서번의 각 추장(酋長)에게 발급해주었다. 한편 萬曆 『大明會典』 권108 「禮部」 朝貢西戎 조에 의하면, 당시 금패신부는 양문신부(陽文信符)와 음문신부(陰文信符) 외에 1호부터 100호까지의 자호(字號)가 붙은 비문감합(批文勘合)과 감합저부(勘合底簿)가 있었는데, 음문신부 및 감합은 토관(土官)에게, 감합저부는 포정사에게, 양문신부 및 감합은 내부(內府)에게 보관토록 했다고 한다.

449) 이경륭(李景隆)은 소자(小字)가 구강(九江)이며 조국공(曹國公) 이문충(李文忠)의 장자이다. 홍무 16년(1383) 이문충이 죽자 19년(1386) 이경륭이 조국공을 계승하여 호광・섬서・하남에서 병사들을 훈련시켰고, 서번에서 말의 무역에 관여하였다.

450) '합당차발(合當差發)'이란 마땅히 차발해야 한다는 뜻이다. 차발이란 원래 내지의 백성들에게 부역이 있는 것과 마찬가지로 서번인에게는 말을 바치는 것이 당연한 의무로 부과한 것을 가리킨다. 명조의 체면 때문에 차발이라는 용어를 사용하였지만, 실제로는 차마무역(茶馬貿易)의 의미이다.

451) 화파장(火把藏)은 화파족(火把族)이라고도 하며 조주(洮州)의 민주위(岷州衛)에 거주하였다. 장족(藏族)의 한 분파로 여겨진다.

452) 사낭일(思囊日)은 당시 타감 지역에 거주했던 민족이며 장족의 한 분파로 여겨진다.

453) 필리위(必里衛)는 명초에 설치되었으며, 하주(河州) 서쪽지역이다. 지금의 황하 상류 바얀카라 산맥의 북쪽이다.

말 7,705필을 바쳤으며, 서녕(西寧)의 곡선(曲先)·아단(阿端)·한동(罕東)·안정(安定) 등 4위(衛)[454]의 파왜(巴哇)[455]·신중(申中)[456]·신장(申藏)[457] 등 족은 패가 16개로 말 3,050필을 바쳤다. 신패의 아래짝은 제번(諸番)에게 내리고 위짝은 내부(內府)[458]에 소장하여 맞출 수 있도록 하였는데,[459] 3년마다 한 번씩 관리를 파견하여 서로 맞추었다. 그곳으로 통하는 길은 둘로서, 하나는 하주로, 또 하나는 조문(碉文)으로 나아가는데, 차 50여 만 근을 운송하여 말 1만 3,800필을 얻었다. 태조가 번을 제어하는 것이 이와 같았다.

원문 永樂中, 帝懷柔遠人, 遞增茶斤. 由是市馬者多, 而茶不足. 茶禁亦稍馳, 多私出境. 碉門茶馬司至用茶八萬餘斤, 僅易馬七十匹, 又多瘦損. 乃申嚴茶禁, 設洮州茶馬司, 又設甘肅茶馬司於陝西行都司地. 十三年特遣三御史巡督陝西茶馬.

옮김 譯 영락 연간에 황제가 원인(遠人)을 회유하려고 차의 근수(斤數)를 점차 증가시켰다.[460] 이 때문에 말을 거래하는 것이 많아지니 차가 부족하게 되었다. 차의 금법(禁法) 또한 점점 풀어져 사사로이 경계

454) 영락 5년(1372) 서녕위가 설치되었다. 8년(1375) 안정(安定)·아단위(阿端衛)가 설치되었다. 32년(1397) 한동위(罕東衛)가 설치되었다. 영락 4년(1406) 곡선위(曲先衛)가 설치되었다. 곡선(曲先)·아단(阿端)·한동(罕東)·안정(安定)을 하서(河西) 4진(鎭)이라 칭하였다.

455) 파왜족(巴哇族)은 처음에는 하서 주랑(走廊)의 북쪽에서 목축을 하다가 정덕 연간 명군의 공격을 받아 청해성(青海省) 경내로 흩어졌다.

456) 신중족(申中族)은 신충족(申沖族)이라고도 하며 홍무 때 청해(青海) 북쪽으로 이주하여 성곽을 건설하며 농사와 목축으로 생활했다. 총 300호, 600여 명의 인구가 있었으며 모포(毛布)를 생산했다.

457) 신장족(申藏族)은 갑장족(甲藏族)이라고도 하며 청해호(青海湖)의 북쪽 연안에 거주했다. 명말 때 이들은 이미 흩어지고 말았다.

458) 궁중의 고(庫)를 가리킨다.

459) 금패(金牌)의 위짝은 양문(陽文)으로, 아래짝은 음문(陰文)으로 되어 있어 식별되도록 했다. 상하의 두 신부(信符)를 합쳐 대조해보아 그 진위를 가렸다.

460) 차(茶)의 근수를 증가시켰다는 것은 홍무 연간 차마(茶馬)의 비가(比價)가 상마(上馬)는 차 80근, 중마(中馬)는 60근, 하마(下馬)는 40근이었던 것을 영락 초에 증가시킨 것을 말한다.

를 넘는 것이 많아졌다. 조문차마사(碉門茶馬司)는 차 8만여 근으로 겨우 말 70필을 바꾸기에 이르렀는데, 그나마 대부분은 비쩍 마른 것이었다. 이에 차의 금령(禁令)을 엄중히 실시[461]하여 조주차마사(洮州茶馬司)[462]를 설치하였고, 또한 감숙차마사(甘肅茶馬司)를 섬서행도사(陝西行都司)[463] 지역에 설치하였다. 13년에는 특별히 어사 3명을 파견하여 섬서의 차마를 순찰 감독하였다.

원문 太祖之禁私茶也, 自三月至九月, 月遣行人四員, 巡視河州、臨洮、碉門、黎、雅. 半年以內, 遣二十四員, 往來旁午. 宣德十年, 乃定三月一遣. 自永樂時停止金牌信符, 至是復給. 未幾, 番人爲北狄所侵掠, 徙居內地, 金牌散失. 而茶司亦以茶少, 止以漢中茶易馬, 且不給金牌, 聽其以馬入貢而已.

옮김 譯 태조가 사차를 금하면서, 3월부터 9월에 이르기까지 달마다 행인(行人)[464] 네 명을 파견하여 하주(河州)·임조(臨洮)·조문(碉門)·여(黎)·아(雅)를 순시하게 하였다. 반년 동안 24명을 파견하니 왕래하는 사람이 서로 교차될 정도였다. 선덕 10년(1435)에 이르러 석 달에 한 번 파견하도록 결정하였다. 영락 때부터 정지되었던 금패신부(金牌信符)를 이때에 이르러 다시 지급하였다. 얼마 되지 않아 번인은 북적(北狄)의 침략을 받아[465] 내지로 옮겨 거주하였으므로 금패를 잃어버렸다. 그리하

461) 영락 7년의 일이다. 『太宗實錄』 永樂 7년 정월 辛亥 조 참조.

462) 조주차마사(洮州茶馬司)는 홍무 연간에 설치되었다가 홍무 16년 없애면서 하주차마사(河州茶馬司)에 병합하였다. 그것을 영락 9년 다시 설치한 것이다.

463) 섬서행도사(陝西行都司)가 두어진 곳은 감주(甘州) 즉 오늘날의 감숙성 장액현(張掖縣)이다.

464) 행인(行人)은 행인사(行人司)의 관이다. 홍무 13년 처음 행인사를 설치하고 행인을 두어 봉사(奉使)의 일 즉 조칙(詔勅)의 반행(頒行), 종실의 책봉(冊封), 제번(諸蕃)의 무유(撫諭), 현재(賢才)의 징빙(徵聘) 등의 일을 맡도록 했다.

465) 북적(北狄)이란 몽골의 타타르[韃靼]부 알탄 칸[俺答汗]의 세력을 말한다. 당시 알탄 칸이 청해 지방을 점령했다.

여 차사(茶司) 또한 차가 부족하다는 이유로 한중의 차로만 말과 바꾸고, 또한 금패를 발급하지 않고 말을 가지고 입공하는 것만을 허락하였다.

원문 先是, 洪武末, 置成都、重慶、保寧、播州茶倉四所, 令商人納米中茶. 宣德中, 定官茶百斤, 加耗什一. 中茶者, 自遣人赴甘州、西寧, 而支鹽於淮、浙以償費. 商人恃文憑恣私販, 官課數年不完. 正統初, 都御史羅亨信言其弊, 乃罷運茶支鹽例, 令官運如故, 以京官總理之.

옮김 譯 이보다 앞서 홍무 말[466]에 성도(成都)·중경(重慶)·보녕(保寧)[467]·파주(播州)[468]에 차창(茶倉) 4곳을 설치하여 상인에게 쌀을 납부하고 차를 개중하도록 하였다. 선덕 연간[469]에 관차 100근에 선모(羨耗) 1/10을 더해 지급[470]하는 것으로 정했다. 차를 개중[471]하는 자는 스스로 사람을 파견하여 감주(甘州)·서녕에 가게 하였는데 회·절 지방에서 염을 지급받아 그 비용을 충당하도록 하였다. 상인들은 문빙(文憑)[472]을 믿고 멋

---

466) 『實錄』 및 『會典』에 의하면, 홍무 30년을 가리킨다.

467) 보녕부(保寧府)는 치소가 낭중(閬中)에 있었으며, 창계(蒼溪)·남부(南部)·광원(廣元) 등의 현과 검(劍)·파(巴) 등의 주를 관할했다. 지금의 사천성 낭중·파중(巴中)·광원·남부 등의 현이다.

468) 파주(播州)는 원대에 선위사(宣慰司)를 두었던 곳이며 명대에 이를 계승하여 홍무 15년 귀주도사(貴州都司)에 소속되었다가 27년 사천포정사로 예속되었고, 만력 29년 준의군민부(遵義軍民府)로 고쳤다. 지금의 귀주성(貴州省) 준의시(遵義市)와 동재(桐梓)·인회(仁懷)·수양(綏陽) 등의 현이다.

469) 선덕 10년의 일이다. 『英宗實錄』 宣德 10년 10월 壬寅 조 참조.

470) 사천 차창(茶倉)의 관차(官茶)를 감숙차마사(甘肅茶馬司)로 수송하는 것을 자원하는 상인에게 관차 100근에 대하여 도중의 손모(損耗)를 고려하여 1/10을 추가로 지급한 것을 말한다.

471) 관에 자원하여 관차를 수송하는 자에게는 그들 스스로 인부를 갖추어 감주(甘州)와 서녕차마사(西寧茶馬司)에 가서 관차를 교납(交納)한 경우, 관으로부터 회절관염(淮浙官鹽)의 염인(鹽引)을 지급받아 이것으로 운반비를 보상토록 한 것을 가리키는데, 이러한 사례를 운차지염법(運茶支鹽法)이라고 한다. 종래에는 사천과 섬서의 관차를 차마사로 수송하는 데에는 군부(軍夫) 등을 부린 관운법(官運法)을 채택했지만, 이때 관차의 수송을 민간상인에게 청부한 법을 제정했던 것이다.

472) 문빙(文憑)이란 차(茶)와 염(鹽)의 관인(官引) 등과 같이 관에서 지급한 통행허가증을 말한다.

대로 사사로이 판매하였고, 관과(官課)[473]는 여러 해 동안 미납되었다. 정통 초에 도어사 나형신(羅亨信)[474]이 그 폐단을 말하니, 이에 운차지염례(運茶支鹽例)를 혁파하고 관운(官運)을 옛날같이 실행하여 경관(京官)이 그것을 총괄하게 하였다.

원문 景泰中, 罷遣行人. 成化三年命御史巡茶陝西. 番人不樂御史, 馬至日少. 乃取回御史, 仍遣行人, 且令按察司巡察. 已而巡察不專, 兵部言其害, 乃復遣御史, 歲一更, 著爲令. 又以歲饑待振, 復令商納粟中茶, 且令茶百斤折銀五錢. 商課折色自此始.

옮김 譯 경태 연간에는 행인의 파견을 중지시켰다. 성화 3년(1467)에는 어사에게 명하여 섬서에서 차를 감시하게 하였다.[475] 번인이 어사를 싫어하여 말을 가지고 오는 것이 갈수록 감소하였다. 이에 어사를 돌아오게 하고 다시 행인을 파견하였으며, 또 안찰사(按察司)에서 순찰하도록 하였다. 얼마 있다가 순찰이 제대로 이루어지지 않아 병부가 그 폐해를 말하니, 이에 다시 어사를 파견하되 매년 바꾸도록 하고 이를 문서화하여 법령으로 삼았다. 또 흉년이 들어 구제되기를 기다리니, 다시 상인들에게 곡식을 납부하여 차를 개중하도록 하였으며, 또한 차 100근을 은 5전에 바꾸도록 하였다.[476] 상인에게 절색(折色)을 부과하는 것이 이로부터 비롯되었다.[477]

---

473) 관과(官課)는 관에 납부하는 차과(茶課)의 의미이며, 차마사에 집적되는 관차의 세수액(歲收額)을 말한다.

474) 나형신(羅亨信)은 자가 용실(用實)로서 동완(東莞) 출신이다. 영락 2년(1404)의 진사이다. 영종 때 우첨도어사(右僉都御史)가 되었으며, 후에는 선부대동순무(宣府大同巡撫)를 역임하였다. '토목의 변' 때 선부를 지키는 데 공을 세워 좌부도어사(左副都御史)로 승진했다.

475) 과거에 파견된 행인(行人)은 하위직이었으므로, 사차(私茶)의 금제(禁制)를 행하기 어려워, 세가(勢家) 및 사리(私利)를 꾀하는 무리들은 수비관(守備官)에게 사통(私通)하여 누차 사사로이 판매하는 자가 속출하였기 때문에, 이때 권한이 강한 어사 1명을 파견하여 감독케 한 것을 말한다.

476) 섬서의 서녕·하주·조주차마사에 누적된 관차가 몇 년이나 경과하여 썩어문드러지는 상태가 되어, 이를 처분하기 위해 은이나 견포(絹布) 등으로 바꾸어 상인에게 불

원문

弘治三年, 御史李鸞言 : “茶馬司所積漸少, 各邊馬耗, 而陝西諸郡歲稔, 無事易粟. 請於西寧、河西、洮州三茶馬司召商中茶, 每引不過百斤, 每商不過三十引, 官收其十之四, 餘者始令貨賣, 可得茶四十萬斤, 易馬四千匹, 數足而止.” 從之. 十二年, 御史王憲又言 : “自中茶禁開, 遂令私茶莫遏, 而易馬不利. 請停糧茶之例. 異時或兵荒, 乃更圖之.” 部覆從其請. 四川茶課司舊徵數十萬斤易馬. 永樂以後, 番馬悉由陝西道, 川茶多浥爛. 乃令以三分爲率, 一分收本色, 二分折銀, 糧茶停二年. 延綏饑, 復召商納糧草, 中四百萬斤. 尋以御史王紹言, 復禁止, 並罷正額外召商開中之例.

옮김 譯

홍치 3년(1490) 어사 이난(李鸞)[478]이 말하기를, “차마사[479]에서 저장한 것이 점점 적어지고 각 변방의 말이 줄어드나, 섬서 제군(諸郡)[480]의 작황은 풍작이어도 곡식을 바꾸는 일이 없습니다. 청컨대 서녕(西寧) · 하서(河西) · 조주(洮州)의 3차마사[481]에서 상인을 불러 차를 개중토록 하되, 1인(引)당 100근을 넘지 못하게 하며, 상인마다 30인을 넘지 못하도록 하고, 관은 그 4/10을 거두고 난 다음에 남는 것을 비로소

하하여, 조차(粗茶)는 100근에, 아차(芽茶)는 35근에 은 5전으로 바꾸게 한 일을 말한다.

477) 홍무 말년 이래 양초(糧草)를 납부한 상인에게 관차로 보상하였지만, 성화 3년부터은, 사견(絲絹) 등의 물품을 납부한 상인에게도 관차로 보상하는 방법 즉 납은중차(納銀中茶)의 예가 여기에서 비롯되었다는 것을 말한다.

478) 이난(李鸞)은 자가 천서(天瑞)로서 당시 순안섬서감찰어사(巡按陝西監察御史)의 직위를 맡았다.

479) 차마사는 섬서의 서녕 · 하주 · 조주의 3차마사를 가리킨다. 성화 이래 납속중차(納粟中茶)의 예나 납은중차(納銀中茶)의 예에서 보이듯이 여러 해 동안 쌓아둔 차마사 보유의 관차를 상인에게 불하한 결과 관이 저장한 차가 점점 적어지게 되었다는 것이다.

480) 명대에는 행정구획 단위에 군(郡)이라는 명칭은 없었지만, 고대의 군현(郡縣)제도에 의거하여 현의 상위에 있는 부(府)의 아명(雅名)으로 이 용어를 관용적으로 사용하였다.

481) 서녕차마사는 홍무 30년(1397)에 진주(秦州)에서 옮겨온 것이다. 조주차마사는 영락 9년(1411)에 건립되었고, 하주차마사는 홍무 7년(1374)에 건립되었다. 본문의 하서(河西)는 하주를 가리킨다. 하서는 오늘날 감숙성 황하 서쪽 지방을 총칭하는 지명으로서, 하주차마사가 하서에 속하는 한 『實錄』에는 이처럼 표기된 것 같다. 이것은 감주(甘州)에 차마사를 두었기 때문에 감숙차마사라고 부르는 것과 마찬가지이다.

상품으로 팔게 하면, 차 40만 근을 얻어 말 4,000필을 바꿀 수 있으니[482] 그 수가 충족되면 멈추시기 바랍니다"라고 하니, 이에 따랐다. 12년 어사 왕헌(王憲)[483]이 또 말하기를, "차의 개중을 금하는 것이 해제되면서, 마침내 사차를 막지 못하고 말을 바꾸는 데도 불리하게 되었습니다. 청컨대 양차(糧茶)의 예[484]를 정지시키고, 훗날 혹시 전쟁 등으로 인한 재난이 생기면 그때 다시 시행하시기 바랍니다"라고 하니, 호부가 그 청을 따르도록 아뢰었다. 사천의 차과사는 옛날에는 수십 만 근을 징수하여 말과 바꾸었는데, 영락 이후에는 번마(番馬)는 모두 섬서의 길을 통하니, 사천의 차는 대부분 썩어 문드러졌다. 이에 이를 셋으로 나누어 1/3은 본색(本色)을 거두고 2/3은 은으로 바꾸어 내게 하여 양차(糧茶)는 2년 동안 정지[485]시켰다. 연수(延綏)[486]에서 기근이 들자 다시 상인을 불러 양초(糧草)를 내고 400만 근을 개중토록 하였다. 얼마 후 어사 왕소(王紹)의 말에 따라 다시 이를 금하였고, 아울러 정액(正額) 이외에 상인을 불러 개중하는 예를 없앴다.[487]

482) 이는 서녕, 하주의 개중차(開中茶) 각 40만 근과 조주의 24만 근을 합친 총 104만 근 중에서 4/10인 41만 6,000근을 말한다.

483) 왕헌(王憲)은 자가 유강(維綱)으로 동평(東平) 출신이다. 홍치 3년의 진사이다. 정덕 초 대리시승(大理寺丞)으로 발탁되었다가 우첨도어사로 되어 감숙의 둔전을 관리하였다. 가정 4년 등장(鄧璋)과 함께 삼변(三邊)의 총제(總制)가 되었다.

484) 양차(糧茶)의 예는 납속중차의 예를 가리킨다. 상인으로 하여금 양초(糧草)를 납입시키고, 관차나 차인으로 보상하는 개중법을 말한다.

485) 홍치 12년에 섬서에서 납속중차의 예를 정지하고 2년이 지난 것을 말한다.

486) 연수(延綏)는 진(鎭)의 이름이다. 현재의 섬서성 연안(延安)에서 수덕현(綏德縣)에 이르는 섬서의 북변 지대이다.

487) 명 중기 이후 섬서의 차과(茶課) 및 순찰하여 압수한 사차(私茶)로서 말을 바꾼 것을 정액(正額) 외라 하는데, 해마다 거두는 액수에 의해 차마사의 정액을 정한다. 하지만 개중법의 시행에 의해 정액에 훨씬 미치지 못하는 상태가 되자, 예전의 정액 수에 도달시키기 위한 방책 이외에는 상인을 불러 차를 개중하는 개중법은 정지시킨 것을 말한다.

원문 十六年取回御史, 以督理馬政都御史楊一清兼理之. 一淸復議開中, 言 : "召商買茶, 官貿其三之一, 每歲茶五六十萬斤, 可得馬萬匹." 帝從所請. 正德元年, 一淸又建議, 商人不願領價者, 以半與商, 令自賣. 遂著爲例永行焉. 一淸又言金牌信符之制當復, 且請復設巡茶御史兼理馬政. 乃復遣御史, 而金牌以久廢, 卒不能復. 後武宗寵番僧, 許西域人例外帶私茶. 自是茶法遂壞.

옮김 譯 16년에 어사를 불러들이고 독리마정도어사(督理馬政都御史) 양일청(楊一淸)[488]으로 하여금 함께 관할하게 하였다. 양일청이 다시 개중할 것을 건의하며 말하기를, "상인을 불러 차를 매입하되 관에서 그 1/3을 거래하면,[489] 해마다 차 50~60만 근으로 말 1만필을 얻을 수 있습니다"하니, 황제가 청한 바를 받아들였다.[490] 정덕 원년 양일청이 다시 건의하여, 상인이 값을 받기를 바라지 않는 자는 그 반을 상인에게 주어 스스로 판매하게 하였다. 마침내 예(例)로 기록되어 계속 행해졌다. 양일청이 다시 금패신부(金牌信符) 제도를 마땅히 부활해야 한다고 말하였고,[491] 또 순차어사(巡茶御史)를 다시 설치하여 마정(馬政)[492]을 아울러 관리토록 하자고 청하였다. 이에 다시 어사를 파견하였으나, 금패는 오래도록 시행되지 않아 마침내 회복되지 못하였다. 후에 무종이 번승(番僧)[493]을 총애하여 서역인(西域人)에게는 예외로 사차의 휴대를 허락하였

---

488) 양일청(楊一淸)은 홍치 15년 12월에 남경태상시경(南京太常寺卿)에서 도찰원좌부도어사(都察院左副都御史)로 승진하여 섬서마정독리(陝西馬政督理)의 특령(特令)을 받았기 때문에 독리마정도어사(督理馬政都御史)라 칭한 것이다.

489) 관이 상인을 모집하여 섬서의 차 산지에서 소정의 차를 사서 이를 차마사로 운송시킨 뒤, 원래 정한 대가로 이를 관에서 수매하고, 그 가운데 1/3을 관에서 서녕・하주 등의 위로 발매하여 그로부터 얻은 관은을 상인에게 지불한 것을 말한다. 이것은 재고(在庫)의 관은을 쓰지 않고, 상차(商茶)를 차마사로 집적하는 방법이었다.

490) 양일청이 개중을 회복하자고 청한 것은 『明經世文編』 권115 「爲修復茶馬舊制以撫馭番夷安靖之方事」에 자세히 언급되어 있다.

491) 『明經世文編』 권115 「修復茶馬舊制疏」 참조.

492) 마정(馬政)은 목마(牧馬) 및 마필채판(馬匹採辦) 등 군마의 양성 보급에 관한 일체의 업무를 관장하는 제도이다.

다. 이로부터 마침내 차법(茶法)이 무너졌다.

원문 番人之市馬也, 不能辯權衡, 止訂篦中馬. 篦大, 則官虧其直; 小, 則商病其繁. 十年巡茶御史王汝舟酌爲中制, 每千斤爲三百三十篦.

옮김譯 번인(番人)이 말을 교역할 경우[494] 저울을 분별하지 못하여 다만 비(篦)[495]를 헤아려 말을 팔았다. 비가 크면 관에서 그 수치를 줄였고, 비가 작으면 상인이 부담이 커짐에 괴로워하였다. 10년에 순차어사 왕여주(王汝舟)가 이를 참작하여 중용의 제도를 정하여 매 1,000근을 330비로 하였다.

원문 嘉靖三年, 御史陳講以商茶低僞, 悉徵黑茶, 地産有限, 乃第茶爲上中二品, 印烙篦上, 書商名而考之. 旋定四川茶引五萬道, 二萬六千道爲腹引, 二萬四千道爲邊引. 芽茶引三錢, 葉茶引二錢. 中茶至八十萬斤而止, 不得太濫.

옮김譯 가정 3년(1524) 어사 진강(陳講)은, 상차(商茶)는 품질이 저급하고 조악하다 하여[496] 모두 흑차(黑茶)[497]로 징수하였는데, 산지에 따라 품종이 달랐지만, 이에 차의 등급을 상(上)과 중(中)의 2종류로 나누

---

493) 무종이 라마교에 귀의하여 티베트 승려를 총애하고 우대한 것을 말한다. 『武宗實錄』 正德 10년 2월 戊戌 조 참조.

494) 이 경우 말을 판다는 것보다 말을 팔아 차를 산다고 해야 의미가 잘 통할 것이다. 『續文獻通考』 권22 「征榷考」 榷茶 조에는, "番人市茶"로 되어 있다.

495) 비(篦)는 차비(茶篦)이며, 차마교역에 사용하는 차 무게 단위이다. 비는 차를 쪄서 대나무로 만든 용기에 넣어 햇빛에 말려서 응고시킨 것으로, 차와 비의 무게를 합친 것이다. 『續文獻通考』 권22 「征榷考」 榷茶 조에는, 국초에는 매 7근을 1비로 하여 쪄서 말렸다고 되어 있고, 정덕 10년에는 정차(正茶) 3근, 비승(篦繩) 3근 4량의 합계 6근 4량을 1비의 표준으로 하였다고 한다.

496) 상인이 차마사에 납부한 차가 조악하거나 저급한 차라는 의미이다.

497) 흑차(黑茶)는 일반적으로 황차(黃茶)에 대한 하급차를 가리킨다. 즉 아차(芽茶)와 엽차(葉茶)의 구별없이 이를 혼용한 번차(番茶), 조차(粗茶) 등의 종류를 지칭한다.

고 비(篦) 위에 도장을 찍은 뒤 상인의 이름을 써 넣어 조사할 수 있도록 하였다. 얼마 있다가 사천의 차인(茶引)을 5만 도(道)로 정하여 2만 6,000도를 복인(腹引)으로 하였고, 2만 4,000도는 변인(邊引)[498]으로 하였다. 아차(芽茶)의 인(引)은 3전, 엽차(葉茶)의 인은 2전이었다.[499] 차의 개중은 80만 근에 그쳐, 그 이상이 되지 않도록 하였다.[500]

원문 十五年, 御史劉良卿言 : "律例 : '私茶出境與關隘失察者, 並淩遲處死.' 蓋西陲藩籬, 莫切於諸番. 番人恃茶以生, 故嚴法以禁之, 易馬以酬之, 以制番人之死命, 壯中國之藩籬, 斷匈奴之右臂, 非可以常法論也. 洪武初例, 民間蓄茶不得過一月之用. 弘治中, 召商中茶, 或以備振, 或以儲邊, 然未嘗禁內地之民使不得食茶也. 今減通番之罪, 止於充軍, 禁內地之茶, 使不得食, 又使商私課茶, 悉聚於三茶馬司. 夫茶司與番爲鄰, 私販易通, 而禁復嚴於內郡, 是驅民爲私販而授之資也. 以故大姦闌出而漏網, 小民負升斗而罹法. 今計三茶馬司所貯, 洮河足三年, 西寧足二年, 而商、私、課茶又日益增, 積久腐爛而無所用. 茶法之弊如此. 番地多馬而無所市, 吾茶有禁而不得通, 其勢必相求, 而制之之機在我. 今茶司居民, 竊易番馬以待商販, 歲無虛日, 及官易時, 而馬反耗矣. 請敕三茶馬司, 止留二年之用, 每年易馬當發若干. 正茶之外, 分毫毋得夾帶. 令茶價踴貴, 番人受制, 良馬將不可勝用. 且多開商茶, 通行內地,

---

498) 복인(腹引)이란 복리(腹裏)의 차인(茶引)이란 뜻이다. 차인을 남경호부(南京戶部)에서 발급하여 상인의 판매를 인정한 경우, 사천의 서번의 땅과 인접하는 곳에서 판매하는 차를 변인(邊引)이라 하고, 내지에서 판매하는 차를 복인이라 불렀다. 즉 사천의 성도(成都)와 중경(重慶) 등지에서 판매하는 차를 복인이라 하고, 송반(松潘)·여(黎)·아(雅) 등의 변경 지대에서 파는 차를 변인이라 칭했던 것이다.

499) 사천의 상차법(商茶法)에는, 100근 이상인 경우는 차과(茶課)로서 1/10, 즉 아차 1인(引)에 은 3전을 내고, 엽차 1인에 은 2전을 내도록 하여, 차인을 지급하여 차의 판매를 허가하고, 100근 이하의 경우에는 10근마다 은 1분을 내게 하여 표(票; 유첩(由帖)에 해당)를 지급하여 판매하도록 하였다.

500) 사천의 상차(商茶)는 해마다 80만 근까지를 허용하고, 그 이상에 달하는 것을 금지시킨 것을 말한다.

官榷其半以備軍餉, 而河、蘭、階、岷諸近番地, 禁賣如故, 更重通番之刑如律例. 洮、岷、河責邊備道, 臨洮、蘭州責隴右分巡, 西寧責兵備, 各選官防守. 失察者以罷軟論." 奏上, 報可. 於是茶法稍飭矣.

옮김 譯 15년(1536)에 어사 유양경(劉良卿)[501]이 말하기를, "율례(律例)에는, '사차로 경계를 넘는 자와 관애(關隘)에서 살피지 못한 자는 모두 능지(凌遲)하여 사형에 처[502]한다'[503]고 되어 있습니다. 대개 서쪽 변경의 접경지대에서 제번(諸番)보다 절실한 것이 없습니다. 번인(番人)은 차가 있어야 살아가니 법을 엄히 하여 금지하고, 차를 말로 바꾸어 지불하도록 하여 번인의 목숨을 제어하고 중국의 변경을 튼튼히 하여 흉노(匈奴)의 오른팔을 끊는 것이니, 상법(常法)[504]으로 논할 수 없습니다. 홍무 시기 처음의 예에는 민간에서 차를 비축하는 것이 한 달의 필요량을 넘지 못하도록 하였습니다. 홍치 연간에 상인을 불러 차를 개중하여 진휼에 대비하거나 변방에 쌓아두었지만, 내지의 백성이 차를 마시지 못하도록 금하지는 않았습니다. 지금 통번(通番)하는 자에 대한 죄를 감하여 충군(充軍)[505]하도록 하였지만, 내지의 차를 금하여 먹지 못하도록 하였고,[506] 또한 상차(商茶)·사차(私茶)·과차(課茶)도 모두 세 차마사(茶馬

---

501) 유양경(劉良卿)은 이때 순안섬서감찰어사(巡按陝西監察御史)였는데, 순차(巡茶)를 주요 직무로 하였기 때문에 순차어사로도 불렸다. 그의 상주문은 『世宗實錄』 嘉靖 15년 6월 乙未 조와 『明經世文編』 권106에 수록된 梁材의 「梁端肅公奏疏」의 '議茶馬事宜疏'에 상술되어 있다.

502) 먼저 사지를 자른 후에 목을 절단하는 극형의 일종이다.

503) 『大明律』에 '凡販私茶者同私鹽論罪'로 되어 있다. 명 태조 때에 정한 예로는, '私茶出境者斬, 關隘不覺查者處以極刑'으로 되어 있고, 성조 때의 예에는 '透漏私茶出境者, 犯人與把關頭目, 俱各陵遲處死, 家口遷化外'로 되어 있다.

504) 상법(常法)이란 강남과 기타의 내지에서 일반적으로 시행된 차법 즉 상차법을 가리킨다.

505) 충군(充軍)이란 죄를 범한 자를 위소로 보내어 군사로서 사역시키는 것을 말한다. 사차(私茶)를 번(番)에 가져가는 자는 명초에는 극형으로 사형시켰지만, 중기 이후에는 사형을 면하여 충군시키는 데 그쳤다.

506) 섬서성은 개중법의 결과 상차가 대부분 변방에 집결되었으며, 내지의 부주현에서 차를 협대(夾帶)하는 자는 다과를 막론하고 사사로운 판매에 대하여 부과하는 벌을 주

司)[507]에서 모으도록 하였습니다.[508] 무릇 차마사와 번은 이웃이 되어 사사로운 판매가 쉽게 통할 수 있지만, 금하는 바는 다시 내군(內郡)[509]보다 엄하니, 이는 백성을 몰아세워 사사로운 판매를 할 수 있도록 그들을 도와주는 것입니다. 이 때문에 크게 사악한 자는 멋대로 경계를 벗어나도 법망에서 빠져나가고, 소민(小民)은 되나 말 등의 소량을 짊어져도 법에 걸립니다. 지금 세 차마사의 쌓아둔 바를 헤아려보면[510] 조하(洮河)는 족히 3년, 서녕(西寧)은 족히 2년분인데 상차·사차·과차는 또 날로 더욱 증가하니, 쌓아둔 지 오래되어 썩어 문드러져 사용할 수 없습니다. 차법(茶法)의 폐해가 이와 같습니다.[511] 번지(番地)에는 말이 많으나 팔 곳이 없고, 우리 차는 금령(禁令)으로 유통될 수 없으니, 그 형세가 반드시 서로 필요로 하되 이를 통제하는 관건은 우리에게 있습니다. 지금 차마사에 거주하는 백성들이 몰래 번마(番馬)와 바꾸어서 상인을 기다리는 것이 1년에 하루도 그치지 않으니,[512] 관이 바꿀 때에 이르러서는 말이 도리어 없게 됩니다. 청컨대 3차마사에 칙을 내려 2년 사용할 것만 남겨 두

었기 때문에 식차(食茶)의 부족을 불러왔다는 뜻이다.

507) 조주·하주·서녕의 세 차마사를 가리킨다. 세 차마사에서 매년 바치는 차과(茶課)는 조주가 1만 190여 근, 하주가 1만 8,370여 근, 서녕이 2만 5,600여 근이었다. 『明經世文編』 권105, 梁材의 「議茶馬事宜疏」 참조.

508) 한중부(漢中府)의 과차 즉 차호로부터 징수 혹은 수매한 차 5만 수천 근이 세 차마사에 모두 집적되고, 또 개중법에 의하여 변경 지대로 가져온 상차로서 차마사에 납입된 것이 각 수십 만 근에 달하고, 게다가 변위부주현(邊衛府州縣)으로 발매된 차로서 사차로 몰수된 것도 상당수가 있었는데, 이러한 상차(商茶)·사차(私茶)·과차(課茶)는 거의 전부 변경 지대의 세 차마사에 모이기에 이르렀다는 것을 말한다.

509) 내지(內地), 복리(腹裏)라는 말과 같이 서번에 인접하지 않는 곳을 지칭한다.

510) '세 차마사에 현재 비축되어 있는 차를 매년의 말과 교역하는 비용으로 환산한다면'이라는 뜻이다.

511) 이는 민간에서는 차를 금하여 백성들이 먹지 못하게 하고, 한편으로 세 차마사에서는 상차·사차·과차가 산더미처럼 쌓여서 썩은 차 2,000만여 근을 태워 없애기에 이른 사실을 가리킨다. 『明經世文編』 권106, 梁材의 「議茶馬事宜疏」 참조.

512) 차가 모두 차마사로 집적되었기 때문에 현지의 관민이 몰래 이를 꺼내어 번마(番馬)와 교역하여, 객상(客商)의 왕래를 기다려 이를 판매하는 것이 하루도 멈추지 않았다는 뜻이다.

고, 매년 말을 교역할 때 일정량의 차를 내어 쓰시기 바랍니다. 정차(正茶) 이외에는 조금이라도 함께 가지고 가지 못하도록 하십시오. 차 값을 올리면 번인은 통제되고 좋은 말은 이루 다 쓸 수가 없을 것입니다. 또한 크게 상차를 개방하여 내지에 널리 유통시키고, 관이 그 반을 독점 전매하여 군향(軍餉)에 대비하고, 하(河)·난(蘭)·계(階)·민(岷) 등 여러 변경 근처에서는 예전같이 판매를 금지하고 또 통번하는 자에 대한 형벌을 무겁게 하는 것을 율례와 같이 하시기 바랍니다. 조(洮)·민(岷)·하(河)는 변비도(邊備道)[513]에게 맡기고 임조(臨洮)·난주(蘭州)는 농우분순(隴右分巡)[514]에게 맡기고, 서녕(西寧)은 병비(兵備[515])에게 맡겨 각각 관을 뽑아 지키게 하고 잘 살피지 못한 자는 파연(罷軟)[516]으로 논죄하시기 바랍니다"라고 하였다. 주문(奏文)이 올라가자 답보(答報)를 내려 이를 인준하였다. 이에 차법이 조금 정비되었다.

원문 御史劉侖、總督尙書王以旂等, 請復給諸番金牌信符. 兵部議, 番族變詐不常, 北狄抄掠無已, 金牌亟給亟失, 殊損國體. 番人納馬, 意在得茶, 嚴私販之禁, 則番人自順, 雖不給金牌, 馬可集也. 若私販盛行, 吾無以系其心、制其命, 雖給金牌, 馬亦不至. 乃定議發勘合予之.

---

513) 변비도(邊備道)는 관명으로 병비도(兵備道)와 직장(職掌)이 동일하며, 변지에 두어졌기 때문에 붙여진 이름이다. 병비도는 홍희 연간에 처음 설치되었는데, 무관은 문서행정에 미숙하였기 때문에 포정사참정(布政司參政)의 문관으로 하여금 군위(軍衛)의 문서정리·기밀협의 등에 참여시켰다. 그 후 안찰사(按察司)의 부사(副使), 첨사(僉事) 등도 추가하여 무직(武職)이나 병비(兵備)의 순찰을 하도록 하는 한편 각지에 널리 설치하기에 이르렀다.

514) 농우분순(隴右分巡)은 농우도(隴右道)의 분순관(分巡官)이란 의미로서 진주(秦州) 즉 지금의 감숙성 천수현(天水縣)에 주재하였다. 분순관은 홍무 연간에 각지에 안찰분사(按察分司) 41도(道)를 설치한 것을 시작으로 하는데, 부사와 첨사가 이를 담당하며 지방의 이치(吏治)를 감찰토록 했다.

515) 섬서병비도(陝西兵備道)를 가리킨다.

516) 파연(罷軟)은 관리에 대한 고과(考課)의 일종으로서, 무능하고 태만한 관리를 처벌하는 것을 말한다.

옮김 譯

어사 유륜(劉倫), 총독상서(總督尙書) 왕이기(王以旂)[517] 등이 다시 제번에 금패신부를 줄 것을 청하였다. 병부에서 의논하기를 "번족(番族)은 거짓되어 일정함이 없고 북적(北狄)[518]은 약탈행위가 끝이 없어 금패는 지급되면 곧 잃어버려 특히 나라의 체모를 손상시키고 있습니다. 번인이 말을 바치는 것은 뜻이 차를 얻는 데 있으니, 사사로운 판매를 엄금하면 번인은 스스로 순종하여 금패를 지급하지 않더라도 말은 모을 수 있을 것입니다. 만일 사사로운 판매가 성행하면 우리가 그 마음을 묶고 목숨을 제어할 수 없고, 금패를 지급해도 말은 이르지 않을 것입니다"라고 하였다. 이에 의논하여 결론을 내려 감합(勘合)[519]을 발급하여 지급하였다.

원문

其後陝西歲饑, 茶戶無所資, 頗逋課額. 三十六年, 戶部以全陝災震, 邊餉告急, 國用大絀, 上言 : "先時, 正額茶易馬之外, 多開中以佐公家, 有至五百萬斤者. 近者御史劉良卿亦開百萬, 後止開正額八十萬斤, 並課茶、私茶通計僅九十餘萬. 宜下巡茶御史議, 召商多中." 御史楊美益言 : "歲祲民貧, 卽正額尙多虧損, 安有贏羨. 今第宜守每年九十萬斤招番易馬之規. 凡通內地以息私販, 增開中以備振荒, 悉從停罷, 毋使與馬分利." 戶部以帑藏方匱, 請如弘治六年例, 易馬外仍開百萬斤, 召納邊鎭以備軍餉. 詔從之. 末年, 御史潘一桂言 : "增中商茶頗壅滯, 宜裁減十四五." 又言 : "松潘與洮、河近, 私茶往往闌出, 宜停松潘引目,

---

517) 왕이기(王以旂)는 자가 사초(士招)로서, 강녕(江寧) 출신이다. 정덕 6년(1511) 진사가 되었다. 가정 연간에 공부와 병부상서를 역임했으며, 왜구를 막는 데도 공을 세웠다. 왕이기는 당시 병부상서로서 삼변총독(三邊總督)을 겸임했기 때문에, 약칭하여 총독상서(總督尙書)라 하였다. 『明史』 권199 「王以旂傳」 참조. 한편 삼변총독은 연수(延綏)・영하(寧夏)・감숙(甘肅) 제진의 변위의 군무총감(軍務總監)을 말한다.

518) 북적(北狄)은 북로(北虜), 즉 해마다 침공을 계속하던 타타르부의 알탄간의 세력을 가리킨다.

519) 감합(勘合)이란 외국과의 무역에서 진위에 대한 판별을 위하여 명 정부가 발급한 증명서를 가리킨다. 서번과의 차마무역에서 큰 거래시에는 상대방 측에 금패신부(金牌信符)를, 작은 거래시에는 상대방 측에 감합을 지급하였지만, 이때 상대측의 요청에 의하여 감합신부(勘合信符)만으로 하게 되었음을 의미한다.

申嚴入番之禁.” 皆報可.

옮김 譯 그 후에 섬서에 기근이 들어[520] 차호(茶戶)는 더 이상 나올 재화가 없어 자주 차과(茶課)를 포탈하였다. 36년에 호부에서는 섬서 전체에 대지진이 일어나고[521] 변향(邊餉)이 시급함을 알려오고 국용(國用)이 크게 줄었다는 이유를 들어 상언하기를, “이전에 정액의 차를 말과 바꾸는 외에 대부분 개중하여 공가(公家)[522]를 도와 500만 근에 이를 때도 있었습니다. 근래 어사 유양경(劉良卿)도 100만을 개중케 하였는데 후에는 다만 80만 근의 정액만 개중케 하였으며, 과차 및 사차와 합하여도 겨우 90여 만을 헤아릴 뿐입니다. 마땅히 순차어사에게 내려 의논하여 상인을 불러 많이 개중하여야 합니다”고 하였다. 어사 양미익(楊美益)이 말하기를, “그해에 요기(妖氣)가 들어[523] 백성들이 빈궁하게 되면 정액이 오히려 대부분 부족하게 될 것인데 어찌 남음이 있겠습니까? 지금 단지 매년 90만 근은 번인을 불러 말과 교역하는 원칙을 지켜야 합니다. 무릇 내지에 유통시켜 사사로운 판매를 금하고, 개중을 늘려 재난에 대한 진휼에 대비하는 것은 모두 그만두고 말과 이득을 나누지 못하도록 하시기 바랍니다”라고 하였다. 호부에서 창고가 바야흐로 비어간다 하여 홍치 6년의 예[524]와 같이 말과 바꾸는 것 외에 여전히 100만 근을 개중하여 변진(邊鎭)에 상인을 불러 은을 내어 군향(軍餉)에 대비케 하도록 청하였다. 조(詔)를 내려 이에 따랐다. 말년[525]에 어사 반일계(潘一桂)가 말하

---

520) 가정 8년(1529)·27년(1548)·32년(1553)·33년(1554) 네 차례에 걸쳐 심각한 재해가 발생하여 큰 기근을 초래하였다. 『明史』 권30 「五行志 3」 참조.

521) 가정 34년(1555)의 섬서성 전 지역에 걸친 대지진을 가리킨다. 지진은 이해 12월 임인일(壬寅日)에 일어났는데, 그 범위는 산서·하남·섬서의 3성을 포함했다. 이때 관방(官方)의 보고에 의하면 사망자는 약 83만여 명에 달했다고 한다. 『國榷』 권61 참조.

522) 공가(公家)는 내탕(內帑)에 대한 공탕(公帑)과 같은 의미이며, 공가를 돕는다는 것은 국가의 경비 즉 군향(軍餉)과 진제(賑濟)의 비용을 돕는다는 뜻이다.

523) 앞의 섬서성의 대지진을 가리킨다.

524) 홍치 6년(1493) 섬서에 기황(饑荒)이 들자 차 200만 근을 개중하여 상인을 불러 양식을 납부토록 하여 재해를 진휼한 사례를 말한다.

기를, "늘려 개중한 상차는 자못 옹체되었으니, 마땅히 10에서 4~5를 감해야 합니다"[526] 하였다. 또 말하기를, "송반(松潘)은 조(洮)·하(河)와 가까워 사차가 종종 멋대로 경계를 나가니 마땅히 송반의 인목(引目)을 정지하고 입번(入番)을 엄금해야 합니다" 하였다. 모두 답보(答報)를 내려 이를 인준하였다.

원문 四川茶引之分邊腹也, 邊茶少而易行, 腹茶多而常滯. 隆慶三年裁引萬二千, 以三萬引屬黎、雅, 四千引屬松潘諸邊, 四千引留內地, 稅銀共萬四千餘兩, 解部濟邊以爲常.

옮김 譯 사천의 차인(茶引)은 변인(邊引)과 복인(腹引)으로 나누어지는데, 변차(邊茶)는 적어서 유통되기 쉬웠고 복차(腹茶)는 많아서 항상 옹체되었다. 융경 3년(1569)에 인(引) 1만 2,000을 줄여[527] 3만 인을 여(黎)·아(雅)에 귀속시키고 4,000인은 송(松)·반(潘) 등 여러 변방에, 4,000인은 내지에 두었으며, 세은(稅銀)[528] 합계 1만 4,000천여 량을 부(部)[529]에 보내어 변방의 비용에 충당하는 것으로 상례를 삼았다.

원문 五年令甘州仿洮、河、西寧事例, 歲以六月開中, 兩月內中馬八百匹. 立賞罰例, 商引一二年銷完者賞有差, 逾三年者罪之, 沒其附帶茶.

---

525) 『世宗實錄』에 의하면 말년은 가정 43년을 가리킨다.

526) 종래 정액의 차 90여 만 근을 말과의 교역에 충당시킨 것 외에 다시 개중상차(開中商茶) 100만 근을 증가하여 군향(軍餉)의 보구(補救)에 대었지만, 이제는 개중상차의 차인이 옹체되기에 이르렀기 때문에, 증액한 100만 근의 10분의 4~5를 감하여 50~60만 근에 그쳐야 한다는 뜻이다.

527) 사천 차인(茶引)의 원액은 모두 5만 도(道)이다. 이때 1만 2,000도를 감하여 3만 8,000도를 정액(定額)으로 삼았다.

528) 세은(稅銀)이라는 것은 차인에 대하여 상인이 지불하는 인과(引課) 혹은 차과은(茶課銀)을 말한다.

529) 호부가 관장하는 은의 저장고인 태창고(太倉庫)에 보내는 것을 말한다.

옮김 譯 5년(1571)에 감주(甘州)[530]에 영을 내려 조(洮)・하(河)・서녕(西寧)의 사례에 따라 해마다 6월에 개중하여 두 달 내에 말 800필을 얻게 하였다. 상벌의 예를 만들어 상인(商引)을 1~2년에 다 소비한 자는 차등 있게 상을 내리고, 3년을 넘는 자는 죄를 주며, 그 부대(附帶)한 차[531]를 몰수하였다.

원문 萬曆五年, 俺答款塞, 請開茶市. 御史李時成言 : "番以茶爲命, 北狄若得, 藉以制番, 番必從狄, 貽患匪細." 部議給百餘篦, 而勿許其市易. 自劉良卿馳內地之禁, 楊美益以爲非, 其後復禁止. 十三年, 以西安、鳳翔、漢中不與番鄰, 開其禁, 招商給引, 抽十三入官, 餘聽自賣. 御史鐘化民以私茶之闌出多也, 請分任責成, 陝之漢中, 關南道督之, 府佐一人專駐魚渡垻; 川之保寧, 川北道督之, 府佐一人專駐雞猴垻, 率州、縣官兵防守. 從之.

옮김 譯 만력 5년(1577) 알탄[俺答]이 변경에 이르러 차시(茶市)[532]를 열기를 청하였다. 어사 이시성(李時成)이 말하기를, "번인은 차를 목숨처럼 여깁니다. 북적(北狄)이 만일 차를 얻어 그것에 의거[533]하여 번인을 제어하면 번인이 반드시 북적을 따를 것이니 화가 됨이 적지 않을 것입니다" 하였다. 부(部)에서 논의하여 100여 비(篦)를 주고 교역을 허락하지 말자고 하였다. 유양경(劉良卿)이 내지의 금령을 완화시킨 이후[534] 양미익(楊美益)이 잘못되었다고 하자 그 후에 다시 금지하였다. 13년에 서안(西安)・봉상(鳳翔)・한중(漢中)은 번(番)과 인접하지 않았기 때문에 금령을

530) 감주(甘州)란 가정 42년(1563)에 신설한 감주차마사를 가리킨다.

531) 부대(附帶)한 차는 부차(附茶)라고도 하는데, 보중(報中)하는 차상(茶商)의 수고에 대한 대가로 지급하는 차를 가리킨다.

532) 차시(茶市)란 차마무역을 중심으로 하는 호시(互市)가 펼쳐지는 장이다.

533) 북적이 중국의 차를 얻어 이를 서번에 전매한다는 뜻이다.

534) 이는 섬서 내부의 차금(茶禁)을 완화하여 상차(商茶)의 개중에 의하여 상인의 차 판매를 인정한 것을 말한다.

풀고 상인을 불러 인(引)을 주고 3/10을 뽑아 관에 들이고 나머지는 스스로 팔 수 있도록 하였다. 어사 종화민(鍾化民[535])은 사차가 함부로 경계를 벗어나는 것이 많다는 이유를 들어 청하기를, 임무를 나누어 책임을 맡기어, 섬서의 한중은 관남도(關南道[536])가 감독하되, 부좌(府佐[537]) 1인은 전적으로 어도파(魚渡垻[538])에 주둔케 하고, 사천의 보령(保寧)은 천북도(川北道[539])가 감독하되, 부좌 1인을 전적으로 계후파(鷄猴垻[540])에 주둔케 하여 주현의 관병을 인솔하여 방비하게 하자고 하였다. 이를 받아들였다.

원문 中茶易馬, 惟漢中、保寧, 而湖南産茶, 其直賤, 商人率越境私販, 中漢中、保寧者, 僅一二十引. 茶戶欲辦本課, 輒私販出邊, 番族利私茶之賤, 因不肯納馬. 二十三年, 御史李楠請禁湖茶, 言 : "湖茶行, 茶法、馬政兩弊, 宜令巡茶御史召商給引, 願報漢、興、保、夔者, 准中, 越境下湖南者, 禁止. 且湖南多假茶, 食之刺口破腹, 番人亦受其害." 旣而御史徐僑言 : "漢、川茶少而直高, 湖南茶多而直下. 湖茶之行, 無妨漢中. 漢茶味甘而薄, 湖茶味苦, 於酥酪爲宜, 亦利番也. 但宜立法嚴核, 以遏假茶." 戶部折衷其議, 以漢茶爲主, 湖茶佐之. 各商中引, 先給漢、川畢, 乃給湖南. 如漢引不足, 則補以湖引. 報可.

---

535) 종화민(鍾化民)은 자가 유신(維新)으로 인화현(仁和縣) 출신이다. 만력 8년(1580)의 진사이다. 이 당시 섬서차마어사(陝西茶馬御史)를 역임했다. 후에 하남순무(河南巡撫)가 되었는데, 만력 연간에 지방행정에 공적이 있었다. 『明史』 권227에 전(傳)이 있다.

536) 관남도(關南道)는 섬서포정사사(陝西布政使司)에 속하며 흥안(興安)에 머물렀는데, 섬서 남부의 각 부주현의 민정을 순찰 감독하는 지방관인 도대(道臺)를 가리킨다.

537) 부좌(府佐)는 부좌이관(府佐貳官)의 약칭이며 지부(知府)를 보좌하는 지방관을 지칭한다.

538) 어도파(魚渡垻)는 한중부(漢中府)의 동남쪽에 있으며 현재 섬서성 진파현(鎭巴縣) 동남쪽에 있다. 파(垻)는 파(壩)라는 글자와 통용된다.

539) 천북도(川北道)는 사천포정사사(四川布政使司)에 속하며 보녕부(保寧府)에 머물렀는데, 사천성 북부의 민정을 감독하는 도대였다. 포정사의 참정과 참의 등으로 임명하였다.

540) 계후파(鷄猴垻)는 보녕부성(保寧府城)의 근처에 있다. 현재 사천성 낭중현성(閬中縣城)의 부근이다.

옮김 譯 차를 개중하여 말로 바꾸는 곳은 오직 한중과 보령뿐이었는데, 호남(湖南)에서 생산되는 차가 그 값이 싸서 상인이 대개 경계를 넘어 사사로이 판매하니, 한중과 보령으로 개중하는 것은 겨우 10~20인(引)이었다. 차호(茶戶)가 본과(本課)[541]를 내려 하면, 번번이 사사로이 판매하는 자들이 변경을 넘었고, 번족(番族)은 사차가 저렴함을 이롭게 여겨 그 때문에 말을 선뜻 바치지 않으려 했다. 23년 어사 이남(李楠)[542]이 호차(湖茶)를 금지할 것을 청하여 말하기를, "호차가 유통되어 차법과 마정(馬政) 양쪽에 폐단이 되니, 마땅히 순차어사가 상인을 불러 인(引)을 지급하고, 한(漢)·흥(興)·보(保)·기(夔)[543]에 내고자 하는 자는 개중을 인준하며, 경계를 넘어 호남으로 내려가는 자는 금지하시기 바랍니다. 또 호남에는 가차(假茶)가 많아 그것을 마시면 입이 헐고 배가 아픈데, 번인들도 그 피해를 받고 있습니다" 하였다. 얼마 있다가 어사 서교(徐僑)가 말하기를, "한(漢)·천(川)의 차[544]는 적어 값이 비싸고 호남에는 차가 많아 값이 쌉니다. 호차의 유통은 한중에 방해가 되지 않습니다.[545] 한차(漢茶)는 맛이 달고 담백한데, 호차는 맛이 써 소락(酥酪)[546]에 적합하니 또한 번인에게 이로운 것입니다. 다만 마땅히 법을 만들어 엄하게 조사하여 가차를 막아야 합니다"라고 하였다. 호부에서 그 의논을 절충하기를, 한차를 주로 하되 호차로 보충하여, 각 상인이 인을 개중[547]할 때 먼저 한·천의

---

541) 본과(本課)란 차호(茶戶)가 내는 차세(茶稅) 외에 관의 수매를 위해 차호에게 할당한 차과(茶課)를 가리킨다. 본문의 내용은 차호가 내는 차를 가지고 말과의 교역에 충당하고자 하면, 이때 이미 간상(奸商)의 사차(私茶)가 경계를 넘어 서번에서 거래되었을 뿐 아니라 그 차는 호남 방면의 값싼 차였기 때문에 번인이 차마사로 와서 차를 구하지 않음을 말한다.

542) 이남(李楠)은 당시 섬서순차어사(陝西巡茶御史)였다.

543) 한(漢)·흥(興)·보(保)·기(夔)는 섬서성의 한중부(漢中府)·흥안주(興安州), 사천의 보녕부(保寧府)와 기주부(夔州府)를 말한다.

544) 섬서 한중부와 사천 보녕부 등지에서 생산된 차를 말한다.

545) 호남 지방에서 생산되는 차를 섬서로 가져와 말과의 교역에 이용하는 것은 한중에서 생산되는 차에 지장이 없다는 말이다.

546) 소나 양의 젖을 바짝 졸여 만든 기름과 반응고한 유제품을 가리킨다.

547) 차상이 관에 출원하여 차인을 매수하는 것을 말한다.

것을 지급하고, 끝나면 비로소 호남의 것을 지급하며, 만일 한인(漢引)이 부족하면 호인(湖引)으로 보충하자고 하니, 답보(答報)를 내려 이를 인준하였다.

원문 二十九年, 陝西巡按御史畢三才言 : "課茶徵輸, 歲有定額. 先因茶多餘積, 園戶解納艱難, 以此改折. 今商人絶跡, 五司茶空. 請令漢中五州縣仍輸本色, 每歲招商中五百引, 可得馬萬一千九百餘匹." 部議, 西寧、河、洮、岷、甘、莊浪六茶司共易馬九千六百匹, 著爲令. 天啓時, 增中馬二千四百匹.

옮김譯 29년(1601) 섬서순안어사(陝西巡安御史) 필삼재(畢三才)가 말하기를, "과차(課茶)의 징수에는 해마다 정액이 있습니다. 앞서 차가 많이 비축되고 원호(園戶)[548]의 해송(解送)과 납입이 어려워 이 때문에 절납(折納)으로 바꾸었습니다. 지금 상인의 자취가 끊어지고 5차마사[549]의 차는 비었습니다. 청컨대 한중의 5주현[550]에 명하여 옛날과 같이 본색(本色)을 내도록 하고, 해마다 상인을 불러 500인(引)을 개중케 하면 말 1만 1,900여 필을 얻을 수 있을 것입니다"[551] 하였다. 병부에서 의논하여 서녕(西寧)·하(河)·조(洮)·민(岷)·감(甘)·장랑(莊浪)의 6차마사에서 모두 말

548) 원호(園戶)는 차호(茶戶)와 동일하다. 원호의 해송(解送)과 납입이 어렵다는 것은 차호가 차과를 현물 그대로 차과사로 보내어 납입하는 데 여러 불편함이 있었다는 말이다.

549) 5사(司)라고 했지만 이때 섬서차마사는 5사가 아니라 서녕(西寧)·하주(河州)·조주(洮州)·민주(岷州)·감주(甘州)·장랑(莊浪)의 6차마사였다.

550) 한중의 5주현은 한중부 소속의 금주(金州)·자양(紫陽)·석천(石泉)·한음(漢陰)·서향(西鄕) 등의 1주 4현을 말한다.

551) 필삼재(畢三才)의 주소(奏疏)는 『神宗實錄』 萬曆 29년 2월 壬申 조에 보인다. 거기에서는 매년 말 1만 1,900여 필을 바꾸는 데 차 400여 인을 사용한다고 되어 있으며, 위의 본문도 이 내용을 따온 것으로 보이지만, 앞의 양일청의 상언에 '차 50~60만 근으로 말 1만 필을 얻는다'고 되어 있는 것을 감안하면, 차마의 가격에 약간의 변동이 있다 하더라도, 500인 즉 차 5만여 근으로 말 1만여 필과 교역할 수 있다는 것은 이해가 되지 않는다. 따라서 『實錄』의 내용은 차 4,000인으로 바꾸고, 「食貨志」의 내용은 5,000인으로 바꾸어야 당시의 실정에 맞는 내용이 되리라 생각한다.

9,600필을 바꾸도록 하고, 이를 문서화하여 영으로 삼았다. 천계 때[552]에 말 2,400필을 더 개중하였다.

원문 明初嚴禁私販, 久而姦弊日生. 洎乎末造, 商人正引之外, 多給賞由票, 使得私行. 番人上駟盡入姦商, 茶司所市者乃其中下也. 番得茶, 叛服自由; 而將吏又以私馬竄番馬, 冒支上茶. 茶法、馬政、邊防於是俱壞矣.

옮김譯 명초에는 사사로운 판매를 엄금하였으나, 오래되자 간사한 폐단이 날로 발생하였다. 말기에 이르러서는 상인에게 정인(正引)[553] 외에 많이 유표(由票)[554]를 상으로 지급하여 사사로이 유통하게 되었다. 번인의 좋은 말은 모두 간상(姦商)에게 들어가 차마사에서 교역하는 것은 곧 중등 내지 하등의 말이었다. 번인이 차를 얻으면 반란과 복종을 마음대로 하였고 장리(將吏)들이 또 사마(私馬)를 번마(番馬)라고 속여서 상차(上茶)를 멋대로 지급하니 차법과 마정 및 변경의 방위가 이에 함께 붕괴되었다.

원문 其他産茶之地, 南直隸常、廬、池、徽, 浙江湖、嚴、衢、紹, 江西南昌、饒州、南康、九江、吉安, 湖廣武昌、荊州、長沙、寶慶, 四川成都、重慶、嘉定、夔、瀘, 商人中引則於應天、宜興、杭州三批驗所, 徵茶課則於應天之江東瓜埠. 自蘇、常、鎭、徽、廣德及浙江、河南、廣

552) 『熹宗實錄』 天啓 元年 8월 庚午朔 조에 의하면 천계 원년에 해당한다.

553) 정인(正引)은 차 100근을 단위로 하였으며, 섬서와 사천에 할당된 정액의 차인을 가리킨다. 남경호부에서 발행하였다.

554) 유표(由票)는 유첩(由帖)·차유(茶由)라고도 했다. 차가 1인(引) 즉 100근에 미치지 못하면 유표를 발행했지만, 명말에 이르러 이것을 지방관부에서 마구 발행하고는 그 대가로 차의 판매를 인정했다고 한다. 萬曆 『大明會典』 권37 「戶部課程」 茶課에 의하면 가정 5년의 예로서 사천에 차 100근에 이르지 않는 것은 10근마다 은 1분을 거두어 표(票)를 지급하여 발매를 허락했다고 한다. 그 후 이것이 남용되어 차가 사사로이 유통되었던 것이다.

西、貴州皆徵鈔, 雲南則徵銀

옮김 譯 그 외 차가 생산되는 지역은 남직예의 상주(常州)·노주(盧州)·지주(池州)·휘주(徽州), 절강의 호주(湖州)·엄주(嚴州)[555]·구주(衢州)[556]·소흥(紹興),[557] 강서의 남창(南昌)·요주(饒州)·남강(南康)·구강(九江)·길안(吉安), 호광의 무창(武昌)·형주(荊州)·장사(長沙)·보경(寶慶), 사천의 성도(成都)·중경(重慶)·가정(嘉定)·기(夔)·여(瀘)였다. 상인이 인(引)을 개중하는 곳은 응천(應天)·의흥(宜興)·항주(杭州)의 세 비험소(批驗所)[558]에서, 차과(茶課)를 징수하는 곳은 응천의 강동(江東)과 과부(瓜埠)[559]에서였다. 소(蘇)·상(常)·진(鎭)·휘(徽)·광덕(廣德) 및 절강(浙江)·하남(河南)·광서(廣西)·귀주(貴州)에서는 모두 초(鈔)를 징수하였고, 운남(雲南)에서는 은을 징수하였다.

원문 其上供茶, 天下貢額四千有奇, 福建建寧所貢最爲上品, 有探春、先春、次春、紫筍及薦新等號. 舊皆采而碾之, 壓以銀板, 爲大小龍團. 太祖以其勞民, 罷造, 惟令采茶芽以進, 復上供戶五百家. 凡貢茶, 第按額以供, 不具載.

---

555) 엄주부(嚴州府)는 명초에는 건안부(建安府)라 했는데, 홍무 8년 엄주부로 고쳤다. 지금의 절강성 건덕(建德)·순안(淳安)·동려(桐廬) 등의 현이다.

556) 구주부(衢州府)는 지금의 절강성 구현(衢縣)·개화(開化)·상산(常山)·강산(江山) 등의 현이다.

557) 소흥부(紹興府)는 지금의 소흥(紹興)·상우(上虞)·초산(肖山)·제기(諸暨) 등의 현이다.

558) 응천비험소(應天批驗所)는 남경응천부(南京應天府), 의흥비험소(宜興批驗所)는 상주부(常州府) 의흥현(宜興縣) 장저(張渚), 항주비험소(杭州批驗所)는 절강 항주부(杭州府)에 두어져 내지에서 판매하는 차상에게 차인을 지급하고, 그 조사를 맡았다. 중기 이후는 이를 차가 생산되는 부주현으로 이관시켰다.

559) 강동은 현재의 남경시에서 서쪽의 외곽에 있으며, 과부(瓜埠)는 현재의 남경시 북방의 육합현(六合縣)의 남쪽이다. 명대에는 이 두 곳에 차과사(茶課司)를 두고, 내지의 차가 생산되는 부주현의 차과를 수납했다.

옮김 譯 상공(上供)하는 차는 천하의 공액(貢額)이 4,000 남짓이었는데,[560] 복건의 건녕(建寧)에서 공납되는 것이 가장 상품(上品)이고 탐춘(探春)·선춘(先春)·차춘(次春)·자순(紫筍) 및 천신(薦新)[561] 등의 명칭이 있었다. 옛날에는 모두 따서 절구에 갈아 은판(銀板)으로 눌러서 크고 작은 용단(龍團)[562]을 만들었다. 태조는 그것이 백성들을 수고롭게 한다고 하여, 제조를 파하고 오직 차아(茶芽)를 따서 진상케 하고 상공하는 호(戶) 500가(家)의 역(役)을 면제[563]해주었다. 무릇 공차(貢茶)는 단지 액수에 따라 공납하였지만 이를 일일이 기록하지 않는다.[564]

560) 공액(貢額)은 해마다 진공(進貢)하는 차의 액수이다. 그 액수는 남직예 500근, 절강 522근, 강서 450근, 호광 200근, 복건 2,350근으로 모두 4,220근이었다. 『續文獻通考』 권29 「土貢考」 참조.

561) 이 다섯 종의 차는 모두 명차(茗茶)의 진품(珍品)이다. 봄이 오기 전에 채취한 이른바 영아차(靈芽茶)를 탐춘(探春)이라고 하고, 경칩이 지난 뒤에 따는 차를 선춘(先春)이라고 하며, 그 다음의 것을 차춘(次春)이라고 한다. 자순(紫筍)은 아차(芽茶) 중에서 자색을 띠는 것을 말한다. 천춘차(薦春茶)는 하차(夏茶)라고도 하며 정하(正夏)부터 따기 시작한다.

562) 건녕차병(建寧茶餅)의 크고 작은 용단(龍團)은 송조의 태평흥국(太平興國) 연간부터 시작되었는데, 당시의 이름 높은 상공차(上供茶)였다. 건차(建茶)는 갈은 후에 은판(銀板)으로 눌러 용봉(龍鳳)의 꽃무늬를 만드는데, 작은 용단은 20병(餅)이 1근이며 큰 용단은 8병이 1근이었다.

563) 과역(課役)을 면제한다는 뜻이다.

564) 명대의 공차액(貢茶額)은 처음에는 고정되지 않았다. 예를 들어 홍무 연간에 건녕(建寧)의 공차(貢茶)는 모두 1,600여 근이었고, 융경 연간에는 2,300여 근으로 점차 증가되었다. 의흥(宜興)의 공차는 원래 100근이었지만 선덕 연간에는 29만 근으로 증가되었다. 차민(茶民)은 매해의 공액 외에 진수태감(鎭守太監)에게 차 1,000여 근을 헌납하였다. 『古今圖書集成』 「食貨典」 권293 「茶部」 참조.

권81 지57

食貨 5

【錢鈔】

원문

錢幣之興, 自九府圜法, 歷代遵用. 鈔始於唐之飛錢, 宋之交會, 金之交鈔. 元世始終用鈔, 錢幾廢矣.

옮김譯

전폐(錢幣)의 시작은 구부(九府)의 환법(圜法)[1]에서 비롯되었는데, 역대 왕조가 이를 그대로 좇아서 썼다. 초(鈔)[2]는 당의 비전(飛

1) 9부(府)는 『周禮』「天官」에 보이는 9곳의 재무 관련 관청으로, 대부(大府)·옥부(玉府)·내부(內府)·외부(外府)·천부(泉府)·천부(天府)·직내(職內)·직금(職金)·직폐(職幣)를 말한다. 환법(圜法)은 화폐제도를 뜻한다. 환(圜)이란 일정한 가치로 유통하는 것을 가리킨다. 9부의 환법이라는 주대의 폐제(幣制)를 중국 화폐제도의 기원으로 하는 것은 『漢書』이래 역대「食貨志」의 전통이지만, 물론『周禮』의 화폐제도는 그대로 믿을 수는 없다.

2) 초(鈔)는 금속화폐와 달리 종이를 재료로 하는 화폐를 가리킨다.

錢),[3] 송의 교자(交子)와 회자(會子),[4] 금의 교초(交鈔[5])로부터 시작되었다. 원대에는 시종 초를 써서, 전은 거의 폐기되었다.

원문 太祖初置寶源局於應天, 鑄"大中通寶" 錢, 與歷代錢兼行. 以四百文爲一貫, 四十文爲一兩, 四文爲一錢. 及平陳友諒, 命江西行省置貨泉局, 頒大中通寶錢大小五等錢式. 即位, 頒"洪武通寶" 錢, 其制凡五等 : 曰"當十"、"當五"、"當三"、"當二"、"當一". "當十" 錢重一兩, 餘遞降至重一錢止. 各行省皆設寶泉局, 與寶源局並鑄, 而嚴私鑄之禁. 洪武四年改鑄大中、洪武通寶大錢爲小錢. 初, 寶源局錢鑄"京" 字於背, 後多不鑄, 民間無"京" 字者不行, 故改鑄小錢以便之. 尋令私鑄錢作廢銅送官, 償以錢. 是時有司責民出銅, 民毁器皿輸官, 頗以爲苦. 而商賈沿元之舊習用鈔, 多不便用錢.

옮김 譯 태조 초[6]에 보원국(寶源局)[7]을 응천(應天)[8]에 설치하고 대중통보전(大中通寶錢)[9]을 주조하여 역대의 전과 함께 유통시켰다. 400문을 1관으로, 40문을 1량으로, 4문을 1전으로 하였다. 진우량(陳友諒)[10]

---

3) 비전(飛錢)은 편전(便錢), 편환(便換)이라고도 하는데, 당 원화(元和) 연간 이후에 등장한 일종의 환어음으로서 협의의 지폐는 아니다.

4) 교자(交子)는 북송 시기 사천 지역에서 유통된 약속어음이고, 회자(會子)는 남송 시기 수도 임안(臨安)에서 대상인이 발행한 약속어음인데, 양자 모두 후에 정부발행으로 바뀌면서 태환(兌換) 준비와 액면 단위가 일정한 지폐가 되었다. 이것이 엄밀한 의미에서 중국 최초의 지폐라고 할 수 있다.

5) 교초(交鈔)는 금조(金朝)에서 발행한 일종의 지폐로 당시 주요 화폐가 되면서, 동전유통은 금지시켰다. 원대의 교초는 바로 이러한 지폐를 계승하여 출현한 것이다.

6) 태조가 즉위하기 7년 전인 원의 지정 21년(1361)을 가리킨다.

7) 보원국(寶源局)은 중앙정부의 동전 주조공장으로 처음에는 중서성(中書省)에 속하였다가 중서성 폐지 후에는 공부 관할 아래 있었다. 영락제가 북경으로 천도한 후에 북경에도 설치하였고, 남경의 것도 존속시켜 양경에 보원국이 설치되었다.

8) 지금의 남경을 가리킨다. 응천부(應天府)의 설치는 태조가 즉위하기 13년 전인 원 지정 16년(1356)의 일로서, 명조 성립 후 영락 19년(1421)까지 국도(國都)였다.

9) '대중(大中)'은 명 태조 주원장이 즉위 전에 사용하기로 예정하고 있던 연호인데, 후에 '홍무(洪武)'로 바꾸었다.

10) 진우량(陳友諒, ?~1363)은 면양(沔陽)의 어민(漁民) 출신이다. 일찍이 현의 소리(小吏)

을 평정하기에 이르러서는 강서행성(江西行省)에 명하여 화천국(貨泉局)[11]을 설치하고 대중통보전의 대소(大小) 5등급의 전식(錢式)을 반포하였다.[12] 즉위하고는 홍무통보전(洪武通寶錢)을 반포하였는데, 그 제도에는 모두 5등급이 있었으니 당십(當十)·당오(當五)·당삼(當三)·당이(當二)·당일(當一)이다. 당십전은 무게가 1량이고 나머지는 점차 줄여나가 무게가 1전에 이르면 멈추었다. 각 행성(行省)에는 모두 보천국(寶泉局)[13]을 설치하여 보원국(寶源局)과 함께 주조하도록 하고, 사사로이 주조하는 것을 엄금하였다. 홍무 4년 대중통보와 홍무통보를 바꾸어 주조하여 대전(大錢)[14]을 소전(小錢)으로 하였다. 처음에 보원국에서 주조하는 전(錢)에는 뒤에 '경(京)' 자를 새겼는데, 후에는 대부분 새기지 않았다. 민간에서는 '경'자가 없는 것은 통용되지 않았기 때문에 소전으로 바꾸어 주조하여 통용에 편하게 하였던 것이다. 얼마 후[15]에 사사로이 주조한 동전을 폐동(廢銅)으로 만들어 관에 보내면 전으로 보상하도록 영을 내렸다. 이때 관리가 백성에게 동을 내라고 강제하니, 백성은 그릇을 부수어 관에 내야 하여 몹시 괴로워하였다. 그리고 상인은 원대의 구습에 따라 초를 사용하였는데, 대부분 전의 사용을 불편해 하였다.

가 되었다가 후에 홍건군(紅巾軍)의 수령 서수휘(徐壽輝)를 따라 기병하였다. 원 지정 20년(1360)에 서수휘를 모살하고 스스로 한왕(漢王)이라 칭하였다. 후에 장사성과 함께 주원장을 협공하기로 하였으나 실패하였다. 지정 23년(1363)에 주원장군과의 전투 끝에 유시(流矢)를 맞고 전사하였다. 『新元史』 권226과 『明史』 권123에 각각 전(傳)이 있다.

11) 화천국(貨泉局)은 강서성 남창(南昌)에 설치되었는데, 현지의 동광(銅鑛)에서 주전(鑄錢)하여 군수(軍需)로 공급했다.

12) 전식(錢式)이라는 것은 동전의 양식으로, 동전의 형상·중량·품질 등에 관한 규정이다, 즉 전식을 반포했다는 것은 주조를 명했다는 것을 의미한다.

13) 보천국(寶泉局)은 양경의 보원국에 대하여 각 성(省)의 포정사 관하의 주전소(鑄錢所)로서 대개 각 성의 성도(省都)에 설치했다. 한편 명말의 천계 연간에는 북경에 호부의 주전소가 설치되어 이것도 보천국이라 명명했다.

14) 대전(大錢)은 당이(當二)에서 당십(當十)에 이르는 동전을 가리키는데, 기준화폐인 소전(小錢 = 1문)에 대하여 고액화폐(2문, 3문, 5문, 10문)를 말한다.

15) 萬曆 『大明會典』 「戶部」 錢法에 의하면 얼마 후란 홍무 6년을 가리킨다.

원문 七年, 帝乃設寶鈔提擧司. 明年始詔中書省造大明寶鈔, 命民間通行. 以桑穰爲料, 其制方, 高一尺, 廣六寸, 質青色, 外爲龍文花欄. 橫題其額曰"大明通行寶鈔". 其內上兩旁, 復爲篆文八字, 曰"大明寶鈔天下通行". 中圖錢貫, 十串爲一貫. 其下云 : "中書省奏準印造大明寶鈔與銅錢通行使用, 僞造者斬, 告捕者賞銀二十五兩, 仍給犯人財產." 若五百文則畫錢文爲五串, 餘如其制而遞減之. 其等凡六 : 曰一貫, 曰五百文、四百文、三百文、二百文、一百文. 每鈔一貫, 準錢千文, 銀一兩; 四貫準黃金一兩. 禁民間不得以金銀物貨交易, 違者罪之; 以金銀易鈔者聽. 遂罷寶源、寶泉局. 越二年, 復設寶泉局, 鑄小錢與鈔兼行, 百文以下止用錢. 商稅兼收錢鈔, 錢三鈔七. 十三年, 以鈔用久昏爛, 立倒鈔法, 令所在置行用庫, 許軍民商賈以昏鈔納庫易新鈔, 量收工墨直. 會中書省廢, 乃以造鈔屬戶部, 鑄錢屬工部, 而改寶鈔文"中書省" 爲"戶部", 與舊鈔兼行. 十六年, 置戶部寶鈔廣源庫、廣惠庫; 入則廣源掌之, 出則廣惠掌之. 在外衛所軍士, 月鹽皆給鈔, 各鹽場給工本鈔. 十八年, 天下有司官祿米皆給鈔, 二貫五百文準米一石.

옮김 譯 7년(1374) 황제는 보초제거사(寶鈔提擧司)[16]를 설치하였다. 다음 해에 비로소 중서성에 조(詔)를 내려 대명보초(大明寶鈔)를 만들고 민간에 통행시키도록 명했다. 상양(桑穰)[17]을 재료로 썼는데, 그 모양은 네모였고, 높이는 1척, 폭은 6촌이었으며,[18] 바탕은 청색이고, 바깥은 용의

16) 보초제거사(寶鈔提擧司)는 처음에는 중서성, 중서성의 폐지 후에는 호부 소속 기관으로서, 보초(寶鈔)의 인쇄와 보관을 담당했다. 초지국(鈔紙局) · 인초국(印鈔局)과 보초고(寶鈔庫) · 행용고(行用庫)가 부속되어 있었다. 만들어진 초정(鈔錠)은 보초제거사에서 인신(印信) · 장단(長單) · 관령감합(關領勘合)을 갖추어, 그 수에 맞게 내부고(內府庫)로 보내어 보관하여 상사(賞賜)의 지출용으로 준비시켰다. 萬曆『大明會典』권31「戶部 18」鈔法 조 참조.

17) 뽕나무 가지껍질로 만든 섬유로서 초지(鈔紙)의 재료이다. 이런 재료들은 절강 · 산동 · 하남 · 북평 · 남직예의 회안부 등지에서 사들였다.

18) 보초(寶鈔)의 크기는 명 공부에서 만든 척(尺)을 기준으로 삼는다. 현존하는 가정 연간 공부의 척에 의하면, 1척이 0.317m로 현재 시척(市尺)의 9촌 5분에 해당한다. 그러

문양과 꽃무늬였다.[19] 횡으로 그 액면(額面)에 '대명통행보초(大明通行寶鈔)'라 쓰고, 그 안의 상변 양쪽에 다시 전문(篆文)으로 '대명보초천하통행(大明寶鈔天下通行)'이라는 여덟 글자를 썼다. 가운데에 동전꾸러미를 그려 넣었는데, 10관(串)을 1관(貫)으로 삼았다. 그 아래에는, '중서성이 상주하여 인준을 받아 대명보초를 찍어 동전과 같이 통행시켜 사용하게 하는데, 위조하는 자는 참[20]하고, 신고하여 체포하게 한 자는 은 25량을 상으로 주고[21] 범인의 재산까지 준다'고 썼다. 만일 500문이라면 전 무늬를 다섯 꾸러미 그렸고, 나머지는 규정대로 그것을 차례로 감소하였다. 그 등급은 모두 여섯으로 1관 · 500문 · 400문 · 300문 · 200문 · 100문이었다. 초 1관은 전 1,000문, 은 1량에 준하고, 4관을 황금 1량에 준하게 하였다. 민간에서 금 · 은 · 물화를 가지고 바꾸는 것을 금하고, 어기는 자는 처벌하였는데, 금 · 은을 초로 바꾸는 것은 허락했다. 마침내 보원국과 보천국을 없앴다. 2년 후[22] 다시 보천국을 설치하고 소전을 주조하여 초와 함께 사용하게 하였는데, 100문 이하는 전만 사용하도록 하였다. 상세(商稅)는 전과 초를 함께 거두었는데 전이 30%이고 초가 70%였다. 13년(1380) 초를 오래 사용하여 글자가 희미해지거나 파손되었다 하여 도초법(倒鈔法)[23]을 만들어,

---

므로 보초의 길이는 약 31.7cm, 너비는 약 19cm이다.

19) '용(龍)'자가 원문에는 '횡(橫)'으로 되어 있으나 『太祖實錄』 洪武 8년 3월 辛酉 조와 王原, 『明食貨志』 권8 「寶鈔」 및 『明史稿食貨志』에 근거하여 고쳤다. 현존하는 '대명보초(大明寶鈔)'에도 그 문양은 용과 꽃무늬이다.

20) 참(斬)이란 『大明律』 권1에 의하면, 오형(五刑) 가운데 가장 중형인 사형의 하나이다. 보초의 위조자에 대한 벌칙에 대해서는 『大明律』 권7과 萬曆 『大明會典』 권174 등을 참조하라.

21) 『太祖實錄』 洪武 8년 3월 辛酉 조와 萬曆 『大明會典』 권31에는 모두 "賞銀二百五十兩"이라 되어 있다. 현존하는 대명보초의 실물에도 역시 '貳陌伍拾兩'이라고 쓰여 있다.

22) 「食貨志」의 문맥으로 판단하면, 보원국과 보천국의 주전(鑄錢) 정지는 대명보초를 발행한 홍무 8년으로 보아야 하지만, 실제로는 보원국의 정지는 홍무 8년 3월, 보천국의 정지는 9년 6월의 일이었다. 따라서 '2년 후'라는 것도 문맥상으로는 홍무 11년이 되어야 하지만, 보천국을 재개한 것은 홍무 10년 5월의 일이었다. 이러한 혼란은 「食貨志」의 편자가 양국(兩局)의 주전 정지를 홍무 8년의 일로 오해한 데서 기인한 것으로 보인다.

23) 도초법(倒鈔法)이란 구초(舊鈔)를 신초(新鈔)로 바꾸어주는 법이다. 한편 도초법을 정

곳곳에 행용고(行用庫)[24]를 설치하고 군민과 상인이 낡은 초를 행용고에 들이고 새 초로 바꾸는 것을 허락하고, 공묵(工墨)의 값[25]을 헤아려 받도록 영을 내렸다. 마침 중서성이 폐지되어[26] 초를 만드는 일을 호부에게 맡기고, 전을 주조하는 일은 공부에게 맡겼으며, 보초(寶鈔)에 새긴 글 가운데 '중서성'은 '호부'로 고치고 옛 초와 함께 사용하게 했다. 16년(1383)[27] 호부에 보초광원고(寶鈔廣源庫)·광혜고(廣惠庫)를 설치하여, 들이는 일은 광원고가 관장하고, 내보내는 일은 광혜고가 관장했다. 지방 소재 위소(衛所) 군사의 월염(月鹽)[28]은 모두 초로 지급하였고, 각 염장에는 공본초(工本鈔)[29]를 지급했다. 18년(1385) 전국 각급 관리의 녹미(祿米)는 모두 초로 지급하였는데, 2관 500문을 미 1석에 준하도록 하였다.

원문 二十二年詔更定錢式：生銅一斤，鑄小錢百六十，折二錢半之，"當三"至"當十"，準是爲差. 更造小鈔，自十文至五十文. 二十四年諭榷稅官吏，凡鈔有字貫可辨者，不問爛損，卽收受解京，抑勒與僞充者罪之. 二十五年設寶鈔行用庫於東市. 凡三庫，各給鈔三萬錠爲鈔本，倒收舊鈔送內府. 令大明寶鈔與歷代錢兼行，鈔一貫準錢千文. 提擧

한 연대는 「食貨志」에서는 홍무 13년이라 하였으나, 『太祖實錄』 洪武 9년 7월 甲子 조에 의거하면 홍무 9년(1367)이다. 홍무 13년에는 일정기간 정지되었던 지역에서 재개한 것에 불과하다. 결국 홍무 13년 제2차 실시에 즈음하여 이를 후세에 준봉(遵奉)해야 할 사례로 성문화하여, 이것이 『會典』에 게재되기에 이르렀던 것으로 생각된다.

24) 행용고(行用庫)는 보초제거사 소속으로 보초행용고(寶鈔行用庫)라고도 부른다. 보초의 발행과 태환 업무를 전담한다. 홍무 9년(1376)에 설치되었다가, 13년(1380)에 재설치, 27년(1394)에 폐지되었다.

25) 공묵(工墨)의 값은 보초의 인쇄에 따른 경비, 혹은 수수료를 뜻한다.

26) 중서성(中書省)은 홍무 13년(1380)에 폐지되었다.

27) 원문에는 "十五"라고 되어 있으나, 『太祖實錄』 洪武 16년 5월 乙卯 조에 의거하여 고쳤다.

28) 월염(月鹽)이란 내외(內外) 위소(衛所) 군사나 공부에 징용된 공장(工匠) 등에게 현물로 지급된 염을 말한다. 경사 소재 위소 군사는 종래 그대로 현물 지급을 계속하였지만, 지방 소재 위소 군사의 월염을 초(鈔)로 바꾸어 지급하는 규정으로 고친 일은 『太祖實錄』 洪武 15년 11월 丙辰 조에 보인다.

29) 염장의 조호(竈戶)에게 미(米)로 지급하고 있던 노임을 초로 지급한 경우의 호칭이다.

司於三月內印造, 十月內止. 所造鈔送內府充賞賚. 明年罷行用庫, 又罷寶泉局. 時兩浙、江西、閩、廣民重錢輕鈔, 有以錢百六十文折鈔一貫者. 由是物價翔貴, 而鈔法益壞不行. 三十年乃更申交易用金銀之禁.

옮김 譯 22년(1389) 조(詔)를 내려 전식(錢式)을 바꾸었다. 생동(生銅) 1근으로 소전 160을 주조하고, 절이전(折二錢)[30]은 이를 반으로 했다. 당삼에서 당십에 이르기까지 이에 준하여 차등을 두었다.[31] 다시 소초(小鈔)를 만들었는데 10문에서 50문에 이르렀다. 24년 세(稅)를 거두는 관리에게 유시(諭示)를 내려 글자와 꾸러미를 분별할 수 있는 초는 훼손의 여부를 따지지 말고 즉시 거두어들여 경사로 보내도록 하는데, 억지로 강요하거나 거짓으로 채운 자는 죄를 묻겠다고 하였다. 25년 보초행용고(寶鈔行用庫)를 동시(東市)에 설치하였다. 행용고는 모두 셋이었는데, 각각에 초 3만 정(錠[32])을 지급하여 초본(鈔本[33])으로 삼고, 구초(舊鈔)를 회수하여 내부(內府[34])로 보내도록 하였다. 영을 내려[35] 대명보초와 역대의 초를 함께 통용시키고, 초 1관을 전 1,000문에 준하게 했다. 제거사(提擧司)는 3월중에 인쇄하고 10월중에 정지했다. 인쇄한 초는 내부로 보내어 상으로 내리는 하사품으로 충당했다. 다음 해[36] 행용고를 없애고 다시 보천국을 없앴다.[37] 이때 양절(兩浙)·강서(江西)·복건(福建)·양광(兩廣)의 백성은

30) 절이전(折二錢)은 소전(小錢) 2닢으로 환산하는 전(錢)이라는 뜻으로 당이전(當二錢)에 해당한다.

31) 생동(生銅) 1근으로 당삼전 54, 당오전 32, 당십전 16을 각각 주전(鑄錢)하는 것을 가리킨다.

32) 초(鈔) 5관에 해당하는 단위이다.

33) 초본(鈔本)이란 자본이 되는 초라는 뜻으로, 구초(舊鈔)와 태환하는 데 필요한 신초(新鈔)를 가리킨다. 한편 명대에 초를 유통시키는 것이 원대와 달라, 원대에는 초를 유통시키는 데 금은 혹은 면사(綿絲)를 초본으로 삼았으나, 명대에는 이러한 비축 없이 신초 그 자체를 초본으로 삼았다.

34) 궁내(宮內)의 천재고(天財庫) 등을 가리키는데, 환관이 관리하였다.

35) 연대가 생략되어 있으나, 영이 내린 시기는 홍무 26년이었다.

36) 행용고를 철폐한 시기에 대한 기재가 『明史』와 『太祖實錄』 洪武 25년 2월 庚辰 조 등은 洪武 26년, 萬曆 『大明會典』 「戶部鈔法」 등에는 홍무 27년(1394)으로 되어 있다.

전을 중시하고 초를 경시하여 전 160문을 초 1관으로 환산하는 경우도 있었다. 이로 인해 물가는 마구 오르고 초법(鈔法)은 더욱 망가져 시행되지 않게 되었다.[38] 30년(1397) 마침내 교역 시에 금은을 사용하는 것을 다시 금지시켰다.

원문 成祖初, 犯者以姦惡論, 惟置造首飾器皿, 不在禁例. 永樂二年詔犯者免死, 徙家戍興州. 陝西都司僉事張豫, 坐抵易官鈔論戍. 江夏民父死, 以銀營葬具, 當戍邊. 帝以其迫於治葬, 非玩法, 特矜宥之. 都御史陳瑛言 : "比歲鈔法不通, 皆緣朝廷出鈔太多, 收斂無法, 以致物重鈔輕. 莫若暫行戶口食鹽法. 天下人民不下千萬戶, 官軍不下二百萬家, 誠令計口納鈔食鹽, 可收五千餘萬錠." 帝令戶部會群臣議. 大口月食鹽一斤, 納鈔一貫, 小口半之. 從其議. 設北京寶鈔提舉司, 稅糧課程贓罰俱折收鈔, 其直視洪武初減十之九. 後又令鹽官納舊鈔支鹽. 發南京抽分場積薪、龍江提舉司竹木鬻之軍民, 收其鈔, 應天歲辦蘆柴, 徵鈔十之八. 帝初卽位, 戶部尙書夏原吉請更鈔板篆文爲"永樂". 帝命仍其舊. 自後終明世皆用洪武年號云.

옮김 譯 성조 초[39]에 초법을 어기는 자는 간악(姦惡)으로 처벌하였는데,[40] 다만 수식(首飾)과 기물(器物) 등을 만드는 것은 금례(禁例)에 넣지 않았다. 영락 2년(1404) 조(詔)를 내려 어기는 자는 사형을 면해주되, 집안을 귀양 보내 흥주(興州)[41]에서 수자리 살도록 하였다. 섬서도사

37) 보천국 정지 시기는 각 사료에서 모두 홍무 26년의 일로 기록하고 있다.

38) 원문에는 "錢法"이라고 되어 있으나, 『太祖實錄』 洪武 27년 8월 乙酉 조 등에 의거하여 고쳤다.

39) 『太宗實錄』 永樂 元年 4월 丙寅 조 등에 의하면, 성조 초는 영락 원년을 가리킨다.

40) 간악(姦惡)이라는 죄명은 『大明律』 등에 실려 있지 않다. 아마 '간(姦)'에 상당하는 악사(惡事)라는 뜻인 것 같다. 간은 간통죄로서, 간통의 상대에 따라 구별은 있지만, 모두 사형에까지 이를 수 있다.

41) 여기서는 금원(金元) 시기의 옛 흥주(興州)를 가리킨다. 지금의 하북성 장성(長城) 이북 난하(灤河)의 지류인 흥주하(興州河)의 우안(右岸)이다. 영락 시기에는 대녕도사(大寧

첨사(陝西都司僉事) 장예(張豫)[42]가 관초(官鈔)를 바꾼 데 저촉되어 수자리 사는 것으로 처벌되었다. 강하(江夏)의 백성이 아버지가 죽자 은으로 장례도구를 마련하였기 때문에 마땅히 변경에서 수자리 살게 되었다.[43] 황제는 그가 장례를 치르는 데 절박했던 것이지 법을 무시한 것은 아니라고 하여 특별히 가련히 여겨 용서해 주었다. 도어사 진영(陳瑛)이 말하기를, "근년에 초법이 통용되지 않는 것은 모두 조정에서 초를 발행하는 것이 너무 많고 거두어들일 방법은 없어 재화는 비싸지고 초는 싸지게 된 데서 연유하는 것이니, 호구식염법(戶口食鹽法)을 잠시 시행하는 것이 좋겠습니다. 천하 인민은 1,000만 호를 밑돌지 않고 관리와 군사는 200만 가(家)를 밑돌지 않으니 만약 인구를 조사하여 초를 내고 염을 먹게 한다면 5,000여만 정(錠)을 거두어들일 수 있을 것입니다"라고 하였다. 황제가 호부에 명하여 여러 신하들을 모아 의논하게 하였다. 대구(大口)는 한 달에 염 1근을 먹고 초 1관을 내고, 소구(小口)는 그 반으로 하자고 하니, 그 의논에 따랐다. 북경에 보초제거사(寶鈔提擧司)를 설치하고 세량(稅糧)·과정(課程)[44]·장벌(贓罰)[45]은 모두 초로 환산하여 거두어들이도록 하였는데, 그 가격은 홍무 초에 비해 9/10가 줄어들었다.[46] 후에 또 염관(鹽官)[47]

都司) 개평위(開平衛) 관할이었다.

42) 도사(都司)는 각 성(省)의 군정(軍政) 장관인 도지휘사사(都指揮使司)의 약칭이다. 첨사(僉事)는 그 보좌관으로 관계(官階)는 정3품이다. 한편 섬서 지방은 북변의 서지(西地)였기 때문에 도사의 보조기관으로서 별도로 행도사(行都司 = 行都指揮使司)가 설치되어, 그 보좌관에도 첨사가 두어졌다. 이때 장예(張豫)는 행도사첨사(行都司僉事)를 맡고 있었다.

43) 이 일은 『太宗實錄』 永樂 2년 3월 庚戌 조에 보인다. 강하(江夏)는 지금의 호북성 무창현(武昌縣)이다.

44) 염과(鹽課)와 차과(茶課)를 비롯하여 각종 상세(商稅)를 포함한 공과(公課)를 가리킨다.

45) 실형을 면제받기 위하여 정부에 납입하는 금전을 가리킨다.

46) 홍무 8~9년에 초(鈔)와 양(糧)의 대비가격은 초 1관에 미 1석 혹은 은 1량이었다. 영락 5년~7년경에 이르러, 초의 가치가 폭락하여, 미 1석은 초 30관, 은 1량은 초 80관에 해당하였다. 따라서 엄밀하게 말하면 9/10 정도의 하락은 아니다.

47) 염관(鹽官)은 하동(河東)·산동(山東)·복건(福建)·장로(長蘆)의 4염운사(鹽運司)와 광동(廣東)의 염과제거사(鹽課提擧司)를 가리킨다.

으로 하여금 구초(舊鈔)를 받고 염을 지급하도록 하였다. 남경추분장(南京抽分場)의 장작과 용강제거사(龍江提擧司)의 죽목(竹木)을 꺼내어 이를 군·민에게 팔아 그들의 초를 거두어들이고,[48] 응천(應天)으로 해마다 공물로 보내는 연료용 갈대에 대해서는 8/10을 초로 징수하였다. 황제가 처음 즉위하자 호부상서 하원길(夏原吉)이 초판(鈔板)의 전문(篆文)을 '영락(永樂)'[49]으로 바꾸자고 청하였다. 황제는 예전대로 하라고 명하였다. 이후 명의 치세가 끝날 때까지 모두 '홍무' 연호를 썼다고 한다.

원문 仁宗監國, 令犯笞杖者輸鈔. 及卽位, 以鈔不行詢原吉. 原吉言: "鈔多則輕, 少則重. 民間鈔不行, 緣散多斂少, 宜爲法斂之. 請市肆門攤諸稅, 度量輕重, 加其課程, 鈔入官, 官取昏軟者悉燬之. 自今官鈔宜少出, 民間得鈔難, 則自然重矣." 乃下令曰: "所增門攤課程, 鈔法通, 卽復舊, 金銀布帛交易者, 亦暫禁止." 然是時, 民卒輕鈔. 至宣德初, 米一石用鈔五十貫, 乃弛布帛米麥交易之禁. 凡以金銀交易及匿貨增直者罰鈔, 府縣衛所倉糧積至十年以上者, 鹽糧悉收鈔, 秋糧亦折鈔三分. 門攤課鈔增五倍, 塌房、店舍月納鈔五百貫, 果園、贏車並令納鈔. 戶部言民間交易, 惟用金銀, 鈔滯不行. 乃益嚴其禁, 交易用銀一錢者, 罰鈔千貫, 贓吏受銀一兩者, 追鈔萬貫, 更追免罪鈔如之.

옮김 譯 인종이 감국(監國)[50]할 때 영을 내려 태(笞)와 장(杖)의 죄를 범한 자는 초(鈔)를 내도록 하였다.[51] 즉위해서는 초가 유통되지 않는

---

48) 추분장(抽分場)은 공부 소속의 세무기관으로 죽목(竹木)·시신(柴薪) 등의 상품으로부터 통과세를 징수하였다. 용강제거사(龍江提擧司)는 용강분사(龍江分司)라고도 하며, 남경추분장(南京抽分場)의 분사(分司)이다. 홍무 13년에 제거사(提擧司)가 되었다.

49) 현존 '대명보초'의 표면에는 "大明寶鈔天下通行" 8자만이 전문(篆文)이며, 나머지 문자는 모두 해서(楷書)이다. 물론 '洪武'의 글자체는 전문이 아니라 해서이다.

50) 영락제가 몽골을 친정(親征)할 때마다 황태자 즉 뒤의 인종으로 하여금 국사서정(國事庶政)을 대신 재결(裁決)시켰던 것을 말한다.

51) 태죄(笞罪)와 장죄(杖罪)에 대하여 그 속죄(贖罪)로 초를 내게 한 것을 말한다. 속죄 제도는 홍무 초년부터 실시되어 『大明律』에는 오형(五刑)에 대한 속죄금의 액수를 동

이유를 하원길(夏原吉)에게 물었다. 하원길이 말하기를, “초가 많으면 가벼이 여기고 적으면 중하게 여깁니다. 민간에서 초가 유통되지 않는 것은 풀어놓은 것이 많고 거두어들이는 것이 적기 때문이니, 마땅히 법을 만들어 초를 거두어들여야 합니다. 청컨대 시사(市肆)의 문탄(門攤)[52] 등 여러 세는 경중을 저울질하여 그 과액(課額)을 추가하고, 초를 관에 들이면 관은 해지거나 훼손된 것을 골라내어 이를 모두 거두어 불태워버리시기 바랍니다. 지금부터 관초는 마땅히 내보내는 것을 적게 해야 하니, 민간에서 초를 얻는 것이 어렵게 되면 자연히 비싸질 것입니다”라고 하였다. 이에 영을 내려 말하기를, “증가시킨 문탄의 과액은 초법(鈔法)이 소통되면 예전으로 되돌리고, 금은포백(金銀布帛)으로 교역하는 것 역시 잠시 금지하라”고 하였다. 그러나 이때 백성은 끝내 초를 가벼이 여겼다. 선덕 초에 이르러서는 미 1석이 초 50관에 이르자, 이에 포백미맥(布帛米麥)으로 교역하는 것에 대한 금지를 완화하였다. 금은으로 교역하거나 화물을 숨겨 가격을 높이는 자에게는 모두 초로 벌금을 내도록 하였다. 부현위소(府縣衛所)의 창량(倉糧)이 쌓인 지 10년 이상 된 것은[53] 염량(鹽糧)을 모두 초로 거두고 추량(秋糧)도 또한 30%를 초로 환산해서 내도록 하였다. 문탄과초(門攤課鈔)는 5배로 늘리고, 탑방(塌房)・점사(店舍)[54]는 달마다 초 500관을 들이고, 과원(果園)・나거(贏車)[55]도 함께 초를 내도록 하였

전 단위로 규정하고 있지만, 실제로는 납미(納米), 납동(納銅) 등이 행해지고 있었다. 초의 유통을 촉진하는 시책의 하나로서 속죄납초(贖罪納鈔)의 처치(處置)를 취한 예는 영락부터 천순까지 몇 회에 걸쳐 있다.

52) ‘문탄(門攤)’은 시가의 상점에 균등히 할당한다는 뜻이니, 시가 혹은 시장 상점의 상인에게 부과하는 일종의 영업세를 말한다.

53) 원문에는 “十五年以上者”라고 되어 있으나, 『宣宗實錄』 宣德 5년 6월 乙丑 조에 의거하여 “五”자를 삭제하였다.

54) 탑방(塌房)은 관영(官營)의 화물창고로서 상세(商稅)도 함께 징수하였다. 명 중엽 이후로는 항상 권귀(權貴)들이 장악하여 상인들을 수탈하였다. 점사(店舍)는 상인들이 머물던 객잔을 말한다.

55) 과원(果園)은 과수원을 말한다. 선덕 연간에 과수 10주(株)당 해마다 초 100관 혹은 구초(舊鈔) 50관을 내도록 규정하였다. 나거(贏車)는 나거(騾車), 여라거(驢騾車)라고도 하는데, 당시 민간에서 노역꾼들이 사용하던 운반수단이다. 선덕 연간 1대당 초 200관

다. 호부에서 말하길, "민간에서 교역하는 데 오로지 금은만을 써서 초는 옹체되어 유통이 되지 않습니다. 이에 그 금지를 더욱 엄하게 하여, 교역하는 데 은 1전을 쓴 경우에는 초 1천관의 벌금을 내리고, 장리(贓吏)가 은 1량을 받은 경우에는 초 1만관을 추징하고 다시 이러한 수준으로 면죄초(免罪鈔)를 추징하시기 바랍니다"라고 하였다.

원문 英宗卽位, 收賦有米麥折銀之令, 遂減諸納鈔者, 而以米銀錢當鈔, 弛用銀之禁. 朝野率皆用銀, 其小者乃用錢. 惟折官俸用鈔, 鈔壅不行. 十三年復申禁令, 阻鈔者追一萬貫, 全家戍邊. 天順中, 始弛其禁. 憲宗令內外課程錢鈔兼收, 官俸軍餉亦兼支錢鈔. 是時鈔一貫不能直錢一文, 而計鈔徵之民, 則每貫徵銀二分五釐, 民以大困.

옮김 譯 영종이 즉위한 뒤 부세(賦稅)를 징수할 때 미맥(米麥)을 은으로 환산하여 내라는 영이 나오게 되었는데, 마침내 각종 초(鈔)로 납부하는 것을 줄이고, 미(米)·은(銀)·전(錢)으로 초를 대체하고, 은의 사용에 대한 금지를 완화시켰다. 조야가 대개 모두 은을 쓰되, 그 작은 단위는 전을 썼다. 오직 관봉(官俸)을 환산하는 데 초를 쓸 뿐이어서, 초는 옹체되고 유통되지 않았다. 13년(1448) 다시 금령(禁令)을 내려 초의 유통을 막는 자는 1만 관을 추징하고 온 가족을 변방에서 수자리 살게 했다. 천순(天順) 연간에 그 금지를 늦추기 시작하였다. 헌종은 내외에 영을 내려 과액(課額)은 전과 초를 함께 징수하고,[56] 관봉과 군향(軍餉) 또한 전과 초를 함께 지급하도록 했다. 이때 초 1관은 전 1문의 가치도 없었는데, 초를 계산하여 이를 백성에게 징수할 때 1관에 은 2분 5리(釐)를 징수하

을 납부토록 하였다. 우거(牛車)는 50관을 받았다. 萬曆『大明會典』권31「戶部 18」鈔法 조 참조.

56) 내외(內外)의 과액(課額)이라 함은 경성(京城) 9문(門)과 각 포정사의 상세(商稅)를 가리킨다. 당시에는 전(錢)과 초(鈔)를 반씩 받았다. 전과 초의 환산비율은 초 1관에 전 4문이었다. 뒤에 초 1관에 전 2문으로 바꾸었다.『憲宗實錄』成化 元年 7월 丁巳 조와 10년 4월 甲申 조 참조.

니 백성은 이 때문에 크게 괴로워하였다.

원문

弘治元年, 京城稅課司, 順天、山東、河南戶口食鹽, 俱收鈔, 各鈔關俱錢鈔兼收. 其後乃皆改折用銀. 而洪武、永樂、宣德錢積不用, 詔發之, 令與歷代錢兼用. 戶部請鼓鑄, 乃復開局鑄錢. 凡納贖收稅, 歷代錢、制錢各收其半; 無制錢卽收舊錢, 二以當一. 制錢者, 國朝錢也. 舊制, 工部所鑄錢入太倉、司鑰二庫; 諸關稅錢亦入司鑰庫. 共貯錢數千百萬, 中官掌之. 京衛軍秋糧取給焉, 每七百當銀一兩. 武宗之初, 部臣請察覈侵蝕; 又以錢當俸糧者, 僅及銀數三之一, 請於承運庫給銀. 時中官方用事, 皆不聽. 已而司鑰庫太監龐瑮言 : "自弘治間榷關折銀入承運庫, 錢鈔缺乏, 支放不給, 請遵成化舊制, 錢鈔兼收." 從之. 正德三年, 以太倉積錢給官俸, 十分爲率, 錢一銀九. 又從太監張永言, 發天財庫及戶部布政司庫錢, 關給徵收, 每七十文徵銀一錢, 且申私鑄之禁. 嘉靖四年, 令宣課分司收稅, 鈔一貫折銀三釐, 錢七文折銀一分. 是時鈔久不行, 錢亦大壅, 益專用銀矣.

옮김譯

홍치 원년 경성(京城)의 세과사(稅課司)57)에서 순천(順天)·산동(山東)·하남(河南)의 호구식염(戶口食鹽)은 모두 초(鈔)를 징수하고, 각 초관(鈔關)58)은 모두 전과 초를 함께 거두었다. 그 후에는 모두 은으로 환산하였다.59) 그리고 홍무·영락·선덕의 전은 쌓여 쓰이지 않자 조(詔)를 내려 이를 풀어 역대의 전과 함께 쓰도록 하였다. 호부에서 주조할 것을 청하자 이에 다시 국(局)을 열고 전을 주조했다. 대개 속전(贖錢)을 받고 세금을 걷는 데, 역대의 전과 제전(制錢)을 각각 반씩 받고, 제전이

57) 호부의 귀주사(貴州司)에서 대관(帶管)하던 북경의 덕승문(德勝門)과 안정문(安定門)의 세과사(稅課司)를 가리킨다.

58) 초관(鈔關)은 임청(臨淸)·호서(滸墅)·구강(九江)·회안(淮安)·북신(北新)·양주(揚州)·하서무(河西務) 등지에 설치되어 통과세를 징수하던 기관이다.

59) 홍치 원년 세수를 은으로 징수한 이후에도 전국적으로는 부분적으로 상세를 은과 전으로 함께 받았다. 정덕·가정 이후에 이르러서야 상세가 대부분 은으로 절납되었다.

없으면 구전(舊錢)을 받되 2를 1로 쳤다. 제전이라는 것은 명조(明朝)의 동전이다. 옛 제도에서 공부가 주조하는 전은 태창고(太倉庫)와 사약고(司鑰庫)의 2고에 들였고,[60] 여러 관(關)의 세전도 또한 사약고에 들였다. 함께 저장해둔 전 수천백만을 환관이 관장했다. 경위군(京衛軍)의 추량(秋糧)[61]은 여기에서 내어주었는데, 700을 은 1량으로 계산하였다. 무종 초에 호부 관료가 횡령을 조사할 것을 청하였고, 또 전으로 봉량(俸糧)을 받는 자는 은수(銀數)의 1/3에 불과하다는 이유로 승운고(承運庫)[62]에서 은을 지급해줄 것을 청하였다. 이때 환관이 막 권력을 장악하여 모두 들어주지 않았다. 얼마 후 사약고태감(司鑰庫太監) 방률(龐瑮)이 말하기를, "홍치 연간 각관(榷關)의 절은(折銀)을 승운고에 들이면서부터 전과 초가 결핍되어 지급에 대지 못하였으니, 성화 연간의 옛 제도[63]에 따라 전과 초를 함께 징수할 것을 청합니다"라고 하여, 이를 받아들였다. 정덕 3년(1508) 태창(太倉)에 축적되어 있는 전으로 관봉을 지급하되 10을 기준으로 하여 전은 1할, 은은 9할로 하였다. 또 태감(太監) 장영(張永)[64]의 말을 따라 천재고(天財庫)[65] 및 호부·포정사의 고(庫)에 있는 전을 풀어 지급하거나 징수하게 하였는데, 70문마다 은 1전을 징수하게 하고 또 사사로이 주조하

60) 공부에서 새로 주조한 전은 4/10를 시장에 유통시키고, 6/10은 1 : 5의 비율로, 1은 사약고(司鑰庫)에, 5는 태창고(太倉庫)에 들였다. 『神宗實錄』 萬曆 20년 11월 壬戌 조에 기재된 구규(舊規)에 의거한다. 한편 사약고는 환관이, 태창고는 호부의 관리가 관리하였다. 내정용(內廷用) 즉 황제의 상사(賞賜)에 제공하기 위해 사약고가 전과 초를 보관해야 한다는 이유로 상세로 징수된 전과 초가 사약고로 보내졌다. 전부(田賦)의 절은(折銀) 이후 세은의 저장을 목적으로 설치된 태창고에는 원래 전은 보관되지 않았지만, 홍치 이래의 주전(鑄錢)정책과 군사비의 증대에 의한 재정곤란과 더불어 전이 보내져 군사의 봉급 지불 등에 충당되기에 이르렀다.

61) '秋糧'이 王原, 『明食貨志』 권8 「錢鈔」와 『明史稿食貨志』 「錢鈔」 조에는 모두 "秋季俸糧"이라고 기재되어 있다.

62) 내부(內府) 10고(庫)의 하나로서 태창고와 함께 세은을 저장하였다.

63) 성화의 옛 제도란 성화 3년에 규정된 내외과액(內外課額)에 대해 전과 초를 둘 다 받은 제도를 가리킨다.

64) 장영(張永)은 신성(新城) 출신으로 정덕 시기의 태감(太監)이다. 전(傳)은 『明史』 권304에, 그의 상언은 『武宗實錄』 正德 7년 정월 庚午 조에 보인다.

65) 사약고의 별칭이다.

는 것에 대한 금지를 선포하였다. 가정 4년(1525) 선과분사(宣課分司)가 세를 받을 때에는 초 1관을 은 3리로 환산하고, 전 7문을 은 1분으로 환산하게 했다. 이때 초는 오랫동안 유통되지 않았고, 전도 또한 크게 옹체되어, 더욱 은만을 사용하게 되었다.

원문 明初鑄洪武錢. 成祖九年鑄永樂錢. 宣德九年鑄宣德錢. 弘治十六年以後, 鑄弘治錢. 至世宗嘉靖六年, 大鑄嘉靖錢. 每文重一錢三分, 且補鑄累朝未鑄者. 三十二年鑄洪武至正德九號錢, 每號百萬錠, 嘉靖錢千萬錠, 一錠五千文. 而稅課抽分諸廠, 專收嘉靖錢. 民患錢少, 乃發內庫新舊錢八千一百萬文折給俸糧. 又令通行歷代錢, 有銷新舊錢及以銅造像製器者, 罪比盜鑄. 先是, 民間行濫惡錢, 率以三四十錢當銀一分. 後益雜鉛錫, 薄劣無形製, 至以六七十文當銀一分. 翦楮夾其中, 不可辨. 用給事中李用敬言, 以制錢與前代雜錢相兼行, 上品者俱七文當銀一分, 餘視錢高下爲三等, 下者二十一文當銀一分; 私造濫惡錢悉禁不行, 犯者置之法. 小錢行久, 驟革之, 民頗不便. 又出內庫錢給文武官俸, 不論新舊美惡, 悉以七文折算. 諸以俸錢市易者, 亦悉以七文抑勒予民, 民亦騷然.

옮김 譯 명초에 홍무전(洪武錢)을 주조하였다. 성조 9년(1411)에 영락전(永樂錢)을 주조하였다. 선덕 9년(1434)에 선덕전(宣德錢)을 주조하였다. 홍치 16년(1503) 이후에 홍치전(弘治錢)을 주조하였다. 세종 가정 6년(1527)에 이르러 대대적으로 가정전(嘉靖錢)[66]을 주조하였다. 1문당 무게는 1전 3분이었고, 또 역대에 주조하지 않은 것을 보충하여 주조했다.[67] 32년

---

66) 萬曆 『大明會典』 권31 「錢法」 조에 기재된 바에 의하면 "가정 6년에 주준(奏准)하여 가정통보(嘉靖通寶) 1,883만 400문을 주조하고, 남경보원국(南京寶源局)에서는 2,266만 800문을 주조하도록 하였는데 1문의 무게가 1전 3분이었다"고 한다.

67) 가정 6년(1527)에 보주(補鑄)를 시작하여, 32년(1553)에 이르러서도 완성하지 못했는데, 홍희전(洪熙錢) 같은 것이 이 시기에 보주된 것이다.

(1553) 홍무부터 정덕에 이르는 9호(號)의 전[68]을 주조하였는데, 한 호당 100만 정(錠)이었고, 가정전은 1,000만 정이었는데, 1정은 5,000문이었다. 그리고 세과사(稅課司)와 추분(抽分) 등 여러 창(廠)은 가정전만을 받았다. 백성이 전의 부족을 걱정하자 내고(內庫)의 신전(新錢)과 구전(舊錢) 8,100만 문을 꺼내어 봉량(俸糧)[69]을 환산하여 지급했다. 또 역대의 전을 유통시켰는데, 신전과 구전을 녹이고 구리로 불상을 만들거나 그릇을 만드는 자가 있으면 불법주전(不法鑄錢)에 비겨 처벌하였다. 이전에 민간에 조악한 전[70]이 유통되었는데, 대개 30~40전[71]이 은 1분에 해당했다. 후에 더욱 아연과 주석을 섞어 얇고 조잡하여 볼품도 없어 60~70문이 은 1분에 해당되었다. 종이를 잘라 그 가운데 끼워놓아도 분별할 수 없었다. 급사중 이용경(李用敬)의 말에 따라 제전(制錢)과 전대(前代)의 잡전(雜錢)을 함께 유통시키고, 상품(上品)인 것은 모두 7문을 은 1분으로 치고 나머지는 전의 고하를 살펴 3등으로 나누어 하전(下錢)은 21문을 은 1분으로 쳤다. 사사로이 만든 조악한 전은 모두 금하여 유통되지 못하게 하고, 이를 어기면 법으로 처벌하였다. 소전[72]은 유통된 지 오래되었는데 갑자기 이를 없애니 백성은 매우 불편해 하였다. 또 내고의 전을 꺼내어 문관과 무관의 봉록으로 지급할 때에 새 것과 헌 것 그리고 질의 좋고 나쁨을 따지지 않고 모두 7문으로 환산하였다. 봉록으로 받은 전으로 거래하는 자도 또한 모두 7문으로 강제하여 백성에게 주니 백성 또한 떠들썩하였다.

---

68) 홍무(洪武)·영락(永樂)·홍희(洪熙)·선덕(宣德)·정통(正統)·천순(天順)·성화(成化), 홍치(弘治)·정덕(正德)의 9통보(通寶)를 가리킨다. 다만 이 9종의 전에 대한 보주가 실행되었는가는 의문의 여지가 있다.

69) 문관과 무관의 봉록과 군량을 가리킨다.

70) 『世宗實錄』 嘉靖 15년 9월 甲子 조에 기재된 바에 의하면 "巡視五城御史閻隣等上奏 : 邇者, 京師之錢輕裂薄小, 觸手可碎, 雖存字文, 而点畫莫辨. 甚則不用銅而用鉛鐵, 不以鑄而以剪裁. 粗具肉好, 卽名曰錢. 每三百文綷直銀一錢. 作之者無忌, 使之者不疑, 而制錢, 舊錢反爲之壅退"라 하였다.

71) 30~40'錢'은 『明史稿』에도 『世宗實錄』 嘉靖 33년 3월 戊申 조의 기사에도 모두 30~40'文'으로 적혀있는데, 후자의 표현이 보다 타당한 것 같다.

72) 민간에서만 사용된 최저 가격의 전을 가리킨다.

원문

屬連歲大侵, 四方流民就食京師, 死者相枕藉. 論者謂錢法不通使然. 於是御史何廷鈺條奏, 請許民用小錢, 以六十文當銀一分. 戶部執不從. 廷鈺訐奏尚書方鈍及郎中劉爾牧. 帝怒, 斥爾牧, 採廷鈺議, 命從民便. 且定嘉靖錢七文, 洪武諸錢十文, 前代錢三十文, 當銀一分. 然諸濫惡小錢, 以初禁之嚴, 雖奉旨間行, 竟不復用, 而民間競私鑄嘉靖通寶錢, 與官錢並行焉.

옮김 譯

몇 해를 연달아 크게 기근이 들어[73] 사방에서 유민(流民)이 먹을 것을 찾아 경사로 왔고 죽은 사람이 즐비했다. 어떤 논자는 "전법(錢法)이 통하지 않기 때문에 그렇게 된 것이다"라고 말하였다. 이에 어사 하정옥(何廷鈺)이 조목조목 주(奏)를 올려, 백성이 소전을 쓸 수 있도록 허락하고, 60문은 은 1분으로 환산해줄 것을 청하였다. 호부에서 완강히 따르지 않았다. 하정옥이 상서 방둔(方鈍)[74]과 낭중(郎中) 유이목(劉爾牧)의 잘못을 폭로하는 상주를 올렸다. 황제가 노하여 유이목을 배척하고 하정옥의 의논을 채택하여 백성이 편한 쪽을 따르라고 명했다. 또한 가정전 7문, 홍무 등 여러 전[75] 10문, 전대의 전 30문을 은 1분으로 환산하도록 정했다. 그러나 여러 조악한 소전은 처음 이를 금한 것이 매우 엄하여 비록 어지(御旨)를 받들어 통행되기는 하였으나[76] 마침내는 다시 쓰이지 않게 되었고, 민간에서는 다투어 가정통보전(嘉靖通寶錢)을 몰래 주조하여 관전(官錢)[77]과 함께 유통되었다.

---

73) 가정 연간 몇 차례에 걸친 대기근을 가리킨다. 그 범위는 남북각지로 파급되어 남기 제군(南畿諸郡)에 기근이 들어, 사람들이 서로 잡아먹을 지경이었다. 산동·하남·호광·산서·섬서·요동 등 지역이 특히 심했다. 가정 20년 이전은 기황(饑荒)이 들지 않은 해가 없었다. 『明史』 권30 「五行志 3」 참조.

74) 파릉(巴陵) 출신이다. 7년간 호부상서를 역임했다. 『明史』 권202 「孫應奎傳」 참조.

75) 홍무·영락·선덕·홍치 등의 통보(通寶)를 가리킨다.

76) 원문에는 '間行'이라고 되어 있으나, 『續文獻通考』 권11 「錢幣考 5」에는 '開行'으로 되어 있다.

77) 제전(制錢)을 가리킨다.

원문 給事中殷正茂言 : "兩京銅價大高, 鑄錢得不償費. 宜採雲南銅, 運至岳州鼓鑄, 費工本銀三十九萬, 可得錢六萬五千萬文, 直銀九十三萬餘兩, 足以少佐國家之急." 戶部覆言 : "雲南地僻事簡, 卽山鼓鑄爲便." 乃敕巡撫以鹽課銀二萬兩爲工本. 未幾, 巡撫王昺言費多入少, 乞罷鑄. 帝以小費不當惜, 仍命行之. 越數年, 巡按王諍復言宜罷鑄. 部議 : "錢法壅滯者, 由宣課司收稅以七文當一分. 姦民乘機阻撓, 錢多則惡濫相欺, 錢少則增直罔利, 故禁愈繁而錢愈滯. 自今準折聽民便, 不必定文數, 而課稅及官俸且俱用銀." 乃罷雲南鑄錢, 而從戶部議.

옮김譯 급사중 은정무(殷正茂)가 말하기를, "양경(兩京)의 동 가격이 너무 높아[78] 전을 주조하는 비용을 댈 수 없습니다. 마땅히 운남(雲南)의 동을 채굴하여 악주(岳州)[79]로 운반해서 주조하면 공본은(工本銀) 39만을 써서 전 6억 5,000만 문을 얻을 수 있고, 그 값은 93만여 량[80]에 상당하니, 나라의 절박함을 조금 도울 수 있을 것입니다"라고 하였다. 호부에서 조사 후 말하기를, "운남은 땅이 외지고 일은 적으니, 산에 가서 주조하면 편할 것입니다"라고 하였다. 그래서 순무(巡撫)에게 칙을 내려 염과은(鹽課銀)[81] 2만 량을 공본(工本)으로 삼도록 했다. 얼마 지나지 않아[82] 순무 왕병(王昺)이 비용은 많이 들고 수입은 적으니 주조를 중지하기 바란다고 말하였다. 황제가 조금 드는 비용을 아까워해서는 안 된다는 이유로 그대로 이를 시행하도록 명했다. 몇 년이 지나[83] 순안(巡按) 왕쟁(王諍)이 다시 주조를 중지해야 한다고 말하였다. 호부에서 건의하기를, "전

78) 원문에는 '大高'라고 되어 있으나, 『世宗實錄』 嘉靖 34년 4월 戊寅 조에 의거하여 '太高'로 고쳤다.

79) 악주부(岳州府)의 치소는 파릉으로 화용(華容) 등의 현을 관할한다. 지금의 호남성 악양(岳陽)·임상(臨湘)·화용(華容)·안향(安鄕) 등의 현에 해당한다.

80) 은 1량을 전 700문으로 환산한 경우 전 6억 5,000만 문에 해당하는 은가(銀價)가 된다.

81) 운남성(雲南省)으로부터 기해(起解)하는 염과은(鹽課銀)을 가리킨다.

82) 가정 37년(1558) 7월을 가리킨다.

83) 가정 44년(1565) 5월을 가리킨다.

법이 옹체된 것은 선과사(宣課司)가 세금을 거두는데 7문을 1분[84]으로 쳤기 때문입니다. 간악한 자들이 이를 틈타 농간을 부려 흐지부지하게 만들어, 전이 많으면 조악하다고 서로 속이고, 전이 적으면 가격을 올려 이익을 그물질 하니, 그런 까닭에 금지를 하면 할수록 전은 더욱 옹체되는 것입니다. 이제부터 환산은 백성이 편한 것을 따르도록 하여, 문의 수량을 정할 필요가 없으며, 과세와 관봉은 또한 모두 은을 사용하시기 바랍니다"라고 하였다. 이에 운남에서 주전(鑄錢)하는 것을 중지하고 호부의 건의에 따랐다.

원문 時所鑄錢有金背, 有火漆, 有鏇邊. 議者以鑄錢艱難, 工匠勞費, 革鏇車用鑪錫. 於是鑄工競雜鉛錫便剉治, 而輪郭粗糲, 色澤黯黲. 姦僞倣傚, 盜鑄日滋, 金背錢反阻不行. 死罪日報, 終不能止. 帝患之, 問大學士徐階. 階陳五害, 請停寶源局鑄錢, 應支給錢者悉予銀. 帝乃鞫治工匠侵料減工罪, 而停鼓鑄. 自後稅課徵銀而不徵錢. 且民間止用制錢, 不用古錢, 而私鑄者多.

옮김 당시 주조한 전으로는 금배전(金背錢)・화칠전(火漆錢)・선변전(鏇邊錢)[85] 등이 있었다. 의논하는 자들이 전을 주조하는 것이 어렵고 공장(工匠)이 수고롭고 비용이 많이 드니, 선거(鏇車)를 없애고 여탕(鑪錫)[86]을 쓰자고 하였다. 이에 주조공이 앞 다투어 연석(鉛錫)을 섞어 모서리를 다듬는 데 편하게 하여, 윤곽은 거칠고 색과 광택은 검푸르게 되었다. 간사한 자들이 이를 모방하여 몰래 주조하는 경우가 날로 많아져 금

84) 은 1분을 가리킨다.

85) 남경에서 해송(解送)되는 제전 가운데 배면(背面)을 금빛으로 도금을 한 것을 민간에서는 이를 금배전(金背錢)이라고 했고, 불로 그을려 검은 빛을 낸 것을 화칠전(火漆錢)이라 불렀다. 한편 선변전(鏇邊錢)은 생동(生銅)과 아연으로 만든 진유전(眞鍮錢)을 가리키는데, 누르스름한데다 윤곽이 둥글고 정연한 가정통보(嘉靖通寶)의 속칭이다.

86) 선거(鏇車)는 녹로거(轆轤車)라고도 부르며, 동전 끝을 깎는 수공구이다. 여탕(鑪錫)은 일종의 쇠를 가는 공구이다.

배전은 도리어 막혀 유통되지 않았다. 사형에 해당하는 죄인이 날마다 보고되었는데 끝내 멈추게 할 수 없었다. 황제가 이를 근심하여 대학사 서계(徐階)[87]에게 물었다. 서계가 다섯 가지 폐해를 진술하고, "보원국(寶源局)에서 주전하는 것을 정지시키고, 응당 전을 지급해야 할 자에게는 모두 은으로 주시기 바랍니다"라고 청하였다. 황제가 마침내 공장(工匠)이 재료를 착복하여 공정(工程)을 줄인 죄를 국문(鞠問)하여 처벌하고, 주조를 정지시켰다. 이로부터 세과는 은으로 징수하고 전으로 징수하지 않았다. 또 민간에서는 제전만 사용하고 고전(古錢)은 사용하지 않았지만, 사사로이 주조하는 자도 많았다.

원문 隆慶初, 錢法不行, 兵部侍郎譚綸言 : "欲富民, 必重布帛菽粟而賤銀; 欲賤銀, 必制錢法以濟銀之不足. 今錢惟布於天下, 而不以輸於上, 故其權在市井. 請令民得以錢輸官, 則錢法自通." 於是課稅銀三兩以下復收錢, 民間交易一錢以下止許用錢. 時錢八文折銀一分, 禁民毋得任意低昂. 直隸巡按楊家相請鑄大明通寶錢, 不識年號. 部議格不行. 高拱再相, 言 : "錢法朝議夕更, 迄無成說. 小民恐今日得錢, 而明日不用, 是以愈更愈亂, 愈禁愈疑. 請一從民便, 勿多爲制以亂人耳目." 帝深然之. 錢法復稍稍通矣. 寶鈔不用垂百餘年, 課程亦鮮有收鈔者, 惟俸錢獨支鈔如故. 四年始以新鑄隆慶錢給京官俸云.

옮김 譯 융경 초에 전법이 행해지지 않자 병부시랑 담륜(譚綸)[88]이 말하기를, "백성을 잘살게 하려면 반드시 포백숙속(布帛菽粟)을 비싸

87) 서계(徐階)는 가정 연간 후기의 명신으로 가정 31년에 대학사가 되었고, 41년부터 융경 2년까지 수보(首輔) 즉 수석대학사(首席大學士)를 역임했다. 『明史』 권213에 전(傳)이 있다.

88) 담륜(譚綸, ?~1577)은 자가 자리(子理)이고 의황(宜黃) 출신이다. 가정 23년(1544) 진사가 되어 태주지부(台州知府)로 부임하였다. 향용(鄕勇) 1,000명을 이끌고 왜구를 막았는데, 3번 싸워 3번 모두 이겼다. 척계광(戚繼光), 유대유(兪大猷)와 합군(合軍)하여 절동(浙東)의 왜구들을 평정하였다. 전(傳)은 『明史』 권222에 보인다.

게 하고 은을 싸게 해야 하고, 은을 싸게 하려면 반드시 전법을 만들어서 은의 부족을 해결해야 합니다. 지금 전은 다만 천하[89]에 깔려 있고 위로 보내어지지 않으니, 때문에 그 권력은 시중에 있습니다. 청컨대 백성으로 하여금 전을 관에 들이게 할 수 있으면 전법은 저절로 통하게 될 것입니다"라고 하였다. 이에 과세은으로 3량 이하는 다시 전으로 거두었고, 민간 교역에서는 1전 이하만 전을 쓰도록 허락했다. 당시 전 8문을 은 1분으로 환산하고, 백성이 마음대로 내리거나 올릴 수 없도록 이를 금했다. 직예순안(直隸巡按) 양가상(楊家相)이 대명통보전(大明通寶錢)을 주조하되 연호를 새기지 말 것을 청했다. 부(部)에서 반론을 제기하여 시행되지 않았다. 고공(高拱)[90]이 다시 내각수보(內閣首輔)가 되어 말하기를, "전법이 아침에 의논하고 저녁에 바꾸어 아직까지 정론이 없습니다. 소민은 오늘 전을 얻어도 내일 쓰이지 않을까 걱정하니, 이 때문에 바꾸면 바꿀수록 더 혼란해지고 금하면 금할수록 더 의심이 생깁니다. 청컨대 오로지 백성이 편한 것을 따르고, 제도를 많이 만들어 사람들의 이목을 어지럽히지 마시기 바랍니다"라고 하였다. 황제가 이를 매우 옳다고 여겼다. 전법이 다시 조금씩 통행되었다. 보초(寶鈔)가 사용되지 않은 것이 100여 년 동안 이어졌으며 과세 또한 초를 거두는 경우가 드물었는데 오직 봉전(俸錢)[91]만은 이전과 같이 초를 지급하였다. 4년(1570)에 비로소 새로 주조한 융경전(隆慶錢)을 경관(京官)의 봉록으로 지급하였다고 한다.

---

89) 담륜의 「論理財疎」를 살펴보면, 이 구절이 "今之錢, 惟欲布之于下, 而不欲輸之于上"이라고 되어 있다. 그러므로 이 구절의 "天下" 2글자는 "于下"의 오기로 보이지만, '천하'라고 해도 뜻이 통하지 않는 것은 아니다.

90) 고공(高拱, ?~1573)은 자가 숙경(肅卿)으로 신정(新鄭) 출신이다. 가정 20년(1541) 진사가 되어, 편수(編修)에 제수되었다. 국자감을 관장하다가 이부시랑 겸 학사로 이임했다. 45년(1566)에 입각했다. 목종이 즉위한 후 서계와 불화가 생겨 양병(養病)을 핑계로 귀향했다. 융경 3년(1569) 부름을 받아 입각하여 수보가 되었으나, 신종이 즉위하면서 사임했다. 전(傳)은 『明史』 권213에 보인다.

91) '俸錢'은 『明史稿』에는 '俸糧'이라고 되어 있다. 봉량(俸糧) 즉 문관과 무관의 봉록과 군량을 은·전·초로 환산하여 지급한 것이기 때문에 원문의 봉전(俸錢)은 타당하지 않다.

원문 萬曆四年命戶工二部, 準嘉靖錢式鑄"萬曆通寶" 金背及火漆錢, 一文重一錢二分五釐, 又鑄鏇邊錢, 一文重一錢三分, 頒行天下, 俸糧皆銀錢兼給. 雲南巡按郭庭梧言 : "國初京師有寶源局, 各省有寶泉局, 自嘉靖間省局停廢, 民用告匱. 滇中產銅, 不行鼓鑄, 而反以重價購海肥, 非利也." 遂開局鑄錢. 尋命十三布政司皆開局. 採工部言, 以五銖錢爲準, 用四火黃銅鑄金背, 二火黃銅鑄火漆, 粗惡者罪之. 蓋以費多利少則私鑄自息也. 久之, 戶部言 : "錢之輕重不常, 輕則斂, 重則散, 故無壅閼匱乏之患. 初鑄時, 金背十文直銀一分, 今萬曆金背五文, 嘉靖金背四文, 各直銀一分, 火漆鏇邊亦如之. 僅踰十年, 而輕重不啻相半, 錢重而物價騰踊, 宜發庫貯以平其直." 從之. 時王府皆鑄造私錢, 吏不敢訐. 古錢阻滯不行, 國用不足, 乃命南北寶源局拓地增爐鼓鑄. 而北錢視南錢昂直三之一, 南鑄大抵輕薄. 然各循其舊, 並行不廢.

옮김譯 만력 4년(1576) 호부와 공부에 명하여 가정전(嘉靖錢)의 규격에 준하여 주조한 '만력통보(萬曆通寶)' 금배전(金背錢) 및 화칠전(火漆錢)은 1문의 무게를 1전 2분 5리로 하고, 또 주조한 선변전(鏇邊錢)은 1문의 무게를 1전 3분으로 하여,[92] 이를 천하에 반포하여 유통시키고, 봉량(俸糧)[93]은 모두 은과 전을 함께 지급하도록 했다. 운남순안(雲南巡按) 곽정오(郭庭梧)가 말하기를, "국초에 경사에는 보원국(寶源局)이 있었고, 각 성(省)에는 보천국(寶泉局)이 있었는데, 가정 연간에 성국(省局)이 폐지된 뒤부터 백성이 사용하는 전이 고갈되었다는 호소가 나오게 되었습니다. 운남에서는 동이 생산되어도 주조하지 않고, 도리어 비싼 가격으로 해패(海肥)[94]를 구입하니 이롭지 않습니다"라고 하였다. 마침내 국(局)[95]을 열

92) 금배전과 화칠전이 남북 양경의 보원국에서 주조된 데 비하여, 선변전(鏇邊錢)은 각 포정사의 보천국에서 주조하였다.
93) 문관과 무관의 관봉과 존류(存留)의 전량(錢糧)을 가리킨다.
94) 원명시대에 운남(雲南) 지역에서 통행하던 일종의 패폐(貝幣)이다. 朱國楨, 『涌幢小品』 卷下 참조.
95) 보천국을 가리킨다.

어 전을 주조했다. 뒤이어 13포정사에 명하여 모두 국을 열도록 하였다. 공부의 말을 채택하여 오수전(五銖錢)[96]을 표준으로 삼아 사화황동(四火黃銅)[97]으로 금배전을 주조하고 이화황동(二火黃銅)[98]으로 화칠전을 주조하되 조악한 것이 있으면 죄를 물었다. 대개 비용은 많으나 이익이 적으면 사사로이 주조하는 것이 저절로 멎는 법이다. 얼마 후 호부에서 말하기를, "전의 경중은 일정하지 않으니, 가벼우면 거두어들이고 무거우면 흩어지게 하였기 때문에 막히거나 모자라는 걱정이 없는 것입니다. 처음 주조할 때 금배전 10문의 가격이 은 1분이었는데, 지금 만력금배전 5문, 가정금배전 4문이 각각 은 1분의 가격이고, 화칠전과 선변전도 또한 이와 같습니다. 겨우 10년이 지났는데 경중이 반도 되지 않을 뿐만 아니라 전이 비싸고 물가가 앙등하니, 마땅히 창고에 저장해둔 것을 풀어서 그 가격을 잡아야 합니다"라고 하여, 이를 받아들였다. 이때 왕부(王府)에서 모두 사전(私錢)을 주조했는데, 관리들이 감히 들추어내지 못하였다. 고전(古錢)이 옹체되어 유통되지 못하고, 국가의 경비가 부족하게 되자 마침내 남북의 보원국에 명하여 땅을 개척하여 노(爐)를 증설하여 주조하도록 하였다. 그러나 북전(北錢)[99]은 남전(南錢)에 비해 가격이 1/3이 올랐는데 남쪽의 주조는 대개 가볍고 얇았다. 그러나 각기 자기의 옛 방식을 따라 함께 유통되고 없어지지는 않았다.

원문 天啓元年鑄泰昌錢. 兵部尙書王象乾, 請鑄當十、當百、當千三等大錢, 用龍文, 略倣白金三品之制, 於是兩京皆鑄大錢. 後

96) 오수전(五銖錢)은 한의 무제 시기에 주조된 동전을 말한다. 당대에 이르기까지 역대 왕조 대부분 이 오수전을 주전의 표준으로 삼았는데, 그 중량은 대략 1전 5분정도이다.
97) 사화(四火)란 동을 정련한 횟수를 가리킨다. 전을 주조할 때 동(銅)과 연(鉛)이 반씩이거나 동이 4할 연이 6할일 경우 열전(劣錢)이라 하고, 동이 7할 연이 3할의 것은 호전(好錢)이 되는데, 후자가 곧 사화황동전(四火黃銅錢)이다.
98) 이화황동(二火黃銅)이란 동과 연이 각기 반씩 주조된 동전을 말한다.
99) 북전(北錢)은 북경의 보원국에서 주조한 제전, 남전(南錢)은 남경의 보원국에서 주조한 제전을 가리킨다.

有言大錢之弊者, 詔兩京停鑄大錢, 收大錢發局改鑄. 當是時, 開局遍天下, 重課錢息.

옮김 譯

천계 원년(1621)에 태창전(泰昌錢[100])을 주조했다. 병부상서 왕상건(王象乾[101])이 당십·당백·당천 등 세 가지 대전(大錢)을 주조하고, 용 문양을 쓰는데, 대략 백금삼품(白金三品)의 제도[102]를 모방할 것을 청하여, 이에 양경(兩京)에서 모두 대전을 주조하게 되었다. 나중에 대전의 폐단을 말하는 자가 있어, 조(詔)를 내려 양경[103]에서 대전을 주조하는 것을 정지하고, 대전을 거두어들여 국(局)으로 보내어 다시 주조하게 했다. 이때를 맞이하여 국을 연 것이 천하에 두루 퍼졌고, 전식(錢息)[104]을 무겁게 부과했다.

원문

崇禎元年, 南京鑄本七萬九千餘兩, 獲息銀三萬九千有奇; 戶部鑄錢獲息銀二萬六千有奇. 其所鑄錢, 皆以五十五文當銀一錢, 計息取盈, 工匠之賠補, 行使之折閱, 不堪命矣. 寶泉局銅本四十萬兩, 舊例錢成還本太倉, 次年再借, 至是令永作鑄本. 三年, 御史饒京言 : "鑄錢開局, 本通行天下, 今乃苦於無息, 旋開旋罷, 自南北兩局外, 僅存湖廣、

---

100) 태창(泰昌)은 명 광종(光宗) 주상락(朱常洛)의 연호이다. 광종은 즉위한 지 1개월만에 사망했기 때문에, 태창전(泰昌錢)은 천계 시기에 주조되었는데, 모두 200만문에 달했다.

101) 왕상건(王象乾)은 신성(新城) 출신으로서, 천계 원년 6월 병부상서의 직함을 가지고 계요총독(薊遼總督)으로 보임(補任)되어 청군에 대한 방위를 담당하였다. 대전(大錢) 주조에 대한 건의는 당시 군사비를 조달하기 위한 목적에서 나온 것이다. 전(傳)은 『明史稿』 권228에 보인다.

102) 한 무제 시기 재정위기를 타파하고자 주조한 전 3,000·500·300에 해당하는 세 등급의 은폐(銀幣)를 말한다.

103) 원래는 '南京'으로 되어 있었으나, 『熹宗實錄』 天啓 5년 10월 庚寅 조에 의거하여 고친 것이다.

104) 전식(錢息)은 주본(鑄本)과 동전 가치 사이의 가격차를 말한다. 예를 들어 숭정 원년(1628) 남경에서 주전했을 때 주본(주전의 원료와 그 주조비용)은 7만 9,000여 량, 주조된 동전은 6,510만 문이었다. 55문을 은 1량으로 환산하는 것이 상례였으므로, 그 값은 합계 은 11만 8,000여 량인데, 여기서 주본을 빼보면 3만 9,000여 량이 이득이다. 이를 이른바 전식 혹은 주식(鑄息)이라 한다. 『續文獻通考』 권11 「錢幣考」 참조.

陝西、四川、雲南及宣、密二鎮. 而所鑄之息, 不盡歸朝廷, 復苦無鑄本, 蓋以買銅而非採銅也. 乞遵洪武初及永樂九年、嘉靖六年例, 遣官各省鑄錢, 採銅於産銅之地, 置官吏駐兵, 倣銀礦法, 十取其三. 銅山之利, 朝廷擅之, 小民所採, 仍予直以市." 帝從之. 是時鑄廠並開, 用銅益多, 銅至益少. 南京戶部尚書鄭三俊請專官買銅. 戶部議原籍産銅之人駐鎮、遠、荊、常銅鉛會集處, 所謂採銅於産銅之地也. 帝俱從之. 旣, 又採絳、孟、垣曲、聞喜諸州縣銅鉛. 荊州抽分主事朱大受言: "荊州上接黔、蜀, 下聯江、廣, 商販銅鉛畢集, 一年可以四鑄. 四鑄之息, 兩倍於南, 三倍於北." 因陳便宜四事, 卽命大受專督之. 遂定錢式, 每文重一錢, 每千直銀一兩. 南都錢輕薄, 屢旨嚴飭, 乃定每文重八分. 初, 嘉靖錢最工, 隆、萬錢加重半銖, 自啓、禎新鑄出, 舊錢悉棄置. 然日以惡薄, 大半雜鉛砂, 百不盈寸, 捽擲輒破碎. 末年敕鑄當五錢, 不及鑄而明亡.

옮김 譯 숭정 원년(1636)에 남경(南京)은 주본(鑄本)[105] 7만 9,000여 량으로 식은(息銀)[106] 3만 9,000 남짓을 얻었고, 호부는 전을 주조하여 식은 2만 6,000 남짓을 얻었다. 그곳에서 주조한 전은 모두 55문을 은 1전으로 쳤고, 이식을 계산하여 나머지를 거두어들였는데, 공장(工匠)의 배보(賠補)[107]와 행사(行使)의 절열(折閱)[108]은 견딜 수가 없었다. 보천국은 동본(銅本)[109]이 40만 량인데, 구례(舊例)에 전이 만들어지면 자본을 태창(太倉)에 돌려주고 다음 해에 다시 빌리게 되어 있었지만, 이때에 이르러 영구히 주본(鑄本)으로 삼도록 하였다. 3년(1638)에 어사 요경(饒京)이 말하기를, "전을 주조하고 국을 여는 것은 본래 천하에 통행시키려는 것인데,

105) 주전의 자본으로서 원료비용과 공임(工賃) 등의 예산 금액이다. 전본(錢本)이라고도 한다.

106) 주식(전식)을 은으로 나타낸 것으로서 전으로 계산하는 경우는 식전(息錢)이라고 한다.

107) 배상하여 부족한 부분을 채워넣는 것을 말한다.

108) 제전의 질량이 너무 나빠, 사용 후 가치를 절하하지 않을 수 없어 손실이 생기는 것을 말한다.

109) 주전의 재료인 생동(生銅)을 구입하기 위한 자본을 가리킨다.

지금 이식이 없는 것을 괴롭게 여겨 금방 열었다가 금방 없애니, 남북의 양국(兩局) 이외에는 겨우 호광(湖廣)·섬서(陝西)·사천(四川)·운남(雲南)과 선부(宣府)·밀운(密雲)의 2진(鎭)[110]만이 남아 있을 뿐입니다. 그리고 주조의 이식은 모두 조정으로 돌아가지 않으면, 다시 주본이 없음이 괴롭기 때문에, 대개 동을 사지 동을 채굴하지 않는 것입니다. 바라건대, 홍무 초와 영락 9년, 가정 6년의 예[111]에 따라 관을 각 성(省)에 보내어 전을 주조하고 동의 생산지에서는 동을 채굴하며, 관리를 두고 병을 주둔시키고 은광법(銀礦法)을 모방하여 10에 3을 취하십시오. 동산(銅山)의 이익은 조정이 마음대로 하고, 소민이 채굴한 것은 그대로 가격을 쳐주고 팔도록 하십시오"라고 하니, 황제가 이를 받아들였다. 이때 주창(鑄廠)이 함께 열려 동의 사용이 더욱 많아짐에 따라 동은 더욱 적어지게 되었다. 남경호부상서(南京戶部尙書) 정삼준(鄭三俊)[112]이 전담관원을 두어 동을 사들이게 하자고 청하였다. 호부에서 건의하기를, "동이 생산되는 곳에 원적(原籍)을 둔 사람을 진강(鎭江)·원주(遠州)[113]·형주(荊州)·상주(常州)의 구리와 아연이 모이는 곳에 머물게 하면, 이른바 동이 나는 곳에서 동을 채굴하는 것이 됩니다"고 하였다. 황제가 모두 이를 받아들였다. 조금 있다가 또 강(絳)·맹(孟)·원곡(垣曲)·문희(聞喜) 등 여러 주현[114]에서 구리와

---

110) 천계 시기에 설치된 선부(宣府)와 밀운(密雲) 두 변진(邊鎭)의 주전장(鑄錢場)을 가리킨다.

111) 영락 9년(1411) 관리를 절강·강서·광동·복건의 4포정사로 보내어 영락통보(永樂通寶)를 주조한 일과 가정 6년(1527) 관리를 직예·하남·복건·광동 등지로 보내어 가정통보(嘉靖通寶)를 주조한 일을 말한다.

112) 정삼준(鄭三俊)은 자가 용장(用章)으로, 건덕(建德) 출신이다. 만력 26년(1589) 진사가 되었다. 천계 시기 도어사가 되었으나, 위충현의 탄압을 받아 면직되었다. 숭정 원년부터 7년까지 남경호부상서(南京戶部尙書)가 되었으나, 엄당(閹黨)에게 공격을 받아 벼슬을 내놓고 귀향하였다. 전(傳)은 『明史』 권254에 보인다.

113) '遠'은 '袁'의 오자이다. 진강(鎭江)·형주(荊州)·상주(常州)와 병기되는 상업도시로서는 강서성 원주부(袁州府 = 宜春)를 상정할 수 있기 때문이다.

114) 강(絳)은 강주(絳州) 강현(絳縣)으로 철의 산지이다. 원곡(垣曲)은 강주 소속으로서 서북에 절요산(折腰山)이 있는데, 산에 동야(銅冶)가 있었다. 문희(聞喜)는 해주(解州)에 속하며, 동남방에 탕산(湯山)이 있는데, 동이 산출된다. 『明史』 권41 「地理志 2」 참조.

아연을 채굴했다. 형주 추분주사(抽分主事) 주대수(朱大受)가 말하기를, "형주는 위로는 귀주(貴州)·사천(四川)과 접하고, 아래로는 절강(浙江)·양광(兩廣)과 연결되어 있어 매매되는 구리와 아연이 모두 모이니, 1년이면 네 번 주조할 수 있습니다. 네 번 주조한 이식은 남쪽의 두 배이고 북쪽의 세 배입니다"라고 하였다. 이어서 4가지 편의(便宜)의 사항을 진술하니, 즉시 주대수(朱大受)에게 명하여 전적으로 이를 감독하게 했다. 마침내 전의 규격이 정해져 1문의 무게를 1전으로 하고, 1,000문을 은 1량으로 쳤다. 남도(南都)의 전은 가볍고 얇아 누차 지(旨)를 내려 엄히 경계했는데, 마침내 1문의 무게를 8분으로 정하였다. 처음에 가정전이 가장 정교했고, 융경·만력전은 반수(半銖)를 가중하였는데, 천계·숭정에 새로 주조한 것이 나오게 되면서 구전(舊錢)은 모두 버려졌다. 그러나 날로 조악하고 얇아져 대부분은 연사(鉛砂)를 섞어 100문에 1촌(寸)도 차지 않아, 땅에 던지면 곧 깨져버렸다. 말년에 칙을 내려 당오전(當五錢)[115]을 주조하도록 했는데, 주조되기 전에 명조(明朝)가 망했다.

원문 初制, 歷代錢與制錢通行. 自神宗初, 從僉都御史龐尚鵬議, 古錢止許行民間, 輸稅贖罪俱用制錢. 啓、禎時廣鑄錢, 始括古錢以充廢銅, 民間市易亦擯不用矣. 莊烈帝初即位, 御平臺召對, 給事中黃承昊疏有銷古錢之語. 大學士劉鴻訓言 : "北方皆用古錢, 若驟廢之, 於民不便." 帝以爲然. 旣而以御史王燮言, 收銷舊錢, 但行新錢, 於是古錢銷毁頓盡. 蓋自隋世盡銷古錢, 至是凡再見云.

옮김 譯 처음 제도에서는 역대의 전이 제전(制錢)과 함께 유통되었다. 신종 초부터 첨도어사 방상붕(龐尚鵬)의 의논을 따라 고전(古錢)은 민간에서만 사용하도록 허락하고, 세금을 내거나 속죄(贖罪)할 때에는 모

115) 말년은 숭정 17년(1644) 2월간을 가리키는데, 일찍이 숭정당오전(崇禎當五錢)을 주조하려고 계획했다.

두 제전을 사용하도록 하였다. 천계·숭정 때에 널리 전을 주조하면서 비로소 고전을 긁어모아 폐동(廢銅)으로 충당하였고, 민간의 거래에서도 이를 물리쳐 사용하지 않았다. 장렬제(莊烈帝)[116]가 처음 즉위하고 평대(平臺)[117]에 나가 소대(召對)하였는데 급사중 황승호(黃承昊)의 상소에 고전을 녹이자는 말이 있었다. 대학사 유홍훈(劉鴻訓)[118]이 말하기를, "북방에서는 모두 고전을 쓰는데, 만약 갑자기 이를 폐지하면 백성에게 불편할 것입니다"고 하여, 황제가 이를 옳다고 여겼다. 조금 있다가 어사 왕섭(王燮)의 말에 따라 구전을 거두어 녹이되, 신전만을 유통시키게 했는데, 이에 고전은 순식간에 녹여 없어지게 되었다. 대개 수대(隋代)에 고전을 모두 녹인 이후 이때 이르러서 재현되었다고 한다.

원문 鈔法自弘、正間廢, 天啓時, 給事中惠世揚復請造行. 崇禎末, 有蔣臣者申其說, 擢爲戶部司務. 倪元璐方掌部事, 力主之, 然終不可行而止.

옮김 譯 초법(鈔法)은 홍치·정덕 연간에 폐지되었는데, 천계 때에 급사중 혜세양(惠世揚)이 다시 유통시키자고 청하였다. 숭정 말에 장신(蔣臣)[119]이라는 자가 그 설을 주장하자 발탁하여 호부사무(戶部司務)[120]

---

116) 장렬제(莊烈帝)는 사종(思宗 = 毅宗) 주유검(朱由檢)을 가리킨다. 장렬(莊烈)이란 입관 이후 청 정부가 정한 시호(諡號)이다. 17년간(1628~1644) 재위했는데, 연호는 숭정이었다.

117) 평대(平臺)는 명 황성의 후좌문(後左門)의 통칭으로서 건극전(建極殿)의 동쪽에 있었다. 황제가 평소 대신들을 접견하던 곳이었다.

118) 유홍훈(劉鴻訓, ?~1634)은 자가 묵승(默承)으로, 장산(長山) 출신이다. 만력 41년(1613) 진사가 되었다. 숭정 시기에 예부상서로 입각하였다. 후에 죄를 지어 대주(代州)에서 수자리하다가 죽었다. 전(傳)은 『明史』 권251에 보인다.

119) 장신(蔣臣)은 남직예 동성(桐城) 출신이다. 생원(生員) 신분으로 천거되어 입경한 후 숭정제를 알현하게 되었다. 그가 제출한 초법(鈔法)의 개혁 방안은 다음과 같다. 매년 새로 초 3,000만 관을 만들고, 1관의 정가를 은 1량으로 한다면 3,000만 량을 얻을 수 있다는 것이었다. 호부시랑 왕오영(王鰲永)이 그 말에 대대적으로 찬성하면서, 장신은 호부사무(戶部司務)에서 호부주사(戶部主事)로 승진하였다. 숭정 17년(1644) 이자성군이 입경하자 장신은 삭발하고 도주했는데, 그 이후의 행방은 묘연하였다. 『春明夢余錄』

로 삼았다. 예원로(倪元璐)[121]가 바야흐로 호부의 일을 관장하고 있었는데, 힘써 이를 추진하였으나 끝내 시행될 수 없어 중지되고 말았다.

《坑冶 附 鐵冶 銅場》

원문 坑冶之課, 金銀、銅鐵、鉛汞、硃砂、青綠, 而金銀礦最爲民害. 徐達下山東, 近臣請開銀場. 太祖謂銀場之弊, 利於官者少, 損於民者多, 不可開. 其後有請開陝州銀礦者, 帝曰:"土地所産, 有時而窮. 歲課成額, 徵銀無已. 言利之臣, 皆戕民之賊也." 臨淄丞乞發山海之藏以通寶路, 帝黜之. 成祖斥河池民言採礦者. 仁、宣仍世禁止, 塡番禺坑洞, 罷嵩縣白泥溝發礦. 然福建尤溪縣銀屛山銀場局爐冶四十二座, 始於洪武十九年. 浙江溫、處、麗水、平陽等七縣, 亦有場局. 歲課皆二千餘兩.

옮김 譯 갱야(坑冶)의 과(課)[122]에는 금(金)·은(銀)·동(銅)·철(鐵)·연(鉛)·홍(汞)·주사(硃砂)·청록(青綠)[123]이 있는데, 금은광(金銀鑛)이 백

권47「工部寶源局」; 권30「戶部寶鈔局」;『明史』권251「蔣德璟傳」;『明季北略』권19; 권22 등 참조.

120) 호부사무(戶部司務)는 호부의 하급관원으로 주사(主事) 아래에 있으면서 이원(吏員)의 감독과 문서의 수납 등을 담당하였다.

121) 예원로(倪元璐, ?~1644)는 자가 옥여(玉汝)로서 절강 상우(上虞) 출신이다. 천계 2년(1622) 진사가 되었다. 숭정 시기에 시강(侍講)을 맡았는데, 위충현당(魏忠賢黨)을 공격하는 상소를 올려 그 공으로 우유덕(右諭德)으로 승진했다. 숭정 16년(1643) 절강 출신은 임용하지 않는다는 관례를 깨고, 절강인으로서는 처음으로 호부상서가 되었다. 명이 망하자 스스로 목을 매어 죽었다. 전(傳)은『明史』권265에 보인다.

122) 광물의 종류에 따라 금과(金課)·은과(銀課)·철과(鐵課) 등으로 불리는데 일종의 광업세라 할 수 있다. 명조는 중요한 광산을 정부의 관리 아래에 두고 그 생산에 대하여 정액(定額)의 세금을 거두었다.

성에게 가장 해가 되었다. 서달(徐達)이 산동을 함락하자[124] 측근의 신하가 은장(銀場)을 열자고 청하였다. 태조는 "은장의 폐단은, 관에 이로운 것은 적고, 백성에게 손해되는 것은 많은 데 있으니, 열어서는 안 된다"고 하였다. 그 후 섬주(陝州)[125]의 은광을 열자고 청하는 자가 있었는데, 황제는 말하기를, "토지에서 산출되는 것은 시간이 지나면 다하는 법인데, 세과(歲課)는 정액이 정해지면 은의 징수는 끝이 없게 된다. 이익을 말하는 신하들은 모두 백성들을 해치는 도적이다"라고 하였다. 임치(臨淄)의 현승(縣丞)[126]이 산과 바다에 감추어져 있는 것을 꺼내어서 보화를 얻는 통로를 열게 하자고 하였으나, 황제는 이를 물리쳤다. 성조는 하지(河池)[127]의 백성 가운데 채광을 말하는 자를 물리쳤다. 인종·선종이 여전히 대대로 금지하여, 번우(番禺)[128]의 갱동(坑洞)을 메우고,[129] 숭현(嵩縣)[130] 백니구(白泥溝)의 광산 개발[131]을 중지시켰다. 그러나 복건 우계현

---

123) 홍(汞)은 수은, 주사(朱砂)는 수은의 원광석인 유화(硫化)수은이다. 명대에는 호남성의 원강중류역(沅江中流域)이 그 주요 생산지였다. 수은과 주사를 여기에서 병기한 것은 천연산의 수은과 수은의 원광(原鑛)과의 구별을 분명히 하기 위해서인 것 같다. 청록(青綠)은 그 산지가 서방의 여러 성(省)이 많은 것이랄지, 안료로서 석록(石碌; 공작석(孔雀石) 등 녹색의 안료)과 병기되고 있는 것 등으로 볼 때 남색 안료인 코발트가 아닐까 싶다.

124) 서달(徐達)이 군을 이끌고 북벌에 나서 산동을 함락시킨 것은 홍무 원년(1368)의 일이다.

125) 섬주(陝州)는 하남성 하남부의 속주로서 지금의 섬현(陝縣)이다. 원대부터 은을 채취하였는데, 당시 상교(上絞)·하교(下絞)·상황당(上黃塘)·하황당(下黃塘) 등 4은장(銀場)이 있었다고 한다.

126) 임치현승(臨淄縣丞)의 이름은 왕기(王基)이다. 王原, 『明食貨志』 권11 「上供采造」 참조.

127) 하지주(河池州)는 경원부(慶遠府) 소속으로 사은(思恩), 여파(荔波) 등 2현을 관할한다. 지금의 광서 장족(壯族) 자치구의 하지(河池)·환강(環江)·남단(南丹) 등의 현이다.

128) 번우(番禺)는 광주부(廣州府)의 치소로 지금의 광동성 광주시이다.

129) 『宣宗實錄』 宣德 3년 윤4월 庚子 조에 의하면, 광동도사(廣東都司)로부터 개광(開鑛)의 주청이 있었지만, 시판(試辦) 결과 경제성이 없다는 이유로 갱혈(坑穴)을 막았다고 한다.

130) 숭현(嵩縣)은 하남부(河南府) 소속으로 현 서쪽에 큰 광산이 있어 석(錫)이 산출되었다. 지금의 하남성 숭현이다.

131) 광산 개발 즉 원문의 '發礦'은, 『宣宗實錄』 宣德 6년 9월 丙戌 조에는 "銀礦"으로 쓰여 있는데, '發礦'이라 해도 뜻이 통하므로 고치지 않았다.

(尤溪縣) 은병산(銀屛山)[132]의 은장국(銀場局)에는 노야(爐冶)[133] 42좌가 있었는데 홍무 19년[134]에 시작하였다. 절강 온주부(溫州府)와 처주부(處州府)의 여수(麗水)와 평양(平陽) 등 7현에도 장국(場局)이 있었다. 세과는 모두 2,000여 량이었다.

원문 永樂間, 開陝西商縣鳳皇山銀坑八所. 遣官湖廣、貴州採辦金銀課, 復遣中官、御史往覈之. 又開福建浦城縣馬鞍等坑三所, 設貴州太平溪、交阯宣光鎭金場局, 葛容溪銀場局, 雲南大理銀冶. 其不產金銀者, 亦屢有革罷. 而福建歲額增至三萬餘兩, 浙江增至八萬餘. 宣宗初, 頗減福建課, 其後增至四萬餘, 而浙江亦增至九萬餘. 英宗下詔封坑穴, 撤閘辦官, 民大蘇息, 而歲額未除. 歲辦, 皆洪武舊額也. 閘辦者, 永、宣所新增也. 旣而禁革永煎. 姦民私開坑穴相殺傷, 嚴禁不能止. 下詔宥之, 不悛. 言者復請開銀場, 則利歸於上, 而盜無所容. 乃命侍郎王質往經理, 定歲課, 福建銀二萬餘, 浙江倍之. 又分遣御史曹祥、馮傑提督, 供億過公稅, 民困而盜愈衆. 鄧茂七、葉宗留之徒流毒浙、閩, 久之始定. 景帝嘗封閉, 旋以盜礦者多, 兵部尙書孫原貞請開浙江銀場, 因並開福建, 命中官戴細保提督之. 天順四年命中官羅永之浙江, 羅珪之雲南, 馮讓之福建, 何能之四川. 課額浙、閩大略如舊, 雲南十萬兩有奇, 四川萬三千有奇, 總十八萬三千有奇. 成化中, 開湖廣金場, 武陵等十二縣凡二十一場. 歲役民夫五十五萬, 死者無算, 得金僅三十五兩, 於是復閉. 而浙江銀礦以缺額量減, 雲南屢開屢停.

---

132) 은병산(銀屛山)은 은병산(銀甁山)이라고도 하는데, 명초에는 우계현(尤溪縣)의 관내에 있었지만, 가정 14년에 대전현(大田縣)이 신설되었을 때 그 관할 구역으로 편입되었다. 이 산에는 은 외에 철이 생산되었다.

133) 원문에는 '爐局'이라고 되어있으나, 『太祖實錄』 洪武 23년 12월 戊子 조에 의거하여 고쳤다.

134) 원문에는 '末年'이라고 되어 있으나, 『太祖實錄』 洪武 19년 5월 己丑 조에 의거하여 고쳤다. 결국 말년이란 표현은 이 경우 부적절하다.

옮김 譯 영락 연간에 섬서(陝西)[135] 상현(商縣) 봉황산(鳳皇山)의 은갱(銀坑) 8곳을 열었다. 관을 호광(湖廣)·귀주(貴州)로 보내 금은과(金銀課)를 징수하도록 하였고, 다시 환관·어사를 보내어 가서 이를 조사하게 했다. 또 복건 포성현(浦城縣)[136]의 마안(馬鞍) 등지에서 갱(坑) 3곳을 열었고, 귀주 태평계(太平溪)와 교지(交阯) 선광진(宣光鎭)의 금장국(金場局),[137] 갈용계(葛容溪)[138]의 은장국(銀場局), 운남(雲南) 대리(大理)의 은야(銀冶)를 설치하였다. 그 가운데 금은이 나지 않는 곳은 또한 여러 차례 폐지하였다. 그리고 복건에서는 세액이 늘어 3만여 량에 이르렀고, 절강은 8만여까지 늘었다. 선종 초에 복건의 세액을 크게 줄였는데 그 후에 늘어 4만여에 이르렀고, 절강 또한 늘어 9만 여에 이르렀다. 영종이 조(詔)를 내려 갱혈(坑穴)을 봉하고 갑판관(閘辦官)[139]을 철수시키자 백성이 크게 한숨을 돌렸으나 세액은 없애지 않았다. 세판(歲辦)은 모두 홍무 시기의 구액(舊額)이었다. 갑판(閘辦)이라는 것은 영락·선덕제가 새로 늘렸던 것이다. 얼마 후 이를 금하여 폐지하였다.[140] 간사한 자들이 사사로이 갱혈(坑穴)을 열고 서로 살상하여, 이를 엄금하였으나 제지하지 못했다. 조(詔)를 내려 이들을 용서하였으나 뉘우치지 않았다. 간관(諫官)이 다시 청하기를, "은장(銀場)을 열면 이익은 황상(皇上)에게 돌아가고 도적은 용납되지 않

---

135) 원문에는 "陝州"라고 되어 있으나, 『太祖實錄』 洪武 35년 11월 庚寅 조에 의거하여 고쳤다.

136) 포성현(浦城縣)은 건녕부(建寧府) 소속으로 현재 복건성 포성현이다.

137) 태평계(太平溪) 금장국(金場局)은 귀주(貴州) 동인부(銅仁府) 제계장관사(提溪長官司)에 있으며, 지금의 귀주성 동인현이다. 교지(交阯) 선광진(宣光鎭) 금장국(金場局)은 안남포정사(安南布政司) 선화부(宣化府)에 있다.

138) 원문에는 '葛溪'라고 되어 있으나, 『太宗實錄』 永樂 13년 6월 乙未 조에 의거하여 '容'자를 보충하였다.

139) 갑판(閘辦)은 홍무 시기의 원액(原額)을 징수하는 세판(歲辦)에 대하여 영락·선덕 연간에 증액하여 징수한 것을 의미한다. 갑판관(閘辦官)은 이를 위하여 중앙에서 현지로 파견되어 주재하고 있던 환관이나 어사를 가리킨다.

140) 원문에는 "旣而禁革永煎"라고 되어 있는데, 문의(文意)가 불분명하다. 王原, 『明食貨志』 권11 「上供采造」 조에는, "旣而禁革, 未煎鉛礦在庫, 每爲盜賊焚劫, 戕守吏"로 되어 있다. 즉 '未煎'이 '永煎'으로 잘못되어 있고, 그 뒤에 10여 자가 빠져 있다.

을 것입니다"라고 하였다. 이에 시랑 왕질(王質)[141]에게 명하여 가서 관리하고 세과(歲課)를 정하게 하였는데, 복건은 은(銀) 2만여, 절강은 그 2배였다. 또한 어사 조상(曹祥)·풍걸(馮傑)을 나누어 보내 관리·감독하게 하였는데 공억(供億)[142]이 공세(公稅)를 넘으니, 백성은 괴롭고 도적은 더욱 많아졌다. 등무칠(鄧茂七)·섭종유(葉宗留)[143]의 무리가 절강과 복건에 해독을 끼치다가 오래 지나서야 비로소 평정되었다. 경제(景帝)가 일찍이 은광을 봉쇄하였는데, 잇달아 몰래 채굴하는 자가 많아지자 병부상서 손원정(孫原貞)[144]이 절강의 은장을 열기를 청하였다. 이로 계기로 복건에서도 아울러 열고,[145] 환관 대세보(戴細保)에게 명하여 이를 관리·감독하게 했다. 천순 4년(1460) 환관 나영(羅永)은 절강으로 가고, 나규(羅珪)는 운남으로 가고, 풍앙(馮讓)은 복건으로 가고, 하능(何能)은 사천으로 가도록 명했다. 절강과 복건의 과액[146]은 대략 예전과 같았고, 운남은 10만 량 남짓, 사천은 1만 3,000 남짓으로, 총계는 18만 3,000 남짓이었다. 성화 연간에 호광(湖廣)의 금장(金場)을 열었는데 무릉(武陵)[147] 등 12현에 모두

141) 왕질(王質)은 남직예 태호(太湖) 출신으로, 향거(鄕擧)로 호부시랑이 되었다. 『明書』 권34 卿二年 表一 참조.

142) 상부의 수요에 대어야 할 공급물을 가리킨다.

143) 등무칠(鄧茂七)은 강서 건창(建昌) 출신으로 전호(佃戶)였다. 정통 13년(1448) 복건 사현(沙縣)에서 전농(佃農)들을 이끌고 지주의 수탈에 반대하는 반란을 일으켰다. 산평왕(剷平王)이라 칭하면서 주현을 공격하여 점거했는데 한때 그 기세가 대단하였다. 한편 섭종유(葉宗留)는 절강 경원(慶元) 출신으로 광부였다. 정통 9년(1434) 절강(浙江)·강서(江西)·복건(福建)의 3성교계(交界)의 산구(山區)에서 현지의 광부들을 이끌고 관부(官府)의 진압에 대항하여 반란을 일으켰다. 현지 농민들 역시 이 반란에 참가하여 은광의 중심이었던 포성현(浦城縣)을 공격, 점령하기도 하였다. 정통 13년(1448)에 섭종유는 희생되었으나 나머지는 항쟁을 견지했지만, 경태 원년(1450)에 이르러 실패로 끝났다. 등무칠은 정통 14년(1449)에 전사했다.

144) 병부상서 손원정(孫原貞)은 당시 진수절강(鎭守浙江)에 임명되어 광도(礦徒) 반란의 선후(善後)조치를 맡고 있었다. 그의 전(傳)은 『明史』 권172에 보인다.

145) 경태 4년 2월 복건 건녕부(建寧府)의 은장(銀場)은 절강의 은장과 인접하고 있다는 이유로 호부에서 개광(開鑛)을 청한 것을 재가하고 관을 파견했던 것이지만, 이 은장은 산출량이 적었기 때문에 경태 5년에 폐쇄하였다.

146) 채굴한 은과(銀課)의 세액(歲額)을 가리킨다.

147) 무릉(武陵)은 상덕부(常德府)의 치소로 지금의 호남성 상덕시이다.

21장이었다. 해마다 민부(民夫) 55만을 부렸는데, 죽은 자가 셀 수 없을 정도였으나, 얻은 금은 겨우 35량[148] 뿐이었으므로, 이에 다시 폐쇄했다. 그리고 절강의 은광은 과액이 채워지지 않는다는 이유로 헤아려 줄여주었고, 운남에서는 열고 닫기를 반복하였다.

원문 弘治元年始減雲南二萬兩, 溫、處萬兩餘, 罷浦城廢坑銀冶. 至十三年, 雲南巡撫李士實言: "雲南九銀場, 四場礦脈久絶, 乞免其課." 報可. 四川、山東礦穴亦先後封閉. 武宗初, 從中官秦文等奏, 復開浙、閩銀礦. 旣而浙江守臣言礦脈已絶, 乃令歲進銀二萬兩, 劉瑾誅乃止. 世宗初, 閉大理礦場. 其後薊、豫、齊、晉、川、滇所在進礦砂金銀, 復議開採, 以助大工. 旣獲玉旺峪礦銀, 帝諭閣臣廣開採. 戶部尙書方鈍等請令四川、山東、河南撫按嚴督所屬, 一一搜訪, 以稱天地降祥之意. 於是公私交騖礦利, 而浙江、江西盜礦者且劫徽、寧, 天下漸多事矣.

옮김 譯 홍치 원년(1488) 처음으로 운남에서 2만량, 온주(溫州)·처주(處州)에서 1만 량 남짓을 줄이고, 포성(浦城)의 폐갱(廢坑)에서 은을 불리는 것을 정지했다. 13년(1500)에 이르러 운남순무(雲南巡撫) 이사실(李士實)[149]이 말하기를, "운남의 은장 9곳 가운데 4곳[150]의 광맥은 오랫동안 끊겼으니 그 은과를 면제해주십시오"라고 하자, 답보를 내려 재가하였다. 사천과 산동의 광혈(礦穴)[151]도 앞뒤로 폐쇄하였다. 무종 초에 환관 진문(秦文)[152] 등의 상주에 따라 다시 절강과 복건의 은광을 열었다. 조금 있

---

148) 원문에는 "五十三兩"으로 되어 있으나, 『憲宗實錄』 成化 10년 12월 戊子 조; 王原, 『明食貨志』 권10; 『明書』 권82; 『罪惟錄』「貢賦志」에 의거하여 '35'로 고쳤다.

149) 이사실(李士實)은 홍치 연간 운남순무(雲南巡撫)를 역임하였는데, 정덕 시기에 강서순무(江西巡撫)로 옮겼다. 영왕(寧王) 신호(宸濠)의 반란을 돕다가 피살당했다.

150) 운남의 판산(判山)·와촌(窩村)·광원(廣遠)·보천(寶泉)의 4은장을 가리킨다. 王原, 『明食貨志』 권11「上供采造」 참조.

151) 사천의 광혈(礦穴)은 회천위(會川衛) 밀륵산(密勒山) 은장을, 산동의 광혈은 호릉산(胡陵山) 광혈을 가리킨다.

152) 진문(秦文)은 아마도 홍치 시기 상의감(尙衣監) 태감(太監)으로, 강남으로 파견되어

다가 절강의 수신(守臣)이 광맥이 이미 끊겼다고 말하여, 이에 해마다 은 2만 량을 올리게 하였는데,[153] 유근(劉瑾)이 처형되자 바로 중지하였다. 세종 초에 대리(大理)의 광장(礦場)을 폐쇄하였다. 그 후 계주(薊州)[154]·하남·산동·산서·사천·운남의 곳곳에서 광사금은(礦砂金銀)[155]을 바치니, 다시 채굴을 하여 대공(大工)[156]을 돕도록 하자고 의논하였다. 조금 있다가 옥왕욕(玉旺峪)[157]의 광산에서 은을 획득하니, 황제가 내각 신하들에게 유시(諭示)를 내려 널리 채굴하라고 하였다. 호부상서 방둔(方鈍) 등이 "사천·산동·하남의 무안(撫按)에게 휘하를 엄하게 감독하고 하나하나 직접 조사하여 천하에 길상(吉祥)을 내리는 뜻에 부응하게 하시기 바랍니다"라고 청하였다. 이에 관민이 서로 광리(礦利)를 얻으려 하였고, 절강·강서에서 광리를 도적질한 자[158]들이 다시 휘주부(徽州府)와 영국부(寧國府)를 노략질하여 천하에 점차 일이 많아졌다.

원문 隆慶初, 罷薊鎭開採. 南中諸礦山, 亦勒石禁止. 萬曆十二年, 姦民屢以礦利中上心. 諸臣力陳其弊. 帝雖從之, 意怏怏. 二十四年, 張位秉政, 前衛千戶仲春請開礦, 位不能止. 開採之端啓, 廢弁白望獻礦峒者日至, 於是無地不開. 中使四出 : 昌平則王忠, 眞、保、薊、永、房山、蔚州則王虎, 昌黎則田進, 河南之開封、彰德、衛輝、懷慶、葉

직조(織造)를 맡으면서 염인을 청했던 환관인 것 같다.

153) 절강의 은장을 폐쇄하여 은과(銀課)는 정지했지만, 그 대신 포정사고(布政司庫)로부터 별도 항목의 은 2만 량을 중앙의 승운고(承運庫)로 기해(起解)할 것을 명한 바 있다.

154) 하북성 동북 변경의 장성(長城) 이남의 지역을 가리키는 명칭이다.

155) 광은(礦銀), 광금(礦金)이라는 용어는 광산에서 채굴한 금은으로서 결국 완전하게 정제하지 않은 것을 가리킨다.

156) 대공(大工)이라 함은 황궁을 수건(修建)하는 것을 가리킨다. 여기에서는 가정 10년대를 중심으로 행해진 대규모의 황궁 수축 공사를 의미한다.

157) 옥왕욕(玉旺峪)은 북직예 영평부(永平府) 무녕현(撫寧縣)의 경내에 있다. 지금의 하북성 무녕현이다.

158) 절강과 강서의 광적(礦賊) 즉 폭동을 일으킨 광산 노동자를 가리킨다. 『世宗實錄』 嘉靖 45년 2월 癸亥 조에 의하면 이때 그들은 휘주부(徽州府) 무원현(婺源縣) 등을 약탈했다.

縣、信陽則魯坤, 山東之濟南、青州、濟寧、沂州、滕、費、蓬萊、福山、棲霞、招遠、文登則陳增, 山西之太原、平陽、潞安則張忠, 南直之寧國、池州則郝隆、劉朝用, 湖廣之德安則陳奉, 浙江之杭、嚴、金、衢、孝豐、諸暨則曹金, 後代以劉忠, 陝西之西安則趙鑒、趙欽, 四川則丘乘雲, 遼東則高淮, 廣東則李敬, 廣西則沈永壽, 江西則潘相, 福建則高寀, 雲南則楊榮. 皆給以關防, 幷偕原奏官往. 礦脈微細無所得, 勒民償之. 而姦人假開採之名, 乘傳橫索民財, 陵轢州縣. 有司恤民者, 罪以阻撓, 逮問罷黜. 時中官多暴橫, 而陳奉尤甚. 富家鉅族則誣以盜礦, 良田美宅則指以爲下有礦脈, 率役圍捕, 辱及婦女, 甚至斷人手足投之江, 其酷虐如此. 帝縱不問. 自二十五年至三十三年, 諸璫所進礦稅銀幾及三百萬兩, 羣小藉勢誅索, 不啻倍蓰, 民不聊生. 山西巡撫魏允貞上言 : "方今水旱告災, 天鳴地震, 星流氣射, 四方日報. 中外軍興, 百姓困敝. 而嗜利小人, 借開採以肆饕餮. 倘釁由中作, 則礦夫冗役爲禍尤烈. 至是而後, 求投珠抵璧之說用之晚矣." 河南巡按姚思仁亦言 : "開採之弊, 大可慮者有八. 礦盜哨聚, 易於召亂, 一也. 礦頭累極, 勢成土崩, 二也. 礦夫殘害, 逼迫流亡, 三也. 僱民糧缺, 饑餓嗥呼, 四也. 礦洞徧開, 無益浪費, 五也. 礦砂銀少, 强科民買, 六也. 民皆開礦, 農桑失業, 七也. 奏官强橫, 淫刑激變, 八也. 今礦頭以賠累死, 平民以逼買死, 礦夫以傾壓死, 以爭鬪死. 及今不止, 雖傾府庫之藏, 竭天下之力, 亦無濟於存亡矣." 疏入, 皆不省. 識者以爲明亡蓋兆於此.

옮김 譯 융경 초에 계진(薊鎭)의 광산 채굴을 중지했다. 남중(南中)[159]의 여러 광산들도 돌에 새겨 금지하였다. 만력 12년(1584) 간사한 백성이 누차 광리(礦利)로 황제의 마음을 끌었다. 여러 신하들이 그 폐단을 힘써 말했다. 황제가 비록 이를 따르기는 하였지만, 속으로는 불만스러워 했다. 24년(1596) 장위(張位)[160]가 국정을 맡고 있을 때 전위천호(前衛

159) 남중(南中)은 화중(華中)과 화남(華南) 즉 절강・남직예・강서 등지를 가리킨다.

千戶) 중춘(仲春)이 광산을 열 것을 청하였는데, 장위가 이를 제지하지 못했다. 채굴의 단서가 열리자 퇴직한 무관으로서 명리(名利)를 바라[161] 광석(鑛石)을 바치는 자가 날마다 이르니, 이에 열지 않는 곳이 없게 되었다. 중사(中使[162])가 사방으로 나갔는데, 창평(昌平)에는 왕충(王忠), 진정(眞定)·보정(保定)·계주(薊州)·영평(永平)·방산(房山)·울주(蔚州)에는 왕호(王虎),[163] 창려(昌黎)에는 전진(田進), 하남(河南)의 개봉(開封)·창덕(彰德)·위휘(衛輝)·회경(懷慶)·엽현(葉縣)·신양(信陽)에는 노곤(魯坤), 산동의 제남(濟南)·청주(靑州)·제녕(濟寧)·기주(沂州)·등(滕)·비(費)·봉래(蓬萊)·복산(福山)·서하(棲霞)·초원(招遠)·문등(文登)에는 진증(陳增),[164] 산서의 태원(太原)·평양(平陽)·노안(潞安)에는 장충(張忠), 남직예의 영국(寧國)·지주(池州)에는 학륭(郝隆)·유조용(劉朝用), 호광(湖廣)의 덕안(德安)에는 진봉(陳奉),[165] 절강의 항주(杭州)·엄주(嚴州)·금화(金華)·구주(衢州)·효풍(孝豐)·제기(諸暨)에는 조금

---

160) 장위(張位)는 자가 명성(明成)으로 신건(新建) 출신이다. 융경 2년(1568) 진사가 되어 편수(編修)를 제수 받았다. 만력 19년 9월부터 26년 6월까지 내각의 대학사로서 기무(機務)에 참여하였다. 만력 24년에는 내각의 수보(首輔)는 조지고(趙志皐)로서, 장위는 차보(次輔)였지만, 조지고가 노령이었기 때문에 장위가 황제를 보좌하여 정사를 재결(裁決)하고 있었다. 그의 전(傳)은 『明史』 권219에 보인다.

161) 폐변(廢弁)은 퇴직한 무관, 백망(白望)은 요행으로 명리(名利)와 관직을 바라는 자를 뜻한다.

162) 내정(內廷)의 환관 즉 중관(中官)이 개광(開礦)의 책임자로서 지방에 파견된 자를 가리킨다.

163) 왕호(王虎)는 만력 시기의 태감으로 창평(昌平)의 횡령(橫嶺)을 감독하며 광세(礦稅)를 징수하다가 민변을 불러일으켰다. 『明史』 권305 참조.

164) 진증(陳增)은 만력 시기의 광세태감(礦稅太監)으로, 만력 24년(1596) 산동의 광세를 감독하였다. 복산지현(福山知縣) 위국현(韋國賢), 익도지현(益都知縣) 오종요(吳宗堯)를 체포하여 하옥시키고, 수하인 정수훈(程守訓) 등을 장강(長江)의 남북 각지로 파견하여 재물을 갈취하였다. 진증(陳增)이 산동 백성들을 착취한 기간은 무려 10년에 달한다. 만력 33년(1605)에 병사하였다. 『明史』 권305 참조.

165) 진봉(陳奉)은 호광 승천(承天) 출신이다(『明書』 권159 참조). 세종 즉위 전부터 측근이었다가, 만력 시기에 어마감봉어(御馬監奉御)가 되었고, 27년(1599) 명을 받고 형주(荊州)로 가서 광세를 감독하다가 민변을 불러일으켰다. 무창(武昌)에 이르러서도 상민폭동(商民暴動)을 불러일으켰는데 도망쳐 경사로 돌아왔다. 후에 죄를 범하여 피살되었다. 『明史』 권305 참조.

(曹金)이 후에 유충(劉忠)으로 대체되었고, 섬서(陝西)의 서안(西安)에는 조감(趙鑒)·조흠(趙欽), 사천에는 구승운(丘乘雲), 요동에는 고회(高淮),[166] 광동에는 이경(李敬), 광서에는 심영수(沈永壽), 강서에는 반상(潘相),[167] 복건에는 고채(高寀),[168] 운남에는 양영(楊榮[169])이었다. 모두 관방(關防)을 지급하고 원래 상주했던 관원[170]과 함께 가도록 했다. 광맥이 적고 가늘어 얻는 바가 없으면 백성을 윽박질러 이를 채우게 했다. 그리고 간사한 자가 채굴한다는 명목을 빌어 이를 기회로 백성의 재물을 멋대로 빼앗고 주현관(州縣官)을 능멸했다. 백성을 가련하게 여기는 관원이 있으면 가로막았다는 죄를 뒤집어 씌워 체포·심문하여 파직시켰다. 당시 환관은 대부분 흉악하고 횡포를 부렸는데 진봉은 더욱 심하였다. 부가(富家)와 대족(大族)은 광리(礦利)를 도둑질했다고 무고하고, 좋은 땅과 집은 밑에 광맥이 있다고 말하며 역인(役人)들을 데리고 가서 에워싸 체포한 뒤, 부녀자를 욕보이고 심지어는 사람의 수족을 잘라 강에 던지기도 하였으니, 그의 잔혹함이 이와 같았다. 황제가 내버려두고 묻지 않았다. 25년(1597)부터 33년(1605)까지 여러 환관이 바친 광세은(礦稅銀)은 거의 300만 량에 미쳤고,

166) 고회(高淮)는 만력 시기 상선감태감(尙膳監太監)이다. 요동에서 광세를 감독하다가, 가혹한 징수로 금주(錦州)와 송산(松山)의 군변(軍變) 등을 불러일으켰는데, 경사로 도망쳐 돌아왔지만 그 이후의 종적은 묘연하다.

167) 반상(潘相)은 만력 시기의 태감이다. 강서의 세감(稅監)이었는데, 부량(浮梁) 경덕진(景德鎭)의 민변을 불러일으켜, 도요공(陶窯工)들은 관요창방(官窯廠房)을 불태워버렸고 반상은 달아났다.

168) 고채(高寀)는 순천(順天) 문안(文安) 출신인데, 신종이 신임하던 태감으로서 어마감감승(御馬監監丞)을 맡았다. 복건으로 가서 세감의 자격으로 시박세(市舶稅)를 가혹하게 징수하다가 만력 30년(1602) 민변이 터지자, 경사로 도망쳤다. 후에 또 광세를 감독하다가 복건과 광동 상민(商民)들의 반(反) 고채운동에 부딪혀 경사로 돌아오게 되었는데, 이후의 종적은 묘연하다. 『東西洋考』 권8 「稅璫考」 참조.

169) 양영(楊榮)은 만력 시기의 태감으로 운남의 광세를 감독하였는데, 현지 백성들과 하급관리들이 들고 일어나 이를 반대하였다. 이에 양영은 무력으로 진압하여 수천 명을 죽였다. 이에 민변이 크게 일어나, 참여자는 1만 명에 이르렀는데, 결국 양영을 죽이고서는 불구덩이에 던져버렸다. 『明史』 권305 참조.

170) 당시 광감(礦監)을 파견할 적에는 대부분 관원들의 광맥(鑛脈)에 대한 보고에 근거하였는데, 이렇게 광맥에 대해 보고를 올린 이들을 '원주관(原奏官)'이라 한다.

여러 소인(小人)들이 그 세력을 빌어 착취한 것은 몇 배 이상이어서 백성은 살 수가 없었다. 산서순무(山西巡撫) 위윤정(魏允貞)[171]이 상언하기를, "지금 홍수와 가뭄이라는 재난이 보고되고, 천둥, 지진, 유성의 출현, 기사(氣射)[172]가 사방에서 날마다 보고되고 있습니다. 안팎으로 전투가 발생하여 백성은 괴로움에 쓰러지고 있습니다. 그런데 이익을 좋아하는 소인은 채굴의 명분을 빌어 마음껏 욕심을 채웁니다. 만약 분란의 불씨가 안에서 생긴다면, 광부(礦夫)와 용역(冗役)의 화는 더욱 거셀 것입니다. 이런 상황에 이른 다음에 '구슬을 던져버리고 벽옥(碧玉)을 내다버린다'[173]는 설(說)을 추구한다 해도 늦을 것입니다"라고 하였다. 하남순안(河南巡按) 요사인(姚思仁)도 말하기를, "채굴의 폐단은 크게 우려할 만한 것이 여덟 가지가 있습니다. 광도(礦盜)가 모이면 반란을 부르기 쉬운 것이 하나입니다. 광두(礦頭)[174]의 부담이 극에 달해 흙이 무너지는 형세를 이루는 것이 둘입니다. 광부가 피해를 당하여 내몰려 유망(流亡)에 놓이게 되는 것이 셋입니다. 고용된 자[175]가 양식이 부족하여 배가 고파 큰 소리로 절규하는 것이 넷입니다. 광동(礦洞)을 곳곳에 열어도 이익도 없이 낭비만 하는 것이 다섯입니다. 광사은(礦砂銀)이 적어 백성에게 강제로 사도록 하는 것이 여섯입니다. 백성이 모두 광산 개발에 참가하여 농사와 뽕 재배가 이루어지지 않게 되는 것이 일곱입니다. 상주(上奏)한 관이 멋대로

171) 원문에는 '雲南巡撫'라고 되어 있었으나, 『神宗實錄』 萬曆 24년 9월 己亥 조; 『明史』 권232 「魏允貞傳」; 王圻, 『續文獻通考』 권27에 의거하여 '山西'巡撫로 고친 것이다.

172) 금성(金星)의 기가 일월을 뚫는 것을 가리킨다.

173) '투주저벽(投珠抵璧)'은 전설상의 요순(堯舜)이 재화를 탐하지 않았다는 고사 즉 구슬을 연못에 던져버리고 벽옥(璧玉)을 산에 내다버린다는 의미이다.

174) 광두(礦頭)는 채광(採鑛)의 관리인이다. 당시 각처 탄광에는 모두 광두가 있었는데, 그들은 태감으로부터 광세를 청부 맡아, 광부를 모집하고, 그들의 노동력을 일부 착취하여 이익을 얻었다. 이 시기에는 광부들이 도망치거나, 태업, 반항을 일삼던 때였고, 더욱이 광원의 고갈, 자본의 감소 등으로 광동(礦洞)의 유지가 곤란한 상태였다.

175) 『神宗實錄』 萬曆 25년 4월 己丑 조에 기재된 요사인(姚思仁)의 원래 상소문에는 고민(雇民)이 '광병(礦兵)'으로 되어있다. 이는 탄광의 민부(民夫) 혹은 위소의 군졸을 가리킨다.

횡포를 부리고 형벌을 남용하여 변란을 불러일으키는 것이 여덟입니다. 지금 광두는 배상의 부담 때문에 죽고, 평민은 강제 구매 때문에 죽고, 광부는 깔려서[176] 죽고, 싸움[177] 때문에 죽습니다. 지금 이를 제지하지 않으면, 비록 국고에 저장된 것을 다 꺼내고, 천하의 힘을 다하여도 목숨을 구하지 못할 것입니다"라고 하였다. 상소를 올렸으나 모두 살펴보지 않았다. 식자는 명조의 멸망은 대개 이로부터 조짐이 보인다고 하였다.

원문 鐵冶所, 洪武六年置. 江西進賢、新喩、分宜, 湖廣興國、黃梅, 山東萊蕪, 廣東陽山, 陝西鞏昌, 山西吉州二, 太原、澤、潞各一, 凡十三所, 歲輸鐵七百四十六萬餘斤. 河南、四川亦有鐵冶. 十二年益以茶陵. 十五年, 廣平吏王允道言: "磁州産鐵, 元時置官, 歲收百餘萬斤, 請如舊." 帝以民生甫定, 復設必重擾, 杖而流之海外. 十八年罷各布政司鐵冶. 旣而工部言: "山西交城産雲子鐵, 舊貢十萬斤, 繕治兵器, 他處無有." 乃復設. 已而武昌、吉州以次復焉. 末年, 以工部言, 復盡開, 令民得自採鍊, 每三十分取其二. 永樂時, 設四川龍州、遼東都司三萬衛鐵冶. 景帝時, 辦事吏請復陝西、寧遠鐵礦, 工部劾其違法, 下獄. 給事中張文質以爲不宜塞言路, 乃釋之. 弘治十七年, 廣東歸善縣請開鐵冶, 有司課外索賂, 唐大鬢等因作亂, 都御史劉大夏討平之. 正德十四年, 廣州置鐵廠, 以鹽課提擧司領之, 禁私販如鹽法. 嘉靖三十四年開建寧、延平諸府鐵冶. 隆、萬以後, 率因舊制, 未嘗特開云.

옮김譯 철야소(鐵冶所)[178]는 홍무 6년(1373)에 설치했다. 강서는 진현(進賢)·신유(新喩)·분의(分宜),[179] 호광(湖廣)은 흥국(興國)·황매(黃

176) 경압(傾壓)은 광갱(礦坑)이 무너지는 것을 가리키니, 광부들이 압사함을 가리킨다.

177) 광두와 광부들 사이에 분쟁이 일어나 서로 해치는 것을 말한다.

178) 철야소(鐵冶所)는 철광(鐵礦)·철장(鐵場)·철창(鐵廠) 등으로도 불리는 철야 즉 철의 제련소를 관리하며, 철과(鐵課)를 징수하는 기관이다. 대사(大使), 부사(副使) 등의 관원이 있다.

179) 진현현(進賢縣)은 남창부(南昌府) 소속이며, 현의 서남쪽에 금산(金山)이 있어 금을

梅),[180] 산동은 내무(萊蕪), 광동은 양산(陽山),[181] 섬서는 공창(鞏昌), 산서는 길주(吉州)에 둘,[182] 태원(太原)·택주(澤州)·노주(潞州)에[183] 각각 하나씩으로 모두 13곳이었고, 해마다 철 746만여 근을 바쳤다.[184] 하남·사천에도 철야소가 있었다. 12년(1379)[185] 차릉(茶陵)[186]을 추가하였다. 15년(1382) 광평(廣平)의 이(吏) 왕윤도(王允道)가 말하기를, "자주(磁州)[187]에서는 철이 생산되어 원나라 때에는 관원을 두고 해마다 100여 만 근을 거두었는데, 청컨대 예전대로 하시기 바랍니다"라고 하였다. 황제가 백성의 삶이 겨우 안정되었는데 다시 설치하면 반드시 크게 소란해진다는 이유로 곤장을 치고 해외로 유배했다. 18년(1385) 각 포정사의 철야를 없앴다. 조금 있다가 공부에서 말하기를, "산서 교성(交城)에서는 운자철(雲子鐵)[188]이 생산되어 예전에는 10만 근을 바쳐서 병기를 만들었는데 다른 곳에는 생산되지

생산한다. 현재 강서성 진현현이다. 신유현(新喩縣)은 임강부(臨江府) 소속으로 현 서쪽에 동산(銅山)이 있어 과거에 동을 생산하였다. 현재 강서성 신여현(新余縣)이다. 분의현(分宜縣)은 원주부(袁州府) 소속으로, 현재 강서성 분의현이다.

180) 황매현(黃梅縣)은 황주부(黃州府) 소속으로, 현 동남쪽에 광산이 있어, 과거에 철을 생산하였다. 지금 호북성 황매현이다.

181) 양산현(陽山縣)은 광주부(廣州府) 연주(連州) 소속이다. 지금의 광동성 양산현이다.

182) 길주(吉州)는 평양부(平陽府) 소속으로 향녕현(鄕寧縣)을 관할한다. 철야(鐵冶)가 두 곳 있었는데, 한 곳은 풍국야(豊國冶), 다른 한 곳은 부국야(富國冶)이다. 지금의 산서성 향녕현이다.

183) 태원철야(太原鐵冶)는 대통야(大通冶)라고 불리는데, 지금의 산서성 교성현(交城縣)에 있었다. 택주철야(澤州鐵冶)는 익국야(益國冶)라고 불리고, 노주철야(潞州鐵冶)는 윤국야(潤國冶)라고 불렸다.

184) 『太祖實錄』 洪武 7년 4월 癸卯 조에 기재된 13철야소(鐵冶所)의 매년 철과(鐵課) 액수는 805만 2,987근이다. 같은 책 홍무 6년 9월 丙辰 조에 의하면, 공부에서 상주한 그해 각 성의 철야 수는 850만 3,820근 남짓이었다. 萬曆 『大明會典』 권194 「工部 14」 各處鐵課 조에는 국초에 정한 각처의 철야는 1,847만 5,026근이라고 되어 있다.

185) 원문에는 "十四年"이라고 되어 있었으나, 『太祖實錄』 洪武 12년 3월 辛巳 조에 의거하여 고쳤다.

186) 차릉(茶陵)은 장사부(長沙府) 소속으로 지금의 호남성 차릉현이다.

187) 자주(磁州)는 지금의 하북성 자현(磁縣)이다. 명대에 현의 임수진(臨水鎭)에서 철을 생산했다. 원대에 일찍이 철야도제거사(鐵冶都提擧司)를 두었는데, 8곳의 철야소가 있었다. 노정(爐丁)은 1만 5,000호, 해마다 철 100만 근을 거두어들였다.

188) 운자철(雲子鐵)은 일종의 토법초강(土法炒鋼) 즉 단강(團鋼)으로 병기를 만들 수 있다. 『太祖實錄』 洪武 20년 3월 辛未 조 참조.

않습니다"라고 하여, 이에 다시 설치했다. 얼마 후 무창(武昌)·길주(吉州)에서 차례로 다시 설치했다. 말년에 공부의 말에 따라 다시 모두 열고, 백성이 스스로 채굴·제련할 수 있게 하고 2/30를 취하였다. 영락 때에 사천의 용주(龍州), 요동도사(遼東都司)의 삼만위(三萬衛)에 철야[189]를 설치했다. 경제 때에 판사리(辦事吏)가 섬서·영원(寧遠)의 철광[190]을 복구하자고 청하였지만, 공부에서 그 위법(違法)을 탄핵하여 하옥하였다. 급사중 장문질(張文質)이 언로를 막는 것은 옳지 않다고 말하여, 마침내 그를 석방했다. 홍치 17년(1504) 광동의 귀선현(歸善縣)에서 청하여 철야를 열었는데, 담당 관원이 과액 외에 뇌물을 요구하여 당대빈(唐大鬢)[191] 등이 이로 인해 난을 일으켰으나, 도어사 유대하(劉大夏)[192]가 이를 토벌하여 평정했다. 정덕 14년(1519) 광주(廣州)에 철창(鐵廠)을 설치하고 염과제거사(鹽課提擧司)가 이를 관할하게 하고 사사로운 판매를 금하기를 염법처럼 했다. 가정 34년(1555) 건녕(建寧)·연평(延平) 등 여러 부(府)에 철야를 열었다.[193] 융경·만

---

189) 용주(龍州)는 원대의 이름이었는데 명대에 용안부(龍安府)로 고쳤다. 평무(平武)에 치소를 두고, 강유(江油)와 석천(石泉) 등의 현을 관할했다. 지금의 사천성 평무(平武)·강유(江油)·북천(北川) 등의 현이다. 삼만위(三萬衛)는 명초에 원대의 개원로(開元路) 옛 지역에 설치되었지만 얼마 후 철폐되었다. 홍무 20년(1387)에 옛 성 서쪽에 다시 설치하고 아울러 올자야인(兀者野人), 걸렬미여직군민부(乞列迷女直軍民府)를 두었다. 21년(1388)에 부(府)를 철폐하고 위(衛)는 개원성(開原城)으로 옮겼다.

190) 영원현(寧遠縣)은 공창부(鞏昌府) 소속이다. 현의 남쪽에 태양산(太陽山)이 있었는데, 옛날에 철을 생산하였다. 지금의 감숙성 무산현(武山縣)이다.

191) 홍치 16년(1503) 광동 조산(潮汕)지역 관리들이 철야소를 연다는 명목으로 재물을 착취하자 이에 대항하여 백성들이 당대빈(唐大鬢), 고삼자(古三仔) 등을 수령으로 하여 반란을 일으켰다. 17년(1504) 2월에 이르러 반란은 진압되었다.

192) 유대하(劉大夏, 1435~1516)는 자가 시옹(時雍)으로 화용(華容) 출신이다. 천순 8년(1464) 진사가 되었다. 홍치 6년(1493)에 우부도어사(右副都御史)가 되어 황하의 치수를 담당했는데, 제방을 쌓은 것이 360리에 달했다. 정덕 시기 유근(劉瑾)의 미움을 받아 죄에 연좌되어 변경으로 쫓겨났다. 고향으로 돌아가 사망했다. 전(傳)은 『明史』 권182에 보인다.

193) 건녕부(建寧府)는 건안(建安)에 치소를 두고, 구녕(甌寧) 등의 현을 관할하였다. 지금의 복건성 숭안(崇安)·포성(浦城)·송계(松溪) 등의 현이다. 연평부(延平府)는 남평(南平)에 치소를 두고, 장락(將樂)·우계(尤溪) 등의 현을 관할하였다. 지금의 복건성 남평시(南平市)·장락(將樂)·사현(沙縣)·순창(順昌) 등의 현이다.

력 이후에는 대개 옛 제도를 따르고 특별히 열었던 것은 없었다고 한다.

원문 銅場, 明初, 惟江西德興、鉛山. 其後四川梁山, 山西五臺, 陝西寧羌、略陽及雲南皆採水銀、青綠. 太祖時, 廉州巡檢言 : "階州界西戎, 有水銀坑冶及青綠、紫泥, 願得兵取其地." 帝不許. 惟貴州大萬山長官司有水銀、硃砂場局, 而四川東川府會川衛山產青綠、銀銅, 以與外番接境, 慮軍民潛取生事, 特禁飭之. 成化十七年封閉雲南路南州銅坑. 弘治十八年裁革板場坑水銀場局. 正德九年, 軍士周達請開雲南諸銀礦, 因及銅、錫、青綠. 詔可, 遂次第開採. 嘉靖、隆、萬間, 因鼓鑄, 屢開雲南諸處銅場, 久之所獲漸少. 崇禎時, 遂括古錢以供爐冶焉.

옮김譯 동장(銅場)[194]은 명초에는 강서의 덕흥(德興) · 연산(鉛山)[195]뿐이었다. 그 후 사천의 양산(梁山),[196] 산서의 오대(五臺),[197] 섬서의 영강(寧羌)[198] · 약양(略陽)과 운남에서 모두 수은과 청록(青綠)을 채취했다. 태조 때에 염주순검(廉州巡檢)[199]이 말하기를, "계주(階州)는 서융(西戎)과 경계를 이루고 있는데, 수은갱야(水銀坑冶)[200] 및 청록 · 자니(紫泥)[201]가

---

194) 동장(銅場)이란 관영(官營)의 동의 제련 공창(工廠)을 말한다.

195) 덕흥(德興)은 요주부(饒州府) 소속으로 현의 동쪽에 은산(銀山)이 있는데, 과거에 은을 생산하였다. 북쪽에는 동산(銅山)이 있고 산 아래에는 단천(胆泉)이 있어 침철(浸鐵)하면 동을 만들 수 있었다. 지금의 강서성 덕흥현(德興縣)이다. 연산(鉛山)은 광신부(廣信府) 소속으로 현의 서남쪽에 동보산(銅寶山)이 있고, 용천침철(涌泉浸鐵)하면 동을 만들 수 있었다. 또 연산이 있어 연동(鉛銅)과 청록(青綠)을 생산하였다. 지금의 강서성 연산현(鉛山縣)이다. 선덕 시기에 두 곳에서 연생산량만 5,000여 근이었다.

196) 양산(梁山)은 기주부(夔州府) 소속으로 지금의 사천성 양평현(梁平縣)이다.

197) 오대(五臺)는 태원부(太原府) 대주(代州) 소속이며, 지금의 산서성 오대현(五臺縣)이다.

198) 영강주(寧羌州)는 한중부(漢中府) 소속이며, 지금의 섬서성 영강(寧强) · 약양(略陽)의 2현이다.

199) 염주부(廉州府)는 합포(合浦)에 치소를 두고, 흠주(欽州)와 영산현(靈山縣)을 관할하였다. 지금의 광동성 합포, 흠주현(欽州縣)이다. 이때 염주순검(廉州巡檢)은 왕덕형(王德亨)으로 섬서 계주(階州) 출신인데, 염주에서 관직에 올랐다. 이 상언은 洪武 15년 4월의 일이다. 그의 상언 속에서는, "家本階州, 界于西戎"이라 하였는데, 여기서는 '州'자 앞에 '階'자가 빠졌다. 『太祖實錄』 洪武 15년 4월 辛巳 조에 의거하여 '階'자를 보충하였다.

있으니, 원컨대 병력을 얻어 그 땅을 취하고자 합니다"라고 하였으나, 황제가 허락하지 않았다. 귀주(貴州)의 대만산장관사(大萬山長官司)[202]에는 수은·주사장국(硃砂場局)이 있고, 사천의 동천부(東川府)·회천위(會川衛)에서는 청록·은·동[203]이 생산되는데 외번(外番)과 경계를 접하고 있기 때문에 군민이 몰래 취하여 일을 만들까 우려되어 특별히 금지하여 이를 경계하였다. 성화 17년(1481) 운남 노남주(路南州)의 동갱(銅坑)[204]을 폐쇄하였다. 홍치 18년(1505) 판장갱수은장국(板場坑水銀場局)[205]을 없앴다. 정덕 9년(1514) 군사 주달(周達)이 청하기를, "운남의 여러 은광을 열고 이를 계기로 구리·주석·청록에도 이르게 하시기 바랍니다"라고 하였다. 조(詔)를 내려 이를 재가하여, 마침에 차례로 광산을 열어 채굴하였다. 가정·융경·만력 연간에 동전의 주조로 인하여 누차 운남의 여러 곳에서 동장을 열었는데, 얼마 후에는 얻는 바가 점차 줄었다. 숭정 때에 마침내 고전(古錢)을 긁어모아 노야(爐冶)에 대었다.

---

200) 주사(硃砂)를 수은으로 정제하는 것을 말하는 것이겠지만, 『明書』 권82 「鑛採」에는 계주에 수은과 은갱(銀坑)과 청록자니(青鹿紫泥)가 있다는 기록을 통해 볼 때, 이 경우는 '坑冶'를 '銀坑'으로 이해해야 할 것이다.

201) 홍갈색 광물질 안료를 말한다.

202) 대만산장관사(大萬山長官司)는 지금의 광서 장족(壯族) 자치구 동흥(東興)의 각 족 자치현이다.

203) 원문에는 "青銀銅綠"이라 되어 있으나, 『宣宗實錄』 宣德 4년 3월 丙辰 조에 의거하여 고쳤다.

204) 노남주(路南州)는 징강부(澂江府) 소속으로 주의 동쪽 찰용산(扎龍山)의 돌은 동을 제련할 수 있었다. 지금의 운남성 노남(路南) 이족(彝族) 자치현이다.

205) 원문에는 "板坑"이라 되어 있고, "場"자가 빠져 있으나, 『續史方輿紀要』 권122 「貴州」 婺川縣 조에 의거하여 보충하였다.

【商稅】

원문 關市之征, 宋、元頗繁瑣. 明初務簡約, 其後增置漸多, 行齎居鬻, 所過所止各有稅. 其名物件析榜於官署, 按而征之, 惟農具、書籍及他不鬻於市者勿算, 應征而藏匿者沒其半. 買賣田宅頭匹必投稅, 契本別納紙價. 凡納稅地, 置店曆, 書所止商氏名物數. 官司有都稅, 有宣課, 有司, 有局, 有分司, 有抽分場局, 有河泊所. 所收稅課, 有本色, 有折色. 稅課司局, 京城諸門及各府州縣市集多有之, 凡四百餘所. 其後以次裁併十之七. 抽分在南京者, 曰龍江、大勝港; 在北京者, 曰通州、白河、盧溝、通積、廣積; 在外者, 曰眞定、杭州、荊州、太平、蘭州、廣寧. 又令軍衛自設場分, 收貯柴薪. 河泊所惟大河以南有之, 河北止鹽山縣.

옮김譯 관시세(關市稅)는 송조(宋朝)와 원조(元朝)에서 매우 번잡하였다. 명초에는 간단하게 하려고 힘썼는데, 그 후에 증가된 것이 점차 많아져, 행재(行齎)와 거죽(居鬻)[206]이 지나고 머무는 데 각각 세(稅)가 있었다. 과세 품목을 자세히 나누어 관아에 게시하여 이에 따라 거두었는데,[207] 다만 농기구, 서적 및 그 밖에 시장에서 팔지 않는 것[208]은 부과하지 않았고, 응당 세금을 내야 하는데 감춘 경우에는 그 반을 몰수하였다.[209] 전택(田宅)과 가

206) 행재(行齎)와 거죽(居鬻)이라 함은 『宋史』 「食貨志」 商稅 조에 "行者齎貨, 謂之過稅, 居者市鬻, 謂之住稅"라고 한 바와 같이, 그 뜻은 상인이 화물(貨物)을 휴대하고 관문교량(關門橋梁)을 통과하거나 부주현진시(府州縣鎭市) 등 도읍에 들어와 화물을 판매하는 자에 대하여 징세기관에서 과세한 것을 가리킨다.

207) 이러한 과세품목 · 단위 · 세율을 명기한 것을 수세칙례(收稅則例) 혹은 상세칙례(商稅則例)라고 한다. 이는 송 태조 때부터 시작되었는데, 명조(明朝)는 이를 답습하였다.

208) 正德 『大明會典』 권32 「戶部」 課程의 永樂 元年 조에 의하면, 군민의 가취상제(嫁娶喪祭) 및 시절추송(時節追送)의 예물(禮物), 자가용(自家用)으로 직조한 포백(布帛), 자기의 물자를 운반하는 선거(船車), 민간의 가원(家園)과 지당(池塘)에서 채취한 과채(果菜) 및 잡어(雜魚), 민간 상용의 잡화와 식물 등을 면세한다는 규정이 있다.

축을 매매할 때에는 반드시 세금을 내야 했고,[210] 계본(契本)마다 별도로 종이 값을 내도록 했다.[211] 대개 납세하는 곳에 점력(店曆)[212]을 만들어두고, 머무는 상인의 이름[213]과 화물의 수량을 적었다. 관사에는 도세(都稅)·선과(宣課)·사(司)·국(局)·분사(分司),[214] 추분장국(抽分場局)[215], 하박소(河泊所)[216]가 있었다. 거두어들이는 세과(稅課)에는 본색(本色)과 절색(折色)이 있었다.[217] 세과사국(稅課司局)은 경성(京城)의 여러 문(門)[218]과 각 부주현시집

---

209) 『大明律』 권8 「戶律」 課程 조에 의하면, 익세(匿稅)하는 자는 태(笞) 50에 화물의 반을 몰수하였다.

210) 원문에는 '投'자 뒤에 '稅'자가 빠져있으나, 萬曆 『大明會典』 권35; 『明史稿』 권82 「食貨志」 課稅 조 등에 의거하여 보충한 것이다. 이 법규는 전택(田宅)과 가축을 매매하면, 세무(稅務)에 나아가 세금을 내고, 그때 정액(正額)의 세과 즉 계세(契稅) 외에 관이 교부하는 매매계약증서의 지가(紙價)로서 전 40문을 내야할 것 등이 정해져 있었다.

211) 계본(契本)은 전토(田土)·가옥·가축 등을 매매할 때 사용하는 매매계약서를 말한다. 지가(紙價)는 규정된 납세액 이외에 별도로 계약서 인쇄에 들어간 비용을 가리킨다. 萬曆 『大明會典』 권35 「收稅」 조에는, "洪武二年令, 凡買賣田宅, 頭匹, 赴務投稅, 除正課外, 每契本一紙, 納工本銅錢四十文, 餘外不許多取"라 기재되었다.

212) 점력(店曆)은 객상(客商)들의 등기부로서 점부(店簿)라고도 한다. 萬曆 『大明會典』 권35 「收稅」 조에 의하면, 객상이 숙박하는 객점(客店)에 관이 이를 매월 1통씩 교부하여, 매일 객점에 이르는 객상의 이름, 인원 및 여정의 날짜 등을 기입하도록 하고, 월말에 관할 관청에 제출하여 객상의 소재확인과 그 탈세은닉의 방지를 기도하였다.

213) 원문에는 '商'자 뒤에 '估'자가 빠져 있으나, 王原, 『明食貨志』 권10 「課稅」; 『明史稿 食貨志』 등에 의거하여 보충한 것이다.

214) 관사(官司)는 관아(官衙)·관청(官廳)을 말하는데, 여기에서는 세무관청을 가리킨다. 도세(都稅)는 도세사(都稅司), 선과(宣課)는 선과사(宣課司)로 양자 모두 양경에 두었다. 사(司)는 세과사(稅課司), 국(局)은 세과국(稅課局)으로 양경과 남북직예, 각 포정사의 부주현진시(府州縣鎮市)의 요충지에, 분사(分司)는 선과분사(宣課分司), 세과분사(稅課分司) 등을 가리키며 사(司)와 국(局)에 분속(分屬)하여 설치되었다.

215) 추분장국(抽分場局)은 추분창(抽分廠) 또는 죽목추분국(竹木抽分局) 등이라 불리며, 상인이 판매하는 죽목(竹木)·자신(紫薪) 등에 과세하는 관아이다. 현물 징수를 원칙으로 하였기 때문에 이런 이름이 붙었다. 공부 관할이므로 공관(工關)이라고도 불린다.

216) 하박소(河泊所)는 어과(魚課)를 징수하는 관아이다. 어과는 호수·연못·하천·나루터 소재지에 거주하며 살아가는 어호(漁戶) 즉 어사(漁師)에게 부과하는 세이다. 하박소는 명초에 약 300여 곳이 있었는데, 그 후 점차 폐지 내지 병합이 진행되어 만력 연간에는 100여 곳으로 줄었고, 그 소재지는 주로 황하의 이남 특히 호광에 집중되었다.

217) 본색은 일반적으로 미맥 등 본래 전부(田賦)로서 납입해야 할 물품을 말한다. 그러나 전(錢)·초(鈔)·은(銀)·포백(布帛) 등을 본색 대신에 납입하는 경우도 많았는데, 본색을 이처럼 다른 것으로 대납한 것을 절색이라고 했다.

(府州縣市集)[219]에 대부분 있었는데 모두 400여 곳이었다. 그 후 차례로 이를 없애고 합병한 것이 7/10이었다.[220] 추분(抽分)은 남경(南京)에 있는 것이 용강(龍江)·대승항(大勝港)[221], 북경(北京)에 있는 것이 통주(通州)·백하(白河)·노구(盧溝)·통적(通積)·광적(廣積)[222], 지방에 있는 것이 진정(眞定)·항주(杭州)·형주(荊州)·태평(太平)·난주(蘭州)·광녕(廣寧)[223]이었다. 또 군위(軍衛)가 스스로 장분(場分)[224]을 설치하여 땔감을 거두어 저장하게 했다. 하박소는 황하 이남에만 있었는데, 하북에는 염산현(鹽山縣)[225]뿐이었다.

원문 凡稅課, 徵商估物貨; 抽分, 科竹木柴薪; 河泊, 取魚課. 又有門攤課鈔, 領於有司. 太祖初, 征酒醋之稅, 收官店錢. 卽吳王位, 減收官店錢, 改在京官店爲宣課司, 府縣官店爲通課司.

옮김譯 세과(稅課)는 상인의 물품과 재화에 징세하고, 추분은 죽목(竹木) 등 땔감에 부과하고, 하박(河泊)은 어과(魚課)를 거두었다. 또 문

218) 경성제문(京城諸門)이라 함은 북경 순천부(順天府)의 숭문(崇文)·덕승(德勝)·안정(安定)·정양(正陽) 등의 문과 남경 응천부(應天府)의 취보(聚寶)·조양(朝陽)·태평(太平) 등의 문을 가리킨다.

219) 부주현(府州縣)이란 부치(府治)·주치(州治)·현치(縣治)의 소재지를 가리키고, 시집(市集)은 정기시를 의미하지만, 여기서는 향촌의 시진(市鎭)을 가리킨다.

220) 萬曆『大明會典』의 통계에 의거하면 명대 상세(商稅) 기관은 모두 381개소였는데, 폐지 및 병합에 의하여 만력 연간에 111개소에 이르렀다.

221) 용강(龍江)은 현재 강소성 남경시(南京市)의 북교(北郊), 대승항(大勝港)은 즉 대승관(大勝關)이라고도 하는데 남경시 서남 30리 거리에 있다.

222) 통주(通州)는 현재 북경시 통현(通縣), 백하(白河)는 북경에서 동으로 30리, 노구(盧溝)는 즉 노구교(盧溝橋)로서 북경의 서남 방향 35리 거리에 있다.

223) 광녕(廣寧)은 명대에는 위(衛)의 이름으로 요동도사(遼東都司) 소속이었다. 지금의 요녕성(遼寧省) 북진현(北鎭縣)의 땅이다.

224) 장분(場分)은 죽목추분장(竹木抽分場)을 가리킨다. 위소의 감독 하에 왕래하는 죽목(竹木)상인으로부터 시신(柴薪)을 추분(抽分)하여 매월 금군(禁軍) 및 고로(孤老)의 연료용으로 제공한 것을 말한다.

225) 염산현(鹽山縣)은 하간부(河間府) 창주(滄州) 소속으로 현재 하북성 염산현이다. 황하 이북에 하박소를 설치한 것은 염산현뿐만 아니라 순천부(順天府) 무청현(武淸縣)과 하간부(河間府) 정해현(靜海縣)도 있었다. 萬曆『大明會典』 권32 참조.

탄과초(門攤課鈔)[226]가 있었는데 유사(有司)[227]가 담당하게 했다. 태조 초[228]에 주초(酒醋)에 대해 세를 징수하고,[229] 관점전(官店錢)[230]을 거두었다. 오왕(吳王)[231]으로 즉위하고 나서 관점전 징수를 줄였고, 경사의 관점(官店)을 선과사(宣課司)로, 부현(府縣)의 관점을 통과사(通課司)[232]로 고쳤다.

원문 凡商稅, 三十而取一, 過者以違令論. 洪武初, 命在京兵馬指揮領市司, 每三日一校勘街市度量權衡, 稽牙儈物價; 在外, 城門兵馬, 亦令兼領市司. 彰德稅課司, 稅及蔬果、飮食、畜牧諸物. 帝聞而黜之. 山西平遙主簿成樂秩滿來朝, 上其考曰"能恢辦商稅". 帝曰 : "稅有定額, 若以恢辦爲能, 是剝削下民, 失吏職也. 州考非是." 命吏部移文以訊. 十年, 戶部奏 : "天下稅課司局, 征商不如額者百七十八處. 遂遣中官、國子生及部委官各一人覈實, 立爲定額. 十三年, 吏部言 : "稅課司局歲收額米不及五百石者, 凡三百六十四處, 宜罷之." 報可. 胡惟庸伏誅, 帝諭戶部曰 : "曩者姦臣聚斂, 稅及纖悉, 朕甚恥焉. 自今軍民嫁娶喪祭之物, 舟車絲布之類, 皆勿稅." 罷天下抽分竹木場. 明年令以野獸皮輸魚課, 製裘以給邊卒.

옮김 譯 상세(商稅)는 대개 1/30을 거두었는데 초과한 경우에는 법령을 어긴 것으로 논죄하였다. 홍무 초[233]에 수도의 병마지휘(兵馬指

---

226) 문탄과초(門攤課鈔)는 상점의 좌고(坐賈)에게 부과되는 일종의 영업세이다. 과초(課鈔)라고 한 것은 징수에 지폐인 초를 주로 했기 때문이다.

227) 유사(有司)는 부주현의 장관을 뜻한다.

228) 주원장이 오왕(吳王)을 칭하기 4년 전, 즉 원의 지정 20년(1360)을 가리킨다.

229) 주초세(酒醋稅)는 주초(酒醋)를 만들어 판매하는 주호(酒戶)에게 부과한 세로서 홍무 18년(1385)에 제정되었다. 萬曆『大明會典』권35「收稅」조 참조.

230) 관점(官店)은 일종의 수세기관으로 상품의 보관업무도 겸하였다. 관점전(官店錢)은 관영(官營) 창고에 객상(客商)의 화물을 맡길 때 보관료를 징수하여 관의 수입으로 한 것을 말한다. 萬曆『大明會典』권35「收稅」조에 기재된 영락 시기의 예가 참고할 만하다.

231) 오왕은 주원장이 빈농 출신으로 일어나 원의 지정 24년(1364) 강남을 평정할 때 자칭한 왕호이다.

232) 통과사(通課司)는 그 후 세과사국(稅課司局)으로 바뀌었다.『明史』권75「職官志」참조.

揮)에게 시사(市司)[234]를 관리하게 하고 3일마다 한 번씩 상가의 도량권형(度量權衡)을 교감(校勘)하고, 아쾌(牙儈)[235]가 정하는 물가를 살피도록 했고, 지방에서는 성문병마(城門兵馬)[236]가 또한 시사를 아울러 관리하게 했다. 창덕세과사(彰德稅課司)는 채소·과일·음식·가축 등에까지 세금을 부과했다. 황제가 이를 듣고 없앴다. 산서 평요(平遙)[237]의 주부(主簿)[238] 성락(成樂)이 질만(秩滿)[239]이 되어 내조(來朝)하였는데, 황제에게 올린 그의 고(考)[240]는 "상세를 많이 징수하였다"[241]는 내용이었다. 황제가 말하기를, "세에는 정액이 있는데, 만약 많이 징수하는 것을 능하다고 한다면, 이는 백성을 착취한 것이니 관리의 직분을 잃은 것이다. 주(州)의 고어(考語)는 옳지 않다"고 하였다. 이부(吏部)에 명하여 문서를 보내 조사하도록 했다. 10년에 호부에서 상주하기를, "천하의 세과사국(稅課司局)에서 상인에게 징수하는 데 정해진 액수대로 하지 않는 곳이 178곳[242]입니다"

233) 홍무 원년을 가리킨다. 『太祖實錄』 洪武 元年 12월 壬午 조 참조.

234) 수도의 병마지휘(兵馬指揮)는 병마지휘사(兵馬指揮司)의 장관으로 정6품관이다. 명초 경사에 병마지휘사를 두고 경성의 치안, 가도의 정비, 범죄 및 화재 단속 등의 임무를 맡는 한편 시장에 대한 관리도 겸하였다. 시사(市司)는 시장을 관리하는 관아이다. 『明史』 권74 「職官志」 참조.

235) 아쾌(牙儈)는 아인(牙人)·아행(牙行) 등으로 불리는데, 그들은 매매하는 자 쌍방 사이에서 거래를 중개하는 중개상인이었지만, 물가의 거래나 도량형 등도 평정(評定)하였다.

236) 각 부주현의 성문에 설치한 병마사(兵馬司)로서 순찰경계의 임무를 담당하였다.

237) '平遙'가 원문에는 '平遠'으로 되어 있으나, 『太祖實錄』 洪武 9년 6월 庚戌 조에 의거하여 고친 것이다.

238) 현주부(縣主簿)는 한대에는 문서를 담당했으나 당송 이후에는 현좌(縣佐)로서 한 현의 민정을 보좌하였다.

239) '질만(秩滿)'은 고만(考滿)과 같이 통상적으로 어떤 관직에 부임한 뒤 3년의 임기가 만료된 것을 말한다. 주부(州府)의 심사에서 우등으로 평가되면, 경사로 들어가 황제를 알현할 수 있었다.

240) '고(考)'란 주현의 관리에 대한 평가로 '고어(考語)'라고 한다.

241) 원문의 '회판(恢辦)'은 크게 처리하였다는 의미인데, 여기에서는 상세(商稅)를 초과 징수한 것을 뜻한다. 즉 정액 이상으로 세를 징수하였다는 말이다.

242) 원문에는 '百七八十處'라고 되어 있으나 『太祖實錄』 洪武 10년 3월 甲申 조; 王原, 『明食貨志』 권10 「課稅」 조에 의거하여 고친 것이다.

라고 하였다. 마침내 환관·국자감생(國子監生) 및 호부의 위임관리 1인씩을 보내 사실을 조사하도록 하여 정액을 만들도록 하였다. 13년에 이부에서 말하기를, "세과사국에서 해마다 거두는 액미(額米)가 500석에 미치지 못하는 것이 모두 364곳이니, 이를 없애야 합니다"라고 하였다. 답보를 내려 재가하였다. 호유용(胡惟庸)이 복주(伏誅)[243]되자, 황제가 호부에 유시를 내려 말하기를, "전에 간신이 긁어모아 세를 작은 것에까지 죄다 부과하는 데 이르러 짐이 매우 부끄럽게 여긴다. 지금부터 군민이 시집·장가 보내고 장례 지내고 제사 지내는 데 쓰이는 물건과 배·수레·비단·베 같은 물건은 모두 세금을 받지 말라"고 하였다. 천하의 추분죽목장(抽分竹木場)을 없앴다. 다음 해에 영을 내려 들짐승 가죽으로 어과(魚課)를 내도록 하여, 이를 가지고 가죽옷을 만들어 변경의 병졸에게 지급하였다.

원문 初, 京師軍民居室皆官所給, 比舍無隙地. 商貨至, 或止於舟, 或貯城外, 駔儈上下其價, 商人病之. 帝乃命於三山諸門外, 瀕水爲屋, 名塌房, 以貯商貨.

옮김 譯 국초에 경사의 군민이 사는 집은 모두 관에서 지급한 것이었는데[244] 집집마다 빈 땅이 없었다. 상품이 도착하면 배에서 머물거나 혹은 성 밖에 쌓아두었는데,[245] 중개상인이 그 가격을 올리고 내리고 하여 상인이 이를 괴로워하였다. 황제가 마침내 삼산제문(三山諸門)[246] 밖에서 물

---

243) 호유용(胡惟庸, ?~1380)은 정원(定遠) 출신으로 원말 화주(和州)에서 주원장 집단에 참가하여 원수부주차(元帥府奏差)가 되었다. 홍무 6년(1373)에 승상이 되었으나 '호유용의 옥(獄)'으로 모반죄로 지목되어 홍무 13년(1380)에 죽었다. 전(傳)은 『明史』 권308에 보인다.

244) 명초 남경에 수도를 두었을 적에 관부(官府)에서 용강(龍江), 의봉문(儀鳳門), 종부문(鍾阜門)에 민가를 지어 군민들에게 나누어주어 거주토록 하였다. 스스로 집을 지을 수 있는 자는 매 칸마다 목재비용으로 20정(錠)을 주었다. 『太祖實錄』 洪武 23년 2월 乙未조 참조.

245) 王原, 『明食貨志』 권10에 의거하여 '民居' 두 글자를 보충한 것이다.

가에 건물을 지어 탑방(塌房)[247]이라 이름 짓고 상품을 저장하도록 명했다.

원문 永樂初定制, 嫁娶喪祭時節禮物、自織布帛、農器、食品及買既稅之物、車船運己貨物、魚蔬雜果非市販者, 俱免稅. 準南京例, 置京城官店塌房. 七年遣御史、監生於收課處榷辦課程. 二十一年, 山東巡按陳濟言 : "淮安、濟寧、東昌、臨淸、德州、直沽, 商販所聚. 今都北平, 百貨倍往時. 其商稅宜遣人監榷一年, 以爲定額." 帝從之.

옮김 譯 영락 초[248]에 제도를 정하여 시집·장가 보내고 장례·제사 지내며 절일(節日) 등에 쓰이는 예물, 스스로 짠 베와 비단, 농기구, 식품 및 이미 세금을 낸 물건을 구매하거나, 수레와 배로 자기의 물품과 재화를 운반하거나, 판매 목적이 아닌 물고기와 채소 및 각종 과일 등은 모두 세금을 면제해주었다. 남경의 예에 준하여 경성[249]에 관점(官店)·탑방(塌房)을 설치했다. 7년에 어사와 감생(監生)을 세과(稅課) 거두는 기관에 보내 과정(課程)[250]을 남김없이 징수하도록 했다. 21년에 산동순안(山東巡按)[251] 진제(陳濟)[252]가 말하기를, "회안(淮安)·제녕(濟寧)·동창(東昌)·

---

246) 삼산문(三山門)은 남경 응천부 내외 양성 가운데 내성 13문의 하나로 지금의 남경성 서쪽의 수서문(水西門)을 가리킨다.

247) 객상(客商)의 화물을 맡아 보관료를 징수하는 창고를 뜻한다. 탑방(塌房)이란 명칭은 송대부터 시작하여 명조는 이를 답습한 것이다. 명대(明代)의 창고에는 관영(官營)과 민영(民營)이 있었지만, 여기에 보이는 탑방은 관점(官店)과 마찬가지로 관영의 창고였다.

248) 영락 원년을 가리킨다. 正德『大明會典』권32「戶部」課程;『續文獻通考』권22「徵榷考徵商」조 등 참조.

249) 북경 순천부를 가리키지만, 이때는 아직 북평부(北平府)라 칭했다. 이곳으로 천도한 것은 영락 19년 정월의 일이다.

250) 과정(課程)은 전부(田賦)를 제외한 차과(茶課)·상세과(商稅課)·어과(魚課)·주초과(酒醋課)·금은과(金銀課) 등 일정 항목 아래에 할당되어 징수한 각종 세의 범칭이다. 그 가운데 상세가 대종을 점하고 있었기 때문에 과정이라면 주로 상세를 의미하게 되었다.

251) 순안산동감찰어사(巡按山東監察御史)의 약칭이다.

252) 진제(陳濟)는 자가 백재(伯載)로서 무진(武進) 출신이다. 영락 시기 도총재(都總裁)가 되어『永樂大典』의 찬수(撰修)에 참가하였다. 전(傳)은『明史』권152에 보인다.

임청(臨淸)·덕주(德州)·직고(直沽[253])에는 상인들이 모여듭니다. 지금 북평(北平)을 수도로 삼으면서 갖가지 물품과 재화는 이전보다 배나 많습니다. 그에 대한 상세(商稅)는 사람을 보내어 1년을 징수감독하게 한 후 액수를 정해야 합니다"라고 하니, 황제가 이를 받아들였다.

원문 洪熙元年增市肆門攤課鈔. 宣德四年, 以鈔法不通, 由商居貨不稅, 由是於京省商賈湊集地、市鎭店肆門攤稅課, 增舊凡五倍. 兩京蔬果園不論官私種而鬻者, 塌房、庫房、店舍居商貨者, 騾驢車受僱裝載者, 悉令納鈔. 委御史、戶部、錦衣衛、兵馬司官各一, 於城門察收. 舟船受僱裝載者, 計所載料多寡、路近遠納鈔. 鈔關之設自此始. 其倚勢隱匿不報者, 物盡沒官, 仍罪之. 於是有漷縣、濟寧、徐州、淮安、揚州、上新河、滸墅、九江、金沙洲、臨淸、北新諸鈔關, 量舟大小修廣而差其額, 謂之船料, 不稅其貨. 惟臨淸、北新則兼收貨稅, 各差御史及戶部主事監收. 自南京至通州, 經淮安、濟寧、徐州、臨淸, 每船百料, 納鈔百貫. 侍郎曹弘言:"塌房月鈔五百貫, 良苦, 有鬻子女輸課者." 帝令覈除之. 及鈔法通, 減北京蔬地課鈔之半, 船料百貫者減至六十貫.

옮김 譯 홍희(洪熙) 원년 시사(市肆)의 문탄과초(門攤課鈔)를 늘렸다. 선덕 4년 초법(鈔法)이 통용되지 않는 것은 상인이 상점에 입하되는 각종 물품에 대해 상세(商稅)를 내지 않고 있기 때문이라고 하여, 이로부터 수도와 지방의 상인이 모여드는 곳에서 시진(市鎭) 점포의 문탄세과(門攤稅課)는 이전보다 모두 5배 증가되었다. 양경(兩京)의 채소밭과 과수원은 관이 지급한 것이든가 개인의 소유이든가를 막론하고 재배하여 판매하는 경우, 탑방(塌房)·고방(庫房)·점사(店舍[254])에 상품을 보관하는 경우,

253) 직고(直沽)는 하북성 무청현(武淸縣)에서 동남 방향으로 120리 거리에 위치하는데, 오늘날 천진시(天津市)에 속한다.

254) 고방(庫房)과 점사(店舍)는 탑방(塌房)과 마찬가지로 객상(客商)의 물품과 재화를 보관하고 그 대가를 받는 창고로서, 여기서는 민영의 창고를 가리킨다. 이러한 창고업을

노새나 나귀가 끄는 수레가 품삯을 받고 물품을 싣는 경우에 모두 초(鈔)를 내게 했다. 어사 · 호부 · 금의위(錦衣衛) · 병마사(兵馬司)의 관원 각 1인에게 맡겨 성문에서 징수를 조사하도록 하였다. 배가 품삯을 받고 물품을 싣는 경우에 적재량의 다과, 항로의 원근을 헤아려 초(鈔)를 내도록 하였다. 초관(鈔關)의 설치는 이로부터 시작되었다.[255] 세력을 믿고 은닉하여 보고하지 않은 자는 물건을 모두 관에 몰수하고 아울러 처벌하였다. 이에 곽현(漷縣) · 제녕(濟寧) · 서주(徐州) · 회안(淮安) · 양주(揚州) · 상신하(上新河) · 호서(滸墅) · 구강(九江) · 금사주(金沙洲) · 임청(臨淸) · 북신(北新)에 초관(鈔關)[256]을 두고, 배의 길이와 폭을 헤아려 그 액수에 차등을 두고 이를 선료(船料)[257]라고 하였는데 그 물품에 대해서는 세를 부과하지

운영하는 자에게는 창고의 간수(間數)를 헤아려 과세하였다.

255) 초관(鈔關)은 내하(內河) 주로 운하의 수로의 요충에 설치된 세관으로 왕래하는 선박이 징세의 대상이 된다. 설치 초에는 초로만 징수하였으므로 초관이라 부른다. 후에 은을 징수하는 것으로 바뀌어도 그 명칭은 바뀌지 않았다.

256) 곽현초관(漷縣鈔關)은 현재 통현(通縣)과 향하현(香河縣) 사이의 구(舊) 곽현(漷縣)에 있었으며 선덕 4년(1429)에 설치되었다. 정통 11년(1446)에 하서무(河西務)로 옮겨졌다. 제녕초관(濟寧鈔關)은 현재 산동 제녕시(濟寧市) 서남의 구(舊) 제녕(濟寧)에 있었다. 선덕 4년(1429)에 설치되어 정통 4년(1439)에 폐지되었다. 서주초관(徐州鈔關)은 현재 강소성(江蘇省) 서주시(徐州市) 동북에 있었다. 설치와 폐지의 연대는 제녕관과 같다. 회안초관(淮安鈔關)은 현재 강소성 청강시(淸江市)에 있었다. 선덕 4년(1429)에 설치되어, 성화 원년(1465)에 철폐되었다. 양주초관(揚州鈔關)은 현재 강소성 강도현(江都縣)에 있었으며, 설치와 폐지의 연대는 회안관과 같다. 상신하초관(上新河鈔關)은 현재 남경시 서남 상신하(上新河)에 있었으며, 선덕 4년(1429)에 설치되어 정통 6년(1441)에 철폐되었다. 호서초관(滸墅鈔關)은 소주관(蘇州關)이라고도 하며, 현재 강소성 소주시(蘇州市) 서북의 허관진(許關鎭)에 있었다. 경태 원년(1450)에 설치되어, 성화 4년(1468)에 폐지되었다가, 7년에 다시 설치되었다. 구강초관(九江鈔關)은 현재 강서성 구강시(九江市)에 있었으며, 연혁은 호서관과 같다. 금사주초관(金沙洲鈔關)은 현재 호북성 무창현(武昌縣) 서남쪽에 있었으며, 경태 원년(1450)에 설치되어 성화 4년(1468)에 폐지되었다가, 6년(1470)에 다시 설치되었다. 임청초관(臨淸鈔關)은 현재 산동성 임청현(臨淸縣)에 있었으며 선덕 4년(1429)에 설치되었다가 후에 폐지되었는데, 홍치 초에 다시 설치되었다. 북신제초관(北新諸鈔關)은 현재 절강성 항주시(杭州市)에 있었다. 경태 원년(1459)에 설치되었다.

257) 상선(商船)의 뱃머리의 길이와 보머리[梁頭]의 좌수(座數)에 따라 납부해야 될 통과세를 일러 선료세(船料稅)라 한다. 예를 들어 차양선(遮洋船)의 뱃머리가 1장 1척이고, 보머리가 16좌라 하면 100료로 계산한다. 선덕 4년(1429)에 규정하기를, "每船一百料,

않았다. 다만 임청·북신에서는 물품에 대한 세도 함께 거두고, 각각 어사와 호부주사를 보내어 거두는 것을 감독하게 했다. 남경으로부터 통주(通州)에 이르기까지 회안·제녕·서주·임청을 거쳐 지나가는 모든 배의 갖가지 물품은 초 100관을 내도록 했다.[258] 시랑[259] 조홍(曹弘)이 말하기를, "탑방(塌房)의 월초(月鈔) 500관은 진실로 혹독한 것으로서, 자녀를 팔아서 세과(稅課)를 내는 자도 있습니다"라고 하자, 황제가 이를 조사해서 없애라는 영을 내렸다. 초법(鈔法)이 통용되자 북경의 채소밭에 부과하는 초의 반을 줄이고, 선료(船料)가 100관이던 것을 60관으로 줄였다.

원문 英宗初, 詔凡課程門攤, 俱遵洪武舊額, 不得藉口鈔法妄增. 未幾, 以兵部侍郎于謙奏, 革直省稅課司局, 領其稅於有司; 罷濟寧、徐州及南京上新河船料鈔, 移漷縣鈔關於河西務; 船料當輸六十貫者減爲二十貫. 商民稱便. 九年, 王佐掌戶部, 置彰義門官房, 收商稅課鈔, 復設直省稅課司官, 征榷漸繁矣. 景泰元年, 于謙柄國, 船料減至十五貫, 減張家灣及遼陽課稅之半. 大理卿薛瑄言 : "抽分薪炭等匿不報者, 準舶商匿番貨罪, 盡沒之, 過重. 請得比匿稅律." 帝從之. 成化七年增置蕪湖、荊州、杭州三處工部官. 初抽分竹木, 止取鈔, 其後易以銀, 至是漸益至數萬兩. 尋遣御史榷稅. 孝宗初, 御史陳瑤言 : "崇文門監稅官以掊克爲能, 非國體." 乃命客貨外, 車輛毋得搜阻. 又從給事中王敞言, 取回蕪湖、荊州、杭州抽分御史, 以府州佐貳官監收其稅. 十三年復遣御

收鈔一百貫"이라 하였다가, 후에 60관으로 감하였다. 성화 시기에 이르러 선료는 전과 초를 반씩 받았다. 가정 시기에 규정하기를, "各鈔關丈量船隻, 止照舊例以成尺爲限, 此外零數不許逐寸科取. 仍置立號簿, 與戶部原發稽考簿互相稽查"라 하였다. 萬曆 『大明會典』 권35 「鈔關」 조 참조.

258) 남경에서 회안(淮安), 회안에서 서주(徐州), 서주에서 제녕(濟寧), 제녕에서 임청(臨淸), 임청에서 통주(通州)의 곽현(漷縣)에 이르는 선박에 대하여 각각의 초관에서 배 100료에 초 100관을 내도록 하되, 남경에서 통주로 직항하는 선박은 100료마다 일괄하여 초 500관을 내도록 한 것을 말한다.

259) 시랑(侍郎)은 상서(尙書) 다음의 정3품의 관직으로서 여기서는 호부시랑을 가리킨다.

史. 正德十一年始收泰山碧霞元君祠香錢, 從鎭守太監言也. 十二年, 御史胡文靜請革新設諸抽分廠. 未一年, 太監鄭璽請復設於順德、廣平. 工部尙書李鐩依阿持兩端, 橫征之端復起. 尋命中官李文、馬俊之湖廣、浙江抽分廠, 與主事中分榷稅. 世宗初, 抽分中官及江西、福建、廣東稅課司局多所裁革, 又革眞定諸府抽印木植中官.

옮김 譯 영종 초[260]에 조(詔)를 내려 과정문탄(課程門攤)은 모두 홍무 때의 구액(舊額)을 따르고, 초법을 핑계 삼아 멋대로 늘리지 못하게 했다. 조금 있다가 병부시랑 우겸(于謙)의 상주에 따라 직예와 각 성(省)의 세과사국(稅課司局)을 혁파하고 그 세는 유사(有司)가 담당하게 했다. 제녕(濟寧)·서주(徐州) 및 남경 상신하(上新河)의 선료초(船料鈔)를 없애고, 곽현(漷縣)의 초관(鈔官)을 하서무(河西務)로 옮겼으며, 선료 60관을 내어야 하던 것을 20관으로 줄였다. 상민(商民)이 환영했다. 9년에 왕좌(王佐)가 호부를 관장하면서[261] 창의문(彰義門)[262]에 관방(官房)을 설치하고 상세과초(商稅課鈔)를 거두고, 다시 직예와 각 성에 세과사관(稅課司官)을 설치하면서 징수하는 것이 점차 번잡해졌다. 경태 원년에 우겸이 국정을 장악[263]하면서 선료를 15관으로 줄이고, 장가만(張家灣)과 요양(遼陽)의 과세를 반으로 줄였다.[264] 대리경(大理卿)[265] 설선(薛瑄)[266]이 말하기를, "추분

---

260) 홍무 시기의 구액(舊額)에 따르라는 조(詔)는 선덕 10년 정월에 발표되었는데, 이때 영종이 비록 아직 개원(改元)하지는 않았지만, 이미 즉위한 상태였다.

261) 왕좌(王佐)는 해풍(海豊) 출신으로 영락 시기에 거인(擧人)이 되어 국자감(國子監)을 마친 뒤 이과급사중(吏科給事中)에 부임하였다. 선덕 시기에 호부시랑이 되어 덕주(德州) 등 창(倉)의 적폐(積弊)를 일소하였다. '토목보(土木堡)의 변(變)' 때 죽었다. 전(傳)은 『明史』 권167에 보인다.

262) 창의문(彰義門)은 명대에 광녕문(廣寧門)이라 하고, 속칭 창의문이라 하였는데, 이는 금대(金代) 이래의 구칭이다. 현재의 북경시 광안문(廣安門)이다.

263) 토목의 변 이후 우겸(于謙)은 경제(景帝)의 신임 하에 병부시랑에서 병부상서·순무를 역임하며 경제를 보필했다. 국정을 장악했다는 것은 바로 이때의 일이다.

264) 장가만(張家灣)은 북경 순천부 소속으로 지금의 하북성 통현(通縣) 동쪽에 있다. 요양(遼陽)은 즉 정요중위(定遼中衛)로 요양현(遼陽縣)에 치소를 두었다. 현재의 요녕성(遼寧省) 요양시(遼陽市)이다.

(抽分)하는 장작과 석탄을 감추고 보고하지 않는 자는 박상(舶商)이 번화(番貨)를 감춘 죄[267]에 준하여 모두 몰수하는 것이 너무 무겁습니다. 청컨대 익세률(匿稅律[268])에 견주시기 바랍니다"라고 하니, 황제가 이를 받아들였다. 성화 7년 무호(蕪湖)·형주(荊州)·항주(杭州) 세 곳에 공부관(工部官)을 늘려 설치하였다. 처음에 죽목(竹木)의 추분(抽分)은 초(鈔)만을 받다가 그 후에 은으로 바꾸었는데, 이에 이르러 점차 늘어나 수만 량에 이르게 되었다. 얼마 후 어사를 보내 징세의 일을 담당하게 하였다. 효종 초[269]에 어사 진요(陳瑤)가 말하기를, "숭문문(崇文門)의 감세관(監稅官)이 세금 긁어모으는 것을 유능한 것으로 여기는 것[270]은 국체(國體)에 어긋납니다"라고 하였다. 이에 객화(客貨) 외에 거량(車輛)은 수색하지 못하게 했다. 또 급사중 왕창(王敞)의 말에 따라 무호(蕪湖)·형주(荊州)·항주(杭州)의 추분어사(抽分御史)를 돌아오게 하고 부주(府州)의 좌이관(佐貳官)이 징세를 감독하도록 했다. 13년에 다시 어사를 보냈다. 정덕 11년에 처음으로 태산(泰山) 벽하원군사(碧霞元君祠)의 향전(香錢[271])을 거두었는데 진수

---

265) 사법(司法) 관계 사무를 관장하는 대리시(大理寺)의 장관으로 정3품관이다.

266) 설선(薛瑄, 1392~1464)은 자가 덕온(德溫)으로 하진(河津) 출신이다. 영락 19년(1421) 진사(進士)가 되었다. 선덕 시기에는 어사가 되어 호광은장(湖廣銀場)을 감독하였다. 천순 연간에 입각하였다. 그는 학술 계통으로는 정주학파(程朱學派)에 속하는 저명한 인물이었다. 전(傳)은『明史』권282에 보인다.

267) 외국 무역상의 박래품(舶來品)을 은닉한 죄로,『大明律』권8「戶律」課程에 의하면, 번화(番貨)를 은닉한 자는 장 100에 그 물품은 모두 몰수한다고 규정되어 있다.

268)『大明律』권8「戶律」課程에 의하면, 물품과 재화를 숨겨 탈세한 자는 태 50에 물품의 반을 몰수한다고 규정되어 있다.

269) 홍치 원년을 가리킨다.

270) 숭문문(崇文門)은 현재 북경시의 숭문문을 가리킨다. 숭문문 선과분사(宣課分司)의 상세 감수에 감찰어사와 호부주사를 파견했지만, 그들은 액외의 징수를 능리(能吏)의 요건으로 간주하여, 이 때문에 상려(商旅)가 오지 않고 물가가 등귀하여 국책을 훼손했다는 것이다.

271) 태산(泰山)의 구칭은 동악(東岳)이다. 벽하원군(碧霞元君)은 전설상의 동악대제(東岳大帝)의 딸이다. 송대 진종(眞宗) 시기에 '천선옥녀벽하원군(天仙玉女碧霞元君)'에 봉하였다. 과거에 태산의 정상에 그녀를 모시는 사당이 있었는데, 명의 정덕과 가정 시기에 중수(重修)하여 그녀에 대한 제사가 매우 성하였다. 향세(香稅)란 묘회(廟會)의 향전세(香錢稅)로서 새전(賽錢)에 대하여 과세한 것이다. 郭惟賢의「改全書議香稅疏」에 의하

태감(鎭守太監)의 말에 따른 것이었다.[272] 12년에 어사 호문정(胡文靜)이 새로 설치한 여러 추분창(抽分廠)을 혁파하자고 청했다. 1년도 채 되지 않았는데, 태감(太監) 정새(鄭璽)가 순덕(順德)·광평(廣平[273])에 다시 설치하자고 청했다. 공부상서 이수(李鐩)가 자기의 주견도 없이 양쪽에 기회주의적인 태도를 보이면서 마구 징수하는 단서가 다시 생겼다. 얼마 후 환관 이문(李文)과 마준(馬俊)에게 명하여 호광과 절강의 추분창에 가서 주사(主事)와 분담하여 세를 거두게 했다. 세종 초에 추분(抽分)하는 환관과 강서·복건·광동의 세과사국이 많이 없어졌고, 또 진정부(眞定府) 등의 목재에 낙인하고 추분하는 환관[274]을 없앴다.

원문 京城九門之稅, 弘治初歲入鈔六十六萬餘貫, 錢二百八十八萬餘文, 至末年, 數大減. 自正德七年以後, 鈔增四倍, 錢增三十萬. 嘉靖三年, 詔如弘治初年例, 仍減錢三十萬. 直省關稅, 成化以來, 折收銀, 其後復收錢鈔. 八年復收銀, 遂爲定制. 始時鈔關估船料定稅, 旣而以估料難核, 乃度梁頭廣狹爲準, 自五尺至三丈六尺有差. 帝令以成尺爲限, 勿科畸零. 太監李能請於山海關榷商稅, 行之數年, 主事鄔閱言: "廣寧八里鋪前屯衛旣有榷場, 不宜再榷." 罷之. 其後復山海關稅, 罷八里鋪店錢. 四十二年令各關歲額定數之外, 餘饒悉入公帑. 隆慶二年始給鈔

면, "査得東岳泰山, 歲有香稅. 該省遣佐貳官收解, 爲省會官員俸鈔之用"이라 하였다.

272) 진수태감(鎭守太監)이란 영락 연간에 창설되었는데, 황제가 태감을 각 성(省)으로 파견하여 자기의 이목으로 삼은 것을 말한다. 원래 태감은 환관 가운데 각 기구의 장관을 뜻하고, 진수(鎭守)는 어느 한 지방을 총진(總鎭)한다는 뜻이다.

273) 순덕추분창(順德抽分廠)은 순덕부(順德府) 남관송가장(南關宋家莊)에 설치되었는데, 지금의 하북성 형대현성(邢臺縣城) 안에 있다. 광평추분창(廣平抽分廠)은 광평부(廣平府) 곡주현(曲周縣)에 설치되었고, 지금의 하북성 곡주현성(曲周縣城) 안에 있다.

274) 추(抽)는 추분(抽分), 인(印)은 낙인(烙印)을 뜻한다. 진정부세과사(眞定府稅課司)는 매년 산서 등지에서 운반된 목재에 대해 가격의 1/10을 세금으로 걷고 추분하는 환관이 목재에 낙인을 하고, 은으로 거둔 세금 가운데 일부는 내고(內庫)에 올렸다. 이러한 추분태감(抽分太監)이 목재에 낙인하고 추분하는 환관이다. 『世宗實錄』 正德 16년 6월 己酉 조; 萬曆 『大明會典』 권209 등 참조.

關主事關防敕書, 尋令鈔關去府近者, 知府收解; 去府遠者, 令佐貳官收貯府庫, 季解部. 主事掌覈商所報物數以定稅數, 收解無有所與.

옮김
譯

경성(京城) 구문(九門)의 세[275]는 홍치 초에 해마다 초 66만여 관, 전 288만여 문이 들어왔는데, 말년에 이르러 그 수가 크게 줄었다. 정덕 7년 이후로는 초가 4배 늘었고, 전이 30만이 늘었다.[276] 가정 3년 조(詔)를 내려 홍치 초년의 예를 따르되 전 30만을 줄였다. 직예와 각 성(省)의 관세(關稅)는 성화 이래 은으로 환산하여 거두었는데, 그 후에 다시 전초(錢鈔)를 거두었다. 8년에 다시 은으로 거두면서 마침내 제도로 확정되었다. 처음에 초관(鈔關)에서는 선료(船料)를 헤아려 세를 정하였지만, 얼마 후 그 계산이 어렵다는 이유로 마침내 보머리[梁頭]의 폭을 재서 기준으로 삼았는데[277] 5척에서 3장 6척까지 차등이 있었다. 황제가 영을 내려 척을 단위로 계산하되, 우수리에는 부과하지 말도록 했다. 태감 이능(李能)이 산해관(山海關)에서 상세(商稅)를 징수하자고 청하여,[278] 이를 시행한지 수 년만에 주사(主事) 오열(鄔閱)이 말하기를, "광녕(廣寧) 팔리포(八里鋪) 전둔위(前屯衛)[279]에는 이미 각장(榷場)이 있으니 다시 징수하는 것은 옳지 않습니다"

275) 경성구문(京城九門)은 북경 순천부의 숭문(崇文)·선무(宣武)·조양(朝陽)·동직(東直)·정양(正陽)·부성(阜成)·서직(西直)·안정(安定)·덕승(德勝) 등 9문을 가리킨다. 각 문의 명칭은 정통 10년(1445)에 정해졌다. 구문의 세란 이들 문을 출입하는 객화(客貨)에 부과한 상세(商稅)를 뜻한다. 이러한 상세는 순성어사(巡城御史) 혹은 호부에서 위임한 관리를 파견하여 감수시켰지만, 성화 연간에는 다시 각 문에 수세사무를 담당하는 서리(胥吏)를 증치(增置)하여 돕게 했다. 正德『大明會典』권32「戶部」, 課程 조 참조.

276)『世宗實錄』嘉靖 3년 7월 戊辰 조에 기재된 바에 따르면, 홍치 초년의 세입(歲入)은 초 66만 5,080관, 동전 288만 5,130문이었는데, 홍치 12년 이후에는 초 71만 5,820관, 전 205만 4,300문으로 줄었지만, 정덕 7년(1512) 이후 초 255만 8,920관, 전 319만 360문으로 늘었다. 초는 홍치 초년에 비해 3.86배, 전은 30만 5,230문이 증가했다.

277) 양두(梁頭)란 선박의 뱃머리의 폭이다. 예를 들어 천선(淺船)의 뱃머리 길이가 9척 5촌이고, 양두가 14좌라면, 이 배의 선적의 양은 이를 기준으로 계산하고, 선료(船料) 역시 이를 기준으로 정했다. 席書『漕船志』권3 船紀 참조.

278) 산해관(山海關)의 설관(設關) 목적은 원래 요동으로의 요로로서 군사경찰 상의 견지에서 비위(非違)에 대한 검찰에 있었지만, 이때 이능(李能)의 상언에 의하여 연변(沿邊)의 관보(關堡), 돈대(墩臺)의 수리비 염출을 위하여 상세를 징수하기에 이르렀던 것이다.

279) 광녕(廣寧)은 지금의 요녕성 북진현(北鎭縣)이다. 팔리포(八里鋪)는 광녕위(廣寧衛)의

라고 하여, 그만두게 하였다. 그 후 산해관(山海關)에서의 징세를 회복하고, 팔리포 점전(店錢)을 없앴다.[280] 42년에 영을 내려 각 관(關)의 세액(歲額)으로 정해진 액수 외에 나머지는 모두 공탕(公帑)[281]에 넣도록 했다. 융경 2년에 처음으로 초관주사(鈔關主事)[282]에게 관방(關防)[283]칙서를 발급하였고, 조금 있다가 영을 내려 초관(鈔關)이 부(府)에 가까이 있는 경우에는 지부(知府)가 거두어서 보내고, 부에서 먼 경우에는 좌이관(佐貳官)이 거두어서 부고(府庫)에 저장하였다가 계절마다 부(部)로 보내도록 했다.[284] 주사(主事)는 상인이 보고한 물품의 수량을 헤아려 세수를 정하는 일을 관장하고, 거두고 보내는 일에는 관여하는 바가 없도록 하였다.

원문 神宗初, 令商貨進京者, 河西務給紅單, 赴崇文門併納正、條、船三稅; 其不進京者, 河西務止收正稅, 免條、船二稅. 萬曆十一年革天下私設無名稅課. 然自隆慶以來, 凡橋梁、道路、關津私擅抽

남쪽에 위치한다. 전둔위(前屯衛)는 광녕전둔위(廣寧前屯衛)의 약칭으로, 지금의 수중현(綏中縣) 경내의 전위(前衛)에 있다.

280) 이보다 앞서『世宗實錄』嘉靖 26년 5월 戊午 조에 의하면, 요동무안관(遼東撫按官)의 상언에 의하여 광녕전둔위에 세과사(稅課司)를 설치하여 상세를 징수하여 이를 변비(邊費)로 충당하기에 이르렀다고 한다. 그리고 이해 즉 가정 29년에 계진순무(薊鎭巡撫) 왕여효(王汝孝)의 상주로 변비 보충을 위해 산해관의 추분사례(抽分事例)를 회복하기에 이르렀다. 그 수세 개정(改定)에 의하면, 중국에서 요동으로 나가는 자에게는 산해관에서 6분, 요동(전둔위(前屯衛))에서 4분의 세를, 요동에서 중국으로 들어가는 자에게는 요동에서 6분, 산해관에서 4분의 상세를 거두었다. 또 그때 종래의 팔리포의 점전(店錢; 정덕 원년에 설치한 것으로 1거량(車輛)에 은 1량씩 징수)는 상인에 대한 부당한 중압이 되어 이를 폐지하였다.

281) 공탕(公帑)이란 내탕(內帑)에 대응하는 말로서, 국고(國庫)를 뜻하는데, 여기서는 태창고(太倉庫)를 가리킨다.

282) 중앙에서 파견된 호부주사로서 초관(鈔關)업무의 감독관을 의미한다. 그 주요 임무는 선료 상세의 세액을 결정하는 데 있는데, 실제 징수 및 기운(起運)은 그의 감독 하에 부주(府州) 좌이관(佐貳官)으로 하여금 담당하도록 했다. 한편 초관주사의 임기는 1년, 부주 좌이관은 한 계절마다 교체시켜 관리의 부정을 방지토록 했다.

283) 관방(關防)은 관방인(關防印)이라고도 칭하는데, 중앙정부로부터 관리에게 교부되는 장방형의 할부인(割符印)이다. 명초 이래 존재했는데, 관리의 부정을 방지하기 위해 만든 것이다.

284) 부(府)에서 가까운 곳은 구강(九江)·양주(揚州)·항주(杭州) 등의 초관을, 부에서 먼 곳은 호새(滸墅)·임청(臨淸)·하서무(河西務)·회안(淮安) 등의 초관을 가리킨다.

稅, 罔利病民, 雖累詔察革, 不能去也. 迨兩宮三殿災, 營建費不貲, 始開礦增稅. 而天津店租, 廣州珠榷, 兩淮餘鹽, 京口供用, 浙江市舶, 成都鹽茶, 重慶名木, 湖口、長江船稅, 荊州店稅, 寶坻魚葦及門攤商稅、油布雜稅, 中官遍天下, 非領稅卽領礦, 驅脅官吏, 務朘削焉.

옮김 譯 신종 초에 영을 내려 상품이 수도로 들어올 경우에는 하서무(河西務)에서 홍단(紅單)[285]을 지급하면 숭문문(崇文門)에 가서 정(正)·조(條)·선(船)의 3세(稅)[286]를 함께 내도록 하였고, 수도로 들어가지 않는 경우에는 하서무에서 정세(正稅)만을 거두고 조(條)와 선(船)의 2세(稅)는 면제해주도록 했다. 만력 11년 천하에서 사사로이 만들었던 아무 명분 없는 세과를 없앴다.[287] 그러나 융경 이래로 교량·도로·관진(關津)에서 사사로이 멋대로 세금을 거두어 이익을 긁어모으고 백성을 괴롭게 하여, 누차 조(詔)를 내려 살펴 혁파하라고 하였으나 없앨 수 없었다. 양궁삼전(兩宮三殿)[288]의 화재가 일어나 건축비가 헤아릴 수 없을 만큼 많이 들어가면서 비로소 광산(鑛山)을 열고 상세(商稅)를 늘렸다. 그리고 천진(天津)의 점조(店租),[289] 광주(廣州)의 주각(珠榷),[290] 양회(兩淮)의 여염,[291]

285) 홍단(紅單)은 원래 출구(出口)허가증을 가리킨다. 선료상세(船料商稅)의 납세영수증으로서는 수표(收票) 혹은 표첩(票帖)이 있어, 여기에 배의 크기나 상품 외에 수납한 세은이 명기되었다. 그런데 이때 입경발매하는 자에게는 하서무 초관에서 수표(收票) 대신에 발매지를 명기한 홍단이 지급되어 목적지에서 일괄 납입하도록 했다.

286) 정세(正稅)는 정규의 상세 혹은 선료를 가리키지만, 조세(條稅)는 기조(起條)의 세(稅)란 의미로 근거리에서 상세의 중징(重徵)을 면제하는 의도 아래 홍치 원년에 경사로 발매하는 자에게 먼저 장가만(張家灣)에서 3할을 기조(起條)하여 납입시키고, 경사의 숭문문(崇文門)에서 나머지 7할을 완납시킨 데에서 비롯한다. 그 후 숭문문에서는 정규의 상세 외에 조세를 아울러 거두는 것이 상례가 되어 일종의 부가세가 되었다. 선세는 하서무에서 경사로 들어오는 상품을 운송하는 배에 부과한 세인데, 종래에는 목적지에서 징수하지 않고 하서무(河西務)에서 선납시켰다.

287) 천하의 세과사국(稅課司局) 및 추분창(抽分廠) 등 관영 세무기관 외에 교량·도로·관진(關津) 등 사람이 모이는 곳에 멋대로 관소(關所)를 두어 여러 명목 하에 세를 거두는 경우가 있었지만, 이를 폐지한 것을 말한다.

288) 양궁(兩宮)은 건청궁(乾淸宮)과 곤녕궁(坤寧宮), 삼전(三殿)은 황극(皇極)·중극(中極)·건극(建極)의 3전을 가리킨다. 양궁의 화재는 만력 24년, 삼전의 화재는 25년에 일어났다.

289) 점조(店租)는 점세(店稅) 혹은 포면조은(鋪面租銀)이라고도 하는데, 상점 창고 등의

경구(京口)의 공용(供用),[292] 절강의 시박(市舶),[293] 성도(成都)의 염차(鹽茶),[294] 중경(重慶)의 명목(名木),[295] 호구(湖口)와 장강(長江)의 선세(船稅),[296] 형주(荊州)의 점세(店稅), 보지(寶坻)의 어위(魚葦) 및 문탄(門攤)·상세(商稅)·유포(油布) 등의 잡세[297]로 환관이 천하에 두루 퍼져 상세를 수령하지 않으면 광세(礦稅)를 수령하여, 관리를 위협하여 착취에 힘썼다.

원문 榷稅之使, 自二十六年千戶趙承勛奏請始. 其後高寀於京口, 暨祿於儀眞, 劉成於浙, 李鳳於廣州, 陳奉於荊州, 馬堂於臨淸, 陳增於東昌, 孫隆於蘇、杭, 魯坤於河南, 孫朝於山西, 丘乘雲於四川, 梁永於陝西, 李道於湖口, 王忠於密雲, 張曄於盧溝橋, 沈永壽於廣西, 或徵市舶, 或徵店稅, 或專領稅務, 或兼領開採. 姦民納賄於中官, 輒給指揮千戶箚, 用爲爪牙. 水陸行數十里, 卽樹旗建廠. 視商賈懦者肆爲攘奪, 沒其全

방조(房租) 즉 지대(地代)를 관에 들이는 것을 말한다.

290) 진주의 채취를 독점하여 이익을 관에 들이는 것을 말한다.

291) 여염(餘鹽)은 제염업자인 조호(竈戶)가 해마다 바쳐야 하는 정액(正額)의 염과(鹽課) 외에 여분으로 생산한 염이라는 뜻으로 여염의 액수는 정과(正課)보다 훨씬 많았다. 만력 연간 양회에서는 염과 외의 불법적 염인이 대량으로 발행되어, 인(引)을 입수한 상인으로서 염의 지급을 받지 못한 자도 다수 존재했다고 한다. 본문에서 말하는 양회의 여염이란 세감(稅監)이 염과 증수를 위해 관에 몰수한 여염의 판매를 청부하거나 대량의 염인을 남발한 것을 가리킨다.

292) 경구(京口)는 현재 강소성 진강시(鎭江市)이다. 공용(供用)은 상공용품(上供用品)으로서, 민간의 물자를 강제적으로 관이 수매한 것으로 거의 조세의 일종으로 간주되었다. 다만 여기서는 이러한 상공물의 과강세(過江稅)를 가리킨다.

293) 절강 시박사(市舶司)에서 징수하던 관세를 말한다.

294) 사천의 세감이 그곳에서 염인(鹽引)과 차인(茶引)을 대량으로 발행하여 그 과액은을 증수한 것을 가리킨다.

295) 사천의 중경(重慶) 등지에서 생산된 남목(楠木) 등 고급목재에 대한 추분세(抽分稅)를 말한다.

296) 선척유세(船隻遺稅) 혹은 유루선세(遺漏船稅)라고도 불리는데, 장강(長江)의 중하유역(中下流域)을 항행(航行)하는 상품 적재 선척에 대하여 초관세(鈔關稅)의 탈루 혹은 추가라고 칭하여 과세한 것이다.

297) 보지(寶坻)의 어위(魚葦)는 보지현(寶坻縣)의 어망세(魚網稅)와 위지세(葦地稅)를 가리킨다. 유포(油布) 등의 잡세는 강서의 유지(油紙), 무호(蕪湖)의 청포(靑布), 태창(太倉)의 하포(夏布) 등 각지의 특산품에 부과한 세금을 가리킨다.

貲. 負戴行李, 亦被搜索. 又立土商名目, 窮鄉僻塢, 米鹽雞豕, 皆令輸稅. 所至數激民變, 帝率庇不問. 諸所進稅, 或稱遺稅, 或稱節省銀, 或稱罰贖, 或稱額外贏餘. 又假買辦、孝順之名, 金珠寶玩、貂皮、名馬, 雜然進奉, 帝以爲能. 甚至稅監劉成因災荒請暫寬商稅, 中旨仍徵課四萬, 其嗜利如此. 三十三年始詔罷採礦, 以稅務歸有司, 而稅使不撤. 李道詭稱有司固却, 乞如舊便. 帝遽從之. 又聽福府承奉謝文銓言, 設官店於崇文門外, 以供福邸. 戶部尙書趙世卿屢疏. 不聽. 世卿又言: "崇文門、河西務、臨淸、九江、滸墅、揚州、北新、淮安各鈔關, 歲徵本折約三十二萬五千餘兩, 萬曆二十五年增銀八萬二千兩, 此定額也. 乃二十七年以後, 歷歲減縮, 至二十九年總解二十六萬六千餘兩. 究厥所由, 則以稅使苛斂, 商至者少, 連年稅使所供, 卽此各關不足之數也." 疏入不省. 寶坻銀魚廠, 永樂時設, 穆宗時, 止令估直備廟祀上供. 及是始以中官坐採, 又徵其稅, 後幷稅武淸等縣非產魚之處. 增葦網諸稅, 且及靑縣、天津. 九門稅尤苛, 擧子皆不免, 甚至擊殺覲吏. 事聞, 詔法司治之, 監豎爲小戢. 至四十二年, 李太后遺命減天下稅額三之一, 免近京畸零小稅. 光宗立, 始盡蠲天下額外稅, 撤回稅監, 其派入地畝、行戶、人丁、間架者, 槪免之.

옮김 譯 각세사(榷稅使)[298]는 26년 천호(千戶) 조승훈(趙承勛)의 주청으로부터 시작되었다. 그 후 고채(高寀)[299]가 경구(京口)에서, 기록(暨祿)[300]이 의진(儀眞)에서, 유성(劉成)[301]이 절강에서, 이봉(李鳳)[302]이 광주(廣州)에서, 진봉(陳奉)[303]이 형주에서, 마당(馬堂)[304]이 임청에서, 진증(陳增)[305]

298) 광산 개발과 상세 징수를 관장하기 위해 파견된 환관을 가리킨다.

299) 고채(高寀)는 어마감태감(御馬監太監)으로서 만력 27년(1599) 경구세무(京口稅務)를 담당하였다.

300) 기록(暨祿)은 어마감태감으로서 만력 27년 의진세무(儀眞稅務)를 담당하였고 동시에 장강의 선세도 관리하였다.

301) 유성(劉成)은 만력 27년 절강으로 파견되어 시박세(市舶稅)를 관리하였다.

302) 이봉(李鳳)은 만력 27년 광동으로 파견되어 뇌주(雷州)의 주지(珠池) 개발과 광주(廣州)의 시박세를 관리하였다.

303) 진봉(陳奉)은 만력 27년 형주(荊州)로 가서 점세(店稅)를 징수하였다. 그의 전(傳)은

이 동창(東昌)에서, 손륭(孫隆)[306]이 소주(蘇州)와 항주(杭州)에서, 노곤(魯坤)이 하남에서, 손조(孫朝)[307]가 산서에서, 구승운(丘乘雲)[308]이 사천에서, 양영(梁永)[309]이 섬서에서, 이도(李道)[310]가 호구(湖口)에서, 왕충(王忠)이 밀운(密雲)에서, 장엽(張曄)[311]이 노구교(盧溝橋)에서, 심영수(沈永壽)[312]가 광서(廣西)에서 혹은 시박(市舶)을 징수하고, 혹은 점세(店稅)를 징수하고, 혹은 세무(稅務)를 전적으로 처리하거나 또는 광산 채굴을 아울러 관리하였다. 간사한 백성이 환관에게 뇌물을 바치면 바로 지휘(指揮)·천호(千戶)의 차(箚)[313]를 지급하여 하수인으로 부렸다. 수륙으로 가는데 수십 리마다 기(旗)를 세우고 창(廠)을 만들었다.[314] 나약한 상인을 보면 멋대로 약탈하여 그 전 재산을 빼앗았다. 등에 지고 머리에 인 물건도 수색을 당하였다. 또 토상(土商)[315]이라는 명목을 만들어 으슥하고 한적한 마을의 쌀·소금·

『明史』 권305 「宦官傳」에 있다.

304) 마당(馬堂)은 만력 27년 임청(臨淸)의 세과(稅課)를 담당하다가 후에 천진세감(天津稅監)으로 옮겼지만, 여전히 겸징(兼徵)하였다.

305) 진증(陳增)은 만력 27년 산동 동창(東昌)의 세과를 담당하였고, 제남(齊南) 등지의 광세(礦稅)도 함께 관리하였다. 그의 전(傳)은 『明史』 권305 「宦官傳」에 있다.

306) 손륭(孫隆)은 만력 27년 소주(蘇州)·송강(松江), 항주부(杭州府) 등지로 가서 세과(稅課)를 대징(帶徵)하였다.

307) 노곤(魯坤)이 하남, 다음에 손조(孫朝)가 산서에 가서 세과를 관리한 것은 모두 『神宗實錄』 萬曆 27년 2월 戊辰 조에 관련 기재가 있다.

308) 구승운(丘乘雲)은 만력 27년 사천으로 가서 세과를 징수하고 아울러 광사(礦使)를 맡았다.

309) 양영(梁永)은 만력 27년 섬서로 가서 세과를 징수하였다. 그의 전(傳)은 『明史』 권305 「宦官傳」에 있다.

310) 이도(李道)는 만력 26년 호구(湖口)의 선세(船稅)를 담당하였다.

311) 왕충(王忠)과 장엽(張曄)은 모두 만력 27년에 파견된 세사(稅使)이다.

312) 심영수(沈永壽)는 『神宗實錄』에 의하면, 만력 27년 광동으로 파견되어 상세(商稅) 및 광세(礦稅)를 아울러 담당하였다. 본문에서 그가 광서에 가서 세과를 관리했다는 것은 『皇明大事記』 권44 「礦稅」 조에 의거한 것이다.

313) 지휘(指揮)와 천호(千戶)는 무관의 명칭이다. 명대의 병제에 의하면 위(衛)의 아래에 천호소(千戶所)와 백호소(百戶所) 등의 부대가 편성되어 병사 1,000명을 관리하는 자를 천호, 5,000명을 관리하는 자를 지휘사(指揮使)로 불렀다. 한편 차(箚)는 임명장을 말한다.

314) 세사(稅使)의 하수인들이 도처에서 기패(旗牌)를 멋대로 사용하여 임시 징세처(徵稅處)를 여는 것을 뜻한다. 창(廠)이란 벽이 없는 가옥(假屋)을 만들어 징세의 장소로 한 것을 말한다.

닭・돼지에 대해서도 모두 세를 내게 했다. 이르는 곳마다 자주 민변(民變)[316]을 촉발시켜도 황제는 대개 덮어버리고 묻지 않았다. 올려 바치는 각종 세를 유세(遺稅)[317]라고 칭하기도 하고 절성은(節省銀)[318]이라고 칭하기도 하고, 벌속(罰贖)이라 칭하기도 하고, 액외영여(額外贏餘)라 칭하기도 하였다. 또 매판(買辦)・효순(孝順)[319]이라는 이름을 빌려 금(金)・주(珠)・보완(寶玩)・초피(貂皮)・명마(名馬)를 한데 섞어 올려 바치면, 황제는 이를 유능하다고 여겼다. 심지어 세감(稅監) 유성(劉成)은 재황(災荒)으로 인해 잠시 상세를 덜자고 청하였는데, 중지(中旨)[320]는 그래도 4만 량을 징수하도록 하였으니,[321] 그 이익을 좋아함이 이와 같았다. 33년에 처음으로 조(詔)를 내려 광산 채굴을 중지하고 세무를 유사(有司)에게 돌렸으나[322] 세사(稅使)

315) 객상(客商)에 대응하는 용어로서 향촌의 토착상인을 가리킨다.

316) 당시 광감세사(礦監稅使)들의 핍박으로 인하여 각지에서 일어난 대규모 민변으로는 다음과 같은 것이 있다. 만력 27년(1599)에 진봉(陳奉)이 형주(荊州)의 상민(商民)폭동을 불러일으켜 쫓겨났고, 마당(馬堂)이 부른 임청(臨淸)민변으로 마당의 도당 30여 인이 살해되었다. 만력 28년(1600)에는 울주(蔚州)의 광공(礦工)폭동, 조주민변(潮州民變)이 있었다. 만력 29년(1601)에는 무창민변(武昌民變)으로 진봉(陳奉)을 쫓아냈다. 소주(蘇州)의 직공(織工)들이 갈성(葛誠)을 우두머리로 하여 민변을 일으켜, 손륭(孫隆)의 도당 6~7인을 죽였고, 손륭은 도주하였다. 강서 경덕진(景德鎭)에서도 민변이 일어나 세창(稅廠)을 불태워버렸다. 만력 34년(1606)에는 운남민변이 일어나 양영(楊榮)을 죽였다. 만력 36년(1608)에는 요동 금주(錦州)의 군민이 대폭동을 일으켜 고회(高淮)를 축출하였다. 만력 42년(1614)에 일어난 복건의 장주(漳州)민변은 세감(稅監) 고채(高寀)에 반대한 것이었다.

317) 유세(遺稅)란 탈루된 세금을 말하나, 여기에서는 이미 납부한 상세에 대해서 다시 세금을 부과하는 것을 말한다.

318) 경비를 절약하여 얻은 은이라는 말이다.

319) 매판(買辦)은 궁정 및 정부의 필요품목을 수매하는 경비, 효순(孝順)은 효행의 의미로서 여기서는 백성이 조정에 효순하다고 하여 이러한 명의를 가탁하여 진봉(進奉)한 것을 말한다.

320) 중지(中旨)는 봉지(奉旨)와 마찬가지로 황제의 말을 봉승(奉承)한다는 뜻이다.

321) 『神宗實錄』 만력 32년 2월 丙申 조의 호부상서 조세경(趙世卿)의 상언 속에 관련 내용이 보인다. 즉 소송세감(蘇松稅監) 유성(劉成)이 재황(災荒)으로 인하여 소주(蘇州)와 송강(松江) 등 4부의 세과은 6만을 반감할 것을 청했는데, 이에 대하여 신종은 그래도 4만 량을 거두어 보내도록 함으로써 휼재(恤災)의 뜻을 보였다고 한다.

322) 『神宗實錄』 萬曆 33년 12월 壬寅 조에 의하면, 이때 광산 개발을 폐지하고, 직예 각 성(省)의 세과를 부주현관에 돌렸으며, 거두어 보낸 세과의 반은 내고(內庫)에, 반은 호

를 없애지는 않았다. 이도(李道)는 거짓으로 말하기를, "유사가 고사하니 옛날대로 하는 것이 편하겠습니다"라고 하였다. 황제는 재빨리 이 말을 따랐다. 또 복부(福府)[323]의 승봉(承奉)[324] 사문전(謝文銓)의 말에 따라 관점(官店)[325]을 숭문문(崇文門) 밖에 설치하고 복저(福邸)에 제공하게 했다. 호부상서 조세경(趙世卿)이 여러 번 상소하였지만, 들어주지 않았다. 조세경이 다시 말하기를, "숭문문 · 하서무(河西務) · 임청 · 구강(九江) · 호서(滸墅) · 양주(揚州) · 북신(北新) · 회안(淮安)의 각 초관(鈔關)은 해마다 본색(本色)과 절색(折色)으로 약 32만 5,000여 량을 징수하고, 만력 25년에는 은 8만 2,000량을 늘렸는데, 이것이 정액입니다. 그런데 27년 이후에는 해마다 줄어들어 29년에 이르러서는 총 26만 6,000여 량만을 보내기에 이르렀습니다. 그 연유를 따져보면, 세사(稅使)가 가혹하게 거두어들여 각 관(關)에 이르는 상인이 줄어들었기 때문이고, 해마다 세사가 바치는 것이 바로 이 각 관에서 부족하게 되는 액수[326]입니다"라고 하였다. 상소가 들어갔지만 살펴보지 않았다. 보지(寶坻)의 은어창(銀魚廠)[327]은 영락 때에 설치되었는데, 목종 때에는 단지 값을 헤아려[328] 묘사(廟祀)의 상공(上供)에 대비하게 했다. 이에 이르러 비로소 환관에게 이 일을 맡기고 또 그 세를 거두게 하였으며, 후에는 무청현(武淸縣) 등 물고기가 생산되지 않는 곳에까지 세를 거두었다.

부 혹은 공부에 거두어들이도록 했다.

323) 복부(福府)는 복왕(福王) 주상순(朱常洵)의 왕부(王府)를 가리킨다. 복왕은 신종의 셋째 아들로서 하남의 낙양(洛陽)에 분봉되었다.

324) 승봉(承奉)은 왕부(王府)의 승봉사(承奉司) 소속의 관명이다. 내관으로 충당하는데, 정6품의 승봉정(承奉正)과 종6품의 승봉부(承奉副)가 있었다. 왕부의 회계를 담당하였다.

325) 관점(官店)에는 관영의 창고 외에 상품 매매의 상점을 경영하는 것을 의미하는 경우도 있는데, 여기서는 양자의 뜻으로 사용되고 있다.

326) 세감(稅監)이 상공(上供)이라 칭하고 그 일부를 착복하는데, 이것이 관세의 부족을 불러오는 원인이라는 뜻이다.

327) 은어(銀魚)는 회잔어(膾殘魚)라고도 하는데, 모양이 가늘고 길이는 약 3촌이다. 색은 은백색으로 반투명하며, 입은 크고 뾰족한 물고기로서 근해에 서식하고 4~5월 사이에 무리를 지어 강을 거슬러 올라가 수초에 산란한 뒤 다시 바다로 돌아온다고 한다. 은어창(銀魚廠)은 내관이 파견되어 이를 단속하는 역소(役所)를 가리키는 듯하다.

328) 시가에 의해 수매한다는 뜻이다.

위망세(葦網稅)[329] 등을 늘린 것이 또한 청현(青縣)[330]과 천진(天津)에까지 미쳤다. 구문세(九門稅)는 더욱 가혹하여 거자(擧子)[331]도 면제되지 않았고 심지어 근리(覲吏)[332]를 때려죽이기에 이르렀다. 사건이 보고되자 조(詔)를 법사(法司)에 내려 처벌하도록 하니 감수(監豎)[333]가 조금 그쳤다. 42년에 이르러 이태후(李太后)[334]가 유명(遺命)을 내려 천하의 세액을 1/3로 줄이고 경사 근교[335]의 우수리의 소세(小稅)[336]를 면제해주었다. 광종(光宗)이 즉위하여 비로소 천하의 정액 외의 각종 세를 없애고 세감(稅監)을 철회하였으며 지무(地畝)·행호(行戶)·인정(人丁)·간가(間架)[337]에게 가파(加派)한 것들을 모두 면제해주었다.

원문 天啓五年, 戶部尙書李起元請復榷水陸衝要, 依萬曆二十七八年例, 量徵什一. 允行之. 崇禎初, 關稅每兩增一錢, 通八關增五萬兩. 三年復增二錢, 惟臨淸僅半, 而崇文門、河西務俱如舊. 戶部尙書畢自嚴, 議增南京宣課司稅額一萬爲三萬. 南京戶部尙書鄭三俊, 以宣課所收落地稅無幾, 請稅蕪湖以當增數. 自嚴遂議稅蕪湖三萬兩, 而宣課仍增一萬. 三俊悔, 疏爭不能已. 九年復議增稅課款項. 十三年增關稅

329) 어위(魚葦)라고도 하는데, 위지(葦地)의 갈대 및 소택지의 채어(採魚)에 부과한 세를 뜻한다.

330) 청현(青縣)은 하간부(河間府) 소속으로 지금의 하북성 청현이다.

331) 거자(擧子)는 입경하여 회시(會試)에 응시하는 사자(士子)를 가리킨다.

332) 근리(覲吏)는 소견(召見)에 의하여 입조(入朝)하여 업무를 보고하거나 고만(考滿)으로 인견(引見)하는 관리를 가리킨다.

333) 세감(稅監)인 수자(豎子)라는 뜻으로 환관을 말한다.

334) 신종의 생모로서 자성황태후(慈聖皇太后)라고 존칭되었는데, 만력 42년 2월에 죽었다. 그의 전(傳)은 『明史』 권114 「后妃傳」에 실려 있다.

335) 원문에는 '京'이 '今'이라고 되어 있으나, 『神宗實錄』 萬曆 42년 4월 丙戌 조; 『明史稿 食貨志』에 의거하여 고친 것이다.

336) 경성 근교의 교량관애세구(橋梁關隘稅口)에서의 작은 규모의 수세나 태운(馱運)의 초목시탄(草木柴炭) 등 영세한 세과를 가리킨다.

337) 지무(地畝)는 소채지(蔬菜地)의 생산물을 판매하는 자에 부과한 세, 행호(行戶)는 행포(行鋪)의 영업자에게 부과한 호세(戶稅), 인정(人丁)은 장정(壯丁)을 단위로 하는 인두세, 간가(間架)는 가옥의 간수(間數)에 준하여 부과하는 가옥세를 말한다.

二十萬兩, 而商民益困矣.

옮김 譯 천계 5년 호부상서 이기원(李起元)이 다시 수륙 요충지에서 징세하고, 만력 27~28년의 예에 따라 1/10로 계산하여 징수하자고 청하였다.[338] 이를 시행할 것을 윤허하였다. 숭정 초에 관세(關稅)는 1량에 1전을 올려[339] 8관(關)[340]을 통틀어 5만 량을 늘렸다. 3년에 다시 2전을 올렸는데, 다만 임청에서만은 그 반으로 하였고, 숭문문(崇文門)과 하서무(河西務)는 모두 예전 그대로였다. 호부상서 필자엄(畢自嚴)[341]이 의논하여 남경선과사(宣課司)의 세액 1만을 3만으로 올리자고 하였다. 남경 호부상서 정삼준(鄭三俊)[342]은 선과(宣課)에서 거두는 낙지세(落地稅)[343]가 얼마 안 되니 무호(蕪湖)에서 세금을 거두어 증가한 액수에 충당할 것을 청하였다. 필자엄이 마침내 의논하여 무호에서 3만 량을 세금으로 거두고 선과는 여전히 1만을 늘렸다. 정삼준이 후회하고 소(疏)를 올려 논쟁이 그치지 않았다. 9년에 다시 의논하여 세과의 항목을 늘렸다. 13년에 관세 20만 량을 늘려 상민(商民)은 더욱 곤란해 하였다.

원문 凡諸課程, 始收鈔, 間折收米, 已而收錢鈔半, 後乃折收銀, 而折色、本色遞年輪收, 本色歸內庫, 折色歸太倉.

---

338) 명초 이래로 상세의 비율은 1/30을 원칙으로 하였지만, 만력 시기에 세사(稅使)들을 파견한 뒤로는 세율이 대략 1/10이 되었다. 이때의 1/10의 세는 이미 정규(定規)가 되어 있었다.

339) 관세은(關稅銀) 1량에 선여은(羨餘銀) 1전을 증가시킨다는 뜻이다.

340) 8관(關)은 하서무(河西務)·임청(臨淸)·양주(揚州)·회안(淮安)·구강(九江)·호서(滸墅)·북신(北新)의 7초관(鈔關)에 숭문문(崇文門) 선과분사(宣課分司)를 더한 것이다.

341) 명말의 정치가로서 만주족의 발흥에 의하여 군향(軍餉)이 증대하자 그에 대한 증세 대책에 전력을 기울였다. 그의 전(傳)은 『明史』 권256에 있다.

342) 필자엄(畢自嚴)과 같은 시기의 정치가로서, 그의 전(傳)은 『明史』 권254에 있다.

343) 상세(商稅)의 일종으로 부주현성(府州縣城)이나 향촌의 진시(鎭市) 등의 시장에서 발매하는 상품에 대하여 그 도달지에서 과세한 것이다. 일상용품이나 영세한 소상품에 주로 과세했기 때문인지 악세(惡稅)의 하나로 간주되었다.

옮김 譯 모든 과정(課程)은 처음에는 초(鈔)로 거두되, 간간이 미(米)로 환산하여 거두었는데, 얼마 후에는 전과 초를 반씩 거두었고, 나중에는 마침내 은으로 환산하여 거두었으며, 절색과 본색은 해마다 번갈아가며 거두어들여 본색은 내고(內庫)[344]에 들이고 절색은 태창(太倉)[345]으로 돌렸다.

〖市舶〗

원문 明初, 東有馬市, 西有茶市, 皆以馭邊省戍守費. 海外諸國入貢, 許附載方物與中國貿易. 因設市舶司, 置提擧官以領之, 所以通夷情, 抑姦商, 俾法禁有所施, 因以消其釁隙也. 洪武初, 設於太倉黃渡, 尋罷. 復設於寧波、泉州、廣州. 寧波通日本, 泉州通琉球, 廣州通占城、暹羅、西洋諸國. 琉球、占城諸國皆恭順, 任其時至入貢. 惟日本叛服不常, 故獨限其期爲十年, 人數爲二百, 舟爲二艘, 以金葉勘合表文爲驗, 以防詐僞侵軼. 後市舶司暫罷, 輒復嚴禁瀕海居民及守備將卒私通海外諸國.

옮김 譯 명초에 동쪽에 마시(馬市)[346]가 있고, 서쪽에 차시(茶市)[347]가 있었는데, 모두 이를 통해 변경을 제어하고 방어경비를 줄였다.[348]

344) 궁정의 내장고(內藏庫)로서 환관이 관장하였다.

345) 태창고(太倉庫)를 가리킨다. 중앙정부의 국고로서 정통 연간 조세절은(租稅折銀)의 시행에 의하여 중앙으로 보내진 은의 저장고가 되었다. 호부에서 관장하였다.

346) 마시(馬市)는 명조가 동북 변경의 만몽족(滿蒙族) 즉 여직(女直)·타타르 등과 행한 호시장(互市場)으로서 중국이 필요한 마(馬)를 중심으로 거래가 이루어졌기 때문에 이러한 명칭이 붙게 되었다.

347) 차시(茶市)는 서북 변경의 서번(西番) 즉 서장족(西藏族) 등과 행한 호시장으로서 중국에서 생산된 차와 번마(番馬)의 거래가 주로 이루어졌다. 명조에서는 차마사(茶馬司)를 두어 이 무역을 관장토록 하였다.

해외의 여러 나라가 입공(入貢)할 때 방물(方物)[349]을 싣고 와 중국과 무역하는 것을 허락했다.[350] 그래서 시박사(市舶司)[351]를 설치하고 제거관(提擧官)을 두어 이를 관리하게 하였는데, 각국의 사정을 파악하고 간사한 상인을 억누르며, 법으로 금하는 것[352]이 유효한 바가 있게 하여서 분쟁의 소지를 없애려는 것이었다. 홍무 초에 태창의 황도(黃渡)[353]에 설치하였다가 조금 있다 없앴다.[354] 다시 영파(寧波)·천주(泉州)·광주(廣州)에 설치했다. 영파는 일본과 통하고, 천주는 유구(琉球)[355]와 통하고, 광주는 점성(占城)·섬라(暹羅)·서양제국(西洋諸國)[356]과 통하였다. 유구와 점성 등 제국(諸國)은 모두 공순하여 그 정해진 때에 따라 입공하도록 하였다. 다만 일본은 반항과 복속이 일정하지 않았기 때문에 유독 그 기간을 10년으로 제한하

---

348) 호시(互市)를 설치하여 변방의 이족(異族)의 요구를 중국측에서 좌지우지하고, 번마(番馬)나 호시에서의 세를 가지고 변방의 비용을 줄였다는 뜻이다.

349) 방물(方物)은 각국의 토산물(土産物)을 가리킨다.

350) 해외 각국의 입공선(入貢船)에는 진공물(進貢物) 외에 무역하기 위한 많은 토산물을 가져오는 것이 상례였다. 이는 조공의 이름을 빌어 실은 무역을 하기 위한 것이었다. 명조에서는 조공선(朝貢船)에 대해서만 그 부재(附載)한 물품의 무역을 허용하는 것을 원칙으로 하였다. 이러한 무역형태를 조공무역·공박(貢舶)무역이라 하는데, 명조에서는 대개 그 관세는 면제해주었지만, 그 물품의 태반은 관의 수매 규정에 의하여 매상(買上)해야 했다.

351) 시박(市舶)은 무역선(貿易船)이라는 뜻이다. 시박사(市舶司)는 원래 내외의 무역선 및 무역상인에 관한 일체의 업무를 행하던 곳이었지만, 명조에서는 국초 이래로 약 2세기 동안 내지인의 해외출항 및 무역을 금절(禁絶)하는 이른바 해금(海禁)정책을 시행했기 때문에, 시박사는 오로지 조공무역의 업무만으로 한정되었다.

352) 법금(法禁)이란 바다로 나아가 외국과 서로 통하는 것을 금하는 법령으로서 내지의 군관민의 출항무역을 금지한 법령을 말한다.

353) 태창(太倉)은 원래는 태창위(太倉衛)로서 오(吳) 원년 4월에 설치되었는데, 홍치 연간에 주(州)로 바뀌었다. 숭명현(崇明縣)을 관할한다. 황도(黃渡)는 태창주 동쪽, 가정현(嘉定縣)의 서북 유하구(瀏河口)에 있다. 명초에는 태창위(太倉衛) 관할이었지만, 후에 소주부(蘇州府) 가정현 소속으로 바뀌었다. 현재 강소성 태창현 유하진(瀏河鎭)이다.

354) 태창의 황도시박사(黃渡市舶司)를 없앤 것은 『太祖實錄』 洪武 3년 2월 甲戌 조에 보인다. 한편 『明書』 권83 「食貨志」 市舶에 의하면, 태창시박사(太倉市舶司)가 경사인 남경에 가까워 유사시의 변란을 걱정하여 이를 영파(寧波) 등지로 옮겼다고 한다.

355) 유구(琉球)는 현재의 일본 오키나와[冲繩]의 여러 섬들을 가리킨다.

356) 점성(占城)은 베트남 중부, 섬라(暹羅)는 태국(泰國), 서양(西洋)은 원명 시기에는 오늘날의 동남아시아와 인도양 제국(諸國)을 각각 가리킨다.

고, 인원수는 200, 배는 2척으로 정했으며, 금박(金箔)의 감합(勘合) · 표문(表文)[357]을 증거로 삼아, 이로써 속이거나 거짓으로 침탈하는 것을 막았다. 후에는 시박사를 점차 없애고,[358] 다시 바닷가에 사는 백성과 수비하는 장졸이 해외의 각국과 몰래 통하는 것을 엄금하였다.[359]

원문

永樂初, 西洋剌泥國回回哈只馬哈沒奇等來朝, 附載胡椒與民互市. 有司請徵其稅. 帝曰 : "商稅者, 國家抑逐末之民, 豈以爲利. 今夷人慕義遠來, 乃侵其利, 所得幾何, 而虧辱大體多矣." 不聽. 三年, 以諸番貢使益多, 乃置驛於福建、浙江、廣東三市舶司以館之. 福建曰來遠, 浙江曰安遠, 廣東曰懷遠. 尋設交阯雲屯市舶提擧司, 接西南諸國朝貢者. 初, 入貢海舟至, 有司封識, 俟奏報, 然後起運. 宣宗命至卽馳奏, 不待報隨送至京.

옮김 譯

영락 초에 서양 날니국(剌泥國)[360]의 회회(回回) 합지마합몰기(哈只馬哈沒奇)[361] 등이 와서 입조하였는데, 후추를 싣고 와서 백성

---

357) 감합(勘合)은 입공(入貢)선척의 진위를 변별하기 위해 만든 할부(割符)를 말한다. 외국무역에 감합을 준 것은 홍무 16년 섬라(暹羅) · 점성(占城) · 진랍(眞臘)에게 나누어 준 것이 최초로서 그 후에는 각국으로 확대되었다. 일본의 예를 통해 보면, 감합 200도(道) 및 호부(號簿) 4선(扇)이 준비되어 각각 '日'자 · '本'자로 양분되어 일자 감합 100도 및 일자 · 본자 호부 각 1선은 내부(內府)에 보관하고, 본자 감합 100도 및 일자 호부 1선은 일본에 주며, 본자 호부는 절강포정사(浙江布政司)에 보관시켜, 일본선(日本船)이 영파(寧波)로 입공할 때 시박사는 소장하고 있던 본자 호부와 공사(貢使)가 휴대하는 본자 감합을 대조하여 그 진위를 검사하였다. 감합의 안쪽에는 그 선박의 진공물(進貢物), 부대(附帶)하는 물품 및 정사(正使) 이하 승무원의 수가 명기되었다. 이 감합은 명조 황제의 개원(改元)시에 교체되는 것이 통례였다. 표문(表文)은 조공하는 나라의 국왕이 중국 황제에게 보내는 외교문서를 가리킨다. 여기에는 금박(金箔)으로 만든 것과 그렇지 않은 것이 있었다.

358) 『太祖實錄』 洪武 7년 9월 辛未 조에 관련 내용이 보인다. 萬曆 『大明會典』 권105 「禮部」 朝貢의 占城國 조에는 태조의 조훈(祖訓)을 인용하여 홍무 8년부터 12년까지 내조(來朝)를 중지했다고 하니, 그 기간 동안 폐지되었음을 알 수 있다.

359) 『太祖實錄』 洪武 23년 10월 己酉; 30년 4월 乙酉 조 등에 관련 내용이 보인다.

360) 랄니국(剌泥國)은 당시 인도의 캘리컷(Calicut, 古里)에서 동쪽으로 700리 떨어진 곳에 있었다고 하나 지금 해당하는 지역은 불분명하다. 『明史』 권326 「外國傳」에 랄니국이 있다.

과 호시(互市)를 하였다. 유사(有司)가 그에 대해 세를 징수할 것을 청하였다. 황제가 말하기를, "상세(商稅)라는 것은 국가가 말업(末業)을 좇는 백성을 억제하려는 것인데 어찌 그것으로 이익을 삼을 수 있겠는가! 지금 이인(夷人)이 의를 흠모하여 멀리서 왔는데, 그들의 이익을 빼앗아 얻는 것이 얼마나 되겠는가? 도리어 대체(大體)를 어그러뜨리는 것[362]이 많다"고 하여, 받아들이지 않았다. 3년 각국의 조공사절이 더욱 많아지자 복건·절강·광동의 세 시박사에 역관(驛館)을 설치하고 이들을 묵게 했다. 복건은 내원(來遠)이라 하고, 절강은 안원(安遠)이라 하고, 광동은 회원(懷遠)이라 하였다. 조금 있다가 교지(交阯)의 운둔시박제거사(雲屯市舶提擧司)[363]를 설치하고 서남의 제국에서 조공 오는 자들을 맞이하도록 하였다. 처음에는 입공하는 해선이 이르면 유사가 봉식(封識)을 하고 상주(上奏)에 대한 답보를 기다린 다음에 기운(起運)시켰다.[364] 선종이 명하여 이르는 즉시 속히 상주하도록 하고, 답보를 기다리지 말고 바로 경사로 보내도록 하였다.

원문 武宗時, 提擧市舶太監畢眞言 : "舊制, 泛海諸船, 皆市舶司專理, 近領於鎭巡及三司官, 乞如舊便." 禮部議 : 市舶職司進貢方物, 其泛海客商及風泊番船, 非敕旨所載, 例不當預. 中旨令如熊宣舊例行. 宣先任市舶太監也, 嘗以不預滿剌加諸國番舶抽分, 奏請兼理, 爲禮部所劾而罷. 劉瑾私眞, 謬以爲例云.

---

361) 회회(回回)는 이슬람교도의 호칭이다. 하지[哈只]는 아랍어로서 뜻은 '교장(敎長)'으로서 인명(人名) 앞에 흔히 쓰며 신분을 표시한다. 마합몰기(馬哈沒奇)는 인명이다.

362) 명조의 체면을 훼손시킨다는 뜻으로 중화사상을 드러내고 있다. 시박의 세 즉 관세는 명초에 원이(遠夷)의 초무(招撫)정책에 입각하여 면제하는 것을 원칙으로 하고 있었다.

363) 원문에는 '雲南'으로 되어 있으나, 『太宗實錄』 永樂 6년 정월 戊辰 조와 庚子 조에 의거하여 고친 것이다.

364) 진공물 및 부재(附載) 물품은 담당 관리의 입회 하에 양륙(揚陸)되어 검시(檢視)를 거쳐 시박사가 관할하는 창고에 일시적으로 거두어 보관한 뒤 상주하여 보고를 올린 뒤 그 결과를 기다려 공사(貢使) 일행과 함께 경사로 압송하는 것을 말한다.

옮김 譯 무종 때[365] 제거시박태감(提擧市舶太監) 필진(畢眞)[366]이 말하기를, "옛 제도에서는 바다에 나가는 배[367]들은 모두 시박사가 전담 관리했는데, 근래에는 진순(鎭巡)[368] 및 삼사관(三司官)[369]이 맡고 있지만, 예전처럼 하는 것이 편할 듯합니다"라고 하였다. 예부(禮部)에서 의논하기를, 시박(市舶)의 직무는 진공(進貢)하는 방물(方物)을 담당하는 것인데, 바다의 객상(客商)[370]과 풍랑을 만나 정박한 번선(番船)[371]은 칙지(勅旨)에 실려 있는 바가 아니니 예에 따라 마땅히 간여하지 말아야 한다고 하였다. 중지(中旨)로 영을 내려 웅선(熊宣)의 구례(舊例)와 같이 행하라고 하였다. 웅선은 전임 시박태감인데, 일찍이 만랄가(滿剌加) 등 여러 나라[372] 번선의 추분(抽分)[373]에 간여하지 않는다는 이유로 아울러 관리하겠다고 주청하였다가, 예부의 탄핵을 받아 파직되었다. 유근(劉瑾)이 필진을 총애하여 잘못 예로 삼았다고 한다.

---

365) 정덕 5년을 가리킨다.

366) 제거시박태감(提擧市舶太監)은 내관으로 시박사에 차견(差遣)된 관리를 뜻한다. 환관을 시박사에 임명한 것은 영락 초년부터 시작되었다. 필진(畢眞)은 당시 광동의 시박사 태감으로 임명되었다.

367) 해상의 무역선척을 가리키는 것으로서, 비진공(非進貢)선척을 말한다.

368) 진(鎭)은 진수총병관(鎭守總兵官), 순(巡)은 순안어사(巡按御史)를 말한다. 한 지방을 총진(總鎭)하는 자를 진수(鎭守)라고 하는데, 여기서는 정만장군양광총병관(征蠻將軍兩廣總兵官)을 가리킨다. 가정 연간에 광동과 광서의 두 총병으로 나뉘었다. 순안어사는 도찰원(都察院) 소속으로 천자를 대신하여 지방을 순찰하고, 각 성(省)의 정치의 득실, 군민의 이병(利病) 등을 모두 직언하는 것을 임무로 하였는데, 지방의 정국에 관여하는 바가 많았다.

369) 포정사(布政司)·안찰사(按察司)·도지휘사사(都指揮使司)를 가리킨다. 각각 민정·감찰·군사를 총괄 관리하며 서로 독립 기관으로서 중앙정부에 통속(統屬)되었다.

370) 비공사(非貢使)의 외국 객상(客商)을 가리킨다.

371) 풍박번선(風泊番船)은 풍랑을 만난 외국 상선으로서 바람이 그치기를 기다리는 선박을 가리킨다.

372) 만랄가(滿剌加) 등 여러 나라는 현재 말레이 반도의 말라카 등 기타의 지역을 가리킨다.

373) 현물의 일부를 세로서 징수한다는 뜻이다. 여기서는 외국 상품에 대한 과세로서 일종의 수입세(輸入稅)를 가리킨다.

원문 嘉靖二年, 日本使宗設、宋素卿分道入貢, 互爭眞僞. 市舶中官賴恩納素卿賄, 右素卿, 宗設遂大掠寧波. 給事中夏言言倭患起於市舶. 遂罷之. 市舶旣罷, 日本海賈往來自如, 海上姦豪與之交通, 法禁無所施, 轉爲寇賊. 二十六年, 倭寇百艘久泊寧、台, 數千人登岸焚劫. 浙江巡撫朱紈訪知船主皆貴官大姓, 市番貨皆以虛直, 轉鬻牟利, 而直不時給, 以是構亂. 乃嚴海禁, 毁餘皇, 奏請鐫諭戒大姓, 不報. 二十八年, 紈又言 : "長澳諸大俠林恭等勾引夷舟作亂, 而巨姦關通射利, 因爲嚮導, 躪我海濱, 宜正典刑." 部覆不允. 而通番大猾, 紈輒以便宜誅之. 御史陳九德劾紈措置乖方, 專殺啓釁. 帝逮紈聽勘. 紈旣黜, 姦徒益無所憚, 外交內訌, 釀成禍患. 汪直、徐海、陳東、麻葉等起, 而海上無寧日矣. 三十五年, 倭寇大掠福建、浙、直, 都御史胡宗憲遣其客蔣洲、陳可願使倭宣諭. 還報, 倭志欲通貢市. 兵部議不可, 乃止.

옮김 譯 가정 2년 일본의 공사(貢使)인 종설(宗設)과 송소경(宋素卿)이 길을 달리하여 입공해서 서로 진위를 다투었다.[374] 시박중관(市舶中官) 뇌은(賴恩)[375]이 송소경의 뇌물을 받고 송소경을 돕자 종설은 마침내

---

374) 종설(宗設)은 무로마치[室町] 막부(幕府)의 가신(家臣)인 오우치 요시오키[大內義興]의 파견으로 가정 원년 공사(貢使)의 자격으로 중국에 간 겐도 소세쓰[謙道宗設]를 가리킨다. 송소경(宋素卿)은 원명(原名)이 주호(朱縞)로서, 절강 영파(寧波) 은현(鄞縣) 출신이다. 어렸을 적에 그 숙부인 주징(朱澄)에 의해 일본상인에게 노예로 팔렸다. 뒤에 아시카가[足利] 막부(幕府)의 호소카와 다카쿠니[細川高國]의 총애를 받게 되었다. 가정 2년(1523)에 호소카와[細川]씨의 조공정사(朝貢正使) 란코 즈이사[鸞岡瑞佐]를 따라 영파(寧波)에 가서는 소세쓰와 쟁공(爭貢)하였다. 한편 가정 2년에 벌어진 이 사건은 영파쟁공사건(寧波爭貢事件)이라고도 부른다. 즉 무로마치 막부의 양대 가신인 호소카와와 오우치 양씨가 대명무역을 놓고 항쟁하였는데, 오우치씨는 소세쓰를 견명선(遣明船)의 정사(正使)로 파견하고, 호소카와씨는 이에 대항하여 즈이사를 정사로 하되 송소경이 중국인임을 고려하여 수행시켰다. 양측은 각각 정덕감합(正德勘合)과 홍치감합(弘治勘合)을 휴대하고 하카다[博多]와 사카이[堺]를 출발하여 그해 4월 비슷한 시기에 영파에 도달하여 서로 정식 사절임을 주장하였다. 그런데 송소경에게서 뇌물을 받은 시박태감(市舶太監)이 나중에 도착한 송소경 일행을 우대하자, 소세쓰 등은 격분 끝에 5월 1일 송소경 등의 배를 습격하여 불태워버리고, 그 일행 12명을 살해하였다. 이상이 쟁공사건의 개략이다. 한편 뒤에 소세쓰와 송소경 모두 명조 정부에 체포되어 감옥에서 죽었다.

375) 시박중관(市舶中官)이란 제거시박태감(提擧市舶太監)을 가리킨다. 뇌은(賴恩)은 절강

영파(寧波)를 크게 약탈했다. 급사중 하언(夏言)[376]이 왜환(倭患)은 시박(市舶)에서 일어난다고 말했다. 마침내 이를 없앴다. 시박이 없어졌으나 일본 바다상인의 왕래는 변함이 없어서 해상의 간악한 세호(勢豪)[377]가 그들과 서로 사통하여 법금(法禁)이 펼쳐지지 않게 되자 구적(寇賊)으로 돌변했다. 26년에 왜구 100척이 오랫동안 영파와 태주(台州)에 정박하여, 수천 인이 해안에 올라 불태우고 약탈했다. 절강순무(浙江巡撫) 주환(朱紈)[378]이 현지를 직접 조사하여 알아보니, 박주(舶主)[379]는 모두가 고관대성(高官大姓)으로 외국 상품을 구입하는데 모두 헐값을 주고, 이를 전매(轉賣)하여 이익을 꾀하는데 제때에 값을 주지도 않아 이 때문에 분란이 생긴 것이었다. 이에 해금(海禁)을 엄하게 하고 여황(餘皇)[380]을 부수고는, 훈계의 유시를 내려 대성을 타이르자는 주청을 하였으나, 답보가 없었다. 28년에 주환이 다시 말하기를, "장오(長澳)[381]의 여러 대협(大俠) 임공(林恭)[382] 등이 이인(夷人)의 배를 끌고 와 난을 일으키고, 매우 간악한 자들

의 시박태감(市舶太監)으로서 영파사건 시에 그 부정을 규탄 당했지만, 해임되지 않고, 가정 8년의 절강시박태감(浙江市舶太監)의 폐지 때까지 재임했다.

376) 하언(夏言)은 강서 귀계(貴溪) 출신으로 가정 시기의 저명한 정치가이다. 당시는 병과급사중(兵科給事中)의 관직에 있었다.

377) 해상의 밀무역에 의해 이익을 독점한 대상인 집안을 가리킨다.

378) 주환(朱紈)은 자가 자순(子純)으로 강소 장주(長洲; 지금의 오현(吳縣)에 속함) 출신이다. 정덕 16년(1521)에 진사가 되었다. 가정 26년(1547)에 우부도어사(右副都御史)로서 절민해방군무제독(浙閩海防軍務提督)이 되었고, 절강순무(浙江巡撫)가 되어 왜적을 방어하면서, 연해지역 토호들이 왜구들과 담합하는 데 타격을 가했다. 아울러 이광두(李光頭) 등 호강(豪强) 96인을 체포하여 살해했다. 그러나 조야(朝野) 절강 복건 출신들의 반격을 받고 제멋대로 죽였다는 이유로 하옥되었다. 주환은 결국 자살하고 말았다. 그의 전(傳)은 『明史』 권205에 보인다. 한편 순무는 천하를 순행하며 군민을 안무한다는 데에서 명칭이 유래되는데, 원래는 문관직이었지만, 군무도 겸하면서 삼사(三司) 위에서 지방장관의 역할을 담당하였다. 절강순무는 가정 26년에 시작된다.

379) 대선(大船)을 건조하여 많은 고용인을 부려 해상무역을 독점한 대상인 출신을 말하는데, 당시 연해지방의 향신(鄕紳) 가운데 선주가 되는 자가 많았다.

380) 여황(餘皇)은 여황(艅艎)이라고도 한다. 돛대가 두 개 이상의 대형 해선을 가리킨다.

381) '長澳'은 『世宗實錄』 嘉靖 28년 7월 壬申 조에는 '長嶼'라고 되어 있다. 현재 복건성 민후현(閩侯縣) 동남 해상의 장서도(長嶼嶋)이다.

382) '林恭'은 『世宗實錄』에는 '喇噠林恭'이라고 되어 있다. '나달(喇噠)'이란 우두머리라

은 그들과 결탁하여 이익을 노려, 이 때문에 길 안내자가 되어 우리 바닷가를 유린하니 전형(典刑)[383]을 바르게 해야 합니다"라고 하였다. 호부에서 조사하여 이를 받아들이지 않았다. 그런데 번인(番人)과 사통한 간악한 자들을 주환은 번번이 자기 마음대로 주살하였다.[384] 어사 진구덕(陳九德)[385]이 주환의 조치가 법을 어기고 오로지 마구 죽이기만 하여 분쟁의 빌미를 야기했다고 탄핵하였다. 황제가 주환을 체포하여 심문 조사를 하였다. 주환이 쫓겨나자 간사한 무리들은 더욱 꺼릴 것이 없어져 밖으로는 조신(朝臣)과 왕래하고 안으로는 서로 충돌하니, 재앙과 근심을 자아내었다. 왕직(汪直)[386]·서해(徐海)[387]·진동(陳東)[388]·마엽(麻葉)[389] 등이 일어나 해상에는 편한 날이 없었다. 35년에 왜구가 복건·절강·남직예를

는 뜻이며, 현지에서는 '대협(大俠)'이라 불렀다. 임공(林恭)은 당시 복건성 연해지역 밀수선의 유명한 우두머리로서, 포르투갈인과 연합하여 밀수활동을 벌였다.

383) 전형(典刑)은 상형(常形)으로서 『大明律』의 '下海의 禁'에서는 본인만 장 100의 처벌을 받았지만, 그 후 외이(外夷)와 사통하고 이를 유인한 자는 본인은 극형, 가인(家人)은 변위(邊衛)로 보내어 충군(充軍)시키는 규정으로 바뀌었는데, 바로 이를 가리킨다.

384) 주환의 전(傳)에 실린, 가정 28년 일본·포르투갈 등 각국과 사통하여 사무역(私貿易)을 농단한 해상(海商) 이광두(李光頭) 등 96인을 죽인 사건을 가리킨다.

385) 진구덕(陳九德)은 당시 순안직예어사(巡按直隸御史)의 관직에 있었다.

386) 왕직(汪直)은 왕직(王直)이라고도 하는데, 휘주부(徽州府) 흡현(歙縣) 출신이다. 가정 연간 해상(海商) 섭종만(葉宗滿) 등과 함께 해선을 만들어 일본·태국으로 가서 초황(硝黃), 사면(絲綿) 등을 판매하여 이를 통해 치부하였고, '오봉선주(五峰船主)'라 불렀다. 후에 왜구와 결탁하여 연해의 각지를 약탈하였다. 세력이 약해지자 명에 항복하였으나 총독 호종헌(胡宗憲)에 의해 살해당했다. 『殊城周咨錄』 권2 「王直傳」 참조.

387) 서해(徐海)는 원래 항주(杭州) 호포사(虎跑寺) 승려인데, 점복(占卜)에 능하였다. 후에 연해에서 화물을 운반·판매하면서 수수(水手)들을 모집하고, 스스로 해선을 마련하고 무장을 갖추었다. 자칭 '천차평해대장군(天差平海大將軍)'이라 하였다. 가정 34년(1555)에 일본 사쓰마[薩摩] 해적들과 결탁하여 장강 남북을 대거 약탈하고, 자림(柘林)을 점거하여 거점으로 삼았다. 후에 명군에게 패하자 바다에 투신해 죽었다. 樂九德, 『倭變事略』 참조.

388) 진동(陳東)은 일본 사쓰마 도주(島主)의 동생의 막료이다. 가정 34년 비전(肥前) 등지의 왜구들을 이끌고 금산(金山), 숭명(崇明) 등지를 노략질하였다. 뒤에 서해에 의해 잡혀 호종헌에게 인도되어 피살되었다. 『殊城周咨錄』 권3 참조.

389) 마엽(麻葉)은 마명(麻明)이라고도 하는데, 왜구의 우두머리이다. 가정 35년(1556) 사쓰마(薩摩) 등지의 왜구들을 이끌고 연해의 각지를 유린하였다. 후에 서해와 불화하다가 호종헌에게 잡혀 죽었다. 樂九德, 『倭變事略』 참조.

크게 약탈하였는데 도어사 호종헌(胡宗憲[390])이 그의 막객(幕客) 장주(蔣洲[391])와 진가원(陳可願[392])을 보내 왜에게 가서 깨우쳐 타이르게 했다. 돌아와 보고하기를, 왜구의 뜻은 공시(貢市[393])를 하려는 것이라고 하였다. 병부에서 의논하여 불가하다고 하니, 마침내 그만두었다.

원문 三十九年, 鳳陽巡撫唐順之議復三市舶司. 部議從之. 四十四年, 浙江以巡撫劉畿言, 仍罷. 福建開而復禁. 萬曆中, 復通福建互市, 惟禁市硝黃. 已而兩市舶司悉復, 以中官領職如故.

옮김 譯 39년에 봉양순무(鳳陽巡撫) 당순지(唐順之[394])가 세 시박사를 회복하자고 의논하였다. 호부에서 의논하여 이에 따랐다. 44년에 절강[395]에서는 순무 유기(劉畿)의 말에 따라 없앴다. 복건에서는 열었다 다시 금했다.[396] 만력 연간에 복건의 호시(互市)를 다시 열었지만,[397] 초

---

390) 호종헌(胡宗憲, ?~1562)은 자가 여진(汝眞)으로 휘주부(徽州府) 적계현(績溪縣) 출신이다. 가정 17년(1538)에 진사가 되었다. 33년(1554) 절강순무(浙江巡撫)가 되어 장경(張經)과 함께 왕강경(王江涇)에서 왜구를 격파하고, 왕직(王直) 등을 꾀어 항복시켰다. 후에 엄숭(嚴崇)의 도당이라는 죄로 감옥에 갇혀 옥사하였다. 전(傳)은 『明史』 권205에 보인다.

391) 장주(蔣洲)는 자가 종신(宗信)이고, 별호는 용계(龍溪)이며, 은현(鄞縣) 출신이다. 현학(縣學)의 생원(生員)이다가 호종헌의 막객(幕客)이 되었다. 가정 34년(1555) 호종헌은 장주와 또 다른 막객 진가원(陳可願)을 오도(五島)로 파견하여 왕직과 만나 그를 초무(招撫)하도록 하였다. 장주는 인질이 되었고, 후에 석방되어 돌아왔다. 융경 6년(1572)에 창평(昌平)에서 병사하였다. 黃宗羲, 『南雷文定』 권10 「蔣氏三世傳」 참조.

392) 진가원(陳可願)은 진가영(陳家穎)이라고도 하며 은현(鄞縣)의 생원(生員)이었다가 호종헌의 막객이 되었다. 장주와 함께 왕직에게 사자로 갔는데, 먼저 돌아왔다. 그 이후의 행적은 불분명하다.

393) 외국이나 이족(異族)의 상인이 공사(貢使)를 따라 지정된 장소에서 무역을 하는 것을 가리킨다.

394) 강소 무진현(武進縣) 출신이다. 가정 연간의 정치가 겸 학자로 유명하다. 그의 전(傳)은 『明史』 권205에 있다.

395) 절강의 시박사 즉 영파시박사(寧波市舶司)를 가리킨다.

396) 복건시박사(福建市舶司)는 이미 성화 8년에 천주(泉州)에서 복주(福州)로 옮겼지만, 왜변(倭變)에 의하여 가정 연간에 폐쇄되었다가 가정 39년 당순지(唐順之)의 건의에 의하여 재개되었다. 융경 원년(1567) 명초 이래의 해금(海禁)이 풀려 중국인의 동서양으

황(硝黃)[398]을 매매하는 것만은 금했다. 조금 있다가 두 시박사[399]를 모두 회복하고 환관이 이전처럼 그 일을 맡도록 했다.

【馬市】

원문 永樂間, 設馬市三 : 一在開原南關, 以待海西; 一在開原城東五里, 一在廣寧, 皆以待朵顔三衛. 定直四等 : 上直絹八疋, 布十二, 次半之, 下二等各以一遞減. 既而城東、廣寧市皆廢, 惟開原南關馬市獨存.

옮김 譯 영락 연간[400]에 마시(馬市)[401]를 세 곳에 설치했는데, 하나는 개원(開原) 남관(南關)[402]에 두어 해서(海西)[403]를 상대했으며, 하나

로의 출항이 허가되자, 장주(漳州)에 해방동지(海防同知)를 두어 선박세를 징수하기에 이르렀다. 이 장주해방관(漳州海防官)은 실질적으로 시박사의 역할을 수행하였다. 그 후 만력 20년에 임진왜란이 일어나 왜경(倭警)이 생겨 다시 해금령(海禁令)으로 돌아가 시박사도 자연히 폐쇄되었다.

397) 만력 22년 복건순무(福建巡撫) 허부원(許孚遠)의 상주에 의하여 해금을 풀고 중국인의 해외무역을 허가한 일을 가리킨다.

398) 초황(硝黃)은 초석(硝石)과 유황(硫黃)을 가리키는데, 화약을 만드는 주요 원료였다. 당시에는 유출금지 품목이었다.

399) 절강과 복건의 시박사를 말한다. 만력 27~28년 천하의 각지에 환관을 파견하여 광산을 개발하고 상세(商稅)를 징수하게 하였지만, 시박사도 마찬가지로 이들이 감수(監收)하도록 한 일을 가리킨다.

400) 『太宗實錄』에 의하면 永樂 3년 3월 癸卯 조 및 甲寅 조에 요동에 호시(互市)를 열고, 4년 3월 갑오(甲午) 조에 마시(馬市) 설치를 명시하고 있기 때문에 본문의 영락 연간은 영락 3~4년을 가리킨다.

401) 마시(馬市)란 만몽민족(滿蒙民族)과 한족(漢族)의 사이에 두어진 호시장(互市場)을 말한다. 명조는 국내의 군마가 부족하기 때문에, 마필의 공급을 이들 동북의 새외(塞外) 민족에 의지하였다.

402) 개원(開原)은 현재 요녕성 개원현(開原縣)의 땅이다. 남관(南關)의 마시는 여직마시(女

는 개원성(開原城)에서 동으로 5리(里)[404]에 있었고 하나는 광녕(廣寧)[405]에 있었는데, 모두 타안삼위(朵顔三衛)[406]를 상대했다. 가격은 4등급으로 정해졌는데, 상등의 가격은 비단 8필, 베 12필이고,[407] 그 다음이 이를 반으로 하고, 아래의 2등[408]은 각각 1씩 차례로 감했다. 조금 있다가 성의 동쪽과 광녕의 마시는 모두 없앴는데, 개원 남관의 마시만이 홀로 존속했다.

원문 大同馬市始正統三年, 巡撫盧睿請令軍民平價市駝馬, 達官指揮李原等通譯語, 禁市兵器、銅鐵. 帝從之. 十四年, 都御史沈固請支山西行都司庫銀市馬. 時也先貢馬互市, 中官王振裁其馬價, 也先大擧入寇, 遂致土木之變.

直馬市)로서 영락 초 개원성(開原城)에서 남으로 40리 거리에 있었다. 이 마시는 성화 연간에 남문 밖의 서쪽으로 옮겨졌다.

403) 해서(海西)는 해서여직(海西女直)을 가리킨다. 지금의 길림성(吉林省) 부여현(扶餘縣 = 伯都訥) 이북의 송화강(松花江)이 크게 곡절(曲折)한 뒤의 남안(南岸) 및 하얼빈 이동의 아십아성(阿什阿城) 일대에 분포하였다. 여직(女直)은 여진(女眞)이라고도 하는데, 만주족의 전신으로서 당시 여직은 해서(海西)·건주(建州)·야인(野人)의 3부(部)로 분립(分立)되어 있었다. 개원(開原) 남관(南關)의 마시는 여직을 위해 설치한 것이었기 때문에, 여직마시라고도 칭했다. 후에 건주여직(建州女直)이 남쪽으로 옮기자 무순관(撫順關)에도 신설되었다.

404) 개원성(開原城) 동쪽의 굴관둔(屈官屯)에 설치한 마시를 가리킨다.

405) 광녕(廣寧)은 위(衛)의 이름으로 요동도지휘사사(遼東都指揮使司)에 속하는데 지금의 요녕성 북진현(北鎭縣)을 중심으로 한 지역에 해당한다. 광녕의 마시는 창설기에 철산(鐵山)에 설치하였는데, 영락 10년(1412)에 성의 북쪽 25리의 단산보(團山堡)로 옮겼다. 그 후 성화 14년 다시 성의 북쪽 30리의 지금의 마시보(馬市堡)로 옮겨 설치하였다.

406) 타안삼위(朵顔三衛)는 타안(朵顔)·태녕(泰寧)·복여(福餘) 등 3위(衛)로서 올량합삼위(兀良哈三衛)라고도 한다. 명 태조가 요동을 평정하고 다시 흥안령(興安嶺) 동방의 몽골 제부(諸部)를 항복시킨 뒤 이곳에 3위를 둔 데서 시작한다. 홍무 22년(1389)에 설치하였다. 현재 내몽고 자치구 시라무렌[西拉木倫]강 이북 일대이다. 영락 이후 남쪽으로 옮겨, 지금의 하북성 동북부의 장성(長城) 일선(一線)과 요녕성의 서부지방으로 이동하였다.

407) 영락 5년에 초로 환산한 물가는 은 1량이 초 80관, 대견(大絹) 1필은 50관, 소견(小絹)과 대면포(大棉布) 1필은 30관, 소면포(小棉布) 1필은 25관이었고, 마필의 견(絹)·포(布)를 가령 소견(小絹)·대견포(大絹布)로 계산하면, 당시 상상마(上上馬)는 약 은 8량, 상마(上馬)는 4량에 해당한다.

408) 중등마(中等馬)와 하등마(下等馬)를 가리킨다.

옮김譯 대동(大同)의 마시는 정통 3년(1438)에 시작되었는데, 순무 노예(盧睿)[409]가 군민에게 싼 가격으로 낙타와 말을 사게 하고, 달관지휘(達官指揮)[410] 이원(李原) 등에게 통역을 통하여 병기와 동철(銅鐵)을 사는 것은 금지시키자고 청하였다. 황제가 이를 받아들였다. 14년에 도어사 심고(沈固)[411]가 산서행도사(山西行都司)[412]의 고은(庫銀)을 지출하여 말을 사자고 청하였다. 이때 에센[也先]이 말을 바치고 호시(互市)하였는데,[413] 환관 왕진(王振)[414]이 그 말 가격을 깎자, 에센이 크게 군사를 일으켜 쳐들어와 노략질하여 마침내 토목의 변이 일어나게 되었다.

원문 成化十四年, 陳鉞撫遼東, 復開三衛馬市. 通事劉海、姚安肆侵牟, 朵顏諸部懷怨, 擾廣寧, 不復來市. 兵部尚書王越請令參將、布政司官各一員監之, 毋有所侵剋. 遂治海、安二人罪. 尋令海西及

---

409) 노예(盧睿)는 당시 우첨도어사(右僉都御史)의 직함으로 대동순무(大同巡撫)가 되어 있었다.

410) 달관(達官)은 타타르인 즉 몽골족이 명조의 관원이 된 자를 가리키는데 대부분 무관이 되었다. 지휘(指揮)는 지휘사(指揮使)의 약칭으로 내외 각 위에 두어진 무관을 말한다. 즉 달관지휘(達官指揮)란 몽골 토추(土酋)로서 명조에 복속하여 지휘사가 된 자를 가리킨다.

411) 심고(沈固)는 단양(丹陽) 출신으로 영락 연간에 향거(鄉擧)로 관직에 올라 상서에까지 이르렀다. 그의 전(傳)은 『明史』 권171에 보인다.

412) 행도사(行都司)는 행도지휘사사(行都指揮使司)의 약칭으로 지방 군정의 한 기관이다. 명대의 병제에서는 지방의 민정기관인 포정사사(布政使司)와 병립하여 위소 등을 통할하는 군정기관인 도지휘사사(都指揮使司 = 都司)가 있었다. 행도사는 이 도사의 보조기관으로서, 특히 동북서변(東北西邊) 및 강남의 군사상의 요지에 증설되어 지방 방위의 강화에 충당되었다. 한편 이 도사 및 행도사는 중앙의 오군도독부(五軍都督府)에 통합되었다. 여기서 말하는 산서행도사는 오군도독부 가운데 후군도독부(後軍都督府)에 예속되고, 그 치소는 대동(大同)에 두어졌다.

413) 에센[也先]은 몽골 오이라트[瓦剌]부의 추장 탈환칸(脫歡汗)의 아들로서 자칭 태사(太師)라 하였다. 15세기 중엽 에센은 오이라트부(部)의 강력한 수장이 되었다. 정통 14년(1449)에 대거 변경을 침입하였는데, 토목(土木)의 싸움에서 영종을 포로로 잡았다. 경태 5년(1454)에 부하에게 피살되었다.

414) 왕진(王振)은 울주(蔚州) 출신으로 영종 때 사례감태감(司禮監太監)이 되었다. 영종의 총애를 받은 환관으로서 권세가 막강했다. 토목의 싸움에서 부하에게 맞아 죽었다. 그의 전(傳)은 『明史』 권304, 「宦官傳」에 보인다.

朶顔三衛入市; 開原月一市, 廣寧月二市, 以互市之稅充撫賞. 正德時, 令驗放入市者, 依期出境, 不得挾弓矢, 非互市日, 毋輒近塞垣.

옮김 譯 성화 14년(1478)에 진월(陳鉞)[415]이 요동순무(遼東巡撫)가 되어 다시 삼위(三衛)의 마시를 열었다. 통사(通事) 유해(劉海)와 요안(姚安)이 거리낌 없이 약탈을 하여 타안(朶顔) 등 제부(諸部)가 원망을 품고 광녕(廣寧)을 소란스럽게 하고 다시는 마시에 오지 않았다. 병부상서 왕월(王越)[416]이 참장(參將)[417]과 포정사의 관원 각 한 명에게 이를 감독하게 하여 착복하는 바가 없게 하자고 청하였다. 마침내 유해와 요안 두 사람의 죄를 다스렸다. 조금 있다가 해서(海西)와 타안삼위(朶顔三衛)에게 마시로 들어오도록 하였는데, 개원(開原)은 한 달에 한 번씩 마시를 열고, 광녕(廣寧)은 한 달에 두 번씩 마시를 열었으며,[418] 호시(互市)의 세[419]로 무상(撫賞)[420]에 충당하였다. 정덕 때에 조사해서 마시에 들어오게 된 자[421]는 정해진 기일에 따라 국경을 나가고, 궁시(弓矢)는 휴대하지 못하게 했으며, 호시하는 날이 아니

415) 진월(陳鉞)은 성화 시기 태감 왕직(汪直)의 측근으로서, 성화 12년(1476) 우부도어사(右副都御史)의 직함으로 요동을 순무하였다. 이 일은 『明史』 권304 「汪直傳」에 보인다.

416) 왕월(王越)은 대동(大同)·선부(宣府)의 순무, 삼변(三邊; 연수(延綏), 영하(寧夏), 감숙(甘肅))총제를 거쳐 병부상서가 되었는데, 몽골 방위의 공이 있어 위녕백(威寧伯)으로 봉해졌다. 그의 전(傳)은 『明史』 권171에 보인다.

417) 참장(參將)은 총병관(總兵官)과 부총병(副總兵) 아래의 무관으로서 일로(一路)를 나누어 지켰다.

418) 개원마시(開原馬市)는 매월 1일부터 5일까지 한 번, 광녕마시(廣寧馬市)는 매월 1일부터 5일까지, 16일부터 20일까지 두 번 시(市)를 열었다. 『遼東志』 권3; 『續文獻通考』 권31 등 참조.

419) 호시(互市)의 세는 『遼東志』·『全遼志』 등에 마시추분(馬市抽分)이라는 명칭으로 불리고 있는 것과 마찬가지로서 이민족 및 내지 상인이 마시에 들어와 교역하는 자에게 그 무역품목에 따라 부과 징수한 세금을 말한다. 내지에서 입시세(入市稅)를 징수한 것과 마찬가지의 세금으로 간주된다.

420) 무상(撫賞) 즉 상으로 어루만진다는 것은 실제로는 외이(外夷)의 환심을 사 변환(邊患)을 완화하기 위한 일종의 뇌물이라고 보아야 할 것이다.

421) 험방(驗放)이란 관애(關隘)의 출입시에 관이 이를 취조하여 출입을 허가한다는 뜻이다. 원문의 험방입시(驗放入市)란 외이 가운데 입관(入關)하는 자를 취조하여 입시(入市)하는 것을 허락한다는 것을 말한다.

면 마음대로 변방의 담장[422]에 접근하지 못하게 했다.

원문 嘉靖三十年, 以總兵仇鸞言, 詔於宣府、大同開馬市, 命侍郎史道總理之. 兵部員外郎楊繼盛諫. 不從. 俺答旋入寇抄, 大同市則寇宣府, 宣府市則寇大同. 幣未出境, 警報隨至. 帝始悔之, 召道還. 然諸部嗜馬市利, 未敢公言大擧, 而邊臣亦多畏懾, 以互市啗之. 明年罷大同馬市, 宣府猶未絶, 抄掠不已, 乃幷絶之. 隆慶四年, 俺答孫把漢那吉來降, 於是封貢互市之議起. 而宣、大互市復開, 邊境稍靜. 然撫賞甚厚, 朝廷爲省客兵餉、減哨銀以充之. 頻年加賞, 而要求滋甚, 司事者復從中乾沒, 邊費反過當矣.

옮김譯 가정 30년 총병(總兵)[423] 구란(仇鸞)[424]의 말에 따라 조(詔)를 내려 선부(宣府)와 대동(大同)에 마시를 열고, 시랑 사도(史道)[425]에게 명하여 이를 총괄 감독하게 하였다. 병부원외랑[426] 양계성(楊繼盛)[427]

---

422) 타타르나 여직 등 외이의 입구(入寇)에 대비하여 정통 2년 이래 요동에 축조한 변장(邊牆)을 가리킨다.

423) 총병(總兵)은 진수총병관(鎭守總兵官)의 약칭으로 대개 공(公)·후(侯)·백(伯)·도독(都督)으로 충당하였다. 명초에 총병은 전쟁시에 임명하여 전쟁이 끝나면 그 인수(印綬)를 풀었지만, 중기 이후 지방 도사(都司)의 유명무실화에 따라 상치(常置)의 관이 되어 무관 가운데 중직(重職)이 되었다.

424) 구란(仇鸞)은 강도(江都) 출신이다. 총병관, 평로대장군(平虜大將軍)을 거쳐 태자태보(太子太保)로 승진하여 경영제독(京營提督)이 되었다. 세종의 총애를 받고 함녕후(咸寧侯)로 봉해졌지만, 만년에 군기의 문란으로 지위가 박탈되었다. 그의 전(傳)은 『明史』 권155에 보인다.

425) 사도(史道, ?~1557)는 자가 극홍(克弘)으로 탁현(涿縣) 출신이다. 도어사에 부임했다. 가정 15년(1536)에 대동순무(大同巡撫)가 된 뒤 병부상서로 승진했다. 『明經世文編』「姓氏爵里總目」 참조.

426) 원외랑(員外郎)은 육부의 각 부 소속으로 시랑(侍郎)과 낭중(郎中) 다음의 종5품의 관이다.

427) 양계성(楊繼盛, 1516~1555)은 자가 중방(仲芳)으로 용성(容城) 출신이다. 가정 26년(1547)에 진사가 되었다. 29년(1550) 알탄[俺答]이 변경을 넘어 침략했을 때, 구란(仇鸞)이 마시를 열어 그와 강화하기를 청하자, 양계성은 상소하여 반박하였으나, 받아들여지지 않았다. 또한 엄숭(嚴嵩)의 죄행을 들추어내다 오히려 죄를 얻어 피살되었다. 그의 전(傳)은 『明史』 권209에 보인다.

이 간언하였으나 따르지 않았다. 알탄[俺答]이 곧 들어와 노략질하여, 대동에서 마시가 열리면 선부를 노략질하고, 선부에서 마시가 열리면 대동을 노략질하였다. 폐물(幣物)이 아직 국경을 나가지 않았는데 경보(警報)가 뒤따라 이르렀다. 황제가 비로소 이를 후회하고 사도를 소환하였다. 그러나 몽골 제부(諸部)는 마시의 이익을 탐내 감히 대대적인 거병을 공언하지 않았고, 변신(邊臣)도 또한 대부분 두려워하여 호시(互市)로 그들을 꾀었다. 다음 해에 대동의 마시를 없앴지만, 선부에서는 아직 끊지 않았는데 약탈이 끊이지 않자 마침내 이것도 함께 끊어버렸다. 융경 4년 알탄의 손자 바한네제이[把漢那吉]가 와서 항복[428]하여, 이에 봉공호시(封貢互市)의 논의가 일어났다.[429] 그래서 선부와 대동의 호시를 다시 여니[430] 변경이 조금 조용해졌다. 그러나 무상(撫賞)이 매우 후해 조정에서는 객병(客兵)의 군향(軍餉)[431]을 줄이고 초은(哨銀)[432]을 감하여 충당했다. 해마다 상을 더해주었지만, 요구는 더욱 심해졌고, 호시의 담당자가 다시 그 중간에서 착복하니 변경 비용은 도리어 적정선을 넘었다.

원문 遼東義州木市, 萬曆二十三年開, 事具李化龍傳. 二十六年從巡撫張思忠奏, 罷之, 遂幷罷馬市. 其後總兵李成梁力請復, 而薊遼總督萬世德亦疏於朝. 二十九年復開馬、木二市, 後以爲常.

---

428) 바한네제이[把漢那吉]는 알탄[俺答] 칸[汗]의 셋째 아들인 철배태길(鐵背台吉)의 아들이다. 융경 4년(1570) 명에 항복하여 지휘사(指揮使)가 되었다.

429) 바한네제이가 항복한 이후 알탄은 세력이 쇠약해져 명조에 대해 봉호(封號)와 호시(互市)를 청하였다. 선대총독(宣大總督) 왕숭고(王崇古)는 알탄의 요청을 받아들이자고 주장하였으나, 조정 내에 이에 반대하는 자들과 논쟁이 일어났다. 이를 '봉공지의(封貢之議)'라 한다. 봉공(封貢)이란 알탄 등에게 왕 이하의 존호(尊號)를 주고 신하로서 조공시키는 것을 말한다.

430) 선부마시(宣府馬市)는 장가구(張家口)에서, 대동마시(大同馬市)는 득승(得勝)·신평(新平)·수구(守口)·살호(殺胡) 등의 보(堡)에서 재개되었다.

431) 객병(客兵)은 타처(他處)에서 옮겨와 주재시킨 병사라는 뜻이다. 객병의 군향(軍餉)이란 수비주둔(守備駐屯)의 객병에게 지급되는 급료를 말한다.

432) 초은(哨銀)은 초병(哨兵) 즉 변경의 순찰병사, 예를 들어 역참병(驛站兵)이나 정찰병 등에게 주는 급료를 가리킨다.

옮김譯 요동의 의주(義州)[433] 목시(木市)[434]는 만력 23년에 열었는데, 그 사정은 「이화룡전(李化龍傳)」[435]에 갖추어져 있다. 26년 순무 장사충(張思忠)의 상주에 따라 이를 없앴는데, 마침내 마시도 함께 없앴다. 그 후 총병 이성량(李成梁)[436]이 다시 열 것을 강력하게 청하였고, 계요총독(薊遼總督) 만세덕(萬世德)도 조정에 소를 올렸다. 29년[437] 마시와 목시 두 시장을 다시 열었는데, 그 후에는 이를 상례로 하였다.

---

433) 의주(義州)는 위(衛)의 이름으로 요동도사(遼東都司)에 속한다. 지금의 요녕성 의현(義縣)의 땅이다.

434) 목시(木市)는 재목(材木)의 거래를 중심으로 하는 호시장(互市場)을 가리킨다.

435) 「李化龍傳」은 『明史』 권228에 보인다. 이화룡(李化龍)은 자가 우전(于田)으로 장원(長垣) 출신이다. 만력 2년(1574)에 진사가 되었다. 22년(1594)에 우첨도어사(右僉都御史)로 요동순무(遼東巡撫)가 되었다. 타안위부장(朵顔衛部長) 소알청(小歹靑)이 의주(義州)에 목시(木市)를 열어달라고 청하자, 이화룡이 상소하여 결국 받아들여졌다. 이화룡의 「議義州木市疏」(『明經世文編』 권422)의 기록에 의하면, 목시가 열린 지역은 의주 대강보(大康堡)에 가까운 대릉하(大凌河) 지방이다. 매년 봄가을로 두 번 시장을 열었다고 한다.

436) 이성량(李成梁, 1511~1601)은 자가 여계(汝契)이다. 고조 때부터 대대로 철령위(鐵嶺衛)의 지휘첨사(指揮僉事)를 세습하였다. 그는 어렸을 때 집안이 빈한(貧寒)하여 직위를 이어받질 못하여 제생(諸生)이 되었다. 후에 이를 이어받았는데, 나중에 공을 세워 참장(參將)이 되었다. 융경 시기에 영원백(寧遠伯)으로 봉해지고, 요동총병관(遼東總兵官)이 되어 요동을 22년간 장악하였다. 그의 전(傳)은 『明史』 권238에 보인다.

437) 원문에는 "三十九年"이라 되어 있으나, 『神宗實錄』 萬曆 29년 12월 辛未 조; 王原, 『明食貨志』; 『明史稿食貨志』 등에 근거하여 고친 것이다.

권82 지58

食貨 6

【上供採造】

원문 採造之事, 累朝侈儉不同. 大約靡於英宗, 繼以憲、武, 至世宗、神宗而極. 其事目繁瑣, 徵索紛紜. 最鉅且難者, 曰採木. 歲造最大者, 曰織造、曰燒造. 酒醴膳羞則掌之光祿寺, 採辦成就則工部四司、內監司局或專差職之, 柴炭則掌之惜薪司. 而最爲民害者, 率由中官.

옮김 譯 채조(採造)[1]는 역대로 사치함과 검소함이 동일하지 않았다. 대개 영종 때에 사치스러웠고, 헌종과 무종 때에 계속되다가 세종과 신종 때에 이르러 최고조에 달했다. 그 항목은 번잡하였고, 징수와 수색

1) 채조(採造)는 궁중이나 정부에서 쓰는 물건을 채매(採買)하거나 제조하는 것을 뜻한다.

은 난잡하였다. 가장 크고 어려운 것은 채목(採木)[2]이었다. 세조(歲造)[3]로서 가장 큰 것은 직조(織造)[4]와 소조(燒造)[5]였다. 주례(酒醴)[6]와 선수(膳羞)[7]는 광록시(光祿寺)[8]가 관장하고, 그 구매 조달 및 제조는 공부의 사사(四司),[9] 내감(內監)의 사국(司局)[10] 또는 전차(專差)[11]가 이를 맡았으며, 시탄(柴炭)은 석신사(惜薪司)[12]가 관장했다. 그런데 가장 백성에게 해가 된 것은 대부분 환관에게서 연유되었다.

원문 明初, 上供簡省. 郡縣貢香米、人參、葡萄酒, 太祖以爲勞民, 却之. 仁宗初, 光祿卿井泉奏, 歲例遣正官往南京採玉面貍, 帝叱之曰："小人不達政體. 朕方下詔, 盡罷不急之務以息民, 豈以口腹細故, 失大信耶！" 宣宗時, 罷永樂中河州官買乳牛造上供酥油者, 以其牛給屯軍. 命御史二人察視光祿寺, 凡內外官多支及需索者, 執奏. 英宗初政, 三楊當軸, 減南畿孳牧黃牛四萬, 糖蜜、果品、腒脯、酥油、茶芽、粳糯、粟米、藥材皆減省有差, 撤諸處捕魚官. 卽位數月, 多所撙節. 凡上用膳倉器皿三十萬七千有奇, 南工部造, 金龍鳳白瓷諸器, 饒州造, 硃紅

2) 채목(採木)은 관부(官府)에서 목재를 채취하거나 구매하여 목재를 사용할 곳에 공급하는 것을 가리킨다.

3) 세조(歲造)는 매년 일정액의 물료(物料)를 제조하는 것을 뜻한다.

4) 직조(織造)는 관부(官府)에서 직물을 채조(採造)하는 것을 뜻한다.

5) 소조(燒造)는 관부에서 기와나 도자기를 채조하는 것을 뜻한다.

6) 궁중용의 음료 및 주류(酒類)에 대한 총칭이다.

7) 선수(膳羞)는 맛이 좋은 요리를 의미하는데 궁중용의 식품을 총칭하는 것이다.

8) 오(吳) 원년에 설치한 선휘원(宣徽院)을 홍무 원년에 개명(改名)한 것으로 궁중의 제향연회(祭享宴會) 및 상시적인 식료의 조달을 담당하였다.

9) 영선(營繕)·형우(衡虞)·도수(都水)·둔전(屯田) 등 네 청리사(淸吏司)를 가리킨다.

10) 환관의 24아문(衙門) 가운데 4사(司)와 8국(局)을 가리킨다. 4사는 석신(惜薪)·종고(鐘鼓)·보초(寶鈔)·혼당(混堂)의 4사, 8국은 병장(兵仗)·은작(銀作)·완의(浣衣)·건모(巾帽)·침공(鍼工)·내직염(內織染)·주초면(酒醋麵)·사원(司苑)의 8국을 말한다.

11) 흠명(欽命) 즉 황제의 명으로 특수전문의 용무를 처리하기 위해 각지로 차견(差遣)된 관리를 가리킨다.

12) 궁중(宮中)에서 사용하는 시탄(柴炭) 즉 땔감과 목탄의 구입·운반·공급 등의 일을 맡았다.

膳盒諸器, 營膳所造, 以進宮中食物, 尙膳監率乾沒之. 帝令備帖具書, 如數還給. 景帝時, 從于謙言, 罷眞定、河間採野味、直沽海口造乾魚內使.

옮김 譯 명초에는 상공(上供)[13]이 간단하였다. 군현(郡縣)에서 향미(香米)[14]·인삼·포도주를 바치자, 태조는 백성을 수고스럽게 한다고 생각하여 이를 중지시켰다. 인종 초에 광록경(光祿卿) 정천(井泉)이 주를 올려 해마다 예에 따라 정관(正官)을 남경에 보내 옥면리(玉面貍)[15]를 채매(採買)하자고 하였다. 황제가 질책하여 말하기를, "소인이 정치의 요체를 알지 못하는 것이다. 짐이 막 조를 내려 급하지 않은 일은 모두 그만두게 하여 백성을 쉬게 하였는데, 어찌 음식과 같은 하찮은 이유로 큰 믿음을 잃게 한단 말인가!"라고 하였다. 선종 때, 영락 연간부터 하주(河州)의 관이 젖소를 사서 상공할 소유(酥油)[16]를 만들던 것을 중지하고, 그 소를 둔군(屯軍)에게 주도록 하였다. 어사 2인에게 명하여 광록시를 감찰하여 내외의 관리에게 많이 지출하거나 거두어들이는 경우에는 상주하도록 했다. 영종의 집정 초기에는 삼양(三楊)[17]이 요직을 담당하였는데, 남기(南畿)[18]에서 키우는 황우(黃牛)[19] 4만 마리를 줄이고 당밀(糖蜜)·과품(果品)·거포(腒脯)[20]·소유(酥油)·차아(茶芽)·갱미(粳米)·나미(糯米) 및 속미

---

13) 황제의 어용에 바친다는 뜻으로 궁중에서 사용하는 물료(物料)를 가리킨다. 내공(內供)이라고도 한다.

14) 향기가 나는 품질 좋은 쌀이라는 뜻이다.

15) 옥면리(玉面貍)는 이(貍)의 일종으로 일명 우미리(牛尾貍)라 한다. 흰 얼굴에 소꼬리 비슷한 것을 달고 있으며, 강남에서 서식하며 나무에서 과일을 먹는다. 겨울에는 매우 비대해지는데, 이를 잡아서 절이면 술 깨는데 효과가 있다. 『本草綱目』 권51 상 「貍」 조 참조.

16) 소와 양의 젖으로 만든 제품을 가리킨다.

17) 삼양(三楊)은 양영(楊榮)·양부(楊溥)·양사기(楊士奇)를 가리키는데, 당시 모두 내각(內閣)의 대학사로서 실권을 쥐고 있었다. 『明史』 권148에 전(傳)이 있다.

18) 남직예를 가리킨다. 대개 오늘날의 강소성과 안휘성의 일부가 이에 포함된다.

19) 명초 남직예의 수우(水牛)와 황우(黃牛)의 총수는 4만 5,850마리로서, 그 가운데 수우가 7,401마리, 황우가 3만 8,445마리, 편우(犏牛)가 4마리 등이었다. 정통 시기에 삭감된 후 홍치 시기에 이르러 남직예의 둔우(屯牛)는 7,696마리에 불과하였다. 萬曆 『大明會典』 권202 「工部 22」 牛支 조 참조.

(粟米)[21]·약재(藥材)를 모두 줄이는 데 차등이 있었으며, 여러 곳에 있던 포어관(捕魚官)[22]을 소환하였다. 즉위한 지 몇 달 동안 줄인 바가 많았다. 황제가 쓰는 음식그릇 30만 7,000여 점은 남경공부(南京工部)에서 만들었고, 금색의 용과 봉황 무늬의 백자 등의 그릇은 요주(饒州)에서 만들었으며, 주홍(硃紅)[23]의 칠기(漆器) 등은 영선소(營膳所)[24]에서 만들어 궁중에 음식물을 바쳤는데, 상선감(尙膳監)[25]에서는 대개 이를 중간에서 착복하였다. 황제가 명령을 내려 첩(帖)을 준비해서 자세히 기록[26]하고 액수대로 환급하게 했다. 경제(景帝) 때에 우겸(于謙)의 말에 따라 진정(眞定)·하간(河間)에서 야미(野味)[27]를 채매(採買)하고 직고(直沽)·해구(海口)[28]에서 건어(乾魚)를 만드는 내사(內使)[29]를 없앴다.

원문 天順八年, 光祿果品物料凡百二十六萬八千餘斤, 增舊額四之一. 成化初, 詔光祿寺牲口不得過十萬. 明年, 寺臣李春請增. 禮部尙書姚夔言 : "正統間, 雞鵝羊豕歲費三四萬. 天順以來增四倍, 暴殄過多. 請從前詔." 後二年, 給事中陳鉞言 : "光祿市物, 槪以勢取. 負販遇之, 如被劫掠. 夫光祿所供, 昔皆足用, 今不然者, 宣索過額, 侵漁妄費

20) 거(腒)는 새고기 말린 것, 포(脯)는 짐승 고기 말린 것을 가리킨다.
21) 갱미(秔米)는 멥쌀, 나미(糯米)는 찹쌀, 속미(粟米)는 좁쌀을 가리킨다.
22) '포어(捕魚)'라는 이름이 붙어 있기는 하지만, 실제로는 각지로 파견되어 각종 조수(鳥獸) 및 충어(蟲魚)·화초(花草)·과목(果木)·석산(石山) 등을 채취하는 관원을 가리킨다. 『英宗實錄』 宣德 10년 정월 壬午 조 참조.
23) 유황과 수은으로 만든 붉은 빛의 안료를 가리킨다.
24) 원문에는 영선소(營膳所)라고 되어 있으나, 王原, 『明食貨志』 권11과 『明史稿食貨志』 등에 의거하여 고친 것이다. 영선소는 공부의 영선청리사(營繕淸吏司) 소속으로 어기(御器)의 제조를 담당한다.
25) 상선감(尙膳監)은 환관 12감(監) 가운데 하나로서 궁중 식사와 연회를 담당한다.
26) 기명(器皿)의 수와 이를 수령한 환관의 성명을 상세히 기록한다는 말이다.
27) 야미(野味)는 넓은 의미로는 야채 외에 산야호박(山野湖泊)에 서식하는 야생의 금수(禽獸)를 다 포함하지만, 여기서는 좁은 의미로서 야채만을 가리킨다.
28) 해구(海口)는 오늘날 천진(天津) 부근인 직고(直沽)에서 동남 방향으로 40리 거리에 있다.
29) 내사(內使)는 환관 가운데 비교적 하급에 해당한다.

也." 大學士彭時亦言 : "光祿寺委用小人買辦, 假公營私, 民利盡爲所奪. 請照宣德、正統間例, 斟酌供用, 禁止買辦." 於是減魚果歲額十之一. 弘治元年命光祿減增加供應. 初, 光祿俱預支官錢市物, 行頭吏役因而侵蝕. 乃令各行先報納而後償價, 遂有游手號爲報頭, 假以供應爲名, 抑價倍取, 以充私橐. 御史李鸞以爲言, 帝命禁止. 十五年, 光祿卿王珩, 列上內外官役酒飯及所畜禽獸料食之數, 凡百二十事. 乃降旨, 有仍舊者, 有減半者, 有停止者. 於是放去乾明門虎、南海子猫、西華門鷹犬、御馬監山猴、西安門大鴿等, 減省有差, 存者減其食料. 自成化時, 添坐家長隨八十餘員, 傳添湯飯中官百五十餘員. 天下常貢不足於用, 乃責買於京師鋪戶. 價直不時給, 市井負累. 兵部尚書劉大夏因天變言之, 乃裁減中官, 歲省銀八十餘萬.

옮김 譯 천순(天順) 8년 광록시(光祿寺)의 과품물료(果品物料)는 모두 126만 8,000여 근으로 이전의 액수보다 1/4이 늘었다. 성화 초에 조를 내려 광록시의 가축 총수가 10만을 넘지 못하게 했다. 다음 해[30]에 시신(寺臣) 이춘(李春)[31]이 증액할 것을 청하였다. 예부상서 요기(姚夔)[32]가 말하기를, "정통 연간에는 닭 · 거위 · 양 · 돼지를 매년 3~4만 마리씩 소비했습니다. 천순 이래로 4배가 늘었는데, 낭비가 과다합니다. 청컨대 이전의 조[33]를 따르시기 바랍니다"라고 하였다. 2년 후[34] 급사중 진월(陳鉞)[35]이 말하기를, "광록시에서 물건을 사는 데 대개 권세에 의거하여 이

30) 성화 2년(1466)을 가리킨다.

31) 이춘(李春)은 당시 광록시경(光祿寺卿)이었기 때문에 '시신(寺臣)'이라 한 것이다. 그의 전(傳)은 『獻徵錄』 권53에 보인다.

32) 요기(姚夔)는 자가 대장(大章)으로 동려(桐廬) 출신이다. 정통 7년(1442)에 진사가 되어 이과급사중(吏科給事中)에 제수되었다. 경태 연간에 예부상서를 역임하였다. 성화 5년(1469)에 이부상서가 되었다. 그의 전(傳)은 『明史』 권177에 보인다.

33) 성화 원년(1465) 정월의 조(詔)를 가리킨다.

34) 성화 4년(1468)을 가리킨다.

35) 원문에는 '陳越'이라 되어 있으나, 『憲宗實錄』 成化 4년 7월 丙戌 조에 의거하여 고친 것이다.

를 가져갑니다. 부판(負販)[36]이 이를 만나면 마치 겁탈당한 듯합니다. 광록시에서 올리는 것이 예전에는 쓰는 데 충분했으나, 이제는 그렇지 않은 것은, 선색(宣索)[37]이 정액을 넘고, 갈취하고 멋대로 낭비하기 때문입니다"라고 하였다. 대학사 팽시(彭時)[38]가 또한 말하기를, "광록시는 소인에게 매판(買辦)[39]을 위탁하여 공공의 명의를 빌어 사리(私利)를 꾀하니 백성의 이익은 모두 빼앗기고 있습니다. 청컨대 선덕·정통 연간의 예에 따라 상공(上供)하여 쓸 분량을 참작하고 매판을 금지하시기 바랍니다"라고 하였다. 이에 어과(魚果)[40]의 세액(歲額) 1/10을 줄였다. 홍치 원년 광록시에 명하여 증가시켰던 공응(供應)[41]을 줄이게 했다. 이전에는 광록시에서 모두 관전(官錢)을 미리 지급하여 물건을 샀는데, 행두(行頭)[42]와 이역(吏役)[43]이 이를 이용하여 착복하였다. 이에 영을 내려 각 행(行)이 먼저 보납(報納)[44]하게 한 후에 값을 치러주도록 하니, 마침내 유수(游手)[45]가

36) 상품을 등에 짊어지고 다니면서 판매하는 자로서 영세한 행상인을 가리킨다.

37) 성지(聖旨)의 명의로 착취하는 것 즉 중사(中使)를 파견하여 성지를 선전하고 유사(有司)에 대하여 재물을 착취하는 것을 가리킨다.

38) 팽시(彭時, 1415~1475)는 자가 순도(純道)로서 안복(安福) 출신이다. 정통 13년(1448) 장원급제하여 수찬(修撰)에 제수되었다. 경태 초에 상로(商輅)와 동시에 입각했다. 성화시기에 목마초지(牧馬草地)를 청리(淸理)하여 권문세가의 장전(莊田)을 줄일 것을 건의하였다. 그의 전(傳)은 『明史』 권176에 보인다.

39) 관부(官府)에서 사용할 물료(物料)를 민간에서 매입하는 것을 말한다.

40) 선어(鮮魚)와 과품(果品)을 가리킨다.

41) 관부(官府)가 필요로 하는 물품을 조달하는 것 또는 그 물품을 말한다.

42) 행두(行頭)는 '행(行)' 즉 동업상점 조합의 수장으로 행수(行首) 혹은 행로(行老)라고도 한다.

43) 서리잡역(胥吏雜役)을 가리키는데, 관청의 하급 실무를 집행하는 직원이다. 관청은 대개 장관(長官)·좌이관(佐貳官)·수령관(首領官)·이(吏 = 吏典) 등의 계층으로 구성되는데, 이(吏)의 아래에는 잡역에 종사하는 조예(皀隷)가 있었다. 그 외에 지후(祗候)·금자(禁子)·번역(番役)·궁병(弓兵) 등이 역(役)에 속한다. 다만 「食貨志」의 편자는 관원을 관역(官役)으로 표현하기도 하기 때문에, 여기에서 말하는 이역(吏役)도 이원(吏員)을 총칭한 것일 가능성도 있다.

44) 보명납입(報名納入)을 줄인 말로서, 어용품 납입을 담당하는 상인이 자기의 이름을 관부(官府)에 보고하고, 어용품을 관부에 납입하는 것을 가리킨다.

45) 무뢰불령(無賴不逞)의 무리를 가리킨다.

보두(報頭)[46]라고 부르며 거짓으로 공응이라는 이름으로 값을 낮추고 물건을 2배로 취하여 개인 호주머니를 채웠다. 어사 이란(李鸞)이 이를 문제 삼으니, 황제가 명하여 금지시켰다. 15년 광록경 왕형(王珩)[47]이 내외관역(內外官役)[48]의 주식(酒食) 및 기르는 금수의 사료의 수량을 나열하여 올렸는데 모두 120가지였다. 이에 어지(御旨)를 내려 예전 그대로 두는 것, 반으로 줄이는 것, 정지시키는 것으로 구분하였다. 이에 건명문(乾明門)[49]의 호랑이, 남해자(南海子)[50]의 고양이, 서화문(西華門)[51]의 매와 개, 어마감(御馬監)[52]의 산원숭이, 서안문(西安門)[53]의 큰 비둘기 등을 놓아주어 차등 있게 줄이고 남은 것은 그 먹이를 줄였다. 성화 때부터 좌가(坐家)[54]의 장수(長隨)[55] 80여 명을 늘리고, 계속해서 당반(湯飯)[56] 환관 150여 명을 늘렸다. 천하의 상공(常貢)이 쓰는 데 충분하지 않아 이에 경사의 포호(鋪戶)에게 구매의 책임을 지웠다. 가격을 때에 맞추어 지급하지 않으니 시정

---

46) 보두(保頭)라고도 하는데, 관부(官府)와 상인의 중간에서 수납(收納)을 알선하면서 중간 이익을 취하는 중개인을 가리킨다.

47) 그의 전(傳)은 『明史稿』 권 170에 보인다.

48) 내관(內官)과 외관(外官)의 역직(役職)이라는 뜻으로 내외관원(內外官員) 즉 내관과 외관을 가리킨다. 보통 관역(官役)이라면 관부(官府)에서 근무하는 인역(人役) 즉 관청에서 일하는 차역(差役)을 의미하지만, 여기에서는 해당되지 않는다.

49) 현재 북경 경산(景山)의 서쪽에 있는 삼좌문(三座門)인데, 명대(明代)에는 호랑이 우리가 있었다.

50) 북경성(北京城)의 남쪽에 있으며, 명대에는 해자(海子) 즉 호수가 3곳이 있었는데, 둘레가 160리였다. 영락 시기에는 여기에서 동물들을 기르고, 과일과 채소를 길러 궁중의 식용으로 썼다.

51) 북경 자금성(紫禁城)의 8문(門) 가운데 하나이며, 응방(鷹坊)이 있었다.

52) 환관 12감(監) 가운데 하나로서 어마(御馬)와 코끼리 등을 사육했다. 북경 황성(皇城) 내의 동북구역에 있었는데, 황성의 북문인 북안문(北安門; 지금의 지안문(地安門))을 들어와 동남쪽에 종고사(鐘鼓司; 지금의 종고사(鐘鼓寺))가 있고, 그 남쪽에 신방(新房)이 있으며 다시 남쪽에 어마감(御馬監)이 있었다.

53) 북경 황성을 둘러싼 6문 가운데 하나이며, 비둘기방(坊)을 두었다.

54) 상선감(尙膳監) 소속 인원으로서 어선(御膳) 및 궁중 내의 식사와 연회 등을 관장하였다.

55) 상급 환관을 시종하여 그 감독과 사역(使役)을 받는 자를 말한다.

56) 탕반(湯飯)이란 다반(茶飯)·주반(酒飯)과 마찬가지로 반식물(飯食物)을 마련하여 올리는 일을 담당하는 환관을 말한다.

(市井)은 피해를 입었다. 병부상서 유대하(劉大夏)[57]가 천변(天變)[58]을 이유로 이를 말하여, 마침내 환관을 줄이니 해마다 은 80여 만을 덜었다.

원문 武宗之世, 各宮日進、月進, 數倍天順時. 廚役之額, 當仁宗時僅六千三百餘名, 及憲宗增四之一. 世宗初, 減至四千一百名, 歲額銀撙節至十三萬兩. 中年復增至四十萬. 額派不足, 借支太倉. 太倉又不足, 乃令原供司府依數增派. 於是帝疑其乾沒, 下禮部問狀, 責光祿寺具數以奏. 帝復降旨詰責, 乃命御史稽覈月進揭帖, 兩月間省銀二萬餘兩. 自是歲以爲常.

옮김 譯 무종 연간에 각 궁궐의 일진(日進)과 월진(月進)[59]이 천순 때의 몇 배였다. 주역(廚役)[60]의 액수는 인종 때에는 6,300여 명이었는데 헌종 때에는 1/4이 늘었다. 세종 초에 줄여 4,100명에 이르렀고, 세액(歲額)의 은도 절약하여 13만 량에 이르렀다. 세종 중반기에 다시 늘어 40만에 이르렀다. 액파(額派)로 충분하지 않자 태창(太倉)에서 빌려 지급했다. 태창도 부족하자 마침내 원액(原額)을 공출(供出)하던 사부(司府)[61]에 영을 내려 액수에 맞추어 늘려서 조달하도록 했다. 이에 황제는 중간의 횡령을 의심하여 예부에 내려 보내 상황을 조사하고 광록시에게 책임을 지워 액수를 갖추어 아뢰도록 했다. 황제가 다시 어지를 내려 힐책하고, 마침내 어사에게 명하여 월진의 게첩(揭帖)[62]을 자세히 조사하게 하여 두

---

57) 전(傳)이 『明史』 권182에 보인다.
58) 일식과 별의 낙하 등과 같은 천문기상(天文氣象)의 변이를 말한다.
59) 날마다 혹은 달마다 궁전으로 진봉(進奉)하는 물품들을 말한다.
60) 주역(廚役)이라 함은 궁중에서 일하는 어용의 요리사들을 말하는데, 각지에서 징발한 민호(民戶)로 충당시킨다. 즉 요리 솜씨가 있으면서 건강하고, 범죄나 잔질(殘疾)이 없는 자를 선발하여 예부의 정선청리사(精膳淸吏司)로 보낸 뒤 다시 광록시(光祿寺)로 보내어 부역시켰다. 萬曆『大明會典』 권166 참조.
61) 각 포정사사(布政使司) 즉 각 성(省)과 각 부(府)이다. 정확하게 말하자면, 사부주현(司府州縣)이라 해야겠지만, 줄여서 사부(司府)라고 한 것 같다.
62) 게첩(揭帖)은 명대 공문서의 한 형식으로 대개는 어떤 사건에 관한 보고에 쓰였다.

달 동안에 은 2만여 량을 줄였다. 이로부터 해마다 이를 상례로 했다.

원문 先是上供之物, 任土作貢, 曰歲辦. 不給, 則官出錢以市, 曰採辦. 其後本折兼收, 採辦愈繁. 於是召商置買, 物價多虧, 商賈匿迹. 二十七年, 戶部言 : "京師召商納貨取直, 富商規避, 應役者皆貧弱下戶, 請覈實編審." 給事中羅崇奎言 : "諸商所以重困者, 物價賤則減, 而貴則不敢增. 且收納不時, 一遭風雨, 遂不可用, 多致賠累. 旣收之後, 所司更代不常, 不卽給直, 或竟沈閣. 幸給直矣, 官司折閱於上, 番役齮齕於下, 名雖平估, 所得不能半. 諸弊若除, 商自樂赴, 奚用編審." 帝雖納其言, 而仍編審如戶部議.

옮김 譯 이보다 앞서 상공(上供)하는 물품은 각지의 토산물을 공납하도록 하고, 이를 세판(歲辦)이라 했다. 공급이 부족하면 관에서 돈을 내어 사는데, 이를 채판(採辦)이라 했다. 그 후에 본색과 절색을 아울러 거두었는데, 채판이 더욱 번잡했다. 이에 상인을 불러 구매하였는데, 물건의 가격을 대부분 지불하지 않자 상인도 종적을 감추어버렸다. 27년(1548)에 호부에서 말하기를, "경사에서 상인을 불러 물건을 들이고 값을 취하게 하는데, 부상(富商)은 이를 피하고, 응역(應役)하는 자는 모두 빈약한 하호(下戶)이니, 청컨대 사실을 조사하여 편심(編審)[63]하시기 바랍니다"라고 하였다. 급사중 나숭규(羅崇奎)가 말하기를, "상인들이 이중으로 괴로운 이유는, 물건 값이 싸지면 줄이더라도, 비싸지면 감히 늘릴 수도 없기 때문입니다. 또 관부에서는 수납을 정해진 때에 하지 않아, 한 번 비바람이라도 만나면, 마침내 물건을 쓸 수 없게 되어, 대부분은 배상으로 인한 피해를 입게 됩니다. 이미 수납한 후에는, 담당 관리의 교체가 일정치 않고, 물건 값이 즉시 지급되지 않거나 혹은 마침내 방치되어버리고 맙니다. 다행히 값을 받아도, 담당 관리는 위에서 물건 값을 깎고, 번역(番役)[64]은 아래에서 물고

63) 호구를 조사하여 책적(冊籍)을 만드는 것을 말한다.

늘어지니, 이름은 공평한 값이라고 하나 얻는 바는 그 반도 되지 않습니다. 여러 폐단이 만약 제거된다면, 상인은 스스로 즐겨 올 것이니 어찌 편심할 필요가 있겠습니까?"라고 하였다. 황제가 비록 그 말을 받아들이기는 하였지만, 편심은 여전히 호부의 의논을 따랐다.

원문 穆宗朝, 光祿少卿李鍵奏十事. 帝乃可之, 頗有所減省 : 停止承天香米、外域珍禽奇獸, 罷寶坻魚鮮. 凡薦新之物, 領於光祿寺, 勿遣中官. 又從太監李芳請, 停徵加增細粳米、白青鹽, 命一依成、弘間例. 御史王宗載請停加派. 部議悉準原額, 果品百七萬八千餘斤, 牲口銀五萬八千餘兩, 免加派銀二萬餘. 未行, 而神宗立, 詔免之. 世宗末年, 歲用止十七萬兩, 穆宗裁二萬, 止十五萬餘, 經費省約矣. 萬曆初年, 益減至十三四萬, 中年漸增, 幾三十萬, 而鋪戶之累滋甚. 時中官進納索賂, 名鋪墊錢, 費不訾, 所支不足相抵, 民不堪命, 相率避匿. 乃僉京師富戶爲商. 令下, 被僉者如赴死, 重賄營免. 官司密鉤, 若緝姦盜. 宛平知縣劉曰淑言 : "京民一遇僉商, 取之不遺毫髮, 貲本悉罄. 請厚估先發, 以甦民困." 御史王孟震斥其越職, 曰淑自劾解官去. 至熹宗時, 商累益重, 有輸物於官終不得一錢者.

옮김 譯 목종 연간에 광록소경(光祿少卿) 이건(李鍵)[65]이 10가지 사항을 상주했다. 황제가 곧 이를 옳다고 하여 줄인 것이 매우 많았으니, 승천(承天)[66]의 향미(香米)와 외이(外夷)의 진기한 금수(禽獸)를 정지하

---

64) 번(番)은 당번이 되었다는 의미이니, 번역(番役)은 당번이 되는 아역(衙役)을 말한다. 번자(番子)라고도 한다. 관부(官府)에서 도비(盜匪)를 수사하고 체포하는 업무를 담당하였다.

65) 원문에는 '李健'이라 되어 있으나, 『世宗實錄』 嘉靖 42년 4월 癸亥 조; 『穆宗實錄』 隆慶 2년 2월 庚寅; 同年 3월 庚申 조 등에 의거하여 고친 것이다. 이건(李鍵)의 자는 연수(延守)로서 절강 진운(縉雲) 출신이다. 가정 35년에 진사가 되었고, 42년(1563)에 광록소경(光祿少卿)이 되었으나 병으로 사직하였다가, 융경 2년(1568)에 다시 임용되었다.

66) 원래는 안륙주(安陸州)라고 하였으나, 세종의 잠저(潛邸)가 이곳에 있었기 때문에 가정 10년 승천부(承天府)로 승격시켜 2주(州) 5현(縣)을 관할토록 했다. 부치(府治)는 지

고 보지(寶坻)의 생선을 그만두게 했다. 모든 천신물(薦新物)[67]은 광록시에 맡기고 환관을 파견하지 말도록 했다. 또 태감(太監) 이방(李芳)[68]의 요청에 따라 액수를 늘렸던 가는 멥쌀과 백청염(白青鹽)[69]을 징수하는 것을 중지하고, 한결같이 성화·홍치 연간의 예를 따르게 했다. 어사 왕종재(王宗載)가 가파(加派)를 중지할 것을 청하였다. 호부에서 의논하여 모두 원액(原額)에 준하여 과품(果品)은 107만 8,000여 근, 생구은(牲口銀)[70]은 5만 8,000여 량으로 하고, 가파은(加派銀) 2만여 량을 면제해주자고 하였다. 아직 시행되지 않았는데 신종이 즉위하여 조를 내려 이를 면제해주었다. 세종 말년에 해마다 17만 량을 쓰는 데 그쳤고,[71] 목종은 2만을 덜어내어 15만여에 그쳐 경비가 줄어들었다. 만력 초년에 더욱 줄여 13~14만에 이르렀는데, 중년에 점차 증가하여 거의 30만이 되니, 포호(鋪戶)의 피해가 더욱 심해졌다. 이때 환관이 물건을 들이는 자에게 뇌물을 요구하여, 이를 포점전(鋪墊錢)[72]이라고 불렀는데, 그 비용은 헤아릴 수도 없을 정도였고, 관부의 지급은 피해에 대한 보상을 하기에 부족하니 백성은 이를 감내하지 못하고 서로 도망하여 숨어버렸다. 마침내 경사의 부호들을 뽑아 상인이 되게 했다. 영이 내려지자 뽑힌 자는 죽으러 가는 것처

금의 호북성 종상현(鐘祥縣)에 있었다.

67) 태묘(太廟)의 제품(祭品)을 가리킨다. 매년 계절마다 갓 수확한 물건이 상공(上供)되는데, 예를 들어 단맥(端麥)·신맥(新麥)·가곡(嘉穀) 등 작물을 천신(薦新)이라 했다.

68) 이방(李芳)은 북경 출신으로, 목종 연간에 내관감태감(內官監太監)을 역임했다. 그의 전(傳)은 『明史』 권305, 「宦官傳」에 보인다.

69) 청백염(青白鹽)이라고도 한다. 매년 양회의 염장에서 내부(內府)로 공급하는 정제한 염으로 제사나 궁중의 식용으로 쓰였다.

70) 생구은(牲口銀)은 제사에 쓸 소와 양 등의 가축을 구입하는 데 드는 비용을 가리킨다.

71) 여기에서 세종 말년의 1년 경비가 17만 량이라는 내용은 『皇明續紀』 卷中 嘉靖 40년 辛酉 조에 기재된 광록경(光祿卿) 손식(孫植)이 상주한 내용에 근거한 것이다. 그러나 손식이 상주한 것은 세종 초년의 일로써 말년의 일이 아니다.

72) 가정 연간에 생긴 것으로, 포점(鋪墊)은 내부(內府)에서 상인들이 납부한 물품을 받을 때에 쓰이는 포장과 깔개 등의 용품에 대해서 별도로 상인들로부터 징수하였는데, 이 금액을 포점전(鋪墊錢)이라 한다. 환관들이 이 명의를 이용하여 상인들로부터 많은 비용을 착취했다.

럼 여겨 많은 뇌물을 주고 모면하려고 하였다. 담당관이 몰래 낚시질 하듯이 잡아들이는 것이 간악한 도적을 잡는 것처럼 하였다. 완평지현(宛平知縣) 유왈숙(劉曰淑)[73]이 말하기를, "경사의 백성이 한 번 상인으로 뽑히게 되면 이들에게 빼앗아가는 것이 터럭도 남기지 않으니, 재산이 모두 텅 비게 됩니다. 청컨대 가격을 높게 쳐서 먼저 물건 값을 보내주어 백성의 고통을 덜어주시기 바랍니다"라고 하였다. 어사 왕맹진(王孟震)이 그의 월권을 비난하자, 유왈숙이 스스로 탄핵하여 관직을 벗어던지고 떠났다. 희종(熹宗) 때에 이르러 상인의 부담이 더욱 무거워져 관에 물건을 보내고 끝내 한 푼도 얻지 못하는 자도 있었다.

《採造》

원문 洪武時, 宮禁中市物, 視時估率加十錢, 其損上益下如此. 永樂初, 斥言採五色石者, 且以溫州輸礬困民, 罷染色布. 然內使之出, 始於是時. 工役繁興, 徵取稍急, 非土所有, 民破產購之. 軍器之需尤無算. 仁宗時, 山場、園林、湖池、坑冶、果樹、蜂蜜官設守禁者, 悉予民. 宣宗罷閘辦金銀, 其他紙靛、紵絲、紗羅、氁緞、香貨、銀硃、金箔、紅花、茜草、麂皮、香蠟、藥物、果品、海味、硃紅戧金龍鳳器物, 多所罷減. 副都御史弋謙言 : "有司給買辦物料價, 十不償一, 無異空取." 帝嘉納之, 諭工部察懲. 又因泰安州稅課局大使郝智言, 悉召還所遣官, 敕自今更不許輒遣, 自軍器、軍需外, 凡買辦者盡停止. 然寬免之詔

73) 유왈숙(劉曰淑)은 강서성 남창(南昌) 출신이다. 거인(擧人)의 신분으로 만력 37년(1609)에 완평지현(宛平知縣)이 되어 다음 해까지 재임했다. 康熙『宛平縣志』권4,「歷官」조 참조.

屢下, 內使屢敕撤還, 而奉行不實, 宦者輒名採辦, 虐取於民. 誅袁琦、阮巨隊等十餘人, 患乃稍息. 英宗立, 罷諸處採買及造下西洋船木, 諸冗費多敕省. 正統八年, 以買辦擾民, 始令於存留錢糧內折納, 就近解兩京.

옮김 譯 홍무 때에는 궁중에서 물건을 구입하는 데 시가를 따져 대개 10전을 더 쳐주어, 위를 덜고 아래를 보태는 것이 이와 같았다. 영락 초에는 오색석(五色石)[74]을 채굴하자는 주장을 물리쳤고, 또 온주(溫州)에서 명반석(明礬石)[75]을 바치는 것이 백성을 고통스럽게 하는 것이라고 하여 베를 염색하는 것을 중지시켰다. 그러나 내사(內使)가 밖으로 나가는 것은 이때부터 시작되었다. 공역(工役)이 번다하게 일어나고 징수가 조금씩 급박해져 그 지역에서 나는 물품이 아니면 백성이 파산하면서까지 그것을 구입해야 했다. 군기(軍器)의 수요는 특히 셀 수도 없을 정도였다. 인종 때 산장(山場)·원림(園林)·호지(湖池)·갱야(坑冶)·과수(果樹)·봉밀(蜂蜜) 등 관이 금지했던 것은 모두 백성에게 주었다. 선종이 금은의 증액 징수를 없앴고, 그 밖의 지(紙)·전(靛)[76]·저사(紵絲)[77]·사라(紗羅)[78]·모단(毼緞)[79]·향화(香貨)[80]·은주(銀硃)[81]·금박(金箔)[82]·홍화(紅花)[83]·천초(茜

---

74) 산서성(山西省) 개휴현(介休縣)에서 생산되는 기물(器物)을 만드는 재료를 가리킨다.

75) 절강성 온주부(溫州府) 평양현(平陽縣)의 산속에서 산출된다. 산출된 명반석(明礬石)은 백반(白礬)을 제련할 수 있고, 견(絹)·면(棉)·마포(麻布) 등의 염색용으로 쓰였다.

76) 남(藍)을 물에 타서 석회를 가미하여 액즙의 찌꺼기를 밑에 침전시킨 것으로 염료로 사용되었다. 전청(靛靑) 혹은 수전(水靛)이라고도 한다.

77) 후세의 단자(緞子) 즉 비단을 가리킨다.

78) 사(紗)와 나(羅)는 모두 얇은 명주이지만, 전자가 조직이 간소하여 짜기 쉬운 보통의 명주이고, 후자는 조직이 복잡하여 짜기 어렵다.

79) 모(毼)는 모직물을 가리키는데, 그것이 촘촘하고도 두꺼운 것이 비단과도 같았기 때문에 '단(緞)'자를 덧붙인 듯하다.

80) 향화(香貨)는 향약(香葯)으로 장뇌(樟腦)·감송(甘松) 등을 가리킨다.

81) 은주(銀硃)는 즉 수은으로 만들어지는 이유화홍(二硫化汞)으로 안료로 쓰인다. 주사(硃砂)보다는 하등에 속한다.

82) 금박(金箔)은 얇은 금엽(金葉)이니 불상기물(佛像器物)에 붙이는 장식용으로 썼다.

83) 홍화(紅花) 즉 잇꽃은 그 꽃의 색깔이 붉고 잎이 남색에 가까워 홍남화(紅藍花)라고 하고 황남(黃藍)이라고 한다. 국과(菊科)에 속하는데, 그 꽃을 건조시켜 홍색(紅色) 혹은 연지색(臙脂色)의 염료를 만든다.

草)[84] · 궤피(麂皮)[85] · 향랍(香蠟)[86] · 약물(藥物) · 과품(果品) · 해미(海味)[87] · 주홍창금(硃紅戧金)의 용봉기물(龍鳳器物)[88]을 없애거나 줄인 바가 많았다. 부도어사(副都御史) 익겸(弋謙)[89]이 말하기를, "유사(有司)가 매판(買辦)한 물료(物料)의 값을 지급하는 데, 그 값의 1/10도 되지 않으니, 공짜로 가져가는 것과 다르지 않습니다"라고 하였다. 황제가 이를 받아들여 공부에 유시를 내려 조사해서 처벌하도록 하였다. 또 태안주(泰安州) 세과국(稅課局)[90] 대사(大使) 학지(郝智)의 말에 따라 파견했던 관원을 모두 불러들이고, 칙을 내려 지금부터 다시는 걸핏하면 파견하는 것을 허락하지 말고, 군기(軍器)와 군수(軍需) 이외에 모든 매판은 정지시키도록 하였다. 그러나 세금을 줄이거나 면해주는 조를 여러 번 내리고 내사(內使)를 소환하라는 명령이 누차 내려도, 실행이 제대로 되지 않아, 환관들은 걸핏하면 채판(採辦)이라는 명목으로 백성을 착취하였다. 원기(袁琦)와 완거대(阮巨隊) 등 10여 인을 주살[91]하자 화(禍)가 조금 가라앉았다. 영종이 즉위하고, 곳곳에서의 구매 및 서양에 나갈 배를 만드는 나무를 없애고,[92] 갖가지 불필

---

84) 천초(茜草) 즉 꼭두서니는 일종의 다년생 덩굴풀로, 황적색이며, 뿌리를 건조시켜 붉은 안료로 쓴다.

85) 궤피(麂皮) 즉 노루가죽은 털을 제거한 뒤 웃옷과 바지를 만들면 바람을 막는 데 좋고, 신발을 만들면 특히 좋았다. 남방에서 많이 생산되어 그 가죽은 갈해(蝎害)를 막는 데 효과가 있었다.

86) 향랍(香蠟)은 밀랍으로서 채취하면 향기가 있었다. 당송 이전에는 촉화용(燭火用)으로 많이 사용되었지만, 이후에는 백랍(白蠟)이 알려지게 되었다. 물론 약용으로도 널리 쓰였다.

87) 해산물을 가리킨다.

88) 주홍창금(硃紅戧金)의 용봉기물(龍鳳器物)에서 '창(戧)'은 도금의 뜻이니, 주홍색으로 용(龍)과 봉(鳳)의 문양을 금으로 그려 넣은 기물(器物)을 의미한다.

89) 익겸(弋謙, ?~1451)은 대주(代州) 출신이다. 영락 9년(1411)에 진사가 되었고, 감찰어사에 제수되었다. 인종 시기에 대리시소경(大理寺少卿)이 되었다. 그의 전(傳)은 『明史』 권164에 보인다.

90) 주현의 상세(商稅) 및 부동산 매매에 대한 세를 징수하는 관청이다.

91) 『宣宗實錄』 宣德 6년(1431) 12월 乙未 조에 관련 내용이 실려 있다. 한편 원기(袁琦)의 전(傳)은 『明名人傳』 권8에 수록되어 있다.

92) 영락 2년(1405)부터 선덕 6년(1431)에 이르기까지 태감(太監) 정화(鄭和)가 7번에 걸쳐 대규모의 선단을 이끌고 멀리 항해하여 남양(南洋) · 인도양 · 아프리카 동안(東岸)까지

요한 비용을 대부분 황제의 명령으로 줄였다. 정통 8년에 매판이 백성을 성가시게 한다는 이유로 처음으로 영을 내려 존류전량(存留錢糧[93]) 내에서 절납(折納)하고, 가까운 곳에 나가 양경(兩京)으로 보내게 했다.

원문 先是仁宗時, 令中官鎭守邊塞, 英宗復設各省鎭守, 又有守備、分守, 中官布列天下. 及憲宗時益甚, 購書採藥之使, 搜取珍玩, 靡有孑遺. 抑賣鹽引, 私採禽鳥, 糜官帑, 納私賂, 動以巨萬計. 太嶽太和山降眞諸香, 通三歲用七千斤, 至是倍之. 內府物料, 有至五六倍者. 孝宗立, 頗有減省. 甘肅巡撫羅明言 : "鎭守、分守內外官競尙貢獻, 各遣使屬邊衛搜方物, 名曰採辦, 實扣軍士月糧馬價, 或巧取番人犬馬奇珍. 且設膳乳諸房, 僉廚役造酥油諸物. 比及起運, 沿途騷擾, 乞悉罷之." 報可. 然其後靡費漸多. 至武宗任劉瑾, 漁利無厭. 鎭守中官率貢銀萬計, 皇店諸名不一, 歲辦多非土産. 諸布政使來朝, 各陳進貢之害, 皆不省.

옮김譯 이보다 앞서 인종 때에 환관으로 하여금 변강(邊疆)을 진수(鎭守)하게 했는데,[94] 영종이 다시 각 성(省)에 진수를 설치하고 또 수비(守備)와 분수(分守[95])를 두니, 환관이 천하에 깔리게 되었다. 헌종 때에 이르러서는 더욱 심해져, 책을 구입하고 약을 구하는 중사(中使[96])가 진귀

항해한 것을 당시에는 '하서양(下西洋)'이라 불렀다. 여기서는 영종이 즉위한 이후 이 활동과 조선용(造船用) 목재 채취를 중지시킨 것을 일컫는다.

93) 지방의 관청에 유치(留置)시켜 중앙으로 해송(解送)하지 않는 조세 수입을 말한다.

94) 명대에 환관들을 보내어 변진(邊鎭)을 진수(鎭守)하게 한 것은 대략 영락 말년부터 시작되었다. 다만 문헌상으로는 홍희 원년 2월 칙감숙진수태감왕안(勅甘肅鎭守太監王安)의 기사가 가장 빠른 것이다. 『弇山堂別集』 권90 참조.

95) 진(鎭)은 요해(要害)의 지점에 두어졌는데, 그 통솔자는 지배 구역의 크기에 따라 세 등급으로 나뉘어졌다. 즉 한 지방·한 성(省)을 맡는 진수(鎭守), 한 로(路)를 맡는 분수(分守), 한 성(城)·한 보(堡)를 맡는 수비(守備)가 각각 통할하도록 했다.

96) 성화 시기 환관들을 강남 각지로 파견하여 도가의 방서(方書)와 연단약물(煉丹藥物) 혹은 방중약(房中藥) 등을 구한 것을 말한다. 『弇山堂別集』 권92에 기재되기를 "是年(성화19년)十一月, 太監王敬, 千戶王臣等, 以購書、採藥爲名, 乘傳南行. 所至縱暴, 橫索貨財, 盜取奇玩. 官民並受其害"라 하였다.

한 것을 수색하여 가져가니 조금도 남아 있는 것이 없게 되었다. 염인(鹽引)을 억지로 팔고[97] 금조(禽鳥)를 몰래 잡으며,[98] 국고를 낭비하고 뇌물을 받아들이는 것이 걸핏하면 거만(巨萬)으로 헤아렸다. 태악태화산(太嶽太和山)[99]의 강진(降眞)[100] 등 여러 향료는 3년 동안에 모두 7,000근을 썼는데, 이때에 이르러 그 2배가 되었다. 내부(內府)의 물료(物料) 가운데에는 5~6배에 이르는 것도 있었다. 효종이 즉위한 이후 많이 줄어들었다. 감숙순무(甘肅巡撫) 나명(羅明)[101]이 말하기를, "진수와 분수의 내외관(內外官)은 경쟁적으로 바치는 것을 숭상하여 각각 사자(使者)를 관할 변위(邊衛)로 보내어 방물(方物)을 수색하는데, 이를 채판(採辦)이라 부르지만, 실제로는 군사의 월량(月糧)과 마가(馬價)를 덜어내거나 번인(番人)의 개나 말과 진기한 것을 교묘하게 가져가는 것입니다. 또 선유방(膳乳房) 등 여러 방(房)을 설치하고 요리사를 뽑아 소유(酥油) 등 여러 물건을 만듭니다. 기운(起運)할 때에는 연도(沿途)가 소란하니, 원컨대 이를 모두 중지시키시기 바랍니다"라고 하였다. 답보를 내려 이를 재가하였다. 그러나 그 후에 비용을 낭비하는 것이 점차 많아졌다. 무종 때에 이르러 유근(劉瑾)을 임용하면서 이익을 긁어모으는 것이 끝이 없었다. 진수하는 환관이 대략 바친 은이 만으로 헤아리고, 황점(皇店)[102]이라는 여러 명칭이 하나가 아니며, 세판(歲辦)하는 것이 대부

---

97) 성화 19년(1483)에 태감(太監) 왕경(王敬) 등이, "發鹽一萬五千五百引, 與寧國等府, 逼銀三萬二千五百兩. 又有鹽數百船, 發出江北廬州等府衛, 江西南昌等處逼賣"한 사실을 말한다. 『弇山堂別集』 권92 참조.

98) 『昭代典則』 권20 成化 18년 3월 조에 인용된 왕서(王恕)의 주소(奏疏)에, "臣又見各處進貢禽鳥花木等物, 經過去處, 亦頗騷擾. (…중략…) 至於禽鳥花木等, 數年間, 進之者不知其數"라 하였다.

99) 태악태화산(太嶽太和山)은 바로 무당산(武當山)으로 호북성 균현(均縣)에서 서북으로 120리 거리에 있다. 영락 연간에 태악(太嶽)이라는 이름을 받았고, 가정 연간에 완악(浣嶽 = 玄嶽)이라는 이름을 받았는데, 도교의 성지이다. 분수(分守) 또는 진수태감(鎭守太監) 1원이 이를 관할하였다.

100) 향료의 일종으로 분향(焚香)으로 사용되었다.

101) 나명(羅明)은 자가 시소(時昭)로서 복건 연평(延平) 출신이다. 홍치 원년(1488) 감숙순무(甘肅巡撫)에 부임하였다. 그의 상주문 원문은 『孝宗實錄』 弘治 元年 8월 己亥 조에 보인다. 한편 그의 전(傳)은 宣統 『甘肅新通志』 권56 「職官志」 大吏傳下에 보인다.

분 토산물이 아니었다. 포정사들이 황제를 알현하면서 각각 진공(進貢)의 폐해를 말하였으나, 모두 주의를 기울이지 않았다.

원문 世宗初, 內府供應減正德什九. 中年以後, 營建齋醮, 採木採香, 採珠玉寶石, 吏民奔命不暇, 用黃白蠟至三十餘萬斤. 又有召買, 有折色, 視正數三倍. 沈香、降香、海漆諸香至十餘萬斤. 又分道購龍涎香, 十餘年未獲, 使者因請海舶入澳, 久乃得之. 方澤、朝日壇, 爵用紅黃玉, 求不得, 購之陝西邊境, 遣使覓於阿丹, 去土魯番西南二千里. 太倉之銀, 頗取入承運庫, 辦金寶珍珠. 於是描兒睛、祖母碌石、綠撒孛尼石、紅剌石、北河洗石、金剛鑽、朱藍石、紫英石、甘黃玉, 無所不購. 穆宗承之, 購珠寶益急. 給事中李己、陳吾德疏諫. 己下獄, 吾德削籍. 自是供億寖多矣.

옮김 譯 세종 초에 내부(內府)의 공응(供應)은 정덕 때의 9/10를 줄였다. 중년 이후 재초(齋醮)[103]를 세우고, 나무와 향료를 채취하고, 주옥(珠玉)·보석(寶石)을 채취하여 관리와 백성이 명령을 따르느라 틈이 없었고, 황랍(黃蠟)·백랍(白蠟)[104]을 소비하는 것이 30여 만 근에 이르렀다. 또 소매(召買)와 절색이 있었는데 정수(正數)에 비하여 3배가 되었다. 침향(沈香)[105]·강향(降香)[106]·해칠(海漆)[107] 등 여러 향료는 10여 만 근에 이

---

102) 황점(皇店)은 명 중엽 이후 황족과 태감 등 황제 근행(近倖)의 유력자가 황제의 칙허를 받고 개설한 점사(店舍)로 그 기능은 관점(官店)과 비슷하였다. 즉 객상(客商)이 가져온 상품을 보관하고 그 대가로 보관료, 실제로는 화물의 통과세를 징수하였는데, 그 수입은 내부(內府)로 보내고, 정액(正額)을 황제나 황족의 어용으로 하고, 나머지를 황점(皇店)을 관리하는 내관(內官)의 공용(公用)으로 하였다. 따라서 기능은 관점과 비슷하지만, 후자가 정부기관으로서 정부의 관리에 의하여 감독·운영됨에 반하여 전자는 황제 혹은 황족에 직속하여 정부의 간섭 바깥에 있고 내관이 이를 관리·운영한 점이 달랐다.

103) 승도(僧道)가 단(壇)을 세워 기도하는 것으로 여기서는 세종의 장생(長生)을 기원하기 위해 열린 것이다.

104) 황랍(黃蠟)은 정제하지 않은 밀랍(蜜蠟)·백랍(白蠟)은 황랍을 전련정제(煎煉精製)한 것을 가리킨다.

르렀다. 또 길을 나누어 용연향(龍涎香)[108]을 구입하는 데 10여 년이 지나도 얻지 못하여, 사자(使者)가 이를 이유로 배를 타고 오(澳)[109]에 들어가겠다고 청했는데 한참 뒤에 결국 이를 얻었다. 방택단(方澤壇)[110]과 조일단(朝日壇)[111]에서는 홍옥(紅玉)과 황옥(黃玉)으로 만든 잔[112]을 쓰는데 구하지 못하여 섬서의 변경으로 구입하러 가서, 사자를 보내 아단(阿丹)[113]에서 구하였는데, 토로번(土魯番)[114]에서 서남으로 2,000리 거리였다. 태창(太倉)의 은은 자못 승운고(承運庫)에 들여 금보진주(金寶珍珠)를 구입했다. 이에 묘아정(猫兒睛)[115] · 조모녹석(祖母碌石)[116] · 녹철패니석(綠撤孛尼石)[117] · 홍랄석(紅剌石)[118] · 북하세석(北河洗石)[119] · 금강찬(金剛鑽)[120] · 주

---

105) 분향(焚香)의 대종(大宗)으로 서향과(瑞香科)에 속하는 상록교목(常綠喬木)의 수지분(樹脂分)이 응집하여 검은색 혹은 암갈색의 물보다 무거운 향목 즉 침향목(沈香木)이 만들어진다.

106) 앞의 강진향(降眞香)과 같다.

107) 침향(沈香)보다 품질이 떨어지는 향료를 가리킨다.

108) 여러 향료 가운데 가장 귀하고 특이한 향료로서 남양(南洋) · 이란 · 아프리카 동안(東岸) 등지에서 생산된다.

109) 향산오(香山澳), 즉 현재의 오문(澳門 = 마카오)을 가리킨다. 『東西洋考』 권12에서 인용한 萬曆 『廣東通志』 참조.

110) 오 원년(1376) 남경의 종산(鍾山) 남북에 환구(圜丘)와 방구(方丘)의 2단(壇)을 세워 각각 천(天)과 지(地)의 신(神)을 제사지냈지만 홍무 10년 천지를 합사하는 것으로 정하여 방구는 폐지되었다. 그러나 가정 9년 천지 분사(分祀)의 원래 제도로 돌아가 방택단(方澤壇)을 수도 북경의 안정문(安定門) 밖에 세웠다.

111) 석월단(夕月壇)과 함께 홍무 3년(1372)에 남경에 세웠지만, 21년(1388)에 폐지하였다. 가정 9년 북경 조양문(朝陽門) 바깥에 다시 세웠다.

112) 원문의 '작(爵)'은 제기(祭器)로서 술잔을 가리킨다.

113) 오늘날의 아덴(Aden)으로 아라비아반도 남단에 위치한다.

114) 토로번(土魯番)은 토로번(吐魯番)이라고도 한다. 현재 신강(新疆) 위구르 자치구 투루판 분지의 북부에 위치한다. 명대에 처음으로 토로번이라 부르기 시작했다.

115) 묘정(猫睛)이라고도 불린다. 고양이 눈알같이 빛이 나기 때문에 그로부터 생긴 명칭인 듯하다. 황색에 약간 붉은 기운이 있다. 『天工開物』 卷下 「珠玉」 참조.

116) 녹색의 에메랄드를 가리킨다.

117) 금록석(金綠石)을 가리킨다. 묘아정(猫兒睛)의 종류에 속하는 보석으로 그 가운데 가장 진귀한 보석의 일종이다.

118) 일종의 붉은 보석이다.

119) 일종의 에메랄드로서 비하세석(比河洗石)이라고도 하는데 이는 Beryls의 음역(音譯)이다. 王原, 『明食貨志』에는 비하세석(比河洗石)이라고 기재되어 있다.

람석(朱藍石)[121]・자영석(紫英石)[122]・감황옥(甘黃玉)[123] 등 구입하지 않는 것이 없었다. 목종은 이를 이어 주보(珠寶)를 사들이는 것이 더욱 심했다. 급사중 이기(李己)[124]와 진오덕(陳吾德[125])이 소를 올려 이를 간했다. 이기는 하옥되고 진오덕은 파면되었다. 이로부터 상공이 점차 많아졌다.

원문 神宗初, 內承運庫太監崔敏請買金珠. 張居正封還敏疏, 事遂寢. 久之, 帝日黷貨, 開採之議大興, 費以鉅萬計, 珠寶價增舊二十倍. 戶部尙書陳蕖言庫藏已竭, 宜加撙節. 中旨切責. 而順天府尹以大珠鴉青購買不如旨, 鐫級. 至於末年, 內使雜出, 採造益繁. 內府告匱, 至移濟邊銀以供之. 熹宗一聽中官, 採造尤夥. 莊烈帝立, 始務釐剔節省, 而庫藏已耗竭矣.

옮김 譯 신종 초에 내승운고(內承運庫) 태감(太監) 최민(崔敏)이 금주(金珠)를 구매할 것을 청하였다.[126] 장거정(張居正)이 최민의 소를 봉환(封還)[127]하여 일이 마침내 잠잠해졌다. 한참 뒤에 황제가 날로 재화를 탐내 개채(開採)의 의논이 크게 일어나[128] 비용이 엄청난 액수에 달했고

120) 다이아몬드를 가리킨다.

121) 자수정의 일종이다.

122) 자석영(紫石英)의 일종인 듯하다.

123) 황옥(黃玉) 가운데 증속(蒸粟)의 색채를 띠는 것으로서 옥(玉) 가운데 상품(上品)에 해당한다.

124) 이기(李己)는 자가 자복(子復)으로 자현(磁縣) 출신이다. 가정 44년(1565)에 진사가 되어 예과급사중(禮科給事中)에 임용되었다. 융경 시기에 진보(珍寶)를 간(諫)하다가 하옥되었다가 후에 석방되었다. 신종 시기에 병과도급사중(兵科都給事中)・순천부승(順天府丞)이 되었다. 그의 전(傳)은 『明史』 권215에 보인다.

125) 진오덕(陳吾德)은 자가 무수(懋修)로 귀선(歸善) 출신이다. 가정 44년(1565)에 진사가 되어 행인(行人)으로 제수되었다. 융경 시기 공과급사중(工科給事中)이 되어 시중(市中)의 주보(珠寶)에 대해 간하다가 황제의 뜻에 거슬려 서민(庶民)으로 강등되었다. 만력 초에 다시 병과급사중(兵科給事中)이 되었다. 그의 전(傳)은 『明史』 권215에 보인다.

126) 『神宗實錄』 隆慶 6년 11월 庚戌 조에 관련 내용이 실려 있다.

127) 밀봉하여 돌려보낸다는 것으로, 여기서는 황제로부터 내각(內閣)에 내려져 심의(審議)에 붙여진 최민(崔敏)의 소(疏)를 밀봉하여 황제에게 반환한 것을 말한다.

128) 『明史』 권20 「神宗本紀」 에, "만력 24년 7월 을유(乙酉)일에 처음으로 환관이 기내(畿

주보(珠寶)의 값은 전보다 20배가 늘어났다. 호부상서 진거(陳蕖)[129]가 창고의 저장이 이미 고갈 되었으니 더 절약해야 한다고 말했다. 중지(中旨)를 내려 몹시 질책하였다. 그리고 순천부윤(順天府尹)[130]이 대주(大珠)·아청(鴉青)[131]의 구매를 어지(御旨)대로 하지 않았다는 이유로 강급(降級)되었다. 말년에 이르러 내사(內使)가 마구 나아가 채조(採造)는 더욱 번다해졌다. 내부(內府)에서 재원이 부족하다고 보고하자 제변은(濟邊銀)[132]을 옮겨 공급하기에 이르렀다. 희종은 일관해서 환관의 말만을 들어[133] 채조는 더욱 많아졌다. 장렬제(莊烈帝)가 즉위하고 비로소 제거[134]하고 줄이는데 힘썼으나 국고의 저장은 이미 고갈되었다.

柴炭

원문 永樂中, 後軍都督府供柴炭, 役宣府十七衛所軍士採之邊關. 宣宗初, 以邊木以扼敵騎, 且邊軍不宜他役, 詔免其採伐, 令歲納銀二萬餘兩, 後府召商買納. 四年置易州山廠, 命工部侍郎督之, 僉北

內)에서 개광(開礦)토록 하고, 얼마 후에는 하남(河南)·산동(山東)·산서(山西)·절강(浙江)·섬서(陝西)에서도 모두 개채(開採)하도록 하였다"고 하였다.

129) 만력 27년 5월부터 30년 3월까지 호부상서를 역임하였다.

130) 순천부(順天府)는 명초에 북평부(北平府)라고 했지만, 영락 초에 순천부(順天府)로 고쳤고, 10년에 3품 아문(衙門)이 되어 응천(應天 = 南京)과 동격이 되었다. 윤(尹)은 그 장관을 가리킨다. 당시의 순천부윤(順天府尹)은 뇌례(雷禮)였다.

131) 아골청(鴉鶻青) 혹은 대주(大珠)의 품명인 듯하다.

132) 군향(軍餉)의 경비(經費) 외에 일부 은량(銀兩)을 저장하여 만일의 사태에 대비하게 했는데, 이를 제변은(濟邊銀)이라 한다.

133) 희종(熹宗)이 유혼(幼昏)하여 위충현(魏忠賢) 일파의 환관이 정권을 장악한 것을 말한다.

134) 의종(毅宗)이 즉위 후 바로 정치를 바로잡고, 위충현 및 그 일당을 일소한 것을 가리킨다.

直、山東、山西民夫轉運, 而後府輸銀召商如故.

옮김 譯 영락 연간에 후군도독부(後軍都督府)[135]에서 시탄(柴炭)[136]을 상공하였는데 선부 17위소(衛所)의 군사를 부려 변관(邊關)[137]에서 채벌(採伐)하도록 하였다.[138] 선종 초에 변목(邊木)으로 적의 기병을 막고 또 변군(邊軍)은 다른 역으로 부리는 것은 옳지 않다는 이유로 조를 내려 그 채벌을 면해주고, 영을 내려 해마다 은 2만여 량을 납입하면 후군도독부에서 상인을 불러 사들이게 하였다. 4년[139] 역주산창(易州山廠)[140]을 설치하여 공부시랑에게 이를 감독하도록 명하고, 북직예(北直隸)·산동·산서의 민부(民夫)를 뽑아 전운(轉運)하게 했는데, 후군도독부에서 은을 내어 상인을 부른 것은 예전과 같았다.

원문 初, 歲用薪止二千萬餘斤. 弘治中, 增至四千萬餘斤. 轉運既艱, 北直、山東、山西乃悉輸銀以召商. 正德中, 用薪益多, 增直三萬餘兩. 凡收受柴炭, 加耗十之三, 中官輒私加數倍. 逋負日積, 至以三年正供補一年之耗. 尚書李鐩議, 令正耗相準, 而主收者復私加, 乃以四萬斤爲萬斤, 又有輸納浮費, 民弗能堪. 世宗登極, 乃酌減之. 隆慶六年, 後府採納艱苦, 改屬兵部武庫司. 萬曆中, 歲計柴價銀三十萬兩, 中官得自徵比諸商, 酷刑悉索, 而人以惜薪司爲陷阱云.

---

135) 후군도독부(後軍都督府)는 오군도독부(五軍都督府)의 하나이다. 각군도독부(各軍都督府)는 위로는 병부에 예속하고 아래로는 도사와 위소를 관할하는데, 그 장관을 도독이라 하였다. 좌우 각 1인씩 있었다. 한편 후군도독부는 북직예(北直隸)·대녕(大寧)·만전(萬全)·산서(山西) 등 도사(都司) 5곳을 관할하였다.

136) 신시(薪柴)와 목탄(木炭)을 가리킨다.

137) 변경의 관애(關隘)를 가리킨다.

138) 선부(宣府) 17위소(衛所)는 좌(左)·우(右)·전(前)의 3위와 흥화수어천호소(興和守御千戶所)·만전도사(萬全都司) 관할의 10여 개 위소를 포괄하여 말하는 것이다.

139) 원문에는 '五年'이라 되어 있으나, 『明史』 권72 「職官志」와 萬曆 『大明會典』 권205 「柴炭」 조 등에 의거하여 고친 것이다.

140) 역주(易州)는 하북성 역현(易縣)을 가리킨다. 산창(山廠)이란 산중(山中)을 구획하고, 구획 내의 산목(山木)으로 시탄(柴炭)을 만들어 내용(內用)에 제공하는 시설을 말한다.

옮김 譯 처음에 해마다 사용한 장작은 2,000만여 근에 불과하였다. 홍치 연간에는 늘어서 4,000만 근에 이르렀다. 전운(轉運)이 어려워지게 되자 북직예·산동·산서에서는 모두 은을 내어 상인을 불렀다. 정덕 연간에 장작의 사용이 더욱 많아져 늘어난 값이 3만여 량이었다. 장작과 목탄(木炭)을 수수(收受)하는 경우 3/10을 가모(加耗)하였는데,[141] 환관이 걸핏하면 멋대로 몇 배를 더하였다. 체납이 날로 쌓여 3년간의 정공(正供)으로 1년의 가모를 채우기에 이르렀다. 상서 이수(李鐩)가 의논하여 정공과 가모의 액수를 서로 같게 하자고 하였으나,[142] 수납을 주관하는 자가 다시 멋대로 가모를 부가하여 4만 근을 1만 근으로 하고, 게다가 수납(輸納)할 부비(浮費)[143]까지 있으니 백성이 견뎌내질 못했다. 세종이 등극하여 마침내 이를 줄였다. 융경 6년[144]에 후군도독부의 채납(採納)이 곤란하여 병부 무고사(武庫司)[145]로 바꾸어 속하게 했다. 만력 연간에 해마다 장작 값이 은 30만 량어치나 되었는데, 환관이 상인들에게 마음대로 징비(徵比)[146]할 수 있어 혹형(酷刑)으로 강제하니 사람들이 석신사(惜薪司)를 함정이라고 말했다고 한다.

---

141) 모(耗)는 신탄(薪炭)의 습모(濕耗)를 말한다. 100근에 습모(濕耗) 15근을 가하였는데, 뒤에 30근으로 늘렸다. 즉 30%가 늘어난 셈이다. 『武宗實錄』 正德 15년 정월 庚寅 조 참조.

142) 『武宗實錄』 正德 15년 정월 庚寅 조에, "상서 이수(李鐩)가 정수(正數) 1만 근 외에 추가로 1만 근을 가모(加耗)로 삼자고 건의하여 그 건의대로 하라는 어지(御旨)를 받았다"는 등의 내용이 실려 있다.

143) 시탄(柴炭)을 수송·납입하기 위한 수수료로서 정모(正耗) 이외에 징수한 잉여의 비용을 가리킨다. 강운과문(扛運過門)과 기주취단(起籌取單) 등의 제전(諸錢)이 이에 해당한다.

144) 원문에는 '五年'이라고 되어 있으나, 『穆宗實錄』 隆慶 6년 정월 乙丑 조에 의거하여 고친 것이다.

145) '武庫司'가 원문에는 '車駕司'로 되어 있으나, 『穆宗實錄』 隆慶 6년 정월 乙丑 조에 의거하여 고친 것이다. 이 두 사(司)가 비록 모두 병부 소속이기는 하나, 거가사(車駕司)는 시탄(柴炭)의 일과는 관련이 없는 반면, 무고사(武庫司)는 병기(兵器)·부절(符節)·시탄(柴炭)·관노(官奴)의 일을 담당한다.

146) 기한을 정해 전량(錢糧) 등(여기서는 시탄)을 징수하여 그 다과의 수를 비교·점검하는 것을 말한다.

【採木】

원문 採木之役, 自成祖繕治北京宮殿始. 永樂四年遣尚書宋禮如四川, 侍郎古樸如江西, 師逵、金純如湖廣, 副都御史劉觀如浙江, 僉都御史史仲成如山西. 禮言有數大木, 一夕自浮大谷達於江. 天子以爲神, 名其山曰神木山, 遣官祠祭. 十年覆命禮採木四川. 仁宗立, 已其役. 宣德元年修南京天地山川壇殿宇, 覆命侍郎黃宗載、吳廷用採木湖廣. 未幾, 因旱災已之. 尋復採大木湖廣, 而諭工部酌省, 未幾復罷. 其他處亦時採時罷. 弘治時, 發內帑修淸寧宮, 停四川採木.

옮김譯 채목(採木)의 역(役)[147]은 성조 때 북경에 궁전을 지을 때부터 시작되었다.[148] 영락 4년(1406) 상서 송례(宋禮[149])를 사천에, 시랑 고박(古朴[150])을 강서에, 사규(師逵[151])·김순(金純[152])을 호광(湖廣)에, 부도어사 유관(劉觀[153])을 절강에, 첨도어사 사중성(史仲成[154])을 산서에 파견

147) 조정(朝廷)이나 정부가 건축용의 목재를 채벌하여 운반하기 위해 군민을 부린 것을 말한다. 다만 여기서 기술된 것은 조정의 궁전, 단묘(壇廟)의 영조(營造)에 관한 것이다.

148) 성조가 영락 4년 윤(閏)7월 임술(壬戌)에 조(詔)를 내려 다음 해 5월에 북경에 궁전을 만들게 한 것을 가리킨다.

149) 송례(宋禮)는 당시 공부상서였다. 그의 전(傳)은 『明史』 권153에 있다.

150) 고박(古朴)은 자가 문질(文質)이며, 진주(陳州) 출신이다. 영락 2년(1404) 호부좌시랑(戶部左侍郎)으로 북경을 건설하면서 명을 받고 강서에 가서 목재의 채벌을 담당했다. 『明史』 권150 「古朴傳」 참조.

151) 사규(師逵, 1365~1427)는 자가 구달(九達)이며, 동아(東阿) 출신이다. 당시는 이부우시랑(吏部右侍郎)을 맡고 있었다. 『明史』 권150 「師逵傳」 참조.

152) 김순(金純, ?~1440)은 자가 덕수(德修)이며, 사주(泗州) 출신이다. 성조가 즉위하면서 형부시랑(刑部侍郎)이 되었다. 당시 북경을 건설하면서, 명을 받고 호광에 가서 목재를 채벌하였다. 『明史』 권157 「金純傳」 참조.

153) 유관(劉觀)은 웅현(雄縣) 출신이며, 홍무 18년(1386)에 진사가 되었다. 영락 연간에 좌부도어사(左副都御史)가 되었다. 4년(1406)에 북경을 건설하면서 명을 받고 절강에 가서 목재를 채벌하였는데 곧 돌아왔다. 후에 죄를 지어 요동으로 수자리하러 가서 결국 사망했다. 『弇山堂別集』 권67 「都察院副都御史表」; 『明史』 권151 「劉觀傳」 등 참조.

154) 『獻徵錄』에 영락 4년 명을 받고 산서의 군민을 데리고 나무를 오대산(五臺山)에서

했다. 송례가 말하기를, "여러 개의 큰 나무가 하루 저녁에 저절로 큰 골짜기에 떠서 강에 도달합니다"라고 하였다. 천자가 신통하다 여겨 그 산을 신목산(神木山)[155]이라 명명하고, 관리를 파견해 제사를 올리도록 하였다. 10년(1412)에 다시 송례에게 명을 내려 사천에서 목재를 채판(採辦)하게 하였다. 인종이 즉위하자 그 역(役)을 중지시켰다. 선덕 원년(1425) 남경의 천지단(天地壇), 산천단(山川壇)[156]의 전당(殿堂)을 수리하고, 다시 시랑 황종재(黃宗載)[157]와 오정용(吳廷用)[158]에게 명을 내려 목재를 호광(湖廣)에서 채판하도록 하였다.[159] 얼마 있다가 한재로 인하여 그만 두었다.[160] 얼마 후 다시 대목(大木)을 호광에서 채판하도록 하였지만,[161] 공부에게 유시를 내려 참작하여 줄이도록 했는데,[162] 얼마 있지 않아 이를 중지시켰다. 다른 곳에서도 채판하도록 했다가 중지시키곤 하였다. 홍치 연간에는 국고를 열어 청녕궁(淸寧宮)[163]을 수리하였고, 사천의 목재 채판을 중지시켰다.[164]

채벌했지만, 비행(非行)이 있었기 때문에 소환되고 말았다고 한다. 『獻徵錄』 권59 「史仲成傳」 참조.

155) 신목산(神木山)은 사천성 병산현(屛山縣)에 있다. 명대에는 목천장관사(沐川長官司) 소속이었다. 원래의 지명은 남현산(南現山)이었는데, 영락 5년(1407)에 신목산이라 개명했다. 『大明一統志』 권70 「四川馬湖府」 山川 조 참조.

156) 남경의 천지단(天地壇)은 정양문(正陽門) 밖 동쪽에, 산천단(山川壇)은 정양문 밖 서쪽에 있었다.

157) 황종재(黃宗載, 1354~1434)는 황후(黃垕)라고도 한다. 자는 후부(厚夫)로 풍성(豊城) 출신이다. 선덕 3년(1428) 호광에서 목재를 채판(採辦)했다. 『明史』 권158 「黃宗載傳」 참조.

158) 『本朝分省人物攷』 권72 「福建」 建寧府 조 참조.

159) 『宣宗實錄』 宣德 元年 2월 壬辰 조 참조.

160) 『明史』 권9 「宣宗紀」 宣德 元年 秋7月 壬子 조에 "罷湖廣採木"이라 하고 있지만, 관련 내용이 『實錄』에는 보이지 않는다.

161) 『國朝典彙』 권194 「採木」에는, "宣德四年四月, 命吏部左侍朗黃宗載往湖廣, 採宮殿大材"라 하고, 『明史』 권158 「黃宗載傳」에는 "宣德三年, 督採木湖湘"이라 하여 관련 내용을 찾을 수 있지만, 그 연도가 3년인지 4년인지는 분명하지 않다.

162) 『宣宗實錄』 宣德 4년 6월 丁丑 조 참조.

163) 청녕궁(淸寧宮)은 건청문(乾淸門) 서쪽에 있다. 弘治 11년(1498) 10월 불이 나서 다음해 12년 9월에 중건(重建)되었다.

164) 홍치 11년(1498)의 일이다. 『國朝典彙』 권194 「採木」 조 참조.

원문 正德時, 採木湖廣、川、貴, 命侍郎劉丙督運. 太監劉養劾其不中梁棟, 責丙陳狀, 工部尙書李鐩奪俸. 嘉靖元年革神木千戶所及衛卒. 二十年, 宗廟災, 遣工部侍郎潘鑑、副都御史戴金於湖廣、四川採辦大木. 二十六年復遣工部侍郎劉伯躍採於川、湖、貴州, 湖廣一省費至三百三十九萬餘兩. 又遣官核諸處遺留大木. 郡縣有司, 以遲誤大工逮治褫黜非一, 並河州縣尤苦之. 萬曆中, 三殿工興, 採楠杉諸木於湖廣、四川、貴州, 費銀九百三十餘萬兩, 徵諸民間, 較嘉靖年費更倍. 而採鷹平條橋諸木於南直、浙江者, 商人逋直至二十五萬. 科臣劾督運官遲延侵冒, 不報. 虛糜乾沒, 公私交困焉.

옮김 譯 정덕 연간에는 목재를 호광・사천・귀주에서 채판하고, 시랑 유병(劉丙)[165]에게 명해서 운반을 감독하도록 하였다. 태감(太監) 유양(劉養)은 그 대들보와 용마루에 적당하지 않다고 탄핵하고, 유병에게 진상을 진술하게 하였고, 공부상서 이수(李鐩)의 봉록을 박탈하였다.[166] 가정 원년 신목천호소(神木千戶所)[167] 및 위졸(衛卒)을 혁파하였다. 가정 20년 종묘가 불타자 공부시랑 반감(潘鑑)[168]과 부도어사 대금(戴金)[169]을 호광과 사천에 파견하여 대목(大木)을 채판하도록 하였다. 26년(1547) 다시 공부시랑 유백약(劉伯躍)[170]을 파견하여 사천・호광・귀주에서 채판하도록 하였는데, 호광 한 성(省)의 비용이 339만여 량에 달했다. 또 관리를 파견해 여러

165) 유병(劉丙)은 자가 문환(文煥)으로 성화 연간에 진사가 되었다. 정덕 연간에 공부시랑(工部侍郎)을 맡아 목재를 채판하기 위해 입산했다가 병사했다. 『明史』 권152 「劉丙傳」 참조.

166) 당시 2개월분의 봉록을 삭감하였다. 『武宗實錄』 正德 13년 春正月 辛酉 조 참조.

167) 정덕 3년(1508) 환관 유근(劉瑾)이 상주하여 설치하였다. 『武宗實錄』 正德 3년 6월 壬午 조에 의하면, 북경 숭문문(崇文門) 바깥에 신목창(神木廠)을 만들고, 조양문(朝陽門) 바깥에 대목창(大木廠)을 만들어 호분위(虎賁衛) 및 통주(通州) 25외위(外衛)의 군졸 1,000호(戶)로 목료(木料)를 지키도록 하고 이곳에 소(所)를 두어 이를 신목천호소(神木千戶所)라 하였다고 한다.

168) 『憲徵錄』 권57 「潘鑑傳」 참조.

169) 『獻徵錄』 권39 「戴金傳」 참조.

170) 『明史稿』 권286 「劉伯躍傳」 참조.

곳에 남아 있는 대목을 조사하도록 했다. 군현(郡縣)의 유사(有司)들은 대공(大工)을 지연시켰다는 이유로 체포·처벌되어 파면당하거나 강등되는 사람이 하나 둘이 아니었으며,[171] 하(河)에 연해 있는 여러 주현에서 더욱 괴로워했다.[172] 만력 연간 세 궁전을 수리하기 위하여 녹나무와 삼나무와 같은 여러 목재를 호광·사천·귀주에서 채판하였는데, 비용은 은 930여 만 량이 들어, 민간에서 징수하였는데, 가정 연간의 비용과 비교하면 곱절이나 되었다.[173] 그러나 응평(鷹平)과 조교(條橋)[174]와 같은 여러 나무를 남직예와 절강에서 채판하는 자[175]가 상인에게 떼먹힌 값이 25만에 달했다. 과도관(科道官)[176]이 운반 감독 관리가 지연시키고 착복한다고 탄핵하였으나 답보가 없었다. 중간에서 없어지고 착복하여 관민이 서로 곤란하였다.

【珠池】

원문 廣東珠池, 率數十年一採. 宣宗時, 有請令中官採東莞珠池者, 繫之獄. 英宗始使中官監守, 天順間嘗一採之. 至弘治十二年, 歲久珠老, 得最多, 費銀萬餘, 獲珠二萬八千兩, 遂罷監守中官. 正德九年又採, 嘉靖五年又採, 珠小而嫩, 亦甚少. 八年復詔採, 兩廣巡撫林富言: "五年採珠之役, 死者五十餘人, 而得珠僅八十兩, 天下謂以人易珠. 恐

171) 『世宗實錄』 嘉靖 36년 10월 甲辰 조 참조.

172) 『世宗實錄』 嘉靖 37년 2월 癸巳 조 참조.

173) 『神宗實錄』 萬曆 37년 9월 乙卯朔 조 참조.

174) 응평(鷹平)과 조교(條橋)이 어떤 목재인지는 분명하지 않다. 다음의 기사가 이와 관련이 있는 듯하다. 萬曆 『大明會典』 권190 「木植」 "浙江, 徽州採鷹架木."

175) 대공(大工)을 위해 남직예·절강에서 여러 나무를 채매(採買)하러 차견(差遣)된 관리 또는 위관(委官)을 가리킨다.

176) 육과(六科)의 급사중(給事中)과 도찰원(都察院)의 각 도(道) 감찰어사를 가리킨다.

今日雖以人易珠, 亦不可得.” 給事中王希文言 : “雷、廉珠池, 祖宗設官監守, 不過防民爭奪. 正德間, 逆豎用事, 傳奉採取, 流毒海濱. 陛下御極, 革珠池少監, 未久旋復. 驅無辜之民, 蹈不測之險, 以求不可必得之物, 而責以難足之數, 非聖政所宜有.” 皆不聽. 隆慶六年詔雲南進寶石二萬塊, 廣東採珠八千兩. 神宗立, 停罷. 旣而以太后進奉, 諸王、皇子、公主冊立、分封、婚禮, 令歲辦金珠寶石. 復遣中官李敬、李鳳廣東採珠五千一百餘兩. 給事中包見捷力諫, 不納. 至三十二年始停採. 四十一年, 以指揮倪英言, 復開.

옮김 譯 광동의 주지(珠池)[177]는 대개 수십 년에 한 번씩 채판(採辦)하였다. 선종 때 환관으로 하여금 동완(東莞)[178]의 주지(珠池)에서 채판할 것을 청하는 자가 있었는데, 그를 붙잡아 옥에 가두었다.[179] 영종은 처음으로 환관을 보내 이를 감수(監守)하게 하였고, 천순 연간에 한 번 진주를 채판하였다. 홍치 12년(1499)에 이르러 세월이 오래되어 진주알이 커져 획득한 바가 가장 많아 은 1만여 량을 써서 진주 2만 8,000량을 얻고, 마침내 감수하는 환관을 없앴다. 정덕 9년(1514) 다시 채판하였고, 가정 5년(1526)에도 다시 채판하였는데, 진주가 작으면서 유약하고 수량도 매우 적었다. 8년에 다시 조를 내려 채판하게 하자, 양광순무(兩廣巡撫) 임부(林富)[180]가 말하기를, “가정 5년(1526) 진주를 채판하는 역(役)으로 죽은 자가 50여 명인데, 얻은 진주도 80량에 불과하니, 세간에서는 사람으로 진주와 바꾼다고 하였습니다. 지금은 사람으로 진주와 바꾼다 해도 진주를 얻지 못할까 걱정이 됩니다”라고 하였다. 급사중 왕희문(王希文)[181]이 말

177) 주지(珠池)라는 것은 해면(海面)의 일부를 도서(島嶼)가 둘러져 흡사 연못과 같은 구획을 형성하여, 그 내부에서 진주 등이 산출되는 데에서 유래한 이름이다.

178) 동완(東莞)은 광주부(廣州府)에 속하며, 지금의 광동성 동완현(東莞縣)이다. 남쪽으로 바다에 면해 있으며, 바다 중간에 주(洲)가 있는데, 거기에 주지(珠池)가 있었다.

179) 『明史』 권9 「宣宗紀」 宣德 3년 11월 癸酉 조 참조.

180) 『憲徵錄』 권58 「林富傳」 참조. 임부(林富)는 가정 8년 정월부터 11년까지 양광순무(兩廣巡撫)로 재임하였다.

하기를, "뇌주(雷州)와 염주(廉州)의 주지[182]에 조종(祖宗)이 관을 두어 감수시켰던 것은 백성들의 쟁탈을 막는 데 지나지 않았습니다. 정덕 연간에 역수(逆竪)[183]가 집정(執政)하여 어지(御旨)를 받들었다고 하면서 채취를 강제하여, 그 해독이 연해 지방에 미쳤습니다.[184] 폐하께서 등극하셔서 주지의 소감(少監)[185]을 소환하셨지만 얼마 되지 않아 다시 복귀하였습니다. 이는 무고한 백성을 몰아서 헤아릴 수 없는 위험한 지경에 빠지게 하는 것으로, 반드시 얻는다는 보장을 할 수 없는 물건을 요구하면서 채우기 어려운 액수로 책임지우는 것이니, 성정(聖政)에 마땅히 있어야 할 바가 아닙니다"라고 하였지만, 모두 듣지 않았다. 융경 6년(1572) 조를 내려 운남에서 보석 2만 괴(塊)를 진상하도록 하였고, 광동에서 진주 8,000량을 채판하도록 하였다.[186] 신종이 즉위하여 중지시켰다.[187] 얼마 있다가 태후의 진봉(進奉),[188] 제왕(諸王)·황자(皇子)·공주(公主)의 책립(冊立), 분봉(分封), 혼례(婚禮)[189] 등의 이유로 금·진주·보석을 해마다 바치도록

181) 왕희문(王希文)은 자가 경순(景純)으로 광동성 동완현(東莞縣) 원사(圓沙) 출신이다. 가정 8년의 진사가 되어 형과급사중(刑科給事中)으로 제수되었지만, 직언하는 성격이 시세(時勢)에 받아들여지지 못하여 관직을 내놓고 집에서 거한 지 30년 만에 졸(卒)하였다. 嘉慶『東莞縣志』 권23「選擧」; 권29「人物」 조 등 참조.

182) 뇌주(雷州)와 염주(廉州)의 주지(珠池)라는 것은 뇌주부(雷州府) 수계현(遂溪縣), 염주부(廉州府) 합포현(合浦縣) 바닷가에 있는 주지를 가리킨다. 뇌주의 주지는 범위가 150리이며, 염주의 주지는 80리였다. 진주를 캐는 사람들은 긴 줄로 몸을 묶어 400~500척까지 깊이 잠수하여 진주조개를 채취하였다. 『天工開物』 卷下「珠玉」 조 참조.

183) 역수(逆竪)는 환관 유근(劉瑾)을 가리킨다. 반역죄로 처벌되었기 때문에 '역수' 즉 역적 환관이라 한 것이다.

184) 정규(正規)의 수속을 밟지 않고, 직접 황제의 성지(聖旨)을 청하여 이를 전승봉대(傳承奉戴)해서 채취를 강행하여 연해 지방의 관민에게 피해를 준 것을 말한다.

185) 소감(少監)은 환관의 관명이다. 종4품으로 태감(太監)의 아래와 감승(監丞)의 위에 위치한다. 주지소감(珠池少監)은 주지(珠池)를 전담 관리하는 소감을 가리킨다. 『春明夢餘錄』 권6「內官監中官之制」.

186) 『穆宗實錄』 隆慶 6년 정월 乙未 조 참조.

187) 『神宗實錄』 隆慶 6년 6월 甲子 조 참조.

188) 태후(太后)는 신종의 생모인 이태후(李太后)를 가리킨다. 진주 등의 보석을 이태후에게 진봉(進奉)하여 그가 죽은 후 빈궁(殯宮)에 안치(安置)할 것을 준비한다는 의미이다.

189) 제왕(諸王)은 복왕(福王)·원왕(沅王)·서왕(瑞王) 등 신종의 여러 아들을 말한다. 황

하였다. 다시 환관 이경(李敬)과 이봉(李鳳)을 파견하여 광동에서 진주 5,100여 량을 채판하도록 하였다. 급사중 포견첩(包見捷[190])이 힘써 간했지만, 받아들여지지 않았다. 33년(1599)에 이르러 비로소 채판을 그만두었다. 41년(1607) 지휘(指揮) 예영(倪英)의 상언으로 재개하였다.[191]

【織造】

원문 明制, 兩京織染, 內外皆置局. 內局以應上供, 外局以備公用. 南京有神帛堂、供應機房, 蘇、杭等府亦各有織染局, 歲造有定數.

옮김譯 명의 제도에 양경(兩京)의 직염(織染)은 내외로 모두 국(局)을 두었다. 내국(內局)[192]은 상공에 응했고, 외국(外局)[193]은 공용(公用)[194]에 대비했다. 남경에 신백당(神帛堂)[195]과 공응기방(供應機房)[196]이

자(皇子)는 광종(光宗)을 가리킨다. 공주(公主)는 영창(榮昌)·운화(雲和) 등의 공주이다. 책립(冊立)은 광종을 태자로 책립한다는 의미이다. 분봉(分封)은 복왕 등을 각지에 나누어 봉(封)을 내린다는 의미이다. 혼례는 복왕 등의 혼례를 말한다.

190) 포견첩(包見捷)은 운남성 임안위(臨安衛) 출신이다. 만력 17년(1589) 진사가 되어 호과급사중(戶科給事中)으로 제수되었다가 도급사중(都給事中)으로 진급했다. 이경(李敬)을 광동으로 보내 채주(採珠)하는 것을 간했지만 받아들여지지 않았다. 후에 죄를 얻어 귀주(貴州)로 유배되었다. 『明史』 권237 「包見捷傳」 참조.

191) 『神宗實錄』 萬曆 41년 6월 辛亥 조 참조. 당시 예영(倪英)은 금오우위지휘(金吾右衛指揮)였다. 금오위(金吾衛)는 남북의 양경에 각각 전후좌우의 4위(衛)가 있었는데, 모두 친군(親軍)의 위로서 궁금(宮禁)의 수호(守護)를 담당하였다. 지휘(指揮)는 그 장관인 지휘사(指揮使)를 가리킨다.

192) 내국(內局)은 내직염국(內織染局) 즉 내부(內府)에 두어진 직염국(織染局)을 말하며, 환관 8국(局)의 하나이다. 대사(大使) 1인(人) 정9품, 부사(副使) 1인 종9품이 관할했다.

193) 외국(外局)은 공부 도수청리사(都水清吏司)에 속한 양경의 외직염국(外織染局)을 말하며, 대사 1인 정9품, 부사 1인 종9품이 관할하였다. 공부직염국(工部織染局) 또는 직염소(織染所)라고도 한다. 상사(賞賜)나 공용(公用)의 비단 등을 직조(織造)하였다.

있었고, 소주(蘇州)와 항주(杭州) 등의 부(府)에서도 각각 직염국(織染局)이 있었는데, 세조(歲造)에 정해진 숫자가 있었다.

원문 洪武時, 置四川、山西諸行省, 浙江紹興織染局. 又置藍靛所於儀眞、六合, 種青藍以供染事. 未幾悉罷. 又罷天下有司歲織緞匹. 有賞賚, 給以絹帛, 於後湖置局織造. 永樂中, 復設歙縣織染局. 令陝西織造駝毼. 正統時, 置泉州織造局. 天順四年遣中官往蘇、松、杭、嘉、湖五府, 於常額外, 增造彩緞七千匹. 工部侍郎翁世資請減之, 下錦衣獄, 謫衡州知府. 增造坐派於此始. 孝宗初立, 停免蘇、杭、嘉、湖、應天織造. 其後復設, 乃給中官鹽引, 鬻於淮以供費.

옮김 譯 홍무 때 사천, 산서 등 여러 행성(行省)과 절강의 소흥(紹興)에 직염국을 두었다.[197] 또 남전소(藍靛所)[198]를 의진(儀眞)과 육합(六合)[199]에 두어 청람(青藍)[200]을 심어 염색에 제공했다. 얼마 되지 않아 모두 없앴다. 또 천하의 유사(有司)가 해마다 단필(緞匹)을 직조(織造)하는 것을 중지시켰다. 상사(賞賜)를 내릴 일이 있으면 비단으로 주었는데, 후호

---

194) 공용(公用)은 내용(內用)·어용(御用)·상용(上用) 등과 상대되는 용어로서 정부에서 공적으로 이용하는 즉 관용(官用)의 의미이다.

195) 신백당(神帛堂)은 남경사례감(南京司禮監) 소속으로서 오로지 각종 제사에 쓰이는 제백(制帛)을 직조하였다. 萬曆 『大明會典』 권201 「制帛」; 권208 「南京工部」 都水淸吏司 조 참조.

196) 공응기방(供應機房)은 민간의 기방(機房)에서 관부(官府)로부터 급료를 받고 필요에 따라 액외(額外)의 상공 직물을 직조하는 것을 말한다. 저사(紵絲)·사(紗)·나(羅)·단필(段疋) 등과 각양각색의 포복(袍服) 등의 직조를 행했던 민간의 특수 어용기방(御用機房)이었다.

197) 사천과 산서에 대해서는 『實錄』에 보이지 않지만, 절강 소흥부(紹興府)의 직염국에 대해서는 『太祖實錄』 洪武 8년 6월 壬寅 조에 "직염(織染)과 잡조(雜造) 2국(局)을 두었다"고 하고 있다.

198) 남전소(藍靛所)는 청람(青藍)을 재배하여 물에 녹여서 남색(藍色)의 염료를 만드는데, 견백(絹帛)의 염색에 사용한다. 공부 안료국(顔料局)에 속하였다.

199) 의진(儀眞)은 강소성 의징현(儀徵縣), 육합(六合)은 강소성 육합현(六合縣)이다.

200) 청람(青藍)은 강남대청(江南大青)이라고도 하는데, 숭람(菘藍)을 가리키는 듯하다.

(後湖)[201]에 국(局)을 두어 직조하도록 하였다. 영락 연간에 다시 흡현(歙縣)에 직염국을 설치하였다.[202] 섬서에서는 타갈(駝毼)[203]을 직조하도록 하였다. 정통 때에는 천주(泉州)에 직조국을 두었다.[204] 천순 4년(1460) 환관을 소주(蘇州)·송강(松江)·항주(杭州)·가흥(嘉興)·호주(湖州) 등 5부에 파견해서 상액(常額) 외에 채단(綵緞)[205] 7,000필을 추가로 만들도록 했다. 공부시랑 옹세자(翁世資)는[206] 이를 줄일 것을 청하여 금의위(錦衣衛)의 옥(獄)[207]에 떨어졌다가 형주(衡州) 지부(知府)로 좌천되었다. 액수를 늘려서 만드는 좌파(坐派)[208]가 이로부터 시작되었다. 효종 초에 세웠다가 소주·항주·가흥·호주·응천부(應天府)의 직조를 중지하여 면해주었다. 그 후 다시 설치하여 환관에게 염인(鹽引)을 주어 양회(兩淮)에서 팔아서 그 비용에 충당하도록 하였다.

원문 正德元年, 尙衣監言 : "內庫所貯諸色紵絲、紗羅、織金、閃色, 蟒龍、斗牛、飛魚、麒麟、獅子通袖、膝襴, 並胸背斗

---

201) 후호(後湖)는 현무호(玄武湖)라고도 하는데, 남경 현무문(玄武門) 밖에 있다. 그 남쪽에 전호(前湖)가 있기 때문에 이에 상대해서 후호(後湖)라고 하는데, 호수 가운데 5주(洲)가 있다.

202) 실제 이때의 연호는 건문 4년(1402)이며, 『實錄』에는 홍무 35년(1402)으로 기재되어 있으므로, '영락' 연호의 사용은 타당하지 않다. 『太祖實錄』 洪武 35년 12월 丁丑 조에 "다시 휘주부(徽州府) 흡현(歙縣)에 직염국(織染局)을 설치하였다"고 되어 있다.

203) 낙타의 털로 만든 모포를 가리킨다.

204) 천주(泉州)에 직염국이 설치된 것은 정통 3년(1438)이었다. 萬曆 『泉州府志』 권4 「規制志上」 雜署 조 참조.

205) '綵緞'은 『實錄』에는 '段'으로 기재되어 있다. 단필(段匹)에서 나온 말로 백(帛) 즉 비단을 의미한다. 채(綵)는 증(繒; 단(段)·백(帛)과 같은 뜻임)을 의미하는 외에, 동음의 변(釆)과 마찬가지로 유색(有色)의 백(帛)을 가리키는 듯하다.

206) 옹세자(翁世資)는 포전(浦田) 출신이다. 정통 7년(1442)에 진사가 되었다. 천순 원년(1457)에 공부우시랑(工部右侍郎)이 되었다. 『明史』 권157 「楊鼎附傳」 참조.

207) 금의위(錦衣衛)의 뇌옥(牢獄)으로서 일명 조옥(詔獄)이라고도 한다. 주로 국사범(國事犯)이 들어갔다. 한편 금의위는 시위(侍衛)·집포(緝捕)·형옥(刑獄)의 일을 관장했던 금위군(禁衛軍)이다.

208) '좌파(坐派)'는 가파(加派)와 동일한 의미이다.

牛、飛仙、天鹿, 俱天順間所織, 欽賞已盡. 乞令應天、蘇、杭諸府依式織造." 帝可之. 乃造萬七千餘匹. 蓋成、弘時, 頒賜甚謹. 自劉瑾用事, 幸瑺陳乞漸廣, 有未束髮而僭冒章服者, 濫賞日增. 中官乞鹽引、關鈔無已, 監督織造, 威劫官吏. 至世宗時, 其禍未訖. 卽位未幾, 卽令中官監織於南京、蘇、杭、陜西. 穆宗登極, 詔撤中官, 已而復遣.

옮김 譯 정덕 원년(1505) 상의감(尙衣監)[209]에서 말하기를, "내고(內庫)에 저장되어 있는 각종 저사(紵絲)[210]・사(紗)[211]・나(羅)[212]・직금(織金)[213]・섬색(閃色)[214]과 망룡(蟒龍)・두우(斗牛)・비어(飛魚)・기린(麒麟)・사자(獅子)의 통수(通袖),[215] 슬란(膝襴)[216]과 흉배(胸背)의 두우(斗牛), 비선(飛仙), 천록(天鹿)은 모두 천순 연간에 직조한 것인데 상사(賞賜)로 이미 다 써버렸습니다. 청컨대 응천・소주・항주 등 여러 부로 하여금 법식에 따라 직조하도록 하시기 바랍니다"라고 하였다. 황제가 이를 재가하였다. 이에 1만 7,000여 필을 만들었다. 성화와 홍치 연간에는 상사를 내려주는 것을 매우 신중히 하였다. 유근(劉瑾)이 집권하면서 간사한 환관들이 청

---

209) 상의감(尙衣監)은 환관의 아문(衙門)으로서 12감(監)의 하나이다. 어용의 관면포복(冠冕袍服) 및 신과 버선 등을 만드는 일을 맡았다.

210) 저사(紵絲)는 청대의 단(緞)에 해당하는데, 가늘고 강한 경사(經絲)에 큰 위사(緯絲)를 짜 넣은 두꺼운 비단이다.

211) 사(紗)는 가볍고 엷은 박견(薄絹)으로서, 여름용의 선의(禪衣)・모자(帽子)・장만(帳幔) 등에 이용되고 있다.

212) 나(羅)는 망(網)처럼 얇은 비단을 가리킨다.

213) 금색사(金色絲)로 짜 만든 금단(錦緞)을 가리킨다.

214) 홍람사(紅藍絲)로 짜 만든 광면단(光面緞)을 가리킨다.

215) 통수(通袖)는 옷에 장식하는 무늬가 흉배(胸背)에서 소매까지 모두 채운 것을 말한다. 명의 복제(服制)에 의하면, 망룡(蟒龍)・두우(斗牛)・비어(飛魚)・기린(麒麟)・사자(獅子) 등의 무늬는 공후(公侯) 및 3품 이상의 조관(朝官)이 사용할 수 있었다. 문관은 비어와 선학(仙鶴), 무관은 사자와 두우 문양의 옷을 입었다. 경태 4년(1453) 금의위(錦衣衛)의 지휘(指揮)는 기린의 복장을 입도록 하였다. 천순 2년(1458)에는 관민의 의복으로 망룡・비어・두우・대붕(大鵬) 등의 무늬를 하지 못하도록 했다. 조관의 의복에 대하여 정덕 연간에 규정하기를, 1품은 두우, 2품은 비어, 3품은 망(蟒), 4~5품은 기린, 6~7품은 호(虎)・표(彪)로 하였다. 『明史』 권67, 「輿服志 3」 참조.

216) 슬란(膝襴)은 의복의 아래 부분을 말한다.

하는 바가 점차 늘어나, 아직 머리를 묶지 않은 미성년인데도 장복(章服)[217]을 참람(僭濫)되게 범하는 자가 있었고, 상의 남발이 날로 늘어갔다. 환관이 염인과 관초(關鈔)를 청하는 것이 끝이 없었으며, 직조를 감독하고, 관리를 협박하였다. 세종 때에 이르러서도 그 화(禍)는 여전하였다. 즉위한 지 얼마 있지 않아 환관으로 하여금 남경·소주·항주·섬서에서 직조를 감독하도록 하였다.[218] 목종이 등극하여 조를 내려 환관을 소환하였다가[219] 얼마 후 다시 파견하였다.[220]

원문 萬曆七年, 蘇、松水災, 給事中顧九思等請取回織造內臣, 帝不聽. 大學士張居正力陳年饑民疲, 不堪催督, 乃許之. 未幾復遣中官. 居正卒, 添織漸多. 蘇、杭、松、嘉、湖五府歲造之外, 又令浙江、福建、常、鎮、徽、寧、揚、廣德諸府州分造, 增萬餘匹. 陝西織造羊絨七萬四千有奇, 南直、浙江紵絲、紗羅、綾紬、絹帛, 山西潞紬, 皆視舊制加丈尺. 二三年間, 費至百萬, 取給戶、工二部, 搜括庫藏, 扣留軍國之需. 部臣科臣屢爭, 皆不聽. 末年, 復令稅監兼司, 姦弊日滋矣.

옮김 譯 만력 7년(1579) 소주(蘇州), 송강(松江)에 수재(水災)가 생기자 급사중 고구사(顧九思) 등이 직조의 내신(內臣)들을 소환할 것을 청하였으나, 황제가 받아들이지 않았다.[221] 대학사 장거정(張居正)이 기근으로 백성들이 지쳐서 직조의 독려를 감당할 수 없음을 힘써 말하자 비로소 이를 허락하였다.[222] 얼마 되지 않아 다시 환관을 파견하였다.[223] 장거정

---

217) 장복(章服)은 위계등급을 식별할 수 있는 기호가 있는 옷으로서 예복을 가리킨다.

218)『世宗實錄』嘉靖 2년 12월 庚戌; 3년 정월 丁亥 조 등 참조.

219)『穆宗實錄』嘉靖 45년 3월 壬子 조에 "남경(南京)·소주(蘇州)·항주(杭州) 등의 직조내관(織造內官)은 조서(詔書)가 도착한 날에 모두 바로 경사로 소환하였다"고 기재되어 있다.

220)『穆宗實錄』隆慶 2년 3월 戊午 조 참조.

221) 예과좌급사중(禮科左給事中) 고구사(顧九思) 및 공과도급사중(工科都給事中) 왕도성(王道成)이 소주(蘇州)·송강(松江)·응천(應天)에서의 직조(織造)를 중지시킬 것을 청한 일은『神宗實錄』萬曆 7년 7월 乙丑 조 참조.

이 죽자[224] 직조의 증가가 점점 많아졌다. 소주・항주・송강・가흥・호주 등 5부에서 해마다 직조하는 것 외에 다시 절강・복건・상주부(常州府)・진강부(鎭江府)・휘주부(徽州府)・영국부(寧國府)・양주부(揚州府)・광덕주(廣德州) 등 여러 부주(府州)에서 나누어 직조하도록 하여 1만여 필을 증가시켰다.[225] 섬서에서는 양융(羊絨)[226] 7만 4,000 남짓을 직조하였고, 남직예와 절강의 저사(紵絲)・사(紗)・나(羅)・능(綾)[227]・주(紬)[228]・견백(絹帛), 산서의 노주(潞紬)[229]는 모두 구제(舊制)에 견주어 장척(丈尺)을 늘렸다.[230] 2~3년 사이에 비용이 100만에 달하니, 호부와 공부에서 비용을 취하여 고장(庫藏)을 털어서 군국(軍國)의 수요를 덜어내었다. 부(部)의 관료와 과도관(科道官)이 누차 간쟁하였지만 모두 받아들이지 않았다.[231] 만력 말년에 다시 세감(稅監)으로 하여금 함께 담당하도록 하니 폐단은 날로 늘어만 갔다.

---

222)『神宗實錄』萬曆 7년 11월 丁巳 조 참조.

223) 이때 파견된 자는 사례감태감(司禮監太監) 이우(李佑)였다.『神宗實錄』萬曆 9년 9월 戊寅 조 참조.

224) 장거정(張居正)이 사망한 날짜는 만력 10년 6월 병오(丙午) 일이다.

225)『神宗實錄』萬曆 11년 11월 壬寅 조 참조.

226) 양융(羊絨)은 부드러운 양모(羊毛)로 직조한 두껍고 따뜻한 모직물을 말한다.

227) 능(綾)은 한 가지 색깔의 실로 짠 비단을 가리킨다. 화훼(花卉)와 금수(禽獸) 등의 문양을 직조한 것을 화문릉(花紋綾) 혹은 화릉(花綾)이라고 한다.

228) 주(紬)는 '주(綢)'라고도 하는데, 태사(太絲)로 짠 비단이다.

229) 노주(潞紬)는 노주(潞州; 가정 연간에 노안부(潞安府)로 개칭하였는데, 지금의 산서성 장치현(長治縣)에 위치한다) 특산의 비단으로서, 원래는 정액(正額)이 아니었지만, 만력 연간에 자주 칙지(勅旨)를 전봉(傳奉)하여 직조를 할당받았다.『神宗實錄』萬曆 ㅠ17년 11월 乙卯 조 참조.

230) 절강 및 남직예의 소주(蘇州), 송강(松江) 등의 저사(紵絲)・사(紗)・나(羅)・능(綾)과 산서의 노주(潞紬)는 원래 규정된 장척(丈尺)이 1필 당 3장 5척이었는데, 萬曆 23년(1595)에 4장 2척으로 확대되었다.『神宗實錄』萬曆 15년 6월 乙巳; 王原,『明食貨志』권 11「上供採造」등 참조.

231) 예를 들어 공과급사중(工科給事中) 왕경민(王敬民)이 전량(錢糧)과 조량(漕糧)을 절류(折留)시키지 말 것을 상언하였다.『神宗實錄』萬曆 11년 7월 癸卯 조 참조.

원문 明初設南北織染局, 南京供應機房, 各省直歲造供用, 蘇、杭織造, 間行間止. 自萬曆中, 頻數派造, 歲至十五萬匹, 相沿日久, 遂以爲常. 陝西織造絨袍, 弘、正間偶行, 嘉、隆時復遣, 亦遂沿爲常例.

옮김譯 명초에 남북직염국(南北織染局)과 남경공응기방(南京供應機房)을 설치하였고, 각 성직(省直)[232]에서도 해마다 직조하여 수요에 공급하였다. 소주와 항주의 직조는 간간이 행해지다 중지되었다. 만력 연간부터 빈번하게 직조가 할당되어 1년에 15만 필[233]에 달했는데, 한참이 지난 뒤에는 마침내 이것이 상례가 되었다. 섬서에서의 융포(絨袍)[234] 직조는 홍치와 정덕 연간에는 어쩌다가 행하였는데, 가정과 융경 때에 다시 파견하는 것이 계속되면서 마침내 이것이 상례가 되었다.

【燒造】

원문 燒造之事, 在外臨清磚廠, 京師琉璃、黑窯滄廠, 皆造磚瓦, 以供營繕. 宣宗始遣中官張善之饒州, 造奉先殿几筵龍鳳文白瓷祭器, 磁州造趙府祭器. 逾年, 善以罪誅, 罷其役. 正統元年, 浮梁民進瓷器五萬餘, 償以鈔. 禁私造黃、紫、紅、綠、青、藍、白地青花諸瓷器, 違者罪死. 宮殿告成, 命造九龍九鳳膳案諸器, 旣又造青龍白地花缸. 王振以爲有璺, 遣錦衣指揮杖提督官, 敕中官往督更造. 成化間, 遣中官之浮梁景德鎭, 燒造御用瓷器, 最多且久, 費不貲. 孝宗初, 撤回中官, 尋復

232) 각 성직(省直)은 각 성(省)과 남북의 두 직예를 가리킨다.
233) 『神宗實錄』 萬曆 15년 6월 丙寅 조에 실린 신시행(申時行)의 제주(題奏)에 의하면 '15'만 필은 '12'만 필의 오기로 보인다.
234) 융(絨)으로 만든 장의(長衣)를 가리킨다.

遣, 弘治十五年復撤. 正德末復遣.

옮김 譯 소조(燒造)의 일[235]은 지방에서는 임청전창(臨淸甎廠[236])에서, 경사에서는 유리창(琉璃廠[237])과 흑요창(黑窯廠[238])에서 모두 벽돌과 기와를 만들어 건축공사에 제공하였다. 선종은 처음으로 환관 장선(張善)을 파견하여 요주(饒州)[239]에 가서 봉선전(奉先殿)[240] 궤연(几筵)[241]의 용과 봉황 무늬가 새겨진 백자(白瓷)의 제기(祭器)를 만들고, 자주(磁州)[242]에서는 조부(趙府)[243]의 제기를 만들도록 하였다. 해를 넘겨 장선이 죄를 지어 주살되자 그 역(役)을 중지시켰다. 정통 원년 부량(浮梁)[244]의 백성이 자기(瓷器) 5만여 점을 진상하자 초(鈔)로 보상해주었다.[245] 사사로이 황(黃)·자(紫)·홍(紅)·녹(綠)·청(靑)·남(藍)[246]·백지청화(白地靑花)[247]와 같

---

235) 소조(燒造)의 일은 원래 공부 우형청리사(虞衡淸吏司)에 속하지만, 영락 초부터 공부 영선청리사(營繕淸吏司)에 귀속되었다.

236) 임청전창(臨淸甎廠)은 영락 초 공부의 영선분사(營繕分司)를 산동의 임청(臨淸)에 설치하고, 요창(窯廠)을 관리하도록 하였다. 해마다 와전(瓦甎) 100만을 징수하는 방대한 규모였다. 전(甎; 전(塼)이라고도 쓴다. 전(磚)은 속자이다)은 연와(煉瓦)에 속하지만, 전(甎)도 와(瓦)도 다양한 종류가 있었다.

237) 공부의 5대창(大廠) 가운데 하나로서 지금의 북경 화평문(和平門) 밖에 위치한다. 유리(琉璃)와 전와(甎瓦)를 소조(燒造)하였다.

238) 공부의 5대창 가운데 하나로서 북경 좌안문(左安門) 밖에 위치한다. 전와를 소조하였다.

239) 요주(饒州)는 강서성 요주부(饒州府)로서 경덕진(景德鎭) 등이 그 관할 내에 있었다.

240) 봉선전(奉先殿)은 인조와 태조 이하 역대의 황제 및 황후를 제사지냈던 궁전으로서, 황성 안의 동쪽에 있는데, 숭광전(崇光殿)의 동쪽에 위치했다. 조석(朝夕)·삭망(朔望)·시절(時節)·기진(忌辰)의 순으로 소정의 공물을 제기에 담아서 진천(進薦)했다.

241) 궤연(几筵)은 영좌(靈座)와 제석(祭席)이다. 궤(几)는 걸상, 연(筵)은 좌석을 의미한다.

242) 자주요(磁州窯)를 가리킨다. 하북성 자현(磁縣) 팽성진(彭城鎭)에 있었다.

243) 조부(趙府)라고 하는 것은 조왕(趙王) 주고수(朱高燧)의 왕부(王府)로서, 창덕부(彰德府; 하남성 안양현(安陽縣))에 있었다.

244) 부량(浮梁)은 이른바 경덕진(景德鎭)으로서 강서성 요주부(饒州府) 부량현(浮梁縣)에 있다.

245) 부량현민(浮梁縣民) 육자순(陸子順)이 자기(瓷器) 5만여 점을 바치자 황제가 광록시(光祿寺)로 보내도록 하고 초(鈔)로 그 값을 보상해주었다고 한다. 『英宗實錄』 正統 元年 9월 乙卯 조 참조.

246) 황(黃)·자(紫)·홍(紅)·록(綠)·청(靑)·남(藍)의 자기라는 것은 이런 색채를 띤 채색자기를 가리킨다.

은 여러 자기를 만드는 것을 금하고, 이를 위반한 자는 사형에 처하였다.[248] 궁전이 완공되자[249] 9룡(龍) 9봉(鳳)의 선안(膳案)[250] 등 여러 기물(器物)을 만들도록 명했는데, 얼마 있다가 청룡백지화항(青龍白地花缸)[251]을 만들도록 하였다. 왕진(王振)은 균열이 있다는 이유로 금의위(錦衣衛)의 지휘를 파견해서 제독관(提督官)을 매질하였는데, 칙을 내려 환관이 가서 다시 만드는 것을 감독하게 하였다. 성화 연간 환관을 부량(浮梁)의 경덕진(景德鎮)에 파견하여 어용(御用)의 자기를 소조(燒造)시켰던 것이 가장 많고도 오래되었으니, 그 비용은 헤아릴 수 없을 정도였다. 효종 초에 환관을 소환했지만[252] 얼마 있다가 다시 파견하였다. 홍치 15년(1502) 다시 소환하였다.[253] 정덕 말에 다시 파견하였다.[254]

원문 自弘治以來, 燒造未完者三十餘萬器. 嘉靖初, 遣中官督之. 給事中陳皐謨言其大爲民害, 請罷之. 帝不聽. 十六年新作七陵祭器. 三十七年遣官之江西, 造內殿醮壇瓷器三萬, 後添設饒州通判, 專管御器廠燒造. 是時營建最繁, 近京及蘇州皆有磚廠. 隆慶時, 詔江西燒造瓷器十餘萬. 萬曆十九年命造十五萬九千, 旣而復增八萬, 至三十八年未畢工. 自後役亦漸寢.

---

247) 백지(白地) 즉 백자(白瓷)에 청색의 코발트를 가지고 문양을 그려 넣은 뒤 고열로 구워서 만든 자기를 가리킨다.

248) 범법자 가운데 주범은 능지(陵遲)로 사형을 시키고, 그 재산은 몰수하며 정남(丁男)은 충군(充軍)시켰다. 『英宗實錄』 正統 12년 12월 甲戌 조 참조.

249) 정통 6년(1441) 11월 건청(乾淸)·곤녕(坤寧)의 2궁(宮)과 봉천(奉天)·화개(華蓋)·근신(謹身)의 3전(殿)이 완성된 것을 가리킨다.

250) 안(案)은 긴 걸상, 대(臺), 탁자(卓子)와 같은 종류를 가리킨다.

251) 화항(花缸)은 문양(紋樣)을 그린 큰 항아리를 가리킨다.

252) 『孝宗實錄』 弘治 3년 11월 甲辰 條에 의하면, 재변(災變)으로 인한 대학사 유길(劉吉)의 말을 받아들여 강서의 자기소조(瓷器燒造) 내관(內官)의 차견(差遣)을 정지시켰다고 한다.

253) 『孝宗實錄』 弘治 15년 3월 壬午 조에 의하면, 순무도어사(巡撫都御史) 한방문(韓邦問)의 청을 받아들여 요주부(饒州府)의 자기독조(瓷器督造) 내관(內官)을 소환했다고 한다.

254) 『武宗實錄』 正德 11년 11월 丙申 조에 의하면, 공어(供御)의 자기가 부족했기 때문에 상선감(尙膳監)의 관원 1명을 요주(饒州)로 파견하여 소조(燒造)를 제독(提督)시켰다고 한다.

옮김 譯 홍치 이래로 소조(燒造)가 아직 완료되지 못한 것이 30여 만 점이나 되었다. 가정 초에 환관을 파견해서 이를 독촉하였다. 급사중 진고모(陳皐謨)가 그것이 크게 백성에게 해가 됨을 말하면서 중지할 것을 청하였다. 황제는 이를 받아들이지 않았다. 16년(1503) 새로 7릉(陵)[255]의 제기(祭器)를 만들었다. 37년(1524) 관리[256]를 강서에 파견해서 내전(內殿)[257]의 초단(醮壇)[258]의 자기 3만 점을 만들게 하였는데, 후에는 요주(饒州)에 추가로 통판(通判)[259]을 두어 어기창(御器廠)[260]의 소조(燒造)만을 전담하여 관리토록 하였다. 이때 건축공사가 가장 빈번하였는데, 경사 부근과 소주에는 모두 전창(甎廠)이 있었다. 융경 때 강서에 조를 내려 자기 10여 만 점을 소조하도록 하였다. 만력 19년(1591) 명을 내려 15만 9,000점을 소조하도록 했고, 얼마 뒤에는 다시 8만을 늘렸으며, 38년(1610)[261]에 이르러서도 공사를 마치지 못했다. 이후로 공역(工役)도 점점 줄어들었다.

---

255) 7릉(陵)은 북경시 창평현(昌平縣) 천수산(天壽山)에 있는 장릉(長陵; 성조문황제황후릉(成祖文皇帝皇后陵)), 헌릉(獻陵; 인종소황제황후릉(仁宗昭皇帝皇后陵)으로 장릉의 동쪽에 있다), 경릉(景陵; 선종장황제황후릉(宣宗章皇帝皇后陵)으로 헌릉의 동쪽에 있다), 우릉(祐陵; 영종예황제황후릉(英宗睿皇帝皇后陵)으로 경릉의 서쪽에 있다), 무릉(茂陵; 헌종순황제황후릉(憲宗純皇帝皇后陵)으로 유릉(裕陵)의 서쪽에 있다), 태릉(泰陵; 효종경황제황후릉(孝宗敬皇帝皇后陵)으로 무릉의 서쪽에 있다), 강릉(康陵; 무종의황제황후릉(武宗毅皇帝皇后陵)으로 태릉의 서남쪽에 있다)을 가리킨다.

256) 여기서의 관리는 환관을 가리킨다. 王原, 『明食貨志』 권11 「上供採造」 참조.

257) 봉천전(奉天殿)을 정전(正殿) 또는 외조(外朝)라고 칭한다면, 이에 호응하여 내전(內殿)은 내조(內朝) 즉 문화전(文華殿)을 가리킨다.

258) 초단(醮壇)은 도사(道士)나 승려가 기도를 행할 때 이용하는 단을 말한다.

259) 통판(通判)은 지주(知州)의 판관(判官; 佐貳官)으로서 동지(同知) 아래에 있고 종7품인데, 작은 현에는 설치되지 않았다.

260) 어기창(御器廠)은 경덕진(景德鎭)에서 전문적으로 어용(御用)의 자기를 소조(燒造)하는 관창(官廠)을 가리킨다.

261) 王原, 『明食貨志』 및 『明史稿食貨志』에는 '35'년으로 되어 있다.

【俸餉】

원문 國家經費, 莫大於祿餉. 洪武九年定諸王公主歲供之數. 親王, 米五萬石, 鈔二萬五千貫, 錦四十匹, 紵絲三百匹, 紗、羅各百匹, 絹五百匹, 冬夏布各千匹, 綿二千兩, 鹽二百引, 茶千斤, 皆歲支. 馬料草, 月支五十匹. 其緞匹, 歲給匠料, 付王府自造. 靖江王, 米二萬石, 鈔萬貫, 餘物半親王, 馬料草二十匹. 公主未受封者, 紵絲、紗、羅各十匹, 絹、冬夏布各三十匹, 綿二百兩; 已受封, 賜莊田一所, 歲收糧千五百石, 鈔二千貫. 親王子未受封, 視公主; 女未受封者, 半之. 子已受封郡王, 米六千石, 鈔二千八百貫, 錦十匹, 紵絲五十匹, 紗、羅減紵絲之半, 絹、冬夏布各百匹, 綿五百兩, 鹽五十引, 茶三百斤, 馬料草十匹. 女已受封及已嫁, 米千石, 鈔千四百貫, 其緞匹於所在親王國造給. 皇太子之次嫡子幷庶子, 旣封郡王, 必俟出閤然後歲賜, 與親王子已封郡王者同. 女俟及嫁, 與親王女已嫁者同. 凡親王世子, 與已封郡王同. 郡王嫡長子襲封郡王者, 半始封郡王. 女已封縣主及已嫁者, 米五百石, 鈔五百貫, 餘物半親王女已受封者. 郡王諸子年十五, 各賜田六十頃, 除租稅爲永業, 其所生子世守之. 後乃令止給祿米.

옮김譯 국가의 경비로 녹향(祿餉)262)보다 큰 것이 없다. 홍무 9년(1376)에 제왕(諸王)·공주(公主)의 세공(歲供)263)의 수를 정하였다. 친왕(親王)264)은 미(米) 5만 석, 초(鈔) 2만 5,000관, 금(錦) 40필, 저사(紵絲) 300필, 사(紗)·나(羅) 각 100필, 견(絹) 500필, 동포(冬布)265)·하포(夏布)266) 각 1,000필,

262) 녹향(祿餉)은 봉록과 군향(軍餉)을 가리킨다.
263) 세공(歲供)은 해마다 공급하는 녹봉을 가리킨다.
264) 친왕(親王)은 황제의 아들을 가리킨다.
265) 동포(冬布)는 목면포(木棉布)를 가리킨다.
266) 하포(夏布)는 마포(麻布)를 가리킨다.

면(綿) 2,000량, 염(鹽) 200인(引), 차(茶) 1,000근으로 하여 모두 해마다 지급하였다. 마(馬)의 요초(料草)[267]는 매달 50필을 지급하였다. 그 단필(緞匹)[268]은 해마다 장인(匠人)의 품삯을 지급하는데, 왕부(王府)에 주어 스스로 만들게 하였다. 정강왕(靖江王)[269]은 미 2만 석, 초 1만 관이고, 나머지 물건은 친왕의 반으로 하며, 마의 요초는 20필이었다. 아직 작위를 받지 않은 공주는 저사・사・나 각 10필, 견과 동포・하포 각 30필, 면 200량이고, 이미 작위를 받은 공주는 장전(莊田) 한 곳을 하사하여 해마다 미곡 1,500석과 초 2,000관을 거두게 하였다. 친왕의 아들이 아직 봉작(封爵)을 받지 않은 경우는 공주[270]에 준하고, 그 딸이 아직 봉작을 받지 않은 경우는 그 반으로 하였다. 친왕의 아들이 이미 군왕(郡王)[271]에 봉해진 경우는 미 6,000석, 초 2,800관, 금 10필, 저사 50필이고, 사・나는 저사의 반을 감하며, 견과 동포・하포 각 100필, 면 500량, 염 50인, 차 300근, 마의 요초 10필이었다. 그 딸로 이미 봉작을 받고 출가한 경우는 미 1,000석, 초 1,400관, 그 단필(緞匹)은 각 친왕의 왕국에서 만들어 지급하였다. 황태자의 차적자(次嫡子)와 서자[272]로서 군왕에 봉해졌다면, 반드시 봉국(封國)으로 가기[273]를 기다린 다음에 해마다 사여하는 것을 친왕의 아들이 이미 군왕에 봉해진 경우와 같게 하였다. 딸은 출가를 기다려 친왕의 딸이 이미 출가한 경우와

267) 원문의 '馬料草'는 『實錄』에 '馬匹料草'로 되어 있다. 요초(料草)는 초료(草料) 즉 사료로서 대부분은 간초(干草)이다.

268) 『實錄』에는 '단(段)'자로 되어 있다.

269) 정강왕(靖江王)은 태조 주원장의 형인 주흥륭(朱興隆)의 적손(嫡孫)인 수겸(守謙)을 가리킨다. 홍무 3년에 봉하여 9년에 광서 계림부(桂林府)로 취번(就藩)하였다. 얼마 후 서인(庶人)으로 강등되었다가 작위를 회복하여 운남(雲南)・봉양(鳳陽) 등으로 옮겨졌고, 다시 죄를 얻어 경사로 소환되어 결국 세상을 떠났다. 그 자손은 명대 내내 왕작(王爵)을 보유했다.

270) 아직 봉작(封爵)을 받지 않은 공주(公主)를 가리킨다. 『太祖實錄』 洪武 9년 2월 丙戌조에 있는 '미수봉(未受封)'이라는 규정에 의거한 것이다.

271) 군왕(郡王)은 친왕(親王)의 적차자(嫡次子)로, 친왕 바로 다음가는 작위이다.

272) 종법(宗法)제도의 규정에 따르면, 처가 낳은 자식은 적자(嫡子)이고, 그 가운데 장자(長者)를 세자(世子)라고 부르고 부(父)의 작위를 세습할 수 있다. '차(次)'란 차적(次嫡)을 말한다. 첩이 낳은 자식이 서자(庶子)이다.

273) 원문의 '출합(出閤)'은 합문(閤門) 즉 궁문을 나가서 번국(藩國)으로 가는 것을 뜻한다.

같게 하였다. 무릇 친왕의 세자[274]는 이미 봉해진 군왕과 같게 하였다. 군왕의 적장자(嫡長子)가 군왕의 봉작을 계승한 경우 처음 봉해진 군왕의 반으로 하였다. 딸로 이미 현주(縣主)에 봉해졌거나 이미 출가한 경우는 미가 500석, 초가 500관이고, 나머지 물건은 친왕의 딸이 이미 봉작을 받은 경우의 반으로 하였다. 군왕의 아들들이 나이가 15세가 되면 각기 전(田) 60경(頃)을 사여하고 조세를 면제해주어 영업(永業)으로 삼게 하며, 그 소생의 아들이 대대로 그것을 지키게 하였다. 후에는 단지 녹미(祿米)만을 지급하게 하였다.[275]

원문 二十八年詔以官吏軍士俸給彌廣, 量減諸王歲給, 以資軍國之用. 乃更定親王萬石, 郡王二千石, 鎭國將軍千石, 輔國將軍、奉國將軍、鎭國中尉以二百石遞減, 輔國中尉、奉國中尉以百石遞減. 公主及駙馬二千石, 郡主及儀賓八百石, 縣主、郡君及儀賓以二百石遞減, 縣君、鄕君及儀賓以百石遞減. 自後爲永制. 仁宗卽位, 增減諸王歲祿, 非常典也. 時鄭、越、襄、荊、淮、滕、梁七王未之藩, 令暫給米歲三千石, 遂爲例. 正統十二年定王府祿米, 將軍自賜名受封日爲始, 縣主、儀賓自出閤成婚日爲始, 於附近州縣秋糧內撥給. 景泰七年定郡王、將軍以下祿米, 出閤在前, 受封在後, 以受封日爲始; 受封在前, 出閤在後, 以出閤日爲始.

옮김 譯 28년(1395)에 조를 내려 관리·군사의 봉급이 더욱 확대된다는 이유로, 헤아려서 제왕(諸王)의 세급(歲給)을 줄여 군국(軍國)의 쓰임에 보탬이 되게 하였다.[276] 이에 고쳐 정하여 친왕은 1만 석, 군왕은 2,000석,

---

274) 세자(世子)란 친왕의 적장자(嫡長子)를 말한다.

275) 『太祖實錄』 洪武 20년 9월 壬午 조에 "詔, 親王府歲給米五萬石, 其茶·鹽·布·絮等物悉罷勿給"이라고 되어 있어, 이때에 이미 친왕부(親王府)에 대해 해마다 미(米)만을 지급하게 되었음을 알 수 있다.

276) 명 태조 주원장은 고대의 제왕이 친왕을 분봉(分封)한 예를 답습하여 자식과 손자를 각지에 나누어 지키게 하였는데, 한때 30~40인에 이르렀다. 친왕은 비록 직접 정사를

진국장군(鎭國將軍)은 1,000석으로 하고, 보국장군(輔國將軍)·봉국장군(奉國將軍)·진국중위(鎭國中尉)는 200석씩 차례로 줄이며, 보국중위(輔國中尉)·봉국중위(奉國中尉)는 100석씩 차례로 줄였다.[277] 공주 및 부마(駙馬)[278]는 2,000석, 군주(郡主)[279] 및 그 의빈(儀賓)[280]은 800석으로 하고, 현주(縣主)·군군(郡君) 및 그 의빈은 200석씩 차례로 줄이고, 현군(縣君)·향군(鄉君) 및 그 의빈은 100석씩 차례로 줄였다.[281] 그 후로는 이를 영구적인 법제로 삼았다. 인종(1425)이 즉위하자 제왕(諸王)의 세록을 증감하였으나,[282] 고정된 규정은

돌보거나 백성을 다스리지는 않았지만, 실제로 황제의 세력에 기대어 한 지역을 통제하여, 지방정치와 경제에 큰 영향을 끼쳤다. 홍무 8년(1375)에 친왕이 해마다 수령하는 녹미가 5만 석이었고, 금(錦)·기(綺)·염(鹽)·차(茶) 따위도 1만 량에 가까웠으며, 아울러 호위(護衛)의 갑사(甲士)를 3,000인에서 1만 9,000인에 이르기까지 각기 차등 있게 거느리고 있었다. 그 면복(冕服)·기치(旗幟)·저택(邸宅)의 규격은 황제보다 한 단계 낮았다. 왕부(王府)에는 관리를 두었으며, 친우(親友)·가속(家屬)·역인(役人)이 잡다하게 많아 이를 유지하는 데 대량의 재력(財力)과 물력(物力)이 필요하였다. 친왕에게 미가 지나치게 많이 지급되어 군향(軍餉)에 영향을 미치게 되었기 때문에, 홍무 28년에 마침내 세록(歲祿)을 감하여 1만 석으로 하자는 논의가 있었다. 이 논의는 당시 이재가(理財家)였던 호부상서 욱신(郁新)의 건의였다. 이를 위해 주원장은 특별히 왕자들을 남경으로 불러모아 설명을 하고, 아울러 각각 『皇明祖訓』 한 부씩을 내주고 영원히 이를 지키도록 하였다.

277) 명대의 훈계(勳階)는 매우 번잡한데, 문관훈(文官勳)은 10등(等)으로 나누고 산계(散階)가 42개이다. 무관훈(武官勳)은 12등으로 나누고 산계가 30개이다. 이상의 진국장군(鎭國將軍)·보국장군(輔國將軍)·봉국장군(奉國將軍)·진국중위(鎭國中尉)·보국중위(輔國中尉)·봉국중위(奉國中尉) 등은 모두 무훈(武勳)에 속한다. 그 등급을 살펴보면, 친왕의 적차자는 군왕에, 군왕의 아들은 진국장군에, 진국장군의 아들은 보국장군에, 보국장군의 아들은 봉국장군에, 봉국장군의 아들은 진국중위에, 진국중위의 아들은 보국중위에, 보국중위의 아들은 봉국중위에 각각 봉해졌다.

278) 부마(駙馬)는 부마도위(駙馬都尉)로서 대장공주(大長公主; 皇姑)·장공주(長公主; 皇姊妹)·공주(公主; 皇女)의 남편이다.

279) 원문에는 '郡王'으로 되어 있으나, 王原, 『明食貨志』에는 '郡主'로 되어 있다. 여기에서는 군주(郡主)가 옳다고 여겨지기 때문에, 군주로 수정하였다.

280) 의빈(儀賓)은 군주(郡主)·현주(縣主)·군군(郡君)·현군(縣君)·향군(鄉君)의 남편을 말한다.

281) 공주(公主)는 황제의 딸, 군주(郡主)는 친왕의 딸, 현주(縣主)는 군왕의 딸, 군군(郡君)은 군왕의 손녀, 현군(縣君)은 군왕의 증손녀, 향군(鄉君)은 군왕의 현손녀이다.

282) 제왕(諸王)의 세록(歲祿)을 늘린 일은 『仁宗實錄』 永樂 22년 9월 乙酉 조에 "增諸王祿米"라고 상세하게 기록되어 있고, 줄인 일은 『仁宗實錄』 永樂 22년 9월 乙亥 조에 "命戶部, 減遼安王貴燮·巴東王貴煊祿米之半, 以其父死不奔喪也"라고 되어 있다.

아니었다. 당시 정(鄭)·월(越)·양(襄)·형(荊)·회(淮)·등(滕)·양(梁) 등 7왕(王)[283]이 아직 번(藩)에 나아가지 않았는데, 잠시 해마다 미 3,000석을 지급하도록 하여 마침내 이를 상례로 삼았다.[284] 정통 12년(1447)에 정하기를 왕부(王府)의 녹미는 장군의 경우 이름을 하사받고 봉작을 받은 날[285]로부터 시작하고, 현주·의빈의 경우는 출가하여 혼인이 이루어진 날로부터 시작하는데, 부근 주현의 추량(秋糧) 안에서 덜어내어 지급하였다.[286] 경태 7년(1456)에 정하기를, 군왕·장군 이하의 녹미는 출합(出閤)[287]이 먼저이고 봉작을 받은 것이 나중인 경우는 봉작 받은 날을 시작으로 하고, 봉작을 받은 것이 먼저이고 출합이 나중인 경우는 출합한 날을 시작으로 하였다.[288]

원문 宗室有罪革爵者曰庶人. 英宗初, 頗給以糧. 嘉靖中, 月支米六石. 萬曆中減至二石或一石.

---

283) '7왕'은 인종(仁宗; 朱高熾)의 일곱 아들을 가리킨다. 즉 정왕(鄭王) 주첨준(朱瞻埈), 월왕(越王) 주첨용(朱瞻墉), 양왕(襄王) 주첨선(朱瞻墡), 형왕(荊王) 주첨강(朱瞻堈), 회왕(淮王) 주첨오(朱瞻墺), 등왕(滕王) 주첨개(朱瞻垲), 양왕(梁王) 주첨기(朱瞻垍)이다. 인종은 영락 22년 7월에 즉위하고, 8월에 아들들을 왕에 봉하였다. 인종에게는 10명의 아들이 있었는데, 선종 외에 첨은(瞻垠)이 아직 봉해지지 않았고, 왕에 봉해진 아들은 8명이었다. 여덟 번째 아들 첨연(瞻埏; 衛恭王)은 이미 영락 22년 전에 하남 회경부(懷慶府)에 가서 번왕부(藩王府)를 세웠기 때문에, 여기에서는 단지 7왕이라고 한 것이다.

284) 『仁宗實錄』 永樂 22년 10월 戊午 조; 正德 『大明會典』 권28 「戶部」 祿米; 萬曆 『大明會典』 권38 「戶部」 宗藩祿米 조 등 참조.

285) 명대 황구족(皇九族)의 등기관리제도는 극히 엄격하였다. 『明史』 「職官志 1」에 의하면 종실이 자식을 낳은 뒤 반드시 소정의 수속에 따라 경사에 보고하고 종인부(宗人府)의 지시에 따르는데(후에는 예부로 고쳐짐), 배분(輩分)의 규정에 따라 이름이 지어지고, 아울러 작급(爵級)을 정한 뒤 '옥첩(玉牒)'에 차례대로 기입하였다.

286) "정통 12년에 정하기를" 이하의 기사와 관련하여 正德 『大明會典』 권28 「戶部」 祿米 조와 萬曆 『大明會典』 권38 「戶部」 宗藩祿米 조에 의하면 "皆于附近州縣秋糧內定撥" 아래에 "鈔于官庫內支給"의 구절이 있다.

287) 출합(出閤)에는 두 가지 의미가 있는데, 하나는 황자가 제후가 되어 나가는 것이고, 다른 하나는 황녀가 출가하는 것이다. 여기에서는 두 가지 의미 모두 적용된다.

288) 명 정부가 군왕·장군의 '출합(出閤)'과 '수봉(受封)'의 선후를 따지는 것은 그 뜻이 규정에 따라 세록(歲祿)을 발급하는 시기를 늦춰서 시작함으로써 녹미의 지출을 절약하는 데 있었다. "경태 7년에 정하기를" 이하의 기사는 正德 『大明會典』 권28 「戶部」 祿米 조와 萬曆 『大明會典』 권38 「戶部」 宗藩祿米 조에 의거한 것이다.

옮김 譯 종실 중에 죄가 있어 작위를 박탈당한 자를 서인(庶人)이라 하였다. 영종 초에 자못 미곡을 지급해주었다.[289] 가정 연간에 달마다 미 6석을 지급하였다.[290] 만력 연간에 줄여서 2석 혹은 1석에 이르렀다.

원문 初, 太祖大封宗藩, 令世世皆食歲祿, 不授職任事, 親親之誼甚厚. 然天潢日繁, 而民賦有限. 其始祿米盡支本色, 既而本鈔兼支. 有中半者, 有本多於折者, 其則不同. 厥後勢不能給, 而冒濫轉益多. 姦弊百出, 不可究詰. 自弘治間, 禮部尚書倪岳卽條請節減, 以寬民力. 嘉靖四十一年, 御史林潤言 : "天下之事, 極弊而大可慮者, 莫甚於宗藩祿廩. 天下歲供京師糧四百萬石, 而諸府祿米凡八百五十三萬石. 以山西言, 存留百五十二萬石, 而宗祿三百十二萬; 以河南言, 存留八十四萬三千石, 而宗祿百九十二萬. 是二省之糧, 借令全輸, 不足供祿米之半, 況吏祿、軍餉皆出其中乎? 故自郡王以上, 猶得厚享, 將軍以下, 多不能自存, 饑寒困辱, 勢所必至, 常號呼道路, 聚詬有司. 守土之臣, 每懼生變. 夫賦不可增, 而宗室日益蕃衍, 可不爲寒心. 宜令大臣科道集議於朝, 且諭諸王以勢窮弊極, 不得不通變之意. 令戶部會計賦額, 以十年爲率, 通計兵荒蠲免、存留及王府增封之數, 共陳善後良策, 斷自宸衷, 以垂萬世不易之規." 下部覆議, 從之. 至四十四年乃定宗藩條例. 郡王、將軍七分折鈔, 中尉六分折鈔, 郡縣主、郡縣鄕君及儀賓八分折鈔, 他冒濫者多所裁減. 於是諸王亦奏辭歲祿, 少者五百石, 多者至二千石, 歲出爲稍紓, 而將軍以下益不能自存矣.

옮김 譯 처음에 태조가 크게 종번(宗藩)[291]을 봉하여 대대로 모두 세록(歲祿)을 먹게 하고, 관직을 주어 일을 맡기지는 않았는데,[292] 가

289) 正德『大明會典』 권28「戶部」 祿米 조와 萬曆『大明會典』 권38「戶部」 宗藩祿米 조 참조.
290) 『世宗實錄』 嘉靖 32년 6월 辛巳 조에 "禮部會議, 王府庶人口糧, 如成化十三年例則過多, 如嘉靖四年等例則過少. 今當視中尉祿米減三之一, 歲給米七十石"이라고 되어 있다. 결국 세급미(歲給米) 70석을 12달로 나누면 한 달에 약 6석이 된다.
291) 천자의 분봉(分封)을 받은 종실 제후를 가리킨다.
292) 『明史』 권112 「諸王傳贊」에도 "有明諸藩, 分封而不錫土, 列爵而不臨民, 食祿而不治事.

속을 사랑하는 정의(情誼)가 매우 두터웠다. 그러나 황족은 날로 늘어나는데,[293] 백성의 세금에는 한도가 있었다. 처음에 녹미는 모두 본색을 지급하였는데, 얼마 후에는 본색과 초(鈔)를 함께 지급하였다. 반반씩인 경우도 있고, 본색(本色)이 절색(折色)보다 많은 경우도 있었는데, 그 방식은 같지 않았다.[294] 그 후 형세가 지급할 수 없게 되었는데, 남발은 오히려 더욱 많아졌다. 속임수 등의 폐해가 속출하니 철저한 조사가 불가능하였다. 홍치 연간부터 예부상서 예악(倪岳[295])이 절약하여 줄임으로써 백성의 부담을 덜어줄 것을 조목조목 청하였다.[296] 가정 41년(1562)에 어사 임윤(林潤[297])이 말하기를, "천하의 일 가운데 폐단이 극에 달해 크게 염려되는 것으로 종번의 녹름(祿廩)보다 심한 것은 없습니다. 천하가 해마다 경사에 공급하는 세량이 400만 석인데, 제부(諸府)의 녹미는 총 853만 석[298]입니다. 산서의 경우를 들어 말한다면, 존류(存留)가 152만 석인데,

---

蓋嬌枉鑒覆, 所以杜漢晉末大之禍"라고 되어 있지만, 이는 하나의 원칙으로서 종번(宗藩)에 장전(莊田)이 있고, 또 홍무와 만력 연간에는 관직을 주고 일을 맡긴 적도 있다.

293) 황족이 번성하여 그 수가 급속히 늘어났다. 그 수치를 대략적으로 열거하면 다음과 같다. 명대 황제의 아들로 왕에 봉해진 자는 주원장의 아들이 23인, 인종의 아들이 8인, 영종의 아들이 7인, 헌종의 아들이 10인, 신종의 아들이 4인 등이다. 당시 기록이 남아 있는 종번(宗藩)의 수는 세종 가정 8년 5월의 기록에 친왕 30인, 군왕 203인, 세자 5인, 장자 41인, 진국장군 438인, 보국장군 1,070인, 봉국장군 1,137인, 진국중위 327인, 보국중위 108인, 봉국중위 280인이다. 아직 명봉(名封)되지 않은 자가 4,300인, 서인(庶人)으로 폐하여진 자가 275인으로 합계 8,203인이었다(鄭曉, 『今言』 권4).

294) 正德 『大明會典』 권28 「戶部」 祿米 조; 萬曆 『大明會典』 권38 「戶部」 宗藩祿米 조 등 참조.

295) 예악(倪岳)은 자가 순자(舜咨)로 상원(上元) 출신이다. 천순 8년(1464)에 진사가 되었다. 홍치 6년(1493)에 예부상서가 되었다가 얼마 후 남경병부상서(南京兵部尚書)로 이임하였다. 그의 전(傳)은 『明史』 권183에 있다.

296) 『孝宗實錄』 弘治 8년 11월 甲申 조에 예부상서 예악 등은 대재이(大災異)를 계기로 자기반성하고, 오부(五府)·육부(六部)·도찰원(都察院) 등 아문(衙門)과 회동하여 32가지 일을 조목조목 개진한 것 가운데 세 번째 조에 천하의 토지·조부(租賦)에 한도가 있으므로, 종실의 비용이 날로 번성한 것을 이유로 그 봉미(俸米)·제사 등을 절약해서 줄이자는 건의가 있다.

297) 임윤(林潤)의 전(傳)은 『明史』 권210에 있다. 당시에는 남경어사(南京御史)였다.

298) 853만 석이란 여러 부(府)의 녹미를 전부 본색을 지급하는 것으로 가정하여 계산한 표면적인 수치이다. 초로 환산한 부분을 제외한 실제 본색의 수는 많이 어림잡아도

종록(宗祿)이 312만입니다. 하남의 경우를 들어 말한다면, 존류가 84만 3,000석인데, 종록은 192만입니다. 이 2성(省)의 세량을 가령 전부 보낸다고 해도 녹미의 반을 공급하기에도 부족한데, 하물며 이록(吏祿)과 군향(軍餉)이 모두 그 가운데에서 나와야 되는데 감당할 수 있겠습니까? 그런 까닭에 군왕으로부터 이상은 그래도 두터이 누릴 수 있으나, 장군 이하는 대부분 생계를 유지할 수도 없어 굶주림과 추위 그리고 곤욕스러움이 반드시 뒤따르게 되는 형국이니, 늘 도로에서 큰 소리를 지르며 모여서 서로 관리들을 욕합니다. 현지의 관리는 매번 변고가 생길까 두려워합니다. 대저 세금은 늘릴 수 없는데 종실은 날로 더욱 늘어 넘쳐나니, 어찌 마음이 섬뜩해지지 않겠습니까? 마땅히 대신과 과도관(科道官)으로 하여금 조정에 모여 의논하게 하고, 또한 제왕(諸王)에게 상황이 곤란하고 폐단이 극에 달했으니 변하지 않을 수 없는 뜻을 깨닫도록 일러주시기 바랍니다. 호부로 하여금 세금의 액수를 회계하여 10년을 기준으로 하여 병황(兵荒)·견면(蠲免)·존류(存留)[299] 및 왕부(王府)의 늘려 봉한 수를 통틀어 계산하게 하고, 뒷수습을 잘 할 수 있는 좋은 계책도 함께 내어놓게 하여, 그 결론은 폐하께서 직접 정하심으로써 만세에 변하지 않는 규범을 드리우시기 바랍니다"고 하였다. 예부[300]에 내려 다시 의논하게 했는데, 이를 받아들였다.[301] 44년(1565)에 이르러 종번조례(宗藩條例)를 정하였다. 군왕·장군은 7할을 초로 환산해주고, 중위(中尉)는 6할을 초로 환산해주며, 군주(郡主)·현주(縣主)·군군(郡君)·현군(縣君)·향군(鄉君) 및 그 의빈(儀賓)은 8할을 초로 환산해주었는데,[302] 그 외에 남발한 자도 삭

330만 석 정도였다.

299) 존류(存留)는 『實錄』에 '존류비용(存留費用)'이라고 되어 있다. 각지의 세 수입 중 중앙에 해송(解送)하지 않고 지방에 남겨 두고서 지방행정비에 충당하는 몫을 가리킨다.

300) 원문에는 '部'라고만 되어 있으나, 『實錄』에는 '禮部'로 되어 있다.

301) "가정 41년" 이하의 기사는 『世宗實錄』 嘉靖 41년 10월 乙亥 조에 상세히 기재되어 있다. 임윤(林潤)의 이 주의(奏議)는 가정 32년 11월의 구양덕(歐陽德)의 「中尉女授宗婿名號疏」에 의거한 것이다.

302) 종번조례(宗藩條例)를 정한 일에 대해서는 『世宗實錄』 嘉靖 44년 2월 庚辰 조에 "禮

감한 것이 많았다. 이에 제왕(諸王)도 상주하여 세록을 사양하니, 적은 경우는 500석, 많은 경우는 2,000석에 이르러, 세출(歲出)에 조금 여유가 생겼으나, 장군 이하는 더욱 생계를 유지할 수 없었다.

원문 明初, 勳戚皆賜官田以代常祿. 其後令還田給祿米. 公五千石至二千五百石, 侯千五百石至千石, 伯千石至七百石. 百官之俸, 自洪武初定, 丞相、御史大夫以下歲祿數, 刻石官署, 取給於江南官田. 十三年重定內外文武官歲給祿米、俸鈔之制, 而雜流吏典附焉. 正從一二三四品官, 自千石至三百石, 每階遞減百石, 皆給俸鈔三百貫. 正五品二百二十石, 從減五十石, 鈔皆百五十貫. 正六品百二十石, 從減十石, 鈔皆九十貫. 正從七品視從六品遞減十石, 鈔皆六十貫. 正八品七十五石, 從減五石, 鈔皆四十五貫. 正從九品視從八品遞減五石, 鈔皆三十貫. 勒之石. 吏員月俸, 一二品官司提控、都吏二石五斗, 掾史、令史二石二斗, 知印、承差、吏典一石二斗; 三四品官司令史、書吏、司吏二石, 承差、吏典半之; 五品官司司吏一石二斗, 吏典八斗; 六品以下司吏一石; 光祿寺等吏典六斗. 教官之祿, 州學正月米二石五斗, 縣教諭、府州縣訓導月米二石. 首領官之祿, 凡內外官司提控案牘、州吏目、縣典史皆月米三石. 雜職之祿, 凡倉、庫、關、場、司、局、鐵冶、遞運、批驗所大使月三石, 副使月二石五斗, 河泊所官月米二石, 閘壩官月米一石五斗. 天下學校師生廩膳米人日一升, 魚肉鹽醯之屬官給之. 宦官俸, 月米一石.

部集廷臣, 奏上議處王府事宜六十七條, 詔爲書頒行, 賜名宗藩條例. 先是, 御史林潤言宗藩積弊, 請行各王府及廷臣集議善處之策. 已得旨允行"이라고 되어 있다. 그 내용은 萬曆 『大明會典』 권38 「戶部」 宗藩祿米, 本折 조에 "以上各郡王祿米, 嘉靖四十四年定, 不分初封・襲封, 俱歲支一千石, 三分本色・七分折鈔. 惟岷府仍舊例. 各王府鎭國・輔國・奉國將軍, 鎭國・輔國・奉國中尉, 米鈔本折中半兼支. 嘉靖四十四年定, 將軍改三分本色・七分折鈔, 中尉改四分本色・六分折鈔. 各王府郡縣主君・鄕君及儀賓, 本色四分・折鈔六分. 嘉靖四十四年, 改定二分本色・八分折鈔"라고 기재되어 있다.

옮김 譯 명초에 공신과 외척은 모두 관전(官田)을 사여하여 상록(常祿)을 대신하게 하였다.[303] 그 후[304] 전(田)을 환급받고 녹미를 지급하게 하였다.[305] 공(公)은 5,000석에서 2,500석에 이르고, 후(侯)는 1,500석에서 1,000석에 이르며, 백(伯)[306]은 1,000석에서 700석에 이르렀다. 백관의 봉록은 홍무 초부터 정하였고,[307] 승상(丞相)·어사대부(御史大夫) 이하의 세록의 수를 관서(官署)의 돌에 새겨 놓았는데, 강남의 관전(官田)에서 취하여 지급하였다.[308] 13년(1380)에 거듭 내외 문무관의 해마다 지급하는 녹미·봉초(俸鈔)에 관한 규정을 정하였고, 잡류(雜流)의 이전(吏典)[309]은 여기에 덧붙였다. 정·종의 1·2·3·4품관은 1,000석에서부터 300석에 이르기까지 계(階)마다 100석씩 차례로 감하였는데, 모두 봉초 300관을 주었다. 정5품은 220석이고, 종5품은 50석을 감하며, 초는 모두 150관이

---

303) 명초에 관전(官田)을 공신(功臣)에게 사여(賜與)한 일은 홍무 3년으로, 『明會要』 권43 「職官 15」에 실린 기사에 의거한 것인데, 공(公)·후(侯)·승상(丞相) 이하의 장전(莊田)은 많게는 100경(頃)에 이르렀다.

304) 홍무 25년을 가리킨다. 이때 관전(官田) 대신 세록(歲祿)을 지급하는 것으로 바뀐 원인의 하나는 공신(功臣)의 전졸(佃卒)이 "주인 집안의 배경을 믿고 금법(禁法)을 어겨" 사회의 안정에 악영향을 주었기 때문이다.

305) 正德 『大明會典』 권28 「祿米」; 萬曆 『大明會典』 권38 「戶部」 廩祿·公侯駙馬伯祿米조; 王圻, 『續文獻通考』 권103 등 참조.

306) 명초에 공·후·백 등의 작위를 세워, 주로 공신과 친척에게 주었다. 추봉(追封) 중에 소수의 '자(子)'와 '남(男)'을 칭한 경우가 있다. 홍무 이후에는 더 이상 없었다. 명말 정치가 날로 어지러워지자 봉작제도도 파괴되어, 황제의 유모(乳母)의 아버지, 요행(僥倖)·도사(道士) 및 환관의 자제가 임의로 봉작을 요구하여 남발됨으로써 정치의 부패와 재정의 고갈을 조성하였다.

307) 『太祖實錄』 洪武 4년 正月 庚戌 조에 "命中書省戶部, 定文武官歲祿. 正一品九百石, 從一品七百五十石, 正二品六百石, 從二品五百石, 正三品四百石, 從三品三百石, 正四品二百七十石, 從四品二百四十石, 正五品一百八十石, 從五品一百五十石, 正六品一百石, 從六品九十石, 正七品八十石, 從七品七十五石, 正八品七十石, 從八品六十五石, 正九品六十一石, 從九品五十石. 省·府·州·縣·衛所·憲臺諸司官, 驗數月支. 其太常司·欽天監·侍儀寺·太醫院等, 幷各庫·局官, 量裁有差"라고 되어 있다.

308) 『太祖實錄』 洪武 12년 正月 丁亥·己丑 조 사이에 "定丞相·御史大夫等官歲祿之數, 刻石官署. 中書省左右丞相·御史臺左右大夫, 每歲各給二千五百石. 若駙馬都尉李祺·梅殷, 每歲各給六百石. 平掌李伯昇·王溥·潘原明, 每歲各給七百五十石. 俱于江南官田內給與"라고 되어 있다.

309) 잡류(雜流)는 유외관(流外官; 未入流), 이전(吏典)은 봉록이 있는 이원(吏員)의 총칭이다.

었다. 정6품은 120석이고, 종6품은 10석을 감하며, 초는 모두 90관이었다. 정7품·종7품은 종6품에서 차례로 10석을 감하고, 초는 모두 60관이었다. 정8품은 75석이고, 종8품은 5석을 감하며, 초는 모두 45관이었다. 정9품·종9품은 종8품에서 차례로 5석을 감하고, 초는 모두 30관이었다. 이상을 돌에 새겼다.[310] 이원(吏員)[311]의 월봉(月俸)은 1~2품 관사(官司)[312]의 제공(提控)[313]·도리(都吏)[314]는 2석 5두, 연사(掾史)[315]·영사(令史)[316]는 2

310) 『太祖實錄』 洪武 13년 2월 丁丑 조에 "命戶部, 重定內外文武官歲給祿米俸鈔之制, 勒于石. 勑曰, 穆古建官, 必有等第, (…중략…) 其制以歲計, 正一品祿米千石, 從一品九百石, 正二品八百石, 從二品七百石, 正三品六百石, 從三品五百石, 正四品四百石, 從四品三百石, 皆給與俸鈔三百貫. 正五品二百二十石, 從五品二百七十石, 俸鈔皆一百五十貫. 正六品一百二十石, 從六品一百一十石, 俸鈔皆九十貫. 正七品百石, 從七品九十石, 俸鈔皆六十貫. 正八品七十五石, 從八品七十石, 俸鈔皆四十五貫. 正九品六十五石, 從九品六十石, 俸鈔皆三十貫"이라고 되어 있다.

311) 이원(吏員)은 이(吏)의 총칭으로, 이부(吏部)에서 임면(任免)하는 관(官)과 구별하여 각 아문에 소속된 속료(屬僚) 일반을 '이(吏)'라고 부르고, 그 임용은 원래 농민 출신으로 과실이 없고 나이 30 이하로 글 또는 계산에 능한 사람을 선발하여 쓰는 것을 원칙으로 하였다. 각 아문에서의 제공(提控) 이하 각 이원(吏員)의 배치는 『諸司職掌』 「吏部」 (正德 『大明會典』 권6; 권7)조에 보인다.

312) 1~2품 관사(官司)란 1~2품의 관(官)을 장관으로 하는 아문을 말한다. 관사는 관부(官府)와 똑같으니, 사(司)와 부(府) 모두 아문이란 뜻이다.

313) 제공(提控)은 이무(吏務)를 제공한다는 뜻으로, 이원(吏員) 가운데 가장 높은 사람을 의미하는 듯하다. 송대에 이미 지방의 부주현(府州縣) 아문의 최고 이원으로서 제공이 있었는데, 명대에도 문무 1품 아문에는 제공 1인이 두어졌다.

314) 도리(都吏)란 원래는 어느 부서의 이원의 우두머리를 의미하는 듯하다. 명대 2품 아문에는 도리 4인이 설치되었고, 홍무체제(洪武體制)에 의하면 6부의 도리는 고만(考滿) 때 종7품 출신으로 전선(銓選)되었다.

315) 연사(掾史)는 『實錄』에 연리(掾吏)로 되어 있다. '연(掾)'이란 『吏學指南』 「吏稱」 조에 의하면 "字寶云, 尊官之屬曰掾, 謂分部列局之吏也"라고 되어 있는데, 그 자의(字意)는 원래는 고품관(高品官)의 옆에 있으면서 봉사(奉仕)하는 뜻일 것이다. '사(史)'란 영사(令史)의 사와 똑같이 문자기록을 관장하는 의미이다. 『日知錄』 권8 「掾屬」에는 그 연혁득실(沿革得失)을 논하고 있다. 명대 오군도독부(五軍都督府)에는 연사 1명이 두어졌고, 홍무체제에 의하면 그 고만 때에 종7품 출신으로 전선되었다.

316) 영사(令史)는 『吏學指南』 「吏員」 조에 "법을 관장하여 다스리는 것을 돕고, 말을 기록하고 일을 기술하는 사람"이라고 해석하고 있다. 도리(都吏)·연사(掾史)보다도 하위이다. 그 연혁득실(沿革得失)에 대해서는 『日知錄』 권8 「都令史」 조에서 논해지고 있다. 명대 2품 아문에는 영사(令史) 6명, 지방의 2~3품 아문과 각 위(衛) 등에 약간 명이 두어졌다. 홍무체제에 의하면 6부의 영사는 고만 때 정8품 출신으로, 지방의 2~3품 아

석 2두, 지인(知印)[317] · 승차(承差)[318] · 이전(吏典)[319]은 1석 2두이고, 3~4품 관사의 영사(令史) · 서리(書吏)[320] · 사리(司吏)[321]는 2석, 승차(承差) · 이전(吏典)은 그 반이고, 5품 관사의 사리(司吏)는 1석 2두, 이전은 8두이고, 6품 이하의 사리는 1석이며, 광록시(光祿寺) 등의 이전은 6두였다.[322] 교관(教官)의 봉록은 주(州)의 학정(學正)[323]이 한 달에 미 2석 5두이고, 현의 교유(教諭)[324]와 부(府) · 주(州) · 현(縣)의 훈도(訓導)[325]가 한 달에 미 2석이었다. 수령관(首領官)[326]의 봉록은 모든 내외 관사의 제공안독(提控案

문의 영사는 정9품 출신으로, 각 위의 영사는 종9품 출신으로 전선되었다.

317) 지인(知印)은 아문의 관인을 관장하고 날인하는 자를 가리킨다.

318) 승차(承差)는 심부름을 맡아 하는 이원(吏員)을 가리킨다.

319) 이전(吏典)은 『實錄』에 전리(典吏)라고 되어 있다. 홍무체제에 의하면 오군도독부(五軍都督府)의 전리는 고만 때 정9품 출신으로, 육부의 전리는 종9품 출신으로, 경사의 삼품아문(三品衙門) 및 지방의 이품아문(二品衙門)의 전리는 잡직 출신으로 전선되었다.

320) 서리(書吏)는 서리(胥吏)라고도 한다. 그 연혁득실(沿革得失)에 대해서는 『日知錄』 권8 「吏胥」; 권9 「守令」 조에 보인다. 홍무체제에 의하면 찰원(察院) · 지방의 삼품아문 · 간원(諫院)의 서리는 고만 때 종9품으로 전선되었다.

321) 사리(司吏)는 아마 관아의 사무를 관장하는 이원(吏員)이란 뜻으로, 홍무체제에 의하면 내외 4품 아문의 사리는 고만 때 잡직 출신으로 전선되었다. 『吏學指南』 「吏員」 조에 의하면 "職掌曰司, 治人曰吏. 『主禮』曰, 掌官法以治民者, 宋曰手分, 金曰司吏"라고 되어 있다.

322) 『太祖實錄』 홍무 13년 3월 庚戌 조에 "戶部奏定吏員月俸等差. 一品二品衙門提控 · 都吏月俸二石伍斗, 掾史 · 令史二石二斗, 知印 · 承差 · 典吏一石二斗, 三品四品衙門令史 · 書吏 · 司吏二石, 承差 · 典吏一石, 五品衙門司吏一石二斗, 典吏八斗, 六品至雜職司吏一石, 光祿寺等典吏六斗"라고 되어 있다. 이 기사는 正德 『大明會典』 권30 「俸給」; 萬曆 『大明會典』 권39 「俸給」 등에도 인용되어 있다. 또 『太祖實錄』 洪武 13년 7월 庚寅 조에는 "吏部奏定, 在京三品以下衙門典吏月俸一石, 六品以下衙門典吏月支食米六斗"라고도 되어 있다.

323) 주(州)의 학교인 주유학(州儒學)의 장(長)에는 학정(學正) 1인이 두어졌다.

324) 현의 학교인 현유학(縣儒學)의 장에는 교유(教諭) 1인이 두어졌다.

325) 부(府)의 학교인 부유학(府儒學)의 장을 교수(教授)라고 하고, 그 아래에 훈도(訓導) 4인이 있어 그를 보좌하며, 주유학의 장인 학정 아래에도 훈도 3인, 현유학의 장인 교유 아래에도 훈도 2인이 있어, 각각 학정 및 교유를 보좌하였다. 이들 훈도의 위치는 잡직(雜職)의 위에 있었다.

326) 수령관(首領官)이란 좌이관(佐貳官) 아래에 있는 일반 하급관(下級官)으로, 그 아래에 이원(吏員)이 있었다. 그러나 작은 아문에서는 좌이(佐貳)가 두어지지 않기 때문에 정관(正官) 아래에 바로 수령관이 두어졌다.

牘),[327] 주의 이목(吏目),[328] 현의 전사(典史[329])가 모두 한 달에 미 3석이었다. 잡직[330]의 봉록은 무릇 창(倉)·고(庫[331])·관(關)·장(場)·사(司)·국(局[332])·철야(鐵冶[333])·체운(遞運[334])·비험소(批驗所[335])의 대사(大使)가 한 달에 3석이고 부사(副使)가 한 달에 2석 5두이며, 하박소(河泊所)의 관[336]은 한 달에 미 2석이고, 갑관(閘官)과 파관(壩官[337])은 한 달에 미 1석 5두였다.[338] 천하 학교의 사생(師生[339])의 늠선미(廩膳米)는 1인당 하루에 1승이

327) 제공안독(提控案牘)은 안독(案牘; 公文書)을 제공(提控; 검열·수정하고 감사·제어)한다는 의미로, 하급 일반의 사관(司官)을 가리키는 것 같다.

328) 주(州)의 이목(吏目)이란 주 아문의 하급관으로 종9품이며 정원은 1인이다. 문이(文移)의 출납을 담당하고, 주의 일을 나누어 관장하는 경우도 있었다. 그러나 후에는 현의 전사(典史)와 마찬가지로 한 주의 도적의 체포 및 경찰의 일을 관장하였던 듯하다.

329) 현의 전사란 현 아문의 하급관으로 정원이 1인이다. 문이(文移)의 출납을 담당하고, 현의 좌이관인 현승(縣丞) 혹은 주부(主簿)가 없는 경우는 현승·주부의 직무를 나누어 관장하였다. 그렇지만 명대에 이미 현의 전사는 현 범위에서의 도적의 체포 및 경찰의 일도 관장하였는데, 청대에 들어와서는 오히려 그 방면이 전직(專職)이 되었던 듯하다.

330) 잡직(雜職)이란 정인관(正印官; 자신의 아문이 있어 자신의 이름으로 직무를 집행하는 소위 '정임장인(正任掌印)'의 관)이 아닌 유외관(流外官)으로, 잡다한 비소(卑小)의 전직(專職)을 관장하는 관을 말한다.

331) 창(倉)의 대사(大使)·부사(副使)는 부(府)·주(州)·현(縣)에 각 1인씩, 고(庫)의 대사는 주(州)·현(縣)에 각 1인씩 두어졌다. 또한 중앙의 부(部)·사(寺)에도 다양한 고가 있고, 대사가 두어졌다.

332) 관(關)은 초관(鈔關)을, 장(場)은 산장(山場)을, 사(司)는 세과(稅課) 등의 사를, 국(局)은 세과 등의 국을 가리킨다.

333) 철야소(鐵冶所)는 전국에 13소(所)가 있고, 각 소에 대사(大使)와 부사(副使)를 각각 1인씩 두었다.

334) 체운소(遞運所)의 대사·부사는 각 1인으로, 세량과 물품의 체운을 관장하였다. 후에 부사는 없앴다.

335) 비험소(批驗所) 즉 비험차염인소(批驗茶鹽引所)의 대사·부사는 각 1인으로, 차인(茶引)·염인(鹽引)을 검사하는 일을 관장한다.

336) 하박소(河泊所)의 관은 어세(魚稅)를 거두는 일을 관장한다. 홍무 15년 천하의 하박소의 수는 252개이고, 세과(歲課)의 양(糧)이 5,000석 이상은 관 3인을, 1,000석 이상은 2인을, 300석 이상은 1인을 두었다.

337) 갑관(閘官)과 파관(壩官)은 각각 갑(閘)과 파(壩)의 계폐(啓閉)·축설(蓄洩)의 일을 관장하고, 제방을 지키며, 주즙(舟楫)의 이로움을 통하게 하는 일을 맡았다.

338)『太祖實錄』洪武 13년 3월 壬子 조에 "禮部奏, 以新定官祿, 勒石. 乃言, 天下教官則有學正·教諭·訓導. 首領官則有提控·案牘·吏目·典吏. 近以教官·首領官未入流品, 例稱雜職. 今宜以教官·首領, 列於雜職之外. 庶不混淆. 於是, 教官·首領官·雜職官, 列爲三

고, 생선·고기·소금·식초 따위는 관에서 지급하였다.340) 환관의 녹봉은 한 달에 미 1석이었다.341)

원문 二十五年更定百官祿. 正一品月俸米八十七石, 從一品至正三品, 遞減十三石至三十五石, 從三品二十六石, 正四品二十四石, 從四品二十一石, 正五品十六石, 從五品十四石, 正六品十石, 從六品八石, 正七品至從九品遞減五斗, 至五石而止. 自後爲永制.

옮김譯 25년에 백관의 봉록을 고쳐 정하였다. 정1품은 매달 봉미(俸米)가 87석이고, 종1품에서 정3품까지는 차례로 13석씩 줄여 35석에 이르고, 종3품은 26석, 정4품은 24석, 종4품은 21석, 정5품은 16석, 종5품은 14석, 정6품은 10석, 종6품은 8석, 정7품부터 종9품까지는 차례로 5두씩 줄여 5석에까지 이르렀다.342) 그 후로 제도로 정해져 바뀌지 않았다.

等. 亦勒之於石. 教官之祿, 州縣學正月米二石五斗, 縣教諭月米二石, 府州縣訓導月米二石. 首領官之祿, 凡內外衙門提控案牘·州吏目·縣典吏, 皆月米三石. 雜職之祿, 凡在京并各處倉庫·關場司局·鐵冶·各處遞運·批驗所大使月米三石, 副使月米二石五斗, 河泊所官月米二石, 牐壩官月米一石五斗"라고 되어 있다.

339) 부주현학(府州縣學)의 학생을 생원(生員)이라 부르는데, 늠선생(廩膳生)·증광생(增廣生)·부학생(附學生) 등 3종류가 있다. 한편 새로 학교에 들어오고자 시험을 치르는 사람은 위 늠선생 즉 늠생(廩生)의 보증을 필요로 하였다. 늠생으로서 보증의 책임을 지는 자를 늠보(廩保)라고 한다. 입시자(入試者)는 늠보를 스승으로 불렀다. 그런 까닭에 본문의 '사생(師生)'은 이 경우의 늠보 즉 늠생을 가리키는 듯하다. 正德『大明會典』권30「俸給監生人員等月料」조에 "師生廩膳米每人日一升"이라고 되어 있다.

340)『太祖實錄』洪武 13년 8월 조에 "是月制, 天下學校師生廩膳米人日一升, 魚肉·鹽醯之類, 皆官給之"라고 되어 있다.

341)『太祖實錄』洪武 4년 正月 乙巳 조에 "中書省臣奏宦官月俸. 初宦者爲監官, 月支廩米九斗. 中書議, 今既爲官. 宜量給以月俸米三石. 上曰, 內使輩, 衣食於內, 自有定額. 彼得俸, 將焉用之. 但月支廩米一石足矣. 卿等不宜開此端乞"라고 되어 있다.

342)『太祖實錄』洪武 25년 11월 조에, "是月, 上, 以中外文武百官司職名之沿革, 品秩之崇卑, 勳階之陞轉, 俸祿之損益, 歷年茲久. 屢有不同, 無以示成憲於後世. 迺命儒臣, 重定其品階勳祿之制, 以示天下. 正一品 (…중략…) 祿·月米八十七石, 從一品 (…중략…) 祿·月米七十四石, 正二品 (…중략…) 祿·月米六十一石, 從二品 (…중략…) 祿·月米四十八石, 正三品 (…중략…) 祿·月米三十石, 從三品 (…중략…) 祿·月米二十六石, 正四品 (…중략…) 祿·月米二十四石, 從四品 (…중략…) 祿·月米二十一石, 正五品 (…중략…) 祿·

원문 洪武時, 官俸全給米, 間以錢鈔兼給, 錢一千, 鈔一貫, 抵米一石. 成祖卽位, 令公、侯、伯皆全支米; 文武官俸則米鈔兼支, 官高者支米十之四、五, 官卑者支米十之六、八; 惟九品、雜職、吏典、知印、總小旗軍, 並全支米. 其折鈔者, 每米一石給鈔十貫. 永樂二年乃命公、侯、伯視文武官吏, 米鈔兼支. 仁宗立, 官俸折鈔, 每石至二十五貫. 宣德八年, 禮部尙書胡濙掌戶部, 議每石減十貫, 而以十分爲準, 七分折絹, 絹一匹抵鈔二百貫. 少師蹇義等以爲仁宗在春宮久, 深憫官員折俸之薄, 故卽位特增數倍, 此仁政也, 詎可違? 濙不聽, 竟請於帝而行之, 而卑官日用不贍矣. 正統中, 五品以上米二鈔八, 六品以下米三鈔七. 時鈔價日賤, 每石十五貫者已漸增至二十五貫, 而戶部尙書王佐復奏減爲十五貫. 成化二年從戶部尙書馬昻請, 又省五貫. 舊例, 兩京文武官折色俸, 上半年給鈔, 下半年給蘇木、胡椒. 七年從戶部尙書楊鼎請, 以甲字庫所積之布估給, 布一匹當鈔二百貫. 是時鈔法不行, 一貫僅直錢二三文, 米一石折鈔十貫, 僅直二三十錢, 而布直僅二三百錢, 布一匹折米二十石, 則米一石僅直十四五錢. 自古官俸之薄, 未有若此者.

옮김 譯 홍무 때 관의 봉록은 전부 미로 지급하되, 간간이 전과 초를 섞어 지급하기도 하였는데, 전 1,000, 초 1관을 미 1석으로 환산하였다. 성조가 즉위하자(1403) 공(公)·후(侯)·백(伯) 모두 전부 미를 지급하고, 문관과 무관의 봉록은 미와 초를 섞어 지급하며, 관이 높은 자는 미를 4~5할 지급하고, 관이 낮은 자는 미를 6~8할 지급하되, 다만 9품·잡직·이전(吏典)·지인(知印)·총소기군(總小旗軍)[343] 모두는 전부 미를 지급하도록 하였

月米十六石, 從五品 (…중략…) 祿·月米十四石, 正六品 (…중략…) 祿·月米十石, 從六品 (…중략…) 祿·月米八石, 正七品 (…중략…) 祿·月米七石五斗, 從七品 (…중략…) 祿·月米七石, 正八品 (…중략…) 祿·月米六石五斗, 從八品 (…중략…) 祿·月米六石, 正九品 (…중략…) 祿·月米五石五斗, 從九品 (…중략…) 祿·月米五石. 未入流 (…중략…) 俱不給祿"이라고 되어 있다(또 같은 책 홍무 20년 9월 丙戌 조도 참조). 이 규정은 『諸司職掌』「戶部」度支俸祿·俸給 조에 분명하게 기재되어 있고, 월지미액(月支米額) 외에 세액(歲額)도 병기하고 있다. 『會典』에는 월지미액은 없이, 세액만을 기록하고 있다.

다. 그 가운데 초로 환산하는 경우는 미 1석당 초 10관을 지급하였다.[344] 영락 2년(1404) 공・후・백을 문・무의 관리에 견주어 미와 초를 섞어 지급하도록 명하였다.[345] 인종이 즉위(1425)하자 관의 봉록을 초로 환산하여 지급하였는데 1석 당 25관에 이르렀다.[346] 선덕 8년(1433) 예부상서 호영(胡濙)[347]이 호부를 관장하게 되었는데, 1석당 10관을 줄이고, 10할을 기준으로 하여 7할은 견(絹)으로 절색하되, 견 1필을 초 200관으로 환산할 것을 의논하였다. 소사(少師) 건의(蹇義)[348] 등이 "인종이 오래 동궁(東宮)에 계시면서[349] 관원(官員)의 봉록을 절색하는 것이 박함을 매우 불쌍히 여기셨기 때문에 즉위 이후 특별히 몇 배를 늘린 것으로, 이는 인정(仁政)이니, 어찌 어길 수 있겠습니까"라고 말했다. 호영은 이를 듣지 않고 끝내 황제에게 청하여 자기의 주장을 관철시키니, 관이 낮은 자의 일용(日用)은 넉넉하지

343) 총소기군(總小旗軍)이란 총기(總旗)와 소기(小旗) 및 군병(軍兵)을 각각 가리키는데, 총기는 백호(百戶) 밑에서 군병 50인을 거느리는 무관이고, 소기는 총기 밑에서 군병 10인을 거느리는 무관이다.

344) "성조가 즉위하자" 이하의 기사는 『太宗實錄』 洪武 35년 12월 甲寅 조에 "戶部尙書夏原吉等進會議在京官吏軍士俸糧支米鈔格. 公・侯・伯・駙馬・儀賓祿, 並全支米. 其文武官, 一品二品俸支米者什之四, 三品四品什之五, 五品六品什之六, 七品八品什之八, 餘折支鈔, 每石折鈔五貫. 九品・雜色・吏典・知印・總小旗軍, 並全支米. (…중략…) 悉從其議. 命俸米折支鈔者, 每石增五貫, 爲十貫"이라고 되어 있는 것에 의거하였다. 한편 이 규정은 그 후 약간 변경되는데, 이에 관해서는 正德 『大明會典』 권29 「俸給」 조를 참조하라.

345) 『太宗實錄』 永樂 2년 5월 戊子 조에 "戶部尙書郁新言, 公侯駙馬伯儀賓祿米, 舊於蘇州秋糧內給之. 令民如數盡輸其家. 比年, 蘇州水患, 糧額虧損. 請如文武官例, 米鈔兼支. 自明年始, 祿五千石至三千五百石者支米二千石, 二千五百石者支米千五百石, 二千石者支米千石, 千五百石至千一百石者支米八百石, 一千石者支米七百石, 九百石者支米六百石, 六百石者支米五百石, 四百石者支米二百五十石, 餘並準支鈔. 惟二百石以下全支米. 從之"라고 되어 있다.

346) 『仁宗實錄』 洪熙 元年 正月 丙戌 조에 천지(天地)에 대사(大祀)를 지내고 내외(內外)에 조(詔)를 내린 것의 한 조항에 "一, 天下諸司文武官吏俸給, 每石折支鈔二貫伍百文. 近來米價騰湧, 日用不給. 除原支本色米外, 其餘俸米, 每石折支鈔二十五貫. 候年豊糧積, 再行定奪"이라고 되어 있다. 한편 위 기사에서 "每石折支鈔二貫伍百文"이라는 것은 『太祖實錄』 洪武 18년 12월 己丑 조에 보이는 규정이다.

347) 호영(胡濙)의 전(傳)은 『明史』 권169에 있다.

348) 건의(蹇義)의 전(傳)은 『明史』 권149에 있다.

349) 인종 주치(朱熾)는 일찍이 영락 2년(1404) 26세에 태자에 봉해졌으나 영락 22년(1424) 46세에 비로소 제위에 올랐기 때문에, 20년 동안 태자로 있었다.

못하게 되었다.[350] 정통 연간에 5품 이상은 미 2 초 8로, 6품 이하는 미 3 초 7로 하였다.[351] 당시 초의 가치가 날로 낮아져 1석당 15관이었던 것이 점차 늘어나 25관에까지 이르게 되었으나, 호부상서 왕좌(王佐)[352]가 다시 상주하여 15관으로 줄였다.[353] 성화 2년(1466)에 호부상서 마앙(馬昻)[354]의 청에 따라 다시 5관을 줄였다.[355] 구례(舊例)에 양경(兩京)의 문관과 무관의 봉록 가운데 절색은 상반년에는 초를 지급하고, 하반년에는 소목(蘇木)·호초(胡椒)를 지급하였다.[356] 7년에 호부상서 양정(楊鼎)[357]의 청에 따라

---

350) "선덕 8년" 이하의 기사는 『宣宗實錄』 宣德 8년 3월 庚辰·壬午 사이에 "兼掌行在戶部事禮部尙書胡濙奏, 南北二京文武官折支俸鈔, 已嘗奏准, 塡字勘合, 於原籍官司關支. 山後人皆無原籍, 及順天等八府官多鈔少之處, 於緣河船鈔內支給. 且宣德六年放支未盡, 七年又當關支. 支鈔愈多, 鈔法愈滯. 請將七年分俸糧, 每石舊數折鈔一十五貫. 以十分爲率, 七分折與官絹, 每疋准鈔四百貫, 三分折與官棉布, 每疋折鈔二百貫. 文武官俸米, 每石見折鈔二十五貫, 旗軍月糧見有折十貫或五貫者. 請自今京官每石減作一十五貫, 在外文武官旗軍請同此例. 從之. 濙初建議, 私與少師蹇義等謀. 義等力言不可. 曰, 仁宗皇帝在春宮久, 深知官員折俸之薄. 故卽位特增數培, 此仁政也. 豈可違之. 濙初欲每石減作十貫. 聞義等言, 乃作十五貫. 白而行之. 而小官不足者多矣"라고 되어 있는 것에 의거하였다.

351) 正德 『大明會典』 권29 「俸餉」 조에 "正統四年令, 南京文武官五品以上, 原二八分支者, 每月添本色米一石. 六品以下三七分支者, 每月添二斗. 北京文武官, 自一品至九品, 俱添本色米一石, 雜職每月添二斗"라고 되어 있다. 더 자세한 것은 『英宗實錄』 正統 2년 8월 己巳 조; 同 4년 3월 癸酉 조 등 참조.

352) 왕좌(王佐)의 전(傳)은 『明史』 권167에 있다.

353) 『英宗實錄』 正統 12년 4월 丙辰 조에 "戶部尙書王佐等, 奏減文武官吏俸鈔. 先是, 俸一石折鈔十五貫. 後加至二十五貫. 至是, 佐等以費鈔頗多, 奏乃減爲十五貫. 從之"라고 되어 있다. 또 正德『大明會典』 권30에도, "正統六年令, 在外文武官俸, 折鈔每石二十五貫"이라고 되어 있다.

354) 마앙(馬昻)의 전(傳)은 『明書』 권154에 있다.

355) 『憲宗實錄』 成化 2년 3월 辛亥 조에 "減在京文武官員折俸鈔. 先是, 米一石折鈔二十五貫. 後因戶部裁省, 定爲十五貫. 至是, 尙書馬仰又奏, 每石再省五貫. 從之. 時鈔法久不行. 新鈔一貫, 時値不過十錢, 舊鈔僅一二錢. 甚至積之市肆, 過者不顧. 以十貫鈔折俸一石, 則是斗米一錢也. 小吏俸薄, 無以養廉, 莫甚於此"라고 되어 있다.

356) 萬曆 『大明會典』 권29 「俸給」 凡在京文武官俸 조에 "正統元年令, 在京文武官折色俸, 每歲上半年折鈔錠, 下半年折胡椒·蘇木"이라고 되어 있다. 상세한 것은 『英宗實錄』 正統 元年 윤6월 戊寅 조 참조.

357) 양정(楊鼎)은 자가 종기(宗器)로서, 섬서(陝西) 함녕(咸寧) 출신이다. 정통 4년(1439)에 진사가 되었다. 성화 4년(1468)에 호부상서가 되어 유민(流民)의 안치(安置)를 건의하였다. 그의 전(傳)은 『明史』 권157에 있다.

갑자고(甲字庫)[358]에 쌓여 있는 포(布)로 값을 쳐서 지급하였는데, 포 1필을 초 200관으로 하였다. 이때 초법(鈔法)이 통용되지 않아 1관이 겨우 전 2~3문의 가치에 불과하였는데, 미 1석은 초 10관으로 환산되니, 그 가치가 겨우 20~30전이었고, 포의 가치는 겨우 200~300전이었는데, 포 1필은 미 20석으로 환산되니, 곧 미 1석은 겨우 14~15전이었다. 옛날부터 관봉(官俸)의 박함이 이와 같은 적은 없었다.[359]

원문 十六年又令以三梭布折米, 每匹抵三十石. 其後粗闊棉布亦抵三十石, 梭布極細者猶直銀二兩, 粗布僅直三四錢而已. 久之, 定布一匹折銀三錢. 於是官員俸給凡二 : 曰本色, 曰折色. 其本色有三 : 曰月米, 曰折絹米, 曰折銀米. 月米, 不問官大小, 皆一石. 折絹, 絹一匹當銀六錢. 折銀, 六錢五分當米一石. 其折色有二 : 曰本色鈔, 曰絹布折鈔. 本色鈔十貫折米一石, 後增至二十貫. 絹布折鈔, 絹每匹折米二十石, 布一匹折米十石. 公侯之祿, 或本折中半, 或折多於本有差. 文武官俸, 正一品者, 本色僅十之三, 遞增至從九品, 本色乃十之七. 武職府衛官, 惟本色米折銀例, 每石二錢五分, 與文臣異, 餘並同. 其三大營副將、參、遊、佐員, 每月米五石, 巡捕營提督、參將亦如之. 巡捕中軍、把總官, 月支口糧九斗, 旗牌官半之.

옮김 譯 16년에 또 영을 내려 삼사포(三梭布)[360]로 미를 절색하는데, 1필당 30석으로 환산하게 하였다. 그 뒤 조활면포(粗闊棉布)[361]도 30

358) 갑자고(甲字庫)에 대해서는 본서 제3장의 倉庫 조 참조.

359) 『憲宗實錄』 成化 7년 10월 10일 조에 "戶部請, 以布一疋, 准折文武官員俸糧二十石. 舊例, 南京文武官折色俸糧, 上半年給鈔, 下半年給蘇木 · 胡椒. 至是, 戶部尙書楊鼎奏, 京庫椒木不足, 甲字庫多積棉布. 以時估計之, 闊白布一疋, 可准鈔二百貫. 請以布折米, 仍視折鈔例, 每十貫一石. 先是, 折俸米一石鈔二十五貫, 漸減至十貫. 是時鈔法不行, 鈔貫值二三錢而已. 是米一石僅錢二三十文. 至是, 又折以布. 布一疋, 時估不過二三百錢, 而折米二十石. 則是米一石, 僅值十四五錢也. 自古, 百官俸祿之薄, 未有如此者. 有司朦朧奏請, 遂爲常例"라고 되어 있다.

360) 삼사포(三梭布)란 삼사목면포(三梭木棉布)라고도 하는데, 당시 면포(棉布) 가운데 가장 상질(上質)의 베를 가리킨다.

석으로 환산하였는데, 사포(梭布)로 극히 가는 것도 가치가 은 2량이었고, 거친 포는 3~4전에 불과하였다.[362] 조금 지나 포 1필을 은 3전으로 환산하도록 정하였다. 이에 관원의 봉급은 본색과 절색 두 종류가 있게 되었다. 본색에는 월미(月米)·절견미(折絹米)·절은미(折銀米) 등 세 가지가 있었다. 월미는 관의 높고 낮음을 불문하고 모두 1석이었다. 절견은 견 1필이 은 6전으로 환산되었다. 절은은 6전 5분이 미 1석으로 환산되었다. 절색에는 본색초(本色鈔)·견포절초(絹布折鈔) 두 가지가 있었다. 본색초는 10관을 미 1석으로 환산하였는데, 나중에 늘어나 20관에 이르렀다. 견포절초는 견 1필당 미 20석으로, 포 1필을 미 10석으로 환산하였다.[363] 공후(公侯)의 봉록은 본색과 절색을 반씩 섞거나 절색이 본색보다 많게 하였는데 차등이 있었다.[364] 문관과 무관의 봉록은 정1품인 경우 본색이 겨우 3/10이었고, 차례로 늘려 종9품에 이르면 본색이 7/10이었다.[365] 무직(武職)의 부(府)·위

361) 조활면포(粗闊棉布)란 조포(粗布)와 활백면포(闊白棉布)로, 모두 보통의 면포를 가리킨다.

362)『憲宗實錄』成化 16년 7월 丙申 조에 "定文武官吏俸糧折布例. 時官吏折俸, 自成化十一年至十三年, 皆未支. 戶部尙書陳鉞請, 如例, 十一年者於太倉折支銀, 十二年者於天財庫折支銅錢, 十三年者於甲子庫折支闊白三梭布. 但布一疋該米四十石, 折算太重, 物議未平. 宜量准三十石. 詔如議. 然三梭一疋, 極細者, 不過直銀二兩. 而米價遇貴, 則有一石直銀一兩者. 今布一匹折米三十石, 輕重已自懸絶. 後乃至以麤闊棉布直銀三四錢者, 亦折米三十石. 則是麤布一疋而價銀直三十兩, 自古所無也"라고 되어 있다.

363) 萬曆『大明會典』권39「俸給」조에 "凡官員俸給, 有本色, 有折色. 本色三, 曰月米, 每月一石. 曰折絹米, 歲兩月. 曰折銀米, 歲十月. 後定絹一疋折銀七錢. 折色二, 曰本色鈔, 曰絹布折鈔. (…중략…) 後又以絹布折支. 每俸一石該鈔二十貫, 每鈔二百貫折布一疋"이라고 되어 있다. 또 折色俸에 대해서는 "成化二年令, 在京文武官折色俸鈔每十貫折米一石", "弘治十六年令, 兩京文武官折色俸每米一石折鈔二十貫"이라고 되어 있어, 이것에 의해 대체적인 것은 파악할 수 있다. 다만 "절견은 견 1필이 은 6전으로, 절은은 6전 5분이 미 1석으로 환산하였다"와 "견포절초는 견 1필당 미 20석으로, 포 1필을 미 10석으로 환산하였다"라는 이 두 구절은 출처가 명확하지 않다.

364) 萬曆『大明會典』권38「戶部 25」廩祿1 宗藩祿米 조에 "聖祖封藩, 初擬親王五萬石. 概以官吏軍士俸給彌廣, 因鑑唐宋之制, 定爲萬石. 後令米鈔兼支. 有中半者, 有本多折者, 其則不同, 云云"이라고 되어 있다.

365) 萬曆『大明會典』권39「俸給事例」'凡官員俸給, 有本色, 有折色' 조에 "正一品歲該一千四十四石, 內本色俸三百三十一石二斗, 折色俸七百一十二石八斗, 本色俸內, 除支米一十二石外, 折銀俸二百六十六石, 折絹俸五十三石二斗, 共該銀二百四兩八錢二分, 折色俸內,

관(衛官)[366]은 단지 본색미(本色米)의 절은례(折銀例)만 1석당 2전 5분으로 하여 문신(文臣)과 다르고, 나머지는 모두 같게 하였다. 그 삼대영(三大營)[367]의 부장(副將)·참장(參將)·유격장군(遊擊將軍)·좌격장군(佐擊將軍)은 매달 미 5석으로 하였고, 순포영(巡捕營)[368]의 제독(提督)·참장(參將)도 그와 같게 하였다. 순포영의 중군관(中軍官)·파총관(把總官)은 매달 구량(口糧) 9두를 지급하였고, 기패관(旗牌官)[369]은 그 반으로 하였다.

원문 天下衛所軍士月糧, 洪武中, 令京外衛馬軍月支米二石, 步軍總旗一石五斗, 小旗一石二斗, 軍一石. 城守者如數給, 屯田者半之. 民匠充軍者八斗, 牧馬千戶所一石, 民丁編軍操練者一石, 江陰橫海水軍稍班、碇手一石五斗. 陣亡病故軍給喪費一石, 在營病故者半之. 籍沒免死充軍者謂之恩軍, 家四口以上一石, 三口以下六斗, 無家口者四斗. 又給軍士月鹽, 有家口者二斤, 無者一斤, 在外衛所軍士以鈔準. 永樂中, 始令糧多之地, 旗軍月糧, 八分支米, 二分支鈔. 後山西、陝西皆

折布俸三百五十六石四斗, 該銀一十兩六錢九分二厘, 折鈔俸三百五十六石四斗, 該本色鈔七千一百二十八貫. (…중략…) 從九品歲該俸六十石, 內本色俸四十二石, 折色俸一十八石, 本色俸內, 除支米一十二石外, 折銀二十五石, 折絹俸五石, 共該銀一十九兩二錢五分, 折色俸內, 折布俸九石, 該銀二錢七分, 折鈔俸九石, 該本色鈔一百八十貫"이라고 되어 있다.

366) 부(府)는 오군도독부(五軍都督府), 위(衛)는 위지휘사사(衛指揮使司)로서 경사(京師)에 있는 것을 친군위(親軍衛) 및 경위(京衛)라고 하고, 지방에 있는 것을 외위(外衛)라고 한다. 친군위는 병부에, 경위는 오군도독부에, 외위는 지방에 배치된 도사(都司)·행도사(行都司)·유수사(留守司)에 예속하는데, 1위는 5천호소(千戶所)로 구성된다.

367) 경영(京營)을 구성하는 바의 오군영(五軍營)·신기영(神機營)·신추영(神樞營; 전의 삼천영(三千營))을 가리킨다. 각 영(營)은 다시 10소영(小營; 지(枝)라고도 하는데, 2,000 내지 3,000명으로 조직됨)으로 나뉘고, 각 소영은 부장(副將)·참장(參將)·유격장군(遊擊將軍)·좌격장군(佐擊將軍) 등에 의해 지휘되었다.

368) 북경성(北京城) 내외의 경찰 및 야경(夜警)을 담당하는 금위병(禁衛兵)의 영(營)을 가리킨다. 이 영이 확립된 것은 홍치 연간으로서, 홍치 5년에 파총(把總)이 설치되고, 정덕 말, 가정 초에 영졸(營卒)이 4,000~5,000에 달하고 참장이 두어졌다. 그 후 사실상 붕괴된 적도 있지만, 만력 연간에 다시 확충되었다. 가장 조직이 팽창되었을 때에는 제독(提督) 1인, 참장 2인, 파총 18인, 순군(巡軍) 1만 1,000인에 달했다.

369) 순포영(巡捕營)의 기사(旗士)는 야경(夜警)할 때 순패(巡牌)를 휴대하므로 이를 기패관(旗牌官)이라고 한 것 같다.

然, 而福建、兩廣、四川則米七鈔三, 江西則米鈔中半, 惟京軍及中都留守司, 河南、浙江、湖廣軍, 仍全支米. 已而定制, 衛軍有家屬者, 月米六斗, 無者四斗五升, 餘皆折鈔. 凡各衛調至京操備軍兼工作者, 米五斗. 其後增損不一, 而本折則例, 各鎭多寡不同, 不能具擧.

옮김 譯 천하 위소(衛所)의 군사에 대한 월량(月糧)은 홍무 연간에 경외위(京外衛)[370]의 마군(馬軍)에게 매달 미 2석을, 보군(步軍)의 총기(總旗)에게 1석 5두를, 소기(小旗)에게 1석 2두를, 군(軍)에게 1석을 지급하게 하였다. 성을 지키는 자도 같은 액수를 지급하되, 둔전(屯田)하는 자는 그 반을 지급하게 하였다. 민호(民戶)·장호(匠戶)로서 군으로 충당된 자는 8두, 목마천호소(牧馬千戶所)[371]는 1석, 민정(民丁)으로 군에 편성되어 군사 훈련하는 자는 1석, 강음(江陰)·횡해(橫海)[372] 수군(水軍)의 조타수와 수부(水夫)는 1석 5두를 지급하게 하였다. 전쟁 중에 전사하였거나 병으로 사망한 군은 장례비 1석을 지급하고, 영(營)에서 병사한 자는 그 반을 지급하게 하였다.[373] 적몰(籍沒)되고, 사형을 면하는 대신 군으로 충당된 자를 은군(恩軍)이라 하는데, 가구(家口)가 4인 이상이면 1석, 3인 이하면 6두, 가구가 없으면 4두를 지급하게 하였다. 또 군사에게 매달 염을 지급하였는데, 가구가 있으면 2근, 없으면 1근으로 하였고, 지방 소재 위소의 군사에게는 초를 기준으로 지급하였다.[374] 영락 연간에 처음으로 양(糧)이 많은 지역은 기군(旗軍)[375]의 월량(月糧)을 그 8할은 미로 지급하고 2할은 초로 지급하게 하였다. 후에 산서·섬서에서도 모두 그렇게 하였는데,

370) 경외위(京外衛)는 경사에 있는 경위와 지방에 있는 외위를 가리킨다.
371) 목마천호소(牧馬千戶所)는 홍무 때 남경에 설치되었고, 영락 연간에 북경에도 설치되었는데, 모두 남북의 중군도독부(中軍都督府)에 예속되어 군마의 자목(孳牧)을 관장하였다.
372) 강회(江淮)·횡해(橫海)는 모두 수군(水軍)의 위명(衛名)으로 남경후군도독부(南京後軍都督府)에 예속되었다. 전자는 강소성 강음현(江陰縣)에 있고, 후자는 하북성 창현(滄縣)에 있었다.
373) 正德『大明會典』권27「月糧事例」조 참조.
374) 正德『大明會典』권27「月鹽事例」조 참조.
375) 기군(旗軍)은 총기(總旗)·소기(小旗)와 군병(軍兵)을 가리킨다.

복건·양광(兩廣)·사천은 미 7 초 3으로 하고, 강서는 미와 초를 반씩 하되, 다만 경군(京軍) 및 중도유수사(中都留守司),[376] 하남·절강·호광(湖廣)의 군(軍)은 여전히 전부 미를 지급하게 하였다. 그로부터 얼마 후 제도를 정하여, 위군(衛軍)에게 가족이 있으면 매달 미 6두, 없으면 4두 5승을 지급하고, 나머지는 모두 초로 환산하여 지급하게 하였다.[377] 무릇 각 위(衛)에서 파견하여 경사에 이르러 훈련에 대비하는 군으로 공작(工作)[378]을 겸하는 자는 미 5두로 정하였다. 그 후 늘리고 줄인 것이 한결같지 않았고, 본색과 절색의 비율은 각 진(鎭)마다 다과가 동일하지 않아 일일이 갖추어 열거할 수 없다.

원문 凡各鎭兵餉, 有屯糧, 有民運, 有鹽引, 有京運, 有主兵年例, 有客兵年例. 屯糧者, 明初, 各鎭皆有屯田, 一軍之田, 足贍一軍之用, 衛所官吏俸糧皆取給焉. 民運者, 屯糧不足, 加以民糧. 麥、米、豆、草、布、鈔、花絨運給戍卒, 故謂之民運, 後多議折銀. 鹽引者, 召商入粟開中, 商屯出糧, 與軍屯相表裏. 其後納銀運司, 名存而實亡. 京運, 始自正統中. 後屯糧、鹽糧多廢, 而京運日益矣. 主兵有常數, 客兵無常數. 初, 各鎭主兵足守其地, 後漸不足, 增以募兵, 募兵不足, 增以客兵. 兵愈多, 坐食愈衆, 而年例亦日增云.

옮김 譯 무릇 각 진(鎭)의 병향(兵餉)에는 둔량(屯糧)·민운(民運)·염인(鹽引)·경운(京運)·주병연례(主兵年例)[379]·객병[380]연례(客兵年例)가

376) 중도(中都)란 태조가 처음 군대를 일으킨 봉양부(鳳陽府) 임호(臨濠)로서, 홍무 14년에 이곳에 유수사(留守司)를 두고, 봉양성(鳳陽城) 내외의 위(衛)를 통할하게 하였다. 유수(留守)란 황제를 대신하여 이곳에 있는 조릉(祖陵)·황릉(皇陵)을 남아 지킨다는 의미로, 유수사의 지위는 도사(都司)에 준하였다.

377) 正德『大明會典』권27「月糧事例」조 참조.

378) 공작(工作)이란 조작(造作)이란 뜻으로 영조(營造)의 사업을 가리킨다.

379) 주병연례(主兵年例)의 주병(主兵)이란 토착의 위병을 말하고, 연례는 1년간의 규정된 군비를 말한다.

380) 객병(客兵)이란 다른 지역의 병사로 응원을 위해 파견된, 또는 모집된 병사를 가리킨다.

있었다. 둔량이란 명초에 각 진에 모두 둔전이 있어서 한 군사의 둔전으로 한 군사의 생활에 충분했는데, 위소(衛所) 관리의 봉량(俸糧)은 모두 여기에서 취하여 지급하였다. 민운이란 둔량이 부족하여 민량으로 보탠 것이다. 맥(麥)·미(米)·두(豆)·초(草)·포(布)·초(鈔)·화융(花絨[381])을 운반하여 변방의 군사에게 지급하였기 때문에 민운이라 하였는데, 후에는 대부분 의논하여 은으로 환산해주었다. 염인이란 상인을 불러 속(粟)을 바치고 개중하게 한 것으로, 상둔(商屯)에서 양(糧)을 내는 것이 군둔(軍屯)과 서로 호응하였다. 그 후에 은을 운사(運司)에 납부하게 되면서, 명칭만 남고 실체는 사라지게 되었다. 경운은 정통 연간에 시작되었다. 후에 둔량과 염량[382])이 대부분 폐지되자 경운이 날로 늘어났다. 주병에는 일정한 수가 있었으나, 객병에는 일정한 수가 없었다. 처음에 각 진의 주병은 그 지역을 지키기에 충분하였으나, 후에 점차 부족해져 모병(募兵)[383])을 늘렸고, 모병도 부족해지자 객병을 늘렸다. 병(兵)이 많아질수록 놀고먹는 자가 늘어갔고, 연례 또한 날로 증가했다고 한다.

【會計】

원문 明田稅及經費出入之數, 見於掌故者, 皆略可考見.

---

381) 면화(棉花)를 가리킨다.

382) 염량(鹽糧)은 염인(鹽引)으로 바꾸어 취한 상둔(商屯)의 양(糧)을 가리킨다.

383) 모병(募兵)이란 정통 연간에 위소(衛所)제도가 이완되었기 때문에, 각지에서 군여(軍餘; 군호(軍戶)의 여정(餘丁))와 민장(民壯; 민호(民戶)의 장정(壯丁))을 모집하여 병졸로 편성한 것을 말한다. 북변(北邊)에서는 가정 연간 이래 대부분 모병이 이용되었다.

옮김 譯

명의 전세(田稅)[384] 및 경비의 출입의 수(數)로 장고(掌故)[385]에 보이는 것은 모두 대략 살펴볼 수 있다.[386]

원문

洪武二十六年, 官民田總八百五十萬七千餘頃. 夏稅, 米麥四百七十一萬七千餘石, 錢鈔三萬九千餘錠, 絹二十八萬八千餘匹; 秋糧, 米二千四百七十二萬九千餘石, 錢鈔五千餘錠. 弘治時, 官民田總六百二十二萬八千餘頃. 夏稅, 米麥四百六十二萬五千餘石, 鈔五萬六千三百餘錠, 絹二十萬二千餘匹; 秋糧, 米二千二百十六萬六千餘石, 鈔二萬一千九百餘錠. 萬曆時, 官民田總七百一萬三千餘頃. 夏稅, 米麥總

---

384) 전세(田稅)는 전토(田土)와 부세(賦稅)를 가리키는 것으로, 부세만을 가리켜 말한 것은 아니다.

385) 장고(掌故)는 萬曆『大明會典』 및『萬曆會計錄』 등의 관방자료(官方資料)를 가리킨다.

386) 명대 회계의 숫자로 "장고(掌故)에 보이는 것"이라고 하고 있지만,「食貨志」에 든 숫자는 서두의 일부를 제외하면 모두 만력 초년의 것이고, 게다가 그 대부분은 만력『大明會典』과『萬曆會計錄』에서 단순히 초록(抄錄)한 데 지나지 않는다고 말할 수 있다. 서두의 문장도 아마 萬曆『大明會典』 권17「田土」의 "무릇 전토는 국초부터 지금에 이르기까지 많고 적음이 한결 같지 않다. 실려서 책적(冊籍)에 있으면 살펴볼 수 있다"는 문장을 모방한 것 같다. 또『明史稿』와『明史』를 비교하면 행문(行文)상에서도, 기재한 항목에서도 완전히 같은데, 후자가 고의로 생략하였다고 생각되는 비교적 중요하지 않은 비목(費目)의 숫자를『明史』「食貨志」에서는 보충하여 넣은 것이 많다. 그러나 비목의 명칭이나 숫자의 전체에 걸쳐『明史稿』 쪽이 보다 정확하게『會典』의 원문에 가깝고,『明史』에서는 이것을 요약하였기 때문에 의미가 애매하게 된 경우와 숫자의 오사(誤寫)가『明史稿』보다 많다. 또한 두「食貨志」 모두 숫자의 표현에 있어 1만이라든가 1천이라든가를 어떤 경우에는 '一萬'·'一千'이라고 하고 어떤 경우에는 단지 '萬'·'千'이라고 하여 '一'을 생략하거나 붙이거나 하여 일정하지 않다. 게다가 2~3의 예외(오사(誤寫)일 것이다)를 제외하고, 숫자를 요약하는 경우 만 단위로 끝나는 경우는 천 단위 이하는 일률적으로 '餘'로 표현하고, 천 단위로 끊을 때에는 백 단위의 숫자가 어쨌든 간에 '餘'라고 하여 떼어버리고 있다. 즉 사사오입 등의 방법은 취해지고 있지 않기 때문에 극단적인 예를 들면,『會典』의 원문에는 "은 29만 4,959량(감숙(甘肅) 병향(兵餉) 조의 숫자)"이라고 되어 있는 것을 "은 29만 4,000여 량"이라고 하고 있는데, 모두 이와 같은 절사법을 취하고 있다.『明史稿』와『明史』에서는 세세한 점에서 차이가 많지만, 그 하나하나를 지적할 필요도 없다고 생각되기 때문에 이하의 주에서는 중요한 것을 보여주는 데 그치고, 또한 숫자 등의『會典』과의 대비도「食貨志」에서 떼어버린 부분에 대해서는 행하지 않는다. 또한 이 회계의 부분에는 재정상의 용어가 많이 보이는데, 그 대부분은 본서의 여태까지의 여러 조목에 보이는 것이기 때문에 전에 자주 나온 것에 대해서는 주기(註記)를 생략한다.

四百六十萬五千餘石, 起運百九十萬三千餘石, 餘悉存留, 鈔五萬七千九百餘錠, 絹二十萬六千餘匹; 秋糧, 米總二千二百三萬三千餘石, 起運千三百三十六萬二千餘石, 餘悉存留, 鈔二萬三千六百餘錠. 屯田六十三萬五千餘頃, 花園倉基千九百餘所, 徵糧四百五十八萬四千餘石. 糧草折銀八萬五千餘兩, 布五萬匹, 鈔五萬餘貫. 各運司提擧大小引鹽二百二十二萬八千餘引.

옮김 譯 홍무 26년(1393)[387]의 관전(官田)과 민전(民田)의 총액은 850만 7,000여 경(頃)[388]이었다. 하세(夏稅)는 미(米)·맥(麥)이 471만 7,000여 석, 전(錢)·초(鈔)가 3만 9,000여 정(錠), 견(絹)이 28만 8,000여 필이고, 추량(秋糧)은 미가 2,472만 9,000여 석, 전·초가 5,000여 정이었다.[389] 홍치 때[390]의 관전과 민전의 총액은 622만 8,000여 경이었다. 하세는 미·

387) 홍무 26년은 『諸司職掌』이 편수(編修)된 해인데, 이것에 의해 『會典』(萬曆 『大明會典』 권17 「田土」 및 권24 「稅糧」 조)은 '12포정사(布政司) 및 직예부주(直隸府州)'의 '전토총계(田土總計)' 및 '실제로 징수한 하세(夏稅)·추량(秋糧)의 총수(總數)'를 들고 있다. 「食貨志」에 든 숫자는 萬曆 『大明會典』의 그것으로 正德 『大明會典』의 그것과는 일부 다르다.

388) 이 숫자는 황무지를 포함한 면적의 수로 과세의 대상이 된 실재의 경지면적(耕地面積; 홍무 24년에 387만 수천 경)을 보여주는 것은 아니다.

389) 하세·추량으로 이상에 든 숫자를 합계하여 이것을 『太祖實錄』의 홍무 23년·26년·27년의 12월말에 있는 세입표(歲入表)의 숫자와 비교하면, 후자에서는 세수품목별(稅收品目別)로 기입하여 『會典』과는 분류의 기준이 다르기 때문에 전초(錢鈔)와 견(絹)에 대해서는 정확하게 비교할 수는 없지만, 현물납(現物納)의 세량의 총액에 대해서는 약 200만 내지 300만 석, 『實錄』의 숫자 쪽이 많다. 이것은 아마 미맥(米麥) 외에 '두속(豆粟)'이 포함되어 있기 때문이겠지만, 「食貨志」의 전거가 된 『會典』의 하세·추량의 연액(年額)은 홍무 20년대의 실징액(實徵額)이라고 보아도 대과(大過)는 없다고 생각한다. 또한 『會典』의 원문에는 추량 중에 "견(絹) 59필(疋)"이라고 되어 있는데, 「食貨志」는 취하기에 부족한 액수이기 때문에 이것을 무시한 것으로 보인다.

390) '홍치 때'는 萬曆 『大明會典』에는 홍치 15년으로 되어 있고, 「食貨志」의 기재는 『會典』에 근거하였음은 명백한데, 『會典』에서 상세히 서술하고 있는 하세·추량의 세목(합계 41종인데, 이에 대해서는 본서의 부역 부분을 참조)과 각각의 액수 중에 미맥(米麥)·초(鈔)·견(絹)만을 초록하고, 나머지는 모두 생략하고 있다. 또한 『孝宗實錄』 弘治 15년 세입표(歲入表)의 전부(田賦) 중 미(米)는 1,896만 5,000석이고, 맥(麥)은 약 897만 9,000석이기 때문에, 양자를 합하면 『會典』의 하세·추량의 미맥 합계보다 백 십여 만 석이 많고, 게다가 맥과 미의 수량 비율이 상당히 다른데, 『會典』에서 기계적으로 숫자를 뽑은 「食貨志」 편자는 이와 같은 『實錄』의 숫자와의 차이 등은 문제로 하지 않았

맥이 462만 5,000여 석, 초가 5만 6,300여 정,[391] 견이 20만 2,000여 필이고,[392] 추량은 미가 2,216만 6,000여 석, 초가 2만 1,900여 정이었다.[393] 만력 때[394]의 관전과 민전의 총액은 701만 3,000여 경이었다. 하세는 미・맥이 총 460만 5,000여 석으로 기운(起運)하는 것이 190만 3,000여 석이고 나머지는 모두 존류(存留)하였고,[395] 초가 5만 7,900여 정,[396] 견이 20만 6,000여 필이었고,[397] 추량은 미가 총 2,203만 3,000여 석으로 기운하는 것이

던 것 같다.

391) "초(鈔) 5만 6,300여 정(錠)"은 『明史稿』에서는 "本色鈔萬七千七百餘錠, 租鈔二萬二千五百餘錠, 稅鈔六千五百餘錠"이라고 되어 있고, 『會典』의 기재대로 3종의 세목을 싣고 낮은 단위의 숫자를 버리고 있다. 『明史』는 초로 납입하는 이들 3종을 일괄하여 그 수를 합산했음에 틀림없지만, 『明史稿』의 3자를 합계하면 5만 6,700여 정이 되고, 『會典』의 원문의 그것을 합계하면 5만 6,882정 20관여가 되기 때문에, 『明史』의 "300여 정"은 계산의 잘못이든가 어쩌면 오사(誤寫) 또는 오식(誤植) 중 어느 하나일 것이다.

392) "견(絹) 20만 2,000여 필"은 『明史稿』에는 없기 때문에 『明史』 편자가 『會典』의 "絹二萬二千九百八十九疋九尺"을 채록하는데, 잘못해서 '十'자를 더한 것이라고 생각된다. 『會典』의 하세 세목중에 견(絹)으로 납부한 것에는 사면절견(絲綿折絹)・세사절견(稅絲折絹)・농상사절견(農桑絲折絹)・인정사절견(人丁絲折絹)・개료견(改料絹)・원액소견(原額小絹)・폐백견(幣帛絹)・본색견(本色絹)・견(絹) 등의 9종이 있는데, 그 총액을 계산하면 19만 4,980여 필이 되고, 이를 "20만 2,000여 필"이라고 오산(誤算) 혹은 오사(誤寫)하는 것은 있을 수 없다고 생각되기 때문이다. 그렇다면 '견(絹)'보다 세액이 많은 사면절견・농상사절견・인정사절견을 생략한 것은 타당하지 않다.

393) "초 2만 1,900여 정"은 『會典』에 있는 "租鈔一萬八千百零六錠 (…중략…) 任鈔一百七十五貫 (…중략…) 山租鈔三千一百二十三錠"의 3자의 100정 이상의 숫자를 합계한 것임에 틀림없다. 또한 『明史稿』에는 조초(租鈔)만을 싣고 있다.

394) "만력 때"는 『會典』에는 만력 6년으로 되어 있다. 다음의 관전(官田)과 민전(民田)의 총액 이하의 기재는 홍무・홍치의 그것보다 상세한데, 그 전거는 萬曆 『大明會典』에서 계산해낼 수 있다. 다만 숫자가 정확하게는 일치하지 않는다.

395) 하세(夏稅)의 미맥(米麥)의 액수는 萬曆 『大明會典』 「稅糧」 조의 숫자를 취하였고, 기운(起運; 중앙정부에 수송하는 것) 및 존류(存留; 지방관청에서 그 경비에 충당하는 것)는 동서 권26, 「起運」 조에 있는 포정사(布政司)・직예부주별(直隷府州別)의 숫자를 누계한 것으로 「食貨志」의 그것과 약간 다르다.

396) 5만 7,900여 정은 『會典』에 초(鈔)・조초(租鈔)・세초(稅鈔) 3세목으로 나누어 기재한 것의 합계이다. 『明史稿』에는 위의 3자를 들고 있는데, 각각의 숫자를 끊어버리고 있기 때문에, 이 3자를 합계해도 5만 7,700여 정밖에 되지 않기 때문에 앞에서 기재한 숫자는 『明史』 편자가 직접 『會典』의 기재로부터 계산해내었을 것이다.

397) 26만 6,000여 필은 『會典』 「稅糧」에 사면절견(絲綿折絹)・세사절견(稅絲折絹)・농상령사(農桑零絲)・인정사절견(人丁絲折絹) 등 4종으로 나누어 기재된 숫자를 합계한 것이다.

1,336만 2,000여 석이고 나머지는 모두 존류하였고, 초가 2만 3,600여 정이었다.[398] 둔전은 63만 5,000여 경이고, 화원(花園) · 창기(倉基)가 1,900여 곳으로,[399] 징수한 양(糧)이 458만 4,000여 석이었다. 양초(糧草)로 절은(折銀)한 것이 8만 5,000여 량이고, 포(布)가 5만 필, 초가 5만여 관이었다.[400] 각

---

398) 2만 3,600여 정은 『會典』에 기재된 조초(租鈔) · 산조초(山租鈔) 등 8종의 세초액(稅鈔額)을 합계한 것과 같다. 한편 이상의 만력 연간의 하세 · 추량의 세목들은 『會典』「稅糧」의 기재에서 미맥(米麥) · 초(鈔) · 견(絹)만을 취하고 사(絲)나 포(布)의 세목 등을 모두 버린 것이라는 사실은 앞의 홍치 연간의 경우와 마찬가지이다.

399) 화원(花園)은 화원폐지(花園廢地), 창기(倉基)는 창고폐지(倉庫廢地)를 가리키는데, 양자 모두 둔전지(屯田地)로 고쳐져 사천도사(四川都司) · 행도사(行都司)의 관내에 있었다. 萬曆 『大明會典』 권18 「屯田」에도 그 수를 "1,938소(所)"라고 기재되어 있는데, 경수(頃數)의 기재는 없다.

400) "둔전은"부터 여기까지 든 숫자는 萬曆 『大明會典』「屯田」 조에 경위(京衛) · 도사(都司) 별로 들고 있는 것을 합계한 결과와는 상당히 차이가 있다. 즉 『會典』에 의하면 ① 가정 연간의 정액(定額; 다만 남경 제위(諸衛)는 현액(見額)으로 되어 있다)에서는 둔전의 총액은 64만 4,000경 강(强)이 되고, 『明史』「食貨志」의 전제(田制) 부분에 '만력 때'의 둔전의 수로서 기재되어 있는 64만 4,000여 경과 부합한다. 그러나 『明史稿』의 회계 조에는 둔전수를 "65만여 경"이라고 하여, 『明史』의 "63만 3,000"과 다르다. 『會典』에 앞에서 기재한 가정 연간의 정액(定額)과는 별도로 기록되어 있는 산서도사(山西都司) 관내의 우구지(牛具地) 1만 2,900여 경을 앞에서 기재한 64만 4,000경 강(强)에 가산하면, 65만 6,000경 강이 되는데, 이 사실만으로 『明史稿』의 숫자가 정확하다고 단정할 수는 없다. ② 屯糧에 대해서는 『會典』에 기재된 숫자를 합계해도 435만여 석에 불과하다. ③ '양초절은(糧草折銀)'은 『明史稿』에는 '지무(地畝) · 양초절은(糧草折銀)'이라고 되어 있는데, 『會典』의 「屯田」에서는 조은(租銀) · 지무은(地畝銀) · 수지은(首地銀) · 초가은(草價銀) · 양초절은(糧草折銀; 혹은 단순히 은 또는 징은(徵銀))의 명목이 있고, 이것을 합계하면 9만 3,000여 량(안에 '萬曆年間新增並勘出'이라고 명기된 것 6만 2,000여 량을 포함)이 된다. 다음에 초에 대해서는 경영(京營) 등의 屯田 조에 萬曆七年新增並勘出還官의 일부에 "초 5만 6,940관"이라고 되어 있는데, 포(布)에 대해서는 『會典』에는 기재가 없다(초 · 포의 수는 『明史稿』에는 없다). 그런데 萬曆 『大明會典』은 萬曆七年屯田御史冊報數에 의거한 것으로 이상의 기술이 있지만, 그 내용은 가정 연간의 액(額)으로서 든 숫자가 대부분이기 때문에 만력 7년 당시의 정액(定額)을 보여준 것이라고 생각되고, 이와는 별도로 「食貨志」는 같은 무렵의 실재(實在) · 실징(實徵)의 수를 든 것임에 틀림없다. 그 전거는 『神宗實錄』에는 없기 때문에 뒤에서 서술하는 『萬曆會計錄』에 근거하였을 것이다. 한편 『世宗實錄』의 연말 세입표(歲入表)에 의하면, 둔전자립(屯田子粒)이 371만~374만여 석, 둔지은(屯地銀; 혹은 둔목지은(屯牧地銀))이 14만 8,000여 량이 보통이고, 가정 41년에는 '新增牧地銀一萬一千'여 량을 들고 있는데 『穆宗實錄』의 그것과 비교하면 특별한 연도를 빼고 둔전자립의 수는 가정 연간과 같지만, 둔지은은 4만 8,000여 량으로 감소하고 있다. 『神宗實錄』(北京圖書館轉寫本)에는 연말 세입표가 결여되어 있기 때문에, 둔전 수입액의 변화는 알 수 없다.

운사(運司)·제거(提擧)의 대인(大引)·소인(小引)의 염(鹽)이 222만 8,000여 인(引)이었다.401)

원문 歲入之數, 內承運庫, 慈寧、慈慶、乾清三宮子粒銀四萬九千餘兩, 金花銀一百一萬二千餘兩, 金二千兩. 廣惠庫, 河西務等七鈔關, 鈔二千九百二十八萬餘貫, 錢五千九百七十七萬餘文. 京衛屯鈔五萬六千餘貫. 天財庫, 京城九門鈔六十六萬五千餘貫, 錢二百四十三萬餘文. 京、通二倉, 幷薊、密諸鎮漕糧四百萬石. 京衛屯豆二萬三千餘石. 太倉銀庫, 南北直隸、浙江、江西、山東、河南派剩麥米折銀二十五萬七千餘兩. 絲綿、稅絲、農桑絹折銀九萬餘兩, 綿布、苧布折銀三萬八千餘兩. 百官祿米折銀二萬六千餘兩. 馬草折銀三十五萬三千餘兩. 京五草場折銀六萬三千餘糧. 各馬房倉麥豆草折銀二十餘萬兩. 戶口鹽鈔折銀四萬六千餘兩. 薊、密、永、昌、易、遼東六鎮, 民運改解銀八十五萬三千餘兩. 各鹽運提擧餘鹽, 鹽課、鹽稅銀一百萬三千餘兩. 黃白蠟折銀六萬八千餘兩. 霸、大等馬房子粒銀二萬三千餘兩. 備邊幷新增地畝銀四萬五千餘兩. 京衛屯牧地增銀萬八千餘兩. 崇文門商稅、牙稅一萬九千餘兩, 錢一萬八千餘貫. 張家灣商稅二千餘兩, 錢二千八百餘貫. 諸鈔關折銀二十二萬三千餘兩. 泰山香稅二萬餘兩. 贓罰銀十七萬餘兩. 商稅、魚課、富戶、曆日、民壯、弓兵幷屯、改折月糧銀十四萬四千餘兩. 北直隸、山東、河南解各邊鎮麥、米、豆、草、鹽鈔折銀八十四萬二千餘兩. 諸雜物條目煩鎖者不具載. 所載歲入, 但計起運京邊者, 而存留不與焉.

---

401) "각 운사·제거의"부터 여기까지의 문장은 『明史稿』에는 없다. 萬曆 『大明會典』「鹽法」 조에 기재된 만력 6년의 염인액(鹽引額)에 붙여, 양회(兩淮)·양절(兩浙)·장로(長蘆)·산동(山東)·하동(河東)의 각 도전운사(都轉運司) 및 광동제거사(廣東提擧司)(이상은 소인(小引))와 복건도전운사(福建都轉運司)((대인(大引))의 것을 합계하면 222만 8,500여 인(引)이 된다. 한편 이것과는 별도로 섬서(陝西)·사천(四川)·운남(雲南)의 여러 제거사(提擧司)의 염 2,450근이 있었다. 본서 염법 조 참조.

옮김
譯

세입(歲入)의 수(數)[402]로서 내승운고(內承運庫)[403]는 자녕(慈寧)·자경(慈慶)·건청(乾淸) 등 3궁(宮)의 자립은(子粒銀)이 4만 9,000여 량,[404] 금화은(金花銀)이 101만 2,000여 량,[405] 금이 2,000량[406]이었다.[407] 광혜고(廣惠庫)는 하서무(河西務) 등 7초관(鈔關)의 초(鈔)가 2,928만여 관, 전

402) '세입의 수'로서 다음에 든 것 및 '세출의 수'로서 뒤에 열거되어 있는 것에 대해서는 萬曆 『大明會典』에는 그 일부를 제외하고 정리된 기재가 없고, 또한 『會典』에 기재된 숫자로부터 계산해보아도 「食貨志」의 그것과 대체로 가깝지만 정확히 부합되지 않는 것이 대부분이다. 「食貨志」의 세입과 세출에 관한 기술의 형식은 『會典』과는 전혀 다르고, 진인석(陳仁錫)의 『皇明世法錄』의 理財(특히 권35)의 그것과 같다(후자는 천계 초년의 숫자를 들고, 항목의 기재는 「食貨志」보다 훨씬 상세하다). 이러한 형식의 것으로서 『萬曆會計錄』(만력 9년에 작성되어 그 다음 해에 간행)이 있는데, 「食貨志」의 전거는 이 책임에 틀림없다. 「食貨志」에 있는 숫자의 일부는 『皇明世法錄』에 인용되어 있는 만력회계표(萬曆會計表)의 숫자와 정확히 부합한다. 따라서 「食貨志」에 든 숫자는 만력 9년 경의 것이라고 생각되는데, 손승택(孫承澤)의 『春明夢餘錄』 권35에 "만력 8년 태창고(太倉考)에 실린 바"로서 상세히 기재된 세입의 수는 「食貨志」의 그것과 미세하게 차이가 있다. 만력 초기의 태창은고(太倉銀庫)의 세출·세입의 은수와 비교하면, 만력 5년에는 세입 435만 9,400량, 세출 355만 9,800량이고, 만력 6년에는 세입 349만 4,200량, 세출 388만 8,400량이며(이상은 장거정(張居正)의 『明經世文編』 권302 「看詳戶部進呈揭帖疏」 수록), 내려가 만력 11년에는 세입 367만 6,100량, 세출 422만 4,700량인 것(『神宗實錄』 萬曆 11년 12월 甲子 조에 있는 호부상서 왕린(王遴) 등의 상주문)에 대해 『萬曆會計錄』에는 세입 370만 4,281량, 세출 442만 4,730량(『皇明世法錄』 권35에 인용된 것에 의거)이다. 「食貨志」의 태창은고(太倉銀庫)에 들이는 은에 해당하는 것을 합계하면 약 353만 량으로, 10수만 량에 해당하는 각종 항목의 생략이 있음을 알 수 있다.

403) 내승운고(內承運庫) 이하 광혜고(廣惠庫)·천재고(天財庫)·태창은고(太倉銀庫)에 대해서는 본서 창고(倉庫) 부분의 주를 참조.

404) 자립은(子粒銀)은 관전(官田)·둔전(屯田)에서 거두는 전조(田租)이다. 자녕(慈寧) 등의 3궁(宮)의 장전(莊田)에서 징수한 조은(租銀)에 대해서는 본서 전제(田制)의 주를 참조. 만력 『大明會典』의 앞의 주에서 든 조에는 "자녕궁(慈寧宮)의 자립은(子粒銀) 2만 7,218량, (…중략…) 자경궁(慈慶宮)의 자립은 7,289량, (…중략…) 건청궁(乾淸宮)의 자립은 1만 976량, (…중략…) 미앙궁(未央宮)이 건청궁에 개진(改進)하는 자립은 3,941량"이라고 되어 있어, 이를 합계하면 「食貨志」의 숫자가 된다.

405) 금화은(金花銀)에 대해서는 본서 부역(賦役) 부분의 주를 참조. 여기에서는 궁중의 내탕금(內帑金)을 의미한다. 『明鑑綱目』 권3에 실린 기사에 의하면 금화은을 내승운고에 들이기 시작한 것은 영종 정통 원년 8월이다. 후에 태창고에 들였다.

406) '금 2,000량'은 궁중의 어용(御用)으로서 가정 이후 매년 진공(進貢)되고 있는 '연례금(年例金)'이다.

407) "내승운고는" 이하의 기사는 萬曆 『大明會典』 권30 「庫藏 1」 內府庫 조에 근거한 것이다.

(錢)이 5,977만여 문이었다.408) 경위(京衛)의 둔초(屯鈔)는 5만 6,000여 관이었다.409) 천재고(天財庫)는 경성구문(京城九門)의 초가 66만 5,000여 관, 전이 243만여 문이었다.410) 경창(京倉)·통주창(通州倉) 및 계주(薊州)·밀운(密雲) 등 여러 진(鎭)은 조량(漕糧)이 400만 석이었다.411) 경위의 둔두(屯豆)412)는 2만 3,000여 석이었다. 태창은고(太倉銀庫)는 남직예·북직예·절강·강서·산동·하남의 파잉맥미(派剩麥米)의 절은(折銀)이 25만 7,000여 량이었다.413) 사면(絲綿)·세사(稅絲)·농상견(農桑絹)의 절은이 9만여 량, 면포(綿布)·저포(苧布)의 절은이 3만 8,000여 량이었다. 백관녹미(百官祿米)의 절은이 2만 6,000여 량이었다.414) 마초(馬草)의 절은이 35만 3,000여 량이었

---

408) 광혜고(廣惠庫)에 기해(起解)하는 하서무(河西務) 등의 7초관(鈔關; 초관에 대해서는 본서 상세(商稅) 부분 참조)의 본색초(本色鈔) 및 절색동전(折色銅錢)의 액수에 대해서는 萬曆『大明會典』「內府庫」조에는「食貨志」의 기재와 같은 액수의 숫자를 들고 있는데, 동서 권35「鈔關」조에 각 초관 별로 기재된 숫자를 합계하여보면 앞에서 기재한 수를 조금 밑돈다(본색초 2,917만여 관, 전 5,701만여 문). 이는 아마 양자의 연대가 어긋나기 때문일 것이다.

409) '경위의 둔초'는 萬曆『大明會典』「內府庫」에는 "연산우(燕山右)·부군전(府軍前) 등 4위(衛)의 수주둔초(樹株屯鈔)"라고 하여 "5만 6,940관"을 들고 있는데, 위에서 기록한 4위는 경위의 일부로 똑같이『會典』의 둔전부(屯田部)에 萬曆七年新增並查勘의 둔전으로부터 징수한 것으로 기록되어 있는 초 5만 6,940관이 이것이다.

410) 천재고(天財庫)에 기해하는 경성 9문의 상세에 대해서는 萬曆『大明會典』「內府庫」조에는 숫자를 들고 있지 않은데, 동서 권35,「商稅」조에는 내부(內府)에 기해한다고 하여 "순천부 9문 및 도세사 등의 문탄과초(門灘課鈔) 66만 5,120관, 동전 243만 2,850문"이라고 되어 있다. 한편 경성 9문 등의 상세징수기관(商稅徵收機關)에 대해서는 본서 상세(商稅) 조 참조.

411) 경창(京倉)·통주창(通州倉) 및 계주(薊州)·밀운(密雲) 등 변창(邊倉)으로의 조량(漕糧)에 대해서는 본서 조운(漕運) 부분 참조.

412) '경위의 둔두'란 경위의 위소들로부터 경창(京倉)으로 기해(起解)되는 흑두(黑豆)이다.

413) 파잉맥미(派剩麥米)의 절은(折銀; 파잉절은미(派剩折銀米) 및 파잉절은맥(派剩折銀麥))은 절강(浙江)·강서(江西)·호광(湖廣)·산동(山東)·하남(河南)(「食貨志」는 호광이 빠져 있다) 및 남직예·북직예의 여러 부주로부터 중앙정부로 기운(起運)되는 세량(稅糧=京糧)의 절은 가운데 승운고(承運庫)로 보내지는 금화은(金花銀) 이외의 것이지만, 萬曆『大明會典』권26의「萬曆六年起運數目」에는 앞에서 기재한 포정사 및 부주별로 파잉미맥의 석수와 그 절은률(折銀率)이 기재되어 있다. 이 절은률에 의해 은으로 환산하여보면, 그 총액(23만 2,000석 약(弱))은「食貨志」에 기재된 숫자와 조금 차이가 난다.

414) "사면·세사"에서 여기까지의 3항목에 대해서는 萬曆『大明會典』의 앞의 주에서 든 조에는 항목명이 있는데, 절은액을 알 수 있는 기재가 없다.『春明夢餘錄』에 인용된 만

다.[415] 경사 5초장(草場)의 절은이 6만 3,000여 량이었다.[416] 각 마방창(馬房倉)의 맥(麥)·두(豆)·초(草)의 절은이 20여 만 량이었다.[417] 호구염초(戶口鹽鈔)의 절은이 4만 6,000여 량이었다.[418] 계주(薊州)·밀운(密雲)·영평(永平)·창평(昌平)·역주(易州)·요동(遼東) 등 6진의 민운개해은(民運改解銀)이 85만 3,000여 량이었다.[419] 각 염운(鹽運)·제거(提擧)의 여염(餘鹽)의 염과(鹽課)·염세은(鹽稅銀)이 100만 3,000여 량이었다.[420] 황백랍(黃白蠟)의 절은이

력 8년의 태창(太倉)의 세입에는 "사면(絲綿)·세사(稅絲)·농상견(農桑絹)은 절색이 13만 (…중략…) 필로, 1필당 절은하여 (…중략…) 총 은 9만 2,274량이다. (…중략…) 면포(綿布)·저포(苧布)의 절은은 총 3만 8,615량이다. (…중략…) 부(府)·부(部) 등 아문의 봉록미의 절은은 총 2만 5,908량 2전이다"라고 되어 있다. 사면·세사·농상견·면포·저포 등의 세목에 대해서는 본서 부역(賦役) 부분을 참조.

415) 마초(馬草) 즉 초료(草料)는 명초에는 현물을 징수하였으나, 사실상은 전부(田賦)의 부가세로 인정해야 할 성질의 것으로 변하였다. 만력 초년에는 절강·산동·하남의 3포정사 및 북직예 7부, 남직예 17부주에서 징수된 마초의 절은이 태창으로 기해되고 있는데, 萬曆『大明會典』의 앞에서 기재한 萬曆六年起運數目에는 '경고절은초(京庫折銀草)'의 명칭으로, 각 지구의 현물 마초 수량과 그 절은률이 열기(列記)되어 있다. 이 절은률에 근거하여 이것을 은으로 합계하면, 35만 3,390여 량이 되어, 「食貨志」에 기재된 숫자와 일치한다.

416) 경사 5초장(草場)은 북경에 있는 안인방(安仁坊)·북신(北新)·명지방(明智坊)·서역방(西域坊)·대기창(臺基廠) 등 5초장을 가리킨다. 이 경사에 있는 다섯 초장(관마(官馬)의 방목지, 본서 전제(田制) 부분 참조)으로부터 징수하는 초료를 절은하여 태창으로 해송(解送)한 것으로 보인다.

417) 각 마방창(馬房倉)의 맥(麥)·두(豆)·초(草)의 절은은 어마감(御馬監) 이하 각지의 마방 소속의 양말창고(糧秣倉庫)에 납입하는 맥(麥)·두(豆)·초(草)를 은납으로 한 것이다. 이 항목은 앞에서 든『春明夢餘錄』에는 없다.

418) 호구염초(戶口鹽鈔)의 절은은 호구식염(戶口食鹽; 본서 염법 부분 참조)이 조세의 일종이 되어 은납된 것인데, 萬曆『大明會典』「起運」 조의 절강 이하 5포정사 및 직예 25부주(다른 포정사의 부주에는 기운(起運)이 없다)의 만력 6년의 호구염초은(戶口鹽鈔銀)을 합산하면, 경고(京庫)에 기해(起解)하는 것 7만 1,000여 량, 변고(邊庫)에 해송(解送)하는 것 1만여 량이 되어, 「食貨志」에 기재된 수와는 상당히 다르다. 앞에서 든『春明夢餘錄』에는 4만 6,897여 량이다.

419) 동북변(東北邊) 6진(鎭)으로의 민운은(民運銀)은 다른 변진과 달리 태창은고(太倉銀庫)를 통해 해송되었기 때문에 태창의 세입 중에 기입되어 있다고 생각되지만, 뒤의 "변방 및 경사에 가까운 진의 병향(兵餉)"의 항에 기재되어 있는 위에 기재된 6진의 민운은총액(民運銀總額; 「食貨志」에는 조금 오탈(誤脫)이 있다)은 85만 3,000여 량보다 적다.

420) 각 도전운사(都轉運使) 및 제거사(提擧司)로부터 매년 태창으로 보내지는 여염은의 액수에 대해서는 본서 염법의 서두 본문 및 주를 참조.

6만 8,000여 량이었다.[421] 패(霸)・대(大)[422] 등 마방(馬房)의 자립은(子粒銀)[423]이 2만 3,000여 량이었다. 비변(備邊)[424] 및 새로 늘린 지무은(地畝銀)[425]이 4만 5,000여 량이었다. 경위의 둔목지(屯牧地)에서 늘린 은이 1만 8,000여 량이었다. 숭문문(崇文門)의 상세(商稅)와 아세(牙稅)가 1만 9,000여 량, 전이 1만 8,000여 관이었다.[426] 장가만(張家灣)의 상세가 2,000여 량, 전

---

421) 황백랍(黃白蠟)에 대해서는 본서 채조(採造) 부의 주를 참조.

422) 이순(李洵)의 『明史食貨志校注』는 왕원(王原), 『明食貨志』에 의거하여 '파대(壩大)'일 것이라고 보았다. 북경 동직문(東直門) 밖에 있는 패대를 '패대(霸大)' 즉 패주(霸州)와 대명(大名)의 두 지역으로 보는 것은 잘못임을 지적하였다. 패주에는 원래부터 초장(初場)이 있어 일찍부터 말을 길렀는데, 『明史』 志68 「兵志 4」에 급사중 주선소(朱旋所)가 말한 "香河諸縣地(木草地)佔於勢家, 霸州等處俱有仁壽宮皇莊, 乞罷之, 以益牧地"라는 내용의 주문(奏文)이 있다. 여기의 '패(霸)'는 패주라기보다는, 왕원이 '파(壩)'라고 한 것이 옳은 듯하다. 북경 동북에 마장(馬場)이 있는 것에 대해 明 劉若愚 『明宮史・木集』 御馬監 조에서 천계 때의 말의 일을 기록할 때, "도성 동북에 대파(大壩) 등 24마방이 있다. 대패의 성담을 태감 위충현이 새롭게 중수(重修)하였다. (…중략…) 무릇 위충현이 외출하였을 때 이곳에 이르러 성루(城樓) 위에서 자리에 앉아 술을 마셨다"라고 지적하였다. 또 『明史』 「兵志 4」에서 어마감(御馬監)의 말을 칭하면서 "中官掌之, 牧於大壩"라고 되어 있다. 또 『明會要』 권62 「兵 5」에 기재된 성화 9년 시랑 초굉(焦宏)이 일찍이 마장을 순시하고 돌아와 상주(上奏)하여 이르기를 "臣等踏勘霸上大馬房放馬草場, 有妨佔民田者"라고 하였다. 이상의 고찰을 통해 패주가 비록 일찍이 말을 기르기는 했지만, '대파(大壩)'는 '대파(大壩)' 목장(牧場)을 가리킬 가능성이 있다. 본문의 패(霸)・대(大)는 대파(大壩)를 잘못 도치한 것이 아닌가 생각된다.

423) 패(霸)・대(大) 그 외 마방에 속한 방목지를 민에게 전종(佃種)시켜 징수하는 조은(租銀)을 가리킨다.

424) 비변은(備邊銀)이란 변향(邊餉)의 염출 방법 가운데 하나로서 경위(京衛)의 각 위소의 둔전에서 징수한 전부부가세(田賦附加稅)를 가리킨다.

425) 지무은(地畝銀)은 만력 말의 군사비 증대에 의한 증세 즉 요향(遼餉)을 위해 가파(加派)로서 전지(田地)의 무수(畝數)에 따라 징수된 부가세의 명칭인데, 여기에서 '새로 늘린 지무은'이라고 하는 것은 후년의 지무은과 같은 전국적인 것이 아니라, 새로 늘린 둔전으로부터 징수된 것을 가리킨다.

426) 숭문문(崇文門)의 상세(商稅)는 처음에 내승운고(內承運庫)로 해송(解送)하여 내탕(內帑)에 들이었는데, 가정 41년 이후 태창(太倉)으로 해송하였다. 萬曆 『大明會典』의 「商稅」 항에도 숭문문선과분사(崇文門宣課分司)의 만력 6년 과초(課鈔)로서 「食貨志」의 숫자에 부합하는 은과 동전의 숫자를 들고 있는데, '상세은(商稅銀)'이라고 되어 있을 뿐으로 '아세(牙稅)'(아행세(牙行稅))에 대해서는 기재되지 않았고, 『明史稿』에도 이 두 글자는 없다. 아세도 상세에 포함되기 때문에, '아세' 두 자는 불필요하다고 생각되지만, 『春明夢餘錄』의 앞에서 든 조에는 '저아세(猪牙稅)'라고 기재되어 있다.

이 2,800여 관이었다.[427] 여러 초관(鈔關)의 절은이 22만 3,000여 량이었다. 태산(泰山)의 향세(香稅)가 2만여 량이었다.[428] 장벌은(贓罰銀)[429]은 17만여 량이었다. 상세[430]·어과(魚課)[431]·부호(富戶)[432]·역일(曆日)[433]·민장(民壯)·궁병(弓兵)[434] 및 둔절(屯折)·개절(改折)의 월량은(月糧銀)[435]이 14만 4,000여 량이었다. 북직예·산동·하남에서 각 변진(邊鎭)으로 해송(解送)하는 맥(麥)·미(米)·두(豆)·초(草)·염초(鹽鈔)의 절은이 84만 2,000여 량이었다. 각 잡물(雜物)의 조목으로서 번쇄한 것은 일일이 기재하지 않았다. 기재한 세입(歲入)은 경사와 변진에 기운하는 것만을 계산한 것으로, 존류는 여기에 넣지 않았다.[436]

---

427) 장가만선과사(張家灣宣課司)의 상세(商稅)에 대해서는 『會典』의 앞의 주에서 든 조에 "상세는 대략 3,009량, 동전 288만 7,760문"이라고 되어 있는데, 『春明夢餘錄』 앞에서 든 조는 "2,479량 2전, 동전 288만 7,762문"이라고 되어 있다.

428) 태산(泰山)의 향세(香稅)는 산동포정사(山東布政司)에서 기해(起解)하는 태산벽하원군사향전(泰山碧霞元君祠香錢)(본서 상세(商稅)의 부분 참조)의 절은이다. 앞의 염과(鹽課)·염세은(鹽稅銀)에서 태산향세(泰山香稅)까지의 은액(銀額)은 『春明夢餘錄』 앞에서 든 조의 숫자와 거의 같다.

429) 장벌은(贓罰銀)에 대해서는 본서 창고(倉庫) 부분의 주 참조.

430) 이 상세(商稅)는 숭문문(崇文門)·장가만(張家灣) 이외의 강서·산동·광동·운남·섬서 등의 포정사에서 기해된 상세를 가리키는 것 같다. 萬曆 『大明會典』 「起運」 조 참조.

431) 어과(魚課)는 어호(漁戶)로부터 징수한 공과(公課)인데, 萬曆 『大明會典』 권36 「魚課」에는 호부에 보낸다고 명기된 어과은(魚課銀)은 2,100 수십 량에 불과하다.

432) 부호(富戶)에 대해서는 본서 부역(賦役) 조 참조. 여기에서는 부호의 역을 은납으로 한 부호은(富戶銀)을 가리킨다.

433) 역일(曆日) 즉 역일은(曆日銀)은 흠천감(欽天監)이 제작하는 다음 해의 달력을 각 포정사가 간행·배포하는 경비로서 징수한 세일 것인데, 명말에는 기운(起運) 세목 안에 들어 있다. 陳仁錫, 『皇明世法錄』 권35 참조.

434) 민장(民壯)·궁병(弓兵)의 역은(役銀)인데, 이 양자에 대해서는 본서 부역(賦役) 부분 참조.

435) 둔절(屯折)은 둔량(屯糧)을 절은한 것을 가리키고, 개절(改折)은 군사의 월량을 은으로 환산하여 지급한 것을 가리킨다. 월량은(月糧銀)은 각 위의 병사에게 지급하는 봉은(俸銀)을 가리킨다.

436) "북직예·산동·하남이"부터 여기까지의 기사가 『明史稿』에는 다음과 같이 기록되어 있다. "각 변진(邊鎭)의 북직예·산동·하남의 맥미두초(麥米豆草)·염초(鹽鈔)의 절은은 태창으로 해송하여 전발(轉發)하는 것을 제외하면, 실로 은 84만 3,000여 량이 있다." 『明史』의 문장에서는 명료하지 않으나 이 『明史稿』의 기술로부터 보면, 여기에 절은 84만 2,000여 량이라고 되어 있는 것은 북직예·산동·하남으로부터 직접 변진

원문

歲出之數, 公、侯、駙馬、伯祿米折銀一萬六千餘兩. 官吏、監生俸米四萬餘石. 官吏折俸絹布銀四萬四千餘兩, 錢三千三百餘貫. 倉庫、草場官攢、甲斗、光祿、太常諸司及內府監局匠役本色米八萬六千餘石, 折色銀一萬三千餘兩. 錦衣等七十八衛所官吏、旗校、軍士、匠役本色米二百一萬八千餘石, 折色銀二十萬六千餘兩. 官員折俸絹布銀二十六萬八千餘兩. 軍士冬衣折布銀八萬二千餘兩. 五軍、神樞、神機三大營將卒本色米十二萬餘石, 冬衣折布銀二千餘兩, 官軍防秋三月口糧四萬三千餘石, 營操馬匹本色料二萬四千餘石, 草八十萬餘束. 巡捕營軍糧七千餘石. 京營、巡捕營, 錦衣、騰驤諸衛馬料草折銀五萬餘兩. 中都留守司, 山東、河南二都司班軍行糧及工役鹽糧折銀五萬餘兩. 京五草場商價一萬六千餘兩. 御馬三倉象馬等房, 商價十四萬八千餘兩.

옮김 譯

세출(歲出)의 수[437]로서 공(公)·후(侯)·부마(駙馬)·백(伯)의 녹미(祿米)[438]는 은으로 환산해서 1만 6,000여 량이었다. 관리[439]·감생(監生)[440]의 봉미(俸米)는 4만여 석이었다. 관리의 봉록인 견포(絹布)를 은으로 환산한 것[441]이 4만 4,000여 량이고, 전으로 환산한 것이 3,300여 관[442]이었다. 창고·초장(草場)의 관찬(官攢)·갑두(甲斗)[443], 광록시(光祿寺)

으로 기운(起運)하는 것이다. 그러나 넓은 의미에서는 태창에 들이는 액수라고 보아도 좋을 것이다.

437) 한해 지출의 수로서 다음에 열거되어 있는 것도 앞의 한 해 수입의 수와 마찬가지로 『萬曆會計錄』에 근거한 것이라고 생각된다.

438) 공(公)·후(侯)·부마(駙馬)·백(伯)의 녹미에 대해서는 본서 봉향(俸餉) 부분 참조.

439) 관리(官吏)라고 간략하게 말하고 있으나, 경사 각 아문의 대소 문무관을 가리킨다.

440) 감생(監生)은 국자감(國子監)의 학생을 가리킨다.

441) 견포(絹布)를 은으로 절색한 것에 대해서는 본서 봉향(俸餉) 부분 참조.

442) 전 3,300여 관은 태창에서 지출되는 것 가운데 전으로 지급된 유일한 것인데, 陳仁錫의 『皇明世法錄』 권36에 인용된 『萬曆會計錄』의 태창 지출액 중 전은 334만 1,650문으로, 본문의 액수와 일치한다. 이 사실도 「食貨志」의 한해 수입 지출의 수가 『萬曆會計錄』에 근거하고 있는 간접적인 증거가 된다.

443) 관찬(官攢)·갑두(甲斗)는 각종 관창(官倉)에서의 출납에 관한 잡역에 종사하는 자를

・태상시(太常寺) 등 여러 관사(官司) 및 내부감국(內府監局)의 장역(匠役)은 본색미(本色米)가 8만 6,000여 석이고, 절색은(折色銀)이 1만 3,000여 량이었다. 금의위(錦衣衛) 등 78위소의 관리・기교(旗校)・군사(軍士)・장역은 본색미가 201만 8,000여 석이고, 절색은이 20만 6,000여 량이었다. 관원의 봉록인 견포를 은으로 환산한 것이 26만 8,000여 량이었다. 군사의 동의(冬衣)의 포(布)를 은으로 환산한 것[444]은 8만 2,000여 량이었다. 오군(五軍)・신추(神樞)・신기(神機) 등 3대영(大營)[445]의 장졸은 본색미가 12만여 석이고, 동의의 포를 은으로 환산한 것이 2,000여 량이며, 관군의 방추(防秋)[446]의 3개월의 구량(口糧)이 4만 3,000여 석이고, 영(營)에서 조련하는 마필의 본색료(本色料)가 2만 4,000여 석이며, 초(草)가 80만여 속(束)이었다. 순포영(巡捕營)의 군량은 7,000여 석이었다. 경영(京營)・순포영, 금의위・등양위(騰驤衛)[447] 등 각 위(衛)의 마료초(馬料草)는 은으로 환산하여 5만여 량이었다. 중도유수사(中都留守司),[448] 산동・하남 2도사의 반군(班軍)의 행량(行糧)[449] 및 공역(工役)의 염량(鹽糧)은 은으로 환산해서 5만여 량이었다.

가리킨다.

444) 위소(衛所)의 군병에게 동계(冬季)에 지급한 면(綿)이나 면포(棉布)를 은으로 환산하여 지급한 것으로서 일종의 월동 수당이라고 할 수 있다.

445) 3대영(大營)은 북경을 수위(守衛)하는 부대[京營]로서 오군영(五軍營; 보병, 진지전(陣地戰)에 종사)・삼천영(三千營; 기병, 순초(巡哨)를 담당)・신기영(神機營; 화기 소지) 등 3영을 가리킨다. 후에 여러 차례 제도가 바뀌어 가정 때에 이르러 다시 3대영제(大營制)를 회복하였다. 이곳의 '신추(神樞)'영은 이때 바뀐 '삼천(三千)'영의 새로운 이름이다.

446) 방추(防秋)는 명 중엽 이후 몽골의 침입을 막기 위해 매년 가을에 군대를 징집하여 연변(沿邊)에 진(陣)을 펼쳐놓는 것으로, '파변(擺邊)'이라고 하였다. 십 수만의 군대가 6월에 변경의 방수(防守)를 위해 가는데, 9월 혹은 다음 해 2월에 이르러 돌아오는 것을 '방추'라고 불렀다. 방추군인(防秋軍人)의 수는 많게는 15만에 달하였고, 방추에 출동하는 경우에 가지고 가는 3개월의 구량(口糧)을 방추구량(防秋口糧)이라 하였다.

447) 등양위(騰驤衛)는 전군도독부(前軍都督府) 소속으로서 경위(京衛)의 하나이다. 처음 영락 때 북정(北征)하였다가 도망해서 돌아온 군졸을 거두어 오로지 말을 사육하는 데 복무하게 하고, 이를 '용사(勇士)'라고 하였다. 후에 대부분 말을 바치는 사람으로 충당하였는데, 선덕 때 우림군(羽林軍)을 편성하였고, 얼마 후 다시 무양(武驤)・등양(騰驤) 좌우위(左右衛)로 고쳐 '사위영(四衛營)'이라 불렀다.

448) 중도유수사(中都留守司)는 임호부(臨濠府)에 두어졌는데, 치소의 구지(舊址)는 현재 안휘성(安徽省) 봉양현(鳳陽縣) 동쪽에 있다.

경사의 5초장의 상가(商價)가 1만 6,000여 량이었다. 어마(御馬) 3창(倉)[450]과 상방(象房)·마방(馬房) 등의 상가(商價[451])가 14만 8,000여 량이었다.

원문 諸邊及近京鎭兵餉.

옮김 譯 제변(諸邊) 및 경사에 가까운 진(鎭)[452]의 병향(兵餉).[453]

---

449) 반군(班軍)은 각 성(省) 소속의 위소 군사가 교대로 경사에 와서 군사 훈련을 하고 수위(守衛)를 하는 자를 가리킨다. 행량(行糧)이란 매년 반군이 교대로 상경하는 데 필요한 구량(口糧)을 가리킨다.

450) 어마(御馬) 3창(倉)은 어마감(御馬監) 소속의 마방(馬房)·상방(象房)·우양방(牛羊房)의 초료창고(草料倉庫)를 가리킨다.

451) 상가(商價)란 초장(草場)이나 마방·상방 등의 창장(倉場)에 저장하는 초료(草料)를 민간 즉 상인으로부터 구입하는 자금을 말한다.

452) 명은 홍무 때부터 북방 연변의 방비에 힘썼고, 영락 때 북경으로 천도하고서 더욱 장성(長城)을 경계선으로 하는 수비를 위한 군사시설을 강화하였다. 몇 년간의 경영을 거쳐 선부(宣府)·대동(大同)·연수(延綏)·요동(遼東)·계주(薊州)·영하(寧夏)·감숙(甘肅)·산서(山西 = 太原)·고원(固原) 등 아홉 곳의 군사중진(軍事重鎭)을 건립하여 구진(九鎭; 또는 구변)이라 불렀다. 본문의 '제변(諸邊)'은 바로 이 구변진(九邊鎭)을 가리키는 것이다. 한편 지금의 하북성과 북경시에 속하는 영평(永平)·밀운(密雲)·창평(昌平)·역주(易州)·정형(井陘) 등은 '경사에 가까운 군진'이라 불렀다. 구진에는 총병관 1인을 설치하고, 아래에 부총병관·참장(參將)·유격장군(遊擊將軍)·수비(守備)·파총(把摠)·분수(分守)·제조관(提調官)을 두었는데, 편제에는 다소의 변동이 있었다.

453) 「食貨志」에 자세히 서술하고 있는 변향(邊餉)은 각 진(鎭)의 세입액만을 기입한 것인데, 그 대부분이 태창은고(太倉銀庫)에서 지출된 것 및 내지로부터 해송된 것이기 때문에 명조의 재정 전체에서 본다면, 세출이 되는 것은 말할 나위도 없다. 명말의 변향에 관해서는 『實錄』·『會典』·『明經世文編』 등에 상세한 숫자를 든 사료가 풍부하지만, 「食貨志」의 기재는 萬曆 『大明會典』 권28 「邊糧」의 그것과 합치되기 때문에 만력 6년(또는 7년)의 각 진의 세입액이다. 그런데 『明史稿』 「食貨志」와 『明史』 「食貨志」를 비교해보면 양자 모두 『會典』에 있는 백 자리 이하의 숫자를 생략하고 있으나, 전자는 『會典』에 기재된 항목을 상당히 많이 생략하고 있는 데 대해, 후자는 전면적으로 이것을 보충하고 있기 때문에, 다소의 생략은 있으나 『會典』의 본문과 거의 같은 내용을 이루고 있다. 다만 대동진(大同鎭)에 대해서는 『會典』에 없는 숫자를 들고 있기 때문에 『會典』 이외의 자료도 참조하였음은 분명하다.

원문 宣府 : 主兵, 屯糧十三萬二千餘石, 折色銀二萬二千餘兩, 民運折色銀七十八萬七千餘兩, 兩淮、長蘆、河東鹽引銀十三萬五千餘兩, 京運年例銀十二萬五千兩; 客兵, 淮、蘆鹽引銀二萬六千餘兩, 京運年例銀十七萬一千兩.

옮김譯 선부(宣府)[454]는, 주병(主兵)[455]이 둔량(屯糧)[456] 13만 2,000여 석, 절색은 2만 2,000여 량, 민운절색은(民運折色銀)[457] 78만 7,000여 량, 양회(兩淮) · 장로(長蘆) · 하동(河東)의 염인은(鹽引銀)[458] 13만 5,000여 량, 경운연례은(京運年例銀)[459] 12만 5,000 량이었고, 객병(客兵)[460]은 양회 · 장로의 염인은이 2만 6,000여 량, 경운연례은이 17만 1,000 량이었다.

원문 大同 : 主兵, 屯糧本色七萬餘石, 折色銀一萬六千餘兩, 牛具銀八千餘兩, 鹽鈔銀一千餘兩, 民運本色米七千餘石, 折色銀四十五萬六千餘兩, 屯田及民運本色草二百六十八萬餘束, 折草銀二萬八千餘兩, 淮、蘆鹽四萬三千餘引, 京運年例銀二十六萬九千餘兩; 客兵, 京運銀十八萬一千兩, 淮、蘆鹽七萬引.

---

454) 선부(宣府)는 진수지역(鎭守地域)이 현재 하북성 서북부 내외 장성(長城) 일대에 해당하고, 총병관이 선화(宣化)에 주재하였다.

455) 주병(主兵)은 각각의 위소에 전속한 토착하고 있는 병사로, 객병(客兵)에 상대되는 명칭이다.

456) 둔량(屯糧)은 위소 소속의 둔전에서 징수한 세량이고, 둔량 및 절색은으로 제시되고 있는 숫자는 선부진(宣府鎭) 관내의 둔전에서 얻은 현물 및 은납의 지세수입(地稅收入)의 액수이다.

457) 민운절색은(民運折色銀)은 회수 이북의 각지에서 각각 지정된 진으로 민운에 의해 해송시킨 세량(稅糧; 邊糧)을 은납한 것으로, 부분적으로는 정통 연간에 시작된다.

458) 염과(鹽課) 수입을 변향에 충당한 것에 대해서는 본서 염법(鹽法) 부분 참조.

459) 경운연례은(京運年例銀)이란 매년 경고(京庫)로부터 군비 보충을 위해 동북의 여러 진으로 지출한 은으로, 그 기원은 정통 말년의 요동 · 선부(宣府) 2진으로의 지출에서 시작되지만, 그것이 정례화한 것은 가정 초년이다. 원래 객병의 경비에 충당해야 할 것이었는데, 이윽고 주병에게도 보내졌고, 가정 말년의 몽골의 침입에 의해 비약적으로 늘어났다.

460) 객병이란 다른 위소에서 파견되어 온 사람과 위소에서 모집한 병사로서, 주병 이외의 병사를 말하는데, 명말에는 객병의 대부분은 모병(募兵)이었다.

옮김 譯 대동(大同)[461]은 주병이 둔량본색(屯糧本色) 7만여 석, 절색은 1만 6,000여 량, 우구은(牛具銀)[462] 8,000여 량, 염초은(鹽鈔銀) 1,000여 량, 민운본색미(民運本色米) 7,000여 석, 절색은 45만 6,000여 량, 둔전 및 민운본색초(民運本色草) 268만여 속(束), 절초은(折草銀) 2만 8,000여 량,[463] 양회·장로의 염 4만 3,000여 인(引), 경운연례은 26만 9,000여 량이었고, 객병은 경운은(京運銀)이 18만 1,000량, 양회·장로의 염이 7만 인이었다.

원문 山西：主兵, 屯糧二萬八千餘石, 折色銀一千餘兩, 草九萬五千餘束, 民運本色米豆二萬一千餘石, 折色銀三十二萬二千餘兩, 淮、浙、山東鹽引銀五萬七千餘兩, 河東鹽課銀六萬四千餘兩, 京運銀十三萬三千餘兩; 客兵, 京運銀七萬三千兩.

옮김 譯 산서[464]는 주병이 둔량 2만 8,000여 석, 절색은 1,000량, 초(草) 9만 5,000여 속, 민운본색미두(民運本色米豆) 2만 1,000여 석, 절색은 32만 2,000여[465] 량, 양회·절강·산동의 염인은 5만 7,000여 량, 하동

461) 대동(大同)은 진수대동총병관(鎭守大同總兵官) 1인을 설치하였고, 아래에 협수부총병관(協守副總兵官) 및 기타 각 관을 두었다. 방어 구역이 대략 지금의 산서 밖 장성 이내로, 동으로는 하북과 산서의 경계에 이르고 서로는 대동 서북에 이른다. 총병관은 대동진성(大同鎭城)에 주둔하였다.

462) 우구은(牛具銀)은 천순 연간에 시작된다. 둔군(屯軍)이 토지를 개간하면 관부에서 둔군에게 농기구와 경우(耕牛)를 지급해주는데, 이 용도로 지출된 비용을 우구은이라고 하는 것이다.

463) "둔량의 본색이"부터 여기까지의 문장이 萬曆『大明會典』에는 "둔량은 본색과 절색을 합하여 一十二萬六千七百四十五石 (…중략…) 牛具銀八千三百三十二兩 (…중략…) 戶口鹽鈔銀一千七十九兩, 草二十五萬一千二百九十六束, 秋青草一十九萬一千九百六十束 (…중략…) 民運糧五十八萬六千四百七十五石 (…중략…) 草二百四十六萬四千八百五十束, 荒草銀二萬一千六百兩"라고 되어 있다.『會典』의 앞에서 기록한 기사는 다른 진의 그것에 비해 내용이 다소 어울리지 않기 때문에,『明史』에서 이것을 고친 데에는 근거가 있다고 생각되지만, 어떤 전거에 의한 것인가는 불분명하다.

464) 산서는 원래 부총병관을 두었다가 가정 20년에 진수산서총병관(鎭守山西總兵官) 1인을 두었고, 아래에 협수부총병관(協守副總兵官) 등을 두었다. 총병관은 영무관(寧武關)에 주재하였으며, 양방구(陽方口)·편두관(偏頭關)에 주재하기도 하였다.

465) 원문에는 '32만'으로 되어 있으나 萬曆『大明會典』「邊餉」조에 의거하여 '36만'으로

염과은(河東鹽課銀) 6만 4,000여 량, 경운은(京運銀) 13만 3,000여 량이었고, 객병은 경운은이 7만 3,000량이었다.

원문 延綏 : 主兵, 屯糧五萬六千餘石, 地畝銀一千餘兩, 民運糧料九萬七千餘石, 折色銀十九萬七千餘兩, 屯田及民運草六萬九千餘束, 淮、浙鹽引銀六萬七千餘兩, 京運年例銀三十五萬七千餘兩; 客兵, 淮、浙鹽引銀二萬九千餘兩, 京運年例銀二萬餘兩.

옮김譯 연수(延綏)[466]는 주병이 둔량 5만 6,000여 석, 지무은(地畝銀)[467] 1,000여 량, 민운량료(民運糧料)[468] 9만 7,000여 석, 절색은 19만 7,000여 량, 둔전 및 민운의 초(草)[469] 6만 9,000여 속, 양회・절강의 염인은 6만 7,000여 량, 경운연례은(京運年例銀) 35만 7,000여 량이었고, 객병은 양회・절강의 염인은이 2만 9,000여 량, 경운연례은이 2만여 량이었다.

원문 寧夏 : 主兵, 屯糧料十四萬八千餘石, 折色銀一千餘兩, 地畝銀一千餘兩, 民運本色糧千餘石, 折色銀十萬八千餘兩, 屯田及民運草一百八十三萬餘束, 淮、浙鹽引銀八萬一千餘兩, 京運年例銀二萬五千兩; 客兵, 京運年例銀萬兩.

고쳤다.

466) 연수(延綏)는 진수연수총병관(鎭守延綏總兵官) 1인을 설치하였고, 아래에 협수부총병관(協守副總兵官) 등을 두었다. 방어지역은 동으로 황하에까지 이르렀고, 서로는 정변영(定邊營)에 이르렀다. 총병관은 처음에 수덕주(綏德州)에 주재하다가 나중에 유림위(榆林衛)로 옮겼다.

467) 지무은(地畝銀)은 우구지(牛具地)에서 지출하는 생산비 즉 우구은을 가리킨다.

468) 양(糧)은 미맥(米麥)을, 요(料)는 두류(豆類)를 각각 가리키는데 일반적으로 사료로 쓰는 검은콩을 말한다.

469) "둔전 및 민운초"는 『會典』에는 둔량의 다음에 "草六萬一千五百束"이라고 되어 있고, 민운량료(民運糧料)의 다음에 "草七千九百四十二束"라고 개별적으로 기록되어 있는 것을 하나로 정리한 것이다.

옮김 譯 영하(寧夏)[470]는 주병이 둔량료(屯糧料) 14만 8,000여 석, 절색은[471] 1,000여 량, 지무은 1,000여 량, 민운본색량(民運本色糧) 1,000여 석, 절색은 10만 8,000여 량, 둔전 및 민운의 초 183만여 속, 양회·절강의 염인은 8만 1,000여 량, 경운연례은 2만 5,000량이었고, 객병은 경운연례은이 1만 량이었다.

원문 甘肅 : 屯糧料二十三萬二千餘石, 草四百三十餘萬束, 折草銀二千餘兩, 民運糧布折銀二十九萬四千餘兩, 京運銀五萬一千餘兩, 淮、浙鹽引銀十萬二千餘兩.

옮김 譯 감숙(甘肅)[472]은 둔량료 23만 2,000여 석, 초 430여 만 속,[473] 절초은[474] 2,000여 량, 민운양포절은(民運糧布折銀)[475] 29만 4,000여 량, 경운은 5만 1,000여 량, 양회·절강의 염인은 10만 2,000여 량이었다.

원문 固原 : 屯糧料三十一萬九千餘石, 折色糧料草銀四萬一千餘兩, 地畝牛具銀七千一百餘兩, 民運本色糧料四萬五千餘石, 折色糧料草布花銀二十七萬九千餘兩, 屯田及民運草二十萬八千餘束, 淮、浙鹽引銀二萬五千餘兩, 京運銀六萬三千餘兩, 犒賞銀一百九十餘兩.

---

470) 영하(寧夏)는 진수녕하총병관(鎭守寧夏總兵官) 1인이 설치되었고, 아래에 협수부총병관(協守副總兵官) 등을 두었다. 수리(水利)·둔전(屯田)을 관리하는 관원도 두었다. 방어구역은 지금 영하 북부 황하 연안 지방이다. 총병관은 영하성에 주재하였다.

471) '折色銀'이 『會典』에는 '折色糧草銀'으로 되어 있고, 다시 그 앞에 "둔초 및 추청초 100 (…중략…) 속"이라고 되어 있다. 「食貨志」는 초속(草束)을 생략한 위에 절색은이라고 약칭한 것인데, 다음의 민운의 절색은에도 똑같은 생략이 있다.

472) 감숙(甘肅)은 진수감숙총병관(鎭守甘肅總兵官) 1인이 설치되었고, 아래에 협수부총병관(協守副總兵官) 등을 두었다. 방어구역은 서로는 지금 감숙의 가욕관(嘉峪關)에 이르고 동으로는 황하 및 청해(青海) 서녕시(西寧市) 일대에 이른다. 총병관은 감주(甘州)에 주재하였다.

473) 『會典』에서는 초(草)·추청초(秋青草)·호탕초(湖蕩草) 등 3종으로 나누어 기재되어 있다.

474) '折草銀'이 『會典』에는 '折色草價銀'으로 되어 있다.

475) '포(布)'와 '포화(布花)'는 군용의 포필(布疋)과 면화(棉花)의 절은을 가리킨다. 王原, 『明食貨志』 권12의 기재에 의하면, 군병은 1인당 매년 겨울에 포 4필, 면화 1근을 지급받는다.

옮김 譯

고원(固原)[476]은 둔량료 31만 9,000여 석,[477] 절색양료초은(折色糧料草銀) 4만 1,000여 량, 지무우구은(地畝牛具銀) 7,100여 량, 민운본색양료(民運本色糧料) 4만 5,000여 석, 절색양료초포화은(折色糧料草布花銀) 27만 9,000여 량, 둔전 및 민운의 초 20만 8,000여 속, 양회·절강의 염인은 2만 5,000여 량, 경운은 6만 3,000여 량, 호상은(犒賞銀)[478] 190여 량이었다.

원문

遼東 : 主兵, 屯糧二十七萬九千餘石, 荒田糧四百餘兩, 民運銀十五萬九千餘兩, 兩淮、山東鹽引銀三萬九千餘兩, 京運年例銀三十萬七千餘兩; 客兵, 京運年例銀十萬二千餘兩.

옮김 譯

요동(遼東)[479]은 주병이 둔량 27만 9,000여 석, 황전량(荒田糧)[480] 400여 량, 민운은 15만 9,000여 량, 양회·산동의 염인은 3만 9,000여 량, 경운연례은 30만 7,000여 량이었고, 객병은 경운연례은이 10만 2,000여 량이었다.

원문

薊州 : 主兵, 民運銀九千餘兩, 漕糧五萬石, 京運年例銀二十萬六千餘兩; 客兵, 屯糧料五萬三千餘石, 地畝馬草折色銀萬六千餘兩, 民運銀萬八千餘兩, 山東民兵工食銀五萬六千兩, 遵化營民壯工

---

476) 고원(固原)은 진수섬서총병관(鎭守陜西總兵官) 1인이 설치되었고, 아래에 협수부총병관(協守副總兵官) 등을 두었다. 처음에서 성도(省都)인 서안(西安)에 주재하였다가 후에 영하 고원으로 옮겼다. 방어구역은 대략 지금의 영하 남부에서 감숙 동부에 이른다. 고원은 홍치 15년(1502)에 주(州)가 되었고, 총병관이 여기에 주둔하였다.

477) 이 기사 다음에 『會典』 기재의 둔초(屯草)·추청초(秋青草)·양절포(糧折布)가 생략되어 있지만, 앞의 둔전 및 민운초에 합산되어 있다.

478) 호상은(犒賞銀)은 변군(邊軍)에게 정항(正餉) 이외에 부정기적으로 내주는 은상은(恩賞銀)을 말한다. 예를 들어 양방(兩防; 춘방(春防) 및 추방(秋防)) 상군은(賞軍銀), 변군입위상은(邊軍入衛賞銀) 등이 이에 해당한다.

479) 요동은 진수요동총병관(鎭守遼東總兵官) 1인이 설치되었고, 아래에 협수부총병관(協守副總兵官) 등을 두었다. 방어구역은 요동도사(遼東都司)의 관할지와 겹쳤다. 진수요동총병관은 광녕(廣寧)에 주재하였다가 융경 원년(1567)에 요양(遼陽)으로 옮겨 주재하였다.

480) 황전량(荒田糧)은 둔군이 황지(荒地)를 개간하는 데 필요한 생산비용과 구량(口糧)을 말하는데 대개 은으로 환산해서 지급해주었다.

食銀四千餘兩, 鹽引銀萬三千餘兩, 京運年例銀二十萬八千餘兩, 撫賞銀一萬五千兩, 犒軍銀一萬三千餘兩.

옮김 譯 계주(薊州)[481]는 주병이 민운은 9,000여 량, 조량(漕糧) 5만 석, 경운연례은 20만 6,000여 량[482]이었고, 객병은 둔량료가 5만 3,000여 석, 지무마초(地畝馬草)의 절색은이 1만 6,000여 량, 민운은이 1만 8,000여 량, 산동의 민병공식은(民兵工食銀)[483]이 5만 6,000량, 준화영(遵化營)[484]의 민장[485]공식은(民壯工食銀)이 4,000여 량, 염인은이 1만 3,000여 량, 경운연례은이 20만 8,000여 량, 무상은(撫賞銀)[486]이 1만 5,000량, 호군은(犒軍銀)이 1만 3,000여 량이었다.

원문 永平 : 主兵, 屯糧料三萬三千餘石, 民運糧料二萬七千餘石, 折色銀二萬八千餘兩, 民壯工食銀萬二千餘糧, 京運年例銀十二萬二千餘兩; 客兵, 屯草折銀三千餘兩, 民運草三十一萬一千餘束, 京運銀十一萬九千餘兩.

옮김 譯 영평(永平)[487]은 주병이 둔량료 3만 3,000여 석, 민운량료(民運糧料) 2만 7,000여 석, 절색은 2만 8,000여 량, 민장공식은 1만 2,000여

---

481) 계주(薊州)는 진수총병관(鎭守總兵官) 1인이 설치되었고, 아래에 협수부총병관(協守副總兵官) 등을 두었다. 방어구역은 산해관(山海關)에서부터 이북으로 연산(燕山) 마란욕(馬蘭峪)・고북구(古北口)・희봉구(喜峰口)・장자령(牆子嶺) 연변의 각지를 포괄한다, 총병관은 삼둔영(三屯營)에 주재하였다.

482) 『會典』에는 '21'만으로 되어 있다.

483) 민병은 주현의 장정(壯丁)을 모집하여 임시로 병사로 한 것으로, 명말의 변진에서는 위병(衛兵)의 보조로서 방수(防守)를 맡겼다. 공식은(工食銀)은 민병의 수당이지만, 이것은 민병을 낸 산동포정사(山東布政司)로부터 기해한 것으로 생각된다.

484) 준화영(遵化營)은 현재 하북성 준화현(遵化縣) 장성선(長城線) 부근에 있는데, 명대 영평진(永平鎭)의 중요한 군사거점 중의 하나이다.

485) 민장(民壯)은 민병을 가리킨다.

486) 무상은(撫賞銀)은 무이은(撫夷銀; 『會典』에서의 호칭이다)이라고도 하며, 입공호시(入貢互市) 등의 경우에 북방민족을 우대하는 증여금(贈與金)을 말한다.

487) 영평(永平)은 부명(府名)으로, 노룡(盧龍)・난주(灤州)・창려(昌黎)・천안(遷安)・낙정(樂亭) 등 5현이 귀속되었다. 치소는 노룡에 있었다.

량, 경운연례은 12만 2,000여 량이었고, 객병은 둔초절은(屯草折銀)이 3,000여 량, 민운초(民運草)가 31만 1,000여 속, 경운은이 11만 9,000여 량이었다.

원문 密雲 : 主兵, 屯糧六千餘石, 地畝銀二百九十兩, 民運銀萬兩有奇, 漕糧十萬四千餘石, 京運銀十六萬兩有奇; 客兵, 民運銀萬六千餘兩, 民壯工食銀九百餘兩, 漕糧五萬石, 京運銀二十三萬三千餘兩.

옮김譯 밀운(密雲)[488]은 주병이 둔량 6,000여 석, 지무은 290량, 민운은 1만 량 남짓, 조량 10만 4,000여 석, 경운은 16만 량 남짓이었고, 객병은 민운은이 1만 6,000여 량, 민장[489]공식은(民壯工食銀)이 900여 량, 조량이 5만 석, 경운은이 23만 3,000여 량이었다.

원문 昌平 : 主兵, 屯糧折色銀二千四百餘兩, 地畝銀五百餘兩, 折草銀一百餘兩, 民運銀二萬兩有奇, 漕糧十八萬九千餘石, 京運年例銀九萬六千餘兩; 客兵, 京運年例銀四萬七千餘兩.

옮김譯 창평(昌平)[490]은 주병이 둔량절색은(屯糧折色銀) 2,400여 량, 지무은 500여 량, 절초은 100여 량, 민운은 2만 량 남짓, 조량 18만 9,000여 석, 경운연례은 9만 6,000여 량이었고, 객병은 경운연례은이 4만 7,000여 량이었다.

원문 易州 : 主兵, 屯糧二萬三千餘石, 地畝銀六百餘兩, 民運銀三十萬六千餘兩; 客兵, 京運銀五萬九千兩.

---

488) 밀운(密雲)은 순천부(順天府) 창평주(昌平州)에 속하였다.

489) 『會典』에는 '歸農民壯'이라고 되어 있다.

490) 창평(昌平)은 예전에 부총병관을 설치하였고, 또한 제독무신(提督武臣)을 설치하였다. 가정 후기에 부총병관을 없애고, 제독을 고쳐 진수총병관(鎭守總兵官)으로 하였다. 아래에 분수참장(分守參將)을 두었고, 북경의 문호(門戶)인 거용관(居庸關)·횡령구(橫嶺口)·황화진(黃花鎭)을 분수(分守)하였다. 별도로 유격장군(遊擊將軍) 등의 관을 두었다. 총병관은 창평성에 주재하였다.

옮김 譯

역주(易州)[491]는 주병이 둔량 2만 3,000여 석, 지무은 600여 량, 민운은 30만 6,000여[492] 량이었고, 객병은 경운은이 5만 9,000량이었다.

원문

井陘: 主兵, 屯糧萬四千餘石, 地畝銀八千餘兩, 民運本色米麥一萬七千餘石, 折色銀四萬八千餘兩; 客兵, 京運年例銀三千餘兩.

옮김 譯

정형(井陘)[493]은 주병이 둔량 1만 4,000여 석, 지무은 8,000여 량, 민운본색미맥(民運本色米麥) 1만 7,000여 석, 절색은 4만 8,000여 량이었고, 객병은 경운연례은이 3,000여 량이었다.

원문

他雜費不具載.

옮김 譯

다른 잡비는 일일이 갖추어 기재하지 않는다.

491) 역주(易州)는 보정부(保定府)에 속하였다. 현 서쪽에 자형관(紫荊關) 등 요새가 있다. 홍무 때 여기에 수어천호(守禦千戶)를 두었다.

492) 『會典』에는 '32만 7,000'으로 되어 있다. 또 이 민운은(民運銀)은 하남·산동의 2포정사로부터의 기해에 의한 것이다.

493) 정형(井陘)은 진정부(眞定府)에 속하였다. 산서와 경계를 이루고, 낭자관(娘子關)·고관(故關) 등의 요새가 있다.

명사식화지역주 | 찾아보기

용어

ㄱ

ㄷ

ㄹ

ㅁ

ㅂ

ㅅ

ㅈ

ㅊ

ㅎ

인명

ㄱ

지명

ㄱ

ㄴ

ㄷ

ㅁ

ㅂ

ㅅ

ㅈ

ㅎ